机械工程前沿著作系列 HEP MEF
HEP Series in Mechanical Engineering Frontiers

大国重器

——全断面岩石隧道掘进机振动机理及智能抗振减振设计

A Pillar of the Great Power

Full Face Tunnel Boring Machine Vibration Mechanism and Intelligent Anti-Vibration Design Methods

霍军周 石 泉 李建斌
叶尔肯·扎木提 聂晓东 贾连辉 著

高等教育出版社·北京

内容简介

本书是一部针对全断面隧道掘进机（tunnel boring machine，TBM）主机系统抗振减振设计中的若干关键问题及设计理论、方法的专著。本书针对TBM主机系统极端的掘进环境，立足于TBM主机系统振动机理以及抗振设计理论，综合考虑TBM主机系统的复杂地质适应性及非标定制设计要求，对TBM主机系统中的滚刀受力预测模型、主机系统动态特性、主机掘进性能虚拟样机、主机系统结构抗振优化设计、主机磁流变减振技术等方面的理论难点和关键技术进行了系统而深入的研究，采用数值仿真与物理实验相结合的策略，运用岩石力学、机械设计学、优化设计方法等理论和方法，结合新型减振技术提出TBM主机系统抗振减振适应性设计方法。针对合作单位的实际工程项目，运用上述理论方法和技术进行TBM主机系统抗振减振设计。

本书主要立足于TBM主机系统振动机理这一科学难点以及TBM主机系统抗振新原理这一关键专有技术，深入地介绍了TBM主机系统抗振设计的若干关键技术。本书紧密结合现代最先进的机械设计方法和技术以及工程实际应用，既适合隧道掘进相关领域的科研人员和工程技术人员阅读，又可作为高等院校师生的参考书。

图书在版编目（CIP）数据

大国重器：全断面岩石隧道掘进机振动机理及智能抗振减振设计／霍军周等著．--北京：高等教育出版社，2021.5

ISBN 978-7-04-055897-5

Ⅰ.①大… Ⅱ.①霍… Ⅲ.①隧道工程－全断面掘进机－研究 Ⅳ.①U455.3

中国版本图书馆CIP数据核字（2021）第048590号

DAGUO ZHONGQI—QUANDUANMIAN YANSHI SUIDAO JUEJINJI ZHENDONG JILI JI ZHINENG KANGZHEN JIANZHEN SHEJI

策划编辑 刘占伟　责任编辑 张　冉　封面设计 杨立新　版式设计 杜微言
插图绘制 于　博　责任校对 马鑫蕊　责任印制 耿　轩

出版发行 高等教育出版社
社　　址 北京市西城区德外大街4号
邮政编码 100120
印　　刷 北京信彩瑞禾印刷厂
开　　本 787mm×1092mm 1/16
印　　张 16.75
字　　数 370千字
插　　页 13
购书热线 010-58581118
咨询电话 400-810-0598
网　　址 http://www.hep.edu.cn
　　　　 http://www.hep.com.cn
网上订购 http://www.hepmall.com.cn
　　　　 http://www.hepmall.com
　　　　 http://www.hepmall.cn
版　　次 2021年5月第1版
印　　次 2021年5月第1次印刷
定　　价 179.00元

物 料 号 55897-00

作者简介

霍军周 1979年3月生，教授，博士生导师。2001年毕业于洛阳工学院，2008年获大连理工大学博士学位。入选辽宁省“百千万人才工程”和辽宁省高等教育杰出人才工程。近年来主要研究方向为：全断面隧道掘进装备创新设计、复杂机械结构损伤机理及抗损设计、复杂机电产品智能化设计。主持国家重点研发计划课题、国家自然科学基金重点项目、面上项目、国家科技重大专项子课题等20余项。发表论文100余篇，获授权发明专利20项，出版学术专著2部。获省部级科技进步奖一等奖2项、二等奖1项。

石　泉 1964年12月生，高级工程师。1985年毕业于新疆八一农学院。现任新疆额尔齐斯河流域开发工程建设管理局党委书记、局长。主要从事额尔齐斯河流域开发工程的建设、管理和运营工作，负责额尔齐斯河流域开发水利工程中的总体监管，以及各阶段工程质量标准、施工总体方案的制定。

李建斌 1962年10月生，教授级高工，国家“973”项目首席科学家，享受国务院政府特殊津贴。1982年毕业于吉林工业大学。现任中铁高新工业股份有限公司总经理。近年来主持了国家“973”项目、国家“863”计划项目多项。曾获2018年国家科技进步奖二等奖、2012年国家科技进步奖一等奖。

叶尔肯·扎木提 1966年4月生。1990年毕业于河海大学。现任新疆额尔齐斯河流域开发工程建设管理局党委委员、副局长。主要从事额尔齐斯河流域开发工程的建设、管理和运营工作，负责额尔齐斯河流域开发水利工程施工过程中的技术方案、技术措施、质量保证体系和管理制度的制定。

聂晓东　1963 年 11 月生。1985 年毕业于新疆八一农学院。现任新疆额尔齐斯河流域开发工程建设管理局材料设备管理处处长。主要从事额尔齐斯河流域开发水利工程施工过程中的硬岩掘进机等大型复杂机械设备的总体设计和监制工作，负责机械设备的装配总体工序设计和质量标准、质量评定指标的制定。

贾连辉　1981 年 6 月生，教授级高工。现任中铁工程装备集团总工程师。长期从事隧道掘进机科技创新研发工作，先后完成各类科研项目 10 余项，获授权发明专利 29 项，发表论文 10 余篇。获国家科技进步奖二等奖、省部级科技奖励 6 项，以及茅以升铁道工程师奖、詹天佑铁道青年奖等。

前 言

全断面隧道掘进机（tunnel boring machine, TBM）是集掘进、排碴、衬砌等功能为一体的隧道掘进大型复杂成套装备，是全断面掘进装备中技术难度最大、技术附加值最高的掘进装备，反映了一个国家的复杂装备制造业水平。21 世纪以来，世界各国对地下空间的开发利用需求急剧增加，TBM 以其先进的设计理念、快速的掘进速度、优良的施工效果、安全的工作条件迅速占领地下工程建筑市场。我国是隧道工程最多、需求发展最快的国家。根据国家发展规划，未来 10 年，全国铁路、公路工程涉及的硬岩隧道达 4 000 km 以上，需要新增 TBM 200 余台，装备价值超过 500 亿元，将带动相关产业 8 000 亿元的投入。全断面隧道掘进机已经成为我国铁路、水利、国防等重大工程领域不可或缺的大国重器，代表着我国装备制造业的科技水平。经过 10 余年的产学研用联合攻关，我国已完全实现隧道掘进机国产化，已成功研制了一系列国家隧道重大工程所急需的具有完全自主知识产权的掘进装备，成功助力国家“一带一路”规划，成为“国家名片”。国务院在 2015 年印发的《中国制造 2025》中明确将高端装备创新工程列为五大工程之一，以提升我国在高端装备方面的自主设计水平和系统集成能力，从而突破共性关键技术与工程化、产业化瓶颈，提高创新发展能力和国际竞争力，抢占竞争制高点。因此，研究 TBM 设计制造基础科学问题，可为高端装备的创新性研制与应用奠定重要的理论基础，对提升我国此类装备的自主创新能力和实现跨越发展具有重要意义。

TBM 主机系统是 TBM 的最核心部件，也是阻碍 TBM 国产化的主要瓶颈。TBM 主机系统由刀盘驱动系统、推进支撑系统等大尺寸复杂系统组成。TBM 主机系统在掘进过程中会遇到大埋深（1 600 m 以上）、高硬度（350 MPa 以上）、高温变质（180 ℃）、高石英含量（70%）的极端围岩边界环境，这种极端的环境以及滚刀群分布式多点破岩的特点使得主机系统中主要承力结构间的动力学行为极其复杂，掘进过程中各系统主要结构的受力性态及其振动情况难以预测，直接影响 TBM 主机系统的稳定性、寿命和掘进性能，甚至会使 TBM 主机系统关键部件发生一系列异常或失效（如滚刀刀圈断裂、刀座大变形、刀盘盘体大面积开裂、刀盘分体连接螺栓断裂、主梁分体处开裂等），从而导致严重的工程问题。因此，合理的 TBM 主机系统抗振减振设计对于减轻掘进机振动，降低噪声，提高掘进效率和安全性具有重要的作用。如何深入研究 TBM 主机系统抗振减振设计涉及的机理和关键技术，无疑是一项既有学术价值又有重要实用意义的研究课题。

本书围绕 TBM 抗振减振设计这一关键问题，在充分分析 TBM 主机系统研究现状的基础上，从 TBM 主机系统强冲击突变载荷研究、主机系统多自由度耦合动力学模型、主机系统机电耦合动力学模型、主机系统动力学数值求解方法、主机系统动力学仿真模型、主机系统振动实验及振动现场实测、主机系统振动的基本特性、不同影响因素下的主机系统动力学特性、主机系统抗振减振优化设计、主机系统新型减振方法探索等方面进行了广泛而深入的研究。

本书的内容主要分为以下部分：

第一章分别从滚刀破岩机理、滚刀受力预测模型、动力学模型的建模及求解方法、TBM 主机系统动力学建模、新型减振技术等方面对国内外的研究现状进行了调研和总结。

第二章基于密实核理论，针对不同的岩石条件，考虑滚刀在破岩过程中复杂的受力情况，分析了滚刀楔形刃破岩过程；并考虑岩石特性、滚刀类型、滚刀布置参数、掘进参数、滚刀结构参数，推导了不同类型滚刀的滚刀群多阶段空间联合破岩预测模型，进而为动力学分析提供载荷激励；同时考虑滚刀布置、混合地质等刀盘载荷的不确定性参数，探讨了不确定性参数下刀盘载荷的计算方法。

第三章讨论了 TBM 主机系统的耦合动力学模型建模方法。考虑 TBM 滚刀在轴承处的轴摆等自由度的耦合关系，建立滚刀系统动力学模型，为滚刀在强冲击滚刀载荷下的振动状态、损伤状态分析提供基础；结合刀座结构与结合面之间的刚度、阻尼关系，考虑刀座工作过程中所承受的冲击载荷，建立了滚刀–刀座系统的动力学模型，确定了结合面刚度与螺栓预紧力、外部激励以及结合面面积之间的映射关系，得到了结合面刚度的计算方法，从而为探究 TBM 振动从滚刀向刀盘传递的规律打下基础；采用集中质量参数法，综合考虑主机系统时变随机外部激励和分体结合面刚度、轮齿啮合刚度、误差、间隙及主轴承刚度等内部激励，建立了主机系统多自由度耦合动力学模型。

第四章讨论了 TBM 主机系统机电耦合动力学模型的建模方法。基于 TBM 主驱动系统的结构形式和驱动形式建立其等效数学模型，同时考虑其扭矩跟随的同步控制策略建立其电控系统数学模型，基于机械系统与控制系统之间的扭矩–负载交互关系联立两系统方程，从而建立了主机系统机电耦合动力学模型。

第五章讨论了 TBM 主机系统耦合动力学的数值求解方法。针对滚刀系统的隐式动力学方程组，介绍了利用 Runge–Kutta 法求解动力学方程组的处理方法；针对主机系统动力学模型中参数量级跨度大而导致的求解收敛性差的问题，介绍了采用 Newmark 法求解动力学方程组的处理方法；针对主机系统分布式建模所遇到的求解精度及收敛性问题，介绍了采用非线性动力学方程精细时程积分的处理方法。

第六章讨论了 TBM 主机系统耦合动力学的计算机仿真。根据滚刀的结构和承载形式，对滚刀的运动特性和力学特性进行了分析，建立了考虑岩石本构、滚刀布局、掘进参数和滚刀破岩参数的仿真模型，通过 ANSYS/LS–DYNA 的仿真分析得到中心滚刀、正滚刀和边滚刀的时间载荷历程，分别对其进行时域和频域分析，进而得到滚刀破岩规律，并基于多刚体动力学理论，以动力学仿真软件 ADAMS 为分析手段，以 TBM 主机系统为研究对象，建立了主机系统动力学分析模型。

第七章讨论了 TBM 主机系统耦合动力学实验及现场实测。基于滚刀线切割实验对不同围岩条件下及贯入量下滚刀的动态三向力进行了测试，获取了滚刀的三向载荷谱，为后续系统动态特性研究提供了外界激励。考虑结构刚度以及结合面阻尼产生的内部激励，设计了滚刀–刀座试件，进行振动实验，模拟滚刀掘进过程中垂向和侧向的受力状态，研究了不同螺栓预紧力对刀座受力特性的影响。

第八章讨论了 TBM 主机系统耦合振动的基本特性。通过对固有特性的分析可以得到滚刀系统的各阶固有频率和对应的振动形态，并研究了内外激励共同作用下的滚刀系统动态响应及侧向载荷系数对滚刀动态响应的影响，进一步研究了在外载和内部刚度阻尼作用下的滚刀–刀座联结结构的动态特性。分析了作为滚刀系统载体的刀盘系统的固有特性以及固有频率对刚度和质量参数的灵敏度，并以刀盘空间多点分布载荷作为外部激励，分析了刀盘系统各自由度在内外部激励共同作用下的振动响应。基于对 ADAMS 仿真模型的求解，对机头架、主梁前段的振动特性进行了研究。

第九章讨论了不同因素对 TBM 主机系统动力学特性的影响。通过分析结合面对刀座振动响应的影响，发现结合面刚度随着位移的变化而呈现周期性，其与结构刚度处于同一数量级且略小于结构刚度，且在结构设计中也应谨慎考虑结合面阻尼对系统振动的影响。研究了刀盘结构形式、驱动齿轮布置形式、刀盘转速对主机系统的影响，发现中方五分式刀盘和均匀布置的驱动形式的振动稳定性更好，并分析得到了不利转速情况。最后，在典型掘进工况下分析了 TBM 动力学特性。

第十章讨论了 TBM 主机系统抗振优化设计。通过对滚刀系统力学特性和振动特性的分析，在传统滚刀结构设计的基础上，考虑滚刀抗振性，建立了一种新型的滚刀设计方法，并对其进行了振动特性分析。通过对滚刀–刀座系统的振动特性分析和对现有典型滚刀安装方式的优劣分析，考虑载荷传递的合理性和现场安装的可行性，对刀座联结结构进行了改进设计，并以实验得到的盘形滚刀实际工作载荷为输入，对改进的刀座结构进行了动力学分析。最后，分别从螺栓预紧力和结合面面积对刀座的影响、对刀盘中心体质量占比的影响和对刀盘分瓣形式的影响这几个方面进行了 TBM 主机系统的振动分析。

第十一章讨论了新型的减振技术，探索了一种新型的 TBM 主机磁流变阻尼减振系统，从结构形式、结构参数、磁路等方面进行了设计，并分析了不同因素影响下的磁流变阻尼器对主机系统振动的影响，证实了抗振方案设计的有效性。

本书是霍军周教授研究团队以及众多隧道掘进行业的研究人员 10 年来关于隧道硬岩掘进机动力学理论和实践研究成果的系统总结。第一章由本书各位作者共同撰写、第二章由霍军周、李建斌共同撰写；第三至第六章由霍军周撰写；第七章由石泉撰写；第八章由叶尔肯 · 扎木提、霍军周共同撰写；第九章由贾连辉撰写；第十章由聂晓东撰写；第十一章由李建斌撰写。附录由霍军周撰写。全书由吴瀚洋、杨博文统稿。

借本书出版之机，向吴瀚洋对第四、五、六、十章及白亮对第十一章做出的贡献表示感谢，同时，向资助、支持和关心过本研究工作的单位及个人致以诚挚的谢意！特别感谢我们的研究团队（包括历届研究生），他们在科研中付出的努力为本书的最终形成做出了重要贡献。本书的出版是大家共同努力的成果。

本书是对 TBM 主机系统抗振减振设计的探索研究，由于作者水平有限，书中难免存在谬误或欠妥之处，敬请广大读者批评指正。

作者

2020 年 6 月

目　录

第一章　国内外研究现状

1.1　全断面隧道掘进机发展研究现状

隧道掘进技术最早是由英国工程师 Marc Isambard Brunel 在两个世纪前通过观察船蛆钻木头得到启示后设计发明的。他在随后的几年中修建了世界上第一条水底隧道——伦敦泰晤士河隧道，证明了此技术的可行性。

全断面隧道掘进机（tunnel boring machine, TBM）的发展史可追溯到 1846 年，一位叫 Henri Joseph Maus 的比利时工程师将一组机械岩钻安装在钻架台车上掘进，人类由此开始了隧道掘进机械化的探索，虽然没有经过实践检验，但这却是公认的第一台 TBM。1851 年，美国工程师 Charles Wilson 设计了第一台可连续作业的 TBM，用于马萨诸塞州西北 Hoosac 隧道的开挖，但由于当时技术条件的限制，没能克服滚刀、刀盘驱动及推力调整等各种难题，仅开挖了 10 ft（1 ft=0.304 8 m），机器就不动了，未能获得有效的应用。此后，工程师们用尽各种机械设计理念将岩钻法加以扩展，但基本没有进展。

20 世纪初，TBM 在德国、日本、英国、法国、俄罗斯、美国等国家兴起，使掘进机技术在这些国家得到快速发展。目前，日本、美国、德国等国家的 TBM 设计水平较高。日本在 TBM 设计选型时着重考虑工程实际需要，根据设备经济性、适用性对 TBM 型号及相关配套设备进行选择，代表公司有日本三菱、川崎重工等；美国、德国等国家在设计选型时重点考虑的是掘进设备的可靠性和效率等问题，代表公司有美国罗宾斯，德国维尔特、海瑞克等。

隧道掘进机在我国的发展起步较晚，大约在 20 世纪中期，TBM 才开始在我国的海底隧道、地铁、引水工程中逐渐得到应用。北京、上海、广州等大中城市相继采用隧道掘进机参与地铁隧道的开挖。20 世纪 80 年代初，我国开始自主开发设计隧道掘进机，20 世纪 80 年代到 90 年代先后设计的多种小型掘进机和随后研制的多台中小型掘进机均被投入使用并且顺利完成施工任务。目前，国产掘进机在隧道导向、监控、衬砌、出土等技术方面已经接近或达到国际先进水平，但在电液控制等研发方面比较落后，仍全部需要进口。

虽然我国在隧道掘进机的设计研发方面取得了一定的进步，但国内目前使用的隧道掘进机主要还是依赖进口。由于进口设备成本高、运输难、维修不方便，并随着我国地下空间的快速开发等原因，高质量的国产隧道掘进机的设计研发就显得极其重要了。因此，加快我国隧道掘进机的发展迫在眉睫。

1.2 滚刀破岩机理研究现状

破岩过程中，盘形滚刀由于刀盘的转动绕刀盘轴心公转，与此同时，由于摩擦力的作用绕滚刀刀轴进行自转。刀盘在旋转的过程中不断向前推进，使滚刀在岩石掌子面上滚压出同心圆破碎坑。当岩石所承受的力超过其本身强度时，滚刀下方岩石受拉压、剪切综合作用被破碎，刀圈压入掌子面中，形成破碎坑和放射状裂纹；当刀盘继续向前推进，裂纹不断扩展，在合理的刀间距情况下，当前滚刀与前把滚刀之间形成的裂纹相互贯通，形成大块的岩石碎片而受重力作用从掌子面崩落到隧道底部，通过排碴口排出，如图 1.1 所示。综上所述，滚刀的破岩过程受岩石力学特性、滚刀间距、贯入量、滚刀布置、刀盘掘进参数等因素共同影响[1-2]。

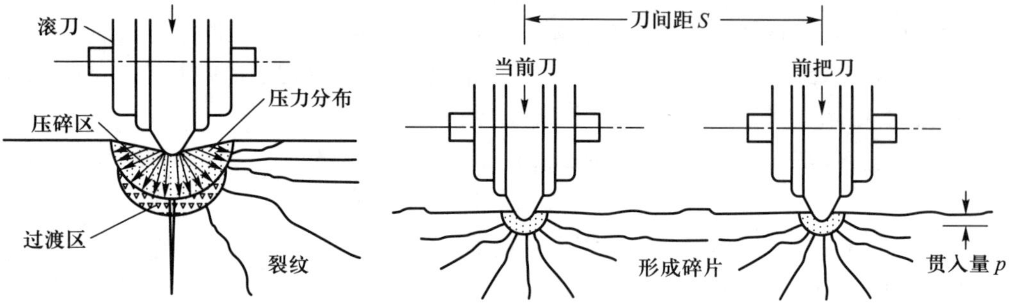

图 1.1 滚刀相互作用下岩石破碎示意图

国内外研究人员对滚刀–岩石相互作用机理进行了多方面的研究。J. Boussinesq 从弹性力学的角度求解了半无限大物体边界上作用集中力，为研究压头作用下的岩石应力及变形分布规律提供了力学基础。史莱涅尔提出了密实核和跃进式侵入，对压头侵入岩石过程进行了定性的分析，但并未给出力学推导[3]。Cheatham、Pariseau、Miller 等从塑性力学的角度，基于滑移线场理论，不断深入地研究了压头作用下材料的塑性破坏理论[4]。奥斯特洛乌什柯提出用剪切强度理论来解释岩石碎块大于侵深这一体积破碎现象，该观点根据剪切理论进行计算，但仍属于压碎学说的范畴[5]。Paul、Dutta 和 Sikarskie 等在奥氏理论的基础上逐步完善了压头侵入岩石的剪切理论[3]。Swain 等[6] 则提出了拉碎侵入理论，并提出了加载时裂纹长度的计算方法。Andre 等[7] 通过离散元法（discrete element method, DEM）来模拟石英玻璃在楔形压头作用下的脆性断裂过程，使用基于静水压力的一种新的破坏准则，并与实验数据对比验证了该模型的正确性。国内对滚刀破岩机理的研究起步较晚，但经过多年的不懈努力，在国外研究的基础上也取得了很多喜人的研究成果。部分学者提出滚刀破岩是拉伸破坏和剪切破坏同时作用的复杂过程[8-9]。东北工学院（现东北大学）余静[10] 提出了粉核–劈拉破岩机理模型，认为岩石破碎主要是受拉作用，并从实验的角度验证了其提出的岩石跃进式破碎规律、破碎角以及粉核体的存在；论述了岩石破碎角的性质和确定方法；并从力平衡和能量守恒的角度确定了盘刀负荷和破碎参量的函数形式。张照煌等[11] 对盘形滚刀破岩运动过程进行了分析，并在此基础上提出了滚刀受力预测模型，并对岩石剥落角进行了数学推演，提出了剪切破坏是盘形滚刀破岩的主要方式，其次为挤压破坏和张拉破坏。东北工学院虞和济、金国栋等[12] 用有限元法分析了圆头楔形刀具作用下岩石内的应力场，得出了盘形滚刀对岩石的破碎作用主要是受拉破坏。林家骐[13] 的实验观测与其有很多吻合之处。中南大学夏毅敏等[14] 利用 UDEC 对边滚刀进行了数值模拟，并得到张拉破坏是滚刀破岩时裂纹生成和扩展的主要原因。对于盘形滚刀破碎岩石的机理，专家学者逐渐趋向于剪切破坏、挤压破坏和拉伸破坏共同作用，但是以哪种破坏方式为主目前尚不够清晰。

1.3 滚刀受力预测模型研究现状

无论位于刀盘何处的滚刀，理论上均会产生三个方向的力，即垂向力、滚动力及侧向力，如图 1.2 所示。滚刀破岩三向力的研究是滚刀结构设计以及载荷传递研究的理论基础，因此基于滚刀破岩机理的研究，国内外学者先后提出了不同的滚刀受力预测模型。目前国内外应用最多的两个模型是美国科罗拉多矿业大学基于滚刀线切割实验提出的 CSM 预测模型和挪威科技大学基于特定机型以及施工数据建立的 NTNU 预测模型[15]。其中，CSM 模型的线切割实验方案与 TBM 实际回转破岩工况不一致，而 NTNU 模型则因其特定机型和特定工况下施工数据而导致其不能够适用于不同岩石条件下滚刀的受力预测。因此，这两个模型不能够真实地模拟滚刀破岩过程，进而无法有效指导盘形滚刀乃至 TBM 刀盘的设计。此外，国内外学者基于各自对破岩理论的研究、实验以及施工数据，还提出了多种滚刀受力预测公式，如 Evans 预测公式、秋三藤三郎预测公式、东北工学院的密实核理论公式[16]、基于秦岭隧道现场施工数据而提出的修正公式[17]，以及上海交通大学 640 教研室[18]、华北电力大学[11] 和中南大学提出的预测公式[19] 等。这些滚刀受力预测模型大多将滚刀简化成了尖头的楔形刃，忽略了多滚刀的相互作用以及滚刀安装位置和安装角度的影响，且计算结果都是一个平均静态值。其次，根据安装位置和安装方式的不同，滚刀有三种类型，这些模型不能够完全适用于三种类型的滚刀；另外模型考虑的参数较少，没有考虑回转参数的作用，与实际破岩过程不同，有一定的局限性。实际工程中所遇到的地质条件十分复杂，准确模拟岩石的破碎情况十分困难，因此在建模过程中怎样尽量全面地考虑滚刀破岩的影响因素是个十分值得研究的问题。

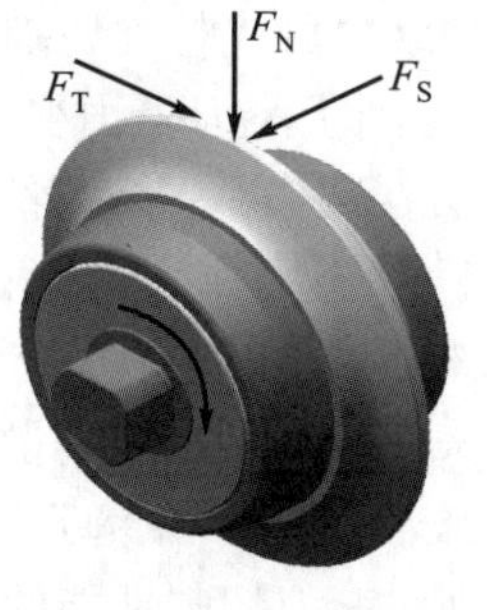

图 1.2 滚刀受力示意图

鉴于滚刀破岩机理的复杂性，到目前为止，滚刀破岩机理的真正机制尚不完全清晰，国内外学者着眼于相关实验机研制和工程现场实测，从而对滚刀破碎岩石的影响因素进行研究。Hassanpour 等[20] 通过对 TBM 掘进工程实际数据库的编制和分析，提出了一种新的滚刀受力预测模型，并针对不同的地质与 TBM 掘进参数之间的关系进行了研究。Entacher 等[21-22] 研制了低成本且高精度的缩尺实验台，并将实验结果与全尺寸实验台实验数据进行对比，实验结果证明了缩尺实验台数据的准确性，分析了不同岩石条件对不同位置滚刀破岩力的影响，得到不同围岩下的滚刀受力时域曲线，并提出基于缩尺实验的滚刀受力预测模型。Balci 和 Tumac[23] 使用伊斯坦布尔隧道得到的岩石试样进行滚刀线切割实验来研究岩石特性对滚刀破岩性能的影响，对比分析了实验、理论与工程实测数据。Rostami[24] 对此进行了理论和实验研究，提出了通过实验直接测量岩石滚刀接触区域的压力分布的方法，结果表明，实际压力区的面积小于接触区的面积，且该压力区的峰值应力高于计算值。Cho 等[25] 基于线切割实验和数值模拟对滚刀破碎岩石效率进行了评价，研究了比能与滚刀刀间距和切深的关系。由于施工现场环境恶劣，安装并且保证检测仪器顺利工作十分困难，因此施工现场的检测研究较少。Zhang 等[26-27]、Entacher 等[28-29] 通过在滚刀上布置传感器对不同掘进现场的滚刀受力进行了检测与分析，研究了滚刀载荷的变化规律。在我国，早期研究主要集中在 20 世纪 80 年代，徐小荷、余静、金国栋、茅承觉等通过不同刃型的滚刀楔形刃破岩实验，研究了滚刀三向力与刀具结构参数和滚刀掘进参数的关系，为日后的研究打下了坚实的基础[3,10,30-31]。近年来，随着我国对科研投入力度的加大以及专家学者们的不懈努力，各大学和实验室逐步建立了各自的滚刀线切割实验台和回转切割实验台（如图 1.3a 所示）。中南大学夏毅敏、谭青等基于自主设计的滚刀线切割实验台、滚刀回转切割实验台，进行多次滚刀破岩实验研究，分析了不同强度岩石的破坏形式，讨论了滚刀与岩石的相互作用机理，并从实验角度优化了刀间距、贯入量及过渡滚刀的安装角度等[32-34]。陈桥、陈馈、毛红梅、周建军等基于盾构及掘进技术国家重点实验室的滚刀破岩实验台，进行了滚刀回转破岩实验，从岩石破碎形式、刀间距优化等方面对单滚刀、多滚刀破岩理论进行深入研究[35-36]。

由于现场实测困难，加之实验测试所需经费高昂，借助软件领域的飞速进步，科学研究方面数值模拟软件的开发逐步完善，针对滚刀破岩数值仿真的研究逐渐在学术界流行开来，从二维平面发展到三维条件，从单滚刀直线破岩逐步发展到滚刀群回转破岩，不断接近滚刀的真实工作情况。Cho 等[37] 采用有限元软件 AUTODYN–3D 模拟了滚刀线切割破岩过程，仿真结果可代替线切割实验。Su 等[38] 采用离散元软件 PFC–3D 仿真了滚刀破岩过程，得到了滚刀受力变化曲线，并与实验数据进行了对比。Moon 等[39] 同样基于离散元方法，模拟了滚刀线切割破岩过程，优化了刀间距和切深的比值。大连理工大学满林涛[40]、天津大学蒋聪健[41] 采用有限元软件 ABAQUS 分别模拟了滚刀线切割和回转破碎岩石的动态过程，并针对刀间距和切削力进行了分析。中南大学夏毅敏、谭青、张魁等分别采用离散元法和有限元法（finite element method, FEM）模拟了盘形滚刀破岩过程，研究了裂纹扩展形态，分析了刀刃形状、围压、刀间距、切削顺序以及节理对滚刀切削性能的影响，并通过实验和工程数据验证仿真方法的可行性[42-45]。大连理工大学孙伟、霍军周、杨静等基于有限元岩石破碎仿真平台 RFPA–2D 和有限元仿真分析软件 ANSYS/LS–DYNA 分别从二维和三维的点[97-98]。美国 Lord 公司在磁流变阻尼器研究方面起步较早，已成为世界上最著名的磁流变生产商。1999 年，Lord 公司研制了一种 180 kN 的磁流变阻尼器，该阻尼器具有三级励磁线圈、双出杆结构形式等特点，最大功耗仅为 22 W[99]。同年，Lord 公司研发了 SD–1000 型阀式阻尼器，其长 215 mm，缸体直径为 38 mm，最大功耗小于 10 W，出力值达到 3 kN[100-101]。鉴于 MR 阻尼器拥有响应速度快、阻尼力可以连续调节等特点，许多知名汽车厂商已将 MR 阻尼器应用到汽车悬架系统中，以提高汽车的各项性能[102-104]。例如，2002 年，Lord 公司和 Delphi 公司合作研制的 MagneRide 磁流变阻尼器首次被应用在凯迪拉克系列轿车中，取得了优良的减振效果，极大地提高了车辆的行车平稳性和乘坐舒适性[105]。美国马里兰大学研发了一种单筒充气补偿式车用磁流变阻尼器，该阻尼器利用流动工作模式原理，线圈内置于活塞，采用弹簧补偿装置来补偿阻尼器运动产生的体积差，阻尼力调节范围为 350~1 500 N[106]。韩国学者 Lee[107] 设计了一种双筒式的车用磁流变阻尼器，阻尼通道分布在缸筒两端，补偿装置为外置式气体补偿，该阻尼器的优点是阻尼出力大、可调范围广，适用于对安装要求不高的重型车辆。日本 Sanwa 公司设计了一种旁通阀式磁流变阻尼器，通过在主缸外添加阻尼通道，同时采用 10 阶励磁线圈并联连接，实现了 20 t 的最大阻尼出力，因为阻尼通道处于阻尼器下方，有效减缓了磁流变液沉降带来的不利影响[108-109]。Cho 等[110] 设计了一种不需要外接电源的自感应 MR 阻尼器，主要是在活塞杆上安装感应线圈与永磁铁，利用地震力带动感应线圈切割磁感线产生电流，地震力越大，电磁感应现象产生的电流就越大，缸筒内磁流变液受到的磁场也就越强，产生的阻尼力也就更大，成功实现了将地震能量代替传统外接电源的目的。罗马尼亚的 Ioan[111] 研制了一种磁路外置的小型 MR 阻尼器，其可调倍数达到 24 倍。Choi 等[112] 研发了一种旁路 MR 阻尼器，可用于高频小振幅的结构振动控制中。Carlson 等[113] 研制了一种海绵体磁流变阻尼器，通过在阻尼器内部加入海绵、纤维材料等来防止磁流变液沉降，这些材料也在一定程度上遏制了磁流变液的泄漏。Ahmadian 等[114-115] 对冲击载荷作用下的 MR 阻尼器特性进行了研究，将 MR 阻尼器应用在前冲炮上并进行靶场实验，取得了较好的效果。自 1997 年以来，国内学者也开始对磁流变阻尼器的研究进行积极的探索。欧进萍等[116] 研制了一种最大出力为 10 kN 的磁流变阻尼器，其缸体直径为 10 cm，活塞有效长度为 4 cm，间隙为 2 mm，耗能约 20 W。李忠献、徐龙河等研制了一种混合工作模式的 MRF–04K 阻尼器，并对其进行了详细的研究，该阻尼器行程为 ±4 cm，有效阻尼通道长度为 8 cm，最大出力为 20 kN[117-124]。关新春等[125] 研制了一种基于土木结构振动控制的最大出力为 180 kN 的足尺 MR 阻尼器，实验表明多励磁线圈的磁流变阻尼器其线圈电流同向时最大电流产生的阻尼力远小于异向电流的阻尼力。瞿伟廉等[126] 研究了一种新型固定磁极的足尺 MR 阻尼器，最大阻尼力为 200 kN，在同样性能指标条件下较 Lord 公司的产品体积更小、质量更轻。王修勇等[127] 研制了一套磁流变拉索抗振系统，并应用到岳阳洞庭湖大桥上，有效降低了恶劣气候条件引起的振动。重庆大学智能结构研究中心将磁流变阻尼器应用在长安汽车悬架系统上并进行了道路实验，观察到车辆行驶的平顺性得到了较大的提高[128-130]。

参考文献

[1] 张照煌, 叶定海, 赵庆玉. 岩石掘进机刀具间距的确定及分析 [J]. 工程机械, 2002, 33(11): 11-12.

[2] GERTSCH R E. Rock toughness and disc cutting [D]. Missouri: University of Missouri-Rolla, 2000.

[3] 徐小荷, 余静. 岩石破碎学 [M]. 北京: 煤炭工业出版社, 1984.

[4] 宋克志, 袁大军, 王梦恕. 盘形滚刀与岩石相互作用研究综述 [J]. 铁道工程学报, 2005(6): 66-69.

[5] 张祖培, 刘宝昌. 碎岩工程学 [M]. 北京: 地质出版社, 2004.

[6] SWAIN M V, LAWN B R. Indentation fracture in brittle rocks and glasses [J]. International Journal of Rock Mechanics and Mining Sciences & Geomechanics, 1976, 13(11): 311-319.

[7] ANDRE D, JEBAHI M, IORDANOFF I, et al. Using the discrete element method to simulate brittle fracture in the indentation of a silica glass with a blunt indenter [J]. Computer Methods in Applied Mechanics & Engineering, 2013, 265(1): 136-147.

[8] 张魁. 盾构机盘形滚刀作用下岩石破碎特征及滚刀振动特性研究 [D]. 长沙: 中南大学, 2010.

[9] 杨金强. 盘形滚刀受力分析及切割岩石数值模拟研究 [D]. 北京: 华北电力大学, 2007.

[10] 余静. 滚压破岩机理和参数计算 [J]. 金属矿山, 1981(7): 6-10.

[11] 张照煌, 茅承觉, 刘春林. 掘进机盘形滚刀压痕试验的统计分析 [J]. 现代电力, 1996, 13(1): 63-68.

[12] 虞和济, 金国栋, 苏禾. 盘形滚刀破岩机理的有限元分析 [J]. 东北工学院学报, 1981(3): 79-88.

[13] 林家骐. 研究盘形滚刀破岩机理与提高刀具使用寿命 [J]. 福州大学学报 (自然科学版), 1990(1): 108-113.

[14] 夏毅敏, 吴元, 郭金成, 等. TBM 边缘滚刀破岩机理的数值研究 [J]. 煤炭学报, 2014, 39(1): 172-178.

[15] ROSTAMI J, OZDEMIR L, NILSON B. Comparison between CSM and NTH hard rock TBM performance prediotion models [C] // Proceedings of Institute of Shaft Drilling Technology Annual Technical Conference, Las Vegas, 1996.

[16] 余静, 程凯. 滚刀破碎理论分析 [J]. 东北大学学报 (自然科学版), 1980(2): 105-113.

[17] 赵维刚, 杨超, 杜彦良, 等. 秦岭隧道 TBM 机–石界面的界定分析 [J]. 北方交通大学学报, 1999, 23(2): 40-44.

[18] 孙鸿范, 陈健元, 陈刚. 掘进机盘形滚刀破岩力及计算载荷的研究 [J]. 工程机械, 1980(8): 1-7.

[19] 屠昌锋. 盾构机盘形滚刀垂直力和侧向力预测模型研究 [D]. 长沙: 中南大学, 2009.

[20] HASSANPOUR J, ROSTAMI J, ZHAO J. A new hard rock TBM performance prediction model for project planning [J]. Tunnelling and Underground Space Technology, 2011, 26(5): 595-603.

[21] ENTACHER M, LORENZ S, GALLER R. Tunnel boring machine performance prediction with scaled rock cutting tests [J]. International Journal of Rock Mechanics and Mining Sciences, 2014, 70: 450-459.

[22] ENTACHER M, LASSNIG K, GALLER R. Analysis of force path diagrams of linear cutting machine-tests regarding geotechnical parameters [C] // American Society of Civil Engineers Geo Congress, Oakland, 2012.

[23] BALCI C, TUMAC D. Investigation into the effects of different rocks on rock cuttability by a V-type disc cutter [J]. Tunnelling and Underground Space Technology, 2012, 30: 183-193.

[24] ROSTAMI J. Study of pressure distribution within the crushed zone in the contact area between rock and disc cutters [J]. International Journal of Rock Mechanics and Mining Sciences, 2013, 57: 172-186.

[25] CHO J W, JEON S, JEONG H Y, et al. Evaluation of cutting efficiency during TBM disc cutter excavation within a Korean granitic rock using linear-cutting-machine testing and photogrammetric measurement [J]. Tunnelling and Underground Space Technology, 2013, 35: 37-54.

[26] ZHANG Z X, KOU S Q, LINDQVIST P A. In-situ measurements of cutter forces on boring machine at Äspö hard rock laboratory Part I: laboratory calibration and in-situ measurements [J]. Rock Mechanics and Rock Engineering, 2003, 36(1): 39-61.

[27] ZHANG Z X, KOU S Q, LINDQVIST P A. In-situ measurements of cutter forces on boring machine at Äspö hard rock laboratory Part II: characteristics of cutter forces and examination of cracks generated [J]. Rock Mechanics and Rock Engineering, 2003, 36(1): 63-83.

[28] ENTACHER M, WINTER G, BUMBERGER T, et al. Cutter force measurement on tunnel boring machines-system design [J]. Tunnelling and Underground Space Technology, 2012, 31: 97-106.

[29] ENTACHER M, WINTER G, CUTTER G R. force measurement on tunnel boring machines-Implementation at Koralm tunnel [J]. Tunnelling and Underground Space Technology, 2013, 38: 487-496.

[30] 金国栋, 许潮水. 盘形窄刃滚刀的试验研究 [J]. 水利电力施工机械, 1985(10): 14-24.

[31] 茅承觉, 刘友元. 隧洞掘进机盘形滚刀滚压岩石的试验 [J]. 工程机械, 1985(3): 21-26.

[32] 王志富. 盾构机盘形滚刀垂向振动特性研究 [D]. 长沙: 中南大学, 2011.

[33] 吴元. TBM 边缘滚刀破岩特性及其布置研究 [D]. 长沙: 中南大学, 2013.

[34] XIA Y M, OUYANG T, ZHANG X M, et al. Mechanical model of breaking rock and force characteristic of disc cutter [J]. Journal of Central South University, 2012, 19(7): 1846-1852.

[35] 陈桥, 周建军, 李凤远. 盘形滚刀推力试验研究 [J]. 工程机械, 2013, 44(9): 23-29.

[36] 毛红梅, 陈馈, 冯欢欢. 不同刀具配置下隧道掘进机高效破岩机理与推力预估 [J]. 岩土工程学报, 2013, 35(9): 1627-1633.

[37] CHO J W, JEON S, YU S H, et al. Optimum spacing of TBM disc cutters: a numerical simulation using the three-dimensional dynamic fracturing method [J]. Tunnelling and

Underground Space Technology, 2010, 25(3): 230-244.

[38] SU O, AKCIN N A. Numerical simulation of rock cutting using the discrete element method [J]. International Journal of Rock Mechanics and Mining Sciences, 2011, 48(3): 434-442.

[39] MOON T, OH J. A study of optimal rock-cutting conditions for hard rock TBM using the discrete element method [J]. Rock Mechanics and Rock Engineering, 2012, 45(5): 837-849.

[40] 满林涛. 盘形滚刀破岩过程有限元数值模拟 [D]. 大连: 大连理工大学, 2010.

[41] 蒋聪健. 全断面隧道掘进机盘形滚刀组合破岩机理研究 [D]. 天津: 天津大学, 2012.

[42] 张魁, 夏毅敏, 谭青, 等. 不同围压条件下 TBM 刀具破岩模式的数值研究 [J]. 岩土工程报, 2010, 32(11): 1780-1787.

[43] 张魁, 夏毅敏, 徐孜军. 不同围压及切削顺序对 TBM 刀具破岩机理的影响 [J]. 土木工程学报, 2011, 44(9): 100-106.

[44] 谭青, 易念恩, 夏毅敏, 等. TBM 滚刀破岩动态特性与最优刀间距研究 [J]. 岩石力学与工程学报, 2012, 31(12): 2453-2464.

[45] 谭青, 李建芳, 夏毅敏, 等. 盘形滚刀破岩过程的数值研究 [J]. 岩土力学, 2013, 34(9): 2707-2714.

[46] 霍军周, 孙伟, 郭莉, 等. 多滚刀顺次作用下岩石破碎模拟及刀间距分析 [J]. 哈尔滨工程大学学报, 2012, 33(1): 96-99.

[47] HUO J Z, ZHANG X, CHEN J. Numerical simulation of the multi-disc-cutters cushing rock process based on different cutting ways [J]. Energy Education Science and Technology Part A: Energy Science and Research, 2014, 32(6): 6429-6436.

[48] 霍军周, 杨静, 孙伟, 等. 不同模式下 TBM 刀群三维回转切削仿真与优化设计 [J]. 哈尔滨工程大学学报, 2014(11): 1403-1408.

[49] PARKER R G, AGASHE V, VIJAYAKAR S M. Dynamic response of a planetary gear system using a finite element/contact mechanics model [J]. Journal of Mechanical Design, 2000, 122(3): 304-310.

[50] JING J P, MENG G, SUN Y, et al. On the non-linear dynamic behavior of a rotor-bearing system [J]. Journal of Sound and Vibration, 2004, 274(3-5): 1031-1044.

[51] RICCI R, PENNACCHI P. Discussion of the dynamic stability of a multi-degree-of-freedom rotor system affected by a transverse crack [J]. Mechanism and Machine Theory, 2012, 58: 82-100.

[52] REN Z H, ZHOU S H, LI C F, et al. Dynamic characteristics of multi-degrees of freedom system rotor-bearing system with coupling faults of rub-impact and crack [J]. Chinese Journal of Mechanical Engineering, 2014, 27(4): 785-792.

[53] LEI X, NODA N A. Analyses of dynamic response of vehicle and track coupling system with random irregularity of track vertical profile [J]. Journal of Sound and Vibration, 2002, 258(1): 147-165.

[54] LEI X Y, MAO L J. Dynamic response analyses of vehicle and track coupled system on track transition of conventional high speed railway [J]. Journal of Sound and Vibration, 2004, 271(3-5): 1133-1146.

[55] WU S Q, LAW S S. Dynamic analysis of bridge-vehicle system with uncertainties based on the finite element model [J]. Probabilistic Engineering Mechanics, 2010, 25(4): 425-432.

[56] 刘文光. 结构共振疲劳试验及裂纹构件的振动疲劳耦合分析 [D]. 南京: 南京航空航天大学, 2010.

[57] SHAH S K A, FALLAH A S, LOUCA L A. On the chaotic dynamic response of deterministic nonlinear single and multi-degree-of-freedom systems [J]. Journal of Mechanical Science & Technology, 2012, 26(6): 1697-1709.

[58] 栾宇. 航天器结构中螺栓法兰连接的动力学建模方法研究 [D]. 大连: 大连理工大学, 2011.

[59] LUAN Y, GUAN Z Q, CHENG G D, et al. A simplified nonlinear dynamic model for the analysis of pipe structures with bolted flange joints [J]. Journal of Sound and Vibration, 2012, 331(2): 325-344.

[60] BYOUNG W K, HONG G S, JIN H K, et al. Comparison of linear spring and nonlinear FEM methods in dynamic coupled analysis of floating structure and mooring system [J]. Journal of Fluids and Structures, 2013, 42: 205-227.

[61] HOU K, KALOUSEK J, DONG R. A dynamic model for an asymmetrical vehicle/track system [J]. Journal of Sound and Vibration, 2003, 267(3): 591-604.

[62] 陈会涛. 风力发电机齿轮传动系统随机振动分析及动力可靠性概率优化设计 [D]. 重庆: 重庆大学, 2012.

[63] 杨军. 风力发电机行星齿轮传动系统变载荷激励动力学特性研究 [D]. 重庆: 重庆大学, 2012.

[64] HUA X, LIM T C, PENG T, et al. Dynamic analysis of spiral bevel geared rotor systems applying finite elements and enhanced lumped parameters [J]. International Journal of Automotive Technology, 2012, 13(1): 97-107.

[65] 陈世其. 超重型刮板输送机行星传动装置设计理论研究 [D]. 徐州: 中国矿业大学, 2011.

[66] 周海仑. 含碰摩故障的航空发动机整机振动建模与分析 [D]. 南京: 南京航空航天大学, 2009.

[67] 崔永存. 滚动轴承–轴系统动力学仿真分析 [D]. 洛阳: 河南科技大学, 2013.

[68] 侯祥明. 横轴式掘进机截割头受力及整机振动分析 [D]. 淮南: 安徽理工大学, 2008.

[69] 孙延超. 某火箭发射系统动力学分析与刚度匹配研究 [D]. 南京: 南京理工大学, 2011.

[70] ZHONG G L, KOBAYASHI Y, HOSHINO Y, et al. System modeling and tracking control of mobile manipulator subjected to dynamic interaction and uncertainty [J]. Nonlinear Dynamics, 2013, 73(1-2): 167-182.

[71] 王春光. 行星齿轮传动动态特性的研究 [D]. 哈尔滨: 哈尔滨船舶锅炉涡轮机研究所, 2005.

[72] WALHA L, FAKHFAKH T, HADDAR M. Nonlinear dynamics of a two-stage gear system with mesh stiffness fluctuation, bearing flexibility and backlash [J]. Mechanism and Machine Theory, 2009, 44(5): 1058-1069.

[73] SHI W, PARK H C, NA S, et al. Dynamic analysis of three-dimensional drivetrain system of wind turbine [J]. International Journal of Precision Engineering & Manufacturing, 2014, 15(7): 1351-1357.

[74] RAFSANJANI A, ABBASION S, FARSHIDIANFAR A, et al. Nonlinear dynamic modeling of surface defects in rolling element bearing systems [J]. Journal of Sound Vibration, 2009, 319(3-5): 1150-1174.

[75] 李朝峰. 耦合故障复杂转子–轴承非线性系统的运行稳定性及其实验研究 [D]. 沈阳: 东北大学, 2009.

[76] HARSHA S P. Non-linear dynamic response of a balanced rotor supported on rolling element bearings [J]. Mechanical Systems & Signal Processing, 2005, 19(3): 551-578.

[77] 吴昊. 滚动轴承动特性及轴承–转子系统动力学模型研究 [D]. 上海: 华东理工大学, 2010.

[78] JOVANOVIC J D, TOMOVIC R N. Analysis of dynamic behaviour of rotor-bearing system [J]. Proceedings of the Institution of Mechanical Engineers, Part C: Journal of Mechanical Engineering Science, 2014, 228(12): 2141-2161.

[79] 许立新. 滚子链传动系统动力学理论与实验研究 [D]. 天津: 天津大学, 2010.

[80] HUO J Z, HOU N, SUN W, et al. Analyses of dynamic characteristics and structure optimization of tunnel boring machine cutter system with multi-joint surface [J]. Nonlinear Dynamics, 2017, 87(1): 237-254.

[81] 杨金强. 盘形滚刀受力分析及切割岩石数值模拟研究 [D]. 北京: 华北电力大学, 2007.

[82] 屠昌锋. 盾构机盘形滚刀垂直力和侧向力预测模型研究 [D]. 长沙: 中南大学, 2009.

[83] 暨智勇. 盾构掘进机切刀切削软岩和土壤受力模型研究及实验验证 [D]. 长沙: 中南大学, 2009.

[84] 谭青, 张魁, 夏毅敏, 等. TBM 刀具三维破岩仿真 [J]. 山东大学学报, 2009, 39(6), 72-77.

[85] SUN W, MA H H, SONG X G, et al. Modeling and dynamic analysis of cutterhead driving system in tunnel boring machine [J]. Shock and Vibration, 2017: 1-12.

[86] HUO J Z, WU H Y, SUN W, et al. Electromechanical coupling dynamics of TBM main drive system [J]. Nonlinear Dynamics, 2017(2): 1-24.

[87] LI X H, YU H B, YUAN M Z, et al. Dynamic modeling and analysis of shield TBM cutterhead driving system [J]. Journal of Dynamic Systems Measurement and Control, 2010, 132(4): 1-14.

[88] 肖正明. 土压平衡盾构机主减速器三级行星齿轮系统动力学 [D]. 重庆: 重庆大学, 2011.

[89] 齐寅明. 盾构刀盘驱动三级行星齿轮系统动力学分析 [D]. 重庆: 重庆大学, 2013.

[90] 张凯之. 盾构机冗余驱动回转系统动态特性研究 [D]. 上海: 上海交通大学, 2011.

[91] ZHANG K Z, YU H D, LIU Z P, et al. Dynamic characteristic analysis of TBM tunnelling in mixed-face conditions [J]. Simulation Modelling Practice and Theory, 2010, 18(7): 1019-1031.

[92] 唐国文, 余海东, 谢启江. 不确定性地质参数下硬岩掘进机动态特性与评价 [J]. 上海交通大学学报, 2016, 50(11): 1670-1675.

[93] 谢启江. 变约束条件下硬岩掘进机动力学建模及特性研究 [D]. 上海: 上海交通大学, 2015.

[94] 杨波, 夏岩, 李鹤, 等. TBM 推进系统动力学特性分析 [J]. 哈尔滨工程大学学报, 2017, 38(3): 1303-1308.

[95] 夏毅敏, 钱聪, 李正光, 等. 隧道掘进机支撑推进系统振动特性 [J]. 浙江大学学报 (工学版), 2018, 52(2): 233-239.

[96] 李献. 硬岩掘进机 (TBM) 的动力学分析与振动控制 [D]. 上海: 上海交通大学, 2015.

[97] JUNG H J, SPENCER Jr B F, LEE I W. Control of seismically excited cable-stayed bridge employing magnetorheological fluid dampers [J]. Journal of Structural Engineering, 2003, 129(7): 873-883.

[98] 汪建晓, 孟光. 磁流变液阻尼器用于振动控制的理论及实验研究 [J]. 振动与冲击, 2001(2): 39-45.

[99] YANG G, SPENCER Jr B F, JUNG H J, et al. Dynamic modeling of large-scale magnetorheological damper systems for civil engineering application [J]. Journal of Engineering Mechanics, 2004, 130(9): 1107-1114.

[100] YANG G, SPENCER Jr B F, CARLSON J D, et al. Large-scale MR fluid dampers: modeling and dynamic performance considerations [J]. Engineering Structure, 2002, 24(3): 309-323.

[101] YANG G, JUNG H J, SPENCER Jr B F. Dynamic model of full-scale MR dampers for civil engineering applications [EB/J]. 2001.

[102] JANSEN L M, DYKE S J. Semiactive control strategies for MR dampers: comparative study [J]. Journal of Engineering Mechanics, 2000, 126(8): 795-803.

[103] KLINGENBERG D J. Magnetorheology: applications and challenges [J]. AIChE Journal, 2001, 47(2): 246-249.

[104] PARK B J, FANG F F, CHOI H J. Magnetorheology: materials and application [J]. Soft Matter, 2010, 6(21): 5246-5253.

[105] CARLSON J D. MR fluids and devices in the real word [J]. International Journal of Modern Physics B, 2005, 19(7-9): 1463-1470.

[106] LINDLER J E, DIMOCK G A, WERELEY N M. Design of a magnetorheological automotive shock absorber [J]. Proceedings of SPIE—The International Society for Optical Engineering, 2000, 3985: 426-437.

[107] LEE H S, CHOI S B. Control and response characteristics of a magneto-rheological fluid damper for passenger vehicles [J]. Journal of Intelligent Material Systems and Structures, 2000, 11(1): 80-87.

[108] RODRIGUEZ A, IWATA N, IKHOUANE F, et al. Modeling and identification of a large-scale magnetorheological fluid damper [J]. Advances in Science & Technology, 2008, 56: 374-379.

[109] GUO D L, HU H Y. Nonlinear stiffness of a magneto-rheological damper [J]. Nonlinear Dynamics, 2005, 40(3): 241-249.

[110] CHO S W, JUNG H J, LEE I W. Smart passive system based on magnetorheological damper [J]. Smart Materials and Structures, 2005, 14(4): 707-714.

[111] IOAN B. Damper with magnetorheological suspension [J]. Journal of Magnetism and Magnetic Materials, 2002, 241(2-3): 196-200.

[112] CHOI S B, LEE H S, HONG S R, et al. Control and response characteristics of a magnetorheological fluid damper for passenger vehicles [J]. Proceedings of SPIE—The International Society for Optical Engineering, 2000, 3985: 438-443.

[113] CARLSON J D, SPENCER Jr B F. Magneto-rheological fluid dampers for semi-active seismic control[C]// The 3rd International Conference on Motion and Vibration Control, Chiba, 1996: 35-40.

[114] AHMADIAN M, APPLETON R J, NORRIS J A. Designing magneto-rheological dampers in a fire out-of-battery recoil system [J]. IEEE Transactions on Magnetics, 2003, 11(39): 21-25.

[115] AHMADIAN M, APPLETON R J, NORRIS J A. An analytical study of fire out of battery using magnetorheological damper [J]. Shock and Vibration, 2002(9): 129-142.

[116] 欧进萍, 关新春. 磁流变耗能器及其性能 [J]. 地震工程与工程振动, 1998(3): 75-82.

[117] 李忠献, 吴林林, 徐龙河, 等. 磁流变阻尼器的构造设计及其阻尼力性能的试验研究 [J]. 地震工程与工程振动, 2003(1): 128-132.

[118] LI Z X, XU L H. Performance tests and hysteresis model of MRF–04K damper [J]. Journal of Structural Engineering, 2005, 131(8): 1303-1306.

[119] 徐龙河, 李忠献. 基于 MRF–04K 阻尼器的 LQG 半主动控制系统 [J]. 天津大学学报, 2006(9): 1054-1059.

[120] 李忠献, 徐龙河, 姜南, 等. 基于 MRF–04K 阻尼器的结构减震控制模型试验研究 [J]. 地震工程与工程振动, 2004(1): 148-153.

[121] 徐龙河, 周云, 李忠献. 半主动控制装置在受控结构中的优化设置 [J]. 地震工程与工程振动, 2000, 20(3): 143-148.

[122] 徐龙河, 周云, 李忠献. 半主动磁流变阻尼控制方法的比较与分析 [J]. 世界地震工程, 2000, 16(3): 95-100.

[123] 徐龙河, 周云, 李忠献. MRFD 半主动控制系统的时滞与补偿 [J]. 地震工程与工程振动, 2001, 21(3): 127-131.

[124] YAO G Z, YAP F F, CHEN G, et al. MR damper and its application for semi-active control of vehicle suspension system [J]. Mechatronics, 2002, 12(7): 963-973.

[125] 关新春, 李金海, 欧进萍. 足尺磁流变液耗能器的性能与试验研究 [J]. 工程力学, 2005(6): 207-211.

[126] 瞿伟廉, 闰森, 涂建维. 新型足尺磁流变液阻尼器的设计及仿真分析 [J]. 武汉理工大学学报, 2007(2): 87-89.

[127] 王修勇, 陈政清, 倪一清. 斜拉桥拉索风雨振观测及其控制 [J]. 土木工程学报, 2003(6): 53-59.

[128] 廖昌荣, 余淼, 陈伟民, 等. 汽车磁流变减振器设计原理与实验测试 [J]. 中国机械工程, 2002, 13(16): 1391-1394.

[129] 廖昌荣. 汽车悬架系统磁流变阻尼器研究 [D]. 重庆: 重庆大学, 2001.

[130] 廖昌荣, 陈伟民, 余淼, 等. 基于混合模式的汽车磁流变减振器阻尼特性分析与测试 [J]. 机械工程学报, 2001(5): 44-47.

第二章 TBM 主机耦合系统激励研究

TBM 由于其特殊的工作环境导致了其不同位置的滚刀受到不同的复杂载荷作用，研究滚刀受力预测模型是进行滚刀设计和探索滚刀–刀座载荷传递规律的前提条件。如何使用数学模型准确预测滚刀破岩载荷是研究滚刀破岩的关键。目前，对于刀具破岩机理的本质尚无统一的认识，大大阻碍了破岩载荷预测的进程。而对于滚刀破岩载荷理论公式的研究多为单滚刀静态平均载荷的计算，虽然在结构设计和强度校核上为滚刀设计提供了一定的依据，但缺乏连续性和真实性。滚刀破岩是一个连续的过程，所受冲击载荷也随着刀盘的推进和岩石环境的变化而不断变化。

本章针对盘形滚刀在刀盘上的布置特点建立较为合理准确的多滚刀破岩过程，分别建立了不同安装方式滚刀的滚刀群多阶段空间联合破岩预测模型，并具体分析了刀盘系统的不确定因素，计算了 TBM 不同类型滚刀的动态载荷，根据滚刀与刀盘之间的载荷传递关系推导出了考虑不确定性因素的刀盘载荷计算公式。对复杂地质条件及滚刀位置分布进行数学建模，根据掘进工况来确定滚刀掘进数量及位置，进而得到了 TBM 刀盘各掘进工况的外部载荷，为下一步的动力学分析提供外部激励。

2.1 滚刀群多阶段空间联合破岩预测模型

2.1.1 密实核破岩机理

国内外许多学者对滚压破岩的基本原理进行了研究，也提出了许多不同的理论，其中比较有代表性的理论就是密实核–劈拉理论[1-2]。

无论以何种方式破碎岩石，其破岩过程都存在跃进式侵入、密实核和破碎角稳定这三个基本规律[3]。在此规律的基础上，东北工学院的余静等提出了拉伸和剪切联合作用的破岩机理学说——密实核–劈拉理论。该理论以最大剪应力和最大拉应力准则来判断裂纹的产生，并且认为密实核在岩石破碎的过程中起着核心作用。密实核是指压头（刀刃）侵入岩体时，刀刃下岩体裂纹不断扩展交汇，由于剪切错断作用形成局部细粒粉末，最后脱离岩体而形成处于体积压缩状态的球形或袋状的核。它是载荷能量的储存体和传递体[3]。

密实核–劈拉破岩机理模型将岩石破碎过程分成 6 个阶段——变形阶段、裂纹源出现阶段、密实核形成阶段、密实核储能阶段、径向裂纹和粉劈阶段、卸载阶段，如图 2.1 所示。

（1）变形阶段（图 2.1a）。该阶段载荷所做功转化成变形能储存在岩石内，外观上可看到接近压入边缘的接触面下沉。

（2）裂纹源出现阶段（图 2.1b）。在此阶段，压头与岩石接触面下方出现超过抗剪强度的最大剪应力，形成裂纹源，接触部分外缘岩石所受拉力超过其抗拉强度，进而形成赫兹裂纹。

（3）密实核形成阶段（图 2.1c）。载荷的继续增加使裂纹不断向外扩展，并不断交汇在一起，最后发展成类似球形的岩粉体。

（4）密实核储能阶段（图 2.1d）。当载荷持续增加，载荷不断将密实核压紧、压实，使外部能量通过密实核体积缩小、密度增大而转化成密实核的变形能。

（5）径向裂纹和粉劈阶段（图 2.1e）。当密实核储存的能量达到其自身的极限时，载荷的能量通过密实核传向密实核周围的岩石，在岩石表面的切向上产生拉应力，当其超过岩石的抗拉强度时，与密实核接触的岩石产生径向裂纹。密实核在外载作用下处于高压状态，岩粉以粉流的形式楔入径向裂纹，造成裂纹尖端应力集中，并向自由面方向迅速劈开岩石。

（6）卸载阶段（图 2.1f）。当岩粉劈开岩石，能量瞬间释放，压头突然卸载并跃进式侵入。

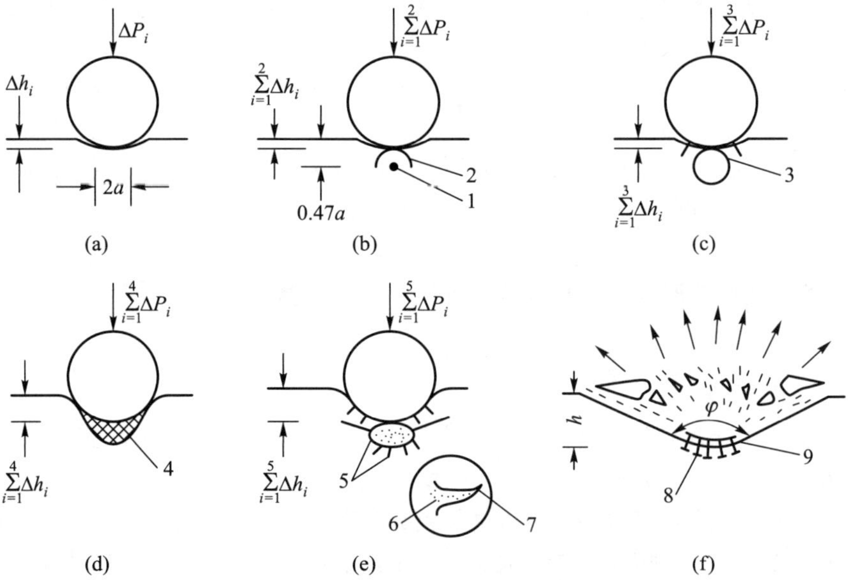

图 2.1 密实核–劈拉破岩机理模型[1]

1—裂纹源；2—赫兹裂纹；3—密实核；4—压实密实核；5—径向裂纹；6—岩粉；7—裂纹扩展；8—环向裂纹；9—残余密实核

从上述的过程分析可以得出如下结论：① 该观点引进了近代断裂力学的主要论据，即物体的断裂是由于其内部裂隙尖端所受拉应力超过其极限应力造成的；② 赫兹裂纹的产生和扩展是拉应力作用的结果；③ 粉碎区的形成是剪应力作用的结果；④ 破碎坑的形成是拉应力作用的结果，而且形成破碎坑的张裂纹在扩展过程中并非单一存在；⑤ 存在时间效应。

虽然该观点能够较好地描述压头压入岩石的过程，但该模型是基于单个圆形压头压入石英玻璃提出的，所施加的载荷为静态载荷，且该模型虽将压头破碎岩石的过程分为了若干阶段，但并未给出相应的各阶段的载荷计算公式。而在 TBM 掘进过程中，滚刀之间存在相互作用，且滚刀所受载荷为动态的冲击载荷，不同位置的盘形滚刀所受的载荷是不同的。使用该理论对盘形滚刀破岩过程进行分析有一定的局限性，因此有必要针对 TBM 盘形滚刀的特点进一步完善密实核理论，建立更符合实际情况的滚刀受力预测模型。

2.1.2 基于密实核理论的滚刀群多阶段空间联合破岩机理

由于 TBM 刀盘所处的环境恶劣，受动态冲击载荷作用，且滚刀为空间布置，传统的密实核理论和受力预测模型不能够很好地描述盘形滚刀的破岩过程。因此，本章将二维单滚刀正压密实核理论扩展到三维空间密实核理论，针对 TBM 刀盘不同区域盘形滚刀群顺次–回转–滚压/斜压的空间复合破岩特点，综合考虑盘形滚刀结构参数、布置参数、刀盘掘进参数、岩石特性等影响因素，建立了基于密实核理论的不同区域滚刀群空间复合破岩理论模型。

假设岩石破碎过程中密实核内部为静水压力状态。静水压力状态是一种特殊的应力状态，其内部三向主应力相等。根据弹塑性力学理论，静水压力不影响屈服而只产生体积改变。但由于岩石结构的非均质性以及内部应力分布的非均匀性，即使岩石处于静水压力状态，仍然会发生破坏。将刀具破岩过程分为四个阶段：弹性变形阶段、挤压破碎阶段、裂纹贯通阶段与卸载阶段。研究方案如图 2.2 所示。

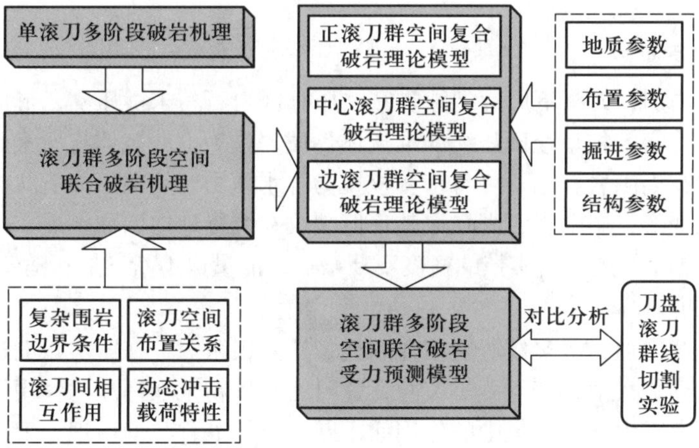

图 2.2 滚刀群多阶段空间联合破岩研究方案

1. 弹性变形阶段

随着载荷的施加，刀头挤压岩石，岩石受力未超过屈服强度极限，产生弹性变形，宏观上可看到岩石面略微下沉。阶段后期产生初始裂纹，此时前一把滚刀在相邻位置滚压岩石产生的裂纹对当前滚刀无影响。岩石产生裂纹破坏不符合弹性力学的基本前提——介质连续性，因此本阶段研究刀头从刚接触岩石到产生裂纹之前的弹性变形过程。此阶段如图 2.3 所示。

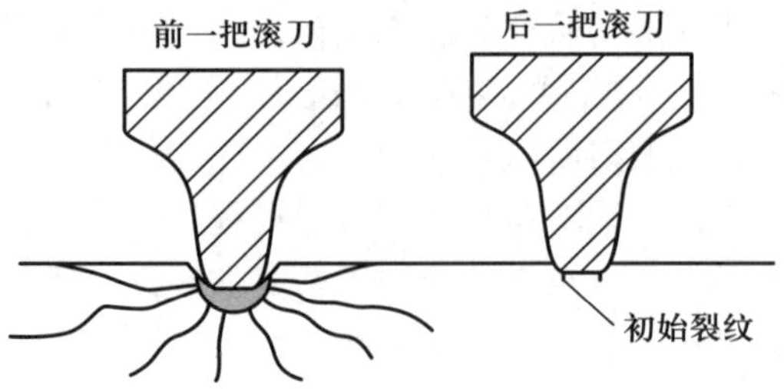

图 2.3　弹性变形阶段示意图

2. 挤压破碎阶段

随着载荷的增加，刀头下方的岩石所受的力超过了其单轴抗压强度，裂纹不断扩展交汇，位于滚刀正下方的岩石被压碎，形成压碎区。压碎区周围产生裂纹，并呈辐射状。此阶段如图 2.4 所示。

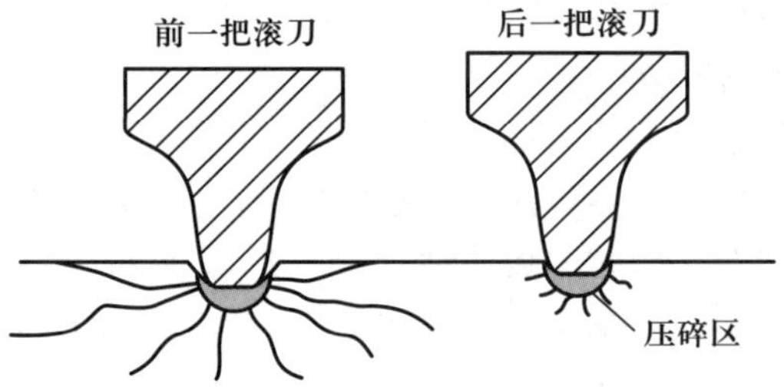

图 2.4　挤压破碎阶段示意图

3. 裂纹贯通阶段

载荷持续增加，刀头下周边裂隙贯穿，压碎区岩石粉末被压实，形成半球形岩粉体——密实核。密实核呈全面压缩的准流体性质，作为力的载体将所承受的力呈放射状均匀地施加在周围岩石上。可将密实核视为静水压力（均向压力）状态，密实核内部只产生体积变形，周围岩石尚且完整，但裂纹在缓慢地向四周扩展，两把滚刀间的裂纹间隙越来越小。此时密实核的密度不断增加，能量也不断增加；随着载荷的增加，贯入量变化很小。

当载荷继续增加，密实核所能储存的能量达到极限时，在密实核的边界处，岩石所受拉应力达到最大值，产生微小裂隙，这时密实核粉末在高压的作用下楔入周边的裂隙，使裂纹由于尖端应力集中的作用而不断失稳扩展，与前一把滚刀滚压留下的长裂纹贯通，形成贯通的岩脊。此阶段如图 2.5 所示。

4. 卸载阶段

当刀头突然卸载，储存在密实核和岩石内的能量将得到释放，转换成岩石碎片的动能，将岩石碎片体抛出坑外，密实核有残余，但密度和强度均不及加载的过程。然后，滚刀继续下压，由于压碎区和残余密实核的存在，从挤压破碎阶段和裂纹贯通阶段开始重新循环。此阶段如图 2.6 所示。

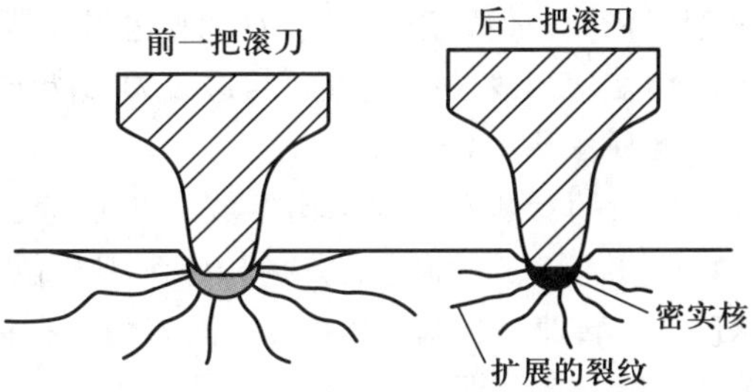

图 2.5 裂纹贯通阶段示意图

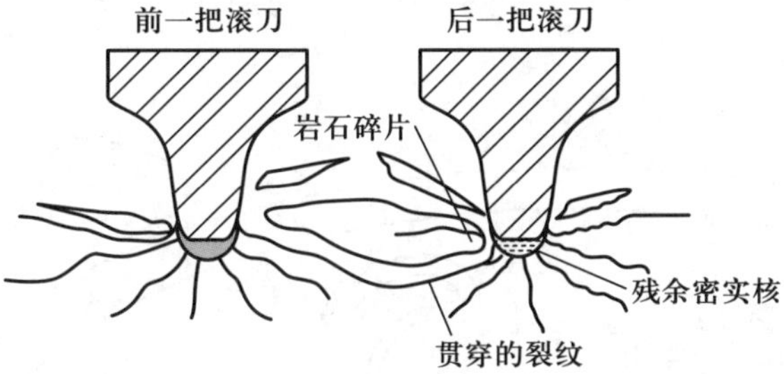

图 2.6 卸载阶段示意图

2.1.3 滚刀群多阶段空间联合破岩受力预测模型

全断面岩石掘进机刀盘上安装有不同类型的刀具，根据其安装位置的不同，可以分为中心滚刀、正滚刀和边滚刀。中心滚刀位于刀盘中心，向外依次是正滚刀、边滚刀，如图 2.7 所示。对于中心滚刀和正滚刀来说，刀圈垂直于掌子面，其垂直受力方式相同；但由于安装半径不同，中心滚刀和正滚刀的侧向力数值有很大不同。就结构

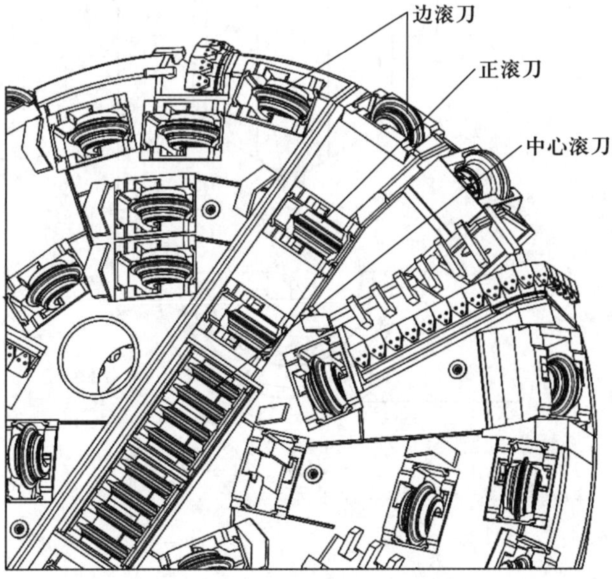

图 2.7 刀盘上滚刀的布置

形式来说，边滚刀与正滚刀相同；但边滚刀位于刀盘的边缘弧线上，滚刀刀圈与掌子面呈一定角度，该倾角的存在使刀盘的推进方向与边滚刀刀圈方向不一致，导致边滚刀的受力与正滚刀和中心滚刀有很大不同。

如图 2.8 所示，影响载荷的参数有滚刀结构参数（刀刃宽 T、滚刀半径 R、刀刃角 θ）、滚刀布置参数（刀间距 S、安装半径 ρ、相邻滚刀相位角差 α、安装角 β）、掘进参数（刀刃贯入深度 h、转速 n、掘进速度 v、滚刀与岩石接触角 φ）、岩石特性（单轴抗压强度 σ_c、抗剪强度 σ_t），即

$$F = f(T, R, \theta, S, \rho, \alpha, \beta, \varphi, h, n, v, \sigma_c, \sigma_t) \tag{2.1}$$

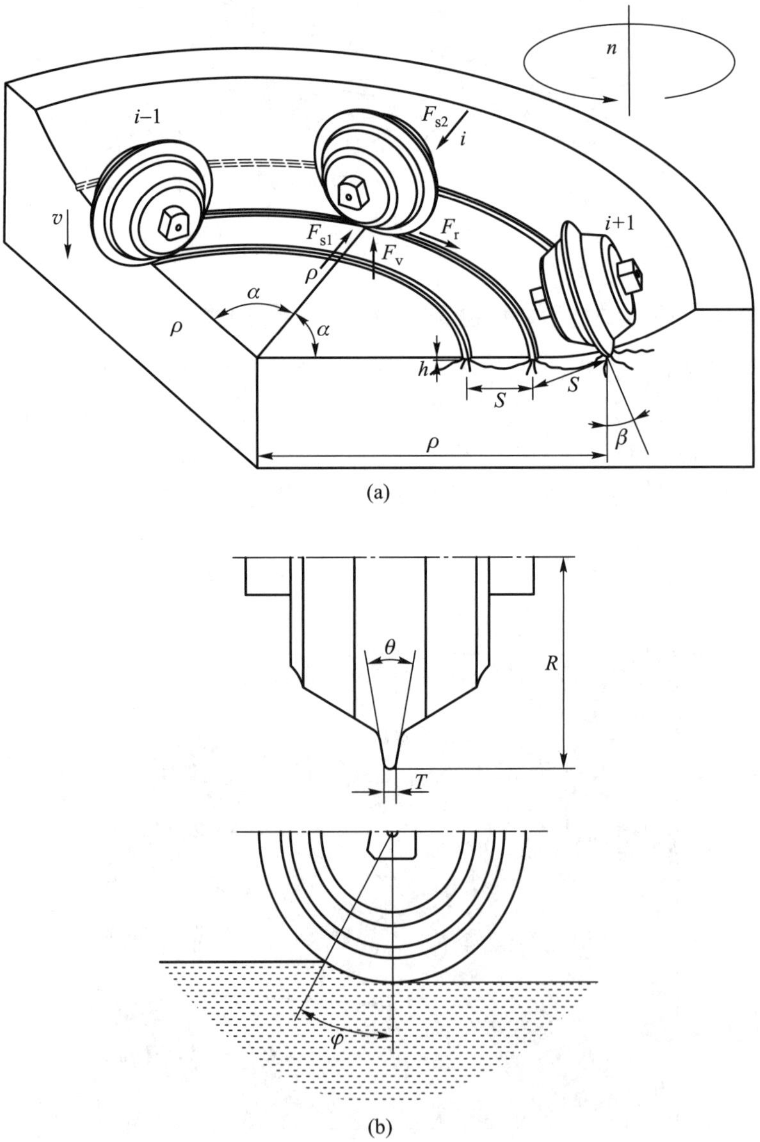

图 2.8　滚刀破岩模型

根据滚刀安装角度的不同，将受力预测模型分为两类：① 正滚刀、中心滚刀多阶段空间复合破岩受力预测模型；② 边滚刀多阶段空间复合破岩受力预测模型。而对于第一把边滚刀的情况来说，一侧是正滚刀，而另一侧是边滚刀。第一把边滚刀的安装角为 6° ～ 8°，根据力的分解，该角度对三向力的影响几乎可以忽略不计，因此对一把边滚刀、一把正滚刀的受力预测模型计算时使用两把正滚刀的计算方法，以简化计算过程。

2.1.3.1　正滚刀、中心滚刀多阶段空间复合破岩受力预测模型

1. 弹性变形阶段

此阶段刀刃压入深度较小，可近似为矩形。此时盘形滚刀压入面积（如图 2.9 所示）为

$$A = R\varphi\left(T + 2h\tan\frac{\theta}{2}\right) \tag{2.2}$$

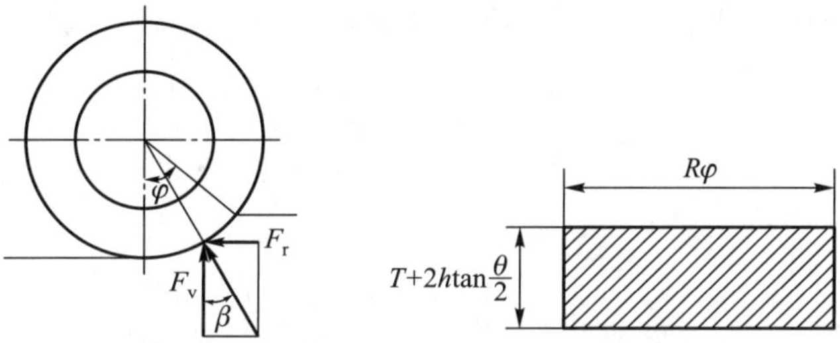

图 2.9　弹性阶段盘形滚刀压入面积

图 2.9 中，垂向力 F_v 为岩石弹性极限与压入面积的乘积：

$$F_v = \sigma_s A = \frac{1}{k}\sigma_c\sqrt{2Rh}\left(T + 2h\tan\frac{\theta}{2}\right) \tag{2.3}$$

式中：θ 为刀刃角；φ 为岩石接触角；R 为盘形滚刀半径；T 为刀刃宽；σ_s 为岩石弹性极限；k 为弹性极限系数，对于岩石而言，$k = 1.5 \sim 3$；σ_c 为岩石抗压强度；h 为贯入深度。

对于同一位置的岩石，相邻滚刀的贯入深度差为 $\Delta h = (\alpha/360)p$; 贯入量与转速和掘进速度的关系为 $p = v/n$。因此，$\Delta h = \alpha v/(360n)$。则第二把刀的贯入深度 $h = h' + \Delta h = h' + \alpha v/(360n)$，其中 h' 为前一把滚刀在相同位置时的贯入深度。此时假设忽略第一把中心滚刀的作用。

此阶段滚刀贯入量很小，可将刀头看作平端压头，不需要考虑侧向力和滚动力的作用。

2. 挤压破碎阶段

当载荷继续施加，刀头下方的岩石所受的力超过了其单轴抗压强度，位于滚刀正下方的岩石被压碎。考虑到工程实际中使用的滚刀以平刃滚刀居多，本小节给出了一种考虑围压的滚刀受力模型，将盘形滚刀压入岩石区域在岩石表面的投影面积进行修正，如图 2.10 所示。

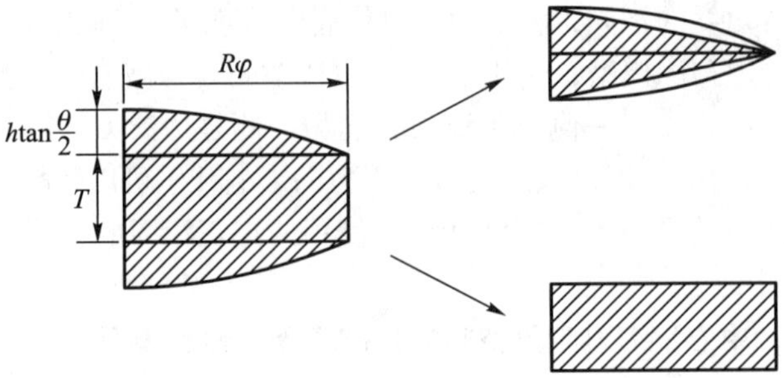

图 2.10 挤压破碎阶段盘形滚刀压入面积

此时被压碎的岩石面积为

$$A = R\varphi\left(T + h\tan\frac{\theta}{2}\right) \tag{2.4}$$

滚刀接触岩石的弧长近似等于弦长，即 $R\varphi \approx \sqrt{R^2 - (R-h)^2 + h^2} = \sqrt{2Rh}$，因此滚刀所受的垂直力为

$$F_{\mathrm{v}} = \sigma_{\mathrm{c}} A = \sigma_{\mathrm{c}}\sqrt{2Rh}\left(T + h\tan\frac{\theta}{2}\right) \tag{2.5}$$

由几何关系可得

$$\frac{F_{\mathrm{r}}}{F_{\mathrm{v}}} = \tan\varphi = \frac{\sqrt{2Rh - h^2}}{R-h} \tag{2.6}$$

则滚动力为

$$F_{\mathrm{r}} = F_{\mathrm{v}}\tan\varphi = \sigma_{\mathrm{c}}\left(T + h\tan\frac{\theta}{2}\right)\sqrt{2Rh}\frac{\sqrt{2Rh - h^2}}{R-h} \tag{2.7}$$

在滚刀滚压岩石过程中，由于滚动力的作用，滚刀产生力矩，如图 2.11 所示。因此，滚刀正下方和滚刀刀尖前侧与岩石接触边缘所受滚动力之间的关系为

$$F_{\mathrm{r}}\rho_i = F_{\mathrm{r}}'\rho_i' \tag{2.8}$$

式中：ρ_i 为第 i 把滚刀的安装半径；F_{r}' 为滚刀与岩石接触边缘的滚动力；ρ_i' 为接触点到刀盘圆心的距离。

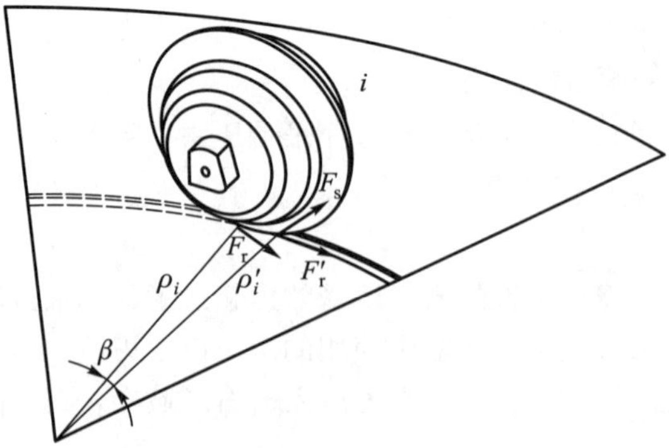

图 2.11 滚刀回转所受力矩示意图

而刀尖上前侧受到的力 F_s 为 F_r' 在刀轴方向的分量，即侧向力 F_s 为

$$F_\mathrm{s} = F_\mathrm{r}'\sin\beta = F_\mathrm{r}\frac{\rho_i}{\sqrt{\rho_i^2+(R\sin\varphi)^2}}\frac{R\sin\varphi}{\sqrt{\rho_i^2+(R\sin\varphi)^2}} = \frac{F_\mathrm{r}\sqrt{2Rh-h^2}}{\rho_i^2+2Rh-h^2} \tag{2.9}$$

3. 裂纹贯通阶段

裂纹贯通阶段主要分为两个部分：密实核压实过程和裂纹失稳扩展过程。在密实核压实过程中，密实核与岩石接触面积几乎不变，且侧向周边岩石为破碎。因此，对于侧向力，不能用岩石的抗剪强度来计算。

密实核周围岩石破坏之前，密实核与岩石接触部分呈半圆形，此时岩石与密实核接触面积（如图 2.12 所示）为

$$A = \frac{1}{2}\pi TR\varphi = \frac{1}{2}\pi T\sqrt{2Rh} \tag{2.10}$$

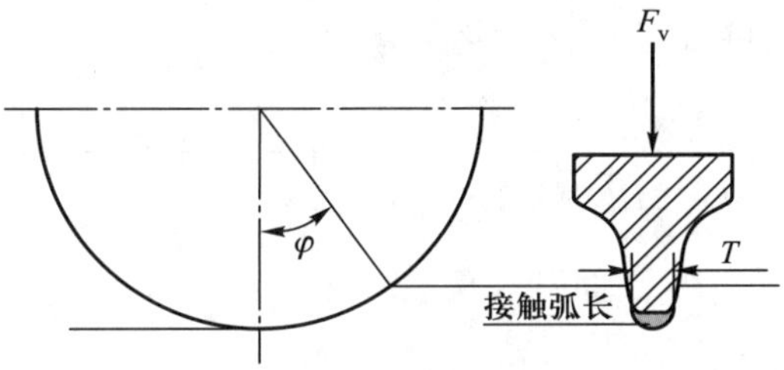

图 2.12 岩石与密实核接触面积示意图

垂向力为

$$F_\mathrm{v} = \frac{1}{2}\sigma_\mathrm{c}\pi T\sqrt{2Rh} \tag{2.11}$$

在压实过程中，由图 2.13 可知：滚刀垂向载荷 F_v 的数值等于刀刃下所受岩石反力 F_1 和刀刃两侧所受岩石反力 F_2 在竖直方向上的分力之和，即

$$F_\mathrm{v} = F_1 + 2F_2\sin\frac{\theta}{2} \tag{2.12}$$

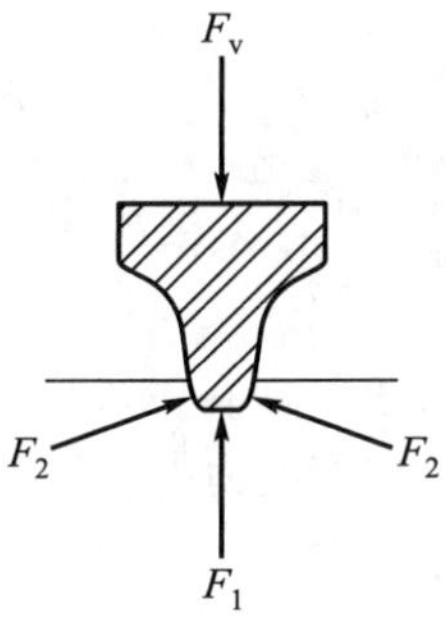

图 2.13 裂纹贯通阶段岩石与刀刃作用示意图（不考虑回转）

由于密实核处于静水压力状态，在密实核周围各处的压强均相等，即

$$\frac{F_1}{A_1} = \frac{F_2}{A_2} \tag{2.13}$$

F_1、F_2 对应的面积如图 2.14 所示，可得

$$A_1 = TR\varphi \approx T\sqrt{2Rh} \tag{2.14}$$

$$A_2 = \frac{1}{2}R^2\varphi - \frac{1}{2}(R-h)\sqrt{2Rh-h^2} = \frac{1}{2}R\sqrt{2Rh} - \frac{1}{2}(R-h)\sqrt{2Rh-h^2} \tag{2.15}$$

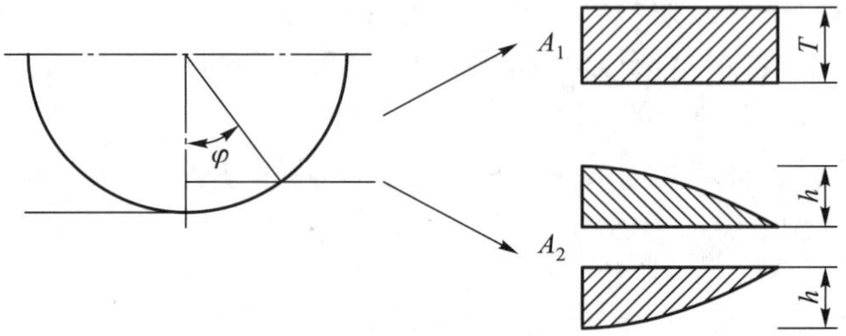

图 2.14 刀刃与岩石侧面接触面积示意图

则滚刀所受载荷 F_v 与静水压力 P 的关系为

$$\begin{aligned} F_v &= \frac{T\sqrt{2Rh}}{\frac{1}{2}R\sqrt{2Rh} - \frac{1}{2}(R-h)\sqrt{2Rh-h^2}}F_2 + 2\sin\frac{\theta}{2}F_2 \\ &= PA = \frac{1}{2}P\pi T\sqrt{2Rh} \end{aligned} \tag{2.16}$$

式中，P 为密实核单位面积所受的压力。在密实核被压实的过程中，P 的数值不断增加，当 $P \geqslant f(S)\sigma_c$ 时，岩石达到单轴抗压强度而破碎。垂向力为

$$F_v = \left[\frac{T\sqrt{2Rh}}{\frac{1}{2}R\sqrt{2Rh} - \frac{1}{2}(R-h)\sqrt{2Rh-h^2}} + 2\sin\frac{\theta}{2}\right]F_2 \tag{2.17}$$

滚动力 F_r 为

$$F_r = F_v\tan\varphi = \frac{1}{2}\sigma_c\pi T\sqrt{2Rh}\frac{\sqrt{2Rh-h^2}}{R-h} \tag{2.18}$$

当滚刀直线滚压时，侧向力为 F_2 在水平方向上的分量，即

$$F_2' = \frac{F_v\left[\frac{1}{2}R\sqrt{2Rh} - \frac{1}{2}(R-h)\sqrt{2Rh-h^2}\right]}{\sqrt{2Rh}\left(T + R\sin\frac{\theta}{2}\right) - \sin\frac{\theta}{2}(R-h)\sqrt{2Rh-h^2}}\cos\frac{\theta}{2} \tag{2.19}$$

与挤压破碎阶段相同，在滚刀滚压岩石过程中，由于滚动力的作用，滚刀产生力矩，由几何关系可以得到安装半径和滚动力的关系，如式（2.8）所示。而刀尖上前侧受到的力 F_3 为 F_r' 在刀轴方向的分量，即

$$\begin{aligned} F_3 &= F_r'\sin\beta = F_r\frac{\rho_i}{\sqrt{\rho_i^2 + (R\sin\varphi)^2}}\frac{R\sin\varphi}{\sqrt{\rho_i^2 + (R\sin\varphi)^2}} \\ &= \frac{F_r\sqrt{2Rh-h^2}}{\rho_i^2 + 2Rh - h^2} \end{aligned} \tag{2.20}$$

当 F_2'、F_3 由于两侧岩石的强度不确定性而不同向时，侧向力为两力差值。因此滚刀侧向力为滚刀刀刃角对岩石产生的挤压力 F_2' 与滚动力在刀轴方向的分力 F_3 的合力。因此侧向力 F_s 为

$$F_\mathrm{s}=F_3\pm F_2'=\frac{F_\mathrm{r}\sqrt{2Rh-h^2}}{\rho_i^2+2Rh-h^2}\pm \\ \frac{F_\mathrm{v}\left[\frac{1}{2}R\sqrt{2Rh}-\frac{1}{2}\left(R-h\right)\sqrt{2Rh-h^2}\right]}{\sqrt{2Rh}\left(T+\frac{R}{2}\sin\frac{\theta}{2}\right)-\sin\frac{\theta}{2}(R-h)\sqrt{2Rh-h^2}}\cos\frac{\theta}{2} \tag{2.21}$$

当岩石处于裂纹扩展过程时，滚刀两侧岩石达到抗剪极限而破碎。侧向力的接触面积如图 2.15 所示，可得

$$A=\left(S-2h\tan\frac{\theta}{2}\right)R\varphi=\sqrt{2Rh}\left(S-2h\tan\frac{\theta}{2}\right) \tag{2.22}$$

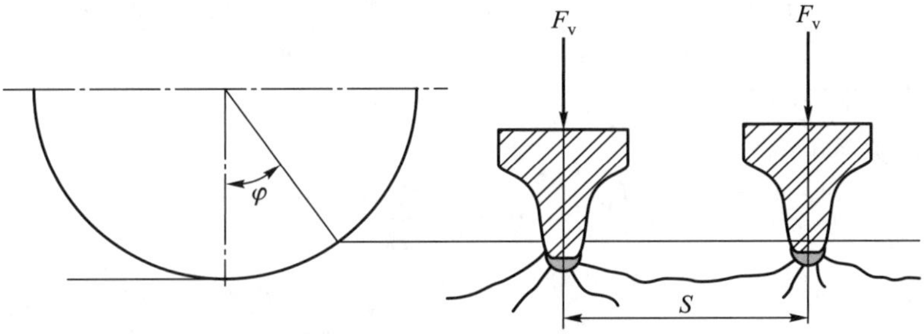

图 2.15 侧向力接触面积

侧向力 F_s 为

$$F_\mathrm{s}=\sigma_\mathrm{t}A=\sigma_\mathrm{t}\sqrt{2Rh}\left(S-2h\tan\frac{\theta}{2}\right) \tag{2.23}$$

2.1.3.2 边滚刀多阶段空间复合破岩受力预测模型

1. 弹性变形阶段

对于边滚刀来说，在弹性变形阶段滚刀接触岩石深度较小，计算时面积可近似等于正滚刀弹性阶段岩石与滚刀的接触面积。因此垂向力 F_v 同式 (2.3)。

2. 挤压破碎阶段

在此阶段，由于边滚刀的推进方向与安装方向呈一定角度，此时滚刀与岩石接触部分可看作楔形刃，如图 2.16 所示。被压碎的岩石面积为

$$\begin{aligned}A&=\frac{1}{2}R\varphi h\left[\tan\left(90^\circ-\beta\right)+\tan\left(\beta+\frac{\theta}{2}\right)\right]\\&=\frac{1}{2}h\sqrt{2Rh}\left[\tan\left(90^\circ-\beta\right)+\tan\left(\beta+\frac{\theta}{2}\right)\right]\end{aligned} \tag{2.24}$$

当 $h=T\cos(90^\circ-\alpha)$ 时，面积达到最大。

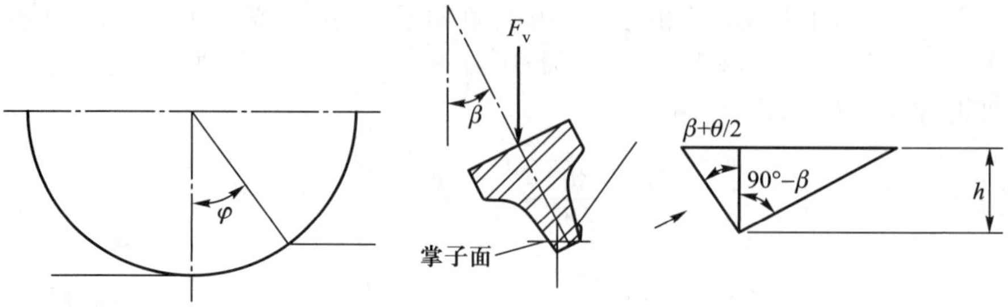

图 2.16 接触面积示意图

因此，滚刀所受的垂向力为

$$F_v = \sigma_c A \cos\beta = \frac{1}{2}\sigma_c h\sqrt{2Rh}\left[\tan(90° - \beta) + \tan\left(\beta + \frac{\theta}{2}\right)\right]\cos\beta \tag{2.25}$$

侧向力为

$$F_s = \sigma_c A \sin\beta = \frac{1}{2}\sigma_c h\sqrt{2Rh}\left[\tan(90° - \beta) + \tan\left(\beta + \frac{\theta}{2}\right)\right]\sin\beta \tag{2.26}$$

式中，α 为边滚刀的安装角。

由几何关系可得

$$\frac{F_r}{F_v} = \tan\varphi = \frac{\sqrt{2Rh - h^2}}{R - h} \tag{2.27}$$

滚动力为

$$F_r = F_v \tan\varphi = F_v\sqrt{2Rh}\frac{\sqrt{2Rh - h^2}}{R - h} \tag{2.28}$$

3. 裂纹贯通阶段

密实核周围岩石破坏之前，岩石与密实核接触面积如图 2.17 所示，可得

$$\begin{aligned} A_1 &= \frac{1}{2}\pi R\varphi T\cos(90° - \beta)\left[\tan(90° - \beta) + \tan\left(\beta + \frac{\theta}{2}\right)\right] \\ &= \frac{1}{2}\pi T\cos(90° - \beta)\sqrt{2Rh}\left[\tan(90° - \beta) + \tan\left(\beta + \frac{\theta}{2}\right)\right] \end{aligned} \tag{2.29}$$

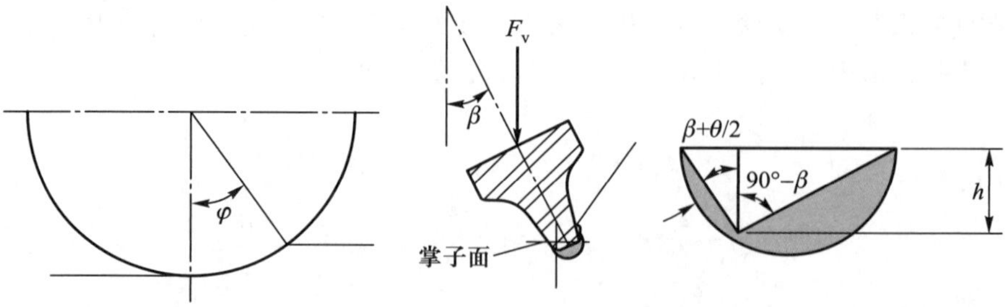

图 2.17 边滚刀密实核与岩石接触面积

垂向力为

$$
\begin{aligned}
F_{\mathrm{v}} &= \sigma_{\mathrm{c}} A_1 \cos\beta \\
&= \frac{1}{2}\pi\sigma_{\mathrm{c}} T \cos(90^\circ-\beta)\sqrt{2Rh}\left[\tan(90^\circ-\beta)+\tan\left(\beta+\frac{\theta}{2}\right)\right]\cos\beta
\end{aligned}
\tag{2.30}
$$

由于边滚刀均位于刀盘边缘，滚刀的安装半径对侧向力的影响可以忽略不计，因此并未按正滚刀的侧向力计算方式考虑。由于深度的增加，滚刀的一侧不断接触新的岩石，尚未形成密实核，但仍对岩石有侧向的剪切作用，此部分面积为

$$
\begin{aligned}
A_2 &= \left[S-2h\tan\left(\beta+\frac{\theta}{2}\right)\right] R\varphi\left[h-T\cos(90^\circ-\beta)\right]\tan\left(\beta+\frac{\theta}{2}\right) \\
&= \left[S-2h\tan\left(\beta+\frac{\theta}{2}\right)\right]\sqrt{2Rh}\left[h-T\cos(90^\circ-\beta)\right]\tan\left(\beta+\frac{\theta}{2}\right)
\end{aligned}
\tag{2.31}
$$

则侧向力为两部分的合力，即

$$
\begin{aligned}
F_{\mathrm{s}} &= \sigma_{\mathrm{c}} A_1 \sin\beta + \sigma_{\mathrm{t}} A_2 \\
&= \frac{1}{2}\sigma_{\mathrm{c}} T\cos(90^\circ-\beta)\sqrt{2Rh}\left[\tan(90^\circ-\beta)+\tan\left(\beta+\frac{\theta}{2}\right)\right]\sin\beta + \\
&\quad \sigma_{\mathrm{t}}\left[S-2h\tan\left(\beta+\frac{\theta}{2}\right)\right]\sqrt{2Rh}\left[h-T\cos(90^\circ-\beta)\right]\tan\left(\beta+\frac{\theta}{2}\right)
\end{aligned}
\tag{2.32}
$$

滚动力为

$$
F_{\mathrm{r}} = F_{\mathrm{v}}\tan\varphi = F_{\mathrm{v}}\sqrt{2Rh}\frac{\sqrt{2Rh-h^2}}{R-h} \tag{2.33}
$$

当边滚刀的倾斜角小于刀刃角 θ，刀刃两侧均参与破岩，虽程度不同，但对力的影响不大，因此均按两把正滚刀的情况计算。

2.2 不确定性因素下的刀盘滚刀载荷模型

2.2.1 TBM 刀盘系统的不确定性分析

2.2.1.1 掘进地质分布的不确定性

沉积建造和造山运动的综合作用造成了地质结构的复杂性[4]。典型的地层分布如图 2.18 所示。根据工程地质统计，TBM 在掘进过程中，所处地质包含多种地层，地层分布特征具有不确定性，而根据相关学者的研究可知，刀盘掘进界面上地层的变化趋势和不同地质的分布组合形式对于刀盘载荷的波动及大小影响很大。因此，必须对地层分布的不确定性进行处理。

2.2.1.2 滚刀掘进过程中的不确定性因素

TBM 刀盘在掘进时，嵌在刀盘上的滚刀经过推进机构作用压紧岩面，随着 TBM 刀盘不断旋转，滚刀将在掘进面上切割出同心圆槽[5]。滚刀破岩初期，岩石将出现压碎区以及放射状裂纹；随着刀盘的旋转，滚刀不断破岩，形成的裂纹将向相邻的滚刀

图 2.18 地层分布示意图

及岩石自由面不断扩展发散，当其与相邻滚刀切削形成的裂纹相交贯通或到达自由面时，岩石就会形成碎片，然后崩落。

某 TBM 刀盘的滚刀布置如图 2.19 所示，刀盘上共布置滚刀 54 把，包括 8 把中心滚刀、34 把正滚刀和 12 把边滚刀。滚刀在掘进过程中存在多种不确定性：每个时刻刀盘上参与破岩的滚刀数量不确定，同时滚刀在破岩过程中承载时间的先后顺序不确定造成滚刀每个时刻受力大小也具有不确定性。并且由于掘进环境恶劣，对不确定性因素进行大量实验极其困难，无法获得充足的样本点。TBM 刀盘所承受的外载主要来自滚刀与岩石的直接接触，而外部激励是刀盘动力学的重要输入条件，因此滚刀掘进过程中的不确定性因素对刀盘动力学特性分析具有重要影响。

图 2.19 某 TBM 刀盘刀具布置图

综上所述，这些不确定性因素的综合作用将造成 TBM 刀盘系统承受的载荷具有不确定性。因此本节将进行具有不确定性外部激励的刀盘系统动力学分析。经过前期调研可知，针对 TBM 刀盘系统的特殊性，区间分析法相对于概率法和模糊法更加符合工程实际。因此，本节将使用区间分析法表征刀盘载荷的不确定性。下面将求解刀盘外部载荷的区间范围，即最大值与最小值。

2.2.2 考虑不确定性因素的刀盘载荷计算方法

2.2.2.1 不确定性地质条件模型

在 TBM 掘进过程中，掘进界面上分布着多种岩层。在 TBM 掘进界面内，利用连续变化曲线表示掘进界面地质变化，进而形成广义的 TBM 刀盘掘进界面内的地质特征模型。

假设地层之间的分隔线为连续曲线，曲线方程为 $f(x,y)$，xoy 为刀盘掘进端面。为了不失一般性，若在整个掘进界面内分布有 n 种地层，那么可通过 $n-1$ 条分隔线描述复合地质模型[6]，可以得到掘进界面的组合地质模型如图 2.20 所示。

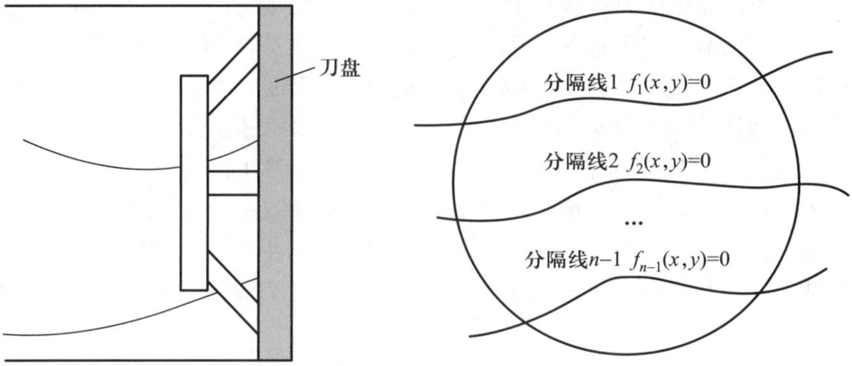

图 2.20 不确定性地质条件模型

在刀盘掘进的任意时刻 t，分隔线的函数为 $f_{i(t)}(x,y)$，即 t 时刻刀盘掘进界面的地层分隔线方程。可根据分隔线方程判断出各把滚刀在相应时刻所处的地层，进而得到每把滚刀的掘进载荷，将其代入刀盘载荷的计算公式，就可以计算出刀盘载荷。

根据工程统计，通常刀盘掘进界面内的复合地质多为软岩和硬岩组合的方式。因此，本节建立了由硬岩和软岩组成的复合地层模型，即只需一条地层分隔线，采用两种占比最大的岩土对地层模型进行组合岩层建模。

2.2.2.2 TBM 滚刀位置分布模型

由于 TBM 刀盘在掘进过程中不断旋转，因此滚刀所处的地层是变化的。在计算刀盘载荷时，要不断判断刀盘上各把滚刀在时刻 t 的地层位置，进而得到滚刀的掘进力，因此需要建立数学模型来表征刀盘上滚刀的布局，将滚刀布局参数化，进而运用到掘进载荷计算中。以 TBM 刀盘的端面作为基准面，以刀盘中心为原点建立极坐标系，设 D 为刀盘直径、θ 为滚刀安装角，则其中一把刀具的极坐标为 (ρ_i,θ_i)，其中 $\rho_i\in[0,D/2]$，$\theta_i\in[0,2\pi]$。

建立刀盘上所有滚刀的位置矩阵 $[\boldsymbol{\rho},\boldsymbol{\theta}]$，其中 $\boldsymbol{\rho}$ 为所有滚刀的极径向量，$\boldsymbol{\theta}$ 为所有滚刀的极角向量。设 t 时刻，第 i 把滚刀的位置坐标为 (x_i,y_i)，则

$$(x_i,y_i)=(\rho_i\cos(\omega t+\theta_i),\rho_j\sin(\omega t+\theta_i)) \tag{2.34}$$

因此整个刀盘在 t 时刻的滚刀位置矩阵为

$$(\boldsymbol{x}, \boldsymbol{y}) = \begin{pmatrix} \rho_1 \cos(\omega t + \theta_1) & \rho_1 \sin(\omega t + \theta_1) \\ \vdots & \vdots \\ \rho_i \cos(\omega t + \theta_i) & \rho_i \sin(\omega t + \theta_i) \\ \vdots & \vdots \\ \rho_n \cos(\omega t + \theta_n) & \rho_n \sin(\omega t + \theta_n) \end{pmatrix} \tag{2.35}$$

2.2.2.3 TBM 不同类型滚刀的载荷计算

TBM 上分布有三种类型的滚刀，即中心滚刀、边滚刀、正滚刀。每种类型的滚刀安装各异，因此盘形滚刀在破岩中主要受垂向力 F_{v}、滚动力 F_{r} 及侧向力 F_{s}。破岩时，盘形滚刀所受载荷经刀座传递到刀盘上，因此需要先求解盘形滚刀在掘进过程中的力。根据相关学者现场实测及有限元仿真的研究成果获得滚刀载荷的分布规律，利用理论模型及数值仿真来获取边滚刀、正滚刀及中心滚刀在每种地层中的载荷。目前应用最广泛的滚刀力计算理论模型是基于滚刀线切割实验的 CSM 预测模型，其已经在实际工程中得到验证[6]。该预测模型主要包括以下参数：① 岩石物理性质，包括单轴抗压强度、抗拉强度；② 刀具的几何形状，包括滚刀半径和刀尖宽度；③ 切割几何参数，包括刀间距和刀刃贯入深度。作用在滚刀上的合力 F_{t}、垂向力 F_{v}、滚动力 F_{r} 分别为

$$F_{\mathrm{t}} = CTR\varphi \sqrt[3]{\frac{\sigma_{\mathrm{c}}^2 \sigma_{\mathrm{t}} S}{\varphi \sqrt{RT}}} \tag{2.36}$$

$$F_{\mathrm{v}} = F_{\mathrm{t}} \cos \frac{\varphi}{2} \tag{2.37}$$

$$F_{\mathrm{r}} = F_{\mathrm{t}} \sin \frac{\varphi}{2} \tag{2.38}$$

式中：σ_{c} 为岩石单轴抗压强度；σ_{t} 为岩石抗拉强度；R 为盘形滚刀直径；θ 为刀刃角；S 为滚刀间距；h 为刀刃贯入深度；φ 为滚刀与岩石接触角，$\varphi = \arccos[(R-h)/R]$；$T$ 为刀刃宽；C 为常数，近似取值 2.12。

通过上述公式可求得滚刀于单一地质中的静态载荷。而实际工程中，岩石的物理特性决定了滚刀的切削载荷是波动的，因此掘进过程中滚刀载荷历程具有随机性。国内外学者们通过实验研究了滚刀随机载荷，Samuel 等[7]、Zhang 等[8] 的研究表明滚刀在单一地质中的掘进载荷变化服从韦布尔分布。因此，以理论值为载荷均值，通过韦布尔分布对滚刀载荷进行仿真。根据作者课题组之前的研究[9] 可知，TBM 滚刀掘进载荷的频率大部分集中在 0 ~ 5 Hz，且滚刀载荷表现出阶跃性特点，垂向载荷、侧向载荷及滚动载荷的变化趋势具备一致性。边滚刀垂向动载基本在均值的 10%~15% 范围内波动；正滚刀垂直动载基本在均值的 20%~25% 范围内波动；中心滚刀与正滚刀垂向载荷均值相差 15% 左右，因此中心滚刀的动载数据近似等于在正滚刀的数据基础上乘 85%，由工程经验可得侧向力和滚动力均值分别为垂向力的 0.1 倍和 0.15 倍[10]。通过上述分析，运用 MATLAB 软件进行编程仿真，即可得到地质模型中每种类型滚刀在相应地质条件下的三向载荷，这样得到的载荷将具有一定的有效性和可信度，可以为后续的刀盘载荷计算提供基础。

2.2.2.4　不同掘进工况下 TBM 刀盘载荷边界计算

TBM 掘进过程中会出现不同的掘进工况，每种工况下刀盘的外部载荷不同，进而造成刀盘振动情况有很大不同。因此，需要分工况计算刀盘振动响应情况。根据工程经验和多家 TBM 设计公司的设计工况可知，其典型的掘进工况主要有最大推力工况、最大倾覆力矩工况、转弯纠偏工况、脱困工况。刀盘在四种工况下的受力如图 2.21 所示。

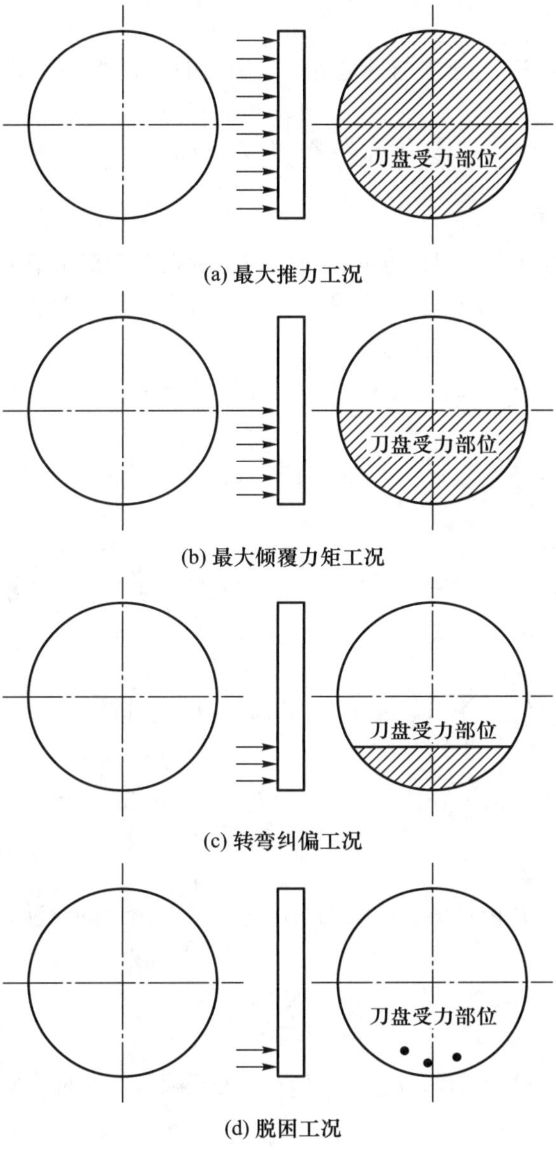

图 2.21　不同 TBM 掘进工况下的刀盘受力示意图

最大推力工况下，TBM 在单一地质情况下沿直线掘进，此时刀盘上所有滚刀均参与掘进，刀盘的轴向推力最大。最大倾覆力矩工况下，TBM 在复合岩层掘进时刀盘倾覆力矩最大，此时只有半个刀盘上的滚刀参与掘进。转弯纠偏工况下，TBM 转弯或纠偏时刀盘和掌子面之间存在一定角度，刀盘径向载荷不均匀，此时只有边缘的几把滚刀参与掘进，部分盘面受力。脱困工况下，TBM 掘进时可能遇到孤石或边滚刀卡死等问题，此时刀盘除了承受破岩产生的扭矩，还承受驱动电机的额定扭矩，刀盘承受最大扭矩。

刀盘各向载荷等于各区域滚刀载荷的合力。对二者载荷关系进行推导，可得刀盘各向载荷计算公式。

1. 刀盘轴向载荷

刀盘的轴向载荷 F_n 等于参与掘进的所有滚刀的垂向力在掘进方向上的合力，即

$$F_\mathrm{n}=\sum_{i=1}^{n}F_{\mathrm{v}i}\cos\alpha_i \tag{2.39}$$

2. 刀盘径向载荷

因为滚刀垂向力垂直于刀盘盘面，所以刀盘的径向载荷由滚刀的滚动力和侧向力决定，径向载荷分为 x 方向（横向）和 y 方向（纵向），分别为 F_x 和 F_y。

$$F_x=\sum_{i=1}^{n}F_{\mathrm{s}i}\cos\alpha_i\cos\theta_i+F_{\mathrm{r}i}\sin\theta_i-F_{\mathrm{v}i}\sin\alpha_i\cos\theta_i \tag{2.40}$$

$$F_y=\sum_{i=1}^{n}F_{\mathrm{s}i}\cos\alpha_i\sin\theta_i+F_{\mathrm{r}i}\cos\theta_i-F_{\mathrm{v}i}\sin\alpha_i\sin\theta_i \tag{2.41}$$

3. 刀盘倾覆力矩

刀盘承受的倾覆力矩也分为 x 方向和 y 方向，分别等于滚刀的垂向力和侧向力对 y 轴和 x 轴的力矩之和。

$$M_x=\sum_{i=1}^{n}F_{\mathrm{v}i}\rho_i\cos\alpha_i\sin\theta_i+F_{\mathrm{s}i}\rho_i\sin\alpha_i\sin\theta_i \tag{2.42}$$

$$M_y=\sum_{i=1}^{n}F_{\mathrm{v}i}\rho_i\cos\alpha_i\cos\theta_i+F_{\mathrm{s}i}\rho_i\sin\alpha_i\cos\theta_i \tag{2.43}$$

4. 刀盘扭矩

刀盘承受的扭矩 T 由各滚刀的滚动力决定，等于滚刀的滚动力绕刀盘中心轴线的力矩的合力，即

$$T=\sum_{i=1}^{n}F_{\mathrm{r}i}\rho_i \tag{2.44}$$

式中：ρ_i 为各滚刀的安装半径，$\rho_i\in[0,R]$；θ 为各滚刀的安装极角，$\theta\in[0,2\pi]$；α 为各滚刀的倾斜角，$\alpha\in[0,\pi/2]$。

综合考虑掘进地质分布的不确定性及滚刀掘进过程中的不确定性，刀盘各载荷边界的计算流程如下：

（1）根据地质调查报告，建立复合地层的分界面函数；

（2）建立滚刀位置分布模型，将滚刀布局参数化；

（3）根据掘进工况，确定参与掘进的滚刀数量及位置，将各滚刀参数代入位置分布模型；

（4）确定掘进过程中，每个时刻各滚刀所处的地层，将任意时刻第 i 把滚刀的位置坐标 (x_i, y_i) 代入分层函数的曲面方程，计算出当前分界曲面相应滚刀点处的 y 坐标值，与滚刀的 y_i 做比较，进而判断出该把滚刀所处的地层，再提取相应地层的滚刀载荷进行刀盘载荷的计算；

（5）得到每种工况下刀盘各载荷的时间历程，进而得到刀盘各载荷的最小值；

（6）为了保证安全设计，刀盘各载荷的最大值在各滚刀所受载荷为名义载荷时产生，此时即可得到各工况下刀盘外载荷的边界。

参考文献

[1] 张镜剑, 傅冰骏. 隧道掘进机在我国应用的进展 [J]. 岩石力学与工程学报, 2007, 26(2): 226-238.

[2] 王梦恕. 中国铁路、隧道与地下空间发展概况 [J]. 隧道建设, 2010, 30(4): 351-364.

[3] 纪昌明, 张照煌. 全断面岩石掘进机刀盘上刀具布置规律研究 [J]. 建设机械技术与管理, 2008(4): 100-102.

[4] 曾晓星. 异质岩土工况下土压平衡盾构载荷等效及传递特性研究 [D]. 上海: 上海交通大学, 2009.

[5] 张旭. TBM 滚刀多阶段受力模型及其联接结构动态设计 [D]. 大连: 大连理工大学, 2015.

[6] 蒋立君. 面向可靠性和振动特性的 TBM 主轴承结构设计 [D]. 大连: 大连理工大学, 2013.

[7] SAMUEL A E, SCOW L P. Disc force measurements on a full-face tunnelling machine [J]. International Journal of Rock Mechanics & Mining Sciences & Geomechanics Abstracts, 1984, 21(2): 83-96.

[8] ZHANG Z X, KOU S Q, LINDQVIST P A. In-situ measurements of cutter forces on boring machine at Äspö hard rock laboratory Part Ⅱ: characteristics of cutter forces and examination of cracks generated [J]. Rock Mechanics and Rock Engineering, 2003, 36(1): 63-83.

[9] 杨静. TBM 刀盘系统振动特性分析与掘进现场测试研究 [D]. 大连: 大连理工大学, 2014.

[10] 凌静秀. 空间分布载荷下 TBM 刀盘振动分析及寿命预测 [D]. 大连: 大连理工大学, 2015.

第三章 TBM 主机系统耦合动力学模型

TBM 主机系统作为全断面岩石掘进机设备的核心工作部件，是影响整机施工进度、掘进性能及效率的关键部件。中天山隧道、秦岭隧道及大伙房引水隧道等诸多工程施工案例表明，由于围岩地质条件的复杂性、作业环境的极端恶劣及掘进参数的多变性，使得 TBM 主机系统承受着空间多点随机分布载荷的耦合作用。因此，主机系统的动态特性十分复杂，振动剧烈，导致出现刀具崩刃、系统主结构体开裂、支撑结构大变形、主轴承密封失效及连接部件裂纹等工程故障，并影响主机的结构强度、可靠性及疲劳寿命等性能指标。为此，有必要在设计阶段研究空间多点随机载荷作用下 TBM 主机系统的耦合动力学行为，以此来揭示主机系统关键部件异常损坏等故障的失效机理，进而为结构的选型、设计及系统参数匹配提供参考依据。

鉴于上述研究目的，本章采用集中质量参数法，通过多个质量点和自由度耦合的方式描述主机系统复杂空间运动状态及变形协调关系，提出了适用于敞开式 TBM 主机系统的动力学建模方法。综合考虑滚刀群的时变外部随机激励、轮齿时变啮合刚度、啮合误差、间隙、液压缸支撑刚度及主轴承刚度等内外部影响因素，建立了敞开式 TBM 主机系统的多自由度耦合动力学模型，并推导出各构件的动力学微分方程。同时，对主机系统主要的内外部激励进行分析和计算，为后续的动态特性、参数灵敏度及影响因素等分析奠定了模型基础。

3.1 滚刀系统耦合动力学模型

3.1.1 滚刀弯–轴–摆耦合动力学模型

3.1.1.1 滚刀系统力学等效模型

在滚刀系统中，滚刀主要由刀圈、刀体、轴承、刀轴和密封装置等组成。在破岩过程中，岩石的反作用力依次作用于刀圈、刀体、轴承和刀轴，最后通过刀座传到刀盘。滚刀的结构如图 3.1a 所示。

滚刀在破岩过程，受到垂向载荷 $F_{\rm v}$、侧向载荷 $F_{\rm s}$、滚动载荷 $F_{\rm r}$ 以及侧向载荷产生的倾覆力矩。在垂向（y 方向），刀刃承受的垂向载荷经过刀体、轴承、刀轴到刀座；在轴向（x 方向），刀刃承受的侧向载荷经过刀体、轴承、刀轴到刀座；在摆动的方向（θ 方向），由于刀圈、刀体和刀轴结构件的刚度较大且不考虑自身的变形，故仅考虑两列圆锥滚子轴承抵消侧向载荷产生的倾覆力矩而使刀圈和刀体产生的摆动。

滚动载荷主要是使滚刀发生滚动，对滚刀的振动影响较小，故主要考虑滚刀垂向振动、轴向振动和摆动。基于集中力量法和滚刀各部件的振动特性，将滚刀划分成 3 个节点部分——刀圈、刀体和刀轴，同时通过轴承接触模型建立了滚刀系统多自由度耦合动力学等效模型，如图 3.1b 所示。

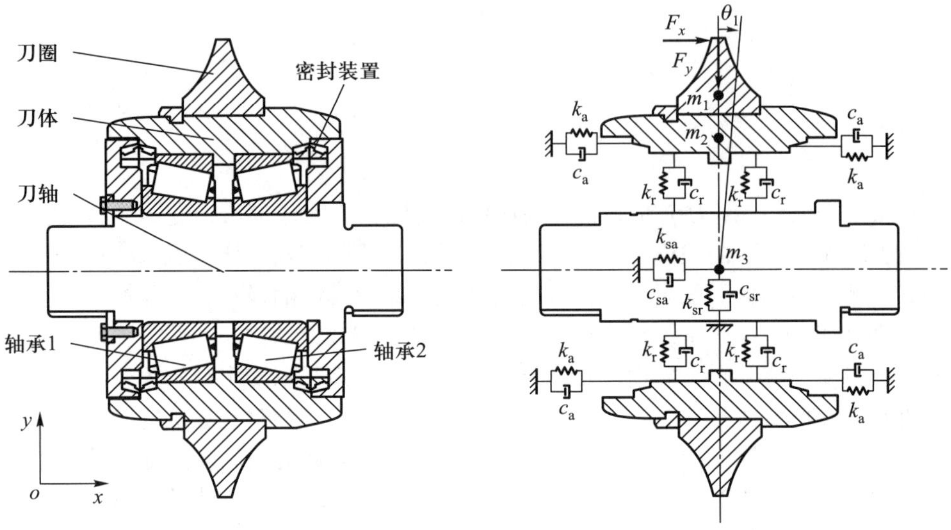

(a) 结构示意图　　(b) 动力学等效模型

图 3.1　滚刀结构示意图和动力学等效模型

3.1.1.2　振动系统微分方程的建立

滚刀系统采用两列圆锥滚子轴承起支撑回转作用，刀轴固定在刀座上，考虑滚刀的摆动和两个正交方向的自由度，系统共计 7 个自由度。对于多自由度滚刀系统，利用集中质量参数法及牛顿第二定律建立系统的动力学方程。利用牛顿第二定律，根据作用在刀轴上支撑轴承的弹性回复力、阻尼力和抵抗倾覆力矩，滚刀各构件的弹性力和阻尼力，惯性力和外部激励之间的平衡条件，建立滚刀系统的动力学分析模型，也就是具有黏性阻尼的滚刀受迫自由振动微分方程，即

$$
\begin{cases}
m_1\ddot{y}_1 + c_{y1}(\dot{y}_1 - \dot{y}_2) + k_{y1}(y_1 - y_2) = F_y \\
m_2\ddot{y}_2 + c_{y2}(\dot{y}_2 - \dot{y}_3) - c_{y1}(\dot{y}_1 - \dot{y}_2) + F_{\mathrm{r}}(y_2, y_3, x_2, x_3, \theta_1) - k_{y1}(y_1 - y_2) = 0 \\
m_3\ddot{y}_3 + c_{y3}\dot{y}_3 - c_{y2}(\dot{y}_2 - \dot{y}_3) + k_{y3}y_3 - F_{\mathrm{r}}(y_2, y_3, x_2, x_3, \theta_1) = 0 \\
m_1\ddot{x}_1 + c_{x1}(\dot{x}_1 - \dot{x}_2) + k_{x1}(x_1 - x_2) = F_x \\
m_2\ddot{x}_2 + c_{x2}(\dot{x}_2 - \dot{x}_3) - c_{x1}(\dot{x}_1 - \dot{x}_2) + F_{\mathrm{a}}(y_2, y_3, x_2, x_3, \theta_1) - k_{x1}(x_1 - x_2) = 0 \\
m_3\ddot{x}_3 + c_{x3}\dot{x}_3 - c_{x2}(\dot{x}_2 - \dot{x}_3) + k_{x3}x_3 - F_{\mathrm{a}}(y_2, y_3, x_2, x_3, \theta_1) = 0 \\
J\ddot{\theta}_1 + c_\theta\dot{\theta}_1 + M_{\mathrm{m}}(y_2, y_3, x_2, x_3, \theta_1) = M
\end{cases}
\tag{3.1}
$$

式中：y_1、y_2、y_3、x_1、x_2、x_3 分别为刀圈、刀体和刀轴的径向位移和轴向位移；θ_1 为刀圈的摆角；m_1、m_2、m_3 分别为刀圈、刀体和刀轴的等效质量；k_{y1}、k_{y3}、k_{x1}、

k_{x3}、J 分别为刀圈和刀轴的等效径向刚度、刀圈和刀轴的等效轴向刚度、滚刀倾覆方向的转动惯量；c_{y1}、c_{y2}、c_{y3}、c_{x1}、c_{x2}、c_{x3}、c_{θ} 分别为刀圈、轴承和刀轴的等效径向阻尼和等效轴向阻尼，滚刀的倾覆阻尼；$F_{\mathrm{r}}(y_2, y_3, x_2, x_3, \theta_1)$、$F_{\mathrm{a}}(y_2, y_3, x_2, x_3, \theta_1)$、$M_{\mathrm{m}}(y_2, y_3, x_2, x_3, \theta_1)$ 分别为双列圆锥滚子轴承承受的径向、轴向和力矩载荷；F_y、F_x、M 分别为滚刀受到的径向、轴向和力矩载荷。

3.1.2 轴承多变量耦合接触模型

当滚刀在切割岩石时，刀圈承受法向推压力、侧向力和滚动力，然后经过刀体传给轴承外圈，则轴承外圈也承受径向载荷、轴向载荷和力矩载荷，这些载荷构成了滚刀轴承的非线性弹性回复力。滚动轴承振动性能是其内部运动关系在外部载荷作用下与传递路径的综合作用[1]。滚刀轴承外圈–滚子–内圈为非线性强耦合关系，这使得滚刀振动和载荷传动规律变得复杂，因此本节将建立滚刀各构件位移与轴承非线性接触载荷的耦合模型。

本节采用刚性套圈理论，即在载荷作用下的轴承的位移对套圈的整体形状不会产生影响，仅仅是内、外圈之间的相对刚性位移，是套圈与滚动体之间的接触变形。这种假设在很大程度上简化了分析计算，而且在一般工程应用中，分析的结果是完全可以接受的[2]。在分析中可将两列轴承的外圈和刀体视为一个整体，而将两个内圈和刀轴视为另一个整体，这样外圈相对于内圈的位移定义为径向位移 δ_{r}、轴向位移 δ_{a} 和转角 θ，背靠背安装的两列圆锥滚子轴承的受力如图 3.2 所示。

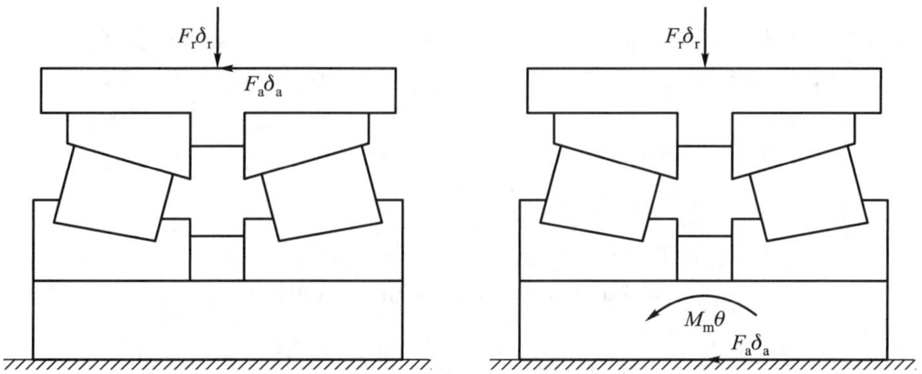

图 3.2 背靠背安装的圆锥滚子轴承的受力示意图

首先分析由于转角 θ 在径向和轴向产生的位移分量。设滚子中心 A 到成对轴承中心 O 的距离为 R，如图 3.3 所示，它在径向和轴向的投影分别为 R_1 和 R_2。θ 在第 i 个滚子处产生的内外套圈的相对转角 θ_i 为

$$\theta_i = \theta \cos \phi_i \tag{3.2}$$

式中：ϕ_i 为第 i 个滚子所处的位置角。

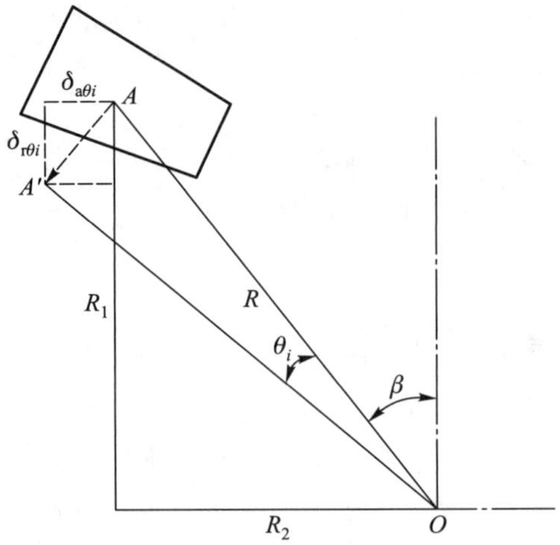

图 3.3 转角 θ 的位移分量

由图 3.3 可知，由转角 θ 产生的径向位移分量 $\delta_{\mathrm{r}\theta i}$ 和轴向位移分量 $\delta_{\mathrm{a}\theta i}$ 分别为

$$\delta_{\mathrm{r}\theta i} = R\theta_i \sin\beta = R_2\theta_i = R_2\theta\cos\phi_i \tag{3.3}$$

$$\delta_{\mathrm{a}\theta i} = R\theta_i \cos\beta = R_1\theta_i = R_1\theta\cos\phi_i \tag{3.4}$$

由于是刚体移动，轴承在纯径向载荷的作用下，在位置角的滚子处，其径向位移分量 $\delta_{\mathrm{r}i}$ 为

$$\delta_{\mathrm{r}i} = \delta_{\mathrm{r}}\cos\phi_i \tag{3.5}$$

故在径向载荷、轴向载荷和力矩载荷的联合作用下，可得第 i 个滚子处的径向总位移 $\delta_{\mathrm{r}i}$、轴向总位移 $\delta_{\mathrm{a}i}$ 和第 i 个滚子沿着内滚道接触法线方向的总位移 $\delta_{\mathrm{n}i}$，分别为

$$\delta_{\mathrm{r}i} = \delta_{\mathrm{r}}\cos\phi_i + \delta_{\mathrm{r}\theta i} = (\delta_{\mathrm{r}} + R_2\theta)\cos\phi_i \tag{3.6}$$

$$\delta_{\mathrm{a}i} = \delta_{\mathrm{a}} + \delta_{\mathrm{a}\theta i} = \delta_{\mathrm{a}} + R_1\theta\cos\phi_i \tag{3.7}$$

$$\begin{aligned}\delta_{\mathrm{n}i} &= \delta_{\mathrm{r}i}\cos\alpha_{\mathrm{e}} + \delta_{\mathrm{a}i}\sin\alpha_{\mathrm{e}} \\ &= [(\delta_{\mathrm{r}} + R_2\theta)\cos\phi_{\mathrm{i}}]\cos\alpha_{\mathrm{e}} + (\delta_{\mathrm{a}} + R_1\theta\cos\phi_i)\sin\alpha_{\mathrm{e}}\end{aligned} \tag{3.8}$$

基于圆锥滚子与滚刀接触的载荷位移关系[3]，内滚道接触处的刚度系数 $K_{\mathrm{n}i}$ 为

$$K_{\mathrm{n}i} = 6.24\times10^4 D_{\mathrm{w}}^{0.11} l^{0.89}\left[1 + c_i^{-0.9}\cos(\alpha_{\mathrm{e}} - \alpha_{\mathrm{i}})\right]^{-1.11} \tag{3.9}$$

式中：D_{w} 为滚子的平均直径；$c_i = \sin(\alpha_{\mathrm{e}} + \alpha_{\mathrm{f}})/\sin(\alpha_i + \alpha_{\mathrm{f}})$；$\alpha_{\mathrm{i}}$、$\alpha_{\mathrm{e}}$、$\alpha_{\mathrm{f}}$ 分别为圆锥滚子与内、外滚道和挡边的接触载荷的接触角；l 为滚子的有效接触长度。

同时，考虑到滚子与滚道间只能产生法向正压力，滚子与滚道脱离载荷变为零，所以只有 $\delta_{\mathrm{n}i} > 0$ 时才有作用力，利用赫维赛德函数

$$H(\delta_{\mathrm{n}i}) = \begin{cases} 0, & \delta_{\mathrm{n}i} < 0 \\ 1, & \delta_{\mathrm{n}i} \geqslant 0 \end{cases} \tag{3.10}$$

基于非线性赫兹接触理论，可推导出第 i 个滚子与滚道所产生的接触载荷 Q_{ei} 为

$$Q_{ei}=K_{ni}\delta_{ni}^{1.11}H(\delta_{ni}) \tag{3.11}$$

故第 i 个滚子的径向载荷 Q_{ri} 和轴向载荷 Q_{ai} 分别为

$$Q_{ri}=Q_{ei}\cos\alpha_e \tag{3.12}$$

$$Q_{ai}=Q_{ei}\sin\alpha_e \tag{3.13}$$

由接触载荷产生的抵抗力矩一部分是载荷的轴向分量对轴承中心 O 所产生的力矩 M_{mca}，即

$$M_{mca}=\sum_{i=1}^{Z}R_1\cos\phi_i Q_{ei}\sin\alpha_e \tag{3.14}$$

另一部分是接触载荷的径向分量对轴承中心 O 所产生的力矩 M_{mcr}：

$$M_{mcr}=\sum_{i=1}^{Z}R_2\cos\phi_i Q_{ei}\cos\alpha_e \tag{3.15}$$

故轴承总的抵消力矩为 M_{mc} 为

$$\begin{aligned}M_{mc}&=M_{mca}+M_{mcr}=(R_1\sin\alpha_e+R_2\cos\alpha_e)\sum_{i=1}^{Z}Q_{ei}\cos\phi_i\\&=(R_1\sin\alpha_e+R_2\cos\alpha_e)\sum_{i=1}^{Z}K_{ni}\delta_{ni}^{1.11}\cos\phi_i\end{aligned} \tag{3.16}$$

以上分析是对一列轴承而言，对第二列轴承来说，其位移的绝对值仍然是径向位移 δ_r、轴向位移 δ_a 和转角 θ，但是在方向上却有区别，因而产生的效果也不相同。为了避免负载和图基准位移方向混乱，定义了在轴承各列的位置与载荷方向的关系，如表 3.1 所示。同时，定义在每一列轴承 $\Phi=0$ 的位置，使滚子载荷增加的位移为正位移，反之为负位移。依据这样的定义，表 3.1 列出了背靠背和面对面安装的成对轴承的位移符号，只要在位移和相应载荷的分析中计入对应的正负号，则第二列轴承的分析可以采用与上述相同的方法进行。

表 3.1 成对轴承位移的符号定义

位移	载荷	1 列	2 列
δ_r	Q_r	+	+
δ_a	Q_a	+	−
$\delta_{r\theta}$	Q_{mr}	+	−
$\delta_{a\theta}$	Q_{ma}	+	−

在一般情况下，对单列圆锥滚子轴承而言，仅通过调整位置而与作用的力矩载荷取得平衡是不可能的，此时还必须考虑由于滚子倾斜而产生的附加抵抗力矩。而双列轴承不存在这样的问题。首先，在第一列轴承中产生的不平衡力矩可以由第二列轴承

来补偿，反之亦然；其次，双列轴承的刚度要比单列轴承大得多，所以它的转角也要小得多，由此产生的滚子倾斜力矩也就很小，对整体平衡的影响不大。因此，在考虑双列轴承的平衡时可以不必计算每个滚子的接触应力分布和附加力矩。

轴承的整体变形与滚刀各质量块位移的关系为

$$\begin{cases}\delta_{\mathrm{r}}=y_2-y_3\\ \delta_{\mathrm{a}}=x_2-x_3\\ \theta=\theta_1\end{cases} \tag{3.17}$$

同时, 两列轴承各滚子的接触载荷的径向和轴向分量矢量与外载荷相抵消，将两列轴承的相应载荷进行叠加，由力和力矩平衡可以推导出成对轴承的平衡方程为

$$\begin{cases}F_{\mathrm{r}}=\sum_{d=1}^{2}\sum_{j=1}^{Z}Q_{\mathrm{r}dj}(y_2,y_3,x_2,x_3,\theta_1)\\ F_{\mathrm{a}}=\sum_{d=1}^{2}\sum_{j=1}^{Z}Q_{\mathrm{a}dj}(y_2,y_3,x_2,x_3,\theta_1)\\ M_{\mathrm{m}}=\sum_{d=1}^{2}\sum_{j=1}^{Z}M_{\mathrm{m}dj}(y_2,y_3,x_2,x_3,\theta_1)\end{cases} \tag{3.18}$$

式中：下标 d 表示对应轴承的列数；j 为对应滚子的个数；F_{r}、F_{a}、M_{m} 分别为双列圆锥滚子轴承承受的径向、轴向和力矩载荷。

3.1.3 滚刀系统力学模型参数计算方法

在实际工程应用中，刀盘上安装的刀具尺寸类型有 14 in、15 in、17 in、19 in 和 21 in （1 in=25.4 mm）等，而目前 TBM 刀盘上应用最为广泛的刀具是 17 in （直径约为 432 mm）的盘形单刃滚刀，本节将根据罗宾斯掘进机楔形块 17 in 盘形滚刀相关结构参数确定滚刀的动力学参数。罗宾斯单刃盘形滚刀刀圈的直径为 432 mm，刀轴的直径为 101.7 mm，长度为 330 mm，采用的圆锥滚子轴承型号为 HH224335/HH224310。

3.1.3.1 节点等效质量

本小节按照前文所述动力学等效模型建立的方法对滚刀进行节点和质量的划分，如图 3.1 所示。其中，节点 1 的等效质量 m_1 为刀圈的质量，在垂向振动中体现自身的弹性变形，在侧向则体现悬臂梁特性；由于轴承外圈与刀体为过盈配合，同时卡环焊接在刀体上，故节点 2 的等效质量 m_2 由刀体、卡环、轴承外圈和轴承一半滚子 4 部分的质量构成；同时由于轴承内圈和刀轴为过盈配合，故节点 3 的等效质量 m_3 由刀轴的等效质量（刀轴等效到质心的质量）、轴承内圈的质量和轴承一半滚子的质量组成。

在研究滚刀摆动的工程中，由于刀圈经过热处理，刚度很大，而且刀轴直径较大并固定在刀盘上，滚刀的摆动主要是由轴承的转角引起的。故滚刀摆动的等效模型可以看成刀圈、刀体和轴承外圈的整体摆动。根据理论力学中转动惯量的相关理论，滚动摆动方向的转动惯量为沿直径轴的转动惯量。

可以通过计算机辅助设计软件 SolidWorks 测量各部件的质量和转动惯量，按照上述等效方法计算各节点的等效质量。

3.1.3.2 节点等效刚度

节点 1 的连接刚度主要包括垂向刚度 k_{y1} 和轴向刚度 k_{x1}，由于刀圈属于非标准的结构件，无法直接利用相关计算公式计算其连接刚度，故采取有限元分析方法计算其刚度。具体内容包括：固定刀体内表面，在刀刃顶部施加余弦载荷，得到刀圈在径向的变形，进而利用刚度的定义得到节点 1 的等效径向刚度 k_{y1}；采用同样的方法固定刀圈的端面，在刀圈侧面一定高度（滚刀的贯入度）施加轴向载荷，得到刀圈的轴向变形，进而得到节点 1 的等效轴向刚度 k_{x1}。

利用 ANSYS Workbench 有限元分析软件，在刀圈的刀刃正面和侧面分别施加余弦载荷和面载荷，并分别对刀圈的内表面和侧面施加约束，有限元计算结果如图 3.4

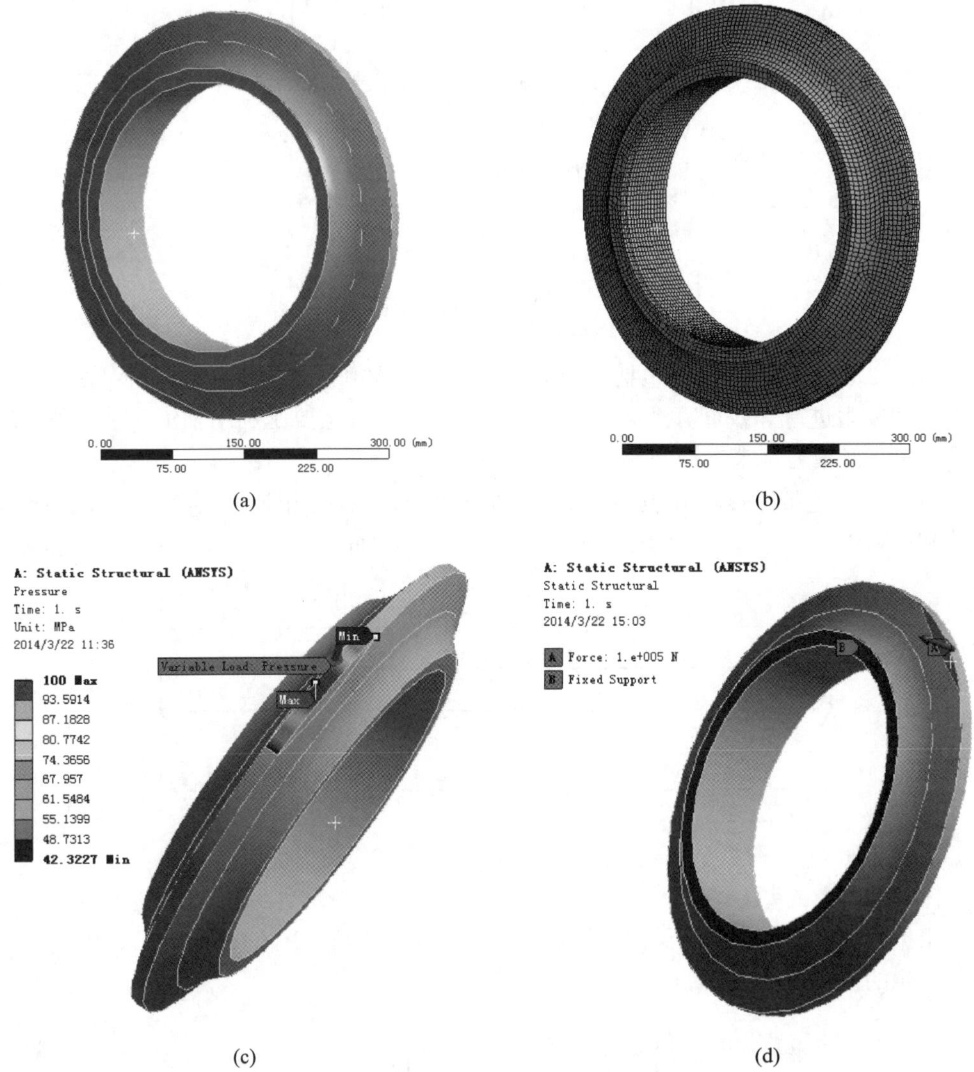

(a) (b) (c) (d)

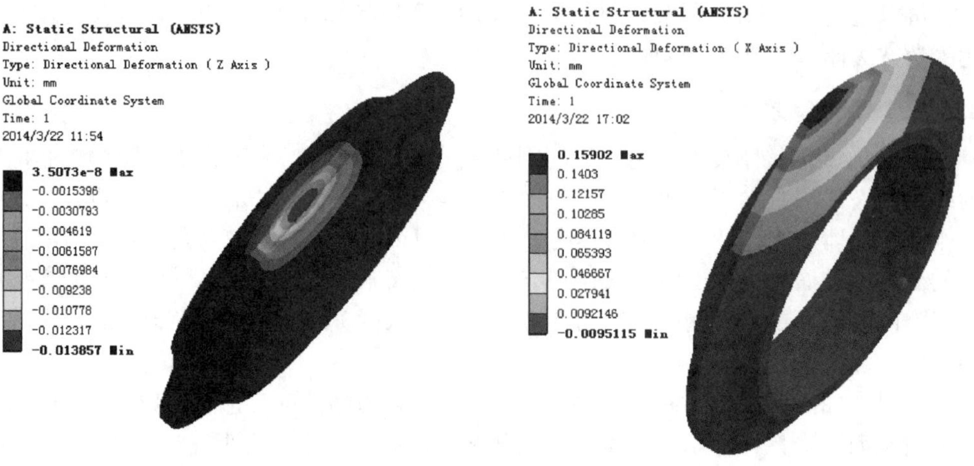

(e) (f)

图 3.4 刀圈有限元分析结果（见书后彩图）

所示。分别提取刀圈径向和轴向的最大位移值，利用刚度定义计算刀圈的径向刚度和轴向刚度。

由刚度定义可得节点 1 的径向刚度 k_{y1} 和轴向刚度 k_{x1} 分别为

$$
\begin{aligned}
k_{y1} &= \frac{F_{\mathrm{r\,max}}}{\delta_{\mathrm{r\,max}}} = 1.45 \times 10^8 \ \mathrm{N/m} \\
k_{x1} &= \frac{F_{\mathrm{a\,max}}}{\delta_{\mathrm{a\,max}}} = 6.30 \times 10^8 \ \mathrm{N/m}
\end{aligned}
\tag{3.19}
$$

节点 2 的连接刚度主要包括径向刚度 k_{y2} 和轴向刚度 k_{x2}，主要是利用轴承产生的弹性回复力进行等效计算。同时，滚刀的倾覆刚度也主要是利用轴承在承受外载时产生的抵抗倾覆力矩来进行等效计算。

节点 3 的连接刚度主要包括刀轴的径向刚度 k_{y3} 和轴向刚度 k_{x3}，可以根据胡克定律和材料力学中计算简支梁挠度的方法来计算，刀轴的受力结构简图如图 3.5 所示。

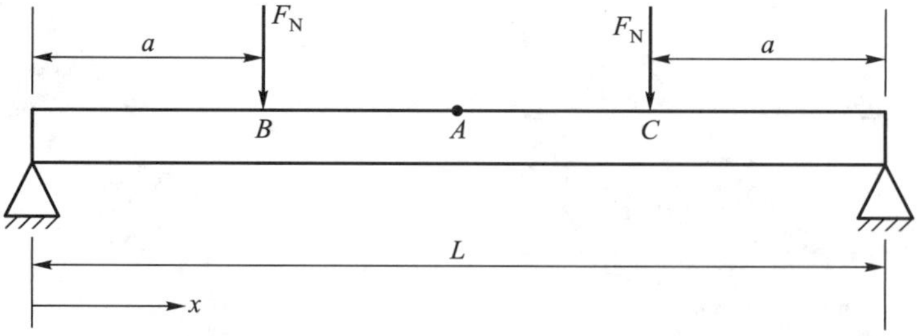

图 3.5 刀轴的受力结构简图

根据材料力学叠加法求梁的位移，集中载荷 F_N 单独作用在 C 点时，刀轴中心 A 点处产生的挠度为

$$
\omega = -\frac{F_N a x}{6LEI}(L^2 - a^2 - x^2) = -\frac{F_N a}{12EI}\left(\frac{3}{4}L^2 - a^2\right) \tag{3.20}
$$

由叠加原理可得，当集中载荷 F_{N} 同时分别作用在 B 点和 C 点时，刀轴中心 A 点处产生的挠度 ω_0 为

$$\omega_0 = -\frac{F_{\mathrm{N}}a}{6EI}\left(\frac{3}{4}L^2 - a^2\right) \tag{3.21}$$

刀轴为规则的圆柱体，故其形心的惯性矩 I 为

$$I = \frac{\pi R^2}{4} \tag{3.22}$$

综上所述，刀轴的径向刚度 k_{y3} 为

$$k_{y3} = \frac{6\pi ER^4}{3a^2L - 4a^3} \tag{3.23}$$

刀轴的轴向刚度 k_{x3} 为

$$k_{x3} = \frac{\pi R^2 E}{L} \tag{3.24}$$

式中：R 为刀轴的等效半径，其值为 50.85 mm；L 为刀轴的等效长度，其值为 330 mm；a 为轴承受力点到刀轴固定中心点的距离，其值为 100.65 mm；E 为合金钢的弹性模量，取值为 2.10 GPa。

综上所述，可得节点 1 和节点 3 的等效支撑刚度。

3.1.3.3 节点等效阻尼

节点 1 的阻尼，即滚刀刀圈的结构阻尼，按照节点 1 的径向阻尼 c_{y1} 和轴向阻尼 c_{x1} 由《机械设计手册》的经验公式计算[4]，即

$$c = 2\xi\sqrt{m_{\mathrm{e}}k_{\mathrm{e}}} \tag{3.25}$$

式中：c 为结构件的阻尼；ξ 为阻尼比，钢结构在弹性阶段一般为 $0.02 \sim 0.05$，这里取 0.02；m_{e}、k_{e} 分别为各部件的等效质量和等效刚度。

节点 2 的阻尼，即轴承的径向阻尼和轴向阻尼，根据圆锥滚子轴承阻尼的计算方法[5] 获得。

1. 轴承径向阻尼的计算

滚子与内滚道之间的径向阻尼 c_1 为

$$\begin{aligned} c_1 = {} & \frac{9.3\cos\alpha^{1.805}Z^{0.805}u_2R_x^{1.5}(A_1+A_2)^{0.645}}{\alpha'^{0.81}E'^{-0.045}\eta_0^{0.05}l^{0.195}(\omega\sin\alpha)^{1.05}(A_1A_2\sin\beta)^{0.645}} \cdot \\ & \left[\left(\frac{D_1}{2\sin\beta}\right)^{-0.695} - \left(\frac{D_1}{2\sin\beta}+l\right)^{-0.695}\right] \end{aligned} \tag{3.26}$$

滚子与外滚道之间的径向阻尼 c_2 为

$$\begin{aligned} c_2 = {} & \frac{9.3(\cos\alpha+2\beta)^{1.805}Z^{0.805}u_2R_x^{1.5}(A_3-A_1)^{0.645}}{\alpha'^{0.81}E'^{-0.045}\eta_0^{0.05}l^{0.195}(\omega\sin\alpha)^{1.05}(A_1A_3\sin\beta)^{0.645}} \cdot \\ & \left[\left(\frac{D_1}{2\sin\beta}\right)^{-0.695} - \left(\frac{D_1}{2\sin\beta}+l\right)^{-0.695}\right] \end{aligned} \tag{3.27}$$

将 c_1 与 c_2 串联得出单个轴承的径向综合阻尼，即

$$c_{\mathrm{r}}=\frac{c_1c_2}{c_1+c_2} \tag{3.28}$$

两排轴承并联后，得到节点 2 的等效径向阻尼

$$c_{y2}=2c_{\mathrm{r}} \tag{3.29}$$

2. 轴承轴向阻尼的计算

滚子与内滚道之间的轴向阻尼 c_1' 为

$$\begin{aligned}c_1'=&\frac{9.3\cos\alpha^{0.805}\sin\alpha Z^{0.805}u_2R_x^{1.5}(A_1+A_2)^{0.645}}{\alpha'^{0.81}E'^{-0.045}\eta_0^{0.05}l^{0.195}(\omega\sin\alpha)^{1.05}(A_1A_2\sin\beta)^{0.645}}\cdot\\&\left[\left(\frac{D_1}{2\sin\beta}\right)^{-0.695}-\left(\frac{D_1}{2\sin\beta}+l\right)^{-0.695}\right]\end{aligned} \tag{3.30}$$

滚子与外滚道之间的轴向阻尼 c_2' 为

$$\begin{aligned}c_2'=&\frac{9.3\cos^{0.805}(\alpha+2\beta)\sin(\alpha+2\beta)Z^{0.805}u_2R_x^{1.5}(A_3-A_1)^{0.645}}{\alpha'^{0.81}E'^{-0.045}\eta_0^{0.05}l^{0.195}(\omega\sin\alpha)^{1.05}(A_1A_3\sin\beta)^{0.645}}\cdot\\&\left[\left(\frac{D_1}{2\sin\beta}\right)^{-0.695}-\left(\frac{D_1}{2\sin\beta}+l\right)^{-0.695}\right]\end{aligned} \tag{3.31}$$

将 c_1' 与 c_2' 串联得出单个轴承的轴向综合阻尼，即

$$c_{\mathrm{a}}=\frac{c_1'c_2'}{c_1'+c_2'} \tag{3.32}$$

两排轴承并联后，得到节点 2 的等效轴向阻尼

$$c_{x_2}=2c_{\mathrm{a}} \tag{3.33}$$

式中：α 为内滚道接触角；β 为圆锥滚子半锥角；Z 为圆锥滚子轴承滚子数；l 为滚子与滚道的有效接触长度；α' 为润滑油黏压系数；E' 为综合弹性模量；η_0 为润滑剂动力黏度；u_2 为滚子与滚道之间的法向挤压速度；D_1 为圆锥滚子直径。

系数 A_1 为

$$A_1=\frac{1}{2}\frac{1+\tan\beta\tan 2\beta}{\cos\beta+\sin\beta\tan 2\beta}$$

系数 A_2 为

$$A_2=\frac{1}{2}\frac{1+\tan\alpha\tan 2\alpha}{\cos\alpha+\sin\alpha\tan 2\alpha}\frac{\sin\alpha}{\sin\beta}$$

系数 A_3 为

$$A_3=\frac{1}{2}\frac{\sin(\alpha+2\beta)}{\sin\beta}\frac{1+\tan(\alpha+2\beta)\tan 2(\alpha+2\beta)}{\cos(\alpha+2\beta)+\sin(\alpha+2\beta)\tan(a+2\beta)}$$

节点 3 的阻尼，即刀轴的径向阻尼和轴向阻尼，同样采用节点 1 的阻尼求解方法。

滚刀摆动阻尼 c_θ 的确定：由于滚刀在破岩过程中，会受到轴向的动态侧向力的作用，产生扭摆振动，其摆动只存在一个方向，即绕 y 轴的扭摆振动，如图 3.6 所示。

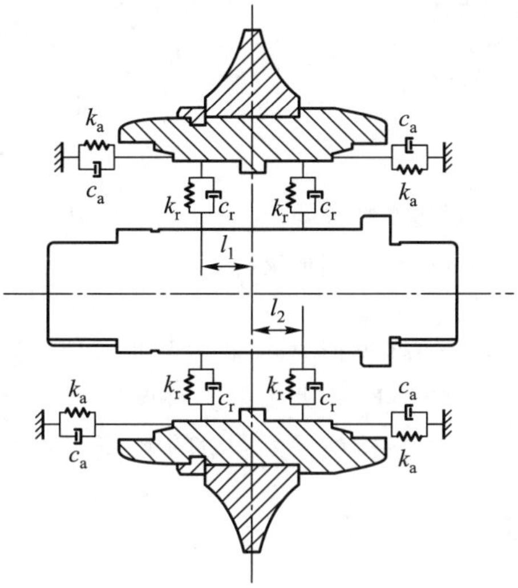

图 3.6 滚刀摆动等效参数模型

当滚刀刀圈受到侧向力时，主要是两列圆锥滚子轴承支撑，其扭摆阻尼可按下式计算[6]：

$$c_\theta = c_{br}(l_1 + l_2)/2 \tag{3.34}$$

式中：c_{br} 为轴承的径向阻尼；l_1、l_2 分别为两列轴承外圈到刀轴中心的距离，取值均为 0.037 5 m。

综上所述，可得 3 个节点的等效支撑阻尼。

3.2 含多结合面的滚刀–刀座系统多自由度耦合动力学模型

3.2.1 滚刀–刀座系统受力分析

由于受螺栓预紧力作用，滚刀和楔形块各结合面皆受力的作用，如图 3.7 所示，因此需要对滚刀和楔形块进行受力分析。

对楔形块：

$$\begin{cases} F_j \cos\lambda = F_N + F_{fj} \sin\lambda \\ F_j \sin\lambda + F_{fj} \cos\lambda + F_f = F_L \end{cases} \tag{3.35}$$

对滚刀：

$$\begin{cases} F_j \cos\lambda + F_r = F'_N + F_{fj} \sin\lambda \\ F_j \sin\lambda + F_{fj} \cos\lambda + F_v = F_y \end{cases} \tag{3.36}$$

式中：F_v、F_r 分别为滚刀受到的垂向力和滚动力；F_j 为结合面受到的法向压力；F_L 为螺栓预紧力；F_y 为刀轴底面受到来自刀座的反力；F_N、F'_N 分别为楔形块和刀轴受到的水平方向上的压力；F_f、F_{fj} 分别为楔形块以及楔形块–刀轴斜面受到的静

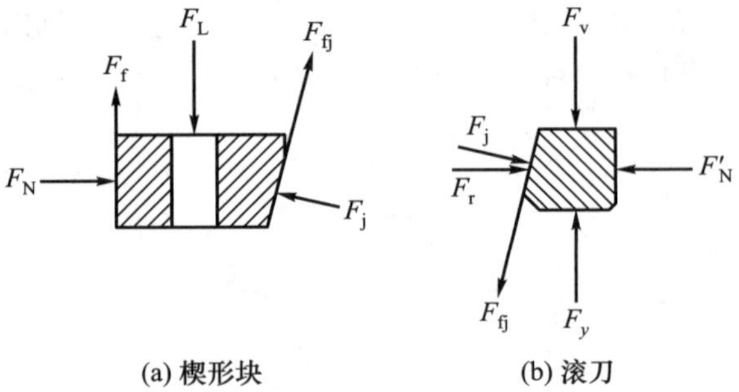

图 3.7 楔形块、滚刀受力分析

摩擦力，实际静摩擦力在达到临界值之前是一个非定值，随正压力的变化而变化，为了方便计算，认为楔形块所受摩擦力为最大静摩擦力，设 μ 为最大静摩擦系数，$F_{\rm f}=\mu F_{\rm N}, F_{\rm fj}=\mu F_{\rm j}$，此处刀座结构属于无润滑的钢–钢联结结构，$\mu$ 取 0.15；λ 为斜面与竖直方向的夹角。

将上述公式联立，解得

$$\begin{cases} F_{\rm j}=\dfrac{F_{\rm L}}{(1-\mu^2)\sin\lambda+2\mu\cos\lambda} \\ F_y=\dfrac{\sin\lambda+\mu\cos\lambda}{(1-\mu^2)\sin\lambda+2\mu\cos\lambda}F_{\rm L}+F_{\rm v} \\ F_{\rm N}=\dfrac{\cos\lambda-\mu\sin\lambda}{(1-\mu^2)\sin\lambda+2\mu\cos\lambda}F_{\rm L} \\ F'_{\rm N}=\dfrac{\cos\lambda-\mu\sin\lambda}{(1-\mu^2)\sin\lambda+2\mu\cos\lambda}F_{\rm L}+F_{\rm r} \end{cases} \tag{3.37}$$

由式 (3.37) 可以看出：影响楔形块–刀轴结合面所受的力 $F_{\rm j}$ 和刀轴–刀座接触面所受的力 F_y 大小的因素有螺栓预紧力 $F_{\rm L}$、斜面与竖直方向的角度 λ 和静摩擦系数 μ。

加载预紧力之后，螺栓被拧紧。但滚刀尚未承受工作载荷。此时，螺栓受预紧力 $F_{\rm L}$ 的拉伸作用，伸长量为 $\lambda_{\rm b}$。此处将楔形块和滚刀假定为刚体，不发生弹性变形。螺栓的伸长量即为上楔形块、下定位块的振动位移之和。则螺栓的初始伸长量为

$$\lambda_{\rm b}=y_{20}+y_{60}=y_{40}+y_{70} \tag{3.38}$$

当滚刀承受垂直向下的工作载荷时，螺栓的材料在弹性变形范围之内，螺栓被放松，所受的拉力由 $F_{\rm L}$ 减小至 $F'_{\rm L}$，螺栓的伸长量减小 $\Delta\lambda$，则此时的总伸长量为 $\lambda_{\rm b}-\Delta\lambda$。因此，残余预紧力可表示为

$$F'_{\rm L}=F_{\rm L}-\Delta\lambda k_{\rm b} \tag{3.39}$$

式中：$k_{\rm b}$ 为螺栓刚度，可表示为

$$k_{\rm b}=\frac{F_{\rm L}}{\lambda_{\rm b}}=\frac{F_{\rm L}}{y_{20}+y_{60}}=\frac{F_{\rm L}}{y_{40}+y_{70}} \tag{3.40}$$

螺栓伸长量减小量 $\Delta\lambda$ 为

$$\Delta\lambda = y_2 + y_7 - (y_{20} + y_{60}) = y_4 + y_8 - (y_{40} + y_{70}) \tag{3.41}$$

将式 (3.40)、式 (3.41) 代入式 (3.39) 中得

$$F'_{\mathrm{L}} = F_{\mathrm{L}}\left(2 - \frac{y_2 + y_7}{y_{20} + y_{60}}\right) = F_{\mathrm{L}}\left(2 - \frac{y_4 + y_8}{y_{40} + y_{70}}\right) \tag{3.42}$$

由式 (3.42) 可以看出：螺栓在动态载荷作用下的残余预紧力随上楔形块、下定位块的位移的变化而变化。

3.2.2 滚刀–刀座系统动力学等效模型

TBM 滚刀–刀座系统主要由滚刀和刀座两部分组成。刀座结构主要由刀座墙板，上楔形块、下定位块，紧固螺栓三部分组成。滚刀通过上楔形块和下定位块固定于刀座上，并通过螺栓对其进行紧固。适当的预紧力保证了滚刀在破岩过程中能够保持较好的稳定性。TBM 滚刀–刀座系统如图 3.8 所示。

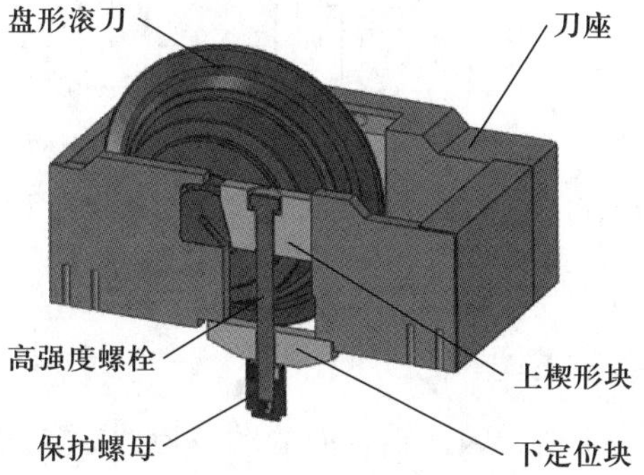

图 3.8 TBM 滚刀–刀座系统组成

滚刀主要由刀圈、刀体、轴承、刀轴等部分组成。在破岩过程中，滚刀刀圈受到岩石的反作用力，然后依次作用到刀体、轴承和刀轴，最后通过刀座传到刀盘。由大连理工大学李涛的研究[6] 可知，刀圈所受的反作用力在刀圈—刀体—轴承—刀轴的传递过程中，损耗非常小，可以忽略不计。因此，将滚刀系统等效为一个质量点，即将刀圈所受的力直接等效到刀轴上，但在计算滚刀的刚度、阻尼时，先分别计算滚刀上各部件的刚度、阻尼，再进行串联等效。

刀盘带动滚刀旋转破岩时，岩石对滚刀产生三个方向的反作用力：垂向力 F_{v}、侧向力 F_{s}、滚动力 F_{r}，以及侧向力产生的倾覆力矩。其中，垂向力使滚刀及刀座沿掘进方向平移振动；侧向力使滚刀产生径向平移振动；滚动力使滚刀发生滚动；滚刀在摆动方向产生的振动主要是轴承为抵消侧向载荷产生的倾覆力矩而产生的摆动，主要体现在刀圈和刀体上。

考虑滚刀–刀座系统的垂向振动、侧向振动、滚动以及摆动，基于集中质量参数法研究滚刀、刀座各部件的振动特性，将滚刀的刀圈、轴承、刀体和刀轴等效为 1 个质

量点，4 个楔形块分别等效为 4 个质量点，刀座等效为 2 个质量点，同时考虑多结合面的接触刚度、阻尼以及螺栓的预紧力等，建立了滚刀–刀座系统弯–轴–滚–摆多自由度耦合振动系统，其动力学等效模型如图 3.9 所示。

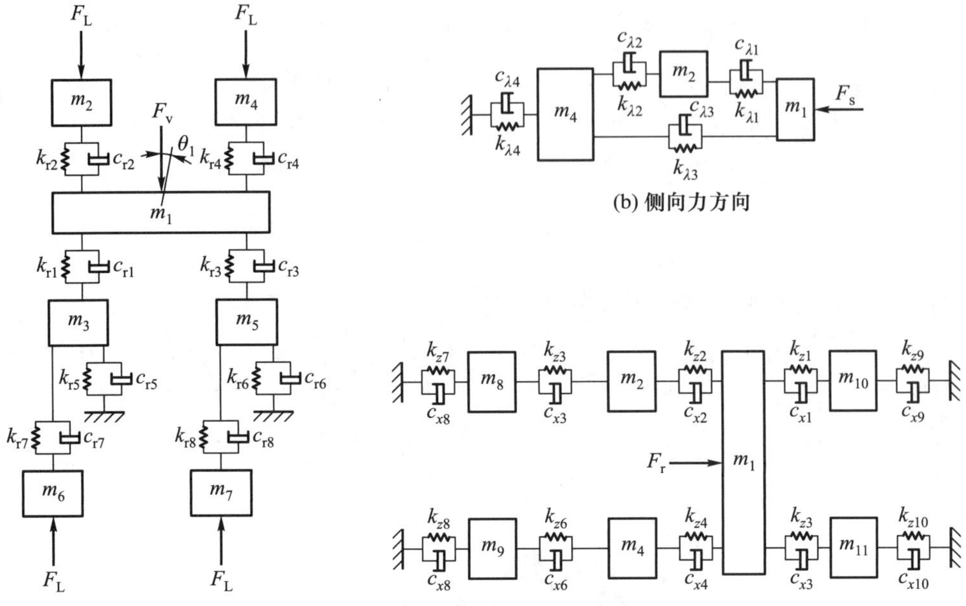

(a) 垂直力方向　(b) 侧向力方向　(c) 滚动力方向

图 3.9　TBM 滚刀–刀座系统多自由度耦合动力学模型

3.2.3　结合面解析参数模型

由于系统结构参数为定值，因此结合面的动态特性参数的正确与否直接决定了系统的动态响应。目前常用的建模方法是将结合面等效成一系列弹簧阻尼单元，而刀座结构本身决定了各固定结合面较小，因此将一个结合面等效成一个弹簧阻尼，且认为结合面上的面压是均匀分布的。

1993 年，付卫平、黄玉美等[7] 基于大量实验第一次提出了结合面的经验计算公式，其中法向刚度计算公式为

$$k_{\rm n} = \alpha_{\rm n} p_{\rm n}^{\beta_{\rm n}} \omega^{\gamma_{\rm n}} X_{\rm n}^{\eta_{\rm n}} \tag{3.43}$$

式中：$k_{\rm n}$ 为单位面积的法向接触刚度；$p_{\rm n}$ 为结合面的法向压力；ω 为载荷激振频率；$X_{\rm n}$ 为结合面法向相对位移振幅值；α、β、γ、η 分别为与结合面材料、加工方式、表面粗糙度和润滑状况有关的常数。

张学良[8] 基于大量的结合面动态基础特性参数实验得出结论：对于无油结合面，振动频率对其法向刚度的影响可以忽略不计，且受结合面位移振幅的影响很小，验证了 Lin[9] 和 Thornley[10] 提出的无油结合面的法向动刚度接近于法向静刚度的结论。单位面积结合面的法向接触刚度可进一步表示为

$$k_{\rm n} = \alpha_{\rm n} p_{\rm n}^{\beta_{\rm n}} \tag{3.44}$$

刀座、滚刀和楔形块所用材料、接触部分粗糙度、加工方式等均相同，且为无油结合面。因此，各结合面的法向接触刚度计算公式为

$$k_{\mathrm{j}i} = \alpha_{\mathrm{n}} p_{\mathrm{n}}^{\beta_{\mathrm{n}}} S_i \tag{3.45}$$

式中：S_i 为结合面的面积。

根据张学良[11] 博士期间所积累的大量结合面动态特性参数实验数据，可对应得到材料表面粗糙度为 $R_{\mathrm{a}} = 0.8\ \mu\mathrm{m}$ 的钢–钢的无油刀座–滚刀–楔形块结合面的 $\alpha_{\mathrm{n}} = 3.262\ 54 \times 10^{12}$，$\beta_{\mathrm{n}} = 0.604$。因此，结合面的法向接触刚度计算公式为

$$k_{\mathrm{j}i} = 3.262\ 54 \times 10^{12} p_{\mathrm{n}}^{0.604} S_i \tag{3.46}$$

3.2.4 滚刀–刀座系统振动模型动力学参数的计算方法

按照前文动力学等效模型建立的方法对滚刀–刀座系统进行节点的划分，由于模型所关注的重点是刀座联结结构的动态特性，因此将滚刀划分为一个节点（即节点 1），节点 2、4 为上楔形块，节点 3、5、8、9、10、11 为刀座墙板，节点 6、7 为下定位块。建模使用工程中应用最为广泛的 17 in 盘形滚刀。

3.2.4.1 滚刀、刀座及楔形块的等效质量

节点 1 的等效质量为滚刀的质量，节点 2、3 的等效质量为上楔形块的质量；节点 3、5、8、9、10、11 的等效质量为墙板的质量；节点 6、7 的等效质量为下定位块的质量。J 为摆动方向的转动惯量。通过 SolidWorks 软件得到各节点的等效质量。

3.2.4.2 滚刀、刀座及楔形块的等效刚度

本节主要研究滚刀–刀座联结结构的振动，因此将滚刀、轴承以及刀轴看成一个整体。节点 1（即滚刀）的结构刚度包括径向等效刚度 $k_{\mathrm{eq}y1}$、轴向等效刚度 $k_{\mathrm{eq}x1}$ 和滚动方向等效刚度 $k_{\mathrm{eq}z1}$。滚刀的结构比较复杂，其中以刀圈、刀轴和轴承的刚度影响最大，其他零部件的影响较小，可忽略不计。滚刀的整体刚度可由刀圈和刀体 Z_1、轴承 Z_2（包括轴承外圈和轴承一半滚子）和刀轴 Z_3（包括刀轴和轴承内圈）3 个节点的刚度串联等效得到。

滚刀的整体刚度 k 可表示为

$$\frac{1}{k} = \frac{1}{k_{Z_1}} + \frac{1}{k_{Z_2}} + \frac{1}{k_{Z_3}} \tag{3.47}$$

作为非标准件，刀圈、上楔形块和下定位块的刚度不能通过公式计算得到，本节采用有限元分析方法来计算各结构件的刚度。

对于刀圈和刀体的垂向等效刚度，首先在刀圈顶端划定一块刀刃受力区域，在区域内加载余弦压力，然后固定刀体内表面，仿真得到刀圈和刀体径向变形；通过刚度定义即可求得刀圈和刀体的等效径向刚度 k_{yZ_1}。同理，对于刀圈和刀体的侧向等效刚度，在刀刃侧向受力区域加载面载荷，固定刀体侧面，即可得到刀圈刀体轴向变形；通过刚度定义可求得刀圈与刀体轴向刚度 k_{xZ_1}。仿真计算结果如图 3.10 所示。

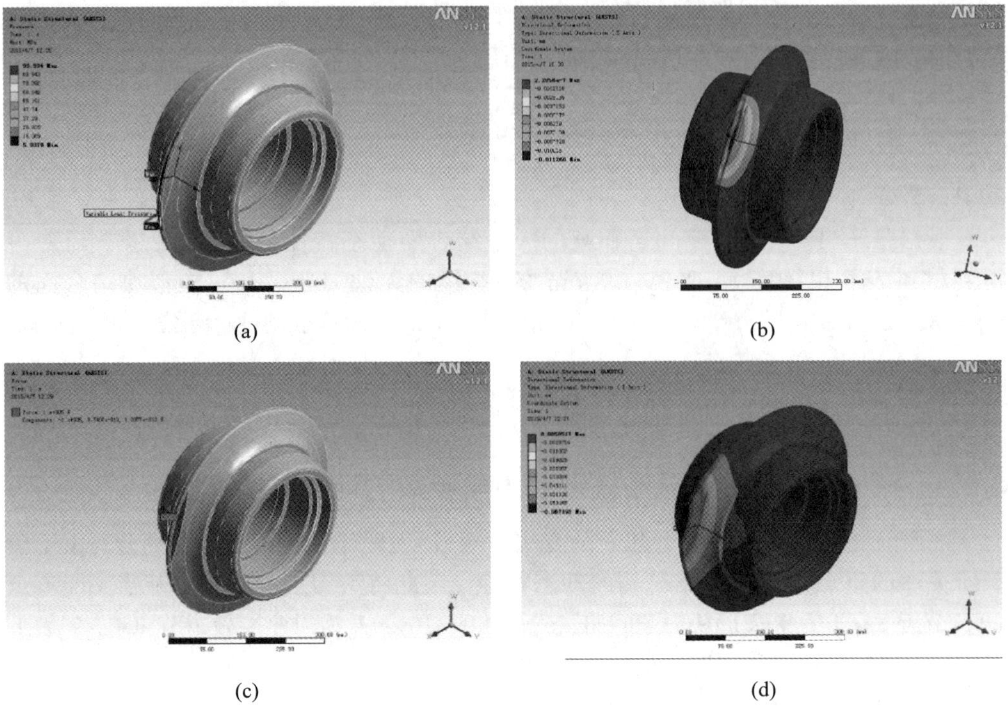

图 3.10 刀圈和刀体有限元分析结果示意图（见书后彩图）

1. 节点 Z_1 的等效刚度

由刚度定义可得节点 Z_1 的等效径向刚度 k_{yZ_1} 和轴向刚度 k_{xZ_1} 分别为

$$\begin{aligned} k_{yZ_1} &= \frac{F_{y\max}}{\delta_{y\max}} = 1.75\times 10^8\ \mathrm{N/m} \\ k_{xZ_1} &= \frac{F_{x\max}}{\delta_{x\max}} = 1.67\times 10^9\ \mathrm{N/m} \end{aligned} \tag{3.48}$$

2. 节点 Z_2 的等效刚度

根据轴承的径向和轴向刚度计算公式[11]，分别计算可得

径向刚度：

$$k_\mathrm{r} = 1.11K_\mathrm{ne}ZJ_\mathrm{r}(\cos\alpha)^{2.11}\delta_\mathrm{r}^{0.11} \tag{3.49}$$

轴向刚度：

$$k_\mathrm{a} = 1.11K_\mathrm{ne}Z(\sin\alpha)^{2.11}\delta_\alpha^{0.11} \tag{3.50}$$

式中：$J_\mathrm{r} = \dfrac{1}{Z}\displaystyle\sum_{\phi_i=0}^{\pm Z/2}(\cos\phi_i)^{2.11}$；$K_{\mathrm{n}i} = 6.24\times 10^4 l^{0.89}D_\mathrm{w}^{0.11}[1+c_i^{0.9}\cos(\alpha_\mathrm{e}-\alpha_\mathrm{i})]^{-1.11}$；$\alpha$ 为滚子接触角；Z 为滚子数目；δ_r、δ_a 分别为滚子的轴承内、外圈的径向相对位移和轴向相对位移。其中，$c_i = \sin(\alpha_\mathrm{e}+\alpha_\mathrm{f})/\sin(\alpha_\mathrm{i}+\alpha_\mathrm{f}), D_\mathrm{w}$ 为滚子平均直径，ϕ_i 为第 i 个滚子所处的位置角，α_i、α_e 分别为圆锥滚子内、外滚道的接触角，α_f 为挡边的接触角，l 为滚子的有效接触长度。

轴承内、外圈轴向相对位移与轴向力的关系[2] 为

$$\delta_{\mathrm{a}} = 0.076\,6(l^{0.8}Z^{0.9}\sin^{1.9}\alpha)^{-1}F_{\mathrm{a}}^{0.9} \tag{3.51}$$

同理，轴承内、外圈轴向相对位移与径向力的关系为

$$\delta_{\mathrm{r}} = 0.076\,6(l^{0.8}Z^{0.9}\cos^{1.9}\alpha)^{-1}F_{\mathrm{r}}^{0.9} \tag{3.52}$$

根据 17 in 滚刀，采用型号为 HH224335/HH224310 的圆锥滚子轴承。

式 (3.49)、式 (3.52) 联立可得轴承的径向刚度

$$k_{\mathrm{r}} = 5.4 \times 10^{8}\ \mathrm{N/m}$$

由两排轴承并联可得节点 Z_2 的径向等效刚度

$$k_{yZ_2} = 2k_{\mathrm{r}} = 1.08 \times 10^{9}\ \mathrm{N/m}$$

式 (3.50)、式 (3.51) 联立可得轴承的轴向刚度

$$k_{\mathrm{t}} = 1.035 \times 10^{8}\ \mathrm{N/m}$$

由两排轴承并联可得节点 Z_2 的轴向等效刚度

$$k_{xZ_2} = 2k_{\mathrm{t}} = 2.07 \times 10^{9}\ \mathrm{N/m}$$

3. 节点 Z_3 的等效刚度

刀轴的径向刚度可根据胡克定律和材料力学简支梁挠度计算方法计算

$$k_{yZ_3} = \frac{6E\pi R^4}{3a^2L - 4a^3} \tag{3.53}$$

式中：R 为刀轴半径; L 为刀轴长度；a 为轴承受力点到刀轴固定中心点的距离；E 为弹性模量。

将参数代入式 (3.53) 中解得刀轴径向刚度

$$k_{yZ_3} = 1.56 \times 10^{9}\ \mathrm{N/m}$$

取出轴承内圈、端盖、轴进行建模分析，将轴的一侧固定，在轴承内圈的内侧面进行加载，分析变形量，计算等效刚度。由于滚刀中有两个轴承，分别计算两组刚度，按并联方式计算得出节点 Z_3 的等效刚度。刀轴有限元分析结果如图 3.11 所示。

轴承内圈 1 的刚度为

$$k_1 = \frac{F_{\max}}{\delta_{\max}} = 2.5 \times 10^{10}\ \mathrm{N/m} \tag{3.54}$$

轴承内圈 2 的刚度为

$$k_2 = \frac{F_{\max}}{\delta_{2\max}} = 1.16 \times 10^{10}\ \mathrm{N/m} \tag{3.55}$$

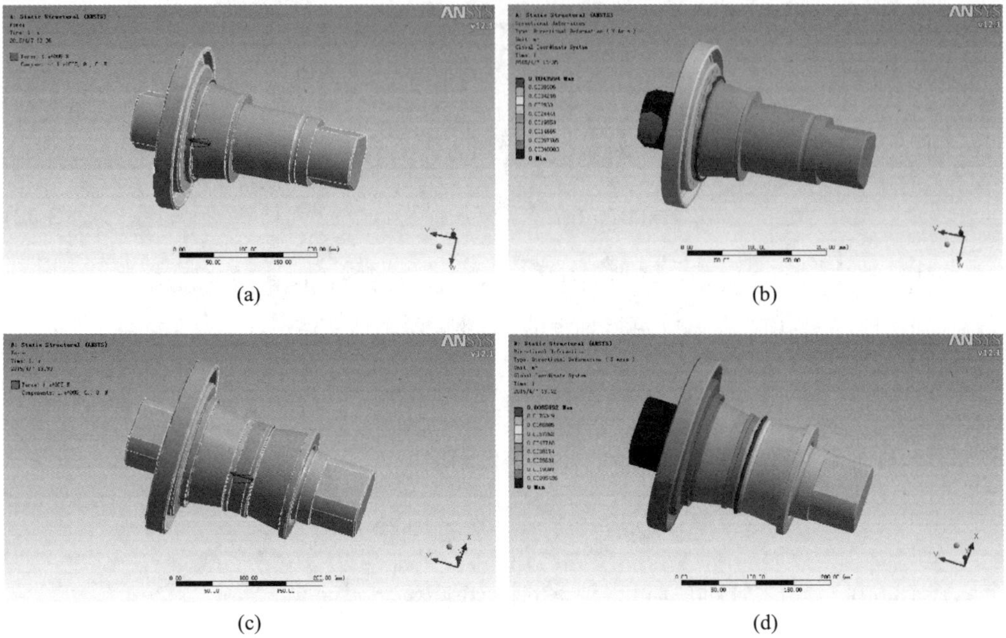

图 3.11 刀轴有限元分析结果示意图（见书后彩图）

节点 Z_3 的等效轴向刚度为

$$k_{xZ_3} = k_1 + k_2 = 3.66 \times 10^{10}\ \mathrm{N/m} \tag{3.56}$$

由式 (3.47) 可得：

节点 1 的等效径向刚度为

$$k_{\mathrm{eq}y1} = k_{\mathrm{eq}y3} = \frac{1}{\dfrac{1}{k_{yZ_1}} + \dfrac{1}{k_{yZ_2}} + \dfrac{1}{k_{yZ_3}}} = 1.34 \times 10^{8}\ \mathrm{N/m} \tag{3.57}$$

节点 1 的等效轴向刚度为

$$k_{\mathrm{eq}x1} = k_{\mathrm{eq}x3} = \frac{1}{\dfrac{1}{k_{xZ_1}} + \dfrac{1}{k_{xZ_2}} + \dfrac{1}{k_{xZ_3}}} = 9.02 \times 10^{8}\ \mathrm{N/m} \tag{3.58}$$

同理，可求得节点 1 的滚动方向等效刚度

$$k_{\mathrm{eq}z1} = k_{\mathrm{eq}z3} = 6.47 \times 10^{9}\ \mathrm{N/m} \tag{3.59}$$

节点 2、3、4、5、8、9、10、11 均属于非标准件，故其结构的等效刚度同样可采取有限元分析方法计算。利用 Workbench 有限元分析软件，在模型一侧施加约束，另一侧施加载荷，计算得到结构最大位移值，最后通过胡克定律计算得到响应的等效结构刚度。

综上所述，可得各节点的等效刚度。

3.2.4.3 滚刀倾覆等效阻尼

对于一般材料来说，接触阻尼要远远大于零件材料本身的阻尼，如钢结构的阻尼比仅为 0.01 ~ 0.02，而结合面的阻尼比可达到 0.3[12]。因此本小节中省略了各结构阻尼，仅计算滚刀倾覆阻尼。

滚刀在滚压岩石时，由于刀盘回转和刀刃挤压岩石的作用，滚刀会受到作用于刀尖的侧向力作用，因此会产生绕 y 轴的扭摆振动，如图 3.12 所示。

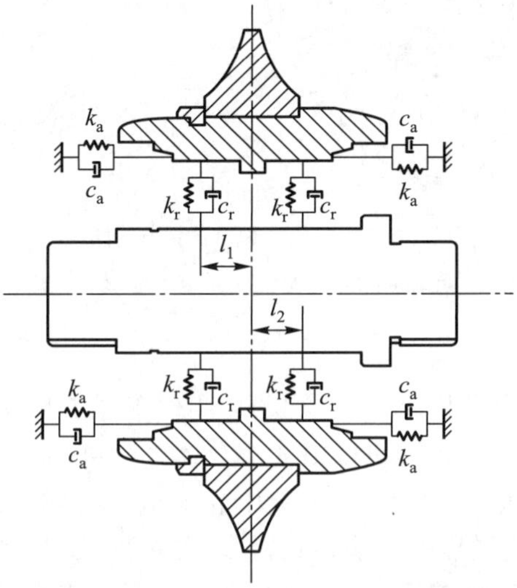

图 3.12 滚刀摆动等效参数模型

由于侧向力主要由滚刀中的两列圆锥滚子轴承来支撑，因此其倾覆阻尼计算公式[13] 为

$$c_\theta = c_{\mathrm{br}}(l_1 + l_2)/2 \tag{3.60}$$

式中：c_{br} 为轴承的径向阻尼；l_1、l_2 分别为两列轴承外圈到刀轴中心的距离，取值均为 0.037 5 m。

代入数据可计算得

$$c_\theta = 246.53\ \mathrm{N \cdot m^2/s}$$

3.3 TBM 主机系统多自由度耦合动力学模型

3.3.1 TBM 刀盘系统等效动力学模型

TBM 刀盘系统主要由刀盘、主轴承、驱动齿轮、联轴器、减速器及电动机等几大部分组成，减速器和电动机固定在内凯上，通过联轴器连接小齿轮，整体结构组成如图 3.13 所示，图中仅绘出一个电动机驱动系统。刀盘实际工作时，由 8 个对称布置的变频电机经过行星齿轮减速器后，将扭矩通过联轴器传至小齿轮，小齿轮采用冗余驱动形式同时沿顺时针方向驱动大齿圈，大齿圈再通过螺栓连接传力环和刀盘法兰，进而带动刀盘旋转。

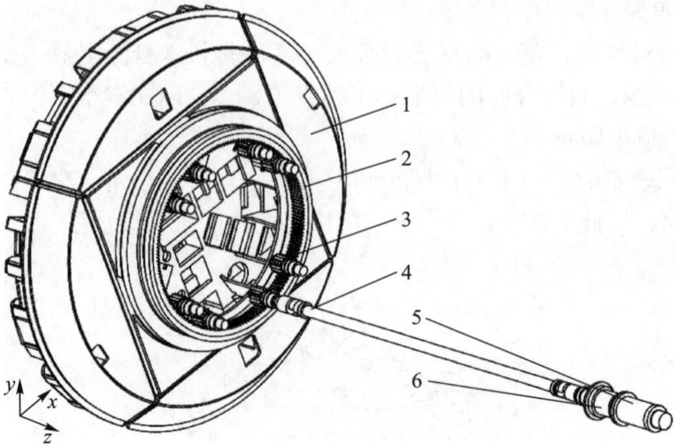

图 3.13 TBM 刀盘系统组成

1—刀盘分体；2—主轴承；3—小齿轮；4—联轴器；5—电动机；6—减速器

对于直径较大的刀盘结构（5 m 以上），为便于加工和运输，往往采用多体分块的方式设计组装，图 3.13 中的刀盘即由 4 个分体边块和一个中心块通过栓接及焊接方式连接而成，中心块再通过支撑法兰、传力环与回转支撑的大齿圈固连，外圈与盾体刚性连接。TBM 在掘进过程中，滚刀破岩载荷主要通过刀盘支撑结构传递到大齿圈上，大齿圈通过主轴承支撑在外圈上，再由外圈将载荷传递至内凯上，最后经由外凯将动激励传递到洞壁。

刀盘带动滚刀旋转破岩时，岩石对滚刀产生 3 个方向的反作用力：垂向力、滚动力及侧向力。其中，各滚刀的垂向力合成为刀盘的轴向力，使刀盘沿掘进方向产生轴向平移振动。同时，由于滚刀的不完全对称布置，垂向力会产生不平衡倾覆力矩，使刀盘绕直径轴作弯曲倾覆振动。滚动力和侧向力则合成刀盘的径向不平衡力，使刀盘沿径向平移振动；滚动力产生的扭矩波动使刀盘绕中心轴作随机扭转振动。刀盘分体由于滚刀数量及结构形式的差异，各分体会在 3 个平移方向振动，同中心块振动相互耦合。

伴随着刀盘的各向随机振动以及小齿轮啮合力的作用，大齿圈同时会产生相应的振动，同样小齿轮和盾体也会发生不同程度的弹性变形，变形量均可抽象为等效弹簧刚度和阻尼器承受。因此，在建立刀盘系统动力学模型时，刀盘中心块和大齿圈在外载作用下径向、轴向、扭转及弯曲倾覆振动，小齿轮考虑径向和扭转振动，同时将减速器和电动机视为一体，考虑其扭转振动，而刀盘 4 个分体和盾体仅考虑径向和轴向平移振动。基于集中质量参数法，在齿轮副弯扭耦合模型的基础上，同时考虑连接轴的扭转刚度，电动机和刀盘的转动惯量，大齿圈、刀盘及盾体的径向及轴向振动等，再加上系统传递误差、间隙及时变内外部激励等非线性因素对刀盘系统动态特性的影响，整体形成了一个弯-扭-轴-摆的多自由度耦合振动时变系统，其力学模型如图 3.14 所示。

在以上动力学模型中，为方便建模，降低分析难度，均采用广义动坐标系。其中，

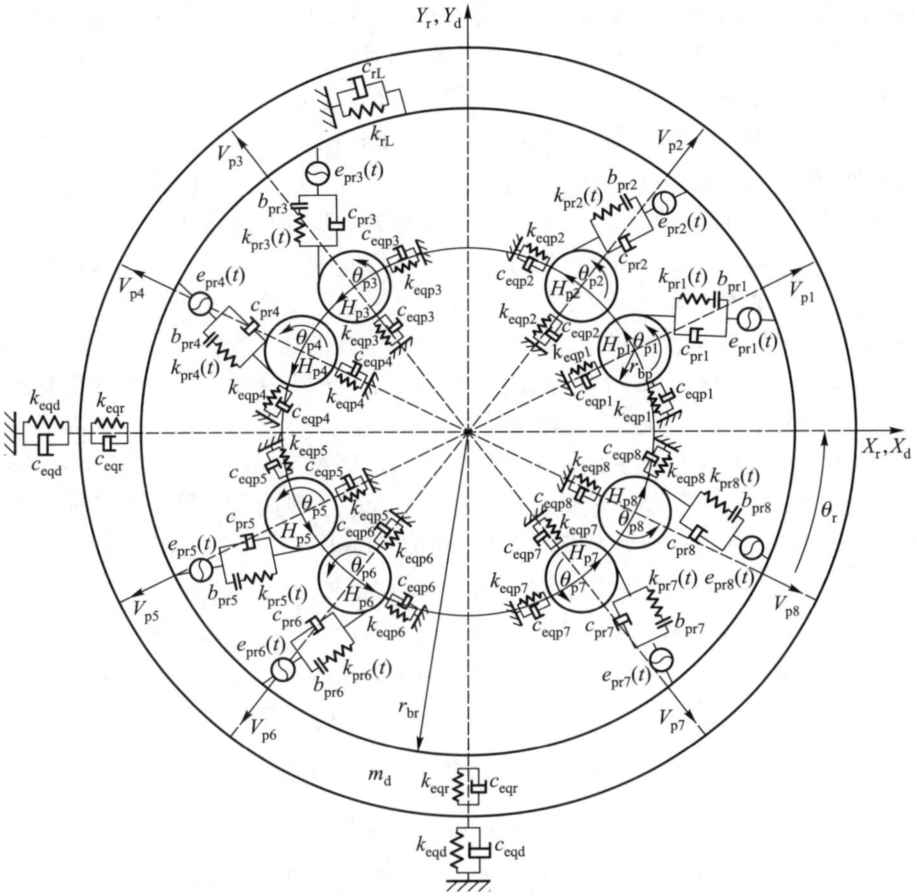

(a) 回转系统内啮合动力学模型

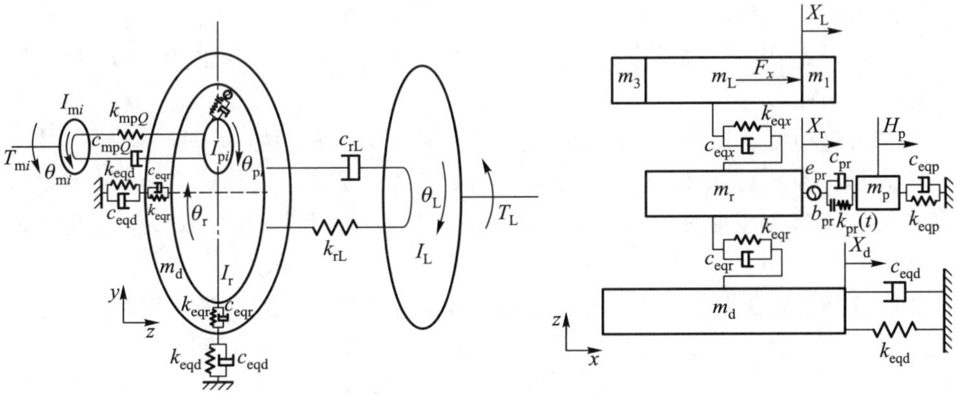

(b) 动力学模型的扭转及平稳自由度

图 3.14 TBM 刀盘系统多自由度耦合动力学模型

x、y、z 分别代表刀盘的水平方向、竖直方向和掘进方向，刀盘中心块、大齿圈及盾体处于该坐标系下；ζ、η 分别代表刀盘分体的切向和法向振动位移；H、V 分别代表小齿轮中心的切向和径向振动位移。为方便后续各构件的符号表示，这里统一做如下规定：下标 k 表示刀盘分体，下标 L 表示中心块，下标 d 表示盾体，下标 r 表示大齿圈，下标 p 表示小齿轮，下标 m 表示电动机。鉴于此，各符号的物理意义如下：I_{L}、I_{r}、I_{p}、I_{m} 为各回转构件绕中心轴的转动惯量；$I_{\mathrm{L}x}$、$I_{\mathrm{L}y}$、$I_{\mathrm{r}x}$、$I_{\mathrm{r}y}$ 为刀盘、大齿圈绕直径轴的转动惯量；m_{k}、m_{L}、m_{r}、m_{d}、m_{p} 为各构件的等效质量；$k_{\mathrm{eq}\zeta}$、$k_{\mathrm{eq}\eta}$、$k_{\mathrm{eqk}z}$ 分别为刀盘分体的切向、法向及轴向等效支撑刚度；$k_{\mathrm{eqL}x}$、$k_{\mathrm{eqL}y}$、$k_{\mathrm{eqL}z}$、k_{eqr}、$k_{\mathrm{eqr}z}$、k_{eqd}、k_{eqdz}、k_{eqp} 分别为刀盘中心块、大齿圈及盾体的横向、纵向和轴向等效支撑刚度，以及小齿轮等效支撑刚度；k_{rLQ}、k_{mpQ}、$k_{\mathrm{pr}j}(t)$ 分别为刀盘和小齿轮连接轴的扭转刚度及时变啮合刚度；$c_{\mathrm{eqL}x}$、$c_{\mathrm{eqL}y}$、$c_{\mathrm{eqL}z}$、c_{eqr}、c_{eqd}、c_{eqdz}、c_{eqp} 分别为与各等效支撑刚度相对应的阻尼；c_{rLQ}、c_{mpQ}、c_{pr} 分别为刀盘和小齿轮连接轴的扭转阻尼及啮合阻尼；T_{L}、T_{m}、F_{Lx}、$F_{\mathrm{L}y}$、M_x、M_y、F_{L} 分别为刀盘负载扭矩、电动机输入扭矩、中心块横向和纵向不平衡力、倾覆力矩及轴向推力；$F_\xi, F_\eta, F_{\mathrm{kz}}$ 分别为刀盘分体切向、法向不平衡力及轴向推力；B_{pr}、e_{pr} 分别为大齿圈与小齿轮齿侧间隙和啮合误差；r_{br}、r_{bp} 分别为大齿圈和小齿轮的基圆半径。

由此可知，刀盘和大齿圈考虑各方向的平移与扭转振动，共 12 个自由度；盾体仅考虑平移振动，为 3 个自由度；刀盘各分体的平移振动、小齿轮的径向和扭转振动及电机的扭转振动，共（$3N_{\mathrm{k}}+3N_{\mathrm{p}}+N_{\mathrm{m}}$）个自由度，其中 N_{k}、N_{p}、N_{m} 分别为刀盘分体、小齿轮及电动机的个数。系统的广义位移列阵 $\boldsymbol{\delta}$ 可表示为

$$\begin{aligned}\boldsymbol{\delta}=(&\zeta_i,\eta_i,Z_{\mathrm{k}i},X_{\mathrm{L}},Y_{\mathrm{L}},Z_{\mathrm{L}},\theta_{\mathrm{L}x},\theta_{\mathrm{L}y},\theta_{\mathrm{L}},X_{\mathrm{r}},Y_{\mathrm{r}},\\&Z_{\mathrm{r}},\theta_x,\theta_y,\theta_{\mathrm{r}},X_{\mathrm{d}},Y_{\mathrm{d}},Z_{\mathrm{d}},H_j,V_j,\theta_{\mathrm{p}j},\theta_{\mathrm{m}j})^{\mathrm{T}}\end{aligned}\tag{3.61}$$

式中：ζ_i、η_i、$Z_{\mathrm{k}i}$ 分别为刀盘各分体的切向、法向及轴向振动位移，$i=1,2,\cdots,N_{\mathrm{k}}$；$X_{\mathrm{L}}$、$Y_{\mathrm{L}}$、$Z_{\mathrm{L}}$、$\theta_{\mathrm{L}x}$、$\theta_{\mathrm{L}y}$、$\theta_{\mathrm{L}}$ 分别为中心块的径向、轴向、倾覆及扭转振动位移；X_{r}、Y_{r}、Z_{r}、$\theta_{\mathrm{r}x}$、$\theta_{\mathrm{r}y}$、θ_{r} 分别为大齿圈的径向、轴向、倾覆及扭转振动位移；X_{d}、Y_{d}、Z_{d} 分别为盾体的横向、纵向及轴向振动位移；H_j、V_j、$\theta_{\mathrm{p}j}$ 分别为各小齿轮中心的切向、径向及扭转振动位移，$j=1,2,\cdots,N_{\mathrm{p}}$；$\theta_{\mathrm{m}n}$ 为各电动机的扭转振动角位移，$n=1,2,\cdots,N_{\mathrm{m}}$。

由于刀盘动力学建模时采用的广义坐标系是随刀盘转动的动坐标系，为在广义坐标系下表示各构件的位移、速度及加速度等物理量，需要进行坐标变换。两种坐标系的相对位置如图 3.15 所示，$\zeta o\eta$ 为动坐标系，XOY 为定坐标系，ω 为动坐标系的转动角速度。

根据几何位置关系，可以用动坐标系分量表示绝对坐标系分量，得到绝对坐标系下的位移分量表达式如下：

$$\begin{pmatrix}X\\Y\end{pmatrix}=\begin{pmatrix}\cos\omega t&-\sin\omega t\\\sin\omega t&\cos\omega t\end{pmatrix}\begin{pmatrix}\zeta\\\eta\end{pmatrix}\tag{3.62}$$

对式 (3.62) 求一阶导数，可得到绝对坐标分量的速度表达式如下：

$$\begin{pmatrix}\dot X\\\dot Y\end{pmatrix}=\begin{pmatrix}\cos\omega t&-\sin\omega t\\\sin\omega t&\cos\omega t\end{pmatrix}\begin{pmatrix}\dot\zeta\\\dot\eta\end{pmatrix}+\begin{pmatrix}-\omega\sin\omega t&-\omega\cos\omega t\\\omega\cos\omega t&-\omega\sin\omega t\end{pmatrix}\begin{pmatrix}\zeta\\\eta\end{pmatrix}\tag{3.63}$$

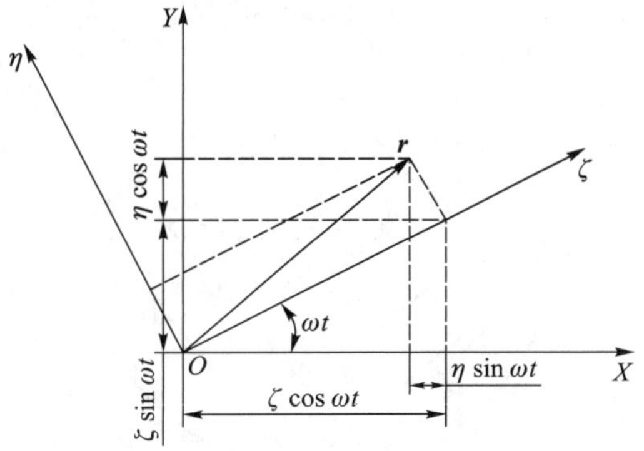

图 3.15 坐标变换示意图

同理，对式 (3.63) 再求一阶导数，则可得绝对坐标系分量的加速度表达式如下：

$$\begin{pmatrix}\ddot{X}\\ \ddot{Y}\end{pmatrix}=\begin{pmatrix}\cos\omega t & -\sin\omega t\\ \sin\omega t & \cos\omega t\end{pmatrix}\begin{pmatrix}\ddot{\zeta}\\ \ddot{\eta}\end{pmatrix}+2\begin{pmatrix}-\omega\sin\omega t & -\omega\cos\omega t\\ \omega\cos\omega t & -\omega\sin\omega t\end{pmatrix}\begin{pmatrix}\dot{\zeta}\\ \dot{\eta}\end{pmatrix}+\begin{pmatrix}-\omega^2\cos\omega t & \omega^2\sin\omega t\\ -\omega^2\sin\omega t & -\omega^2\cos\omega t\end{pmatrix}\begin{pmatrix}\zeta\\ \eta\end{pmatrix}\tag{3.64}$$

将绝对坐标系的加速度分量进行坐标变换，投影到动坐标系上，即可得到构件在广义动坐标系下的加速度表达式，即

$$\begin{pmatrix}a_\zeta\\ a_\eta\end{pmatrix}=\begin{pmatrix}\cos\omega t & \sin\omega t\\ -\sin\omega t & \cos\omega t\end{pmatrix}\begin{pmatrix}\ddot{X}\\ \ddot{Y}\end{pmatrix}=\begin{pmatrix}1 & 0\\ 0 & 1\end{pmatrix}\begin{pmatrix}\ddot{\zeta}\\ \ddot{\eta}\end{pmatrix}+\begin{pmatrix}0 & -2\omega\\ 2\omega & 0\end{pmatrix}\begin{pmatrix}\dot{\zeta}\\ \dot{\eta}\end{pmatrix}-\begin{pmatrix}\omega^2 & 0\\ 0 & \omega^2\end{pmatrix}\begin{pmatrix}\zeta\\ \eta\end{pmatrix}\tag{3.65}$$

分析各构件的耦合相对位移关系，是确定各构件间的弹性回复力及建立各构件运动微分方程的前提。需要确定的构件位移关系主要包括刀盘分体与中心块之间的耦合相对位移关系、大齿圈与各小齿轮沿啮合线方向的耦合相对位移关系。以下将根据弹性变形几何关系分别推导这两种位移关系的表达式。

1. 刀盘分体与中心块的耦合相对位移

第 i 个刀盘分体与中心块的变形几何关系如图 3.16 所示。

将刀盘中心块位移投影到刀盘分体坐标系中，再与刀盘分体位移按矢量关系求差，即可得到第 i 个刀盘分体与中心块的切向及法向耦合相对位移，即

$$\begin{aligned}\delta_{\mathrm{L}\zeta i}&=\zeta_i-X_{\mathrm{L}}\sin\varphi_{\mathrm{L}i}+Y_{\mathrm{L}}\cos\varphi_{\mathrm{L}i}\\ \delta_{\mathrm{L}\eta i}&=\eta_i-X_{\mathrm{L}}\cos\varphi_{\mathrm{L}i}-Y_{\mathrm{L}}\sin\varphi_{\mathrm{L}i}\end{aligned}\tag{3.66}$$

式中：$\varphi_{\mathrm{L}i}$ 为第 i 个刀盘分体的初始相位角，$\varphi_{\mathrm{L}i}=\pi(i-1)/2$，$i=1,2,3,4$。

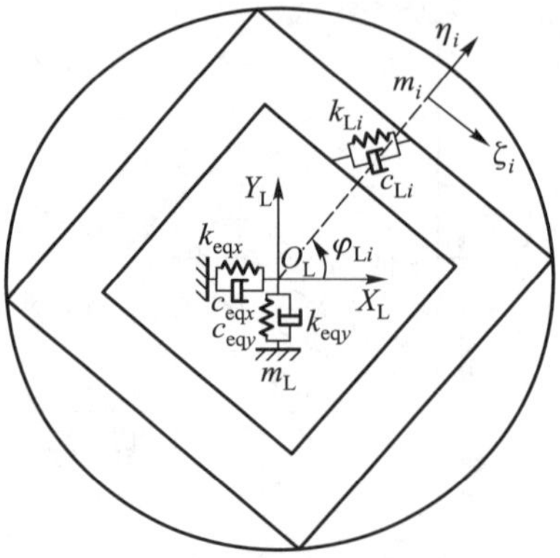

图 3.16　第 i 个刀盘分体与中心块的变形几何关系图

2. 大齿圈与小齿轮的耦合相对位移

齿轮之间的啮合沿着啮合线方向，进行分析时需要将各方向的位移投影到啮合线上，再按矢量关系求差。大齿圈和小齿轮采用内啮合传动，其变形几何关系如图 3.17 所示，其中 u_r、u_{pj} 分别为大齿圈和第 j 个小齿轮的扭转线位移。

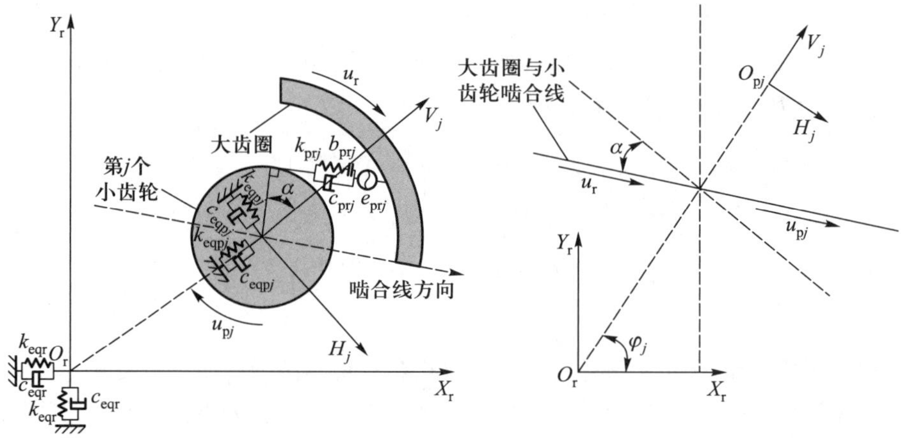

图 3.17　内啮合弹性变形几何关系图

将大齿圈和小齿轮位移均等效投影到啮合线方向上，设由大齿圈指向小齿轮的啮合线方向为正方向，小齿轮切向位移和啮合线夹角为啮合角 α，而大齿圈纵向位移和啮合线夹角则是啮合角和小齿轮相位角 φ_j 之和。将等效投影位移和系统当量累积啮合误差累加，即可确定大齿圈和第 j 个小齿轮沿内啮合线上的耦合相对位移为

$$\begin{aligned} x_{\mathrm{pr}j} &= r_{\mathrm{bp}}\theta_{\mathrm{p}j} - r_{\mathrm{br}}\theta_{\mathrm{r}} + V_j\sin\alpha + H_j\cos\alpha + \\ &\quad X_{\mathrm{r}}\sin(\alpha+\varphi_j) - Y_{\mathrm{r}}\cos(\alpha+\varphi_j) - e_{\mathrm{pr}j}(t) \end{aligned} \tag{3.67}$$

式中：α 为齿轮传动啮合角；φ_j 为第 j 个小齿轮的相位角；$e_{\mathrm{pr}j}(t)$ 具体表达式见后文 3.3.3.3 小节中式 (3.89)。

3.3.2 TBM 推进支撑系统动力学模型

刀盘承受的等效载荷经过驱动系统传递至推进支撑系统。驱动系统主要考虑轴向、横纵向弯曲、扭转自由度。依据 TBM 推进支撑系统的结构和工作原理，建立其等效动力学模型如图 3.18。模型主要考虑系统轴向、横向弯曲及横纵向倾覆自由度。定义模型中的横向、纵向、轴向分别与图 3.18 中 X 轴、Y 轴、Z 轴方向一致。

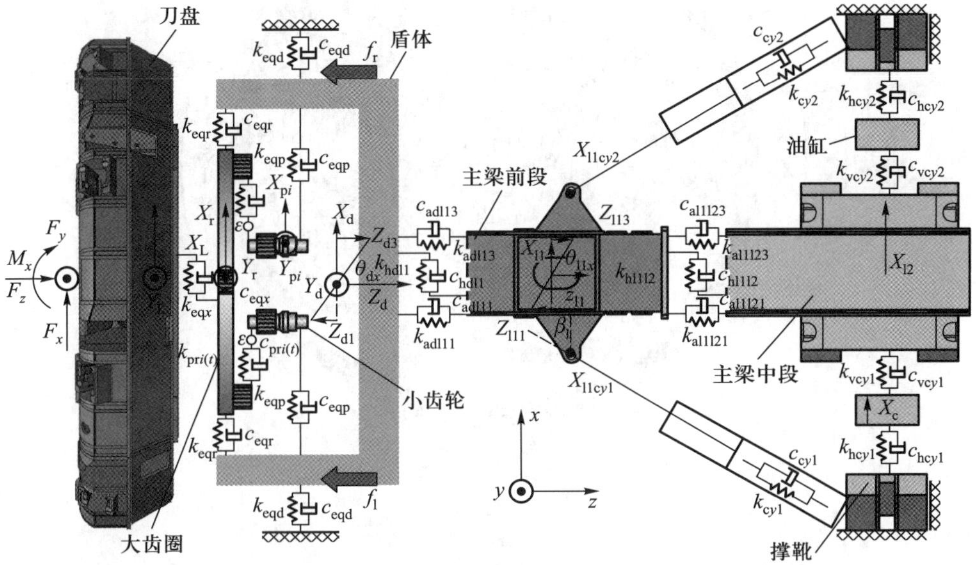

(a)

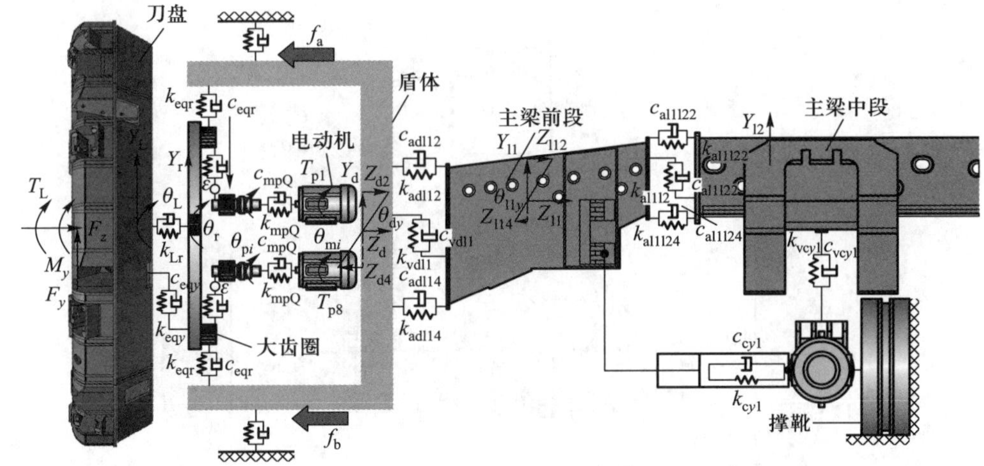

(b)

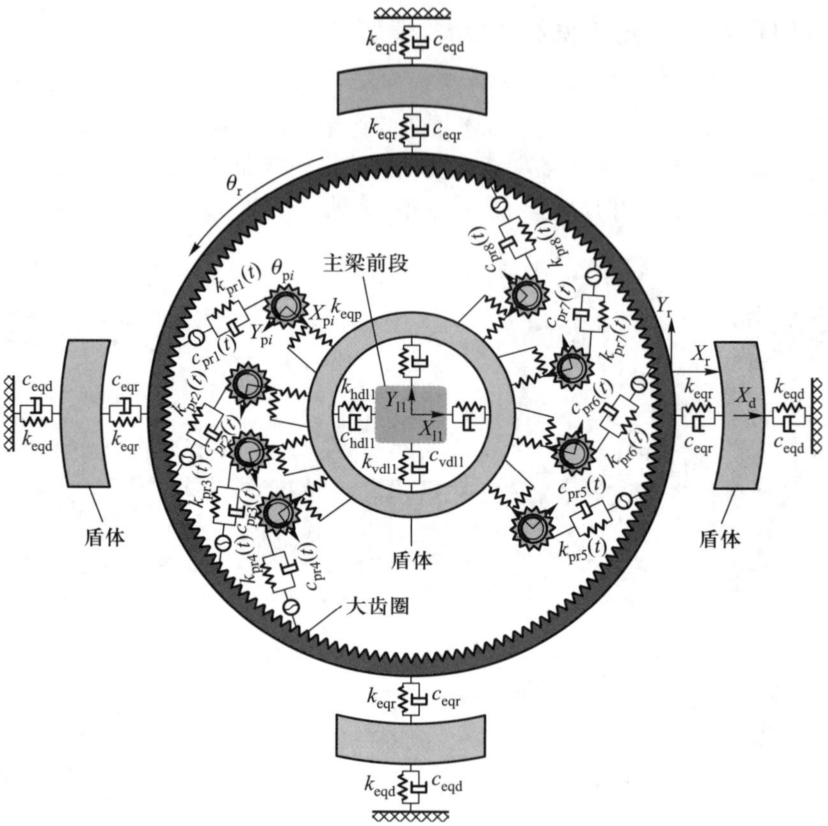

(c)

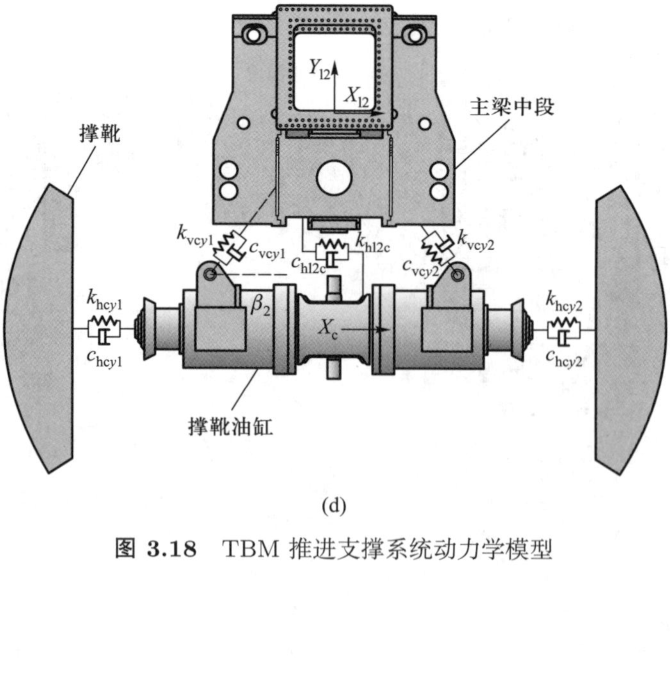

(d)

图 3.18 TBM 推进支撑系统动力学模型

根据动力学模型的变形关系，推导系统动力学方程如下：

$$
\left\{\begin{aligned}
& m_{\mathrm{L}}\ddot{X}_{\mathrm{L}} + c_{\mathrm{eq}x}(\dot{X}_{\mathrm{L}} - \dot{X}_{\mathrm{r}}) + k_{\mathrm{eq}x}(X_{\mathrm{L}} - X_{\mathrm{r}}) = F_x \\
& m_{\mathrm{L}}\ddot{Y}_{\mathrm{L}} + c_{\mathrm{eq}y}(\dot{Y}_{\mathrm{L}} - \dot{Y}_{\mathrm{r}}) + k_{\mathrm{eq}y}(Y_{\mathrm{L}} - Y_{\mathrm{r}}) = F_y \\
& m_{\mathrm{r}}\ddot{X}_{\mathrm{r}} + \sum_{i=1}^{N}(F_{\mathrm{pr}i} + D_{\mathrm{pr}i})\sin(\varphi_i + \alpha) + c_{\mathrm{eqr}}(\dot{X}_{\mathrm{r}} - \dot{X}_{\mathrm{d}}) + c_{\mathrm{eq}x}(\dot{X}_{\mathrm{r}} - \dot{X}_{\mathrm{L}}) + \\
& \qquad k_{\mathrm{eqr}}(X_{\mathrm{r}} - X_{\mathrm{d}}) + k_{\mathrm{eq}x}(X_{\mathrm{r}} - X_{\mathrm{L}}) = 0 \\
& m_{\mathrm{r}}\ddot{Y}_{\mathrm{r}} - \sum_{i=1}^{N}(F_{\mathrm{pr}i} + D_{\mathrm{pr}i})\cos(\varphi_i + \alpha) + c_{\mathrm{eqr}}(\dot{Y}_{\mathrm{r}} - \dot{Y}_{\mathrm{d}}) + c_{\mathrm{eq}y}(\dot{Y}_{\mathrm{r}} - \dot{Y}_{\mathrm{L}}) + \\
& \qquad k_{\mathrm{eqr}}(Y_{\mathrm{r}} - Y_{\mathrm{d}}) + k_{\mathrm{eq}y}(Y_{\mathrm{r}} - Y_{\mathrm{L}}) = 0 \\
& m_{\mathrm{p}i}\ddot{X}_{\mathrm{p}i} + (F_{\mathrm{pr}i} + D_{\mathrm{pr}i})\cos\alpha + c_{\mathrm{eqp}i}\dot{\delta}_{\mathrm{dp}xi} + k_{\mathrm{eqp}i}\delta_{\mathrm{dp}xi} = 0 \\
& m_{\mathrm{p}i}\ddot{Y}_{\mathrm{p}i} + (F_{\mathrm{pr}i} + D_{\mathrm{pr}i})\sin\alpha + c_{\mathrm{eqp}i}\dot{\delta}_{\mathrm{dp}yi} + k_{\mathrm{eqp}i}\delta_{\mathrm{dp}yi} = 0 \\
& m_{\mathrm{d}}\ddot{X}_{\mathrm{d}} + c_{\mathrm{eqr}}(\dot{X}_{\mathrm{d}} - \dot{X}_{\mathrm{r}}) + c_{\mathrm{eqd}}\dot{X}_{\mathrm{d}} + k_{\mathrm{eqr}}(X_{\mathrm{d}} - X_{\mathrm{r}}) + k_{\mathrm{eqd}}X_{\mathrm{d}} + \\
& \qquad \sum_{i=1}^{8}(c_{\mathrm{eqp}}\dot{\delta}_{\mathrm{pd}xi} + k_{\mathrm{eqp}}\delta_{\mathrm{pd}xi}) + [k_{\mathrm{hdl1}}(X_{\mathrm{d}} - X_{\mathrm{l1}}) + c_{\mathrm{hdl1}}(\dot{X}_{\mathrm{d}} - \dot{X}_{\mathrm{l1}})] = 0 \\
& m_{\mathrm{d}}\ddot{Y}_{\mathrm{d}} + c_{\mathrm{eqr}}(\dot{Y}_{\mathrm{d}} - \dot{Y}_{\mathrm{r}}) + c_{\mathrm{eqd}}\dot{Y}_{\mathrm{d}} + k_{\mathrm{eqr}}(Y_{\mathrm{d}} - Y_{\mathrm{r}}) + k_{\mathrm{eqd}}Y_{\mathrm{d}} + \\
& \qquad \sum_{i=1}^{8}(c_{\mathrm{eqp}}\dot{\delta}_{\mathrm{pd}yi} + k_{\mathrm{eqp}}\delta_{\mathrm{pd}yi}) + [k_{\mathrm{vdl1}}(Y_{\mathrm{d}} - Y_{\mathrm{l1}}) + c_{\mathrm{vdl1}}(\dot{Y}_{\mathrm{d}} - \dot{Y}_{\mathrm{l1}})] = 0 \\
& m_{\mathrm{l1}}\ddot{X}_{\mathrm{l1}} = [k_{\mathrm{hdl1}}(X_{\mathrm{d}} - X_{\mathrm{l1}}) + c_{\mathrm{hdl1}}(\dot{X}_{\mathrm{d}} - \dot{X}_{\mathrm{l1}})] - [k_{\mathrm{hl1l2}}(X_{\mathrm{l1}} - X_{\mathrm{l2}}) + \\
& \qquad c_{\mathrm{hl1l2}}(\dot{X}_{\mathrm{l1}} - \dot{X}_{\mathrm{l2}})] - (X_{\mathrm{l1c}y1}k_{\mathrm{c}y1} + \dot{X}_{\mathrm{l1c}y1}c_{\mathrm{c}y1})\cdot \\
& \qquad \cos\beta_1 - (X_{\mathrm{l1c}y2}k_{\mathrm{c}y2} + \dot{X}_{\mathrm{l1c}y2}c_{\mathrm{c}y2})\cos\beta_1 \\
& m_{\mathrm{l1}}\ddot{Y}_{\mathrm{l1}} = [k_{\mathrm{vdl1}}(Y_{\mathrm{d}} - Y_{\mathrm{l1}}) + c_{\mathrm{vdl1}}(\dot{Y}_{\mathrm{d}} - \dot{Y}_{\mathrm{l1}})] - [k_{\mathrm{vl1l2}}(Y_{\mathrm{l1}} - Y_{\mathrm{l2}}) + \\
& \qquad c_{\mathrm{vl1l2}}(\dot{Y}_{\mathrm{l1}} - \dot{Y}_{\mathrm{l2}})] \\
& m_{\mathrm{l2}}\ddot{X}_{\mathrm{l2}} = [k_{\mathrm{hl1l2}}(X_{\mathrm{l1}} - X_{\mathrm{l2}}) + c_{\mathrm{hl1l2}}(\dot{X}_{\mathrm{l1}} - \dot{X}_{\mathrm{l2}})] - (k_{\mathrm{hc}y1}X_{\mathrm{l2}} + c_{\mathrm{hc}y1}\dot{X}_{\mathrm{l2}}) - \\
& \qquad (k_{\mathrm{hc}y2}X_{\mathrm{l2}} + c_{\mathrm{hc}y2}\dot{X}_{\mathrm{l2}}) \\
& m_{\mathrm{l2}}\ddot{Y}_{\mathrm{l2}} = [k_{\mathrm{vl1l2}}(Y_{\mathrm{l1}} - Y_{\mathrm{l2}}) + c_{\mathrm{vl1l2}}(\dot{Y}_{\mathrm{l1}} - \dot{Y}_{\mathrm{l2}})] - (k_{\mathrm{vc}y1}\delta_{\mathrm{l2c1}} + c_{\mathrm{vc}y1}\dot{\delta}_{\mathrm{l2c1}})\cdot \\
& \qquad \sin\beta_2 - (k_{\mathrm{vc}y2}\delta_{\mathrm{l2c2}} + c_{\mathrm{vc}y2}\dot{\delta}_{\mathrm{l2c2}})\sin\beta_2 \\
& m_{\mathrm{c}}\ddot{X}_{\mathrm{c}} = [k_{\mathrm{h12c}}(X_{\mathrm{l2}} - X_{\mathrm{c}}) + c_{\mathrm{h12c}}(\dot{X}_{\mathrm{l2}} - \dot{X}_{\mathrm{c}})] - (k_{\mathrm{hc}y1}X_{\mathrm{c}} + c_{\mathrm{hc}y1}\dot{X}_{\mathrm{c}}) - \\
& \qquad (k_{\mathrm{hc}y2}X_{c} + c_{\mathrm{hc}y2}\dot{X}_{\mathrm{c}}) + (k_{\mathrm{vc}y1}\delta_{\mathrm{l2c1}} + c_{\mathrm{vc}y1}\dot{\delta}_{\mathrm{l2c1}})\cdot \\
& \qquad \cos\beta_2 - (k_{\mathrm{vc}y2}\delta_{\mathrm{l2c2}} + c_{\mathrm{vc}y2}\dot{\delta}_{\mathrm{l2c2}})\cos\beta_2
\end{aligned}\right. \tag{3.68}
$$

$$
\left\{\begin{aligned}
& I_{\mathrm{m}i}\ddot{\theta}_{\mathrm{m}i} + c_{\mathrm{mpQ}}(\dot{\theta}_{\mathrm{m}i} - \dot{\theta}_{\mathrm{p}i}) + k_{\mathrm{mpQ}}(\theta_{\mathrm{m}i} - \theta_{\mathrm{p}i}) = T_{\mathrm{p}i} \\
& I_{\mathrm{p}i}\ddot{\theta}_{\mathrm{p}i} + (F_{\mathrm{pr}i} + D_{\mathrm{pr}i})r_{\mathrm{bp}} + c_{\mathrm{mpQ}}(\dot{\theta}_{\mathrm{p}i} - \dot{\theta}_{\mathrm{m}i}) + \\
& \qquad k_{\mathrm{mpQ}}(\theta_{\mathrm{p}i} - \theta_{\mathrm{m}i}) = 0 \\
& I_{\mathrm{r}}\ddot{\theta}_{\mathrm{r}} - \sum_{i=1}^{N}(F_{\mathrm{pr}i} + D_{\mathrm{pr}i})r_{\mathrm{br}} + c_{\mathrm{Lr}}(\dot{\theta}_{\mathrm{r}} - \dot{\theta}_{\mathrm{L}}) + k_{\mathrm{Lr}}(\theta_{\mathrm{r}} - \theta_{\mathrm{L}}) = 0 \\
& I_{\mathrm{L}}\ddot{\theta}_{\mathrm{L}} + c_{\mathrm{Lr}}(\theta_{\mathrm{L}} - \theta_{\mathrm{r}}) + k_{\mathrm{Lr}}(\theta_{\mathrm{L}} - \theta_{\mathrm{r}}) = -T_{\mathrm{L}}
\end{aligned}\right. \tag{3.69}
$$

$$\begin{cases} m_{\mathrm{d}}\ddot{Z}_{\mathrm{d}} = & F_{\mathrm{Z}} - \sum_{i=1}^{4}[k_{\mathrm{adl1}i}(Z_{\mathrm{d}i} - Z_{\mathrm{l1}i}) + c_{\mathrm{adl1}i}(\dot{Z}_{\mathrm{d}i} - \dot{Z}_{\mathrm{l1}i})] \\ m_{\mathrm{l1}}\ddot{Z}_{\mathrm{l1}} = & \sum_{i=1}^{4}[k_{\mathrm{adl1}i}(Z_{\mathrm{d}i} - Z_{\mathrm{l1}i}) + c_{\mathrm{adl1}i}(\dot{Z}_{\mathrm{d}i} - \dot{Z}_{\mathrm{l1}i})] - \\ & \sum_{i=1}^{4}(k_{\mathrm{al1l2}i}Z_{\mathrm{l1}i} + c_{\mathrm{al1l2}i}\dot{Z}_{\mathrm{l1}i}) + (x_{\mathrm{l1c}y1}k_{\mathrm{c}y1} + \dot{x}_{\mathrm{l1c}y1}c_{\mathrm{c}y1})\sin\alpha - \\ & (x_{\mathrm{l1c}y2}k_{\mathrm{c}y2} + \dot{x}_{\mathrm{l1c}y2}c_{\mathrm{c}y2})\sin\alpha \\ I_{\mathrm{d}x}\ddot{\theta}_{\mathrm{d}x} = & M_x + a_{\mathrm{l1}}[k_{\mathrm{adl11}}(Z_{\mathrm{d1}} - Z_{\mathrm{l11}}) + c_{\mathrm{adl11}}(\dot{Z}_{\mathrm{d1}} - \dot{Z}_{\mathrm{l11}}) - \\ & k_{\mathrm{adl13}}(Z_{\mathrm{d3}} - Z_{\mathrm{l13}}) - c_{\mathrm{adl13}}(\dot{Z}_{\mathrm{d3}} - \dot{Z}_{\mathrm{l13}})] - f_{\mathrm{l}}r_{\mathrm{d}} - f_{\mathrm{r}}r_{\mathrm{d}} \\ I_{\mathrm{l1}x}\ddot{\theta}_{\mathrm{l1}x} = & -a_{\mathrm{l1}}[k_{\mathrm{adl11}}(Z_{\mathrm{d1}} - Z_{\mathrm{l11}}) + c_{\mathrm{adl11}}(\dot{Z}_{\mathrm{d1}} - \dot{Z}_{\mathrm{l11}}) - k_{\mathrm{adl13}}(Z_{\mathrm{d3}} - Z_{\mathrm{l13}}) - \\ & c_{\mathrm{adl13}}(\dot{Z}_{\mathrm{d3}} - \dot{Z}_{\mathrm{l13}})] + a_{\mathrm{l1}}(k_{\mathrm{al1l21}}Z_{\mathrm{l11}} + c_{\mathrm{al1l21}}\dot{Z}_{\mathrm{l11}} - k_{\mathrm{al1l23}}Z_{\mathrm{l13}} - \\ & c_{\mathrm{al1l23}}\dot{Z}_{\mathrm{l13}}) + a_{\mathrm{l1m}}(-x_{\mathrm{l1c}y1}k_{\mathrm{c}y1} - \dot{x}_{\mathrm{l1c}y1}c_{\mathrm{c}y1} - x_{\mathrm{l1c}y2}k_{\mathrm{c}y2} - \dot{x}_{\mathrm{l1c}y2}c_{\mathrm{c}y2}) \\ I_{\mathrm{d}y}\ddot{\theta}_{\mathrm{d}y} = & M_y + a_{\mathrm{lq}}[k_{\mathrm{adl14}}(Z_{\mathrm{d4}} - Z_{\mathrm{l14}}) + c_{\mathrm{adl14}}(\dot{Z}_{\mathrm{d4}} - \dot{Z}_{\mathrm{l14}}) - \\ & k_{\mathrm{adl12}}(Z_{\mathrm{d2}} - Z_{\mathrm{l12}}) - c_{\mathrm{adl12}}(\dot{Z}_{\mathrm{d2}} - \dot{Z}_{\mathrm{l12}})] - f_{\mathrm{b}}r_{\mathrm{d}} - f_{\mathrm{a}}r_{\mathrm{d}} \\ I_{\mathrm{l1}y}\ddot{\theta}_{\mathrm{l1}y} = & -a_{\mathrm{lq}}[k_{\mathrm{adl14}}(Z_{\mathrm{d4}} - Z_{\mathrm{l14}}) + c_{\mathrm{adl14}}(\dot{Z}_{\mathrm{d4}} - \dot{Z}_{\mathrm{l14}}) - \\ & k_{\mathrm{adl12}}(Z_{\mathrm{d2}} - Z_{\mathrm{l12}}) - c_{\mathrm{adl12}}(\dot{Z}_{\mathrm{d2}} - \dot{Z}_{\mathrm{l12}})] + \\ & a_{\mathrm{lq}}(k_{\mathrm{al1l24}}Z_{\mathrm{l14}} + c_{\mathrm{al1l24}}\dot{Z}_{\mathrm{l14}} - k_{\mathrm{al1l22}}Z_{\mathrm{l12}} - c_{\mathrm{al1l22}}\dot{Z}_{\mathrm{l12}}) \end{cases} \tag{3.70}$$

式中：X、Y、θ、Z 分别表示质量点的横向、纵向、扭转和轴向振动位移；下标 h、v、c、l1、l2 分别表示横向、垂向、油缸缸体、主梁前段、主梁中段；

$$\begin{aligned} Z_{\mathrm{d3}} &= Z_{\mathrm{d}} + a_{\mathrm{l1}}\theta_{\mathrm{d}x} \\ Z_{\mathrm{d2}} &= Z_{\mathrm{d}} + a_{\mathrm{lq}}\theta_{\mathrm{d}y} \\ Z_{\mathrm{d1}} &= Z_{\mathrm{d}} - a_{\mathrm{l1}}\theta_{\mathrm{d}x} \\ Z_{\mathrm{d4}} &= Z_{\mathrm{d}} - a_{\mathrm{lq}}\theta_{\mathrm{d}y} \\ Z_{\mathrm{l13}} &= Z_{\mathrm{l1}} + a_{\mathrm{l1}}\theta_{\mathrm{l1}x} \\ Z_{\mathrm{l12}} &= Z_{\mathrm{l1}} + a_{\mathrm{lq}}\theta_{\mathrm{l1}y} \\ Z_{\mathrm{l11}} &= Z_{\mathrm{l1}} - a_{\mathrm{l1}}\theta_{\mathrm{l1}x} \\ Z_{\mathrm{l14}} &= Z_{\mathrm{l1}} - a_{\mathrm{lq}}\theta_{\mathrm{l1}y} \end{aligned} \tag{3.71}$$

$Z_{\mathrm{d}i}$ $(i = 1, 2, 3, 4)$ 分别为盾体下、左、上、右位置的轴向位移；$Z_{\mathrm{l1}i}$ $(i = 1, 2, 3, 4)$ 分别为主梁前段下、左、上、右位置的轴向位移。

支撑系统的弯–轴–摆耦合关系主要体现在主梁前段与撑靴的相对位置关系，如图 3.19a。驱动系统的弯–扭耦合关系主要体现在驱动齿轮、大齿圈以及盾体的相对位置关系，如图 3.19b、图 3.19c。

将主梁前段和撑靴的位移向主推进油缸支撑方向投影，从而得到主梁前段与撑靴的相对弹性变形 $x_{\mathrm{l1c}y1}$ 和 $x_{\mathrm{l1c}y2}$，分别为

$$\begin{aligned} x_{\mathrm{l1c}y1} &= X_{\mathrm{l1}}\cos\beta_1 - Z_{\mathrm{l1}}\sin\beta_1 + a_{\mathrm{l1m}}\theta_{\mathrm{l1}x} \\ x_{\mathrm{l1c}y2} &= X_{\mathrm{l1}}\cos\beta_1 + Z_{\mathrm{l1}}\sin\beta_1 + a_{\mathrm{l1m}}\theta_{\mathrm{l1}x} \end{aligned} \tag{3.72}$$

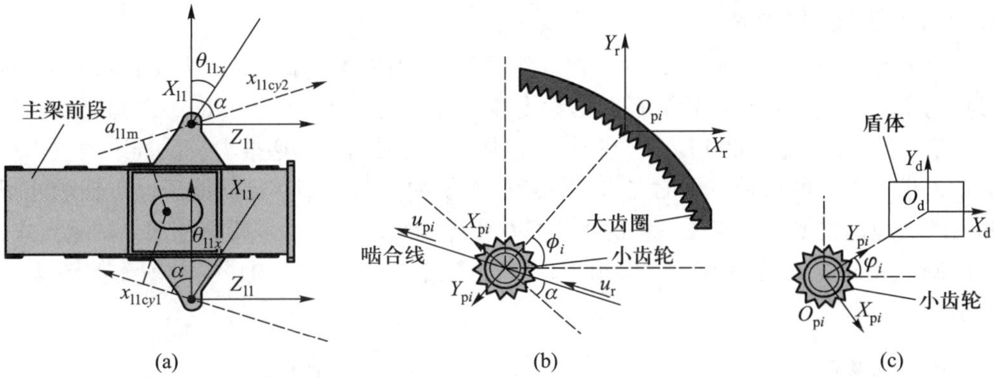

图 3.19 各自由度相对变形关系

式中：β_1 为主推进油缸支撑角；$a_{11\mathrm{m}}$ 为主梁前段质心到主推进油缸支撑方向的投影距离。

将小齿轮和大齿圈的位移向啮合线投影，从而得到大齿圈和小齿轮之间的相对弹性变形 $x_{\mathrm{pr}i}$，即

$$\begin{aligned}x_{\mathrm{pr}i} = r_{\mathrm{bp}}\theta_{\mathrm{p}i} - r_{\mathrm{br}}\theta_{\mathrm{r}} + Y_{\mathrm{p}i}\sin\alpha + X_{\mathrm{p}i}\cos\alpha +\\ X_{\mathrm{r}}\sin(\alpha+\varphi_i) - Y_{\mathrm{r}}\cos(\alpha+\varphi_i) - e_{\mathrm{pr}i}(t)\end{aligned} \tag{3.73}$$

式中：X_{r}、Y_{r}、$X_{\mathrm{p}i}$、$Y_{\mathrm{p}i}$ 分别为大齿圈的横、纵向位移及小齿轮的横、纵向位移；α、φ_i 分别为啮合角和各小齿轮相位角。根据相对变形关系，同时考虑齿侧间隙，可以按照文献 [14] 的方法计算齿轮时变啮合力 $F_{\mathrm{pr}i}$ 和齿轮的时变啮合阻尼力 $D_{\mathrm{pr}i}$。

$$\begin{cases}\delta_{\mathrm{pd}xi} = X_{\mathrm{d}} + Y_{\mathrm{p}i}\cos\varphi_i + X_{\mathrm{p}i}\sin\varphi_i\\ \delta_{\mathrm{dp}xi} = X_{\mathrm{p}i} - Y_{\mathrm{d}}\cos\varphi_i + X_{\mathrm{d}}\sin\varphi_i\end{cases} \tag{3.74}$$

$$\begin{cases}\delta_{\mathrm{pd}yi} = Y_{\mathrm{d}} + Y_{\mathrm{p}i}\sin\varphi_i - X_{\mathrm{p}i}\cos\varphi_i\\ \delta_{\mathrm{dp}yi} = Y_{\mathrm{p}i} + Y_{\mathrm{d}}\sin\varphi_i + X_{\mathrm{d}}\cos\varphi_i\end{cases} \tag{3.75}$$

联立各构件的动力学微分方程，并用矩阵形式表示如下：

$$\boldsymbol{M}\ddot{\boldsymbol{X}} + \boldsymbol{C}\dot{\boldsymbol{X}} + \boldsymbol{K}\boldsymbol{X} = \boldsymbol{F} \tag{3.76}$$

式中：$\boldsymbol{M}$ 为系统质量矩阵；$\boldsymbol{C}$ 和 $\boldsymbol{K}$ 分别为阻尼矩阵和刚度矩阵；$\boldsymbol{F}$ 为外部激励列向量；$\boldsymbol{X}$ 为系统位移矢量。

3.3.3 主机系统振动模型中主要参数的计算方法

在刀盘系统中，主要有内、外部两种激励综合影响系统的动态特性。其中，外部激励是由滚刀布置参数、地质参数及掘进参数的随机时变性等因素引起的；内部激励则主要受齿轮时变啮合刚度、齿轮综合累积啮合误差、轴承刚度、系统内部阻尼等参数的影响，本节着重阐述系统内部激励的计算方法，确定式 (3.76) 左端的系数矩阵。

3.3.3.1 轴承支撑刚度

在刀盘系统内部激励中，轴承作为掘进机结构体的支撑部件，主要有两种用途：刀盘的主轴承支撑和小齿轮的径向轴承支撑。刀盘主轴承主要由外圈、内圈以及三列圆柱滚子组成，如图 3.20 所示。其中，主推滚子主要用于传递推力，反推滚子主要承受掘进机后退时的载荷，同时二者共同承受系统的倾覆力矩；径向滚子位于轴承外圈和内圈之间，主要用于支撑系统的重量。小齿轮的径向轴承由双排圆柱滚子轴承支撑，由内圈、外圈、滚动体及保持架组成，承受大齿圈传递过来的径向载荷，如图 3.21 所示。

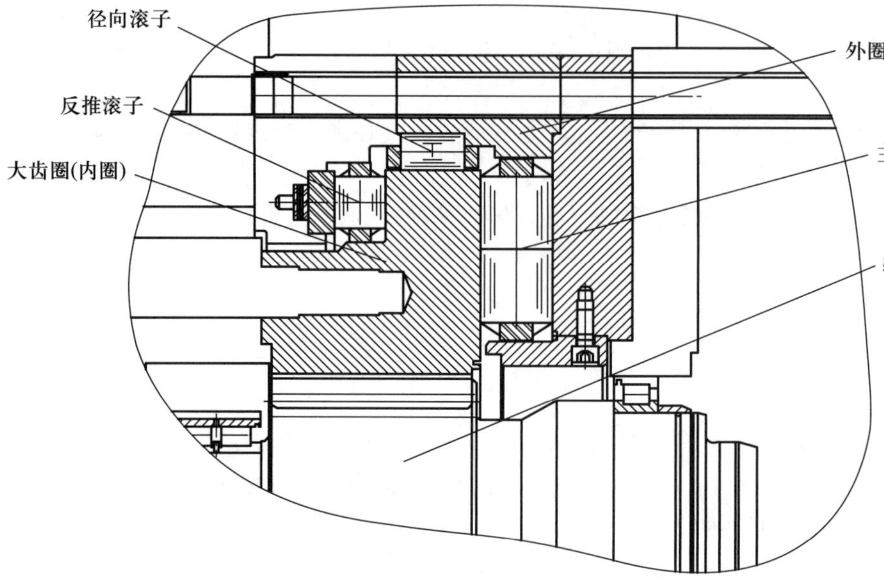

图 3.20　刀盘主轴承结构示意图

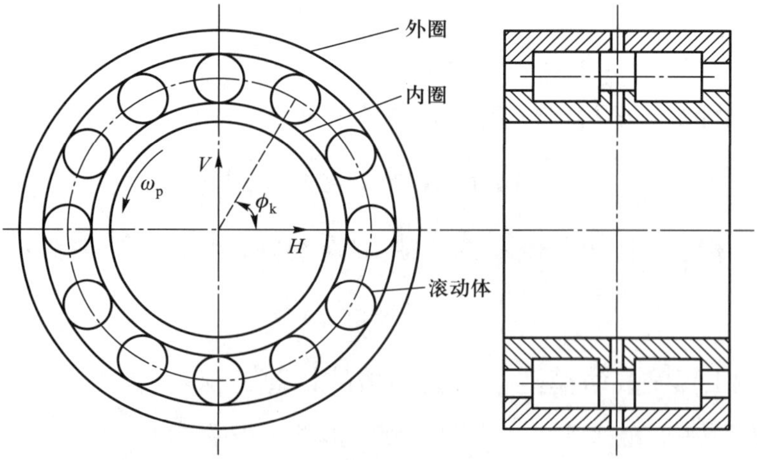

图 3.21　小齿轮轴承结构示意图

首先，分析刀盘主轴承的轴向和径向支撑刚度变化规律。由于主轴承属于向心推

力滚子轴承，该轴承的轴向支撑刚度 k_{a} 可定义为[5]

$$k_{\mathrm{a}}=\frac{\mathrm{d}F_{\mathrm{a}}}{\mathrm{d}\delta_{\mathrm{a}}}=sK_{\mathrm{n}}Z(\sin\alpha')^{s+1}\delta_{\mathrm{a}}^{s-1} \tag{3.77}$$

$$K_{\mathrm{n}}=2.89\times10^{4}l_{\mathrm{e}}^{0.82}D_{\mathrm{w}}^{0.11} \tag{3.78}$$

$$F_{\mathrm{a}}=K_{\mathrm{n}}Z(\sin\alpha')^{s+1}\delta_{\mathrm{a}}^{s} \tag{3.79}$$

式中：s 为轴承刚度指数，对于滚子轴承，可取 1.11；Z 为滚子个数；α' 为轴承接触角，此处 $\alpha'=90°$；δ_{a} 和 F_{a} 分别为轴承整体轴向位移和轴向载荷；K_{n} 为轴承刚度系数；l_{e} 为滚子的有效接触长度；D_{w} 为滚子的平均直径。

而主轴承径向刚度定义如下[15]：

$$k_{\mathrm{r}}=\frac{\mathrm{d}F_{\mathrm{r}}}{\mathrm{d}\delta_{\mathrm{r}}}=sK_{\mathrm{n}}ZJ_{\mathrm{r}}\delta_{\mathrm{r}}^{s-1} \tag{3.80}$$

$$J_{\mathrm{r}}=\frac{1}{Z}\left[\sum_{\phi_i=0}^{\pm\pi/2}(\cos\phi_i)^{s+1}\right] \tag{3.81}$$

$$F_{\mathrm{r}}=K_{\mathrm{n}}ZJ_{\mathrm{r}}\delta_{\mathrm{r}}^{s} \tag{3.82}$$

式中：δ_{r} 和 F_{r} 分别为轴承整体径向位移和径向载荷；ϕ_i 为滚子所处的位置角。

由式 (3.77) 和式 (3.80) 可知，通常主轴承刚度不是一个常量，而是随着外部激励的变化而变化，体现了主轴承刚度的时变性。

对于小齿轮的轴承支撑刚度计算，在保证足够计算精度和模型等效的基础上，需做如下几点假设[2]：

（1）内圈与齿轮轴、外圈与轴承座均假定为刚性连接；

（2）滚子在内、外圈间等距离排列，与滚道之间为纯滚动，不发生相对滑动；

（3）不考虑润滑油膜、轴承游隙等非线性因素的影响；

（4）内圈和外圈均是刚性的，不考虑其变形，轴承变形主要是由滚子与滚道的接触变形引起的，且滚子与滚道间的弹性接触满足赫兹理论。

由图 3.21 可知，滚子与滚道间的接触变形产生了一个非线性回复力。设第 k 个滚子的位置角为 ϕ_k，其可表示为式 (3.83)。设内圈中心（小齿轮中心）的切向和径向位移分别为 H 和 V，则第 k 个滚子的总接触变形 δ_k 可以表示为式 (3.84)。

$$\phi_k=\frac{2\pi}{N_{\mathrm{g}}}(k-1)+\omega_{\mathrm{p}}t\quad(k=1,2,\cdots,N_{\mathrm{g}}) \tag{3.83}$$

$$\delta_k=H\cos\phi_k+V\sin\phi_k \tag{3.84}$$

式中：N_{g} 为滚动体个数；ω_{p} 为内圈的转速。

根据滚动轴承运动学和非线性赫兹接触理论，可推导出滚动轴承两个方向的非线性接触力 F_H 和 F_V，以向量形式表示为

$$\begin{pmatrix}F_H\\F_V\end{pmatrix}=K_{\mathrm{h}}\sum_{k=1}^{N_{\mathrm{g}}}(H\cos\phi_k+V\sin\phi_k)^{10/9}H(\delta_k)\begin{pmatrix}\cos\phi_k\\\sin\phi_k\end{pmatrix} \tag{3.85}$$

式中：K_{h} 为赫兹接触刚度，与相互接触的材料及形状有关；$H(*)$ 为赫维赛德函数，考虑到滚子与滚道间只能产生法向正压力，只有当函数自变量大于 0 时才有作用力，即返回值为 1，否则为 0，可表示如下：

$$H(\delta_k)=\begin{cases}1,\ \delta_k>0\\0,\ \text{其他}\end{cases}\tag{3.86}$$

因此，根据刚度的基本定义，考虑到小齿轮实际结构为双排轴承支撑，小齿轮支撑轴承在切向和径向上的刚度可分别表示为

$$\begin{cases}k_H=2\dfrac{\mathrm{d}F_H}{\mathrm{d}H}=\dfrac{20}{9}K_{\mathrm{h}}\displaystyle\sum_{k=1}^{N_{\mathrm{g}}}(H\cos\phi_k+V\sin\phi_k)^{1/9}H(\delta_k)\cos^2\phi_k\\k_V=2\dfrac{\mathrm{d}F_V}{\mathrm{d}V}=\dfrac{20}{9}K_{\mathrm{h}}\displaystyle\sum_{k=1}^{N_{\mathrm{g}}}(H\cos\phi_k+V\sin\phi_k)^{1/9}H(\delta_k)\sin^2\phi_k\end{cases}\tag{3.87}$$

3.3.3.2 齿轮时变啮合刚度

齿轮的啮合刚度定义为使一对或几对同时啮合的轮齿在 1 mm 齿宽上产生 1 μm 挠度所需的载荷。小齿轮是直齿轮，啮合刚度具有明显的阶跃性质，当重合度不为整数时，在双齿向单齿啮合区过渡时会出现刚度突变，使系统产生动态激振力[15]。计算小齿轮时变啮合刚度时，先根据 GB/T 3480—1997 计算刚度的峰值和平均值，然后按啮合频率将其简化成矩形波周期函数，再按傅里叶级数展开并略去高阶项后可得

$$k_{\mathrm{pr}j}(t)=k_{\mathrm{m}}+\sum_{i=1}^{n}[k_{\mathrm{p}i}\sin(i\omega t)+k_{\mathrm{c}i}\cos(i\omega t)]\tag{3.88}$$

式中：ω 为啮合频率；n 为啮合刚度谐波次数；k_{m} 为啮合刚度均值；$k_{\mathrm{p}i}$、$k_{\mathrm{c}i}$ 分别为各啮合副的第 i 阶正弦交变分量幅值和余弦交变分量幅值。

3.3.3.3 啮合误差

齿轮啮合误差是在齿轮加工和安装过程中产生的，是影响系统动态响应的主要内部激励之一，通常根据齿轮的精度等级要求确定误差幅值大小，然后用简谐函数模拟其变化规律[16]。影响小齿轮和大齿圈之间载荷分配的误差主要有大齿圈的制造误差 E_{r}、安装误差 A_{r}、齿厚偏差 ε_{r} 和齿形误差 $\varDelta_{\mathrm{r}}$ 及小齿轮的偏心误差 $E_{\mathrm{p}j}$、安装误差 $A_{\mathrm{p}j}$、齿厚偏差 $\varepsilon_{\mathrm{p}j}$ 和齿形误差 $\varDelta_{\mathrm{p}j}$，计算各误差在啮合线上产生的当量累积啮合误差为

$$\begin{aligned}e_{\mathrm{pr}j}(t)=&E_{\mathrm{r}}\sin(\omega_{\mathrm{r}}t+\alpha+\varphi_j-\beta_{\mathrm{r}})+A_{\mathrm{r}}\sin(\alpha+\varphi_j-\gamma_{\mathrm{r}})+E_{\mathrm{p}j}\sin(\omega_{\mathrm{p}}t+\\&\alpha-\beta_{\mathrm{p}j})+A_{\mathrm{p}i}\sin(\alpha-\gamma_{\mathrm{p}j})+\varepsilon_{\mathrm{r}}+\varepsilon_{\mathrm{p}j}+\varDelta_{\mathrm{r}}+\varDelta_{\mathrm{p}j}\end{aligned}\tag{3.89}$$

式中：φ_j 为第 j 个小齿轮的相位角；β 和 γ 分别为各误差的相位角；ω_{p} 和 ω_{r} 分别为小齿轮和大齿圈的角速度。

3.3.3.4 系统内部阻尼

通常来说，系统内部阻尼可以通过物理样机或实体结构试验获得，如模态试验等，但本节研究的刀盘部件在设计阶段往往无法完成测试，可以依靠一些阻尼的经验公式进行计算，以下对不同阻尼系数的经验公式做一定的说明。

1. 轮齿啮合阻尼

一对齿轮在啮合过程中，始终会存在阻尼的影响，不易准确求得。根据 R. Kasuba 和 K. L. Wang 等的分析，轮齿啮合阻尼可按如下经验公式计算：

$$c_{\mathrm{pr}j} = 2\xi\sqrt{\frac{k_{\mathrm{m}}m_1m_2}{m_1+m_2}} \tag{3.90}$$

式中：ξ 为轮齿啮合阻尼比，一般可取 $0.03\sim0.17$，此处取值为 0.1；k_{m} 为齿轮副平均啮合刚度；m_1、m_2 分别为主动、从动齿轮的质量。

2. 连接轴的扭转阻尼

刀盘和小齿轮的连接轴扭转阻尼主要是材料阻尼，可按照以下经验公式计算:

$$c_{\mathrm{Q}} = 2\xi_{\mathrm{Q}}\sqrt{\frac{k_{\mathrm{Q}}I_{\mathrm{m}}I_{\mathrm{p}}}{I_{\mathrm{m}}+I_{\mathrm{p}}}} \tag{3.91}$$

式中：ξ_{Q} 为连接轴的扭转阻尼比，一般取 $0.005\sim0.075$，此处取 0.005；k_{Q} 为扭转刚度。

3. 轴承支撑阻尼

由前文可知，刀盘主轴承和小齿轮的支撑轴承都是圆柱滚子轴承，可以利用阻尼定义和连接关系分别计算滚子与内滚道之间的阻尼 c_1、与外滚道之间的阻尼 c_2，即

$$c_1 = \frac{27.4R_{x1}^{1.5}l^{0.805}Z^{0.805}F_{\mathrm{r}}^{0.195}}{\alpha^{0.81}\eta_0^{0.05}n_i^{1.05}r^{0.645}(R_1+r)^{1.05}(1-\gamma)^{1.695}(1+\gamma)^{1.05}E^{-0.045}} \tag{3.92}$$

$$c_2 = \frac{27.4R_{x2}^{1.5}l^{0.805}Z^{0.805}F_{\mathrm{r}}^{0.195}}{\alpha^{0.81}\eta_0^{0.05}n_i^{1.05}r^{0.645}(R_1+r)^{1.05}(1+\gamma)^{1.695}(1-\gamma)^{1.05}E^{-0.045}} \tag{3.93}$$

然后将二者串联，即可确定轴承支撑的综合阻尼 c[17] 为

$$c = \frac{1}{\dfrac{1}{c_1}+\dfrac{1}{c_2}} \tag{3.94}$$

式中：F_{r} 为作用在轴承上的径向力；α 为润滑油黏压系数；η_0 为润滑油的动力黏度；n_i 为内滚道转速；R_1 为内滚道半径；r 为滚子半径；E 为材料的弹性模量；l 为有效接触长度；Z 为滚动体数目；R_{x1} 为沿钢球运动方向的内滚道当量主曲率半径；$\gamma = r/(R_1+r)$。

4. 结构件阻尼

对于刀盘、大齿圈等结构件阻尼，可按《机械设计手册》中的经验公式计算[18]：

$$c = 2\xi\sqrt{m_{\mathrm{eq}}k_{\mathrm{eq}}} \tag{3.95}$$

式中：ξ 为阻尼比，钢结构在弹性阶段一般取 $0.02\sim0.05$，此处取值为 0.02；m_{eq}、k_{eq} 分别为结构件的等效质量和等效刚度。

3.3.3.5 其他参数的确定

1. 连接轴的扭转刚度

按照材料力学的方法，可以计算出刀盘和小齿轮连接轴的扭转刚度 k_{Q} 为

$$k_{\mathrm{Q}}=\frac{GI_{\mathrm{p}}}{L} \tag{3.96}$$

式中：G 为剪切弹性模量；I_{p} 为轴截面的极惯性矩；L 为连接轴承受扭矩作用的有效长度。

2. 结构件的等效刚度

由于刀盘和盾体等结构件的复杂性，目前没有现成的经验公式可用来计算其刚度。因此采用有限元分析方法确定结构件各方向的等效刚度，即将模型一端约束，另一端依次施加单位载荷得到位移云图，再根据胡克定律计算相应的结构刚度。

3. 构件的质量和转动惯量

小齿轮、大齿圈的质量和转动惯量可以等效为圆盘模型计算获得，其余构件的质量和转动惯量则可通过建模软件建立三维模型，依次测量和获得各参数的数值大小。

3.4 典型 TBM 的主要动力学参数

3.4.1 滚刀–刀座系统主要参数

综上，滚刀动力学参数如表 3.2 至表 3.6 所示。

表 3.2 滚刀轴承结构参数

轴承外径/mm	轴承内径/mm	滚子中径/mm	滚子长度/mm	滚子个数	接触角	滚子锥角
212.73	101.60	27.04	50.80	17	$12^\circ 15'$	$1^\circ 44'$

表 3.3 滚刀节点等效质量和转动惯量

m_1/kg	m_2/kg	m_3/kg	$J/(\mathrm{kg{\cdot}m^2})$
27.25	54.53	31.39	0.96

表 3.4 滚刀节点等效刚度

$k_{x1}/(\mathrm{N{\cdot}m^{-1}})$	$k_{y1}/(\mathrm{N{\cdot}m^{-1}})$	$k_{x3}/(\mathrm{N{\cdot}m^{-1}})$	$k_{y3}/(\mathrm{N{\cdot}m^{-1}})$
6.30×10^8	1.45×10^8	1.57×10^9	4.47×10^9

表 3.5 滚刀各节点等效支撑阻尼

$c_{x1}/(\mathrm{N{\cdot}s{\cdot}m^{-1}})$	$c_{y1}/(\mathrm{N{\cdot}s{\cdot}m^{-1}})$	$c_{x2}/(\mathrm{N{\cdot}s{\cdot}m^{-1}})$	$c_{y2}/(\mathrm{N{\cdot}s{\cdot}m^{-1}})$	$c_{x3}/(\mathrm{N{\cdot}s{\cdot}m^{-1}})$	$c_{y3}/(\mathrm{N{\cdot}s{\cdot}m^{-1}})$	$c_\theta/(\mathrm{N{\cdot}m^2{\cdot}s^{-1}})$
2.51×10^3	5.24×10^3	6.74×10^3	6.57×10^3	8.88×10^3	1.50×10^4	246.53

表 3.6 刀 轴 参 数

刀轴等效半径 R/mm	刀轴等效长度 L/mm	轴承受力点到刀轴固定中心点的距离 a/mm	弹性模量 E/Pa
50.85	330	100.65	2.10×10^9

滚刀–刀座系统动力学参数如表 3.7、表 3.8 所示。

表 3.7 滚刀–刀座系统节点等效质量和转动惯量

m_1/kg	m_2/kg	m_3/kg	m_4/kg	m_5/kg	m_6/kg
141.17	6.10	82.8	6.10	82.8	5.91
m_7/kg	m_8/kg	m_9/kg	m_{10}/kg	m_{11}/kg	J/(kg·m^2)
5.91	47.3	47.3	35.5	35.5	0.96

表 3.8 滚刀–刀座系统节点等效刚度

k_{eqy1}/(N·m^{-1})	k_{eqy2}/(N·m^{-1})	k_{eqy3}/(N·m^{-1})	k_{eqy4}/(N·m^{-1})	k_{eqy5}/(N·m^{-1})	k_{eqy6}/(N·m^{-1})	k_{eqy7}/(N·m^{-1})	k_{eqy8}/(N·m^{-1})	k_{eqx1}/(N·m^{-1})	k_{eqx2}/(N·m^{-1})	k_{eqx3}/(N·m^{-1})
1.3×10^8	4.7×10^9	1.3×10^8	4.7×10^9	5×10^9	5×10^9	3.3×10^9	3.3×10^9	9.0×10^8	2.5×10^9	9.0×10^8
k_{eqx4}/(N·m^{-1})	k_{eqz1}/(N·m^{-1})	k_{eqz2}/(N·m^{-1})	k_{eqz3}/(N·m^{-1})	k_{eqz4}/(N·m^{-1})	k_{eqz5}/(N·m^{-1})	k_{eqz6}/(N·m^{-1})	k_{eqz7}/(N·m^{-1})	k_{eqz8}/(N·m^{-1})	k_{eqz9}/(N·m^{-1})	k_{eqz10}/(N·m^{-1})
4.2×10^{10}	6.4×10^9	3.4×10^9	6.4×10^9	3.4×10^9	1.2×10^{10}	1.2×10^{10}	1.2×10^{10}	1.2×10^{10}	4.6×10^9	4.6×10^9

3.4.2 TBM 主机系统主要参数

TBM 主机系统主要参数如表 3.9 至表 3.11 所示。

表 3.9 TBM 各关键油缸参数

油缸	活塞直径/mm	活塞杆直径/mm	有效行程/mm
推进油缸	500	360	2 000
扭矩油缸	380	250	210
护盾顶油缸	250	180	210
护盾侧油缸	220	125	300
护盾楔块油缸	250	180	350

表 3.10 机头架参数

轴向等效刚度/(N·m^{-1})	横向等效刚度/(N·m^{-1})	纵向等效刚度/(N·m^{-1})	轴向等效阻尼/(N·s·m^{-1})	横向等效阻尼/(N·s·m^{-1})	纵向等效阻尼/(N·s·m^{-1})
2.57×10^9	4.58×10^8	1.44×10^9	3.87×10^5	1.66×10^5	2.51×10^5

表 3.11 刀盘系统基本参数

<table>
<tr><th>系统参数</th><th>刀盘分体</th><th>刀盘中心块</th><th>大齿圈</th><th>盾体</th><th>小齿轮</th><th>驱动电机</th></tr>
<tr><td>质量/kg</td><td>1.7×10^4</td><td>5.9×10^4</td><td>846</td><td>6.2×10^4</td><td>167</td><td>—</td></tr>
<tr><td>转动惯量
/(kg·m^2)</td><td>—</td><td>1.16×10^6</td><td>1.55×10^3</td><td>—</td><td>1.98</td><td>31.68</td></tr>
<tr><td>等效支撑刚度
/(N·m^{-1})</td><td>$k_{\mathrm{eq}\zeta} =$
4.0×10^9
$k_{\mathrm{eq}\eta} =$
1.0×10^{10}
$k_{\mathrm{eqk}z} =$
2.5×10^{10}</td><td>$k_{\mathrm{eqL}x}$
$= 1.0 \times 10^{11}$
$k_{\mathrm{eqL}y} =$
1.0×10^{11}
$k_{\mathrm{eqL}z} =$
8.0×10^{10}</td><td>$k_{\mathrm{eqr}} =$
2×10^{10}
$k_{\mathrm{eqr}z} =$
3.6×10^{11}</td><td>$k_{\mathrm{eqd}} =$
1.0×10^{12}
$k_{\mathrm{eqd}z} =$
1.0×10^{12}</td><td>2.7×10^{10}</td><td>—</td></tr>
<tr><td>等效扭转刚度
/(N·m·rad^{-1})</td><td colspan="3">6.06×10^{12}</td><td>—</td><td colspan="2">4.09×10^6</td></tr>
<tr><td>平均啮合刚度
/(N·m^{-1})</td><td colspan="6">5.4×10^9</td></tr>
<tr><td>齿数</td><td>—</td><td>—</td><td>174</td><td>—</td><td>14</td><td>—</td></tr>
<tr><td>模数/mm</td><td colspan="5">22</td><td>—</td></tr>
<tr><td>啮合角/(°)</td><td colspan="5">20</td><td>—</td></tr>
<tr><td>电动机相位角
/(°)</td><td colspan="6">$\varphi_1 = 26$、$\varphi_2 = 52$、$\varphi_3 = 128$、$\varphi_4 = 154$、$\varphi_5 = 206$、$\varphi_6 = 232$、
$\varphi_7 = 308$、$\varphi_8 = 334$</td></tr>
</table>

参考文献

[1] 朱永生, 袁幸, 张优云, 等. 滚动轴承复合故障振动建模及 Lempel-Ziv 复杂度评价 [J]. 振动与冲击, 2013, 32(16): 23-29.

[2] 罗继伟, 罗天宇. 滚动轴承分析计算与应用 [M]. 北京: 机械工业出版社, 2009.

[3] 吴昊, 王建文, 安琦. 圆锥滚子轴承阻尼的计算方法 [J]. 轴承, 2009(2): 5-9.

[4] 机械设计手册编委会. 机械设计手册 [M]. 北京: 机械工业出版社, 2007.

[5] 郭磊. 斜齿轮多间隙非线性耦合系统动力学研究 [D]. 大连: 大连理工大学, 2010.

[6] 李涛. 强冲击载荷下 TBM 盘形滚刀动态特性及新结构研究 [D]. 大连: 大连理工大学, 2014.

[7] FU W P, HUANG Y M, ZHANG G P. Experimental investigation on damping behaviors of normal joint surface at unit area [J]. Modelling, Measurement and Control B, 1993, 51(2): 13-20.

[8] 张学良. 机械结合面动态特性及应用 [M]. 北京: 中国科学技术出版社, 2002.

[9] LIN J R. Surface roughness effect on the dynamic stiffness and damping characteristics of compensated hydrostatic thrust bearings [J]. International Journal of Machine Tools & Manufacture, 2000, 40(11): 1671-1689.

[10] THORNLEY R H, KOENIGSBGER H F. Dynamic characteristic of machined joints loaded and excited normal to the joint face [J]. Annals of CIRP, 1971: 459-469.

[11] 张学良. 机械结合面动态基础特性理论、实验与建模研究 [D]. 西安: 西安理工大学, 1998.

[12] 李为民. 圆锥滚子轴承轴向定位预紧刚度计算 [J]. 轴承, 2004(5): 1-3.

[13] 杨棣, 唐恒龄, 廖伯瑜. 机床动力学 (Ⅱ) [M]. 北京: 机械工业出版社, 1983.

[14] HUO J Z, WU H Y, SUN W, et al. Electromechanical coupling dynamics of TBM main drive system [J]. Nonlinear Dynamics, 2017(2): 1-24.

[15] 周海仑. 含碰摩故障的航空发动机整机振动建模与分析 [D]. 南京: 南京航空航天大学, 2009.

[16] 李润方, 王建军. 齿轮系统动力学 [M]. 北京: 科学出版社, 1997: 30-40.

[17] 周建星, 刘更, 马尚君. 内激励作用下齿轮箱动态响应与振动噪声分析 [J]. 振动与冲击, 2011, 30(6): 234-238.

[18] 吴昊. 滚动轴承动特性及轴承–转子系统动力学模型研究 [D]. 上海: 华东理工大学, 2011.

第四章 TBM 主机系统机电耦合动力学模型

目前针对 TBM 主机系统的动力学特性的研究未考虑与驱动控制系统的耦合关系，各电动机被简化为均匀负载，这使得传统模型对于驱动系统的动态特性分析与真实情况的差异较大，因此在真实掘进过程中各电动机的均载特性难以被准确估计。本章基于 TBM 机械系统与电动机控制系统之间的扭矩信息交互，建立了 TBM 主机系统机电耦合动力学模型，为探索 TBM 刀盘的真实振动规律和驱动电机的实际波动规律奠定了基础。

4.1 TBM 主驱动系统动力学模型的建立

TBM 主驱动系统弯–扭耦合动力学模型如图 4.1 所示。其中，F_x、F_y 分别为刀盘面板上承受的横向、纵向等效载荷；X_{L}、X_{r}、$X_{\mathrm{p}i}$、X_{d} 分别为刀盘、大齿圈、第 i

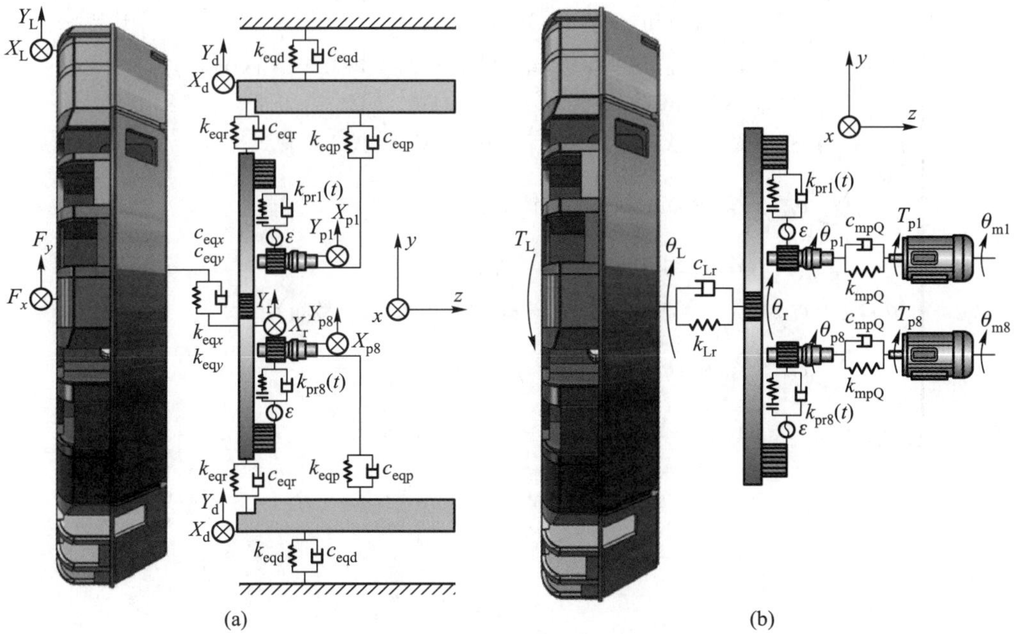

图 4.1 TBM 主驱动系统弯–扭耦合动力学模型

个小齿轮和盾体的横向位移；Y_{L}、Y_{r}、$Y_{\mathrm{p}i}$、Y_{d} 分别为刀盘、大齿圈、第 i 个小齿轮和盾体的纵向位移；m_{L}、$m_{\mathrm{p}i}$、m_{d} 分别为刀盘、第 i 个小齿轮和支撑架的质量；m_{r} 为刀盘连接法兰、大齿圈和轴承内圈的总质量；$k_{\mathrm{eq}x}$、$k_{\mathrm{eq}y}$ 为刀盘连接法兰的径向连接刚度。法兰和支撑架之间采用主轴承承受主要径向载荷，因此 k_{eqr} 为主轴承的径向刚度。8 个小齿轮与大齿圈同步啮合，$k_{\mathrm{pr}i}(t)$ 为第 i 个小齿轮与大齿圈啮合的时变啮合刚度。小齿轮两端采用一对滚动轴承连接在支撑架上，因此 k_{eqp} 为小齿轮两端轴承的径向支撑刚度。k_{eqd} 为盾体与围岩的支撑刚度。在扭转方向力学模型中，T_{L} 为刀盘面板承受的等效总扭矩；$T_{\mathrm{p}i}$ 为第 i 个电动机的输出扭矩，由电气系统计算输出；θ_{L}、θ_{r}、$\theta_{\mathrm{p}i}$、$\theta_{\mathrm{m}i}$ 分别为刀盘、大齿圈、第 i 个小齿轮和第 i 个电动机的扭转位移；k_{Lr} 为刀盘法兰的扭转连接刚度；k_{mpQ} 为齿轮连接轴的扭转刚度；力学模型中的各阻尼的定义方法与各刚度的相同。

根据力学模型可得到主驱动系统的动力学方程如下：

横向、纵向自由度：

$$
\left\{\begin{array}{l}
m_{\mathrm{L}}\ddot{X}_{\mathrm{L}}+c_{\mathrm{eq}x}(\dot{X}_{\mathrm{L}}-\dot{X}_{\mathrm{r}})+k_{\mathrm{eq}x}(X_{\mathrm{L}}-X_{\mathrm{r}})=F_x \\
m_{\mathrm{L}}\ddot{Y}_{\mathrm{L}}+c_{\mathrm{eq}y}(\dot{Y}_{\mathrm{L}}-\dot{Y}_{\mathrm{r}})+k_{\mathrm{eq}y}(Y_{\mathrm{L}}-Y_{\mathrm{r}})=F_y \\
m_{\mathrm{r}}\ddot{X}_{\mathrm{r}}+\displaystyle\sum_{i=1}^{8}(F_{\mathrm{pr}i}+D_{\mathrm{pr}i})\sin(\varphi_i+\alpha)+c_{\mathrm{eqr}}(\dot{X}_{\mathrm{r}}-\dot{X}_{\mathrm{d}})+ \\
\qquad k_{\mathrm{eqr}}(X_{\mathrm{r}}-X_{\mathrm{d}})+c_{\mathrm{eq}x}(\dot{X}_{\mathrm{r}}-\dot{X}_{\mathrm{L}})+k_{\mathrm{eq}x}(X_{\mathrm{r}}-X_{\mathrm{L}})=0 \\
m_{\mathrm{r}}\ddot{Y}_{\mathrm{r}}-\displaystyle\sum_{i=1}^{8}(F_{\mathrm{pr}i}+D_{\mathrm{pr}i})\cos(\varphi_i+\alpha)+c_{\mathrm{eqr}}(\dot{Y}_{\mathrm{r}}-\dot{Y}_{\mathrm{d}})+ \\
\qquad k_{\mathrm{eqr}}(Y_{\mathrm{r}}-Y_{\mathrm{d}})+c_{\mathrm{eq}y}(\dot{Y}_{\mathrm{r}}-\dot{Y}_{\mathrm{L}})+k_{\mathrm{eq}y}(Y_{\mathrm{r}}-Y_{\mathrm{L}})=0 \\
m_{\mathrm{p}i}\ddot{X}_{\mathrm{p}i}+(F_{\mathrm{pr}i}+D_{\mathrm{pr}i})\cos\alpha+c_{\mathrm{eqp}i}(\dot{X}_{\mathrm{p}i}-\dot{X}_{\mathrm{d}}\sin\varphi_i+\dot{Y}_{\mathrm{d}}\cos\varphi_i)+ \\
\qquad k_{\mathrm{eqp}i}(X_{\mathrm{p}i}-X_{\mathrm{d}}\sin\varphi_i+Y_{\mathrm{d}}\cos\varphi_i)=0 \\
m_{\mathrm{p}i}\ddot{Y}_{\mathrm{p}i}+(F_{\mathrm{pr}i}+D_{\mathrm{pr}i})\sin\alpha+c_{\mathrm{eqp}i}(\dot{Y}_{\mathrm{p}i}-\dot{Y}_{\mathrm{d}}\sin\varphi_i-\dot{X}_{\mathrm{d}}\cos\varphi_i)+ \\
\qquad k_{\mathrm{eqp}i}(Y_{\mathrm{p}i}-Y_{\mathrm{d}}\sin\varphi_i-X_{\mathrm{d}}\cos\varphi_i)=0 \\
m_{\mathrm{d}}\ddot{X}_{\mathrm{d}}+c_{\mathrm{eqr}}(\dot{X}_{\mathrm{d}}-\dot{X}_{\mathrm{r}})+c_{\mathrm{eqd}}\dot{X}_{\mathrm{d}}+k_{\mathrm{eqr}}(X_{\mathrm{d}}-X_{\mathrm{r}})+k_{\mathrm{eqd}}X_{\mathrm{d}}- \\
\qquad \displaystyle\sum_{i=1}^{8}[c_{\mathrm{eqp}}(\dot{Y}_{\mathrm{p}i}\cos\varphi_i+\dot{X}_{\mathrm{p}i}\sin\varphi_i-\dot{X}_{\mathrm{d}})+ \\
\qquad k_{\mathrm{eqp}}(Y_{\mathrm{p}i}\cos\varphi_i+X_{\mathrm{p}i}\sin\varphi_i-X_{\mathrm{d}})]=0 \\
m_{\mathrm{d}}\ddot{Y}_{\mathrm{d}}+c_{\mathrm{eqr}}(\dot{Y}_{\mathrm{d}}-\dot{Y}_{\mathrm{r}})+c_{\mathrm{eqd}}\dot{Y}_{\mathrm{d}}+k_{\mathrm{eqr}}(Y_{\mathrm{d}}-Y_{\mathrm{r}})+k_{\mathrm{eqd}}Y_{\mathrm{d}}- \\
\qquad \displaystyle\sum_{i=1}^{8}[c_{\mathrm{eqp}}(\dot{Y}_{\mathrm{p}i}\sin\varphi_i-\dot{X}_{\mathrm{p}i}\cos\varphi_i-\dot{Y}_{\mathrm{d}})+ \\
\qquad k_{\mathrm{eqp}}(Y_{\mathrm{p}i}\sin\varphi_i-X_{\mathrm{p}i}\cos\varphi_i-Y_{\mathrm{d}})]=0
\end{array}\right. \tag{4.1}
$$

扭转方向自由度：

$$\begin{cases} I_{\mathrm{m}i}\ddot{\theta}_{\mathrm{m}i}+c_{\mathrm{mpQ}}(\dot{\theta}_{\mathrm{m}i}-\dot{\theta}_{\mathrm{p}i})+k_{\mathrm{mpQ}}(\theta_{\mathrm{m}i}-\theta_{\mathrm{p}i})=T_{\mathrm{p}i} \\ I_{\mathrm{p}i}\ddot{\theta}_{\mathrm{p}i}+(F_{\mathrm{pr}i}+D_{\mathrm{pr}i})r_{\mathrm{bp}}+c_{\mathrm{mpQ}}(\dot{\theta}_{\mathrm{p}i}-\dot{\theta}_{\mathrm{m}i})+k_{\mathrm{mpQ}}(\theta_{\mathrm{p}i}-\theta_{\mathrm{m}i})=0 \\ I_{\mathrm{r}}\ddot{\theta}_{\mathrm{r}}-\sum_{i=1}^{8}(F_{\mathrm{pr}i}+D_{\mathrm{pr}i})r_{\mathrm{br}}+c_{\mathrm{Lr}}(\dot{\theta}_{\mathrm{r}}-\dot{\theta}_{\mathrm{L}})+k_{\mathrm{Lr}}(\theta_{\mathrm{r}}-\theta_{\mathrm{L}})=0 \\ I_{\mathrm{L}}\ddot{\theta}_{\mathrm{L}}+c_{\mathrm{Lr}}(\theta_{\mathrm{L}}-\theta_{\mathrm{r}})+k_{\mathrm{Lr}}(\theta_{\mathrm{L}}-\theta_{\mathrm{r}})=-T_{\mathrm{L}} \end{cases} \tag{4.2}$$

4.2 TBM 主驱动系统控制模型的建立

TBM 主驱动系统采用三相异步电机进行驱动。异步电机在 $A-B-C$ 三相坐标下的数学模型具有高阶、非线性、强耦合的特点，用传统控制方法无法获得很好的控制性能。在矢量控制中，对异步电机模型进行坐标变换，从而得到易于分析处理的模型[1]。坐标变换以产生相同的磁通为准则，建立三相交流异步电机的等效直流电机模型，使其具有与直流电机相当的控制特性。当两相同步旋转坐标系按转子磁链定向时，应有 $\psi_{\mathrm{r}d}=\psi_{\mathrm{r}}$，$\psi_{\mathrm{r}q}=0$。因此，$d-q$ 坐标系下异步电机的电压方程和磁链方程分别为[2-3]

$$\begin{cases} u_{\mathrm{s}d}=R_{\mathrm{s}}i_{\mathrm{s}d}+p\psi_{\mathrm{s}d}-\omega_{\mathrm{s}}\psi_{\mathrm{s}q} \\ u_{\mathrm{s}q}=R_{\mathrm{s}}i_{\mathrm{s}q}+p\psi_{\mathrm{s}q}-\omega_{\mathrm{s}}\psi_{\mathrm{s}d} \\ 0=R_{\mathrm{r}}i_{\mathrm{r}d}+p\psi_{\mathrm{r}d} \\ 0=R_{\mathrm{r}}i_{\mathrm{s}q}+\omega_{\mathrm{st}}\psi_{\mathrm{r}d} \end{cases} \tag{4.3}$$

$$\begin{cases} \psi_{\mathrm{s}d}=L_{\mathrm{s}}i_{\mathrm{s}d}+L_{\mathrm{m}}i_{\mathrm{r}d} \\ \psi_{\mathrm{s}q}=L_{\mathrm{s}}i_{\mathrm{s}q}+L_{\mathrm{m}}i_{\mathrm{r}q} \\ \psi_{\mathrm{r}d}=L_{\mathrm{m}}i_{\mathrm{s}d}+L_{\mathrm{r}}i_{\mathrm{r}d} \\ 0=L_{\mathrm{m}}i_{\mathrm{s}q}+L_{\mathrm{r}}i_{\mathrm{r}q} \end{cases} \tag{4.4}$$

式中：u 为电压；R 电阻；i 为电流；ψ 为磁链；$p=\dfrac{\mathrm{d}}{\mathrm{d}t}$ 为微分因子；L 为电感；ω_{sl} 为转差角速度；下标 s 表示定子，r 表示转子，d 表示 d 轴，q 表示 q 轴。

电动机的电磁转矩为

$$T_{\mathrm{e}}=p_{\mathrm{n}}L_{\mathrm{m}}(i_{\mathrm{s}q}i_{\mathrm{r}d}-i_{\mathrm{s}d}i_{\mathrm{r}q}) \tag{4.5}$$

将方程组 (4.4) 代入式 (4.5) 得

$$T_{\mathrm{e}}=p_{\mathrm{n}}\frac{L_{\mathrm{m}}}{L_{\mathrm{r}}}i_{\mathrm{s}q}\psi_{\mathrm{r}d} \tag{4.6}$$

将方程组 (4.4) 代入式 (4.3) 得

$$u_{\mathrm{s}d}=R_{\mathrm{s}}i_{\mathrm{s}d}+p(L_{\mathrm{s}}i_{\mathrm{s}d}+L_{\mathrm{m}}i_{\mathrm{r}d})-\omega_{\mathrm{s}}(L_{\mathrm{s}}i_{\mathrm{s}q}+L_{\mathrm{m}}i_{\mathrm{r}q}) \tag{4.7}$$

由方程组 (4.4) 可得

$$i_{\mathrm{r}q}=-\frac{L_{\mathrm{m}}}{L_{\mathrm{r}}}i_{\mathrm{s}q} \tag{4.8}$$

$$i_{\mathrm{r}d}=\frac{\psi_{\mathrm{r}d}-L_{\mathrm{m}}i_{\mathrm{s}d}}{L_{\mathrm{r}}} \tag{4.9}$$

将式 (4.8)、式 (4.9) 代入式 (4.7) 得

$$u_{sd} = R_s i_{sd} + \sigma L_s p i_{sd} + \frac{L_m}{L_r} p\psi_{rd} - \omega_s \sigma L_s i_{sq} \tag{4.10}$$

同理有

$$u_{sq} = R_s i_{sq} + \sigma L_s p i_{sq} + \omega_s \left(\sigma L_s i_{sd} + \frac{L_m}{L_r}\psi_{rd}\right) \tag{4.11}$$

$$\psi_{rd} = \frac{L_m}{1+\tau_r p} i_{sd} \tag{4.12}$$

$$\omega_{sl} = \frac{L_m}{t_r \psi_r} i_{sq} \tag{4.13}$$

联立上述方程得到转子磁场定向矢量控制方程为

$$\begin{cases} u_{sd} = \sigma L_s \dfrac{\tau_r}{L_r} p^2 \psi_{rd} + (\tau_s + \tau_r) \dfrac{R_s}{L_m} p\psi_{rd} + \dfrac{R_s}{L_m}\psi_{rd} - \omega_s \sigma L_s i_{sq} \\ u_{sq} = \dfrac{R_s L_r}{p_n L_m \psi_{rd}} T_e + \sigma L_s \dfrac{L_r}{p_n L_m} p\left(\dfrac{T_e}{\psi_{rd}}\right) + \omega_s \left(\sigma L_s i_{sd} + \dfrac{L_m}{L_r}\psi_{rd}\right) \end{cases} \tag{4.14}$$

令

$$u'_{sd} = \sigma L_s \frac{\tau_r}{L_r} p^2 \psi_{rd} + (\tau_s + \tau_r) \frac{R_s}{L_m} p\psi_{rd} + \frac{R_s}{L_m}\psi_{rd} \tag{4.15}$$

$$u'_{sq} = \frac{R_s L_r}{p_n L_m \psi_{rd}} T_e + \sigma L_s \frac{L_r}{p_n L_m} p\left(\frac{T_e}{\psi_{rd}}\right) \tag{4.16}$$

$$u_{sdc} = -\omega_s \sigma L_s i_{sq} \tag{4.17}$$

$$u_{sqc} = \omega_s \left(\sigma L_s i_{sd} + \frac{L_m}{L_r}\psi_{rd}\right) \tag{4.18}$$

可得

$$\begin{cases} u_{sd} = u'_{sd} + u_{sdc} \\ u_{sq} = u'_{sq} + u_{sqc} \end{cases} \tag{4.19}$$

式中：p_n 为转子极对数；L_m 为定子、转子之间的互感；ω_s 为定子的角速度；ω_l 为同步转速；$\sigma = 1 - L_m/L_r L_s$ 为磁漏系数；$\tau_s = L_s/R_s$ 为定子时间常数；$\tau_r = L_r/R_r$ 为转子时间常数。

基于转子磁场定向矢量控制方程建立转子磁场定向的异步电机矢量控制系统，如图 4.2 所示。

根据电动机数学模型、磁场矢量控制模型和转矩跟随控制模型建立 TBM 主驱动系统控制模型[4-5]，系统中从电动机的 q 轴电流由主电动机给定，从而实现转矩跟随功能。模型以各电动机的动态负载为输入干扰量，输出各电动机的动态扭矩。

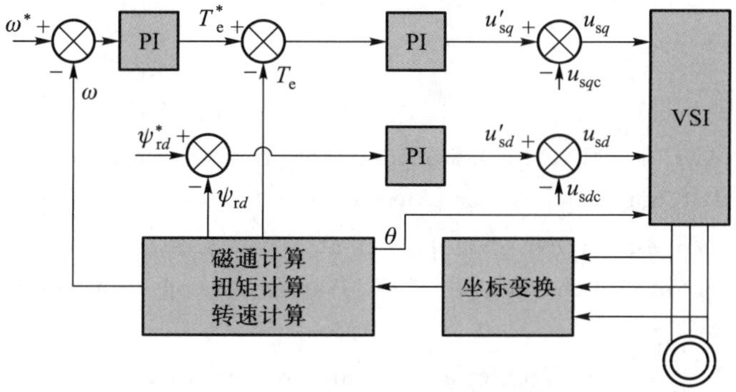

图 4.2 转子磁场定向的异步电机矢量控制系统

（图中 PI 为比例调节和积分调节，VSI 为电压源型逆变器）

4.3 TBM 主驱动系统机电耦合关系的建立

TBM 在掘进过程中，由于刀盘前端载荷强突变性以及驱动系统结构的复杂性，导致各小齿轮的啮合力各不相同。同时由异步电机的特性可知，在刀盘转速不变的情况下，电动机的电磁转矩根据负载扭矩动态调整。因此电动机负载的差异直接导致电动机输出转矩的差异。在掘进过程中，主驱动系统采用转矩跟随的控制策略对电动机输出扭矩进行控制，以减小各电动机的输出扭矩差异。最后通过控制系统输出的扭矩来驱动刀盘转动。根据 TBM 主驱动系统的工作原理，建立其机电耦合关系，如图 4.3 所示。模型中任意时刻计算得到的各电动机负载作为电气系统的输入干扰，经过电气系统计算得到任意时刻各电动机的输出扭矩，该扭矩又作为动力学模型的输入载荷继续参与计算，从而得到各部件的动力学响应。

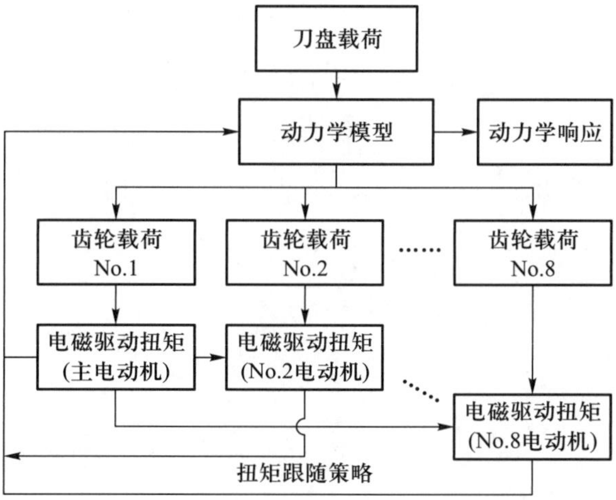

图 4.3 TBM 主驱动系统机电耦合关系

参考文献

[1] 徐灏, 周国斌. 机械设计手册 [M]. 北京: 机械工业出版社, 1991.

[2] LIU H J, WANG J L, BAO F. D. Modeling of the three-phase asynchronous motor based on MATLAB/Simulink [J]. Applied Mechanics and Materials, 2013, 313-314: 1042-1045.

[3] SUN C, XU W L, BRONLUND J E, et al. Dynamics and compliance control of a linkage robot for food chewing [J]. IEEE Transactions on Industrial Electronics, 2014, 61(1): 377-386.

[4] LIU R, SUN J Z, LUO Y Q, et al. Research on multi-motor synchronization control based on the ring coupling strategy for cutterhead driving system of shield machines [J]. Applied Mechanics and Materials, 2011, 52-54: 65-72.

[5] MING L V. Mathematical modeling and simulation analysis on speed control system of asynchronous motor based on vector frequency conversion technology [J]. Journal of Hunan Institute of Engineering (Natural Science Edition), 2012, 415: 770-772.

第五章　TBM 主机系统耦合动力学数值求解方法

本章介绍了 Runge–Kutta 法、Newmark 法、精细时程积分法等不同动力学方程数值求解方法。针对主机系统动力学模型选择 Newmark 法进行求解，针对滚刀系统采用 Runge–Kutta 法求解，针对主驱动系统分层次建模采用精细时程积分法求解。本章对各数值积分方法的计算原理和计算过程进行了介绍，并对求解过程做了详细的描述，为 TBM 主机系统动力学的精确求解提供了理论基础。

5.1　Newmark 法

1. Newmark 法的基本原理

Newmark 法属于逐步积分求解方法，时间步长不影响求解稳定性，可根据求解精度选择步长。Newmark 法避免了求解误差叠加效应，能很好地适应非线性分析，计算速度快且计算精度高[1]，不足之处是刚度矩阵的书写较为复杂。考虑到时效性，本节采用 Newmark 法通过载荷离散数据插值算法，获得刀盘系统各运动构件的时域、频域动态响应历程。

Newmark 法的核心部分为建立由 t 时刻到 $t+\Delta t$ 时刻的状态向量的递推关系式。$t+\Delta t$ 时刻有位移 $\boldsymbol{x}_{t+\Delta t}$、速度 $\dot{\boldsymbol{x}}_{t+\Delta t}$、加速度 $\ddot{\boldsymbol{x}}_{t+\Delta t}$ 三组待求量。

假设 $t+\Delta t$ 时刻的速度和位移为

$$\begin{cases} \dot{\boldsymbol{x}}_{t+\Delta t} = \dot{\boldsymbol{x}}_t + [(1-\gamma)\ddot{\boldsymbol{x}}_t + \gamma\ddot{\boldsymbol{x}}_{t+\Delta t}]\Delta t, \quad 0 \leqslant \gamma \leqslant 1 \\ \boldsymbol{x}_{t+\Delta t} = \boldsymbol{x}_t + \dot{\boldsymbol{x}}_t\Delta t + \left[\left(\dfrac{1}{2}-\beta\right)\ddot{\boldsymbol{x}}_t + \beta\ddot{\boldsymbol{x}}_{t+\Delta t}\right]\Delta t^2, \quad 0 \leqslant 2\beta \leqslant 1 \end{cases} \tag{5.1}$$

式 (5.1) 是 Newmark 法的基本公式。参数 β 和 γ 的取值对结果影响很大。β 和 γ 的选择应考虑积分精度、稳定性等要求。算法指出，当 $\gamma \geqslant 0.5$，$\beta \geqslant (0.5+\gamma)^2/4$ 时，该方法的加速度为常数，也就是说，若从 t 时刻到 $t+\Delta t$ 时刻的速度大小不变，加速度取为常数 $0.5(\ddot{\boldsymbol{x}}_t + \ddot{\boldsymbol{x}}_{t+\Delta t})$，此时 Newmark 法便无条件稳定。此时选择时间步长时只需考虑求解精度。

由式 (3.76) 可得 $t+\Delta t$ 时刻的动力学微分方程为

$$\boldsymbol{M}\ddot{\boldsymbol{x}}_{t+\Delta t} + \boldsymbol{C}\dot{\boldsymbol{x}}_{t+\Delta t} + \boldsymbol{K}\boldsymbol{x}_{t+\Delta t} = \boldsymbol{F}_{t+\Delta t} \tag{5.2}$$

将式 (5.1) 代入式 (5.2)，得到 $t+\Delta t$ 时刻的方程为

$$\overline{\boldsymbol{K}}\boldsymbol{x}_{t+\Delta t}=\overline{\boldsymbol{F}}_{t+\Delta t} \tag{5.3}$$

式中：$\overline{\boldsymbol{K}}$ 为有效刚度，推导得

$$\overline{\boldsymbol{K}}=\boldsymbol{K}+\frac{1}{\gamma\Delta t^2}\boldsymbol{M}+\frac{\beta}{\gamma\Delta t}\boldsymbol{C} \tag{5.4}$$

$$\begin{aligned}\overline{\boldsymbol{F}}=\boldsymbol{F}_{t+\Delta t}+\boldsymbol{M}\left[\frac{1}{\gamma\Delta t^2}\boldsymbol{x}_t+\frac{1}{\gamma\Delta t}\dot{\boldsymbol{x}}_t+\left(\frac{1}{2\gamma}-1\right)\ddot{\boldsymbol{x}}_t\right]+\\ \boldsymbol{C}\left[\frac{\beta}{\gamma\Delta t}\boldsymbol{x}_t+\left(\frac{\beta}{\gamma}-1\right)\dot{\boldsymbol{x}}_t+\left(\frac{\beta}{2\gamma}-1\right)\Delta t\ddot{\boldsymbol{x}}_t\right]\end{aligned} \tag{5.5}$$

根据式 (5.3) 可求得 $\boldsymbol{x}_{t+\Delta t}$，再由式 (5.1) 可解得 $\dot{\boldsymbol{x}}_{t+\Delta t}$ 和 $\ddot{\boldsymbol{x}}_{t+\Delta t}$。根据以上分析，可以得到 Newmark 法的计算流程如图 5.1 所示。

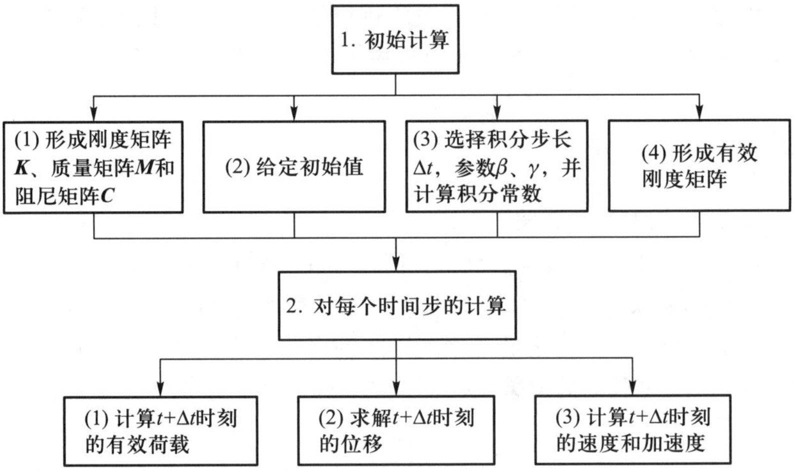

图 5.1 Newmark 法的计算流程

2. 对 Newmark 法可靠性的简要分析

对于一个简单系统，当矩阵为 1 阶时，分别使用 Newmark 法与 Runge–Kutta 法对相应的动力学模型进行求解，其位移、速度、加速度计算结果如图 5.2 所示，其中幅值为归一化处理后的数值。

由图 5.2 可知，利用不同求解方法得到的响应有较强的一致性。对 Newmark 法采用不同的求解步长，计算结果如图 5.3 所示。

由图 5.3 可知，当使用 Newmark 法在不同步长下对方程进行求解时，积分步长越小，求解结果越接近方程的解析解。其中，当求解步长取 1、0.1 时，求解结果与真实值相差较大，当求解步长取 0.01、0.001 和 0.000 1 时，求解结果基本与方程真实值一致，因此应适当地选择求解步长进行求解。

分别使用 Runge–Kutta 法和 Newmark 法对刀盘系统进行分析，两种方法的求解时间、存储量统计如表 5.1 所示。

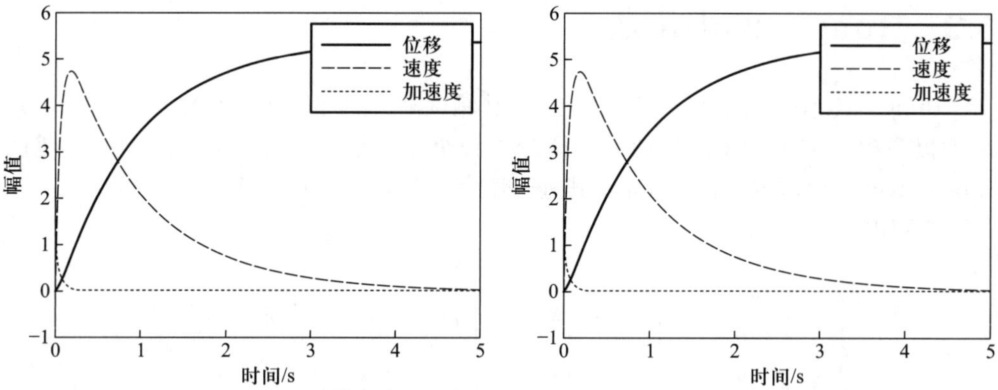

(a) Runge–Kutta 法 (b) Newmark 法

图 5.2 求解响应

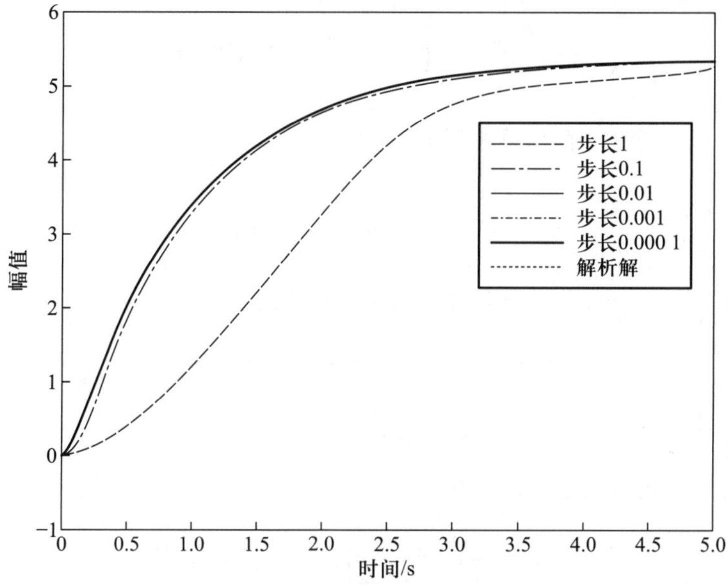

图 5.3 步长对求解结果的影响

表 5.1 两种求解方法的对比

计算方法	截断误差	求解时间/s	储存量/KB
Runge–Kutta	$O(\Delta t^3)$	2.6×10^5	503
Newmark	$O(\Delta t^3)$	155	1 167
比值	1	0.000 6	2.32

从表 5.1 中可以看出，在求解精度一致时，Newmark 法的求解时间远小于 Runge–Kutta 法，效率提高了至少 3 个数量级，此处方程简单，当此方法应用到刀盘非线性时变系统时，计算时间将大大缩短，这为后续优化工作大大节省了计算时间。

5.2 Runge–Kutta 法

Runge–Kutta 法的计算过程稳定，计算精度高，同时计算过程的步长可以调整，大大提高了求解的效率。当动力学微分方程组是一个二阶偏微分方程组时，使用 Runge–Kutta 法求解，必须首先对其进行降阶，化成一阶微分方程。

可利用如下关系式：

$$
\begin{gathered}
\begin{cases}\dot{y}_1=\dfrac{\mathrm{d}y_1}{\mathrm{d}t}\\ \ddot{y}_1=\dfrac{\mathrm{d}\dot{y}_1}{\mathrm{d}t}\end{cases},\quad
\begin{cases}\dot{y}_2=\dfrac{\mathrm{d}y_2}{\mathrm{d}t}\\ \ddot{y}_2=\dfrac{\mathrm{d}\dot{y}_2}{\mathrm{d}t}\end{cases},\quad
\begin{cases}\dot{y}_3=\dfrac{\mathrm{d}y_3}{\mathrm{d}t}\\ \ddot{y}_3=\dfrac{\mathrm{d}\dot{y}_3}{\mathrm{d}t}\end{cases},\quad
\begin{cases}\dot{x}_1=\dfrac{\mathrm{d}x_1}{\mathrm{d}t}\\ \ddot{x}_1=\dfrac{\mathrm{d}\dot{x}_1}{\mathrm{d}t}\end{cases},\\
\begin{cases}\dot{x}_2=\dfrac{\mathrm{d}x_2}{\mathrm{d}t}\\ \ddot{x}_2=\dfrac{\mathrm{d}\dot{x}_2}{\mathrm{d}t}\end{cases},\quad
\begin{cases}\dot{x}_3=\dfrac{\mathrm{d}x_3}{\mathrm{d}t}\\ \ddot{x}_3=\dfrac{\mathrm{d}\dot{x}_3}{\mathrm{d}t}\end{cases},\quad
\begin{cases}\dot{\theta}_1=\dfrac{\mathrm{d}\theta_1}{\mathrm{d}t}\\ \ddot{\theta}_1=\dfrac{\mathrm{d}\dot{\theta}_1}{\mathrm{d}t}\end{cases}
\end{gathered}
\tag{5.6}
$$

将二阶方程组变成一阶微分方程组：

$$
\begin{cases}
\dfrac{\mathrm{d}\dot{y}_1}{\mathrm{d}t}=\dfrac{1}{m_1}(-c_{y1}\dot{y}_1+c_{y1}\dot{y}_2-k_{y1}y_1+k_{y1}y_2+F_y), & \dfrac{\mathrm{d}y_1}{\mathrm{d}t}=\dot{y}_1\\
\dfrac{\mathrm{d}\dot{y}_2}{\mathrm{d}t}=\dfrac{1}{m_2}[c_{y1}\dot{y}_1-(c_{y1}+c_{y2})\dot{y}_2+c_{y2}\dot{y}_3+ & \\
\quad k_{y1}y_1-k_{y1}y_2-F_{\mathrm{r}}(y_2,y_3,x_2,x_3,\theta_1)], & \dfrac{\mathrm{d}y_2}{\mathrm{d}t}=\dot{y}_2\\
\dfrac{\mathrm{d}\dot{y}_3}{\mathrm{d}t}=\dfrac{1}{m_3}[c_{y2}\dot{y}_2-(c_{y2}+c_{y3})\dot{y}_3-k_{y3}y_3+ & \\
\quad F_{\mathrm{r}}(y_2,y_3,x_2,x_3,\theta_1)], & \dfrac{\mathrm{d}y_3}{\mathrm{d}t}=\dot{y}_3\\
\dfrac{\mathrm{d}\dot{x}_1}{\mathrm{d}t}=\dfrac{1}{m_1}(-c_{x1}\dot{x}_1+c_{x1}\dot{x}_2-k_{x1}x_1+k_{x1}x_2+F_x), & \dfrac{\mathrm{d}x_1}{\mathrm{d}t}=\dot{x}_1\\
\dfrac{\mathrm{d}\dot{x}_2}{\mathrm{d}t}=\dfrac{1}{m_2}[c_{x1}\dot{x}_1-(c_{x1}+c_{x2})\dot{x}_2+c_{x2}\dot{x}_3+ & \\
\quad k_{x1}x_1-k_{x1}x_2-F_{\mathrm{a}}(y_2,y_3,x_2,x_3,\theta_1)], & \dfrac{\mathrm{d}x_2}{\mathrm{d}t}=\dot{x}_2\\
\dfrac{\mathrm{d}\dot{x}_3}{\mathrm{d}t}=\dfrac{1}{m_3}[c_{x2}\dot{x}_2-(c_{x2}+c_{x3})\dot{x}_3-k_{x3}x_3+ & \\
\quad F_{\mathrm{a}}(y_2,y_3,x_2,x_3,\theta_1)], & \dfrac{\mathrm{d}x_3}{\mathrm{d}t}=\dot{x}_3\\
\dfrac{\mathrm{d}\dot{\theta}_1}{\mathrm{d}t}=\dfrac{1}{J}[-c_\theta\dot{\theta}_1+M-M_{\mathrm{b}}(y_2,y_3,x_2,x_3,\theta_1)], & \dfrac{\mathrm{d}\theta_1}{\mathrm{d}t}=\dot{\theta}_1
\end{cases}
\tag{5.7}
$$

令 $\boldsymbol{Z}=(\dot{y}_1,y_1,\dot{y}_2,y_2,\dot{y}_3,y_3,\dot{x}_1,x_1,\dot{x}_2,x_2,\dot{x}_3,x_3,\dot{\theta}_1,\theta_1)^{\mathrm{T}}$，将式 (5.7) 用矩阵形式表示为

$$
\dot{\boldsymbol{Z}}=\boldsymbol{M}\boldsymbol{Z}+\boldsymbol{F}
\tag{5.8}
$$

式中：

$$\boldsymbol{F}=\left(\frac{F_y}{m_1},0,-\frac{F_{\rm r}}{m_2},0,\frac{F_{\rm r}}{m_3},0,\frac{F_x}{m_1},0,-\frac{F_{\rm a}}{m_2},0,\frac{F_{\rm a}}{m_3},0,\frac{M-M_{\rm b}}{J},0\right)^{\rm T} \tag{5.9}$$

$$\boldsymbol{M}=\begin{pmatrix}\boldsymbol{A} & \boldsymbol{B}\\ \boldsymbol{C} & \boldsymbol{D}\end{pmatrix} \tag{5.10}$$

$$\boldsymbol{A}=\begin{pmatrix}\dfrac{c_{y1}}{m_1} & -\dfrac{k_{y1}}{m_1} & \dfrac{c_{y1}}{m_1} & \dfrac{k_{y1}}{m_1} & 0 & 0\\ 1 & 0 & 0 & 0 & 0 & 0\\ \dfrac{c_{y1}}{m_2} & \dfrac{k_{y1}}{m_2} & -\dfrac{c_{y1}+c_{y2}}{m_2} & -\dfrac{k_{y1}}{m_2} & \dfrac{c_{y2}}{m_2} & 0\\ 0 & 0 & 1 & 0 & 0 & 0\\ 0 & 0 & \dfrac{c_{y2}}{m_3} & 0 & -\dfrac{c_{y2}+c_{y3}}{m_3} & -\dfrac{k_{y3}}{m_3}\\ 0 & 0 & 0 & 0 & 1 & 0\end{pmatrix} \tag{5.11}$$

$$\boldsymbol{B}=\begin{pmatrix}0&0&0&0&0&0&0&0\\0&0&0&0&0&0&0&0\\0&0&0&0&0&0&0&0\\0&0&0&0&0&0&0&0\\0&0&0&0&0&0&0&0\\0&0&0&0&0&0&0&0\end{pmatrix} \tag{5.12}$$

$$\boldsymbol{C}=\begin{pmatrix}0&0&0&0&0&0\\0&0&0&0&0&0\\0&0&0&0&0&0\\0&0&0&0&0&0\\0&0&0&0&0&0\\0&0&0&0&0&0\\0&0&0&0&0&0\\0&0&0&0&0&0\end{pmatrix} \tag{5.13}$$

$$\boldsymbol{D}=\begin{pmatrix}-\dfrac{c_{x1}}{m_1} & -\dfrac{k_{x1}}{m_1} & \dfrac{c_{x1}}{m_1} & \dfrac{k_{x1}}{m_1} & 0 & 0 & 0 & 0\\ 1 & 0 & 0 & 0 & 0 & 0 & 0 & 0\\ \dfrac{c_{x1}}{m_2} & \dfrac{k_{x1}}{m_2} & -\dfrac{c_{x1}+c_{x2}}{m_2} & -\dfrac{k_{x1}}{m_2} & \dfrac{c_{x2}}{m_2} & 0 & 0 & 0\\ 0 & 0 & 1 & 0 & 0 & 0 & 0 & 0\\ 0 & 0 & \dfrac{c_{x2}}{m_3} & 0 & -\dfrac{c_{x2}+c_{x3}}{m_3} & -\dfrac{k_{x3}}{m_3} & 0 & 0\\ 0 & 0 & 0 & 0 & 1 & 0 & 0 & 0\\ 0 & 0 & 0 & 0 & 0 & 0 & -\dfrac{c_\theta}{J} & 0\\ 0 & 0 & 0 & 0 & 0 & 0 & 1 & 0\end{pmatrix} \tag{5.14}$$

至此，将方程组化成标准的一阶微分方程组，然后采用精度较高的求解器

ODE45[2] 求解，其中 Runge–Kutta 法的迭代公式如下：

$$\begin{cases} \dot{Z} = f(t, Z) \\ Z(t_0) = Z_0 \\ Z_{n+1} = Z_n + \dfrac{h}{6}(k_1 + 2k_2 + 2k_3 + k_4) \\ k_1 = hf(t_n, y_n) \\ k_2 = hf\left(t_n + \dfrac{h}{2}, y_n + \dfrac{h}{2}k_1\right) \\ k_3 = hf\left(t_n + \dfrac{h}{2}, y_n + \dfrac{h}{2}k_2\right) \\ k_4 = hf(t_n + h, y_n + hk_3) \end{cases} \tag{5.15}$$

5.3 非线性动力学方程的精细时程积分法

针对非线性动力学方程：

$$\boldsymbol{M}\ddot{\boldsymbol{x}}(t) + \boldsymbol{C}\dot{\boldsymbol{x}}(t) + \boldsymbol{K}\dot{\boldsymbol{x}}(t) = \boldsymbol{f}(t), \quad \boldsymbol{x}(0) = \alpha, \quad \dot{\boldsymbol{x}}(0) = \beta \tag{5.16}$$

式中：$\boldsymbol{x}(t)$ 为表示系统自由度的 n 维向量；$\boldsymbol{M}$ 为质量矩阵；$\boldsymbol{C}$ 为阻尼矩阵与陀螺矩阵之和；$\boldsymbol{K}$ 为刚度矩阵；$\boldsymbol{f}(t)$ 是随时间变化的载荷向量；α 和 β 是已知的初始条件。

非线性动力学方程的常用求解方法包括：① 求解结构模态参数方法，如变换方法、向量叠加法等；② 直接积分法，如中央差分法、Wilson-θ 法和 Newmark 法等[3-4]。而钟万勰院士提出的精细时程积分法，放弃了常用的差分格式，通过 2^N 类算法对指数矩阵 $e^{\boldsymbol{H}t}$ 进行精细求解，不仅提高了计算效率，而且减小了展开式的截断误差。该方法的主要流程如下：

（1）采用 Hamilton 体系方法，将原方程转化成一阶微分方程[4]：

$$\dot{\boldsymbol{v}}(t) = \boldsymbol{H}\boldsymbol{v}(t) + \boldsymbol{r}(t), \quad \boldsymbol{v}(0) = \boldsymbol{v}_0 \tag{5.17}$$

式中：$\boldsymbol{v}(t)$ 是 2^n 维向量；$\boldsymbol{H}$ 是由已知矩阵 $\boldsymbol{M}$、$\boldsymbol{C}$ 和 $\boldsymbol{K}$ 计算出的 $2^n \times 2^n$ 矩阵；$\boldsymbol{r}(t)$ 是由 $\boldsymbol{f}(t)$ 构成的已知列向量。

$$\begin{gathered} \boldsymbol{v}(t) = \begin{pmatrix} \boldsymbol{x}(t) \\ \boldsymbol{p}(t) \end{pmatrix}, \quad \boldsymbol{H} = \begin{pmatrix} \boldsymbol{A} & \boldsymbol{D} \\ \boldsymbol{B} & \boldsymbol{C} \end{pmatrix}, \quad \boldsymbol{r}(t) = \begin{pmatrix} 0 \\ \boldsymbol{f}(t) \end{pmatrix}, \\ \boldsymbol{p}(t) = \boldsymbol{M}\boldsymbol{x}(t) + \frac{\boldsymbol{C}\boldsymbol{x}(t)}{2}, \quad \boldsymbol{A} = -\frac{\boldsymbol{M}^{-1}\boldsymbol{C}}{2}, \quad \boldsymbol{B} = -\boldsymbol{K} - \frac{\boldsymbol{C}\boldsymbol{M}^{-1}\boldsymbol{C}}{4}, \\ \boldsymbol{D} = \boldsymbol{M}^{-1}, \quad \boldsymbol{G} = -\frac{\boldsymbol{M}^{-1}\boldsymbol{C}}{2} \end{gathered} \tag{5.18}$$

（2）考虑系统参数的时变性及非线性，式 (5.17) 中的 $\boldsymbol{H}$ 矩阵表示为 $\boldsymbol{H}(t, \boldsymbol{v})$，可分离成常数项 $\boldsymbol{H}_0$ 与时变项 $\boldsymbol{H}_1\ (t, \boldsymbol{v})$。在缺秩的 $\boldsymbol{H}_0$ 中补充元素使其满秩，同时在 $\boldsymbol{H}_1\ (t, \boldsymbol{v})$ 中减去相应的元素，并将 $\boldsymbol{H}_1\ (t, \boldsymbol{v})$ 归并到 $\boldsymbol{r}(t)$ 中，式 (5.17) 变为

$$\dot{\boldsymbol{v}}(t) = \boldsymbol{H}_0 \cdot \boldsymbol{v} + \boldsymbol{r}(t, \boldsymbol{v}) \tag{5.19}$$

由前述方法可求出当前时间间隔 τ 对应的指数矩阵 $\boldsymbol{T}(\tau)=\mathrm{e}^{\boldsymbol{H}_0\tau}$，则 $\boldsymbol{v}(t)$ 的迭代格式为[4]

$$\boldsymbol{v}(t_{k+1})=\boldsymbol{T}(\tau)\cdot\boldsymbol{v}(t_k)+\int_{t_k}^{t_{k+1}}\mathrm{e}^{\boldsymbol{H}_0(t_{k+1}-t)}\boldsymbol{r}(t)\mathrm{d}t \tag{5.20}$$

（1）利用加法定理对式 (5.19) 右端第一项中的指数矩阵 $\mathrm{e}^{\boldsymbol{H}t}$ 进行精细求解。设时间间隔为 $\tau=t_{k+1}-t_k$，并将其离散为 $\Delta t=\tau/m$，应用泰勒公式展开可以得到

$$\boldsymbol{T}(\tau)=\mathrm{e}^{\boldsymbol{H}\tau}=(\mathrm{e}^{\boldsymbol{H}\Delta t})^m=(\boldsymbol{I}+\boldsymbol{T}_{a0})^m \tag{5.21}$$

式中：$\boldsymbol{I}$ 是单位阵；$\boldsymbol{T}_{a0}$ 可表示为

$$\boldsymbol{T}_{a0}=\boldsymbol{H}\Delta t+(\boldsymbol{H}\Delta t)^2/2!+(\boldsymbol{H}\Delta t)^3/3!+(\boldsymbol{H}\Delta t)^4/4!+\cdots \tag{5.22}$$

将式 (5.20) 中的 $\boldsymbol{T}(\tau)$ 分解成[5]

$$\boldsymbol{T}(\tau)=(\boldsymbol{I}+\boldsymbol{T}_{a0})^{2^N}=[(\boldsymbol{I}+\boldsymbol{T}_{a0})^2]^{2^{N-1}}=\{[(\boldsymbol{I}+\boldsymbol{T}_{a0})^2]^2\}^{2^{N-2}}=\cdots \tag{5.23}$$

因此，用 N 次矩阵相乘即可得到 $\boldsymbol{T}(\tau)$ 中的非单位矩阵项，最后与单位矩阵相加即可得到指数矩阵 $\boldsymbol{T}(\tau)$。这种方法避免了大数和小数直接相加而丧失有效数字，从而提高了 $\boldsymbol{T}(\tau)$ 的计算精度。

（2）由于齿轮振动属于典型的强非线性动力学问题，因此，采用经典 4 阶 Runge–Kutta 法对非线性项进行数值积分，具体积分格式为[6]

$$\int_{t_k}^{t_{k+1}}\mathrm{e}^{\boldsymbol{H}_0(t_{k+1}-t)}\boldsymbol{r}(t)\mathrm{d}t=\frac{\tau}{6}(k_1+2k_2+2k_3+k_4) \tag{5.24}$$

式中：

$$k_1=\mathrm{e}^{\boldsymbol{H}_0\tau}\boldsymbol{r}(t_k),\quad \boldsymbol{k}_2=\boldsymbol{k}_3=\mathrm{e}^{\boldsymbol{H}_0\tau/2}\boldsymbol{r}(t_k+\tau/2),\quad k_4=\boldsymbol{r}(t_k+\tau) \tag{5.25}$$

对应的迭代格式表示为

$$\boldsymbol{v}(t_{k+1})=\boldsymbol{T}(\tau)\cdot\boldsymbol{v}(t_k)+\frac{\tau}{6}(k_1+2k_2+2k_3+k_4) \tag{5.26}$$

整理上述计算过程，可得到非线性动力学方程的精细时程积分法的求解流程, 如图 5.4 所示。

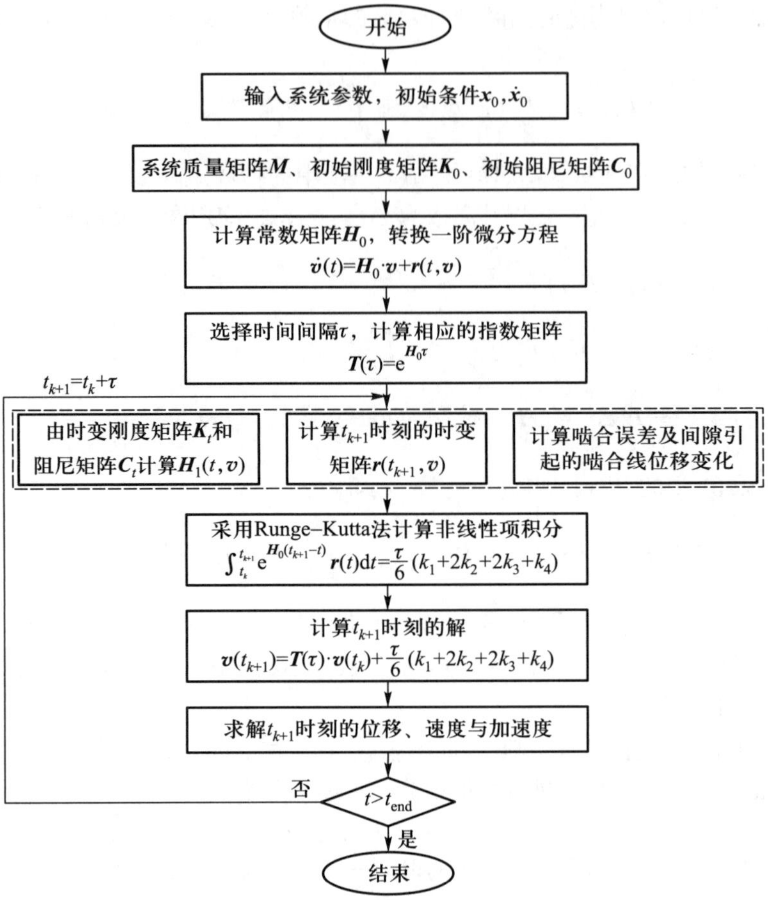

图 5.4 非线性动力学方程的精细时程积分法求解流程

5.4 考虑不确定性的数值求解处理

采用中央差分法，将不确定性载荷处理为区间过程模型来求解系统在不确定性激励下的振动响应。下面首先介绍采用中央差分法对确定性载荷的微分方程的求解过程，然后进一步推导载荷为区间过程模型的微分方程的求解方法[7]。

通用的多自由度质量弹簧阻尼系统运动方程可表示为如下形式：

$$\boldsymbol{M}\ddot{\boldsymbol{Z}}+\boldsymbol{C}\dot{\boldsymbol{Z}}+\boldsymbol{K}\boldsymbol{Z}=\boldsymbol{F} \tag{5.27}$$

设多自由度系统为 N 维，则质量矩阵 $\boldsymbol{M}$、刚度矩阵 $\boldsymbol{K}$、阻尼矩阵 $\boldsymbol{C}$ 为 $N\times N$ 维矩阵，$\boldsymbol{Z}$ 为 N 维位移向量，$\dot{\boldsymbol{Z}}$ 为 N 维速度向量，$\dot{\boldsymbol{Z}}$ 为 N 维加速度向量，$\boldsymbol{F}$ 为 N

维外载荷向量，即

$$\boldsymbol{Z} = \begin{pmatrix} z_1(t) \\ z_2(t) \\ \vdots \\ z_N(t) \end{pmatrix}, \quad \dot{\boldsymbol{Z}} = \begin{pmatrix} \dot{z}_1(t) \\ \dot{z}_2(t) \\ \vdots \\ \dot{z}_N(t) \end{pmatrix}, \quad \ddot{\boldsymbol{Z}} = \begin{pmatrix} \ddot{z}_1(t) \\ \ddot{z}_2(t) \\ \vdots \\ \ddot{z}_N(t) \end{pmatrix}, \quad \boldsymbol{F} = \begin{pmatrix} F_1(t) \\ F_2(t) \\ \vdots \\ F_N(t) \end{pmatrix} \tag{5.28}$$

根据中心差分法，系统在 t_j 时刻的速度计算公式和加速度计算公式为

$$\dot{\boldsymbol{Z}}(t_j) = \frac{\boldsymbol{Z}(t_{j+1}) - \boldsymbol{Z}(t_{j-1})}{2\Delta t} \tag{5.29}$$

$$\ddot{\boldsymbol{Z}}(t_j) = \frac{\boldsymbol{Z}(t_{j+1}) - 2\boldsymbol{Z}(t_j) + \boldsymbol{Z}(t_{j-1})}{(\Delta t)^2} \tag{5.30}$$

两个相邻时刻的时间差 $\Delta t = t_j - t_{j-1}$ 为计算的步长，综合式 (5.27)、式 (5.29)、式 (5.30) 可得

$$\begin{aligned} \left[\frac{1}{(\Delta t)^2}\boldsymbol{M} + \frac{1}{2\Delta t}\boldsymbol{C}\right]\boldsymbol{Z}(t_{j+1}) = \boldsymbol{F}(t_j) - \left[\boldsymbol{K} - \frac{2}{(\Delta t)^2}\boldsymbol{M}\right]\boldsymbol{Z}(t_j) - \\ \left[\frac{1}{(\Delta t)^2}\boldsymbol{M} - \frac{1}{2\Delta t}\boldsymbol{C}\right]\boldsymbol{Z}(t_{j-1}) \end{aligned} \tag{5.31}$$

中心差分法计算流程如下：

（1）根据初始位移向量和速度向量，计算初始加速度向量

$$\boldsymbol{M}\ddot{\boldsymbol{Z}}(t_0) = \boldsymbol{F}(t_0) - \boldsymbol{C}\dot{\boldsymbol{Z}}(t_0) - \boldsymbol{K}\boldsymbol{Z}(t_0) \tag{5.32}$$

（2）确定合适的计算步长 Δt，计算所需常数

$$a_0 = \frac{1}{(\Delta t)^2}, \quad a_1 = \frac{1}{2\Delta t}, \quad a_2 = 2a_0, \quad a_3 = \frac{1}{a_2} \tag{5.33}$$

（3）由于在计算 t_0 时刻时，需要用到 t_{-1} 的值，因此需要计算 $\boldsymbol{Z}(t_{-1})$

$$\boldsymbol{Z}(t_{-1}) = \boldsymbol{Z}(t_0) - \dot{\boldsymbol{Z}}(t_0)\Delta t + a_3\ddot{\boldsymbol{Z}}(t_0) \tag{5.34}$$

（4）计算等效质量矩阵 $\widehat{\boldsymbol{M}}$

$$\widehat{\boldsymbol{M}} = a_0\boldsymbol{M} + a_1\boldsymbol{C} \tag{5.35}$$

（5）计算 t_j 时刻的等效力 $\widehat{\boldsymbol{F}}(t_j)$、$t_{j+1}$ 时刻的位移向量 $\boldsymbol{Z}(t_{j+1})$、t_j 时刻的速度向量 $\dot{\boldsymbol{Z}}(t_j)$ 和加速度向量 $\ddot{\boldsymbol{Z}}(t_j)$

$$\widehat{\boldsymbol{F}}(t_j) = \boldsymbol{F}(t_j) - (\boldsymbol{K} - a_2\boldsymbol{M})\boldsymbol{Z}(t_j) - (a_0\boldsymbol{M} - a_1\boldsymbol{C})\boldsymbol{Z}(t_{j-1}) \tag{5.36}$$

$$\boldsymbol{Z}(t_{j+1}) = \widehat{\boldsymbol{M}}^{-1}\widehat{\boldsymbol{F}}(t_j) \tag{5.37}$$

$$\dot{\boldsymbol{Z}}(t_j) = a_1[\boldsymbol{Z}(t_{j+1}) - \boldsymbol{Z}(t_{j-1})] \tag{5.38}$$

$$\ddot{\boldsymbol{Z}}(t_j) = a_0[\boldsymbol{Z}(t_{j+1}) - 2\boldsymbol{Z}(t_j) + \boldsymbol{Z}(t_{j-1})] \tag{5.39}$$

下面结合前面的计算公式推导 t_{j+1} 时刻的位移向量最终表达式。

通过式 (5.37) 可得

$$
\begin{aligned}
\boldsymbol{Z}(t_{j+1}) &= \widehat{\boldsymbol{M}}^{-1}\widehat{\boldsymbol{F}}(t_j) \\
&= \widehat{\boldsymbol{M}}^{-1}[\boldsymbol{F}(t_j) - (\boldsymbol{K} - a_2\boldsymbol{M})\boldsymbol{Z}(t_j) - (a_0\boldsymbol{M} - a_1\boldsymbol{C})\boldsymbol{Z}(t_{j-1})] \\
&= \left[\widehat{\boldsymbol{M}}^{-1} - \widehat{\boldsymbol{M}}^{-1}(\boldsymbol{K} - a_2\boldsymbol{M}) - \widehat{\boldsymbol{M}}^{-1}(a_0\boldsymbol{M} - a_1\boldsymbol{C})\right]\begin{pmatrix}\boldsymbol{F}(t_j)\\ \boldsymbol{Z}(t_j)\\ \boldsymbol{Z}(t_{j-1})\end{pmatrix} \\
&= \widehat{\boldsymbol{H}}^{*}\begin{pmatrix}\boldsymbol{F}(t_j)\\ \boldsymbol{Z}(t_j)\\ \boldsymbol{Z}(t_{j-1})\end{pmatrix}
\end{aligned} \tag{5.40}
$$

将式 (5.32) 代入式 (5.34) 可得

$$
\begin{aligned}
\boldsymbol{Z}(t_{-1}) &= a_3\boldsymbol{M}^{-1}\boldsymbol{F}(t_0) + (\boldsymbol{I} - a_3\boldsymbol{M}^{-1}\boldsymbol{K})\boldsymbol{Z}(t_0) - (a_3\boldsymbol{M}^{-1}\boldsymbol{C} + \Delta t\boldsymbol{I})\dot{\boldsymbol{Z}}(t_0) \\
&= \left[a_3\boldsymbol{M}^{-1}\boldsymbol{I} - a_3\boldsymbol{M}^{-1}\boldsymbol{K} - (a_3\boldsymbol{M}^{-1}\boldsymbol{C} + \Delta t\boldsymbol{I})\right]\begin{pmatrix}\boldsymbol{F}(t_0)\\ \boldsymbol{Z}(t_0)\\ \dot{\boldsymbol{Z}}(t_0)\end{pmatrix}
\end{aligned} \tag{5.41}
$$

则将矩阵递推展开如下:

$$
\begin{aligned}
\begin{pmatrix}\boldsymbol{F}(t_j)\\ \boldsymbol{F}(t_{j-1})\\ \vdots\\ \boldsymbol{F}(t_1)\\ \boldsymbol{F}(t_0)\\ \boldsymbol{Z}(t_0)\\ \boldsymbol{Z}(t_{-1})\end{pmatrix}
&= \left(\begin{array}{c:c:c:c:c:c:c}
\boldsymbol{I} & \boldsymbol{O} & \cdots & \cdots & \cdots & \cdots & \boldsymbol{O} \\ \hdashline
\boldsymbol{O} & \boldsymbol{I} & \boldsymbol{O} & \vdots & \vdots & \vdots & \vdots \\ \hdashline
\vdots & \boldsymbol{O} & \ddots & \ddots & \vdots & \vdots & \vdots \\ \hdashline
\vdots & \cdots & \ddots & \ddots & \ddots & \vdots & \vdots \\ \hdashline
\vdots & \vdots & \cdots & \ddots & \boldsymbol{I} & \boldsymbol{O} & \vdots \\ \hdashline
\vdots & \vdots & \vdots & \cdots & \boldsymbol{O} & \boldsymbol{I} & \boldsymbol{O} \\ \hdashline
\boldsymbol{O} & \boldsymbol{O} & \cdots & \boldsymbol{O} & a_3\boldsymbol{M}^{-1} & \boldsymbol{I} - a_3\boldsymbol{M}^{-1}\boldsymbol{K} & -(a_3\boldsymbol{M}^{-1}\boldsymbol{C} + \Delta t\boldsymbol{I})
\end{array}\right) \cdot \\
&\quad \begin{pmatrix}\boldsymbol{F}(t_j)\\ \boldsymbol{F}(t_{j-1})\\ \vdots\\ \boldsymbol{F}(t_1)\\ \boldsymbol{F}(t_0)\\ \boldsymbol{Z}(t_0)\\ \dot{\boldsymbol{Z}}(t_0)\end{pmatrix} = \widehat{\boldsymbol{H}}_{*}\begin{pmatrix}\boldsymbol{F}(t_j)\\ \boldsymbol{F}(t_{j-1})\\ \vdots\\ \boldsymbol{F}(t_1)\\ \boldsymbol{F}(t_0)\\ \boldsymbol{Z}(t_0)\\ \dot{\boldsymbol{Z}}(t_0)\end{pmatrix}
\end{aligned} \tag{5.42}
$$

令 $\widehat{\boldsymbol{H}} = \widehat{\boldsymbol{H}}^{*}\left(\prod\limits_{k=1}^{j}\widehat{\boldsymbol{H}}_k\right)\widehat{\boldsymbol{H}}_{*}$，$\boldsymbol{F} = \begin{pmatrix}\boldsymbol{F}^{\mathrm{T}}(t_j) & \cdots & \boldsymbol{F}^{\mathrm{T}}(t_1) & \boldsymbol{F}^{\mathrm{T}}(t_0)\end{pmatrix}^{\mathrm{T}}$，同时将矩

阵 $\widehat{\boldsymbol{H}}$ 分块为 $\widehat{\boldsymbol{H}}=\left(\widehat{\boldsymbol{H}}_{\boldsymbol{F}} \quad \widehat{\boldsymbol{H}}_{\boldsymbol{Z}}\right)$，则 t_{j+1} 时刻的位移向量为

$$\boldsymbol{Z}(t_{j+1})=\widehat{\boldsymbol{H}}_{\boldsymbol{F}}\boldsymbol{F}+\widehat{\boldsymbol{H}}_{\boldsymbol{Z}}\begin{pmatrix}\boldsymbol{Z}(t_0)\\ \dot{\boldsymbol{Z}}(t_0)\end{pmatrix} \tag{5.43}$$

在上述计算过程中，外部载荷向量 $\boldsymbol{F}$ 为

$$\begin{aligned}\boldsymbol{F}=(F_1(t_j) \quad F_2(t_j) \quad \cdots \quad F_N(t_j) \mid F_1(t_{j-1}) \quad F_2(t_{j-1}) \quad \cdots \quad F_N(t_{j-1}) \mid \cdots \mid \\ F_1(t_0) \quad F_2(t_0) \quad \cdots \quad F_N(t_0))^{\mathrm{T}}\end{aligned} \tag{5.44}$$

为了便于计算，需要将每个序列转化为 N 个外部载荷的时间历程，即

$$\begin{aligned}\boldsymbol{F}_1&=(F_1(t_j) \quad F_1(t_{j-1}) \quad \ldots \quad F_1(t_0))^{\mathrm{T}}\\ \boldsymbol{F}_2&=(F_2(t_j) \quad F_2(t_{j-1}) \quad \cdots \quad F_2(t_0))^{\mathrm{T}}\\ &\vdots\\ \boldsymbol{F}_N&=(F_N(t_j) \quad F_N(t_{j-1}) \quad \cdots \quad F_N(t_0))^{\mathrm{T}}\end{aligned} \tag{5.45}$$

因此需要对 $\boldsymbol{F}$ 进行重新排列，令重新排列后的载荷矩阵为 $\boldsymbol{F}^*$，则新的载荷矩阵为 $\boldsymbol{F}^*=(\boldsymbol{F}_1^{\mathrm{T}} \quad \boldsymbol{F}_2^{\mathrm{T}} \quad \cdots \quad \boldsymbol{F}_N^{\mathrm{T}})$。那么，$t_{j+1}$ 时刻的位移向量 $\boldsymbol{Z}(t_{j+1})$ 为

$$\boldsymbol{Z}(t_{j+1})=\widehat{\boldsymbol{H}}_{\boldsymbol{F}}^*\boldsymbol{F}^*+\widehat{\boldsymbol{H}}_{\boldsymbol{Z}}\begin{pmatrix}\boldsymbol{Z}(t_0)\\ \dot{\boldsymbol{Z}}(t_0)\end{pmatrix} \tag{5.46}$$

式中：$\widehat{\boldsymbol{H}}_{\boldsymbol{F}}^*$ 为 $\widehat{\boldsymbol{H}}_{\boldsymbol{F}}$ 重新排列后的矩阵，设 $\widehat{\boldsymbol{H}}_{\boldsymbol{F}}^*=(\widehat{\boldsymbol{H}}_{\boldsymbol{F}_1}^* \quad \widehat{\boldsymbol{H}}_{\boldsymbol{F}_2}^* \quad \cdots \quad \widehat{\boldsymbol{H}}_{\boldsymbol{F}_N}^*)$，则最终 t_{j+1} 时刻的位移向量 $\boldsymbol{Z}(t_{j+1})$ 为

$$\boldsymbol{Z}(t_{j+1})=\sum_{k=1}^{N}\widehat{\boldsymbol{H}}_{\boldsymbol{F}_k}^*\boldsymbol{F}_k+\widehat{\boldsymbol{H}}_{\boldsymbol{Z}}\begin{pmatrix}\boldsymbol{Z}(t_0)\\ \dot{\boldsymbol{Z}}(t_0)\end{pmatrix} \tag{5.47}$$

式中：$\begin{pmatrix}\boldsymbol{Z}(t_0)\\ \dot{\boldsymbol{Z}}(t_0)\end{pmatrix}$ 为初始条件向量。

当外部载荷具有不确定性且分布概率未知时，通过区间模型对其进行建模。每个自由度的外载荷为 $\boldsymbol{F}_k^{\mathrm{I}}(t)=(\boldsymbol{F}_k^{\mathrm{L}}(t),\boldsymbol{F}_k^{\mathrm{U}}(t))$，$k=1,2,\cdots,N$，$k$ 为自由度数。设 $\boldsymbol{F}_k^{\mathrm{I}}$ 为区间表示的外载荷的向量，相关系数矩阵为 $\widehat{\boldsymbol{H}}_{\boldsymbol{F}_k}$，则由中央差分法可得，$t_{j+1}$ 时刻的位移向量 $\boldsymbol{Z}(t_{j+1})$ 为

$$\boldsymbol{Z}(t_{j+1})=\sum_{k=1}^{N}\widehat{\boldsymbol{H}}_{\boldsymbol{F}_k}^*\boldsymbol{F}_k^{\mathrm{I}}+\widehat{\boldsymbol{H}}_{\boldsymbol{Z}}\begin{pmatrix}\boldsymbol{Z}(t_0)\\ \dot{\boldsymbol{Z}}(t_0)\end{pmatrix} \tag{5.48}$$

对每个自由度载荷 $\boldsymbol{F}_k^{\mathrm{I}}$ 进行区间变换，$\boldsymbol{L}_k=\boldsymbol{W}_{\boldsymbol{F}_k}\boldsymbol{L}_{\boldsymbol{F}_k}$，$k=1,2,\cdots,N$，其中，$\boldsymbol{W}_{\boldsymbol{F}_k}$ 是由 $\boldsymbol{W}_i^{\boldsymbol{F}_k}$ 的组成矩阵，$\boldsymbol{L}_{\boldsymbol{F}_k}$ 为对 $\boldsymbol{R}_{\boldsymbol{F}_k}$ 进行 Cholesky 分解后的下三角矩阵，则

有

$$
\boldsymbol{Z}(t_{j+1})=\sum_{k=1}^{N}\widehat{\boldsymbol{H}}^{*}_{\boldsymbol{F}_k}\boldsymbol{L}_k\overline{\boldsymbol{F}}^{\mathrm{I}}_k+\widehat{\boldsymbol{H}}_{\boldsymbol{Z}}\begin{pmatrix}\boldsymbol{Z}(t_0)\\ \dot{\boldsymbol{Z}}(t_0)\end{pmatrix} \tag{5.49}
$$

$$
\overline{\boldsymbol{F}}^{\mathrm{c}}_k=\boldsymbol{L}_k^{-1}\boldsymbol{F}^{\mathrm{c}}_k \tag{5.50}
$$

$$
\overline{\boldsymbol{F}}^{\mathrm{w}}_k=[|\boldsymbol{L}_k|]^{-1}\boldsymbol{F}^{\mathrm{w}}_k \tag{5.51}
$$

令

$$
\boldsymbol{\delta}\overline{\boldsymbol{F}}^{\mathrm{w}}=\begin{pmatrix}\delta^{\mathrm{I}}_j\overline{F}^{\mathrm{w}}_j & \cdots & \delta^{\mathrm{I}}_1\overline{F}^{\mathrm{w}}_1 & \delta^{\mathrm{I}}_0\overline{F}^{\mathrm{w}}_0\end{pmatrix}^{\mathrm{T}},\quad \delta^{\mathrm{I}}_i=[-1,1],\ i=0,1,\cdots,j \tag{5.52}
$$

则有

$$
\overline{\boldsymbol{F}}^{\mathrm{I}}=\overline{\boldsymbol{F}}^{\mathrm{c}}+\boldsymbol{\delta}\overline{\boldsymbol{F}}^{\mathrm{w}} \tag{5.53}
$$

则可以得到不确定性激励下 t_{j+1} 时刻位移的上、下界分别为

$$
\boldsymbol{Z}^{\mathrm{U}}(t_{j+1})=\left(\sum_{k=1}^{N}\widehat{\boldsymbol{H}}^{*}_{\boldsymbol{F}_k}\boldsymbol{F}^{\mathrm{c}}_k+\widehat{\boldsymbol{H}}_{\boldsymbol{Z}}\begin{pmatrix}\boldsymbol{Z}(t_0)\\ \dot{\boldsymbol{Z}}(t_0)\end{pmatrix}\right)+\sum_{k=1}^{N}(|\widehat{\boldsymbol{H}}^{*}_{\boldsymbol{F}_k}\boldsymbol{L}_k|)(|\boldsymbol{L}_k|)^{-1}\boldsymbol{F}^{\mathrm{w}}_k \tag{5.54}
$$

$$
\boldsymbol{Z}^{\mathrm{L}}(t_{j+1})=\left(\sum_{k=1}^{N}\widehat{\boldsymbol{H}}^{*}_{\boldsymbol{F}_k}\boldsymbol{F}^{\mathrm{c}}_k+\widehat{\boldsymbol{H}}_{\boldsymbol{Z}}\begin{pmatrix}\boldsymbol{Z}(t_0)\\ \dot{\boldsymbol{Z}}(t_0)\end{pmatrix}\right)-\sum_{k=1}^{N}(|\widehat{\boldsymbol{H}}^{*}_{\boldsymbol{F}_k}\boldsymbol{L}_k|)(|\boldsymbol{L}_k|)^{-1}\boldsymbol{F}^{\mathrm{w}}_k \tag{5.55}
$$

获得所有时刻每个自由的振动响应的边界之后，则可得到整个系统的响应边界时间历程曲线。

参考文献

[1] LI R, TONG C N. Cosimulation method for asynchronous motor based on Saber-RD—Simulink [J]. Lecture Notes in Electrical Engineering, 2015, 334: 93-101.

[2] 邹经湘. 结构动力学 [M]. 哈尔滨: 哈尔滨工业大学出版社, 1996.

[3] 吴昊, 王建文, 安琦. 圆锥滚子轴承阻尼的计算方法 [J]. 轴承, 2009(2): 5-9.

[4] 张亚辉, 林家浩. 结构动力学基础 [M]. 大连: 大连理工大学出版社, 2007: 94-97.

[5] 钟万勰. 结构动力方程的精细时程积分法 [J]. 大连理工大学学报, 1994, 34(2): 131-136.

[6] 顾元宪, 陈飚松, 张洪武. 结构动力方程的增维精细积分法 [J]. 力学学报, 2007, 32(4): 447-456.

[7] 赵灿. 精细积分法在分子动力学中的应用研究 [D]. 大连: 大连理工大学, 2009.

第六章　TBM 主机系统耦合动力学的计算机仿真

目前，采用实验、实测或者数值计算手段来研究主机系统的动力学特性需要较大的时间成本和资金成本，而通过计算机仿真手段建立较为合理、准确的主机系统仿真模型进行动力学特性研究具有求解便捷高效、成本低等优点。本章首先通过仿真软件 ANSYS/LS-DANA 建立正滚刀破岩的仿真模型，并与已有实验结果进行对比分析，证明该滚刀破岩仿真模型的可靠性；进而建立不同安装位置的滚刀的破岩仿真模型，得到不同安装位置的滚刀的载荷历程，并从时域和频域上研究滚刀破岩的载荷规律。以中方五分式 TBM 主机系统为研究对象，采用拉格朗日法建立主机系统动力学模型，综合考虑系统外部激励、轮齿啮合刚度、各连接件连接刚度、各支撑油缸刚度等因素，详细推导了各关键部件参数的计算方程，为后续动态特性分析及关键参数的敏感性分析奠定了基础。

6.1　滚刀破岩仿真

6.1.1　滚刀的结构和承载形式分析

1. 滚刀的结构形式和类型

经过几十年的工程实践，目前 $\phi 432$ mm 的窄形单刃滚刀被公认是最佳刀具。盘形滚刀由刀体、刀圈、刀圈卡环、浮动金属密封、轴承和刀轴等部分组成，如图 6.1 所示。

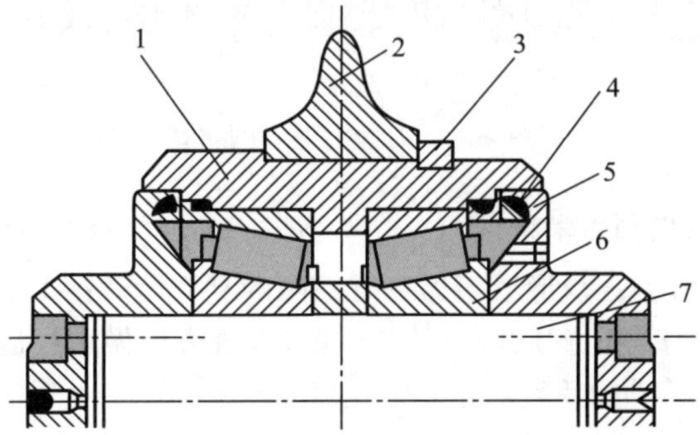

(a) 滚刀结构简图

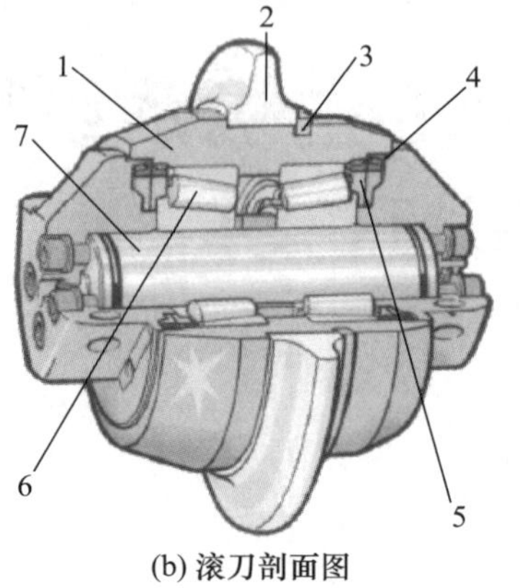

(b) 滚刀剖面图

图 6.1 滚刀结构示意图

1—刀体；2—刀圈；3—刀圈卡环；4—密封；5—金属浮环；6—轴承；7—刀轴

根据刀盘上滚刀安装位置的不同，滚刀可以分为中心滚刀、正滚刀和边滚刀三类。刀盘正中心安装的是中心滚刀，随着半径增大依次安装的是正滚刀和边滚刀，具体布局如图 6.2 所示。边滚刀和正滚刀的结构形式一致，只是边滚刀安装在刀盘的边缘，并且边滚刀的盘面与刀盘支撑面的法向有一定的倾角。由于边滚刀磨损较为严重，因此刀间距较正滚刀小；边滚刀的布置一般采用圆弧过渡形式，过渡区域的曲率半径及数量取决于掘进机直径的大小[1]。

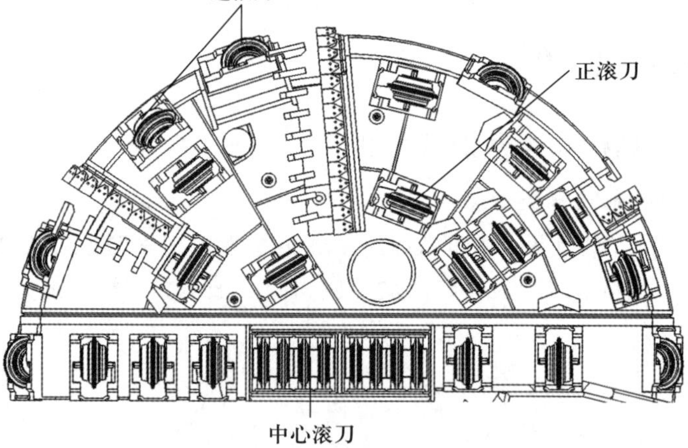

图 6.2 刀盘上滚刀的布置

2. 滚刀的运动特性和力学特性

TBM 在掘进过程中，盘形滚刀做三维空间的复合运动：① 滚刀随刀盘轴线推进方向做直线运动；② 滚刀随刀盘一起回转沿着推进方向做直线运动；③ 滚刀绕刀轴做自转运动。这三种运动的速度均是非常缓慢的[2]。

在掘进过程中，滚刀主要受到滚刀刀圈径向和轴向的压力以及刀圈和岩石的摩擦力产生的滚动力，定义刀圈径向载荷为垂向力 $F_{\rm v}$，刀圈轴向载荷为侧向力 $F_{\rm s}$，沿着刀圈切向载荷为滚动力 F_r，如图 6.3 所示。在地质条件均匀的岩石中，盘形滚刀受到的侧向载荷波动不是很大，主要是滚刀在绕刀盘中心回转时，其外侧切割岩石量将大于内侧，因此在均匀地质条件下滚刀的侧向载荷一般指向刀盘中心。故在工程应用中，安装刀具时，应将刀体的卡环安装在刀盘内侧，以防止刀圈和刀体之间的滑移。但是由于实际的岩石是非均质的且有节理、裂纹等，因此实际每把滚刀的侧向载荷不一定一直指向刀盘中心。

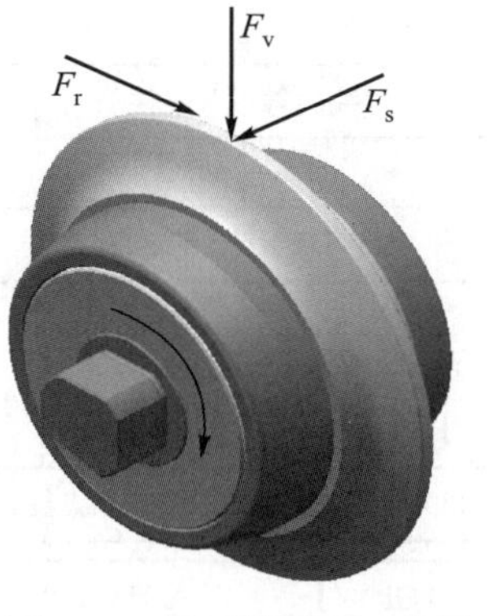

图 6.3 滚刀的受力示意图

掘进机盘形滚刀的损坏形式分为正常磨损损坏和非正常损坏。刀具的非正常损坏有如下形式：刀圈崩裂、刀圈相对刀体滑动、轴承损坏、金属浮动密封损坏（漏油）、刀圈断裂、刀具固定螺栓失落和断裂等。而刀具最主要的损坏形式则是由于滚刀受到岩石的强冲击载荷产生的振动而造成关键结构件的损坏，如滚动轴承的接触疲劳失效、金属浮动密封的疲劳失效等，进而导致滚刀的损坏。

6.1.2 滚刀破岩仿真模型

鉴于 TBM 掘进地层的特殊环境，同时通过在滚刀上布置传感器获取现场施工数据十分困难，因此近几十年来鲜见学者对 TBM 滚刀载荷的实地测量。然而，滚刀的实际工作载荷对于滚刀、刀座和刀盘的研究尤为重要，是掘进机关键部件设计的基础。计算机软件仿真可以连续、动态地重现滚刀破岩的过程, 再现掘进机施工环境下滚刀的真实受力状态。本节通过仿真软件 ANSYS/LS-DYNA 建立正滚刀破岩的仿真模型，并与已有实验结果进行对比分析，证明该滚刀破岩仿真模型的可靠性；进而建立不同安装位置的滚刀的破岩仿真模型，得到不同安装位置的滚刀的载荷历程，并从时域和频域上研究滚刀破岩的载荷规律。

1. 仿真环境的确定

首先，利用 SolidWorks 三维建模软件建立滚刀和岩石的接触模型；然后，将模型导入 ANSYS 中进行前处理；最后，采用非线性动力学分析程序 ANSYS/LS–DYNA 进行分析求解。SolidWorks–ANSYS/LS–DYNA 软件协同建模求解技术流程如图 6.4 所示。

ANSYS/LS–DYNA 是目前国内外最著名的通用显式动力分析程序，应用较为广

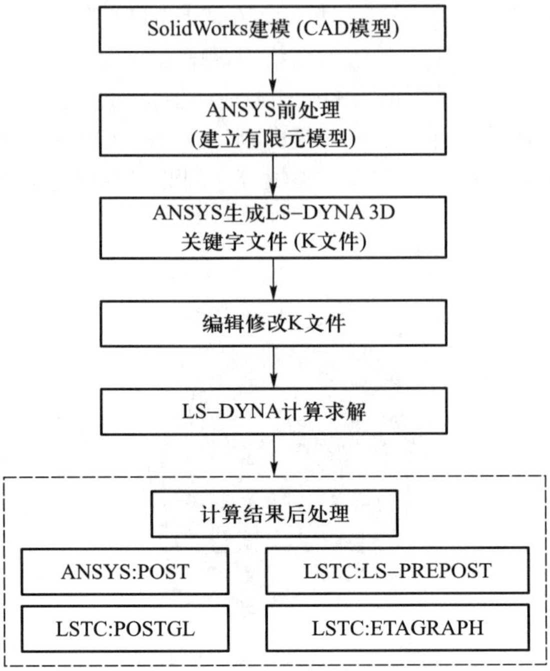

图 6.4 协同建模求解技术流程

泛，特别适合求解各种二维、三维结构的非线性动力冲击问题。LS–DYNA 不仅有强大的分析能力，还有丰富的材料模型库（拥有 150 多种金属和非金属材料模型）。该软件在工程应用中被广泛认可，与实验的对比分析证实了其计算的可靠性，因此本节采用 ANSYS/LS–DYNA 联合求解得到滚刀破岩载荷。

2. 滚刀破岩有限元模型

在 SolidWorks 软件中按照 1:1 的比例建立 17 in 罗宾斯滚刀刀圈刀体模型和岩体模型。为了节约计算资源，提高求解速度，中心滚刀采用圆盘形式的岩体模型，而正滚刀和边滚刀采用 1/4 岩体模型，刀圈和刀体过盈配合，并与岩体接触。将滚刀破岩的 CAD 模型导入 ANSYS 中，设置单元类型和单元尺寸大小，并对模型进行网格划分，进而得到正滚刀、中心滚刀和边滚刀的破岩有限元模型，如图 6.5 所示。

3. 模型材料参数

刀圈、刀体和岩体分别设置为线弹性材料、刚体和弹塑性体。刀圈和刀体均为合金钢，密度取 7.85 g/cm^3，弹性模量为 210 GPa，泊松比为 0.3。使用青海 “引大济湟工程” 花岗片麻岩的参数作为仿真的数据，其岩体力学特性参数值如表 6.1 所示。

表 6.1 岩体力学特性参数

密度/(kg·m^{-3})	泊松比	抗压强度/MPa	弹性模量/GPa	内摩擦角/(°)	侧面围压/MPa	底面围压/MPa
2 750	0.19	95	18	33.4	15	30

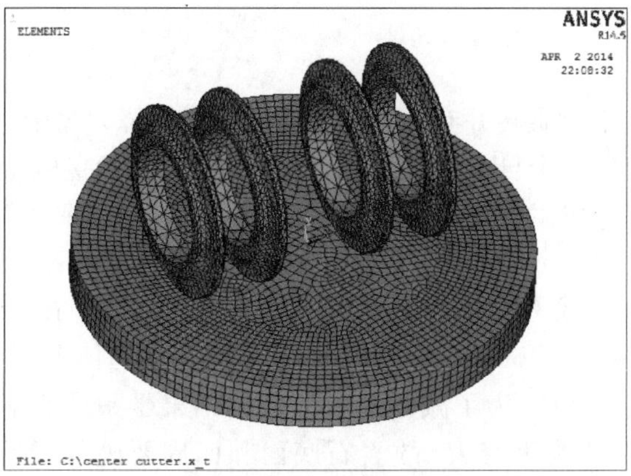

(a) 中心滚刀

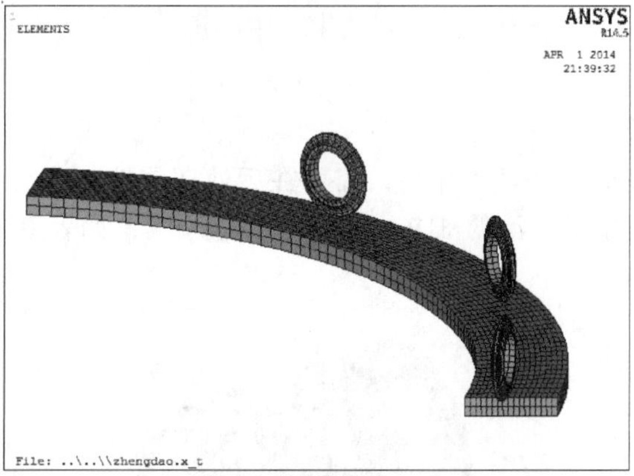

(b) 正滚刀

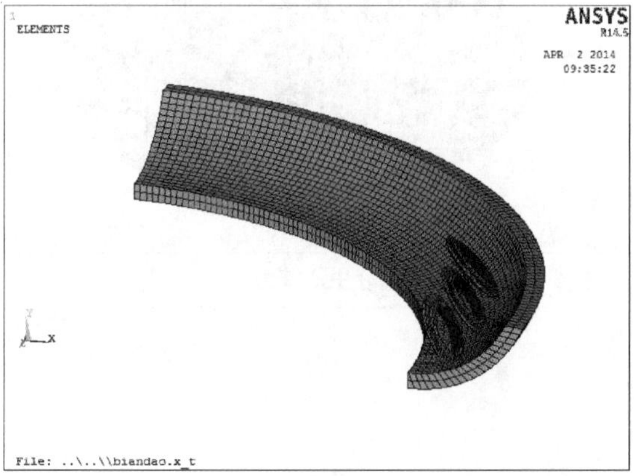

(c) 边滚刀

图 6.5 滚刀破岩有限元模型

4. 破岩参数的确定

岩石的抗压强度不同，其掘进的贯入度也不相同。由工程实例可知，对于 Ⅳ 类、Ⅴ 类围岩，掘进速度为 0.5 ～ 1.0 m/h，设刀圈的最大转速为 8 r/min，仿真时间为 2 s，滚刀的切深为 10 mm。本节模拟的正滚刀安装在刀盘中心，故正滚刀的角速度为

0.84 rad/s。

5. 边界条件和约束

滚刀刀体绕刀盘中心旋转并有一定的切深，故释放绕刀盘中心旋转的自由度和切深的自由度，限制其余 4 个自由度。刀圈与刀体为自动单面接触（single surface），为了防止刀圈与刀体之间发生分离，静摩擦系数设为 0.15，动摩擦系数设为 0.15；刀圈与岩石为面面侵蚀接触（surface to surface eroding），静摩擦系数设为 0.4，动摩擦系数设为 0.35。在指定加载（Specify Loads）选项中施加随着时间变化的位移、公转速度，在惯性选项（Inertia Options）中将惯性张量添加到刀体上。

岩石底面施加全约束。为了减小这种简化给结果带来的影响，通过设置无反射边界条件，将岩石设置为无穷大, 故岩石底面和四周要施加无反射边界条件（non-reflecting boundary）。添加方法是选取岩石侧面以及底面的节点建立节点组，然后在约束（Constraints）选项中添加无反射约束。中心滚刀、正滚刀和边滚刀破岩边界约束模型如图 6.6 所示。

6. 模型求解设置

在 ANSYS 中完成前处理工作后，需要在后处理软件 LS-PrePost 中设置岩石本构模型，本节采用应用最广泛的 JHC 岩石本构模型[3-5]，如表 6.2 所示。对表 6.2 中

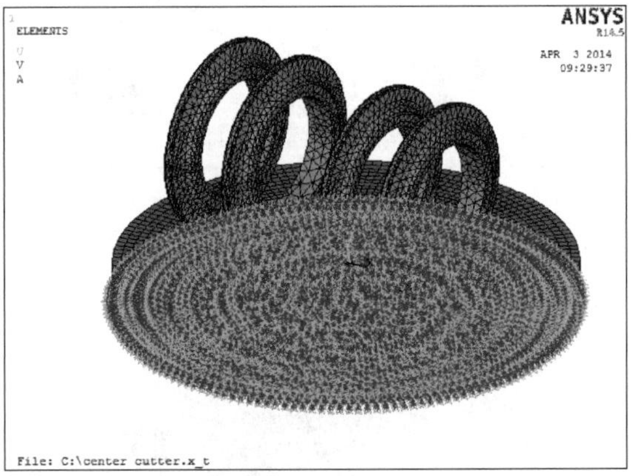

(a) 中心滚刀

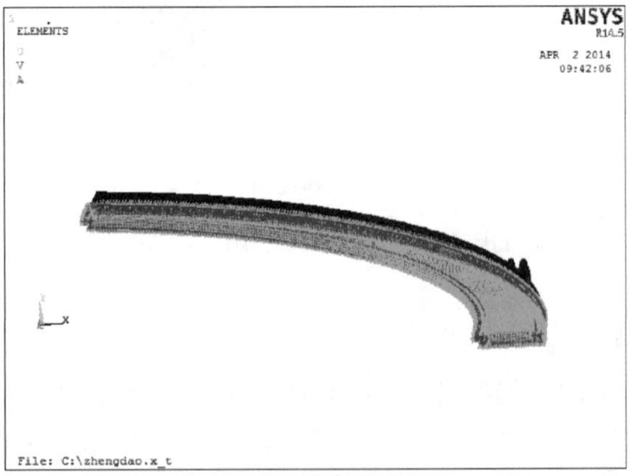

(b) 正滚刀

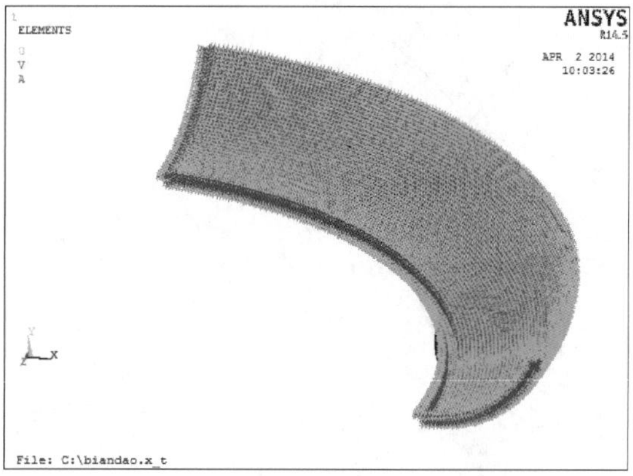

(c) 边滚刀

图 6.6 滚刀破岩边界约束模型

的岩石本构模型，设置岩石失效准则为主应力 95 MPa 和主应变 0.006 双失效，即岩石模型单元主应力、主应变达到设定阈值时，程序自动令单元失效[6-8]。最后将生成的 K 文件导入 ANSYS/LS–DYNA 中进行求解。

表 6.2 JHC 岩石本构模型

剪切模量 G/Pa	黏结强度 A/Pa	压力硬化参数 B	应变率系数 C	抗压强度 F_c/Pa	抗拉强度 T/Pa	参考应变率 $\varepsilon/\mathrm{s}^{-1}$
8.3×10^9	0.79	1.6	0.007	9.5×10^7	9.5×10^6	1
最小塑性应变 $\mathrm{EF}_{\min}$	压碎压力 P_c/Pa	压碎体积应变 U_c	压实压力 P_L/Pa	压密体积应变 U_L	失效类型 F_S	损伤常数 D_2
0.01	3.2×10^7	0.002 9	8×10^8	0.1	−1	1
压力常数 K_1/Pa	压力常数 K_2/Pa	压力常数 K_3/Pa	压力硬化指数 N	标准化最大强度 $S_{\max}$	损伤常数 D_1	
8.5×10^{10}	-1.71×10^{11}	2.08×10^{11}	0.61	7	0.04	

6.1.3 滚刀载荷仿真结果和分析

1. 滚刀载荷的转换

边滚刀的仿真过程和方法与正滚刀一致，只是边滚刀的安装倾角不同，具体过程不再赘述。对于计算结果的文本文件，可以通过后处理软件 LS-PrePost 生成变形图与应力、应变云图。本节主要研究滚刀破岩时刀圈所承受的三向载荷，而我们定义的滚刀三向载荷与 ANSYS/LS–DYNA 中的绝对坐标系（笛卡儿坐标系）不一致，因此需进行载荷转换，中心滚刀、正滚刀的载荷转换如图 6.7a 所示，边滚刀的载荷转换如图 6.7b 所示。

中心滚刀和正滚刀的载荷转换公式为

$$F_r = -F_x\sin\theta - F_z\cos\theta \tag{6.1}$$

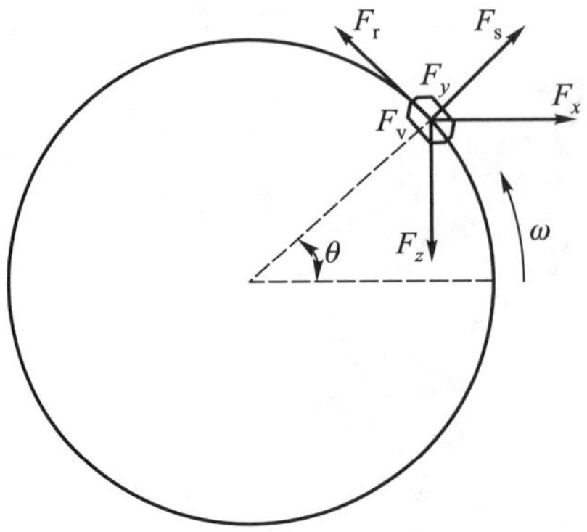

(a) 中心滚刀和正滚刀

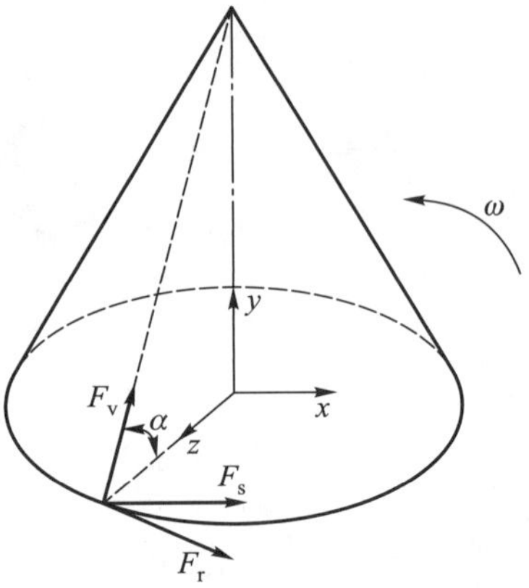

(b) 边滚刀

图 6.7 滚刀载荷转换示意图

$$F_{\mathrm{s}} = F_z \sin\theta - F_x \cos\theta \tag{6.2}$$

$$F_{\mathrm{v}} = F_y \tag{6.3}$$

边滚刀的载荷转换公式为

$$F_{\mathrm{r}} = -F_x \sin\theta - F_z \cos\theta \tag{6.4}$$

$$F_{\mathrm{s}} = F_y \cos\alpha + (F_z \sin\theta - F_x \cos\theta) \sin\alpha \tag{6.5}$$

$$F_{\mathrm{v}} = F_y \sin\alpha - (F_z \sin\theta - F_x \cos\theta) \cos\alpha \tag{6.6}$$

式中：F_x、F_y、F_z 分别为绝对坐标系中的 x 轴、y 轴、z 轴方向的载荷；θ、α 分别为滚刀转动的角度和滚刀的安装角度。

2. 仿真结果与分析

通过仿真求解分别提取中心滚刀、正滚刀和边滚刀在绝对坐标系下的破岩仿真结果，由式 (6.1) 至式 (6.6) 得到不同安装位置的滚刀的载荷时间历程图以及对应的频域曲线图，分别如图 6.8 和图 6.9 所示。

由图 6.8 可得：① 滚刀的各向载荷都呈现极强的阶跃性，垂向力、侧向力和滚动力的大小趋势具有一致性；② 中心滚刀和正滚刀的各向载荷变化趋于一致，垂向力最大，滚动力次之，侧向力最小；③ 边滚刀的各向载荷变化趋势较中心滚刀和正滚刀有很大区别，侧向力最大，垂向力次之，滚动力最小，这主要是边滚刀的安装倾角导致的，这正好体现了边滚刀主要依靠切削破岩，而正滚刀和中心滚刀主要依靠挤压破岩。

由图 6.9 可得：① 中心滚刀的载荷频率带主要集中在 0 ~ 10 Hz，正滚刀的载荷频率带分别集中在 0 ~ 10 Hz 和 120 Hz 左右，边滚刀的载荷频率带分别集中在 0 ~ 10 Hz、75 Hz 和 140 Hz 左右；② 中心滚刀、正滚刀和边滚刀主要的载荷频率带同样聚集在 0 ~ 10 Hz，但是也出现一部分较高的振动频率带，说明滚刀破岩载荷是一种低频阶跃载荷。

统计各把滚刀的垂向力、侧向力和滚动力的均值以及比重系数如表 6.3 所示，正滚刀的载荷分布如图 6.10 所示。

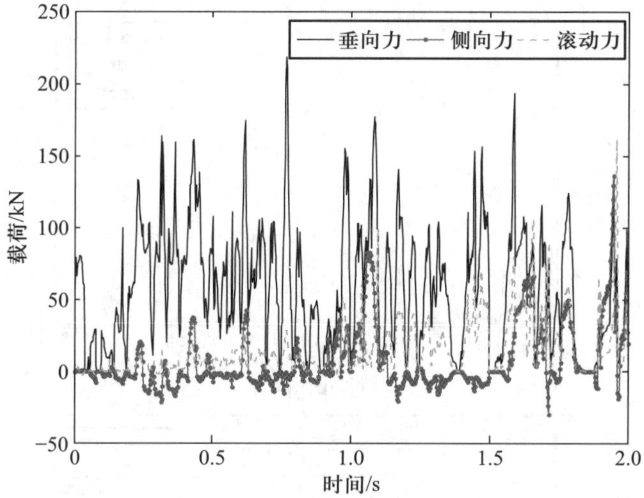

(a) 中心滚刀

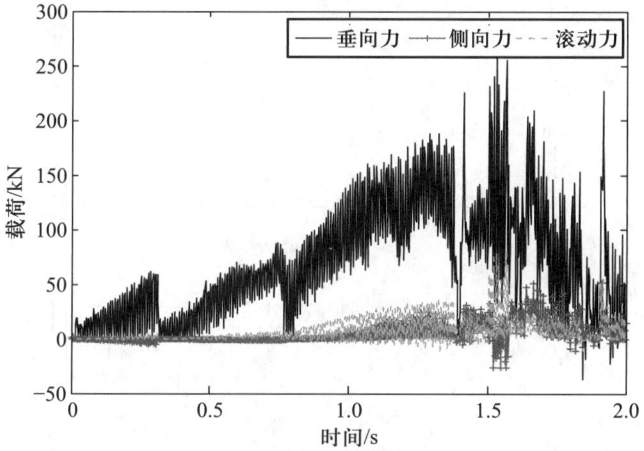

(b) 正滚刀

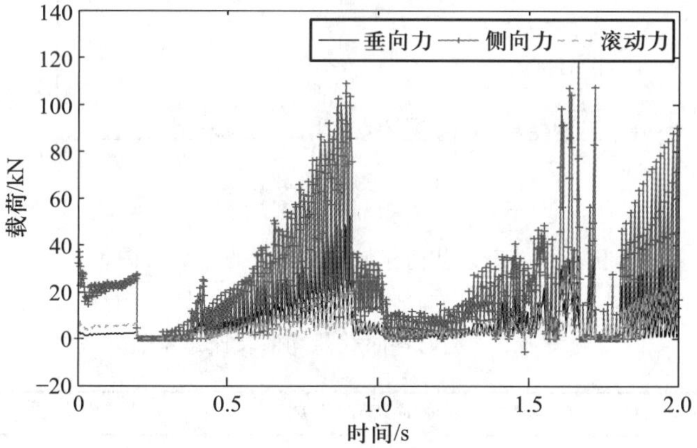

(c) 边滚刀

图 6.8 滚刀载荷时间历程图（见书后彩图）

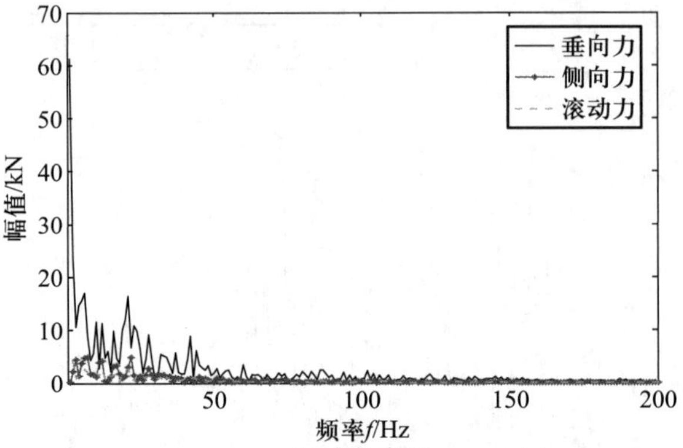

(a) 中心滚刀

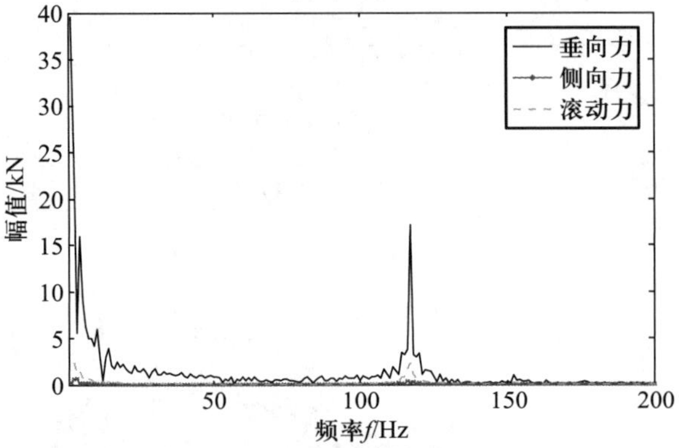

(b) 正滚刀

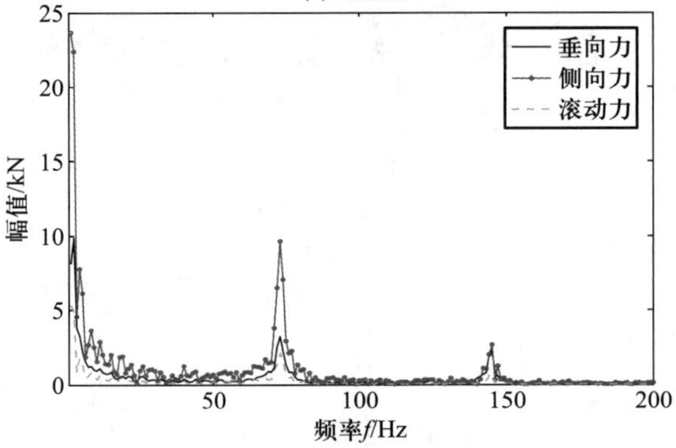

(c) 边滚刀

图 6.9 滚刀载荷频域曲线图（见书后彩图）

表 6.3 滚刀各向载荷均值及比重系数

滚刀类型	垂向力均值 $\overline{F}_{\mathrm{v}}$/kN	侧向力均值 $\overline{F}_{\mathrm{s}}$/kN	滚动力均值 $\overline{F}_{\mathrm{r}}$/kN	$\overline{F}_{\mathrm{s}}/\overline{F}_{\mathrm{v}}$
中心滚刀	58.2	6.3	14.1	0.11
正滚刀	68.7	6.5	7.9	0.09
边滚刀	7.0	14.9	5.1	2.13

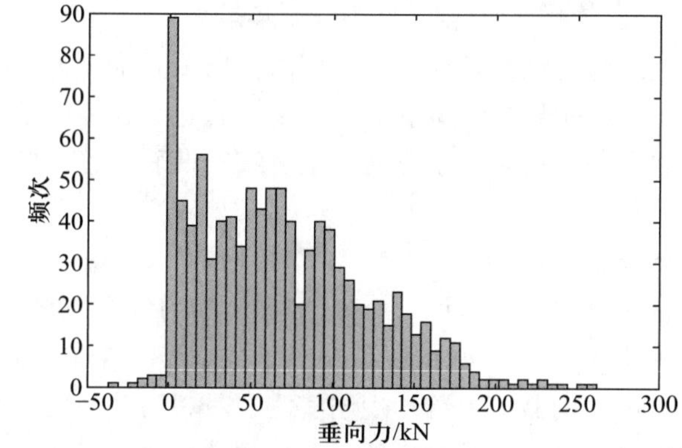

(a) 垂向力

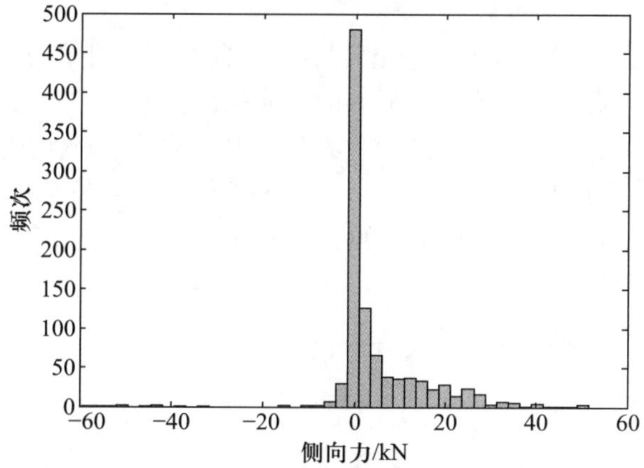

(b) 侧向力

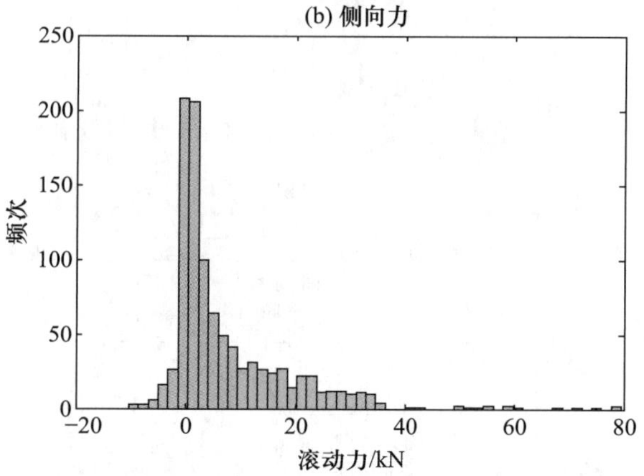

(c) 滚动力

图 6.10 正滚刀的载荷分布

由表 6.3 可得：① 中心滚刀、正滚刀的垂向载荷和侧向载荷均值分别相差 18%、3% 左右，在一定程度上说明在常用的切割速度范围内，切削速度对切割力的影响不是很显著，这主要是因为岩石被切割破碎的过程实质上是在滚刀挤压力的作用下形成裂纹、扩展和崩裂的过程，并且切削力的波动性主要是由岩石本身特性所决定的；② 从侧向力均值与垂向力均值的比值可以看出，边滚刀侧向力的剧增将对滚刀产生较大的倾覆力矩，对边滚刀轴承以及密封件损坏影响较大。

从正滚刀的整个载荷历程及其载荷分布可以得出：其垂向力、侧向力和滚动力近似服从对数正态分布，载荷分布区间主要集中在 0 附近。这表明滚刀破岩过程是挤压和剪切联合破岩，岩石被挤压到一定程度发生裂纹，最后崩碎，导致滚刀载荷在较多时间出现零值或接近零值。

3. 滚刀载荷理论仿真和实测

由于岩石本身具有极强的非线性、非连续性和非均质性等复杂特性，导致了滚刀破岩是一个极其复杂的过程。从 20 世纪中叶，就有学者不断研究滚刀破岩机理，并且有相当一部分学者对滚刀的载荷进行了现场实测，对滚刀载荷的研究做出了巨大的贡献。滚刀破岩的过程大致可以分成两个部分：一部分是滚刀滚压岩石；另一部分是刀盘上各把滚刀剪切岩石，形成碎片。

通过 Rostami 预测公式可以得到滚刀在单一地质条件下的静态切削力，但实际上，即使在同一种地质条件下，由于复杂的地质条件，刀具的载荷会有明显的波动和随机性。为了得到真实的滚刀破岩载荷，必须对滚刀载荷进行实测。对于刀具随机载荷的研究，国外学者也做过不同的现场实验。Samuel 等[9] 和 Zhang 等[10] 的研究表明，刀具在单一岩石中掘进，载荷呈现的随机性符合对数正态分布。图 6.11 所示为正滚刀实测载荷时间历程。

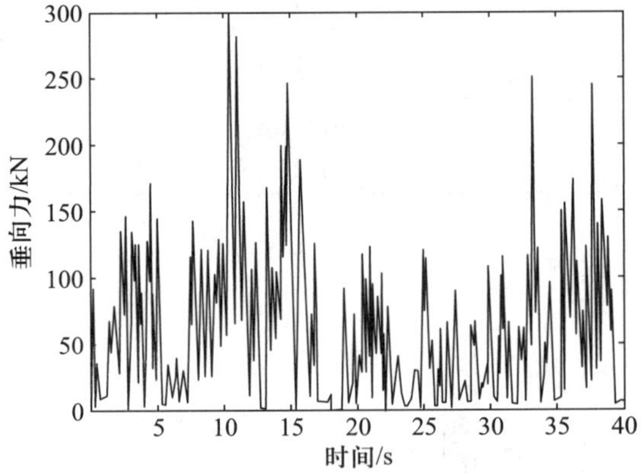

(a) 垂向力

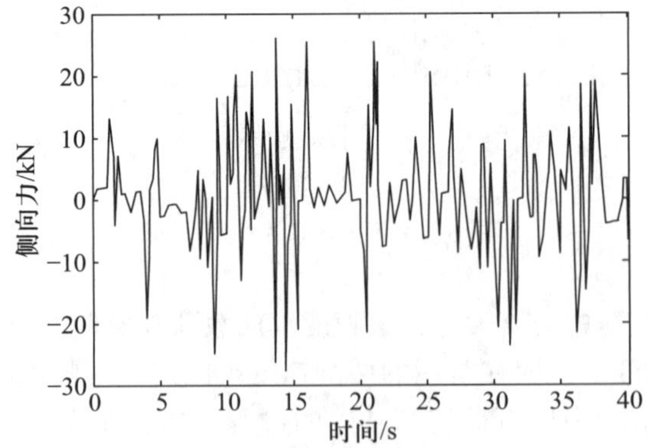

(b) 侧向力

图 6.11 正滚刀实测载荷时间历程

由图 6.11 可知，正滚刀实测载荷分布特征与仿真结果的趋势基本相符，表明建立的滚刀破岩仿真模型具有一定的有效性和可信度，可以为后续的滚刀动力学分析提供载荷数据。

6.2 TBM 主机系统动力学仿真

6.2.1 TBM 主机系统的结构和工作原理

6.2.1.1 TBM 主机系统的结构

TBM 包括主机系统和后配套系统。主机系统又分为刀盘系统与推进支撑系统。其中：刀盘系统包含刀盘、主轴承、大齿圈、小齿轮、机头架、护盾等；推进支撑系统包含推进液压缸、主梁、撑靴、水平支撑油缸、锚杆钻机、钢筋网安装机等。后配套系统主要由仰拱运输车、主机泵站、润滑泵站、变频控制柜、变压器、TBM 电柜、空压机、紧急发电机组等组成。

TBM 主机系统的结构如图 6.12 所示。

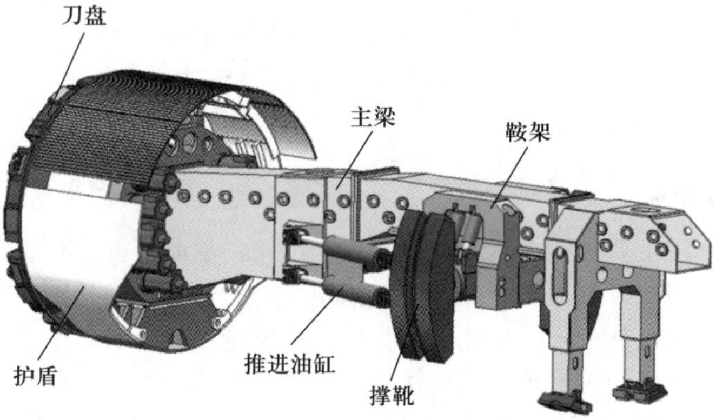

图 6.12 TBM 主机系统结构图

刀盘系统主要承担破岩任务，包括刀盘刀具系统、刀盘驱动系统、护盾–机头架系统。刀盘刀具系统与刀盘驱动系统通过刀盘连接法兰栓接，刀盘驱动系统通过主轴承外圈连接件与护盾–机头架系统焊接连接。

1. 刀盘刀具系统

刀盘刀具系统分布有大量的滚刀和刮刀，主要负责切削岩石的任务。在掘进过程中，刀盘驱动系统带动刀盘转动，刀盘在回转的同时带动滚刀绕刀轴转动，同时受推进支撑系统推进力的作用，滚刀在岩石上切出同心圆沟槽，当沟槽深度一定时，被切削岩石在挤压作用下脱落，完成破岩过程。

刀盘刀具系统主要有三种形式的滚刀：① 布置在刀盘中央区域的中心滚刀，受空间尺寸限制，一般采用双刃形式；② 布置在刀盘过渡圆弧处的边滚刀，一般都有安装角度，且刀间距随刀盘尺寸的增大而逐渐减小，主要负责超挖和修正洞壁；③ 剩余位置的滚刀则是正滚刀，数量最多，型号一致，在磨损和损坏时更换方便，主要承担正面的破岩任务。三种类型的滚刀分布如图 6.13 所示。

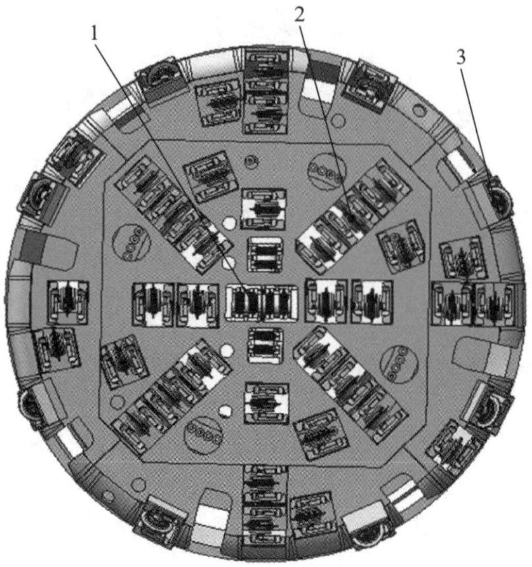

图 6.13　刀盘刀具系统结构图

1—中心滚刀；2—正滚刀；3—边滚刀

2. 刀盘驱动系统

刀盘驱动系统主要由主轴承、大齿圈、小齿轮、驱动电机、减速器等组成，其主要作用是为刀盘刀具系统提供支撑和驱动扭矩。它的工作过程是驱动电机启动后，通过减速器将输出扭矩从齿轮轴传递给小齿轮，小齿轮在齿轮啮合作用关系下带动大齿圈转动，由于大齿圈与主轴承内圈连接件间为螺栓固接，故大齿圈在转动的同时会带动主轴承转动，进而通过刀盘连接法兰驱动刀盘旋转。刀盘驱动系统结构如图 6.14 所示。

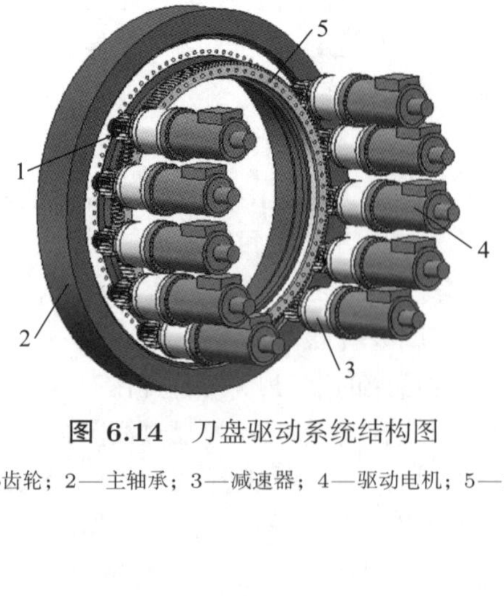

图 6.14　刀盘驱动系统结构图

1—小齿轮；2—主轴承；3—减速器；4—驱动电机；5—大齿圈

3. 护盾–机头架系统

护盾–机头架系统位于刀盘系统后部，护盾围绕机头架并与机头架相连，该系统主要包括：顶护盾、底护盾、侧护盾、机头架、顶油缸、侧油缸、楔块油缸等。顶护盾与侧护盾在护盾油缸的油压推力下撑紧洞壁，可以起到稳定机头架、稳定刀盘的作用；底护盾又名下支撑，主要承担护盾–机头架系统的重量。护盾–机头架系统结构如图 6.15 所示。

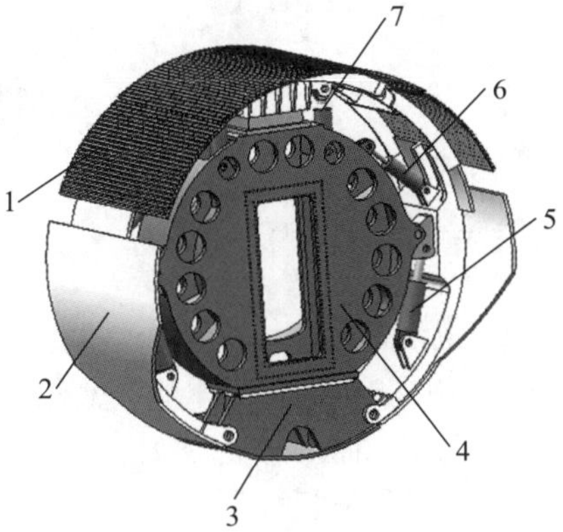

图 6.15 护盾–机头架系统结构图

1—顶护盾；2—侧护盾；3—底护盾；4—机头架；5—楔块油缸；6—侧油缸；7—顶油缸

推进支撑系统主要是为主机系统提供支撑和向前推进力，主要包括主梁、鞍架、撑靴、推进油缸、扭矩油缸、水平支撑油缸等。主梁又分为前段、中段和后段。其中：主梁前段与机头架之间通过螺栓连接，同时主梁前段也通过推进油缸与撑靴相连，在工作过程中，以撑靴为支点，利用推进油缸提供向前推进力推动主梁、机头架、刀盘向前推进；主梁中段与主梁前段间通过螺栓连接，主梁中段两侧装有导轨，鞍架沿导轨可与主梁中段发生相对移动，实现了主梁与支撑系统的连接，当 TBM 掘进过程中需要俯仰纠偏时，可以通过扭矩油缸推动鞍架带动主梁上下浮动，实现俯仰调向的功能；主梁后段与主梁中段之间通过螺栓连接，当 TBM 需要换步时，后支腿落地，水平支撑油缸收缩，推进油缸将推动主梁运动完成换步动作。推进支撑系统主要结构如图 6.16 所示。

6.2.1.2 TBM 的工作原理

TBM 的主要工作原理是：在电动机输出扭矩的作用下带动小齿轮转动，小齿轮驱动大齿圈旋转后，通过大齿圈与主轴承连接螺栓的作用带动主轴承旋转，进而通过主轴承–刀盘间的连接法兰带动刀盘旋转；在刀盘旋转的同时，推进油缸向前推进一个行程，通过旋转滚刀挤压岩石进行破岩。

TBM 的工作方式为循环作业，主要分为支撑、推进、换步三个过程，详细过程如图 6.17 所示。图 6.17a 为初始状态，此时后支腿、护盾底座支撑整个主机系统重量；图 6.17b 为撑紧状态，此时水平支撑油缸向外伸出撑紧洞壁，后支腿油缸收缩带动后支腿收起，整机重量由撑靴和护盾底座承受；图 6.17c 为推进状态，此时推进油缸向前推出，带动主梁、机头架、刀盘等向前推进，在这一过程中，撑靴与洞壁接触的摩

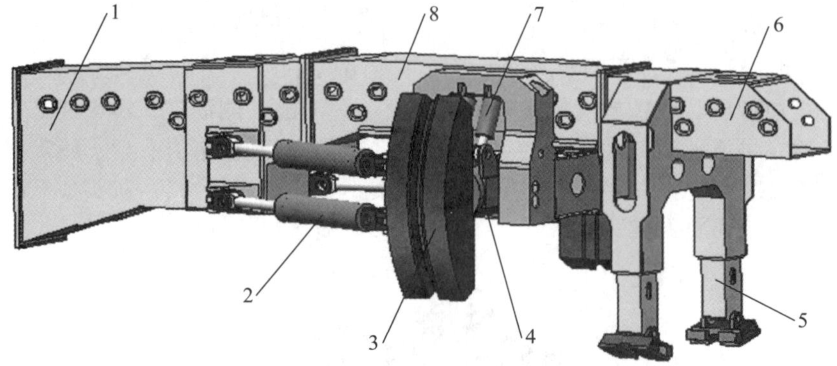

图 6.16 推进支撑系统结构图

1—主梁前段；2—推进油缸；3—撑靴；4—水平支撑油缸；5—后支腿；6—主梁后段；7—扭矩油缸；8—主梁中段

擦力和推进油缸的推进力相平衡，保证主机系统向前推进；图 6.17d 为收缩状态，此时水平支撑油缸收缩，后支腿油缸推动后支腿撑地，整机重量由护盾底座、后支腿承担；图 6.17e 为复位状态，此时推进油缸收缩，鞍架、水平支撑油缸、撑靴等结构沿滑动导轨向前运动，完成一个推进循环过程。

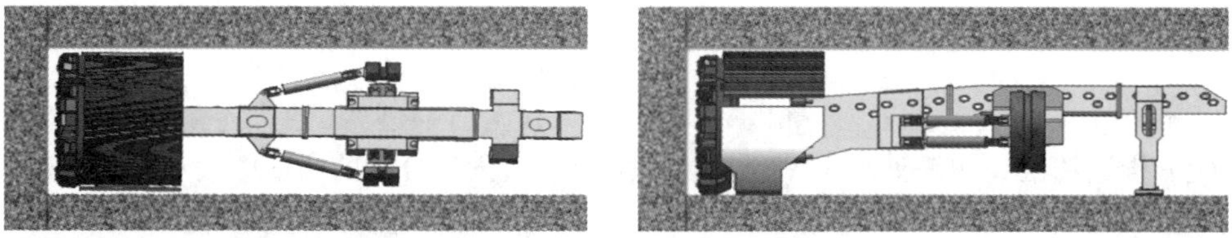

(a) 初始状态

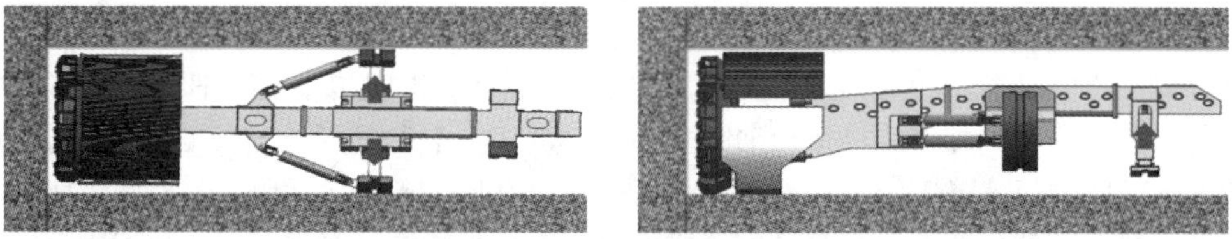

(b) 撑紧状态

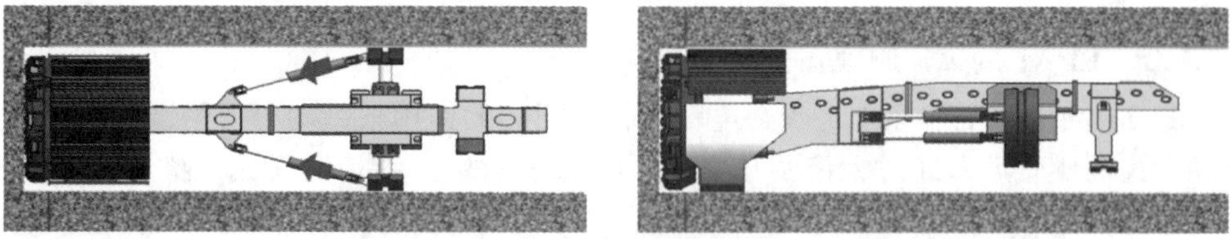

(c) 推进状态

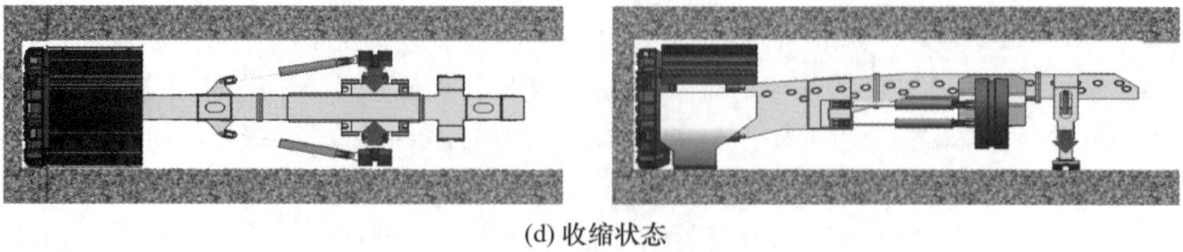

(d) 收缩状态

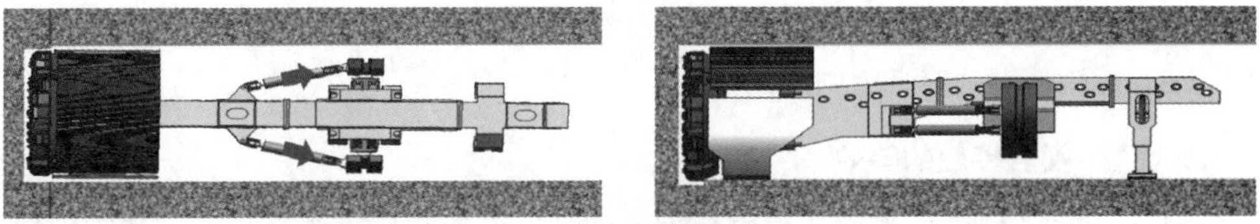

(e) 复位状态

图 6.17　TBM 主要作业过程

6.2.2　主机系统振动仿真模型

利用 ADAMS 建立 TBM 主机系统的多刚体动力学模型，即先在 SolidWorks 中构建 TBM 主机系统的三维模型，之后将模型以 x_t 格式导入 ADAMS 中，结合 TBM 的工作原理对虚拟样机模型进行约束定义和载荷设置，然后使用拉格朗日法对动力学模型进行求解。

由于 TBM 主机系统的部件众多，结构形式极其复杂，因此有必要对机构模型进行简化。考虑到刀盘、主轴承、机头架、护盾、主梁、鞍架、水平支撑油缸等的质量远大于其他部件，各油缸刚度相对较“软”，做以下假设：

（1）刀盘、主轴承、机头架、护盾、主梁、水平支撑油缸等部件等效为刚体；

（2）刀盘、主轴承、机头架、主梁相互间的连接刚度、阻尼等效为弹簧–阻尼系统；

（3）护盾油缸、推进油缸、扭矩油缸等效为弹簧–阻尼系统。

构建的 TBM 虚拟样机模型如图 6.18 所示。

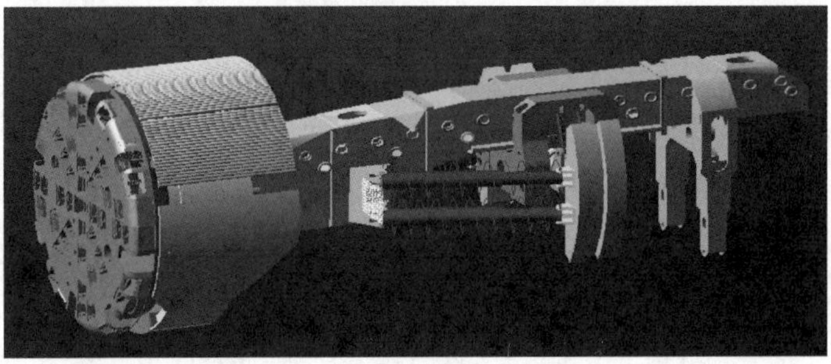

图 6.18　TBM 虚拟样机模型

1. 各部件约束的定义

根据 TBM 主机系统的运动关系，将各部件的连接关系进行等效处理，设置的约束条件如下：

（1）小齿轮与机头架间定义为转动副，小齿轮、大齿圈间的齿轮接触定义为碰撞约束；

（2）机头架与底护盾定义为固定副，机头架与顶护盾滑道定义为固定副，顶护盾滑道与顶护盾定义为移动副；

（3）主梁中段与鞍架之间定义为移动副；

（4）水平支撑油缸、缸体连接件、撑靴间定义为固定副；

（5）撑靴与大地定义为固定副连接。

2. 护盾–围岩接触的等效

TBM 在正常掘进过程中，护盾在护盾油缸的推力作用下撑紧洞壁，起到了稳定机头架、稳定刀盘的作用，在仿真过程中也应该考虑围岩接触的影响，故在虚拟样机模型中围绕护盾单独建立了围岩结构，围岩与护盾间采用接触定义，围岩与大地定义为固定副连接，护盾–围岩接触的等效如图 6.19 所示。

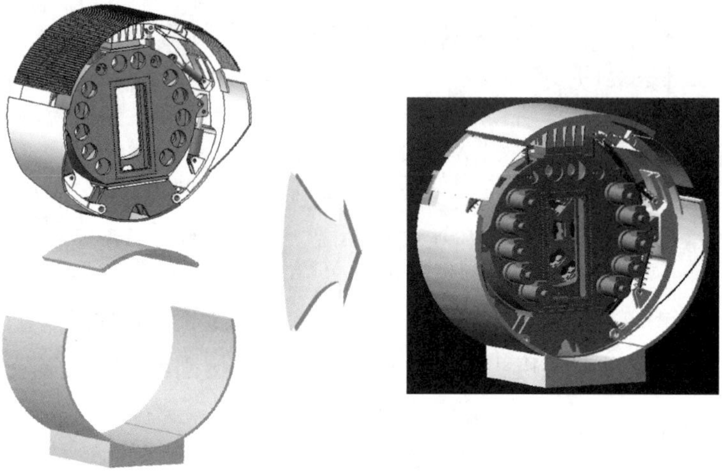

图 **6.19** 护盾–围岩接触的等效

3. 各油缸的等效模型

由于 TBM 中油缸的质量、刚度等参数远小于主机系统各关键部件的参数，故液压油缸的刚度、阻尼可以简化等效为弹簧–阻尼系统，护盾油缸、推进油缸、扭矩油缸的等效模型分别如图 6.20 至图 6.22 所示。

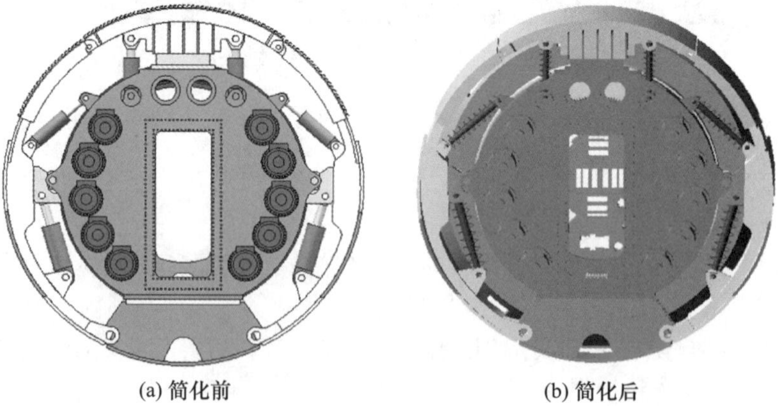

(a) 简化前　　(b) 简化后

图 **6.20** 护盾油缸的等效模型

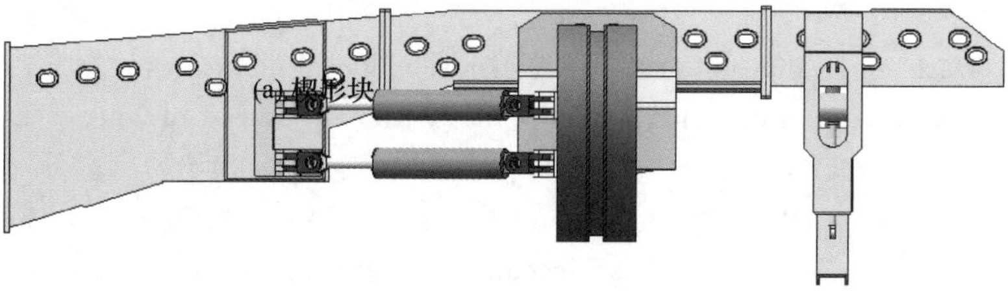

(a) 简化前

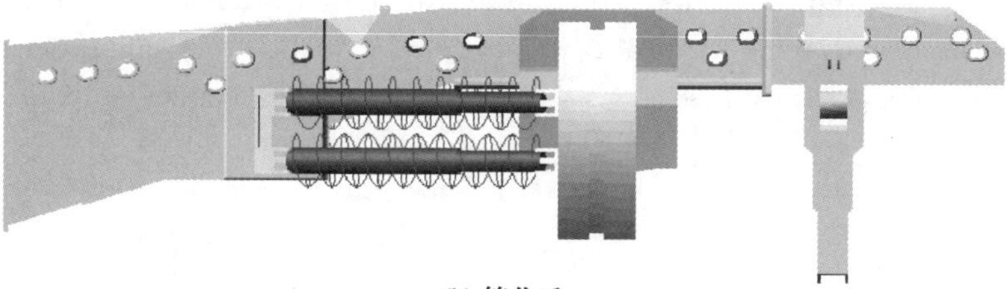

(b) 简化后

图 6.21 推进油缸的等效模型

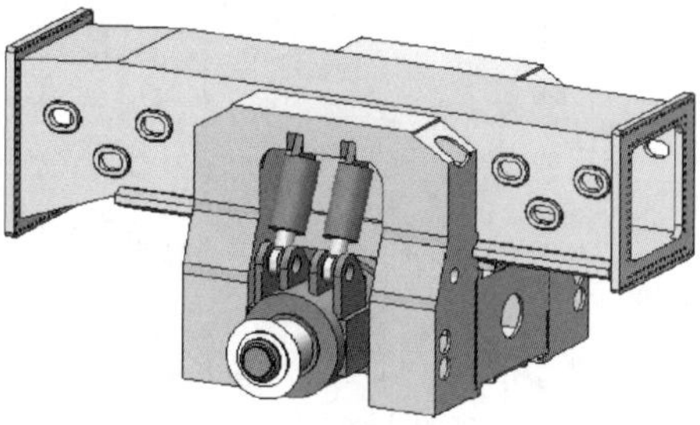

(a) 简化前

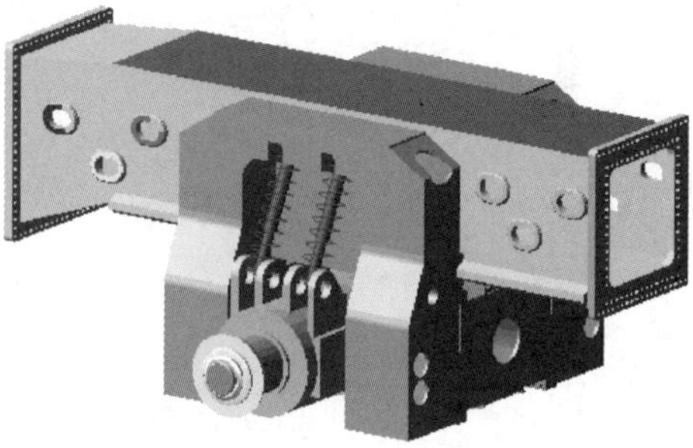

(b) 简化后

图 6.22 扭矩油缸的等效模型

参考文献

[1] 刘宁宇. 非随机过程模型及非随机振动分析 [D]. 湖南: 湖南大学, 2016.

[2] 宋克志, 王本福. 隧道掘进机盘形滚刀的工作原理分析 [J]. 建筑机械, 2007(4): 71-74.

[3] 祁生文, 伍法权, 王大国, 等. 岩石隧道掘进机 (TBM) 的施工速度 (AR) 与围岩分类 [C]//全国隧道、地下工程及岩石破碎学术研讨会, 大连，2007.

[4] HOLMQUIST T J, JOHNSON G R, COOK W H. A computational constitutive model for concrete subjected to large strains, high strain rates and high pressures [C]// Proceedings of the 14th International Symposium on ballistics, Quebec, 1993: 591-600.

[5] TAI Y S, TANG C C. Numerical simulation: the dynamic behavior of reinforced concrete plates under normal impact [J]. Theoretical & Applied Fracture Mechanics, 2006, 45(2): 117-127.

[6] 李耀. 混凝土 HJC 动态本构模型的研究 [D]. 合肥: 合肥工业大学, 2009.

[7] 谢兴华, 速宝玉, 詹美礼. 基于应变的脆性岩石破坏强度研究 [J]. 岩石力学与工程学报,

2004, 23(7): 1087-1090.

[8] TU Z G, LU Y. Evaluation of typical concrete material models used in hydrocodes for high dynamic response simulations [J]. International Journal of Impact Engineering, 2009, 36(1): 132-146.

[9] SAMUEL A E, SEOW L P. Disc force measurements on a full-face tunneling machine [J]. International Journal of Rock Mechanics and Mining Science & Geomechanics Abstracts, 1984, 21(2): 83-96.

[10] ZHANG Z X, KOU S Q, TAN X C, et al. In-situ measurements of cutter forces on boring machine at Äspö hard rock laboratory Part I: laboratory calibration and in-situ measurements [J]. Rock Mechanics & Rock Engineering, 2003, 36(1): 39-61.

第七章　TBM 主机系统耦合动力学实验及现场实测

为探索真实硬岩地质环境下施工掘进现场的 TBM 滚刀载荷规律、主机系统振动规律，首先，基于线切割实验台设计了滚刀破岩实验，获取了滚刀破岩三向载荷；其次，依托动态加载装置进行刀座振动实验，研究典型滚刀–刀座联结结构在不同的垂向和轴向低频载荷作用下以及不同的螺栓预紧力下的载荷传递规律，验证建立的滚刀–刀座系统动力学模型，进而为滚刀–刀座联结结构的优化与设计提供实验基础；最后，对掘进现场的刀盘系统进行振动检测，获得其振动加速度数据，对比分析掘进现场的刀盘振动实测数据与理论计算结果，验证及修正理论振动模型的准确性，获取准确可靠的动态响应结果，进而为 TBM 刀盘系统的抗振抗损设计提供基础。

7.1　滚刀线切割实验方法

7.1.1　实验样件设计

实验采用两种岩石，编号 1、2，每种 3 块。每块岩石试样的尺寸为 1000 mm × 500 mm × 300 mm。对每种岩石采样进行力学参数标定，每种力学参数标定测量两个样本求取平均值，其参数标定结果如表 7.1 所示。

表 7.1　岩石力学参数表

岩石编号	岩石种类	单轴抗压强度/MPa	弹性模量/GPa	抗拉强度/MPa
1	花岗岩	102	11.45	5.69
2	汨罗麻岩	92	18	8.2

7.1.2　整体实验方案设计

滚刀线切割实验的目的是测试盘形滚刀切割不同类型岩石的受力，归纳典型岩石的破碎模式，获得典型岩石条件下不同破碎参数与滚刀破岩力之间的映射关系，为前文推导的多滚刀多阶段受力预测模型提供实验数据验证。

实验采用中南大学自主研发的往复式 TBM 滚刀线切割实验台[1]，如图 7.1 所示。实验台尺寸为 5 m × 3.2 m × 3.5 m，承载能力为 60 t，可实现单刀直线切削实验。

图 7.1 滚刀线切割实验台

本次实验考虑两种不同岩石类型，以恒推力方式进行不同贯入量的滚刀线切割实验，刀间距 $S = 80$ mm。滚刀切割岩石的过程如图 7.2 所示。

图 7.2 实验过程

7.1.3 实验结果及分析

1. 不同贯入量下的岩石破碎现象分析

以花岗岩为例，3 mm 贯入量下，切槽下方出现少量残余密实核，但较为松散，无法提取。切槽附近岩石发生小面积破碎，岩石碎片较少，以粉末为主，如图 7.3a 所示。4 ~ 5 mm 贯入量下，切槽下方出现明显的残余密实核。切槽附近岩石发生小面积破碎，且岩石碎片较小，切槽内部有部分岩石粉末，如图 7.3a 所示。6 ~ 8 mm 贯入量下，切槽下方无明显的密实核。相邻切槽之间岩石崩落，切槽贯通，形成大碎片，如图 7.3b 所示。

由图 7.3 可知，岩石的破碎方式与贯入量有关。低贯入量下，岩石主要被压成岩粉，而不是形成碎块，所以主要为压碎破坏，与破碎模型的第一、第二阶段相对应；中贯入度下，滚刀下方密实核开始形成，且裂纹向四周扩展，形成小型碎片，与破碎模型的第三阶段相对应；高贯入度下，裂纹会从密实核区域发育，并向四周沿径向延伸，当两条切槽裂纹贯通时，岩块被剥离，与此同时，由于密实核的能量大部分转化为岩石的动能，导致密实核分散消失，形成岩粉，与破碎模型的第三、第四阶段相对应。

(a) 3~5 mm 贯入量

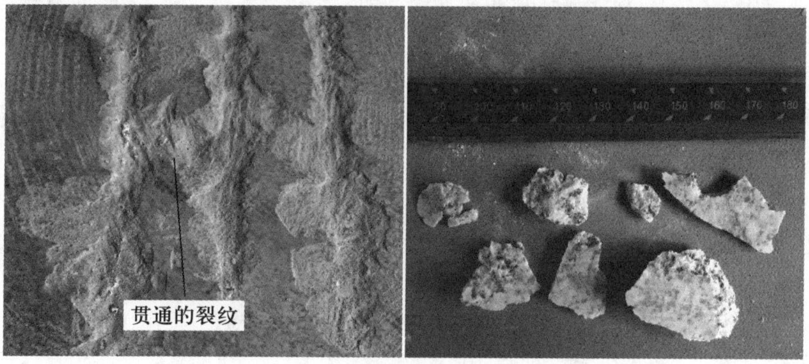

(b) 6~8 mm 贯入量

图 7.3 不同贯入量下的破岩效果

2. 滚刀载荷对比分析

滚刀在破碎花岗岩和汨罗麻岩时所受到的垂向力和滚动力如图 7.4、图 7.5 所示，预测模型数据与实验数据对比如表 7.2 所示。其中，花岗岩的贯入量为 6 mm，汨罗麻岩的贯入量为 5 mm。由于实验为线切割实验，并未考虑回转对侧向力的影响，因此侧向力在此不做对比。

由图 7.4、表 7.2 可以看出，垂向力的理论曲线和实验曲线能够较好地吻合，误差在 10% 以内，证明了理论模型的合理性。但由于实验存在冲击的作用，有明显的锯齿形波动特点，载荷在均值上下波动。定贯入量切削导致开始时滚刀的垂向力和滚动力均不为 0，致使滚动力实验数值较大，但整体趋势较为一致。

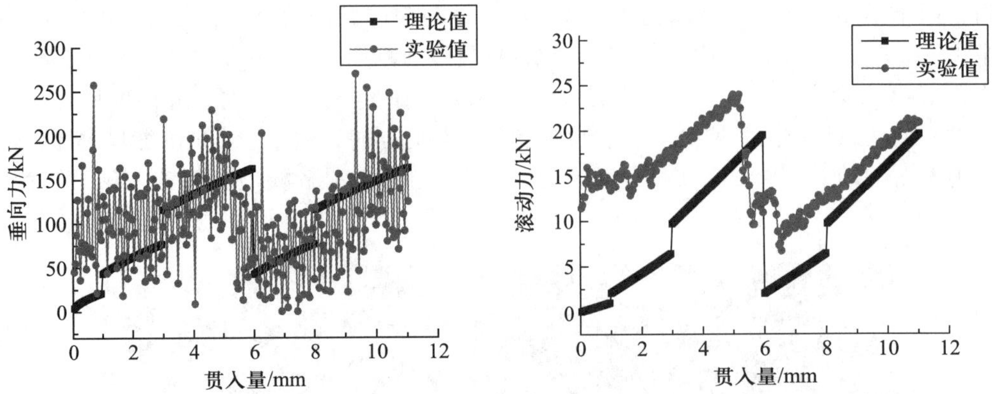

(a) 垂向力　　(b) 滚动力

图 7.4　切割花岗岩的滚刀载荷

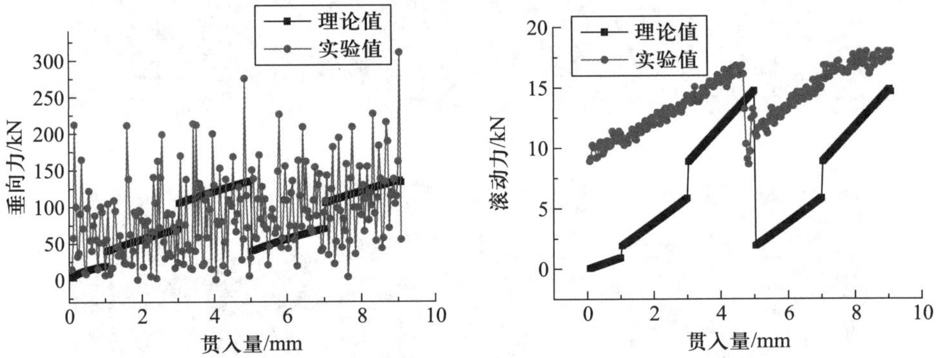

(a) 垂向力　　(b) 滚动力

图 7.5　切割汨罗麻岩的滚刀载荷

表 7.2　预测模型数据与实验数据对比

岩石种类	垂向力/kN				滚动力/kN			
	理论值		实验值		理论值		实验值	
	最大值	均值	最大值	均值	最大值	均值	最大值	均值
花岗岩	160	100.4	250	105.0	20	9.6	24	15.89
汨罗麻岩	150	81.7	300	89.1	15	7.1	18	13.90

7.2　多轴加载刀座振动实验方法

刀座振动实验依托大连理工大学工业装备结构分析国家重点实验室的动态加载装置进行。刀座振动实验的目的是研究典型滚刀–刀座联结结构在不同的垂向和轴向低频载荷作用下以及不同的螺栓预紧力下的载荷传递规律，验证第三章建立的滚刀–刀座系统动力学模型，提取不同载荷形式和螺栓预紧力下的楔形块与刀座的受力数据，分析相同载荷激励下载荷传递规律与螺栓预紧力的关系，进而为滚刀–刀座联结结构的优化与设计提供实验基础。

7.2.1 实验样件设计

1. 实验样件模型

滚刀–刀座整体结构如图 7.6a 所示。刀座由四块刀座墙板和左右各一对上、下定位块组成；四块刀座墙板通过焊接连接，楔形块通过螺栓夹紧连接。对于滚刀而言，受力部位为刀尖部分，实验中若要使用全尺寸滚刀进行加载，则一是加载方式设计困难，二是滚刀价格很高，会大大提高实验成本。因此，本次实验将使用简化的刀轴与加载装置来代替全尺寸滚刀作为振动实验的样件，其结构如图 7.6b 所示，样件受到的外力主要是垂向力和侧向力，受力部位为架在刀座上刀轴与刀座接触的部分。

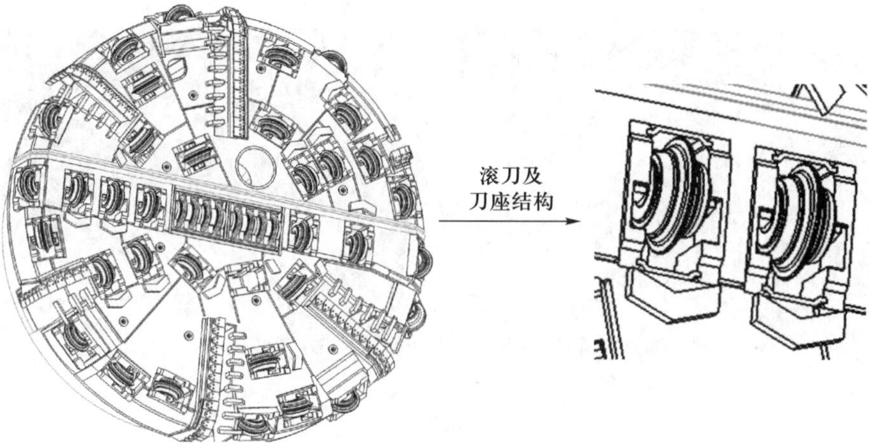

(a) 滚刀-刀座结构

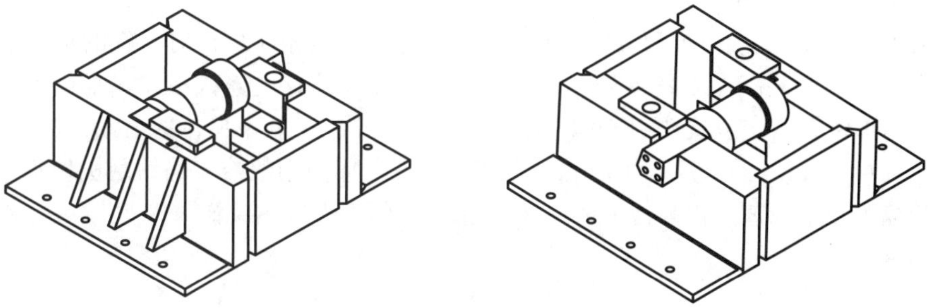

(b) 刀座结构实验样件

图 7.6 滚刀–刀座整体结构及实验样件

本次振动实验刀座实验样件采用全尺寸模型，同时考虑滚刀、刀座结构及加载位置特点，依据作动器底面接触面积及其安装中心距的大小，在刀轴受力位置设计垂向加载环和水平加载盘，底座部位使用工字钢焊接刚板支撑，底座与试件、加载环与刀轴间均采用螺栓连接，以方便安装和作动器的加载。设计加工的刀座实验样件、垂向加载环、底座如图 7.7 所示。

(a) 刀座实验样件装配图

(b) 垂向加载环

(c) 底座

图 7.7 刀座实验样件、垂向加载环及底座

2. 加工工艺设计

为了尽量使刀座结构试件与实际工程所用刀座结构相匹配，对刀座的加工工艺进行了设计。刀座装配体中各零件、垂向加载环、作动器径向连接板、水平作动器连接板、上楔形块、下定位块选用 Q345B，刀轴选用 45 钢，其余材料选用 Q235。所有零件板厚留量 5 mm，周边留量 5 mm。底座 4 个 U 形槽用数控火焰切割机切割。整个样件的加工装配工艺流程为：配料—零件加工—部件焊接—喷砂—喷底漆—零部件加工—装配。

7.2.2 整体实验方案设计

1. 实验设备与仪器

基于上述结构及承载特点，刀座振动实验装置如图 7.8 所示。其中：刀座垂向加载环处采用一个液压作动器加载，模拟滚刀垂直方向的作用力；刀座水平加载盘处采用一个液压作动器加载，模拟滚刀轴向的作用力；忽略滚动方向的载荷（影响相对较小）。

刀座振动实验中用到的设备及检测仪器如下：① 液压伺服疲劳加载系统 2 套；② 控制系统 1 套；③ 计算机 2 台；④ 采集卡 1 套；⑤ 压力传感器 4 个；⑥ 测试软件 1 套。部分实验装备及仪器如图 7.9 所示。

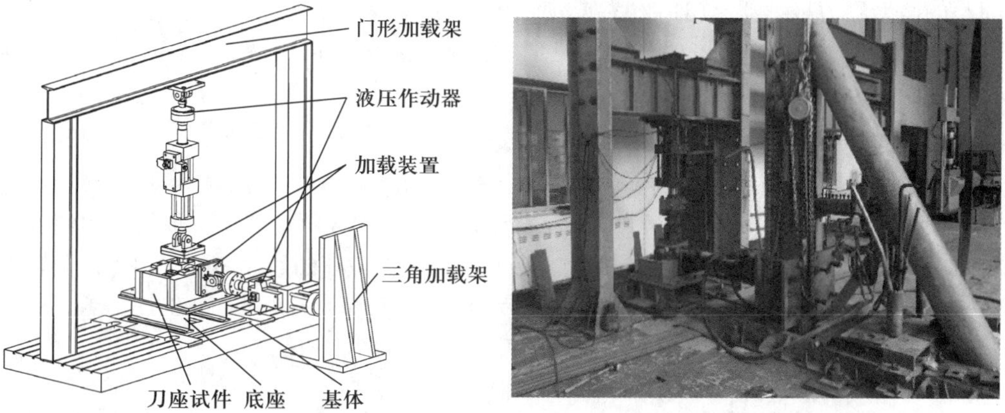

(a) 振动实验装置示意图　　(b) 振动实验装置实物图

图 7.8　刀座振动实验装置

(a) 液压伺服作动器　　(b) 压力传感器

图 7.9　部分实验装备及仪器

刀座实验样件的总体尺寸为 698 mm × 560 mm × 222 mm，为保证侧向刚度，增加加强筋。底部采用 M16 的螺栓固定到底座上，底座再通过 M60 的地脚螺栓与基体相连。

为研究不同螺栓预紧力对结合面传力特性的影响，在样件关键结合面处放置了两个压力传感器，传感器的布置如图 7.10 所示。由于刀座内空间有限，因此选择占用空

图 7.10　传感器布置示意图

间小的微型测力传感器：LH–Y03–A 和 EVT–14F。该类传感器的特点是：体积小巧，全密封，适用于空间有限的场合；稳定性强，精度高；坚固耐用，高速动态响应；具有较强的抗过载能力；底面安装，顶部凸起点为受力点。

2. 实验方案

根据工程实际经验，本次实验测试了刀座在 234 kN、300 kN 两种螺栓预紧力情况下，不同载荷形式的载荷响应，加载激励为一系列等幅脉动载荷，根据结构刚度将频率分别调节到 1 Hz、2 Hz、3 Hz、4 Hz。滚刀垂向载荷的最大值为 10 kN，振幅为 4 kN 和 4.75 kN。滚刀水平载荷的最大值为 1 kN，振幅为 0.4 kN 和 0.475 kN。频率与垂向载荷同步。振动实验中，主要监测各结合面传感器的读数。

7.2.3 实验结果及分析

由于作动器加载点位于刀轴中心，而承载力的刀座左右对称，传感器仅布置于一面的刀座上，所以输出载荷为输入载荷的一半，因此为了方便比较，将输入载荷等效到一侧刀座上。由图 7.11 可知：实验中输出载荷的规律与输入载荷基本保持一致，均值和最大值基本保持不变，输出载荷的最小值略大于输入载荷的最小值，且在频率上稍有滞后。由图 7.12 可知：垂向载荷仿真输出和实验输出的变化规律基本一致，证明了理论模型的正确性。仿真输入与输入载荷的幅值均值更为接近，但由于时变的预紧力导致局部的周期性振动强烈；实验输出较仿真输出的载荷最小值有一定程度的增大。

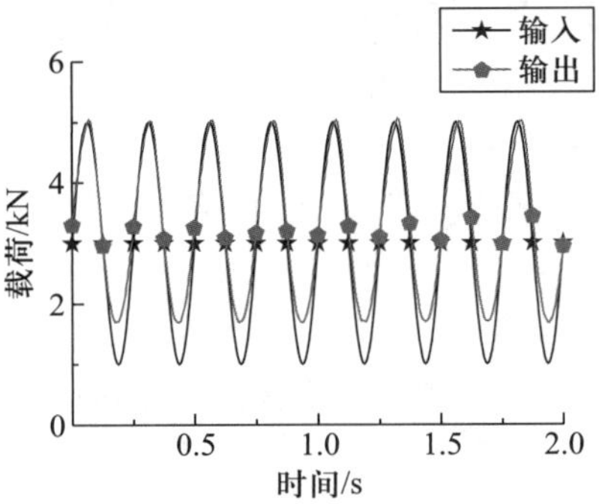

图 7.11 垂向载荷实验输入与输出对比曲线

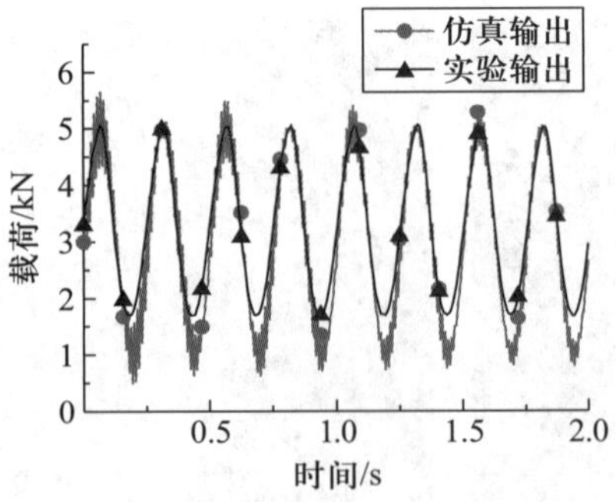

图 7.12 垂向载荷仿真输出与实验输出对比曲线

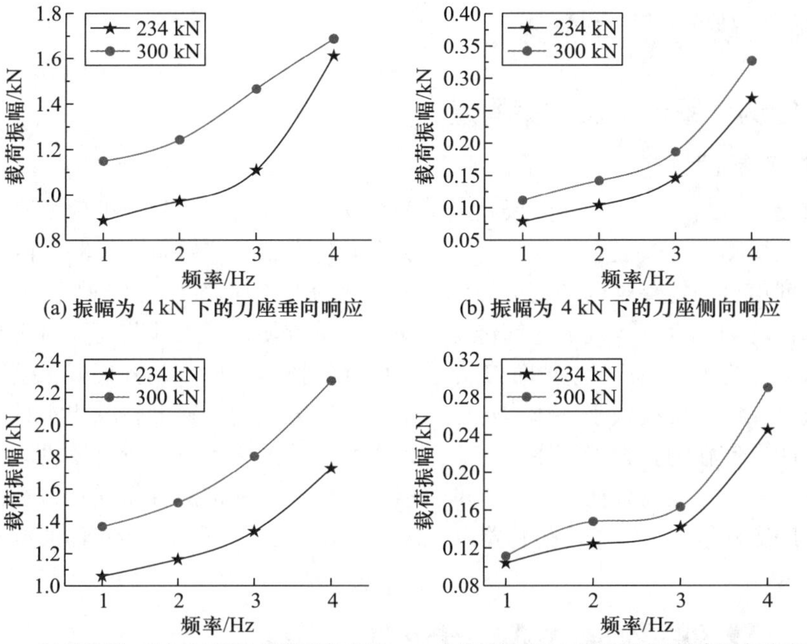

(a) 振幅为 4 kN 下的刀座垂向响应　(b) 振幅为 4 kN 下的刀座侧向响应

(c) 振幅为 4.75 kN 下的刀座垂向响应　(d) 振幅为 4.75 kN 下的刀座侧向响应

图 7.13　刀座垂向响应与侧向响应振幅对比曲线

由图 7.13 可以看出：

（1）在输入载荷一定的情况下，响应振幅随着螺栓预紧力的增大有小幅度的增加，这表明预紧力的增加会导致结合面刚性增加，使内部激励吸收的振动大大减小，传递到刀座上的载荷更接近于外部激励，进而刀座乃至刀盘振动更为强烈。

（2）当滚刀振幅由 4 kN 变为 4.75 kN 时，单侧刀座在 234 kN 螺栓预紧力下的垂向载荷响应振幅平均增加了 0.178 kN，而 300 kN 螺栓预紧力下的垂向响应振幅平均增加了约 0.35 kN，较前者增加了近 1 倍，十分接近输入载荷；两种螺栓预紧力下的侧向载荷响应振幅分别增加了 0.018 kN 和 0.016 kN，十分接近。这表明，垂向载荷响应对螺栓预紧力的变化更为敏感，且螺栓的预紧力并非越大越好，在滚刀、刀座装配时，应选择合理的螺栓预紧力，使滚刀能够安全地固定在刀座上，保证传递到刀盘上的力的平稳性，此模型中使用 234 kN 较好。此外，外部激励的变化也会影响刀座甚至整个刀盘的振动幅度，因此，在施工之前，要明确施工段的地质条件，设定合适的刀盘推力，以减小刀座乃至刀盘的振动幅度。

（3）刀座的垂向和侧向载荷响应振幅均随着外部激励频率的增加而增加，不断接近输入载荷的振幅，这表明了外部激励的频率越高，传递到刀座上的载荷波动越大。另外，振幅与频率并非呈线性关系，3 Hz 之后的振幅曲线的斜率远大于 3 Hz 之前的斜率。在 TBM 实际掘进过程中，刀盘的转速决定了外部激励的频率，刀盘转速过快会引起滚刀以及刀盘整体振动的增加，不利于滚刀以及刀盘的可靠性。因此，选择合理的刀盘转速，滚刀所受载荷频率控制在 3 Hz 之内，是降低滚刀以及刀盘振动冲击的有效手段。

7.3 掘进现场振动检测

7.3.1 检测装置选型及方案构建

1. 传感器选型

由前文分析结果可知，刀盘振动属于低频振动，同时考虑到掘进现场振动环境的恶劣，以及检测装置安装空间的限制，无法有效地布置检测装置的线路，再加上刀盘位移、速度信号的检测难度和精度问题，因此选用无线加速度（振动）传感器检测刀盘的三向振动加速度。无线加速度传感器使用简单方便，极大地节约了因线路布置而消耗的人力、物力，被广泛应用于工业设备的在线监测领域。装置集电源模块、数据采集模块、无线收发模块于一体，可同时采集三个方向的加速度，既能实时传输至计算机，也能存储在内置存储器中，保证了采集数据的准确性，且所有模块均封装在特制外壳内，外壳采用特殊防振、防水的材料制成，同时外部配置超强吸力磁铁，四周通过连接底座栓接在刀盘上。传感器及连接底座如图 7.14 所示，传感器的技术参数如表 7.3 所示。

(a) 加速度传感器　　(b) 传感器连接底座

图 7.14　传感器及连接底座

表 7.3　无线加速度传感器的技术参数

型号	通道数	频响/Hz		量程范围/g	通信距离/m	传输速率/(kB·s^{-1})	同步精度/ms	存储器容量/MB	带宽分辨率/μg
		x 轴、y 轴	z 轴						
A302–EX	三轴	300	150	±2	300	250	1	2	10

2. 检测方案构建

考虑到 TBM 刀盘的实际作业工况，必须将传感器安装在一个密闭空间内，避免岩渣冲击带来的破坏，因此将无线加速度传感器置于刀盘人闸的内部空间，检测刀盘三向振动加速度信号。信号通过传感器节点和接收网关传输到计算机上，最终由数据采集软件记录并储存下来。构建的刀盘振动检测方案如图 7.15 所示，传感器的布置如图 7.16 所示。

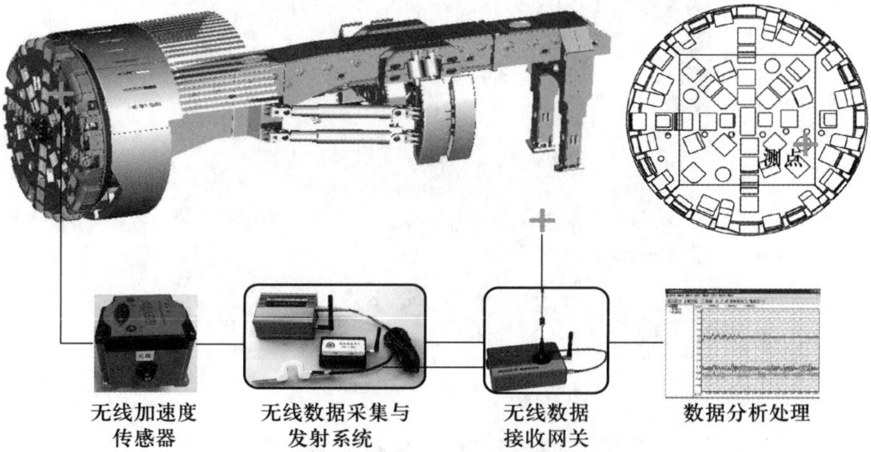

图 7.15 TBM 刀盘振动检测示意图

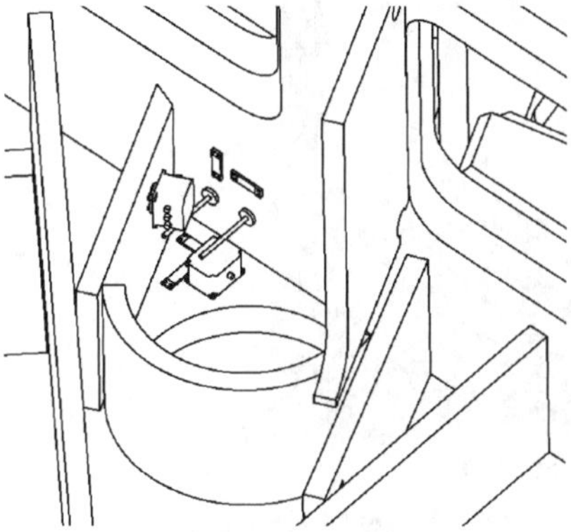

(a) 传感器的布置设计

(b) 传感器的现场布置

图 7.16 传感器的布置

7.3.2 数据采集及后处理

将无线加速度传感器布置在刀盘上后，通过外置天线收集信号并发射至计算机无线接收网关，收集数据且对其进行相关后处理。整个振动检测系统的组成如图 7.17 所示，TBM 掘进状态监控界面及振动信号的数据采集、处理界面如图 7.18 所示。

7.3.3 数据分析及讨论

由以上振动检测系统可采集到刀盘中心块三个方向的平移振动加速度信号，应用 BeeData 采集处理软件记录并储存，同时对其进行快速傅里叶变换，处理得到加速度信号的时域及频域结果如图 7.19 所示。

为进一步分析实测加速度的振动剧烈程度，统计刀盘各方向加速度的最小值、最大值、均方差及变异系数如表 7.4 所示。

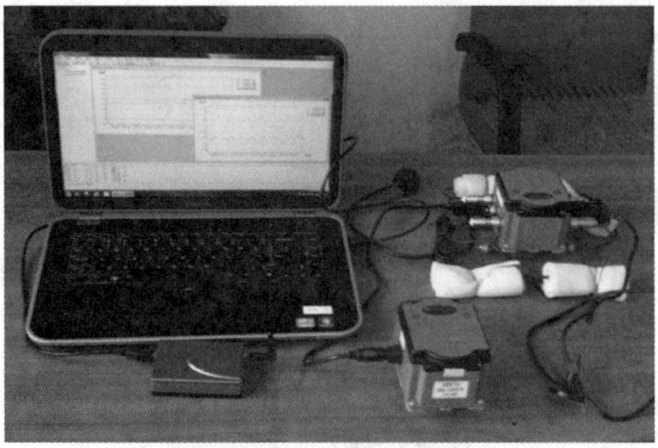

图 7.17　振动检测系统组成

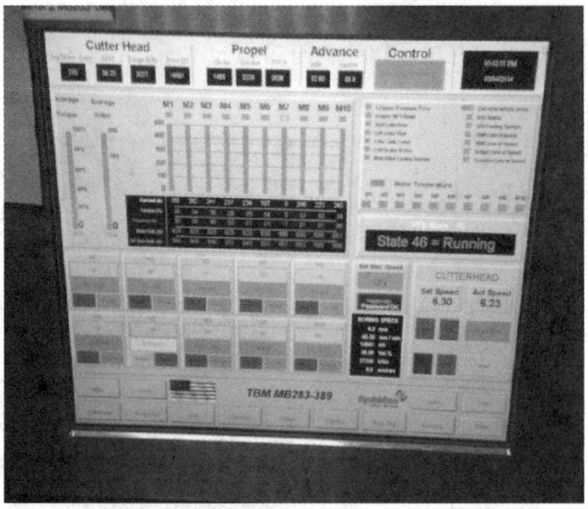

(a) TBM 掘进状态监控界面

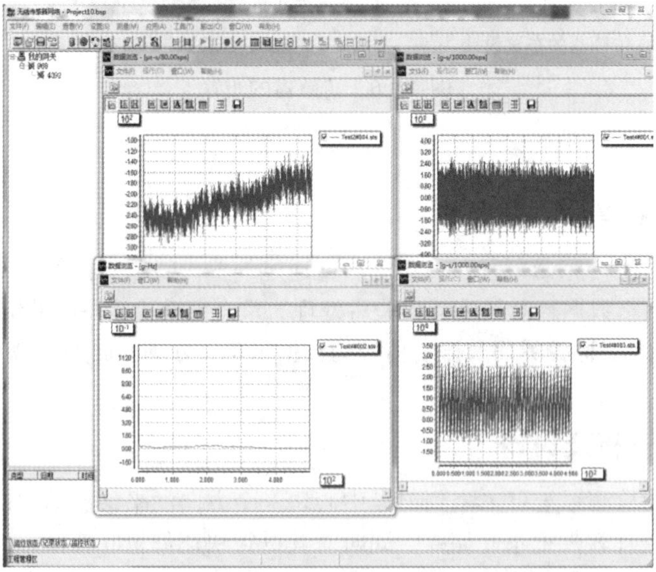

(b) 传感器数据采集及后处理界面

图 7.18　数据监控、采集及后处理界面

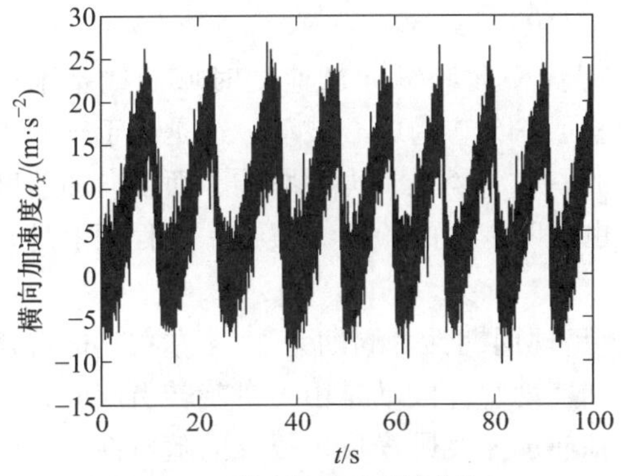

(a) 横向加速度时域曲线

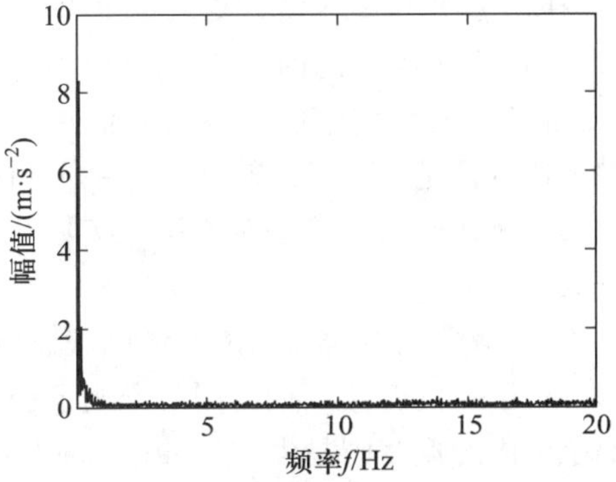

(b) 横向加速度频域曲线

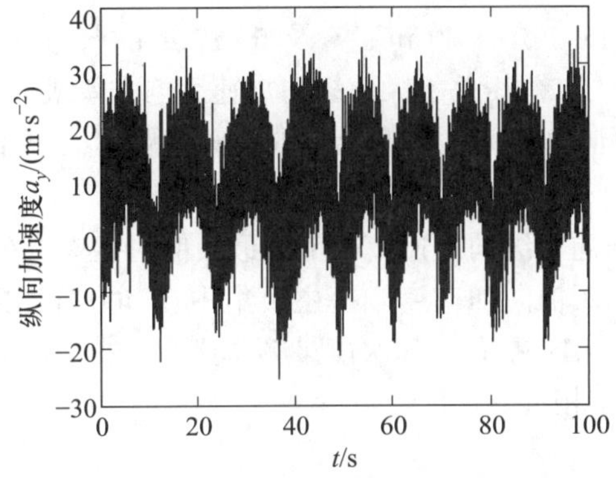

(c) 纵向加速度时域曲线

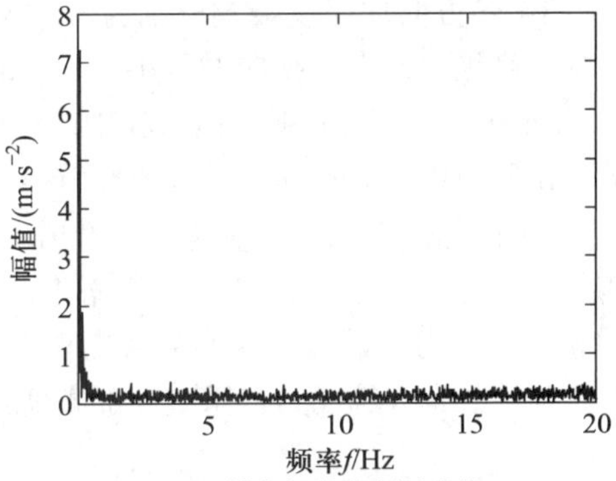

(d) 纵向加速度频域曲线

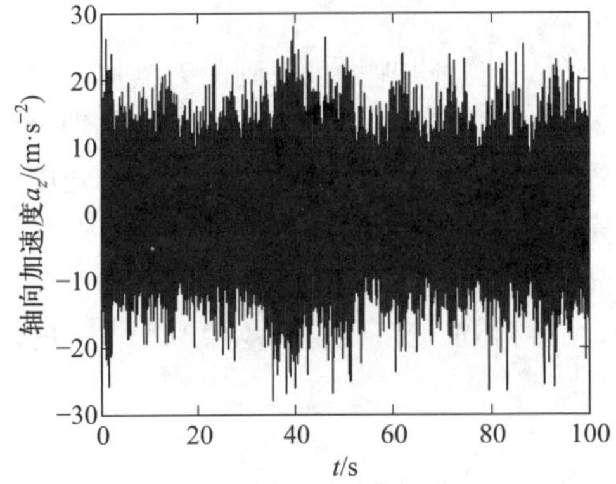

(e) 轴向加速度时域曲线

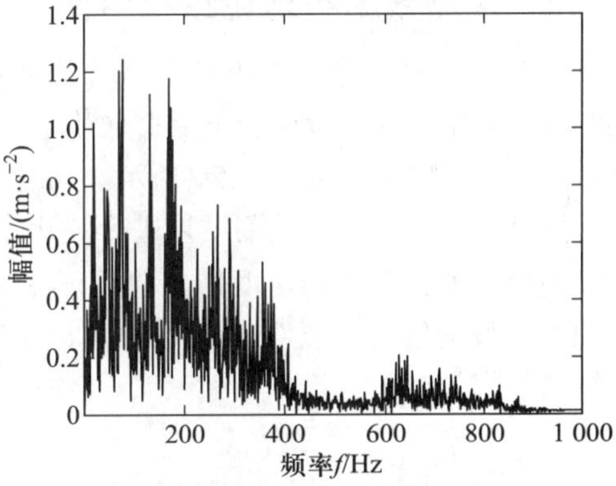

(f) 轴向加速度频域曲线

图 7.19 刀盘加速度时域及频域曲线

表 7.4 刀盘振动加速度统计结果

指标	各方向统计结果/m·s^{-2}		
	横向	纵向	轴向
最小值/(m·s^{-2})	–10.37	–25.28	–27.88
最大值/(m·s^{-2})	28.89	36.51	27.99
均方差/(m·s^{-2})	6.99	7.34	5.55
变异系数	0.94	0.85	–88.91

由以上振动曲线及统计处理结果可得如下结论：

（1）从加速度的时域曲线可以看出，刀盘横向和纵向加速度时域曲线基本以 $10\ \mathrm{m\cdot s^{-2}}$ 左右为均值中心波动，而轴向加速度则以 0 为中心波动。这是由于横向和纵向加速度都是在刀盘的旋转坐标系下测得的，二者均受重力的影响，而轴向加速度不受其影响，检测结果基本能符合实际。这也说明本文的检测方案在一定程度上是合理有效的。

（2）横向和纵向加速度时域曲线总体上呈现周期性，周期为 12 s 左右，这符合刀盘 5 r/min 的转速周期，同时说明了径向加速度整体波动是由刀盘旋转引起的，而局部范围内的振荡则是由破岩冲击造成的；轴向加速度则表现出很强的随机性，完全是由破岩振动引起的。

（3）各方向加速度极差分别为 $39.26\ \mathrm{m{\cdot}s^{-2}}$、$61.79\ \mathrm{m{\cdot}s^{-2}}$ 及 $55.87\ \mathrm{m{\cdot}s^{-2}}$，其中纵向加速度极差最大，横向的最小；三者的均方差相差不大，纵向加速度均方差最大，为 $7.34\ \mathrm{m{\cdot}s^{-2}}$，其次分别是横向和轴向；而轴向加速度的变异系数绝对值要远大于径向的，说明刀盘轴向加速度的数值离散程度最高，振动最剧烈。

（4）由加速度的频域响应可以看出，横向和纵向加速度幅值的最大值明显集中在刀盘转频附近，其余幅值基本可忽略不计；而轴向加速度频率主要集中在 400 Hz 以下的频率范围内，最大振幅的频率出现在 75 Hz 左右，其次能量频率则在 200 Hz 左右，这与第二章计算的刀盘系统外部激励频率相近。

7.3.4 检测数据与理论结果对比

为验证前文所述罗宾斯刀盘的动力学模型[2]，将掘进现场采集到的刀盘加速度检测结果消去重力加速度的影响后截取稳定后 2 s 的结果，同样截取稳定后 2 s 的理论计算结果，二者的对比如图 7.20 所示。同时，采用雨流计数方法对刀盘的三向加速度理论计算结果与施工现场检测结果进行统计分析[3]，得到统计结果对比如图 7.21 所示。

另外，消去重力加速度的影响后，各方向加速度的均值均在 0 附近，这里主要关注幅值的波动信息，故对幅值做进一步的统计，得到加速度幅值的均值和均方差的对比结果如表 7.5 所示。

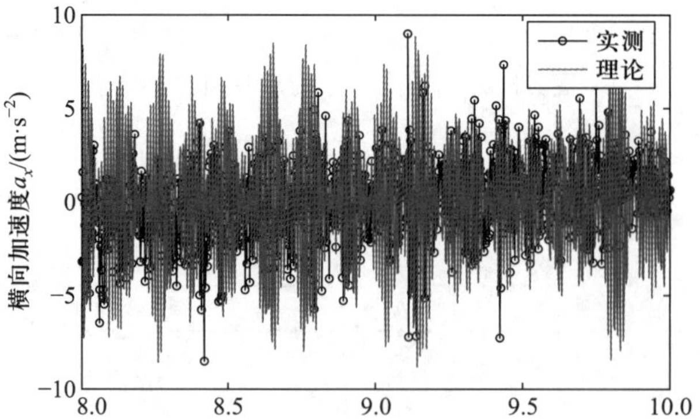

(a) 横向加速度

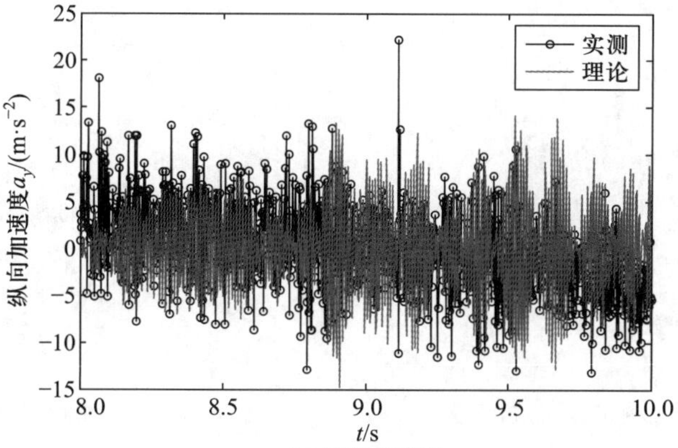

(b) 纵向加速度

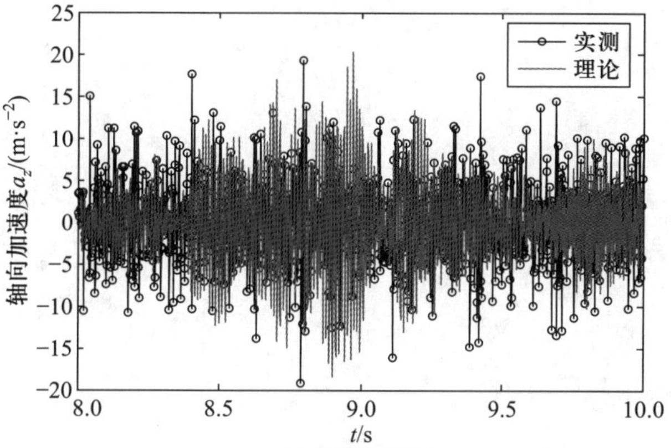

(c) 轴向加速度

图 7.20 刀盘加速度理论计算与实测结果对比（见书后彩图）

表 7.5 刀盘各方向加速度均值、均方差的理论值与实测值对比

指标	方向	理论值/(m·s^{-2})	实测值/(m·s^{-2})	相对误差/%
均值	x	0.97	0.72	35
	y	1.04	1.71	39
	z	1.64	1.76	7
均方差	x	0.81	0.75	8
	y	0.85	1.88	55
	z	1.59	1.81	12

由图 7.20、图 7.21 和表 7.5 可知：

（1）刀盘加速度理论计算与实测结果时域曲线基本具有相同的随机变化规律，二者的吻合度较高，说明前文建立的刀盘系统动力学模型有一定的可信度和正确性。

（2）在刀盘三向加速度理论计算与实测雨流计数统计结果中，幅值的均值存在一定的误差，其中纵向的误差最大，为 39%，轴向最小，仅为 7%。同样，纵向加速度幅值的均方差的误差也最大，为 55%，而横向和轴向均较小，分别为 8% 和 12%。

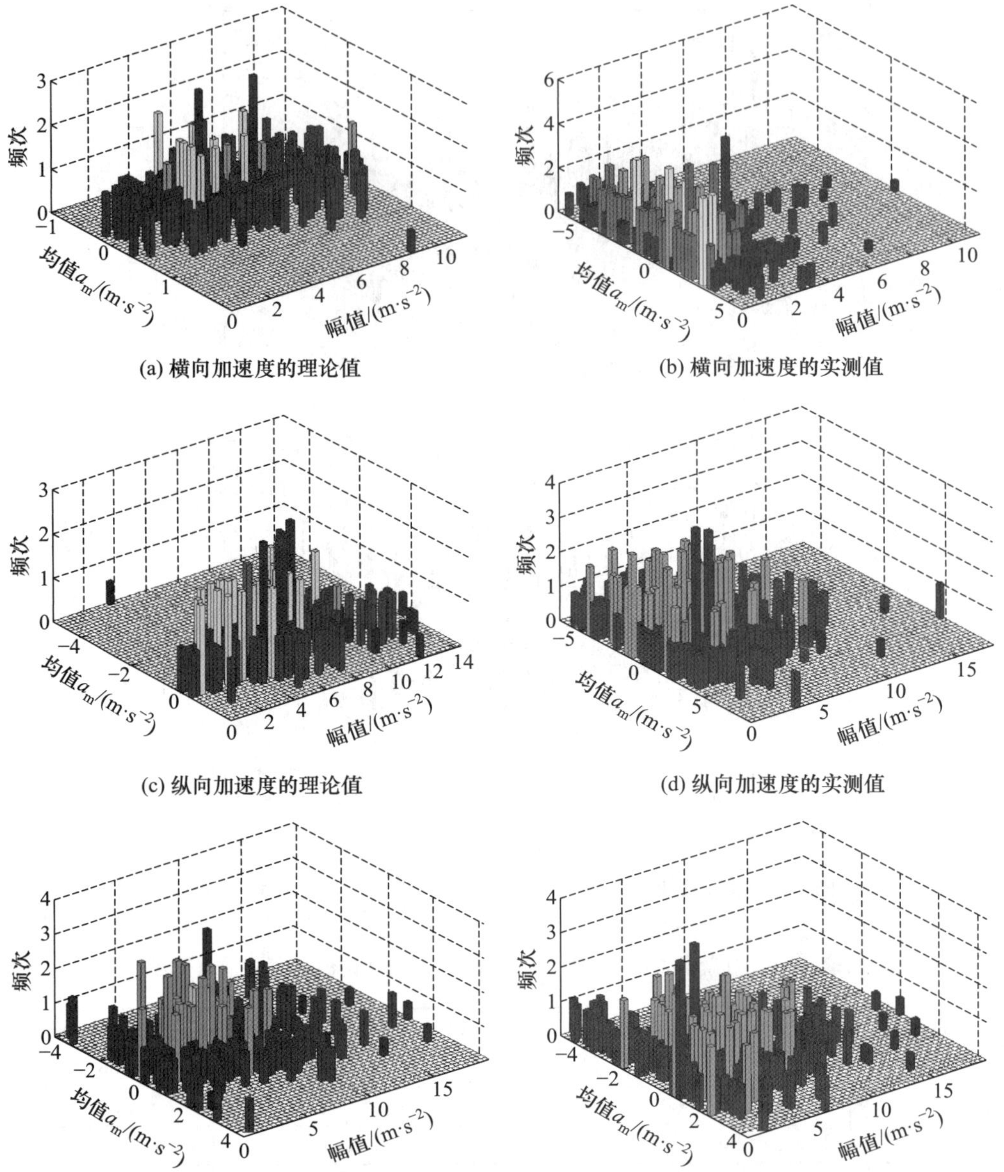

(a) 横向加速度的理论值　　(b) 横向加速度的实测值

(c) 纵向加速度的理论值　　(d) 纵向加速度的实测值

(e) 轴向加速度的理论值　　(f) 轴向加速度的实测值

图 7.21　刀盘加速度雨流计数统计结果对比（见书后彩图）

（3）考虑到 TBM 刀盘系统结构的复杂性及现场掘进环境的恶劣性，很多实际影响因素（如地层突变、振动对检测精度的影响等）难以在动力学模型中全部考虑到，理论计算和实测结果难免存在误差，表 7.5 中的误差表明理论值与实测值基本能保持在同一数量级上，且变化规律相似，说明前文所建模型对刀盘的结构设计及施工策略指导具有一定的理论和实践指导意义。

参考文献

[1] 谭青, 易念恩, 夏毅敏, 等. TBM 滚刀破岩动态特性与最优刀间距研究 [J]. 岩石力学与工程学报, 2012, 31(12): 2453-2464.

[2] 赵明, 邓立营, 卜睿, 等. 复杂工况下的 TBM 刀盘力学特性仿真分析 [J]. 机械工程与自动化, 2017(6): 74-76.

[3] 周俊, 童小燕. 雨流计数的快速实现方法 [J]. 科学技术与工程, 2008, 8(13): 3544-3547.

第八章　TBM 主机系统耦合振动的基本特性

当系统工作时，输出量与输入量之间的关系称为动态特性，而系统的动态特性分析主要包括固有特性分析、动态响应分析及参数对动态响应的影响分析等几个方面。固有特性分析的数学本质是特征值和特征向量分析，包含固有频率与振型分析，揭示结构振动的固有规律与内在本质，是动力学分析的基础，对系统的动态响应、载荷传递及振动形式等均有重要影响。动态响应是指系统在内外部动态激励作用下各构件的时频域响应及载荷传递规律等特性。针对 TBM 主机系统的载荷及结构的复杂性，本章在前文获得的系统动力学微分方程组和内外部激励的基础上，由对应的无阻尼自由振动方程求解系统的固有频率和振型，用数值方法计算刀盘的强迫振动响应及其灵敏度。同时，分别对系统的固有特性、参数灵敏度和动态响应进行分析，确定系统参数对振动特性的影响规律及变化趋势，为 TBM 主机系统的减振设计提供参考及方向。

8.1　滚刀系统动态特性研究

8.1.1　滚刀系统固有特性分析

固有振动特性包括固有频率和振型，是多自由度系统的一种固有属性，反映了振动系统的内在特性与振动特性[1]。根据集中质量法和机械振动理论研究滚刀振动系统的固有频率和振型。

1. 固有特性理论基础

对于一个具有 n 个自由度的振动系统，无阻尼系统自由振动方程的一般形式为

$$\boldsymbol{M}\ddot{\boldsymbol{x}}+\boldsymbol{K}\boldsymbol{x}=\boldsymbol{0} \tag{8.1}$$

式中：$\boldsymbol{M}$ 为系统的质量矩阵；$\boldsymbol{K}$ 为系统的刚度矩阵；$\boldsymbol{x}$ 为系统自由度矩阵。

在系统自由振动中，假设所有的质量均作简谐运动，则方程解的一般形式为

$$\boldsymbol{x}=\boldsymbol{A}\sin(\omega t+\varphi) \tag{8.2}$$

则

$$\ddot{\boldsymbol{x}}=-\omega^2\boldsymbol{A}\sin\omega \boldsymbol{t} \tag{8.3}$$

将式 (8.2) 和式 (8.3) 代入式 (8.1) 可得

$$(\boldsymbol{K}-\omega^2\boldsymbol{M})\boldsymbol{A}=\mathbf{0} \tag{8.4}$$

对于振动系统，振幅不全部为零，因而必有

$$\det(\boldsymbol{K}-\omega^2\boldsymbol{M})=0 \tag{8.5}$$

由式 (8.5) 确定的 n 对根 φ_i 和 $\omega_i^2(i=1,2,\cdots,n)$ 即为特征向量和特征值。将各阶固有频率 ω_i 依次代入式 (8.5) 便可以得到 n 个特征向量，即为系统的 n 阶主振型，各阶固有频率和振型共同构成了系统的模态[2]。

2. 滚刀系统的固有特性

求滚刀振动系统各固有特性，首先必须计算系统动力学微分方程的质量矩阵和刚度矩阵。由于方程 (3.1) 中节点 2 和节点 3 之间的弹性力为轴承非线性弹性回复力，无法直接得到滚刀振动系统的刚度矩阵，故在这里为求得滚刀线性模态，假设轴承弹性回复力与轴承变形呈线性变化，进而求得滚刀轴承载荷，用接触刚度和轴承各向位移表示如下：

$$\begin{cases}
F_{\mathrm{r}} &= 2\cos\alpha_{\mathrm{e}}\cdot\displaystyle\sum_{i=1}^{17}\cos\phi_i\cdot k_{\mathrm{n}i}\cdot \\
&\quad [\cos\alpha_{\mathrm{e}}\cdot(y_2-y_3)+\sin\alpha_{\mathrm{e}}\cdot(x_2-x_3)+(R_2\cos\alpha_{\mathrm{e}}+R_1\sin\alpha_{\mathrm{e}})\theta] \\
F_{\mathrm{a}} &= 2\sin\alpha_{\mathrm{e}}\cdot\displaystyle\sum_{i=1}^{17}\cos\phi_i\cdot k_{\mathrm{n}i}\cdot \\
&\quad [\cos\alpha_{\mathrm{e}}\cdot(y_2-y_3)+\sin\alpha_{\mathrm{e}}\cdot(x_2-x_3)+(R_2\cos\alpha_{\mathrm{e}}+R_1\sin\alpha_{\mathrm{e}})\theta] \\
M_{\mathrm{m}} &= 2(R_2\cos\alpha_{\mathrm{e}}+R_1\sin\alpha_{\mathrm{e}})\cdot\displaystyle\sum_{i=1}^{17}\cos\phi_i\cdot k_{\mathrm{n}i}\cdot \\
&\quad [\cos\alpha_{\mathrm{e}}\cdot(y_2-y_3)+\sin\alpha_{\mathrm{e}}\cdot(x_2-x_3)+(R_2\cos\alpha_{\mathrm{e}}+R_1\sin\alpha_{\mathrm{e}})\theta]
\end{cases} \tag{8.6}$$

将方程组 (8.6) 代入方程组 (3.1) 可得滚刀多向耦合动力学方程的质量矩阵 $\boldsymbol{M}$ 和刚度矩阵 $\boldsymbol{K}$

$$\boldsymbol{M}=\begin{pmatrix}
m_1 & 0 & 0 & 0 & 0 & 0 & 0 \\
0 & m_2 & 0 & 0 & 0 & 0 & 0 \\
0 & 0 & m_3 & 0 & 0 & 0 & 0 \\
0 & 0 & 0 & m_1 & 0 & 0 & 0 \\
0 & 0 & 0 & 0 & m_2 & 0 & 0 \\
0 & 0 & 0 & 0 & 0 & m_3 & 0 \\
0 & 0 & 0 & 0 & 0 & 0 & J
\end{pmatrix} \tag{8.7}$$

$$
\boldsymbol{K}=\begin{pmatrix}
k_{y1} & -k_{y2} & 0 & 0 & 0 & 0 & 0\\
-k_{y1} & k_{y1}+A & -A & 0 & B & -B & E\cos\alpha_{\mathrm{e}}\\
0 & -A & A+k_{y3} & 0 & -B & B & -E\cos\alpha_{\mathrm{e}}\\
0 & 0 & 0 & k_{x1} & -k_{x1} & 0 & 0\\
0 & B & -B & -k_{x1} & k_{x1}+C & -C & E\sin\alpha_{\mathrm{e}}\\
0 & -B & B & 0 & -C & k_{x3}+C & -E\sin\alpha_{\mathrm{e}}\\
0 & E\cos\alpha_{\mathrm{e}} & -E\cos\alpha_{\mathrm{e}} & 0 & E\sin\alpha_{\mathrm{e}} & -E\cos\alpha_{\mathrm{e}} & DE
\end{pmatrix} \tag{8.8}
$$

式中：$A=2\cos^2\alpha_{\mathrm{e}}\cdot k_{\mathrm{ni}}\sum\limits_{i=1}^{17}\cos\phi_i, B=\sin\alpha_{\mathrm{e}}\cdot k_{\mathrm{ni}}\sum\limits_{i=1}^{17}\cos\phi_i, C=2\sin^2\alpha_{\mathrm{e}}\cdot k_{\mathrm{ni}}\sum\limits_{i=1}^{17}\cos\phi_i,$

$D=R_2\cos\alpha_{\mathrm{e}}+R_1\sin\alpha_{\mathrm{e}}, E=2Dk_{\mathrm{ni}}\sum\limits_{i=1}^{17}\cos\phi_i$。

根据系统的质量矩阵 $\boldsymbol{M}$、刚度矩阵 $\boldsymbol{K}$ 以及 3.4 节的滚刀结构参数，由式 (8.5) 确定系统的固有频率如表 8.1 所示。

表 8.1 滚刀系统各阶固有频率

阶数	1	2	3	4	5	6	7
固有频率/Hz	0	112	449	737	1 019	1 137	1 804

根据前文中心滚刀、正滚刀和边滚刀载荷频域分析可知：中心滚刀载荷频率带集中在 0 ~ 10 Hz，正滚刀载荷频率带分别集中在 0 ~ 10 Hz、120 Hz 左右，边滚刀载荷频率带分别集中在 0 ~ 10 Hz、75 Hz 和 140 Hz 左右。由此可以得出滚刀外部激励的频率均远离系统固有频域，正常情况下不会发生共振，但是部分中心滚刀和边滚刀也有极小部分载荷频率集中在 120 ~ 140 Hz，接近系统的第二阶固有频域，可能发生共振，这与边滚刀结构更容易振动损坏是否有关联还需进一步确认。故在滚刀结构设计的过程中，应避开低频固有频率，防止刀圈、刀轴、密封等结构件的振动破坏，甚至刀座和刀盘的结构损伤。

由式 (8.5) 至式 (8.8) 可以确定与各阶固有频率对应的振型，如图 8.1 所示。

分析系统的各阶固有频率和振型图可得：第一阶固有频率为零，滚刀系统表现为刚体模态；第二阶固有频率对应的振型表现为滚刀的摆动；第三阶固有频率对应的振型表现为滚刀的侧向振动；第四、第五和第六阶固有频率对应的振型表现为滚刀的垂向振动；第七阶固有频率对应的振型表现为滚刀的垂向振动和摆动的复合振动。

8.1.2 内外激励下滚刀系统的动态响应分析

由动力学方程 (3.1) 可知，滚刀系统动力学模型所需的外部激励为滚刀刀圈所受到的垂向力、侧向力以及侧向力产生的倾覆力矩。本节以仿真分析的滚刀破岩载荷作为滚刀的外部激励，同时考虑求解滚刀系统的支撑刚度、阻尼和轴承非线性弹性回复力等内部激励，进而对滚刀动力学方程进行求解得到滚刀各质量块的振动响应。

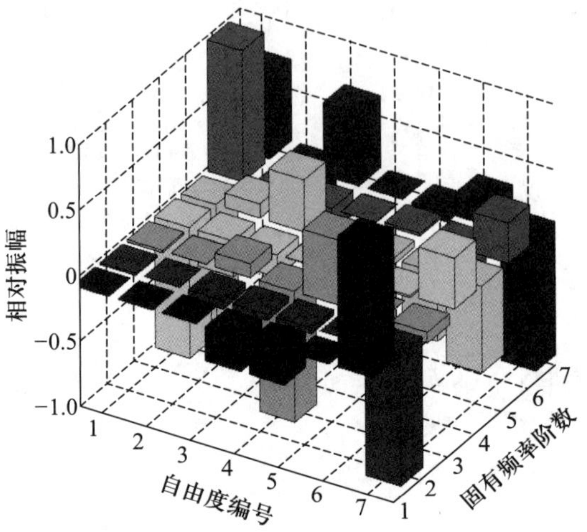

图 8.1 滚刀系统各阶振型结果

1. 各构件的振动响应

将时变的滚刀垂向载荷、侧向载荷和倾覆力矩作为系统外部激励，研究系统在外部激励和内部激励共同作用下的动态响应。利用数值解法 4 阶 Runge–Kutta 求解系统动力学微分方程 (3.1)，可求得滚刀系统各构件的位移和加速度响应，中心滚刀各构件在各自由度方向的位移响应曲线如图 8.2 所示，正滚刀各构件在各自由度方向的位移响应曲线如图 8.3 所示，边滚刀各构件在各自由度方向的位移响应曲线如图 8.4 所示，中心滚刀各构件的振动速度曲线和加速度曲线分别如图 8.5 和图 8.6 所示。

由图 8.2 至图 8.6 的振动响应曲线可知：

（1）滚刀系统各构件振动位移响应是由内外部激励共同作用引起的，各结构件的位移波动与外激励的变化趋势一致。

（2）在各类型滚刀系统中，刀圈的振动位移较大，轴承次之，刀轴较小。刀圈的振动幅值较大，主要是由于刀圈呈现悬臂梁特性，在大侧向力和倾覆力矩作用下发生变形，故刀圈需要经过一定的热处理以提高其表面硬度。

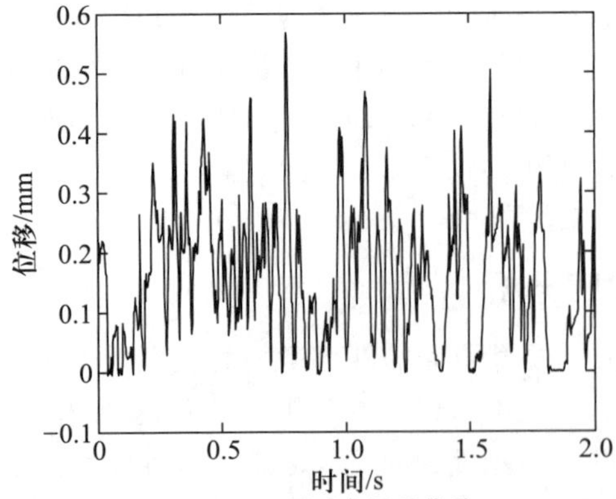

(a) 刀圈垂向振动位移

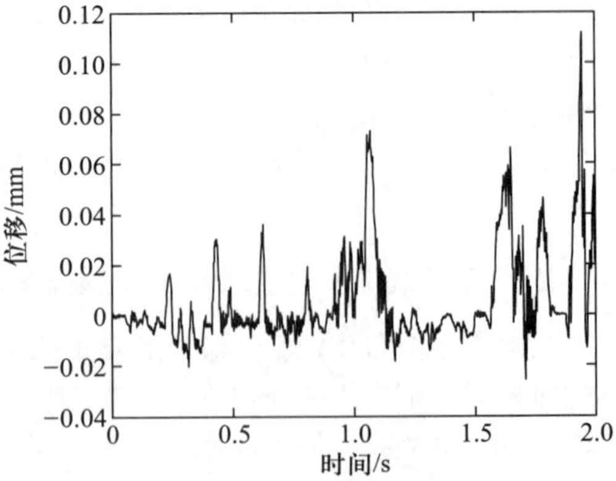

(b) 刀圈侧向振动位移

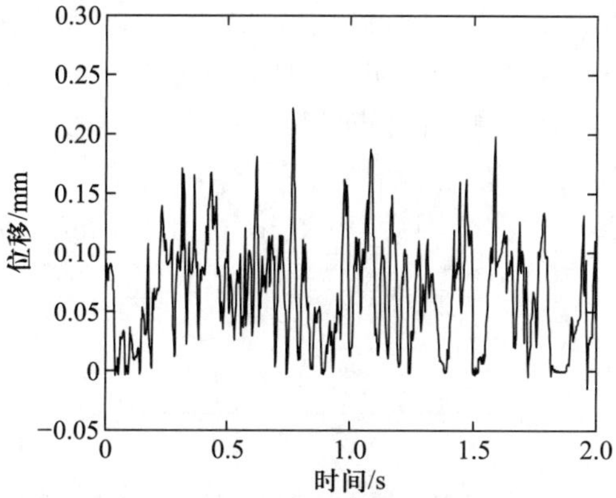

(c) 刀体垂向振动位移

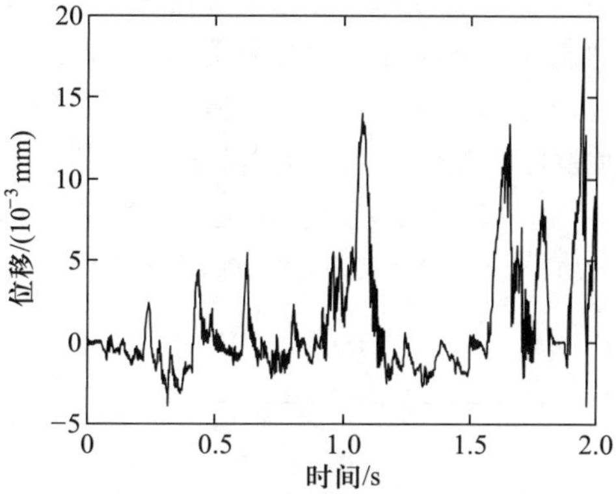

(d) 刀体侧向振动位移

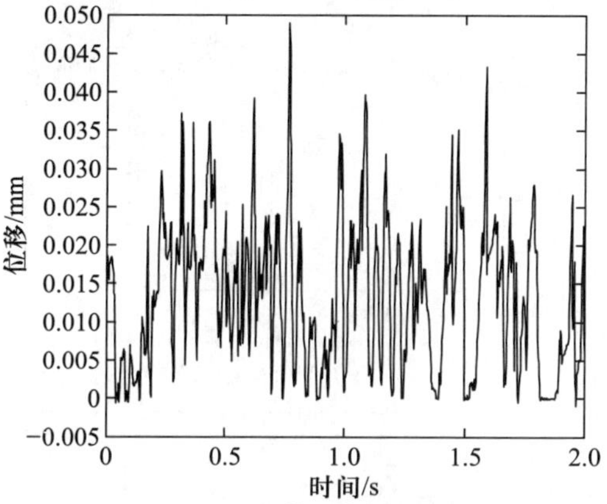

(e) 刀轴垂向振动位移

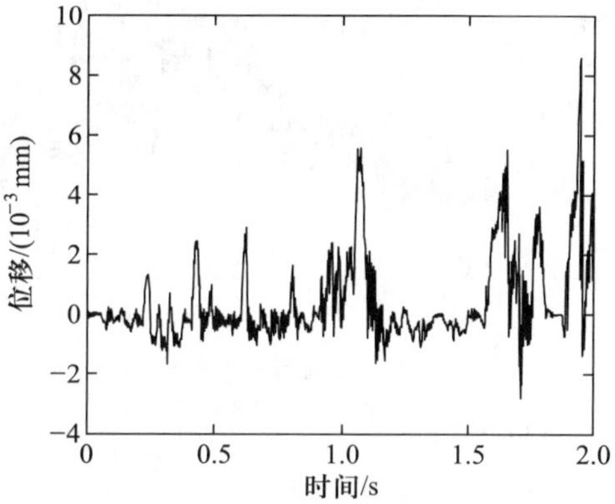

(f) 刀轴侧向振动位移

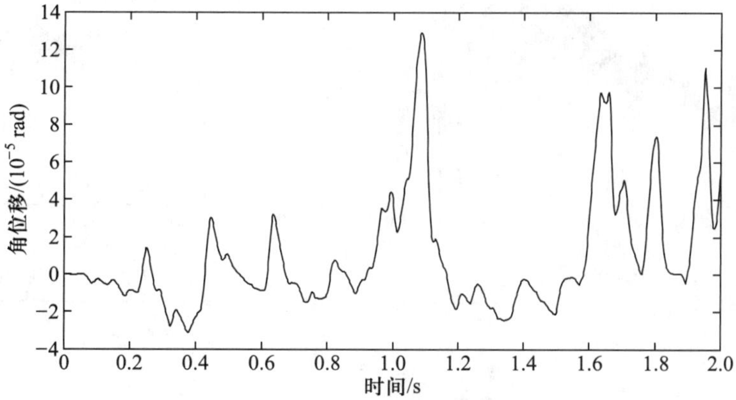

(g) 滚刀摆动位移

图 8.2 中心滚刀各结构件振动位移响应曲线

（3）中心滚刀、正滚刀和边滚刀的垂向位移最大幅值分别为 0.568 mm、0.732 mm 和 0.239 mm，侧向位移最大幅值分别为 0.112 mm、0.497 mm 和 1.138 mm；中心滚刀和正滚刀的垂向位移大于边滚刀，而边滚刀的侧向位移远大于中心滚刀和正滚刀，进一步体现了中心滚刀和正滚刀主要依靠挤压破岩，而边滚刀主要依靠切削破岩。同时可以看出边滚刀的侧向振动较大，这也是导致边滚刀挡圈崩裂和密封失效的主要原因。中心滚刀的垂向振动速度和加速度幅值分别为 41.1 mm/s 和 94.7 m/s^2，侧向振动速度和加速度幅值分别为 38.9 mm/s 和 58.6 m/s^2，摆动的角速度和角加速度幅值分别为 7.4×10^{-3} rad/s 和 1.5×10^{6} rad/s^2；滚刀垂向、侧向和摆动方向都出现不同程度的剧烈振动，故将引起滚刀结构损伤和密封件的失效。

（4）中心滚刀、正滚刀和边滚刀轴承最大位移分别为 0.172 mm、0.229 mm 和 0.202 mm, 最大偏转角分别为 0.007°、0.013° 和 0.042°。从滚刀轴承最大偏转角可以

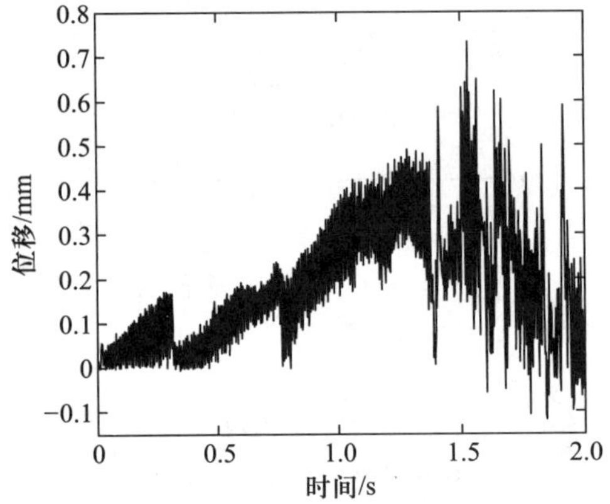

(a) 刀圈垂向振动位移

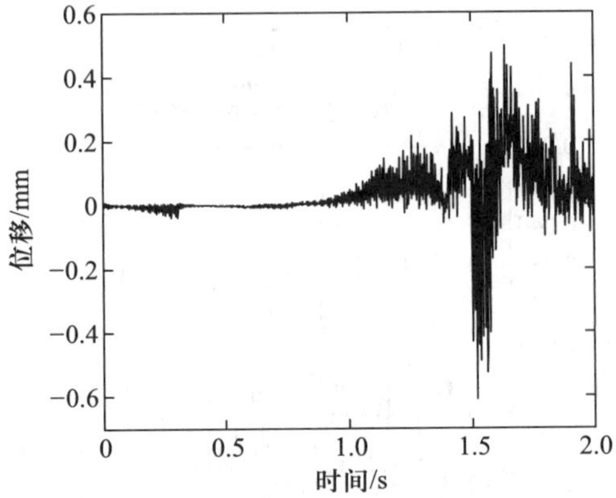

(b) 刀圈侧向振动位移

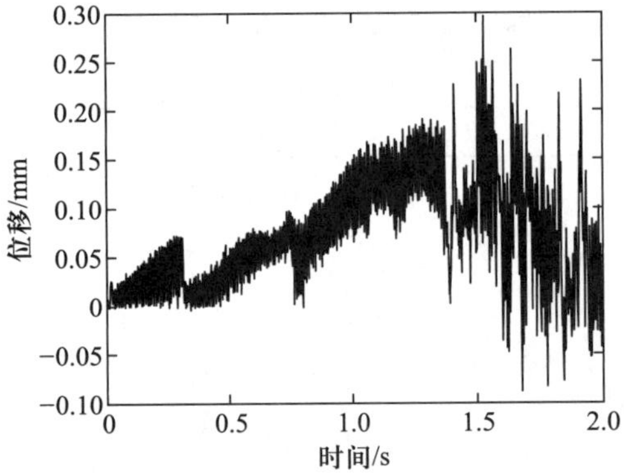

(c) 刀体垂向振动位移

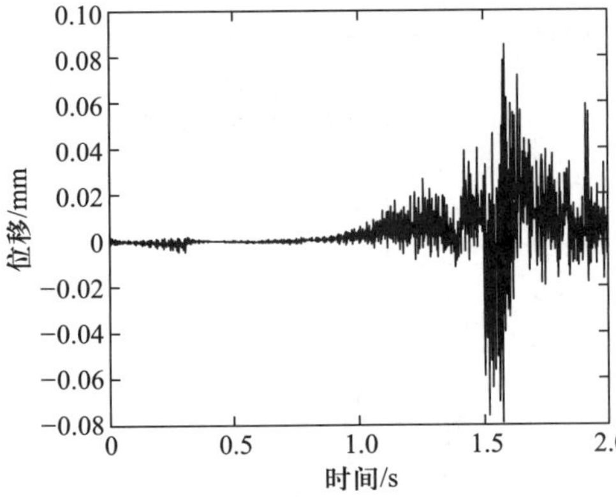

(d) 刀体侧向振动位移

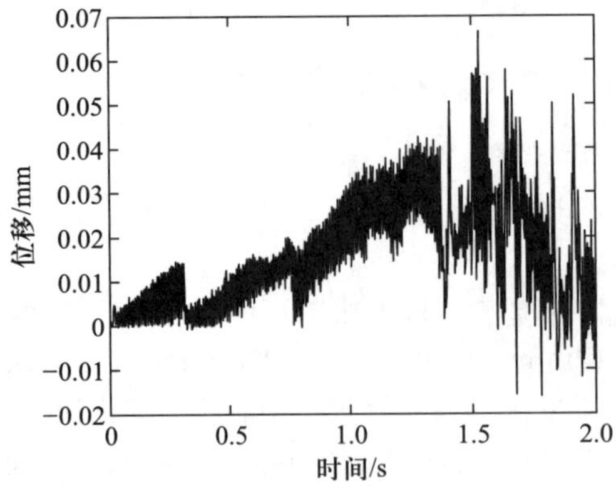

(e) 刀轴垂向振动位移

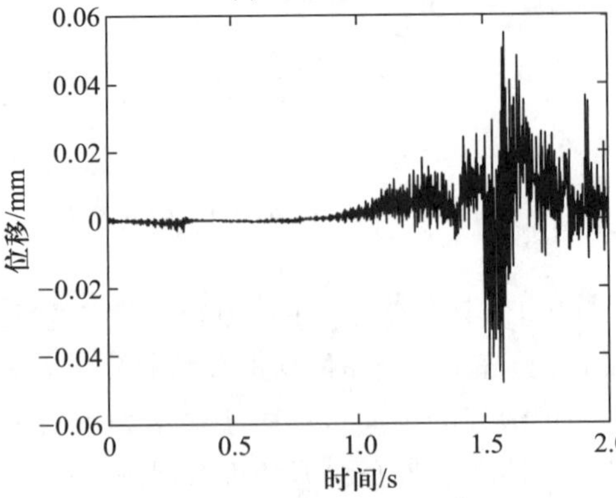

(f) 刀轴侧向振动位移

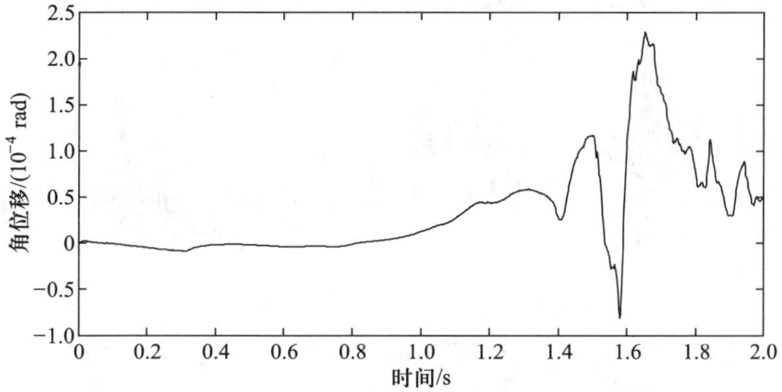

(g) 滚刀摆动位移

图 8.3 正滚刀各结构件振动位移响应曲线

得出，边滚刀摆动剧烈，使轴承常处于偏载状态，易导致轴承边缘应力过大而发生疲劳损伤。因此，在对滚刀轴承设计和选型的过程中要考虑滚刀轴承的最大容许偏转角。同时，滚刀摆动过大，将加剧浮动密封失效，这也是边滚刀最易损坏的重要原因之一。

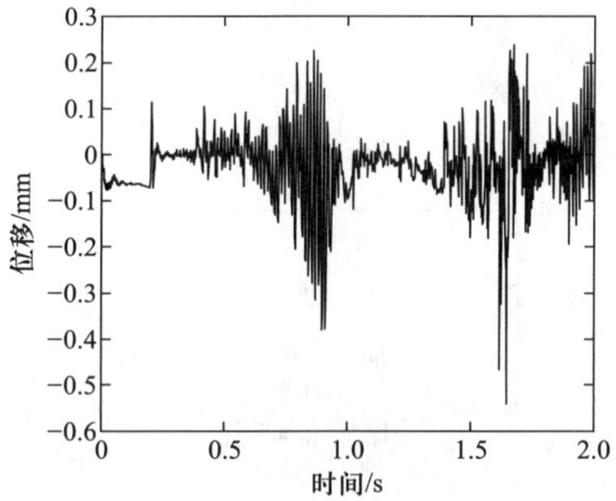

(a) 刀圈垂向振动位移

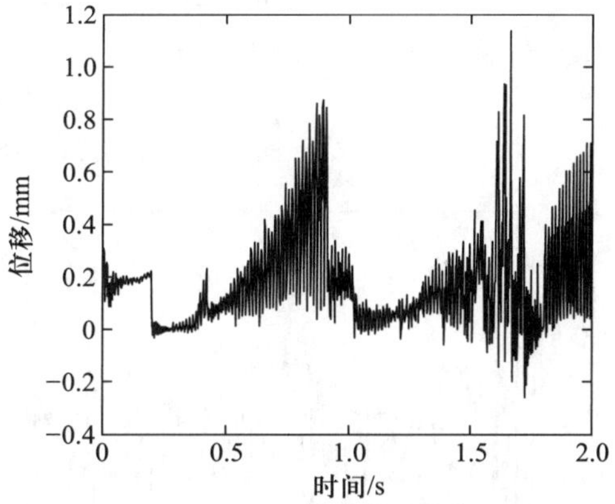

(b) 刀圈侧向振动位移

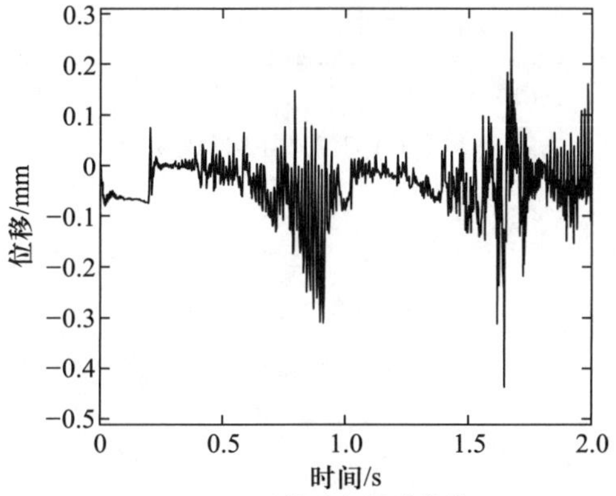

(c) 刀体垂向振动位移

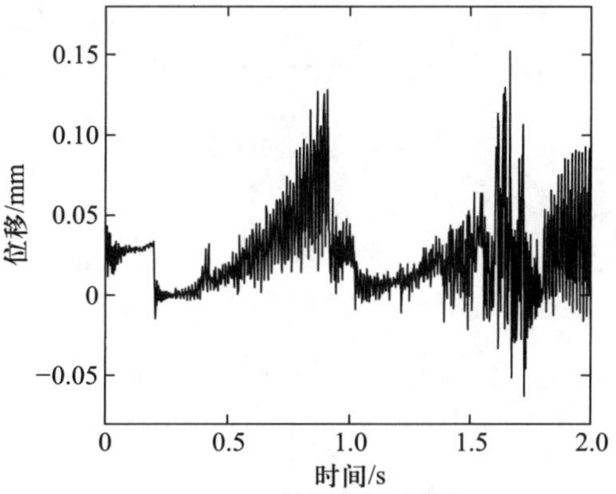

(d) 刀体侧向振动位移

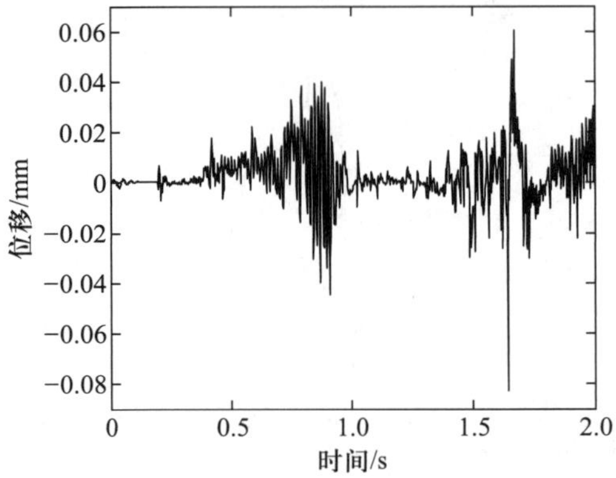

(e) 刀轴垂向振动位移

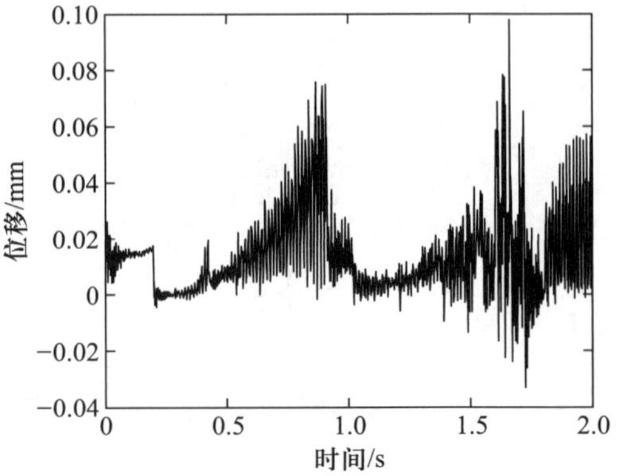

(f) 刀轴侧向振动位移

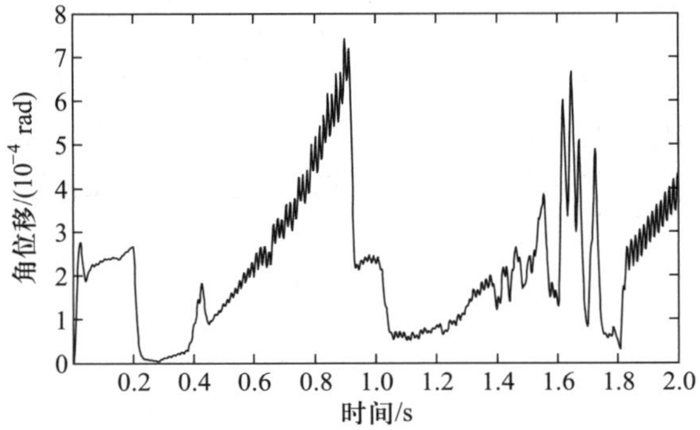

(g) 滚刀摆动位移

图 8.4 边滚刀各结构件振动位移响应曲线

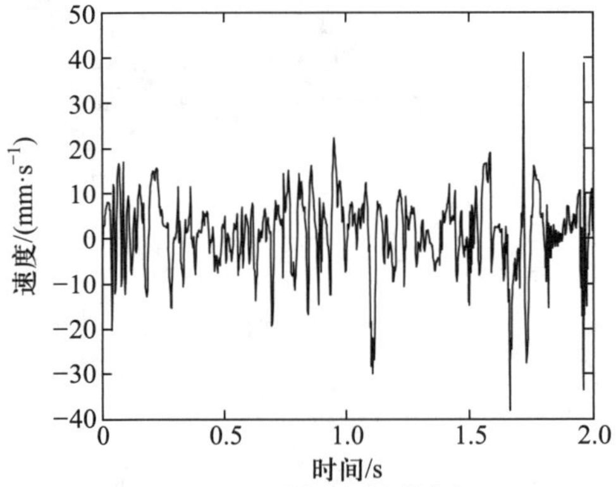

(a) 刀圈垂向振动速度

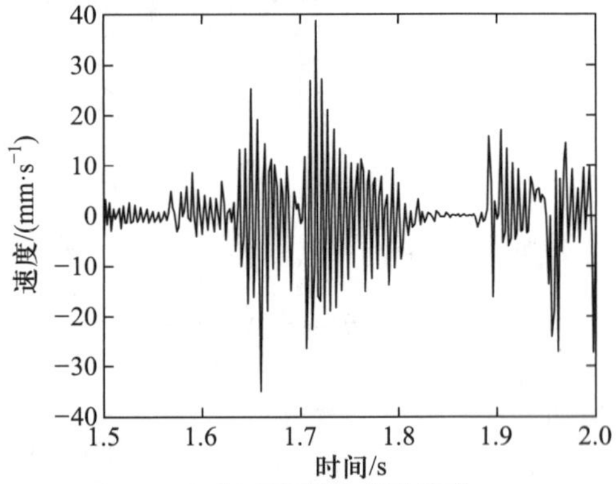

(b) 刀圈侧向振动速度

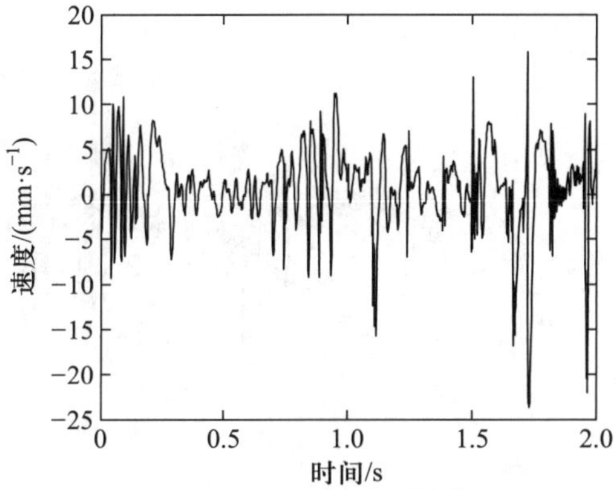

(c) 刀体垂向振动速度

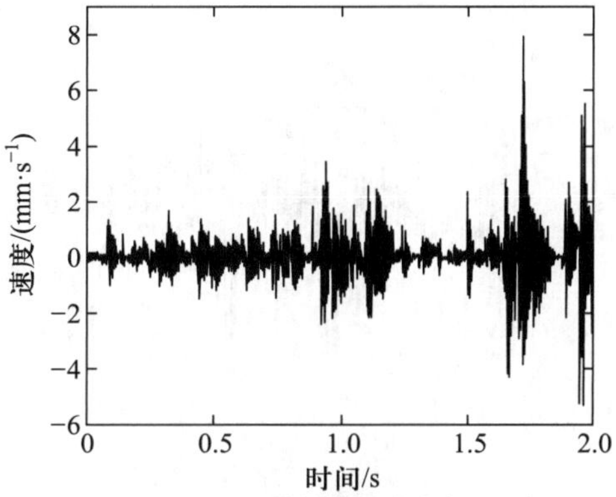

(d) 刀体侧向振动速度

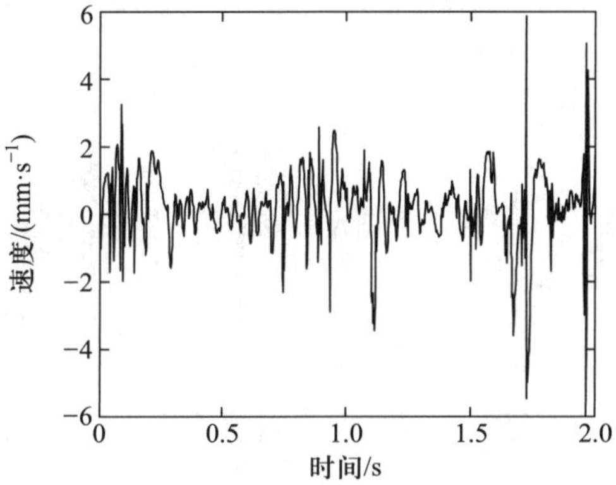

(e) 刀轴垂向振动速度

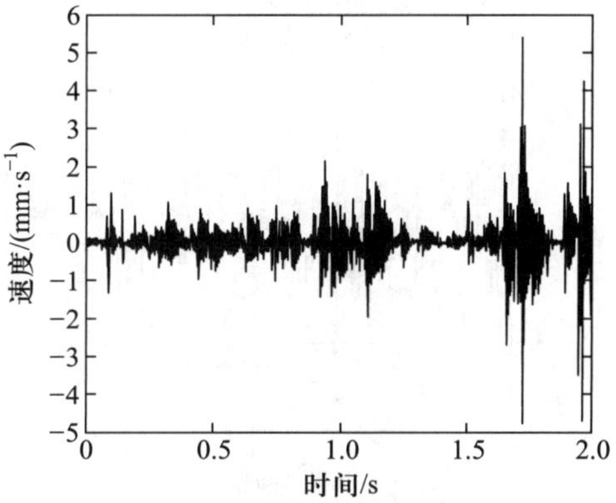

(f) 刀轴侧向振动速度

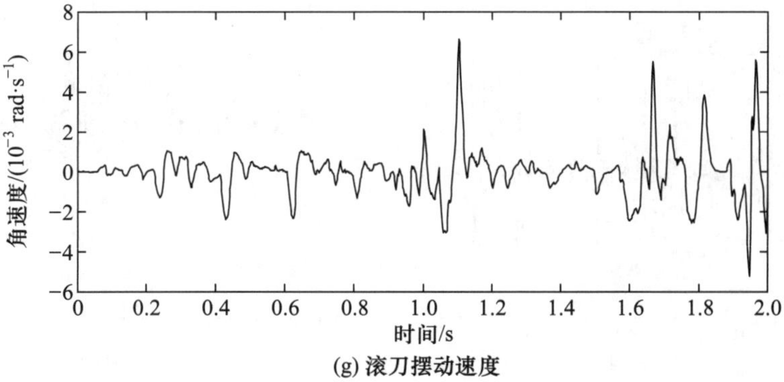

(g) 滚刀摆动速度

图 8.5 中心滚刀各结构件振动速度响应曲线

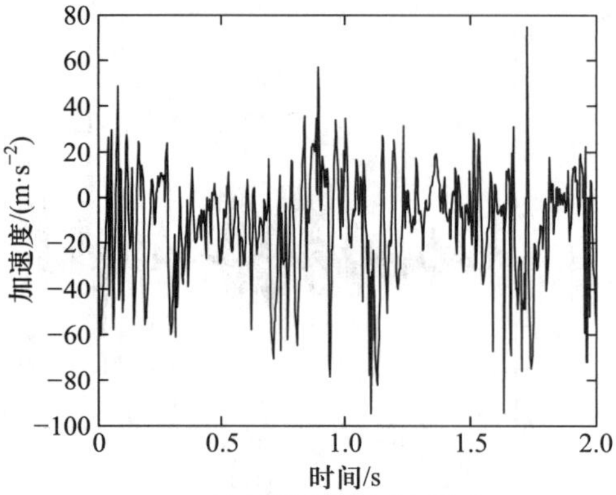

(a) 刀圈垂向振动加速度

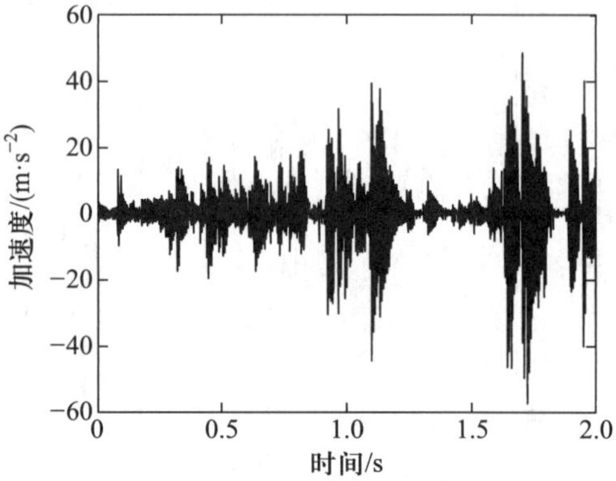

(b) 刀圈侧向振动加速度

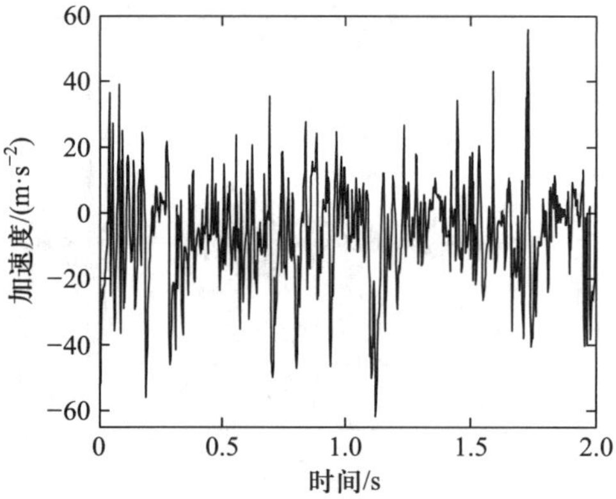

(c) 刀体垂向振动加速度

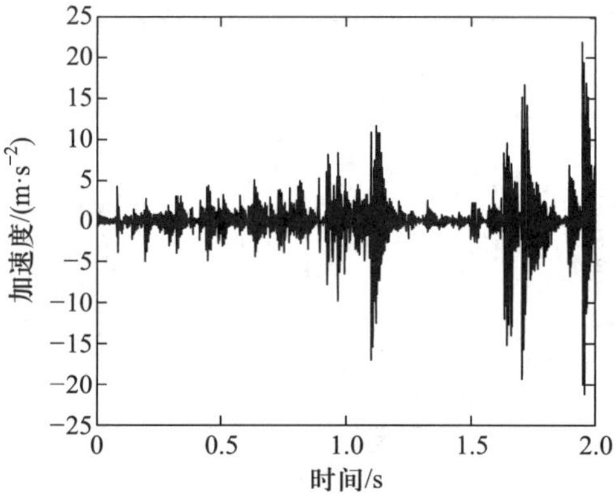

(d) 刀体侧向振动加速度

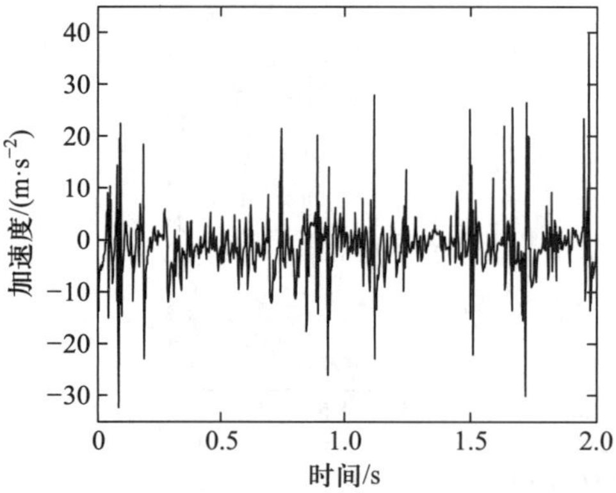

(e) 刀轴垂向振动加速度

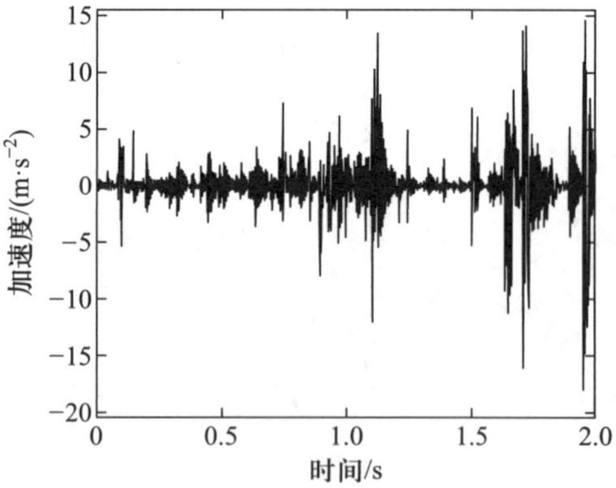

(f) 刀轴侧向振动加速度

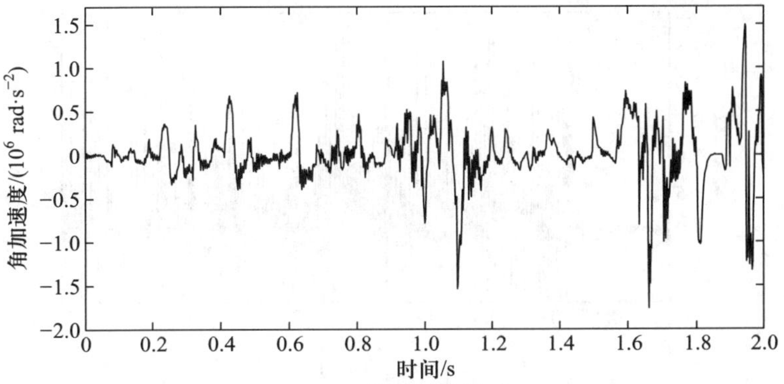

(g) 滚刀摆动加速度

图 8.6 中心滚刀各结构件振动加速度响应曲线

2. 滚刀动载系数

刀轴的垂向载荷可以通过刀轴的垂向变形与刀轴的垂向刚度相乘得到。分别提取中心滚刀、正滚刀和边滚刀的刀轴载荷，进而分析滚刀垂向载荷输入与输出的变化规律。定义刀轴垂向载荷的动载系数为垂向输出载荷与输入载荷的比值，分别获得中心滚刀、正滚刀和边滚刀的垂向动载系数曲线如图 8.7 所示。

由图 8.7 可知：忽略一些孤点（由于输入载荷在 0 值附近，导致动态载荷系数偏大），中心滚刀和正滚刀垂向动载系数主要集中在 $1.2 \sim 1.3$，而边滚刀的垂向动载系

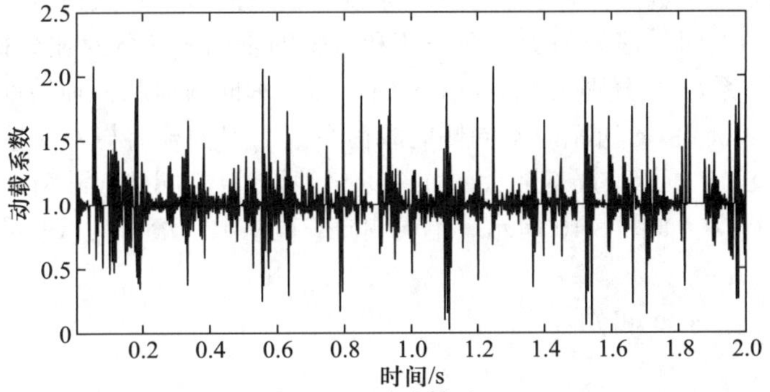

(a) 中心滚刀

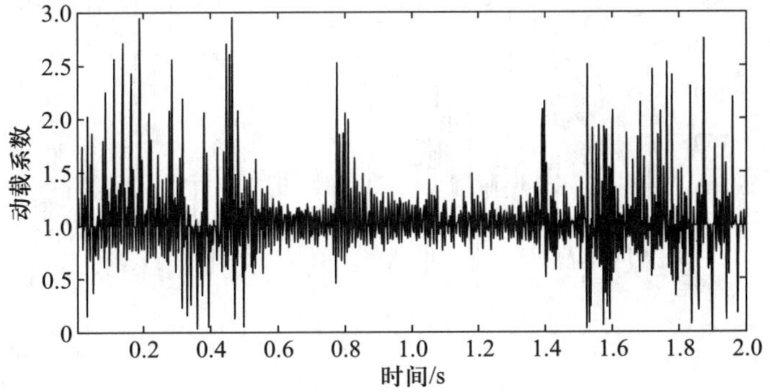

(b) 正滚刀

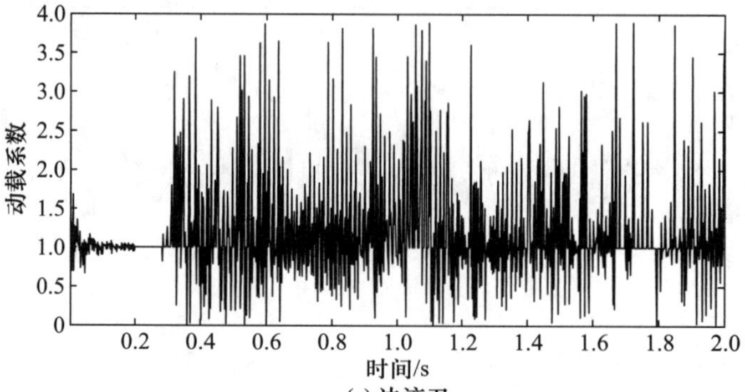

(c) 边滚刀

图 8.7 滚刀垂向动载系数曲线

数集中在 2.5 左右。因此，在刀座和刀盘的结构设计与优化中，应考虑破岩载荷经过滚刀的放大效应，同时刀轴载荷和滚刀动载系数的确定可以为刀座和刀盘的设计提供载荷依据。

8.1.3 侧向载荷系数对滚刀动态响应的影响

根据仿真分析可知，由于滚刀在刀盘上的安装位置不同，正滚刀与不同安装角度的边滚刀的垂向载荷和侧向载荷的比重也不相同；随着边滚刀安装角度的不断增大，其侧向载荷与垂向载荷的比重也在增大。本节定义滚刀侧向载荷均值与垂向载荷均值的比值为侧向载荷系数 k。对于中心滚刀来说，其侧向载荷系数在 0.1 左右，故当侧向载荷系数为 0.1 时，滚刀刀圈垂向载荷和刀轴的垂向载荷的对比分析如图 8.8a 所示。当侧向载荷系数 k 分别为 0.4 和 0.8 时，刀圈垂向载荷和刀轴的垂向载荷的对比分析分别如图 8.8b 和 c 所示。不同侧向载荷系数下刀轴载荷与刀圈垂向载荷之差的波动曲线如图 8.9a 所示，局部放大图如图 8.9b 所示。不同侧向载荷系数下，刀轴垂向载荷的标准差波动如图 8.10 所示。不同侧向载荷系数下滚刀轴承的最大偏转角如图 8.11 所示。

由图 8.8 至图 8.11 可知：

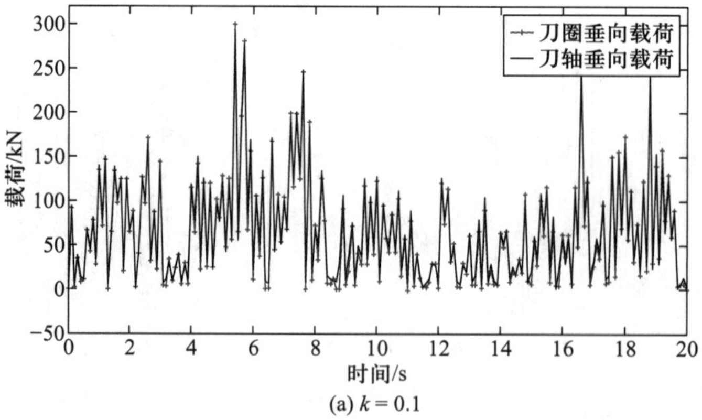

(a) $k = 0.1$

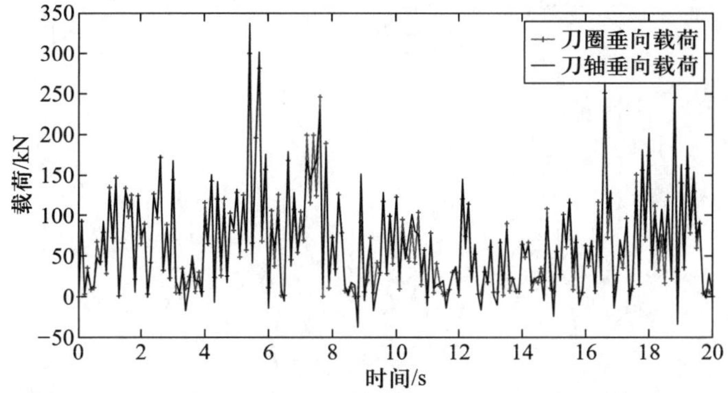

(b) $k = 0.4$

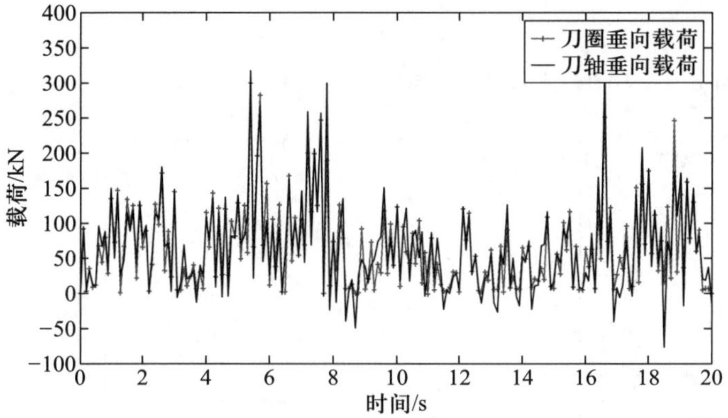

(c) $k = 0.8$

图 8.8 不同侧向载荷系数下刀轴和刀圈的载荷历程（见书后彩图）

（1）当侧向载荷系数为 0，即不考虑侧向载荷以及倾覆力矩时，刀轴的垂向载荷与刀圈载荷基本完全重合，载荷近似为线性传递[3]；当侧向载荷系数为 0.1 时，刀轴垂向载荷略大于刀圈垂向输入激励；随着侧向载荷系数的增大，刀轴的载荷波动也变得相对剧烈，刀轴垂向载荷的标准差增大 2.7 ~ 4.7 倍。因此在滚刀结构设计时，应考虑其动载荷放大效应。同时表明了侧向载荷越大，对滚刀系统耦合振动的影响越显著。

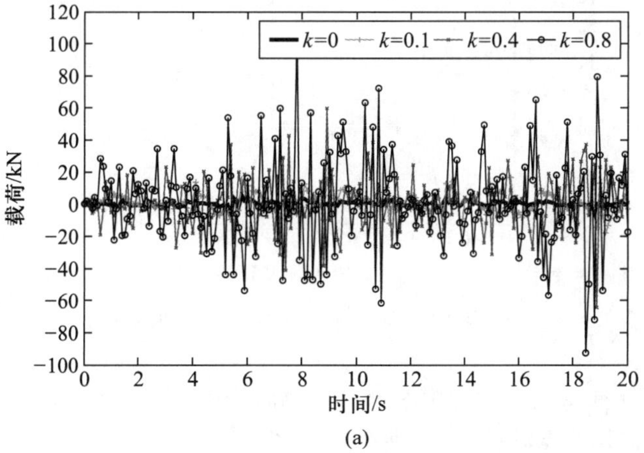

(a)

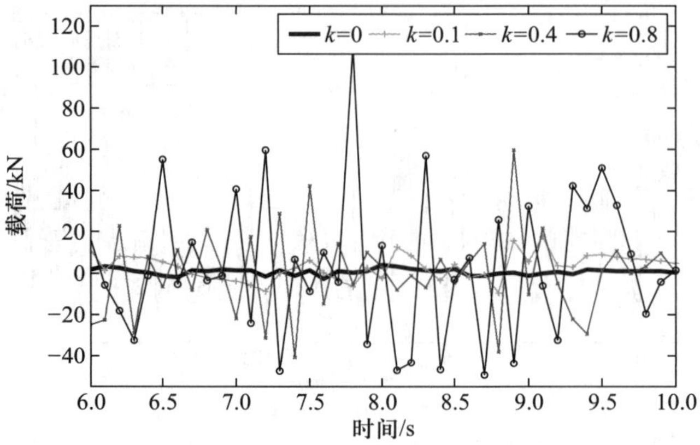

(b)

图 8.9 刀轴载荷与刀圈垂向载荷之差的波动曲线（见书后彩图）

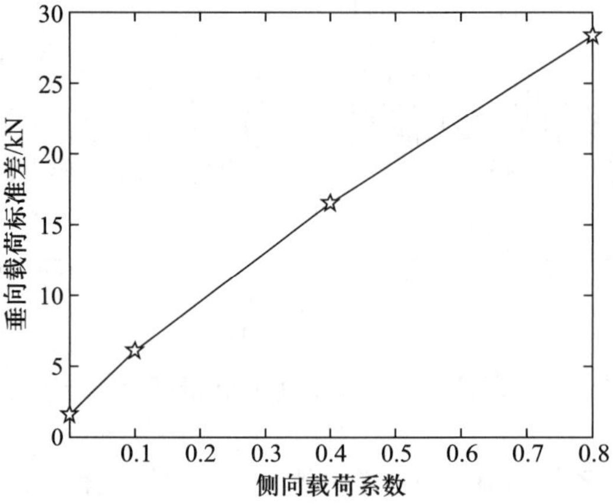

图 8.10 刀轴垂向载荷标准差曲线

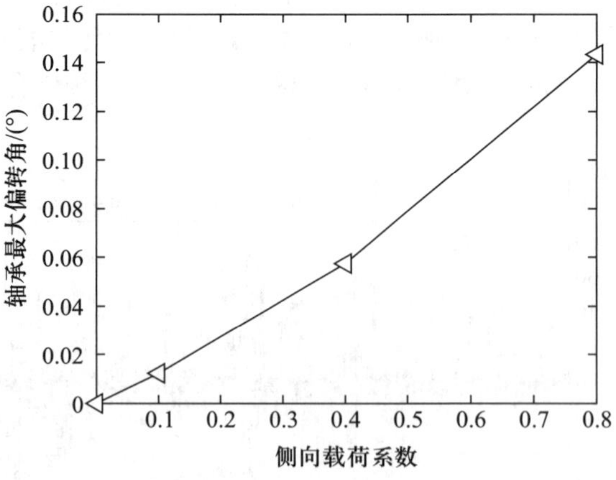

图 8.11 滚刀轴承最大偏转角曲线

由此验证了对于侧向载荷较大的边滚刀，其载荷传递并不是单向的线性传递。同时证明了建立滚刀多向耦合振动动力学模型的必要性。

（2）随着侧向载荷系数的增大，滚刀轴承的偏转角也随之增大，最大轴承偏转角为 0.14°，轴承偏转角的增大将加速滚刀轴承的损坏。而滚刀轴承为刚性轴承，有其最大的允许偏转角，因此在边滚刀轴承的设计及选型时，应重点考虑轴承设计的容许偏转角。

（3）正滚刀的侧向载荷系数较小，对垂向振动和载荷的影响较小，载荷传递接近线性传递，动载系数较小，进而可将传感器安装在刀轴上测量滚刀所受的载荷，提高了滚刀载荷实际测量的可操作性和准确性。

（4）对刀轴的时间载荷历程以及轴承偏转角的计算，为滚刀和刀盘的分析设计与优化提供了理论依据。

8.2 滚刀–刀座联结结构动态特性

8.2.1 系统各部件的振动时域响应

利用正弦的滚刀三向载荷、倾覆力矩和螺栓预紧力作为动力学系统的外部载荷激励，研究系统在外载和内部刚度阻尼作用下的动态响应。利用 Newmark 法求解系统动力学微分方程，可求得滚刀–刀座系统的滚刀、上楔形块、刀座、下定位块在 234 kN 预紧力下的位移响应曲线，如图 8.12 所示：

由图 8.12 可知：

（1）在内外部激励共同作用下，滚刀以及刀座各质量块在垂向、侧向和滚动方向的振动形式变化规律均与外部激励变化规律相一致。但由于垂向受螺栓预紧力作用，部分质量块存在位移初值，导致开始时质量块振动较为强烈，稳定后振动变化规律略微滞后于外部激励的变化规律。

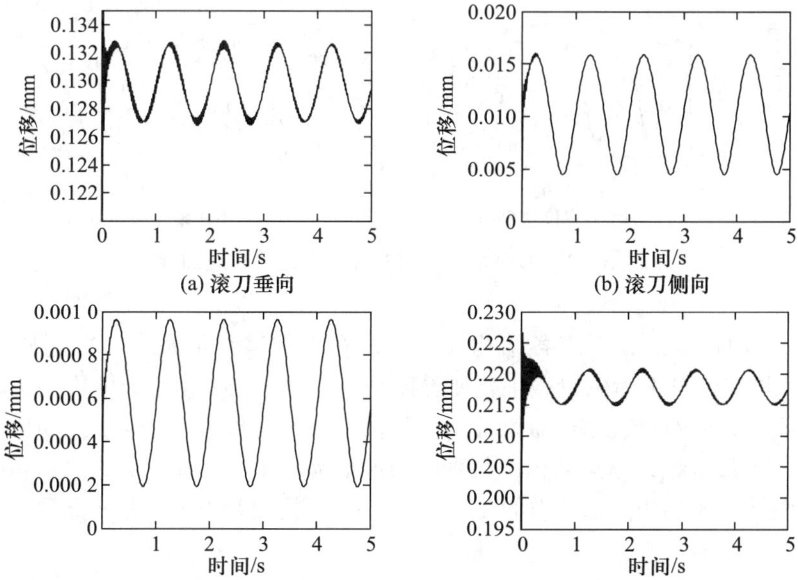

(a) 滚刀垂向 (b) 滚刀侧向

(c) 滚刀滚动方向 (d) 上楔形块垂向

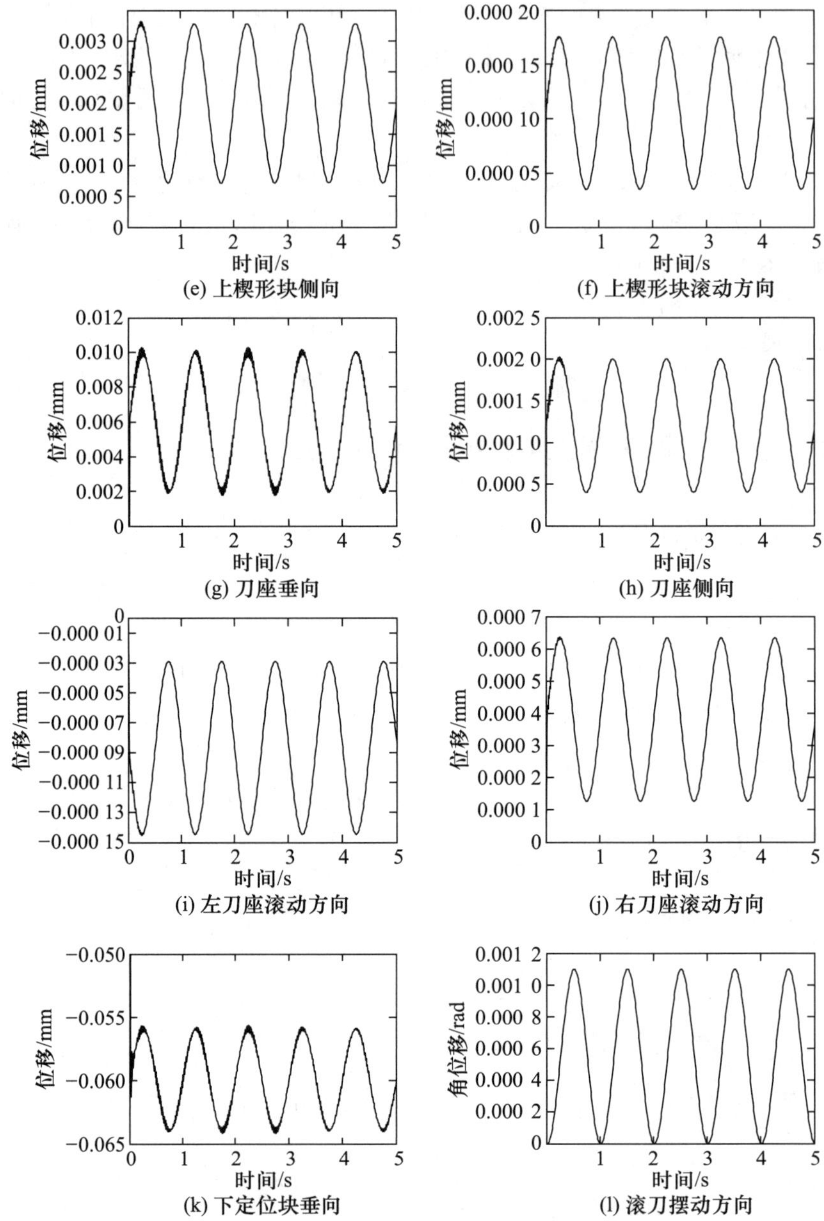

图 8.12 刀座系统各结构件振动位移响应曲线

（2）振动稳定后，刀座各结构在垂向的振动位移均值最大，振动幅度不超过 0.01 mm，均在各自平衡位置做小幅往复振动，说明在强大预紧力的作用下，系统具有较高的刚度，能够抵抗外部激励冲击。各构件在侧向和滚动方向的振动位移均值要比垂向小一个数量级，但振动幅度与垂向的振动幅度相当，甚至更大，这是由于虽然侧向力和滚动力大小约为垂向力的 1/10，但缺少螺栓预紧力的夹紧，导致了振动幅度较大。

（3）各部件中，上楔形块的垂向振动位移最大，滚刀、下定位块次之，刀座最小；滚刀的侧向振动位移最大，上楔形块次之，刀座最小；刀圈的滚动方向位移振动幅值较大，滚刀最大，刀座次之，上楔形块最小。这是由于垂向外载变化造成楔形块与刀轴接触的面压发生变化，导致楔形块振动增大，因此要选用合适的螺栓预紧力，保证楔形块振动平稳，减小螺栓的疲劳损伤。

（4）滚刀的倾覆角度最大振动幅度为 0.000 55 rad 左右，表明侧向力对正滚刀的倾覆造成的影响较小，不会对单侧螺栓的紧固产生影响，但刀盘上布置的滚刀数量为几十把，振动的累积效果会大大放大，因此有必要控制滚刀的偏载，减轻刀盘的振动。

8.2.2 各部件载荷的时域响应

将 8.2.1 中得到的滚刀–刀座系统各结构的垂向和水平振动位移时域响应乘以对应方向的等效刚度即可得到系统各结构载荷的时域历程。其中，刀座载荷的时域响应曲线如图 8.13 所示。

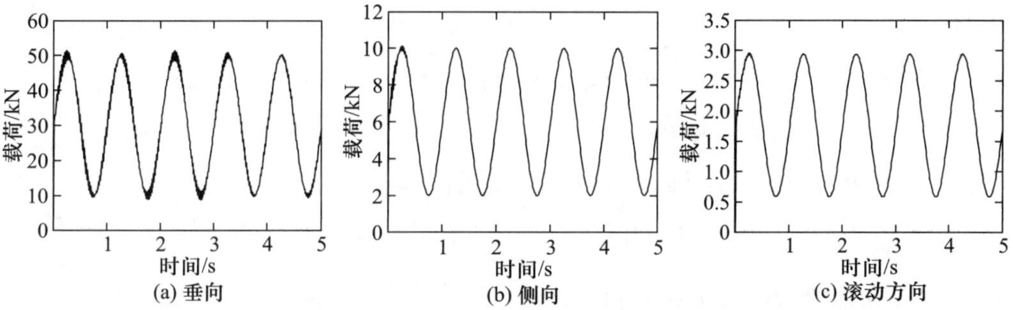

图 8.13 刀座载荷时域响应曲线

由图 8.13 可知，刀座在垂向、侧向和滚动方向的载荷变化规律与振动位移响应变化相似。载荷的振动幅度也与外部激励的变化规律相一致。稳定后，载荷基本在一定范围内波动，平均值几乎保持不变。刀座所受的垂向载荷均值为 30 kN，侧向载荷均值为 6 kN，滚动方向载荷均值仅为 1.5 kN。垂向载荷均值远远大于其余两个方向的载荷，这是由于滚刀直接接触坚硬的岩石所需要的力远大于刀盘滚动产生的力。因此在刀座设计中要充分考虑刀座结构垂向受力的强度，避免在高冲击垂向载荷作用下发生刀座变形和失效。

8.3 TBM 主机系统耦合动态特性

8.3.1 刀盘系统的固有特性及灵敏度分析

系统固有特性分析又称模态分析，是指系统在忽略外部激励、内部阻尼以及各种非线性因素并假定系统刚度为常数时发生的自由振动，反映了系统本身的固有特性，包括固有频率和振型。本节在求解刀盘系统动力学模型特征方程的基础上，通过振型坐标推导模态能量计算公式，并分析各阶模态动能和应变能的分布规律，进一步明确系统的振型模式，揭示构件在不同模态下的振动剧烈程度和变形程度。同时，分析固有频率对刚度和质量参数的灵敏度，揭示系统的模态跃迁现象，掌握各参数对固有频率的影响规律。

8.3.1.1 固有频率与振型

忽略刀盘系统动力学微分方程组中的阻尼、间隙及外部激励项，得到无阻尼线性时不变自由振动方程为

$$\boldsymbol{M}\ddot{\boldsymbol{X}}+\boldsymbol{K}\boldsymbol{X}=\mathbf{0} \tag{8.9}$$

同时假定用平均刚度代替齿轮副时变啮合刚度和轴承时变刚度，与之对应的特征值问题可表述如下：

$$(\overline{\boldsymbol{K}}-\omega_i^2\boldsymbol{M})\boldsymbol{\varphi}_i=\mathbf{0} \tag{8.10}$$

式中：ω_i 和 φ_i 分别为第 i 阶固有频率和振型向量；$\overline{\boldsymbol{K}}$ 为系统的平均刚度矩阵。

本节研究的维尔特刀盘系统动力学模型共 59 个自由度，所以其特征方程中的质量矩阵 $\boldsymbol{M}$ 为 59 阶对角矩阵，各元素为系统各构件的质量和转动惯量，质量矩阵表示如下：

$$\begin{aligned}\boldsymbol{M}=\operatorname{diag}(&m_1,m_1,m_1,m_2,m_2,m_2,m_3,m_3,m_3,m_4,m_4,m_4,m_{\mathrm{L}},m_{\mathrm{L}},m_{\mathrm{L}},\\&I_{\mathrm{L}x},I_{\mathrm{L}y},I_{\mathrm{L}},m_{\mathrm{r}},m_{\mathrm{r}},m_{\mathrm{r}},I_{\mathrm{r}x},I_{\mathrm{r}y},I_{\mathrm{r}},m_{\mathrm{d}},m_{\mathrm{d}},m_{\mathrm{d}},m_{\mathrm{p1}},m_{\mathrm{p1}},I_{\mathrm{p1}},I_{\mathrm{m1}},\\&m_{\mathrm{p2}},m_{\mathrm{p2}},I_{\mathrm{p2}},I_{\mathrm{m2}},m_{\mathrm{p3}},m_{\mathrm{p3}},I_{\mathrm{p3}},I_{\mathrm{m3}},m_{\mathrm{p4}},m_{\mathrm{p4}},I_{\mathrm{p4}},I_{\mathrm{m4}},m_{\mathrm{p5}},m_{\mathrm{p5}},\\&I_{\mathrm{p5}},I_{\mathrm{m5}},m_{\mathrm{p6}},m_{\mathrm{p6}},I_{\mathrm{p6}},I_{\mathrm{m6}},m_{\mathrm{p7}},m_{\mathrm{p7}},I_{\mathrm{p7}},I_{\mathrm{m7}},m_{\mathrm{p8}},m_{\mathrm{p8}},I_{\mathrm{p8}},I_{\mathrm{m8}})\end{aligned} \tag{8.11}$$

平均刚度矩阵 $\overline{\boldsymbol{K}}$ 是按构件分块的 59 阶对称矩阵，具体各元素详见附录。维尔特刀盘系统的主要设计参数有：刀盘直径为 8.53 m，驱动总功率为 3 440 kW，刀盘额定转速为 5.6 r/min。

得到质量矩阵和平均刚度矩阵后，代入系统特征方程 (8.10)，通过 Cholesky 分解算法求解得到 59 对特征值和特征向量，即可得到系统的固有频率和振型向量。鉴于刀盘的实际激振频率情况[3-5]，这里仅列出前 15 阶振型和固有频率如表 8.2 所示。

表 8.2 刀盘系统前 15 阶振型和固有频率

振动模态形式	固有频率/Hz
刚体模态	$\omega_1=0$
电机、小齿轮纯扭转振动模态	$\omega_{2\sim9}=57$
刀盘、大齿圈平移–倾覆耦合振动模态	$\omega_{10}=61,\omega_{11}=70,\omega_{12}=114,\omega_{13,14}=120,\omega_{15}=124$

将模态矩阵正规化后，可得到刀盘系统的各阶振型如图 8.14 所示，其中自由度编号 $1\sim59$，分别对应式 (8.11) 中系统各构件的自由度。

由以上模态分析结果可知：① 刀盘系统第一阶振动形式为刚体模态，各构件只做不发生弹性变形的运动，且各旋转构件的自由度保持传动比的关系；② 刀盘系统振动变形主要集中在中间阶模态，低阶和高阶振幅相对较小；③ 前 15 阶模态主要有两种振型——电动机和小齿轮的纯扭转振动、刀盘和大齿圈平移–倾覆耦合振动，与实际

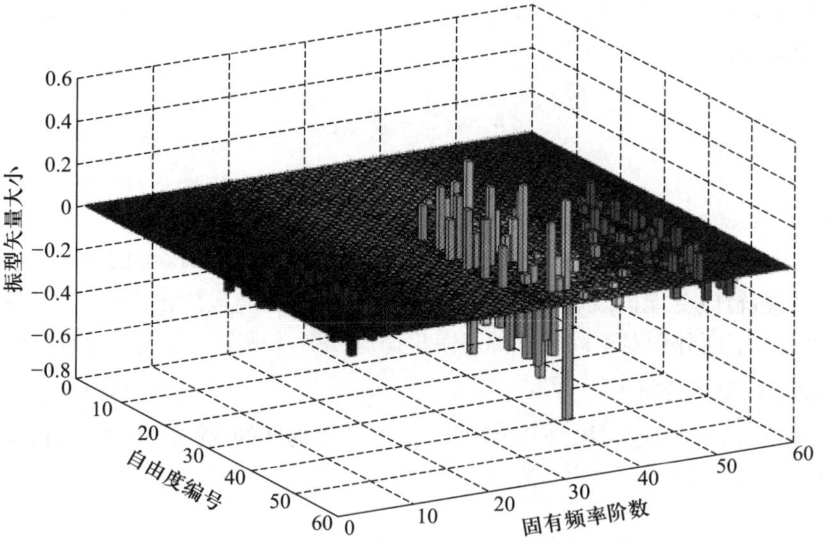

图 8.14 刀盘系统各阶振型

TBM 掘进中刀盘出现的振动形式基本相符[6]，在一定程度上说明建立的动力学模型是合理的，且对应的频率分别为 57 Hz（重根）和 61 Hz，大于小齿轮的转频（1.16 Hz）和啮合频率（16.24 Hz）等内部激励频率，但可能与外部激振频率重合，系统有发生共振的危险。

8.3.1.2 模态能量分布规律

构件的振动剧烈程度及变形情况可通过研究各构件在每阶模态下的动能和应变能分布得到。同时模态能量与参数灵敏度之间有直接的关系，能反映各参数对固有频率的敏感程度[7]。因此，可以通过模态动能和应变能的分布间接地分析刀盘系统结构振动模态特点，进一步区分系统各阶振型及定性分析参数对各阶固有频率的影响。

设 q_i 为质量 m_i 的广义坐标，$\dot{q}_i$ 表示 m_i 的速度，则系统具有的应变能和动能分别为

$$U = \frac{1}{2}\sum_{i=1}^{n}\sum_{j=1}^{n} k_{ij}q_iq_j = \frac{1}{2}\boldsymbol{q}^{\mathrm{T}}\overline{\boldsymbol{K}}\boldsymbol{q} \tag{8.12}$$

$$E = \frac{1}{2}\sum_{i=1}^{n}\sum_{j=1}^{n} m_{ij}\dot{q}_i\dot{q}_j = \frac{1}{2}\dot{\boldsymbol{q}}^{\mathrm{T}}\boldsymbol{M}\dot{\boldsymbol{q}} \tag{8.13}$$

当系统以第 i 阶主振型振动时，系统具有的最大动能和最大应变能被定义为该系统第 i 阶模态动能和模态应变能。设主振型向量为 $\boldsymbol{\varphi}_i$，计算第 i 阶模态应变能时，各质量块以第 i 阶固有频率 ω_i 运动到各自的最大振幅位置。当计算第 i 阶模态动能时，振动系统各质量块则运动到各自的平衡位置，此时各质量块具有最大运动速度，即

$$\boldsymbol{q} = \boldsymbol{\varphi}_i \tag{8.14}$$

$$\dot{\boldsymbol{q}} = \omega_i\boldsymbol{\varphi}_i \tag{8.15}$$

将式 (8.14) 和式 (8.15) 分别代入式 (8.12) 和式 (8.13) 中，则可得第 i 阶模态动能和模态应变能

$$E_i = \frac{1}{2}\omega_i^2 \boldsymbol{\varphi}_i^{\mathrm{T}} \boldsymbol{M} \boldsymbol{\varphi}_i \tag{8.16}$$

$$U_i = \frac{1}{2}\boldsymbol{\varphi}_i^{\mathrm{T}} \overline{\boldsymbol{K}} \boldsymbol{\varphi}_i \tag{8.17}$$

对于 TBM 刀盘系统而言，模态应变能包括各平移运动构件的支撑应变能、扭转运动构件的扭转应变能以及轮齿的啮合应变能，模态动能包括各构件的质量动能和转动惯量动能。下面分别对不同构件的各阶模态应变能与模态动能进行分析。

1. 模态应变能分析

对于第 n 阶模态应变能，总应变能 U_n 等于各构件的支撑应变能、扭转应变能及啮合应变能之和，即

$$\begin{cases} U_n = \dfrac{1}{2}\boldsymbol{\varphi}_n^{\mathrm{T}} \overline{\boldsymbol{K}} \boldsymbol{\varphi}_n = U_i^n + U_{\mathrm{L}}^n + U_{\mathrm{r}}^n + U_{\mathrm{d}}^n + U_{\mathrm{Lr}}^n + \displaystyle\sum_{j=1}^{8}(U_{\mathrm{p}j}^n + U_{\mathrm{pr}j}^n + U_{\mathrm{m}j}^n) \\ U_i^n = \displaystyle\sum_{i=1}^{4}\frac{1}{2}[k_{\zeta i}(\delta_{\zeta i}^n)^2 + k_{\eta i}(\delta_{\eta i}^n)^2] \\ U_{\mathrm{L}}^n = \dfrac{1}{2}[k_{\mathrm{eqL}x}(X_{\mathrm{L}}^n - X_{\mathrm{r}}^n)^2 + k_{\mathrm{eqL}y}(Y_{\mathrm{L}}^n - Y_{\mathrm{r}}^n)^2 + k_{\mathrm{eqL}z}(Z_{\mathrm{L}}^n - Z_{\mathrm{r}}^n)^2] \\ U_{\mathrm{r}}^n = \dfrac{1}{2}[k_{\mathrm{eqr}}(X_{\mathrm{r}}^n - X_{\mathrm{d}}^n)^2 + k_{\mathrm{eqr}}(Y_{\mathrm{r}}^n - Y_{\mathrm{d}}^n)^2 + k_{\mathrm{eqr}z}(Z_{\mathrm{r}}^n - Z_{\mathrm{d}}^n)^2] \\ U_{\mathrm{d}}^n = \dfrac{1}{2}\{k_{\mathrm{eqd}}[(X_{\mathrm{d}}^n)^2 + (Y_{\mathrm{d}}^n)^2] + k_{\mathrm{eqd}z}(Z_{\mathrm{d}}^n)^2\} \\ U_{\mathrm{Lr}}^n = \dfrac{1}{2}[k_{\mathrm{rLQ}}(\theta_{\mathrm{L}}^n - \theta_{\mathrm{r}}^n)^2] \\ U_{\mathrm{p}j}^n = \dfrac{1}{2}k_{\mathrm{eqp}}[(H_j^n)^2 + (V_j^n)^2] \\ U_{\mathrm{pr}j}^n = \dfrac{1}{2}k_{\mathrm{m}}\delta_{\mathrm{pr}j}^n \\ U_{\mathrm{m}j}^n = \dfrac{1}{2}[k_{\mathrm{mpQ}}(\theta_{\mathrm{p}j}^n - \theta_{\mathrm{m}j}^n)^2] \end{cases} \tag{8.18}$$

式中：U_i^n 为第 i 个刀盘分体边块的第 n 阶支撑应变能；U_{L}^n 为刀盘中心块的第 n 阶支撑应变能；U_{r}^n 为大齿圈的第 n 阶支撑应变能；U_{d}^n 为盾体的第 n 阶支撑应变能；U_{Lr}^n 为刀盘输出端的第 n 阶扭转应变能；$U_{\mathrm{p}j}^n$ 为第 j 个小齿轮的第 n 阶支撑应变能；$U_{\mathrm{pr}j}^n$ 为大齿圈和第 j 个小齿轮的第 n 阶啮合应变能；$U_{\mathrm{m}j}^n$ 为第 j 个电动机输入端的第 n 阶扭转应变能。

将各阶固有频率及各构件的振型矢量大小代入式 (8.18)，得到各构件的模态应变能如图 8.15 所示。

从以上结果可以看出：刀盘系统前 10 阶模态应变能主要集中在电动机输入端的扭转应变能，第 10—20 阶主要为刀盘分体的支撑应变能，说明输入端扭转刚度对低阶固有频率影响较大；而刀盘分体的支撑刚度主要影响第 10—20 阶固有频率，其余

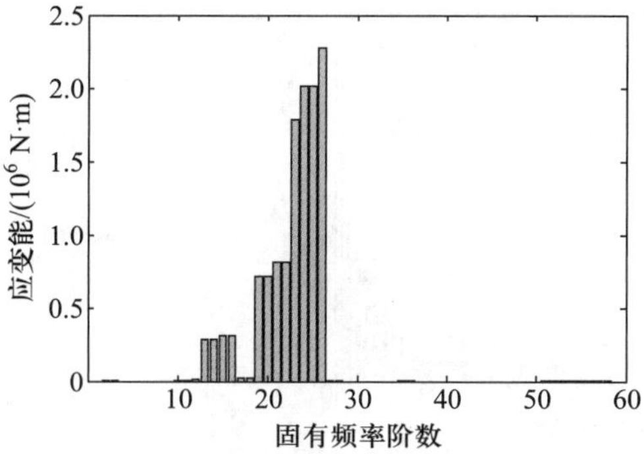

(a) 刀盘分体支撑应变能分布

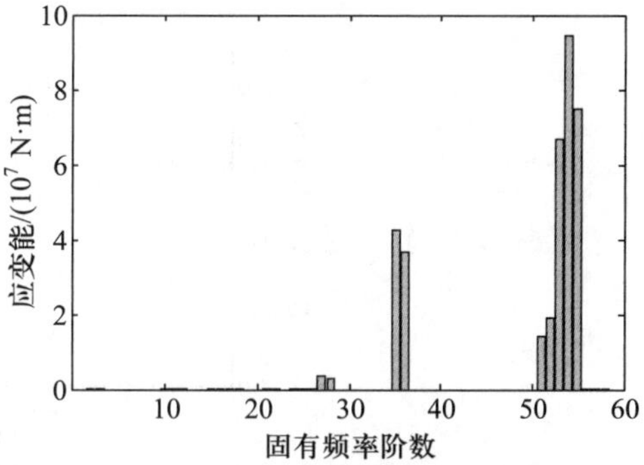

(b) 刀盘中心块支撑应变能分布

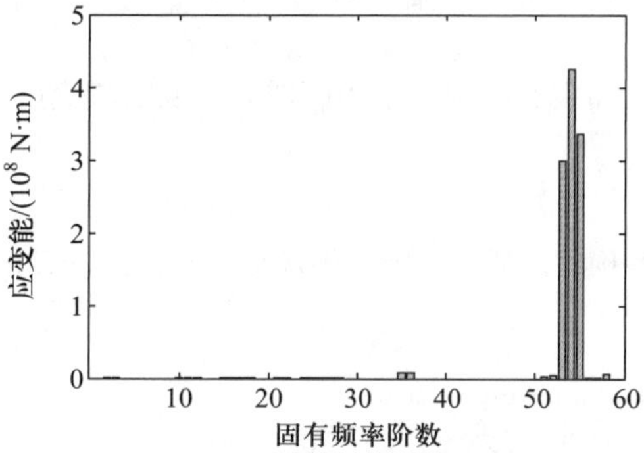

(c) 大齿圈支撑应变能分布

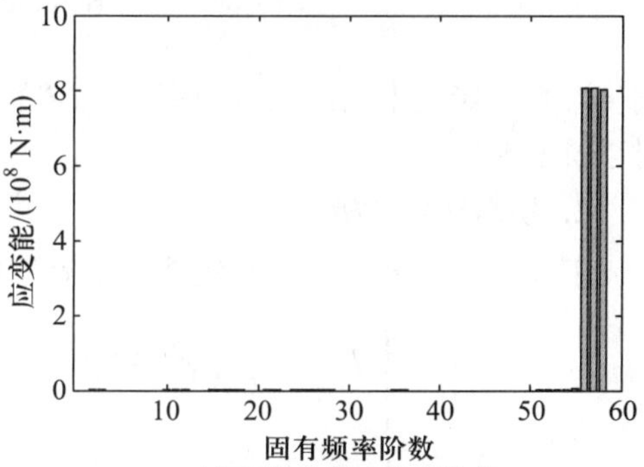

(d) 盾体支撑应变能分布

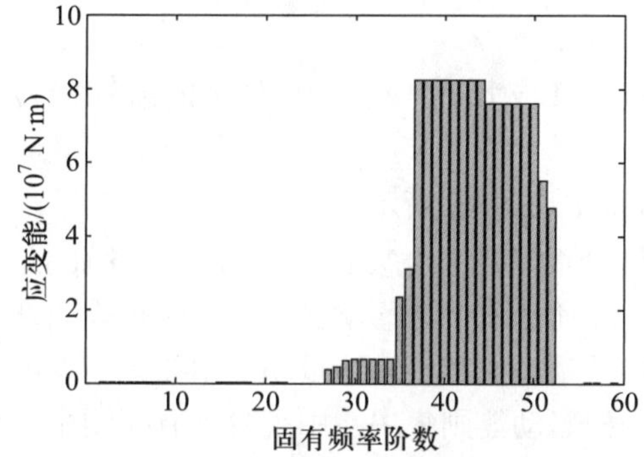

(e) 小齿轮支撑应变能分布

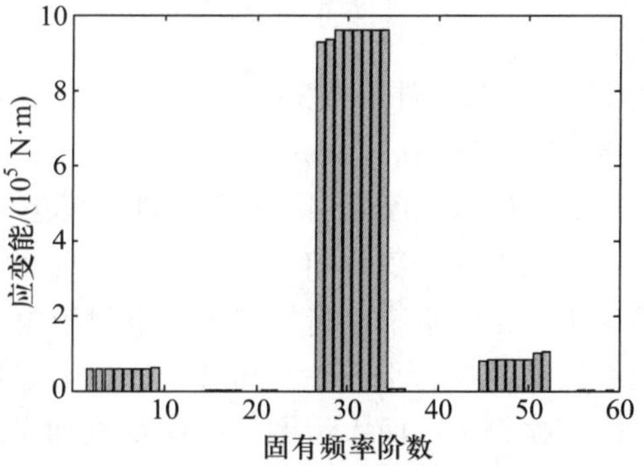

(f) 电动机输入端扭转应变能分布

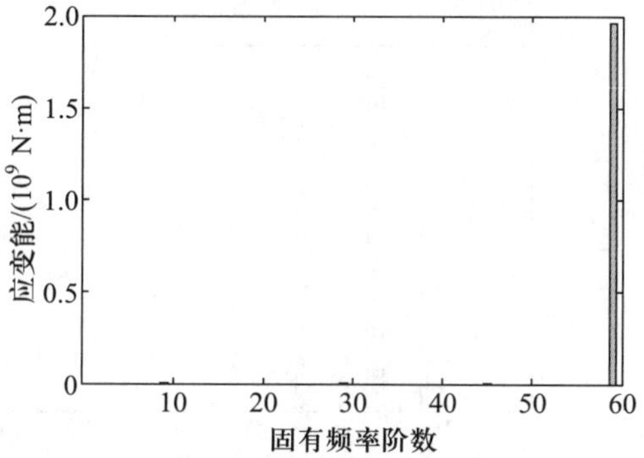

(g) 刀盘输出端扭转应变能分布

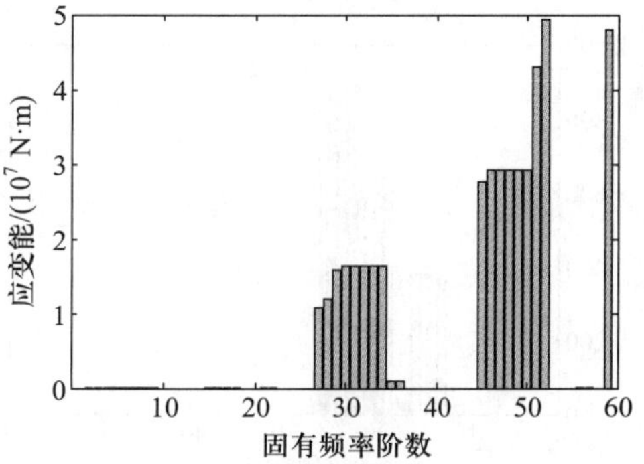

(h) 啮合应变能分布

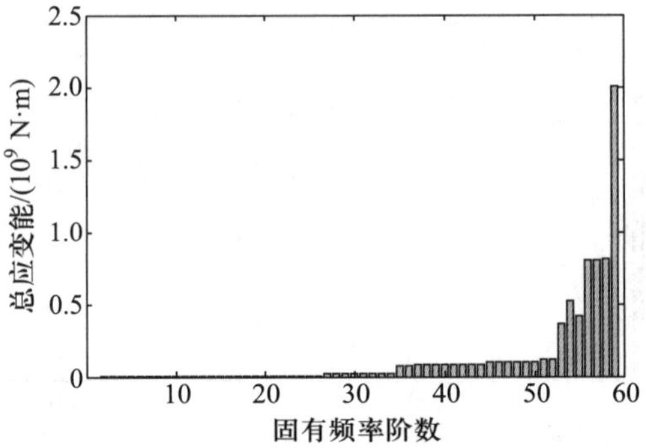

(i) 各阶模态总应变能分布

图 8.15 各构件模态应变能和总应变能分布

刚度参数则影响中高阶固有频率；总应变能随模态阶数的增大而增大，说明高频振动时系统变形较大。

2. 模态动能分析

刀盘系统第 n 阶模态总动能 E_n 等于各构件的质量动能和转动惯量动能之和，即

$$\begin{cases} E_n = \dfrac{1}{2}\omega_n^2 \boldsymbol{\varphi}_n^{\mathrm{T}} \boldsymbol{M} \boldsymbol{\varphi}_n = \displaystyle\sum_{s=i,\mathrm{L},\mathrm{r},\mathrm{d},\mathrm{p}} E_s^n + \sum_{t=\mathrm{L},\mathrm{r},\mathrm{p},\mathrm{m}} E_{\theta t}^n \\ E_s^n = \dfrac{1}{2}\omega_n^2 m_s[(X_s^n)^2 + (Y_s^n)^2 + (Z_s^n)^2] \\ E_{\theta t}^n = \dfrac{1}{2}\omega_n^2 I_t(\theta_t^n)^2 \end{cases} \tag{8.19}$$

式中：E_s^n 为构件 s 的第 n 阶质量动能，$s = i, \mathrm{L}, \mathrm{r}, \mathrm{d}, \mathrm{p}$；$E_{\theta t}^n$ 为构件 t 的第 n 阶转动惯量动能，$t = \mathrm{L}, \mathrm{r}, \mathrm{p}, \mathrm{m}$。

通过计算，可分别得到各构件的模态动能如图 8.16 所示。

从以上结果同样可以得出：小齿轮的转动惯量动能主要集中在刀盘系统前 10 阶振型中，说明系统小齿轮转动惯量对第 2—10 阶固有频率影响较大，同时也表明低阶固有振型表现为小齿轮纯扭转模态；刀盘的质量动能和转动惯量动能主要集中在中低阶固有振型中；而大齿圈、盾体及电动机的模态动能则集中在中高阶固有振型中；系统最大的模态总动能集中在中间阶模态，与上述振型分析的结果基本一致。

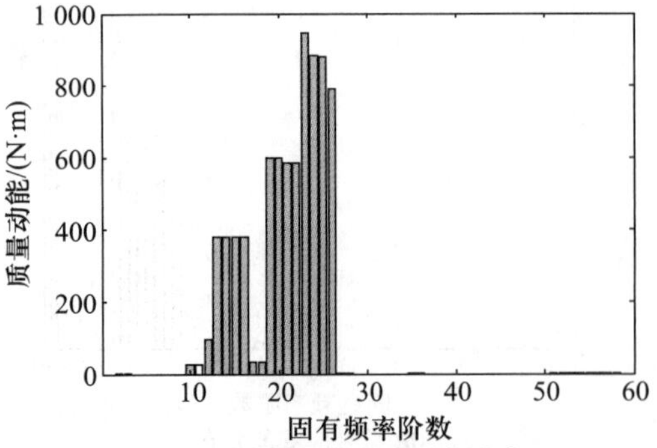

(a) 刀盘分体质量动能分布

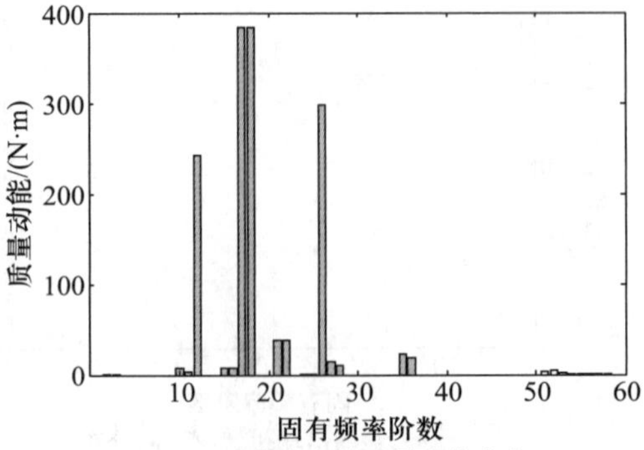

(b) 刀盘中心块质量动能分布

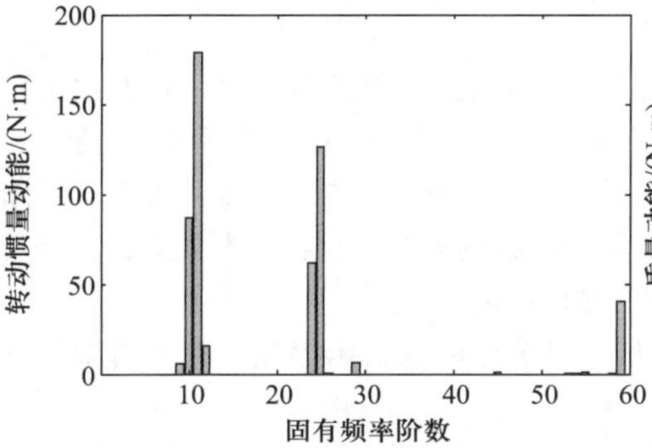

(c) 刀盘转动惯量动能分布

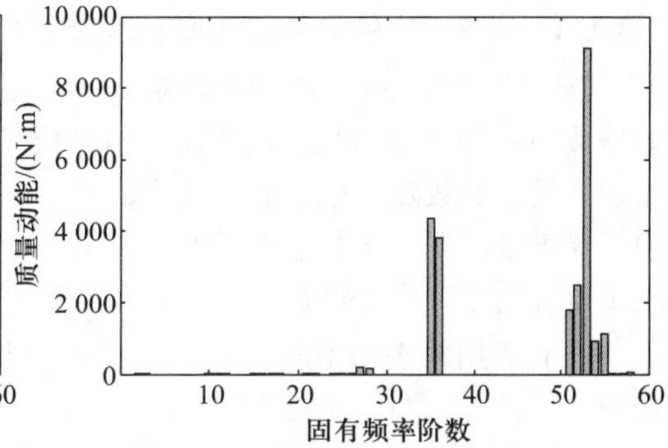

(d) 大齿圈质量动能分布

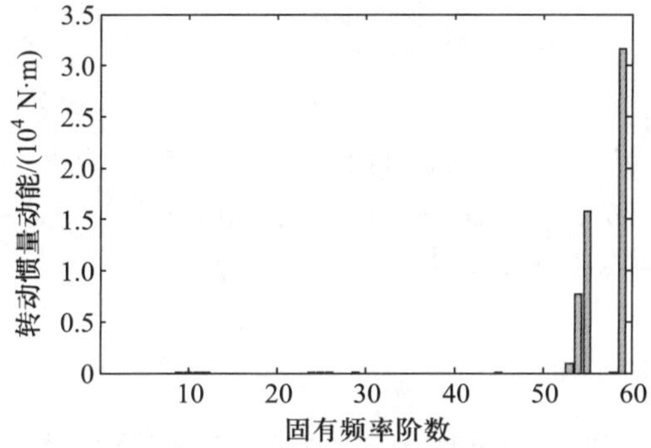

(e) 大齿圈转动惯量动能分布

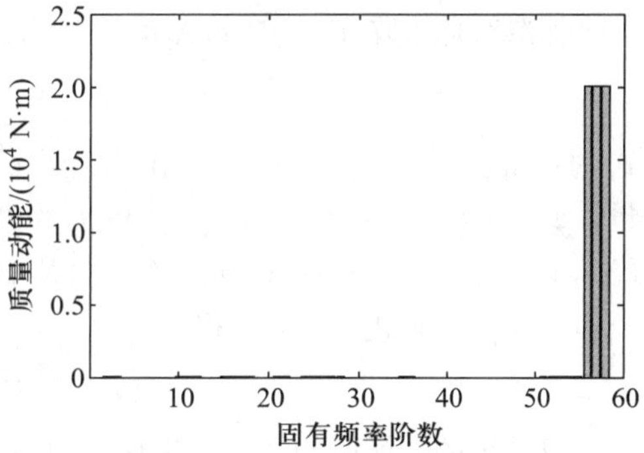

(f) 盾体质量动能分布

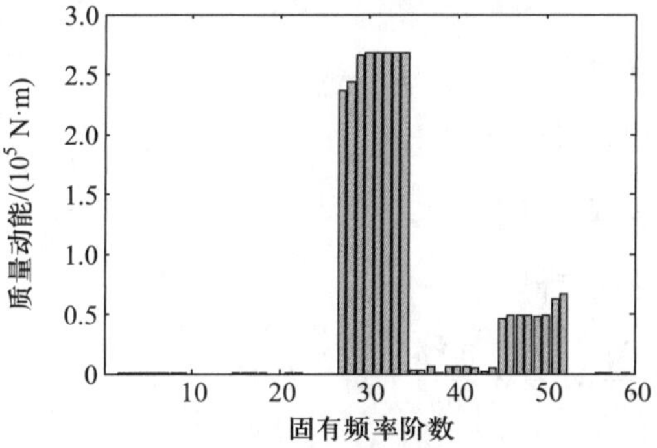

(g) 小齿轮质量动能分布

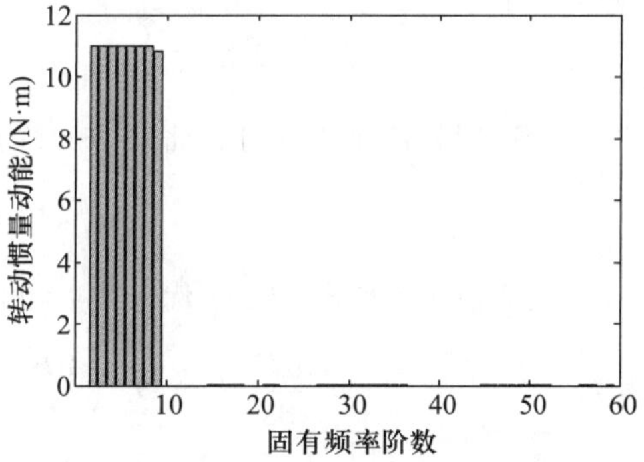

(h) 小齿轮转动惯量动能分布

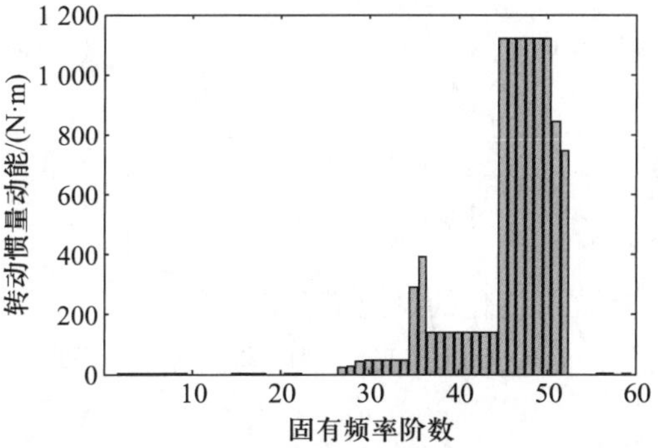

(i) 电动机转动惯量动能分布

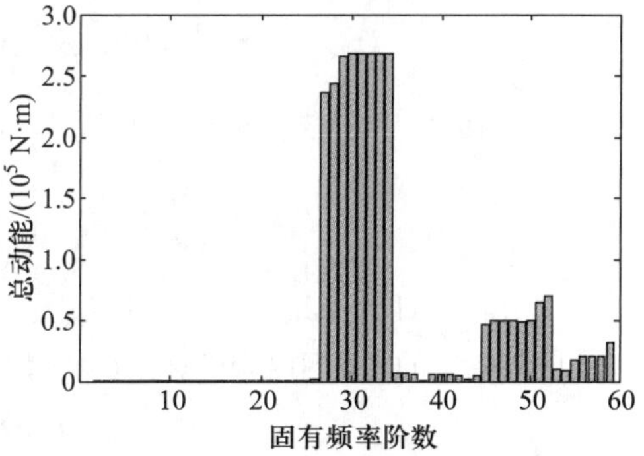

(j) 各阶模态总动能

图 8.16 各构件模态动能和总动能分布

8.3.1.3 固有频率的参数灵敏度及影响分析

修改物理参数的方法是振动系统优化设计的有力工具，借助该方法，可有选择性地修改系统的物理参数，使系统具有预定的固有特性。因此，有必要研究固有频率、振型等模态参数随物理参数的变化，并探讨其对质量、刚度等参数的变化敏感度，即模态灵敏度问题。从数学本质上讲，敏感度即为导数的概念；从物理本质上讲，它反映了模态能量对系统的惯性元件或弹性元件的敏感程度[8]。

本节运用模态法对参数进行灵敏度分析，对于无阻尼自由振动方程，其特征方程为

$$(\overline{\boldsymbol{K}}-\lambda_i\boldsymbol{M})\boldsymbol{\varphi}_i=\boldsymbol{0} \tag{8.20}$$

构造对称矩阵 $\boldsymbol{P}=\overline{\boldsymbol{K}}-\lambda_i\boldsymbol{M}$，则有

$$\boldsymbol{P}\boldsymbol{\varphi}_i=\boldsymbol{0} \tag{8.21}$$

式中：λ_i、$\boldsymbol{\varphi}_i=(\boldsymbol{\varphi}_j,\boldsymbol{\varphi}_{\mathrm{L}},\boldsymbol{\varphi}_{\mathrm{r}},\boldsymbol{\varphi}_{\mathrm{d}},\boldsymbol{\varphi}_k)^{\mathrm{T}}$ 分别为刀盘系统的第 i 阶特征值和特征向量，$\boldsymbol{\varphi}_j=(\xi_j,\eta_j,Z_j),\boldsymbol{\varphi}_{\mathrm{L}}=(X_{\mathrm{L}},Y_{\mathrm{L}},Z_{\mathrm{L}},\theta_{\mathrm{L}x},\theta_{\mathrm{L}y},\theta_{\mathrm{L}}),\boldsymbol{\varphi}_{\mathrm{r}}=(X_{\mathrm{r}},Y_{\mathrm{r}},Z_{\mathrm{r}},\theta_x,\theta_y,\theta_{\mathrm{r}}),\boldsymbol{\varphi}_{\mathrm{d}}=(X_{\mathrm{d}},Y_{\mathrm{d}},Z_{\mathrm{d}}),\boldsymbol{\varphi}_k=(H_k,V_k,\theta_{\mathrm{p}k},\theta_{\mathrm{m}k})$ (其中 $j=1,2,3,4,\ k=1,2,\cdots,N_{\mathrm{p}}$)。

以 $\boldsymbol{\varphi}_i^{\mathrm{T}}$ 左乘式 (8.21)，得

$$\boldsymbol{\varphi}_i^{\mathrm{T}}\boldsymbol{P}\boldsymbol{\varphi}_i=0 \tag{8.22}$$

将系统的特征值和特征向量均视为某个物理参数 s 的函数，并对式 (8.22) 两边求偏导，可得

$$\frac{\partial\boldsymbol{\varphi}_i^{\mathrm{T}}}{\partial s}\boldsymbol{P}\boldsymbol{\varphi}_i+\boldsymbol{\varphi}_i^{\mathrm{T}}\frac{\partial\boldsymbol{P}}{\partial s}\boldsymbol{\varphi}_i+\boldsymbol{\varphi}_i^{\mathrm{T}}\boldsymbol{P}\frac{\partial\boldsymbol{\varphi}_i}{\partial s}=0 \tag{8.23}$$

又由矩阵 $\boldsymbol{P}$ 的对称性，将式 (8.21) 两边转置可得

$$\boldsymbol{\varphi}_i^{\mathrm{T}}\boldsymbol{P}^{\mathrm{T}}=\boldsymbol{\varphi}_i^{\mathrm{T}}\boldsymbol{P}=0 \tag{8.24}$$

将式 (8.21) 和式 (8.24) 代入式 (8.23) 化简可得

$$\boldsymbol{\varphi}_i^{\mathrm{T}}\frac{\partial\boldsymbol{P}}{\partial s}\boldsymbol{\varphi}_i=\boldsymbol{\varphi}_i^{\mathrm{T}}\left(\frac{\partial\overline{\boldsymbol{K}}}{\partial s}-\frac{\partial\lambda_i}{\partial s}\boldsymbol{M}-\lambda_i\frac{\partial\boldsymbol{M}}{\partial s}\right)\boldsymbol{\varphi}_i=0 \tag{8.25}$$

引入正规化的振型矢量 $\boldsymbol{\varphi}_i^{\tau\mathrm{T}}$，使之满足

$$\boldsymbol{\varphi}_i^{\tau\mathrm{T}}\boldsymbol{M}\boldsymbol{\varphi}_i^{\tau}=1 \tag{8.26}$$

将式 (8.26) 代入式 (8.25)，可得

$$\frac{\partial\lambda_i}{\partial s}=\boldsymbol{\varphi}_i^{\tau\mathrm{T}}\left(\frac{\partial\overline{\boldsymbol{K}}}{\partial s}-\lambda_i\frac{\partial\boldsymbol{M}}{\partial s}\right)\boldsymbol{\varphi}_i^{\tau} \tag{8.27}$$

式 (8.27) 即为系统第 i 阶特征值随物理参数 s 变化的灵敏度表达式[9]。

由于系统的平均刚度矩阵与质量参数无关，而质量矩阵又与刚度参数无关，即

$$\begin{cases}\dfrac{\partial\overline{\boldsymbol{K}}}{\partial m_i}=0\\[2ex]\dfrac{\partial\boldsymbol{M}}{\partial k_i}=0\end{cases} \tag{8.28}$$

将式 (8.28) 代入式 (8.27)，则第 i 阶特征值对质量参数和刚度参数的灵敏度可分别表示为

$$\begin{cases} \dfrac{\partial \lambda_i}{\partial m_i} = -\lambda_i \boldsymbol{\varphi}_i^{\tau \mathrm{T}} \dfrac{\partial \boldsymbol{M}}{\partial m_i} \boldsymbol{\varphi}_i^{\tau} \\ \dfrac{\partial \lambda_i}{\partial k_i} = \boldsymbol{\varphi}_i^{\tau \mathrm{T}} \dfrac{\partial \overline{\boldsymbol{K}}}{\partial k_i} \boldsymbol{\varphi}_i^{\tau} \end{cases} \tag{8.29}$$

再根据固有频率和特征值的关系 $\lambda_i = \omega_i^2$，即可得固有频率的参数灵敏度表达式：

$$\begin{cases} \dfrac{\partial \omega_i}{\partial m_i} = -\dfrac{\omega_i}{2} \boldsymbol{\varphi}_i^{\tau \mathrm{T}} \dfrac{\partial \boldsymbol{M}}{\partial m_i} \boldsymbol{\varphi}_i^{\tau} \\ \dfrac{\partial \omega_i}{\partial k_i} = \dfrac{1}{2\omega_i} \boldsymbol{\varphi}_i^{\tau \mathrm{T}} \dfrac{\partial \overline{\boldsymbol{K}}}{\partial k_i} \boldsymbol{\varphi}_i^{\tau} \end{cases} \tag{8.30}$$

将刀盘系统质量矩阵和平均刚度矩阵代入式 (8.30) 中，即可求解刀盘系统固有频率对各构件质量和刚度参数的灵敏度。以下对这两个灵敏度及影响分别进行分析，鉴于篇幅限制及研究重点，这里主要分析刀盘支撑刚度和质量参数的影响。

1. 固有频率对刀盘刚度参数的灵敏度及影响分析

1）对刀盘分体支撑刚度的灵敏度及影响

以刀盘分体切向支撑刚度 k_ζ 为例，推导固有频率对该参数的灵敏度表达式，其余参数推导过程类似。在刀盘系统平均刚度矩阵 $\overline{\boldsymbol{K}}$ 中，与 k_ζ 有关的矩阵包括 $\boldsymbol{k}_{11}$、$\boldsymbol{k}_{22}$、$\boldsymbol{k}_{33}$、$\boldsymbol{k}_{13}$ 及 $\boldsymbol{k}_{23}$，这些矩阵是刀盘分体自身的刚度矩阵及分体与中心块的耦合刚度矩阵，其余矩阵对 k_ζ 的导数均为 0，因此平均刚度矩阵 $\overline{\boldsymbol{K}}$ 对 k_ζ 的偏导数为

$$\begin{aligned} &\frac{\partial \overline{\boldsymbol{K}}}{\partial k_\zeta} \\ &= \frac{\partial}{\partial k_\zeta} \begin{pmatrix} k_\zeta & 0 & -k_\zeta \sin\varphi_{\mathrm{L}1} & k_\zeta \cos\varphi_{\mathrm{L}1} & 0 & 0 & 0 \\ 0 & k_\zeta & 0 & -k_\zeta \sin\varphi_{\mathrm{L}2} & k_\zeta \cos\varphi_{\mathrm{L}2} & 0 & 0 \\ 0 & 0 & k_\zeta & 0 & -k_\zeta \sin\varphi_{\mathrm{L}3} & k_\zeta \cos\varphi_{\mathrm{L}3} & 0 \\ 0 & 0 & 0 & k_\zeta & 0 & -k_\zeta \sin\varphi_{\mathrm{L}4} & k_\zeta \cos\varphi_{\mathrm{L}4} \\ -k_\zeta \sin\varphi_{\mathrm{L}1} & 0 & -k_\zeta \sin\varphi_{\mathrm{L}4} & \sum\limits_{j=1}^{4} k_\zeta \sin^2\varphi_{\mathrm{L}j} & -\sum\limits_{j=1}^{4} k_\zeta \cos\varphi_{\mathrm{L}j} \sin\varphi_{\mathrm{L}j} & 0 & 0 \\ -k_\zeta \cos\varphi_{\mathrm{L}1} & 0 & k_\zeta \cos\varphi_{\mathrm{L}4} & -\sum\limits_{j=1}^{4} k_\zeta \sin\varphi_{\mathrm{L}j} \cos\varphi_{\mathrm{L}j} & \sum\limits_{j=1}^{4} k_\zeta \cos^2\varphi_{\mathrm{L}j} & 0 & 0 \end{pmatrix} \\ &= \begin{pmatrix} 1 & 0 & \sin\varphi_{\mathrm{L}1} & \cos\varphi_{\mathrm{L}1} & 0 & 0 & 0 \\ 0 & 1 & 0 & \sin\varphi_{\mathrm{L}2} & \cos\varphi_{\mathrm{L}2} & 0 & 0 \\ 0 & 0 & 1 & 0 & \sin\varphi_{\mathrm{L}3} & \cos\varphi_{\mathrm{L}3} & 0 \\ 0 & 0 & 0 & 1 & 0 & \sin\varphi_{\mathrm{L}4} & \cos\varphi_{\mathrm{L}4} \\ -\sin\varphi_{\mathrm{L}1} & 0 & -\sin\varphi_{\mathrm{L}4} & \sum\limits_{j=1}^{4} \sin^2\varphi_{\mathrm{L}j} & -\sum\limits_{j=1}^{4} \cos\varphi_{\mathrm{L}j} \sin\varphi_{\mathrm{L}j} & 0 & 0 \\ -\cos\varphi_{\mathrm{L}1} & 0 & \cos\varphi_{\mathrm{L}4} & -\sum\limits_{j=1}^{4} \sin\varphi_{\mathrm{L}j} \cos\varphi_{\mathrm{L}j} & \sum\limits_{j=1}^{4} \cos^2\varphi_{\mathrm{L}j} & 0 & 0 \end{pmatrix} \end{aligned} \tag{8.31}$$

将式 (8.31) 代入式 (8.30)，即可得到第 i 阶固有频率对刀盘分体切向支撑刚度的灵

敏度：

$$\begin{aligned}\frac{\partial \omega_i}{\partial k_\zeta} &= \frac{1}{2\omega_i}\boldsymbol{\varphi}_i^{\tau\mathrm{T}}\frac{\partial \overline{\boldsymbol{K}}}{\partial k_\zeta}\boldsymbol{\varphi}_i^{\tau} = \frac{1}{2\omega_i}\sum_{j=1}^{4}[\zeta_j^i(\zeta_j^i - X_{\mathrm{L}}^i\sin\varphi_{\mathrm{L}j} + Y_{\mathrm{L}}^i\cos\varphi_{\mathrm{L}j}) + \\ &\quad X_{\mathrm{L}}^i(-\zeta_j^i\sin\varphi_{\mathrm{L}j} + X_{\mathrm{L}}^i\sin^2\varphi_{\mathrm{L}j} - Y_{\mathrm{L}}^i\sin\varphi_{\mathrm{L}j}\cos\varphi_{\mathrm{L}j}) + \\ &\quad Y_{\mathrm{L}}^i(\zeta_j^i\cos\varphi_{\mathrm{L}j} - X_{\mathrm{L}}^i\cos\varphi_{\mathrm{L}j}\sin\varphi_{\mathrm{L}j} + Y_{\mathrm{L}}^i\cos^2\varphi_{\mathrm{L}j})] \\ &= \frac{1}{2\omega_i}\sum_{j=1}^{4}(\zeta_j\delta_{\zeta j}^i - X_{\mathrm{L}}^i\sin\varphi_{\mathrm{L}j}\delta_{\zeta j}^i + Y_{\mathrm{L}}^i\cos\varphi_{\mathrm{L}j}\delta_{\zeta j}^i) = \frac{1}{2\omega_i}\sum_{j=1}^{4}(\delta_{\zeta j}^i)^2\end{aligned} \tag{8.32}$$

而又由刀盘分体第 i 阶切向模态应变能 $U_\zeta^i = \sum_{j=1}^{4}\frac{1}{2}k_{\zeta j}(\delta_{\zeta j}^i)^2$ 可得刀盘系统第 i 阶固有频率对边缘分体切向支撑刚度的灵敏度与分体第 i 阶切向模态应变能的关系如下：

$$\frac{\partial \omega_i}{\partial k_\zeta} = \frac{U_\zeta^i}{\omega_i k_\zeta} \tag{8.33}$$

同理，可以推导出第 i 阶固有频率对刀盘分体法向和轴向支撑刚度的灵敏度以及灵敏度与模态应变能的关系如下：

$$\frac{\partial \omega_i}{\partial k_\eta} = \frac{1}{2\omega_i}\sum_{j=1}^{4}(\delta_{\eta j}^i)^2 = \frac{U_\eta^i}{\omega_i k_\eta} \tag{8.34}$$

$$\frac{\partial \omega_i}{\partial k_{\mathrm{L}}} = \frac{1}{2\omega_i}\sum_{j=1}^{4}(\delta_{\mathrm{L}j}^i)^2 = \frac{U_{\mathrm{L}}^i}{\omega_i k_{\mathrm{L}}} \tag{8.35}$$

从式 (8.33) 至式 (8.35) 可以看出，模态应变能能够间接表征刀盘刚度参数对固有频率的影响程度，同理，下文可推导出模态动能与质量参数灵敏度之间的关系，其也能反映质量参数对固有频率的影响，进一步说明上文模态能量分析的必要性。

在刀盘分体各个支撑刚度初始值的基础上，依次在初始值 50% 的范围内增加及减小刚度大小，基于数值计算，分析刚度变化对固有频率的影响及灵敏度变化规律，结果如图 8.17 所示，文中仅绘出受影响的固有频率阶数。

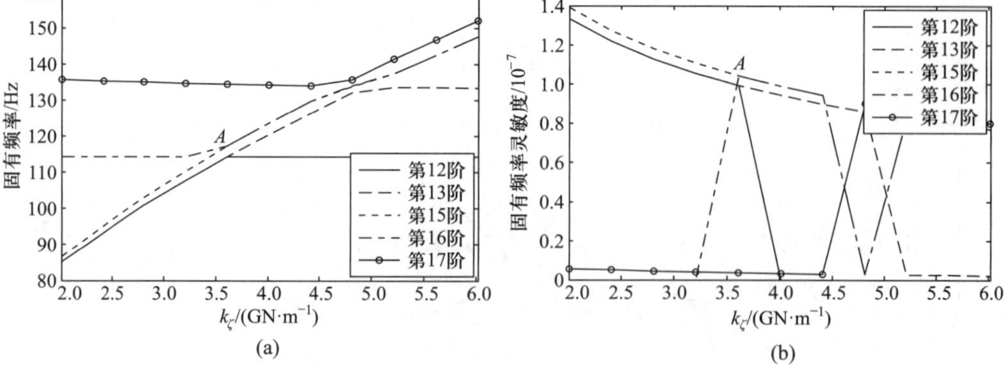

图 8.17 刀盘分体切向支撑刚度对固有频率及灵敏度的影响（见书后彩图）

从图 8.17 可以看出：固有频率随着刀盘分体切向支撑刚度的增加而增加，而分体切向刚度主要影响系统的中低阶固有频率。同时，为了说明系统振动特性的变化，以图 8.17a 中 A 点为例，当分体切向支撑刚度增加时，第 15 阶和第 16 阶固有频率曲线在 A 点重合。重合前，第 15 阶振型为刀盘、大齿圈平移及小齿轮、电机扭转耦合振动模式，第 16 阶振型为刀盘和大齿圈平移–倾覆耦合振动模式。而重合后，固有频率灵敏度曲线出现突变，此时这两阶振型全变为刀盘、大齿圈平移及小齿轮、电动机扭转耦合振动模式，表明 A 点为刀盘分体切向支撑刚度的敏感点。刚度值达到敏感点后，振型出现突变，模态会发生跃迁。图 8.17 中类似的刚度敏感点还有其余的固有频率轨迹的交叉点，或者是灵敏度曲线的突变点，分析原理类似，同样会发生模态跃迁现象。

同理，可绘制刀盘分体法向和轴向支撑刚度对固有频率的影响，如图 8.18 所示。

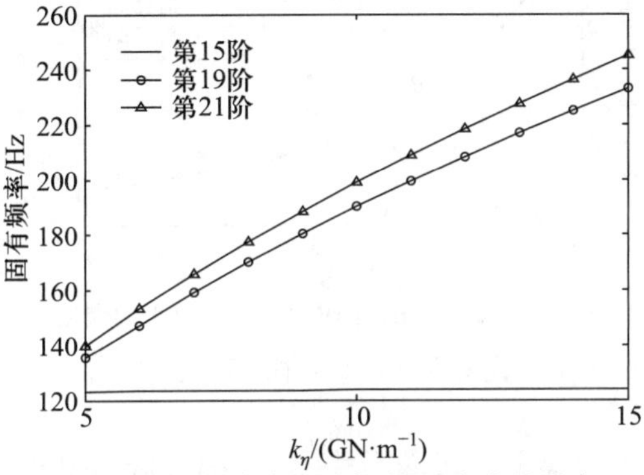

(a) 分体法向支撑刚度对固有频率的影响

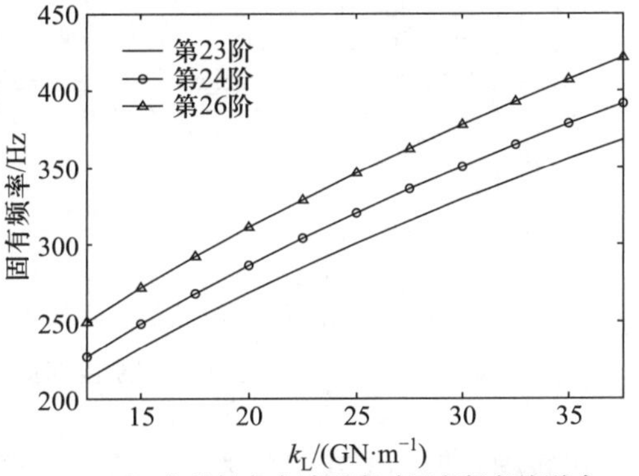

(b) 分体轴向支撑刚度对固有频率的影响

图 8.18 刀盘分体法向及轴向支撑刚度对固有频率的影响

由图 8.18 可知：刀盘分体法向及轴向支撑刚度主要影响系统第 20 阶左右的固有频率，且随着这两个方向的刚度值的变化，固有频率曲线没有出现相交或重合，振动特性不发生改变。

2）对刀盘中心块支撑刚度的灵敏度及影响

用 U_{LL}^i 和 U_{LZ}^i 分别表示刀盘中心块的第 i 阶径向模态应变能和轴向模态应变能，同样可推导出第 i 阶固有频率对刀盘中心块径向及轴向支撑刚度的灵敏度分别为

$$\frac{\partial \omega_i}{\partial k_{\mathrm{eqL}x}} = \frac{1}{2\omega_i}[(X_{\mathrm{L}}^i - X_{\mathrm{r}}^i)^2 + (Y_{\mathrm{L}}^i - Y_{\mathrm{r}}^i)^2] = \frac{U_{\mathrm{LL}}^i}{\omega_i k_{\mathrm{eqL}x}} \tag{8.36}$$

$$\frac{\partial \omega_i}{\partial k_{\mathrm{eqL}z}} = \frac{1}{2\omega_i}(\delta_{\mathrm{L}}^i)^2 = \frac{U_{\mathrm{LZ}}^i}{\omega_i k_{\mathrm{eqL}z}} \tag{8.37}$$

通过数值计算，绘制刀盘中心块支撑刚度对固有频率的影响及相应的灵敏度变化规律，如图 8.19 所示。

由图 8.19 可知：刀盘中心块支撑刚度同样主要影响系统的中低阶固有频率。随着中心块径向刚度的增加，固有频率曲线存在相互穿插现象，第 12 阶和第 13 阶两条重合的固有频率曲线在 A 点发生分叉，分叉前振型为刀盘、大齿圈平移及小齿轮、电动

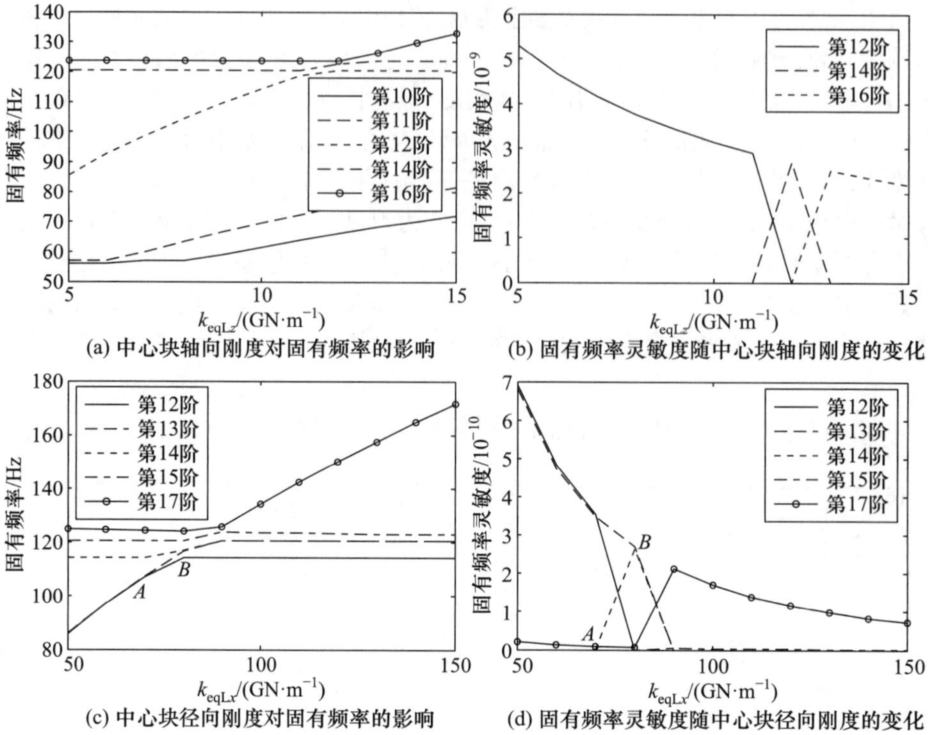

(a) 中心块轴向刚度对固有频率的影响 (b) 固有频率灵敏度随中心块轴向刚度的变化

(c) 中心块径向刚度对固有频率的影响 (d) 固有频率灵敏度随中心块径向刚度的变化

图 8.19 刀盘中心块支撑刚度对固有频率及灵敏度的影响（见书后彩图）

机扭转耦合振动模式，分叉后，第 12 阶变为刀盘、大齿圈平移–倾覆耦合振动模式，第 13 阶先保持不变，到 B 点后与第 14 阶固有频率曲线重合，振型变为刀盘平移振动模式。同样，在分叉点 A 和重合点 B，振型发生变化，灵敏度曲线会出现突变点。

3）对刀盘连接轴扭转刚度的灵敏度及影响

推导第 i 阶固有频率对刀盘连接轴扭转刚度的灵敏度如式 (8.38) 所示，绘制其影响的固有频率变化曲线，如图 8.20 所示。

$$\frac{\partial\omega_i}{\partial k_{\mathrm{rLQ}}}=\frac{1}{2\omega_i}(\theta_{\mathrm{L}}^i-\theta_{\mathrm{r}}^i)^2=\frac{U_{\mathrm{Lr}}^i}{\omega_i k_{\mathrm{rLQ}}} \tag{8.38}$$

由图 8.20 可知：刀盘连接轴扭转刚度仅影响第 59 阶固有频率，该阶对应的振型为刀盘扭转振动模式，且振动特性不随该刚度的变化而变化。

2. 固有频率对刀盘质量参数的灵敏度及影响分析

1）对刀盘分体质量的灵敏度及影响

将质量矩阵对刀盘分体质量求偏导后代入式 (8.30) 中，推导出第 i 阶固有频率对分体质量的灵敏度与模态动能的关系如式 (8.39) 所示。同样在刀盘分体质量初始值的基础上，增加或减小分体质量，振幅为初始值的 50%，绘制受质量参数影响的固有频率及其灵敏度变化曲线，如图 8.21 所示。

$$\frac{\partial\omega_i}{\partial m_j}=-\frac{\omega_i}{2}\sum_{j=1}^{4}(\xi_j^i)^2+(\eta_j^i)^2+(Z_j^i)^2=-\frac{1}{\omega_i m_j}\sum_{j=1}^{4}E_j^i \tag{8.39}$$

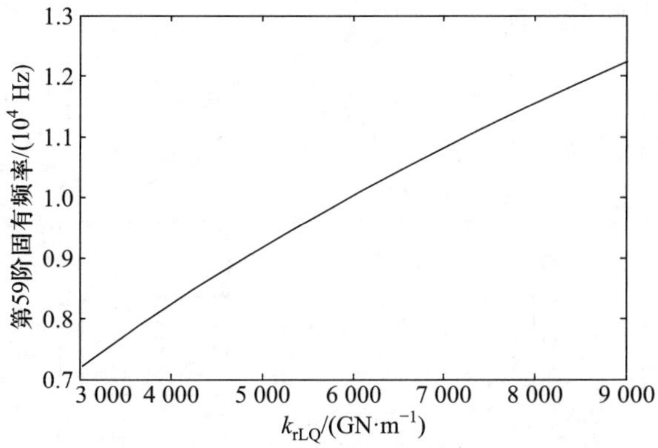

图 8.20 刀盘连接轴扭转刚度对固有频率的影响

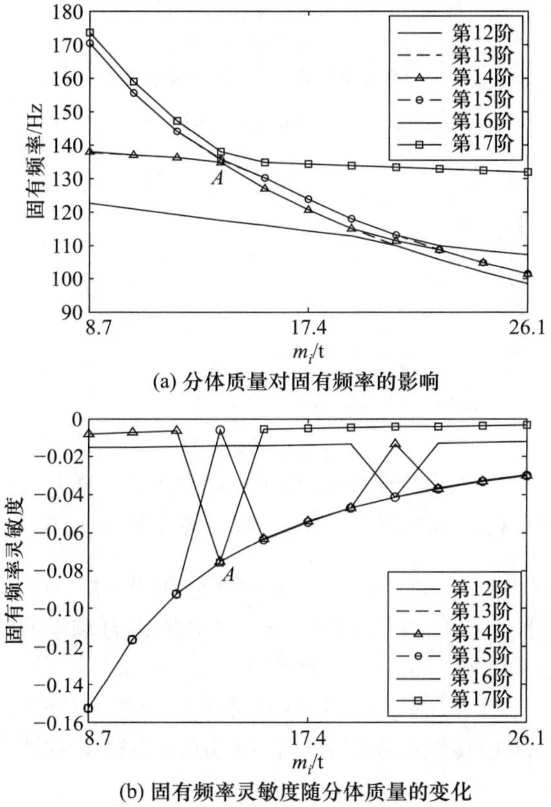

图 8.21 刀盘分体质量对固有频率及灵敏度的影响（见书后彩图）

由图 8.21 可知，刀盘分体质量主要影响系统的中低阶固有频率。固有频率随着分体质量的增加而下降，第 14 阶和第 15 阶固有频率曲线在 A 点发生交叉，交叉前第 14 阶振型为刀盘、大齿圈及小齿轮平移振动模式，第 15 阶为刀盘平移振动模式，交叉后振型互换，灵敏度曲线在 A 点出现突变，图中其余灵敏度突变点分析原理类似。

2）对刀盘转动惯量的灵敏度及影响

推导第 i 阶固有频率对刀盘转动惯量的灵敏度如式 (8.40) 所示，绘制固有频率及灵敏度变化曲线，如图 8.22 所示。

$$\frac{\partial\omega_i}{\partial I_{\rm L}}=-\frac{\omega_i}{2}\left[\frac{1}{2}(\theta_{{\rm L}x}^i)^2+\frac{1}{2}(\theta_{{\rm L}y}^i)^2+(\theta_{\rm L}^i)^2\right]=-\frac{1}{I_{\rm L}\omega_i}E_{\theta{\rm L}}^i \tag{8.40}$$

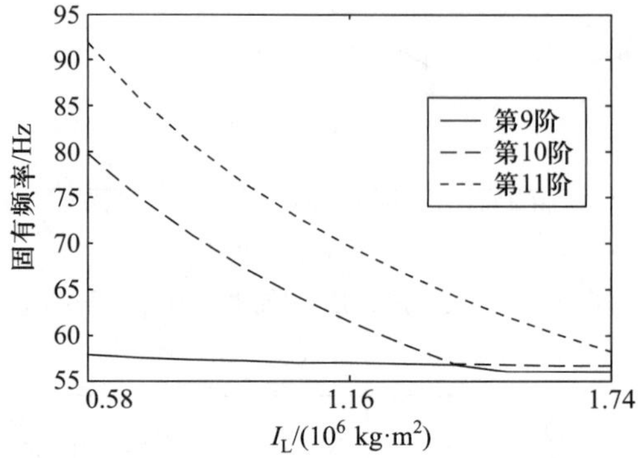

(a) 刀盘转动惯量对固有频率的影响

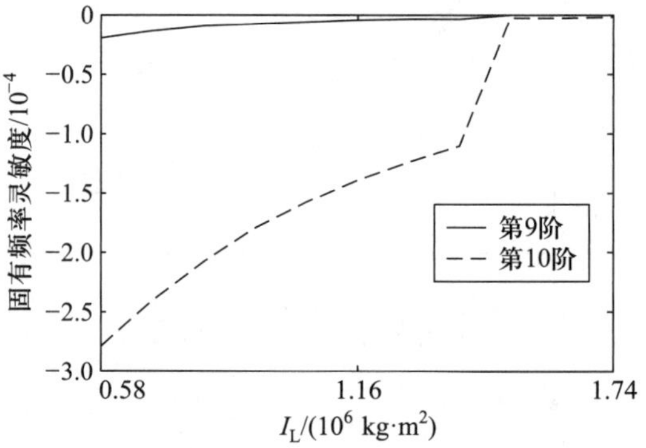

(b) 固有频率灵敏度随刀盘转动惯量的变化

图 8.22 刀盘转动惯量对固有频率及灵敏度的影响

从图 8.22 中可以看出：刀盘转动惯量主要影响第 9—11 阶固有频率。随着转动惯量的增加，固有频率曲线存在相互穿插现象，第 9 阶固有频率曲线在穿插前振型为刀盘、大齿圈、小齿轮及电动机纯扭转振动模式，第 10 阶是刀盘、大齿圈平移–倾覆耦合振动模式，穿插后，第 9 阶振型变为小齿轮及电机纯扭转振动模式，而第 10 阶为刀盘、大齿圈及电动机扭转振动模式，同样第 10 阶固有频率灵敏度曲线在穿插点出现突变，模态发生跃迁。

8.3.2 空间多点分布载荷作用下刀盘系统的动态响应

1. 刀盘各自由度的振动响应

本节将前一章获得的刀盘空间多点分布载荷作为外部激励，分析刀盘系统各自由度在内外部激励共同作用下的振动响应，采用 Newmark 数值积分方法求解。鉴于重点关注的研究对象为刀盘，因此提取稳定后 2 s 的刀盘分体和中心块的振动位移响应时域曲线如图 8.23 所示，图中负值表示位移方向与坐标系规定的正方向相反。

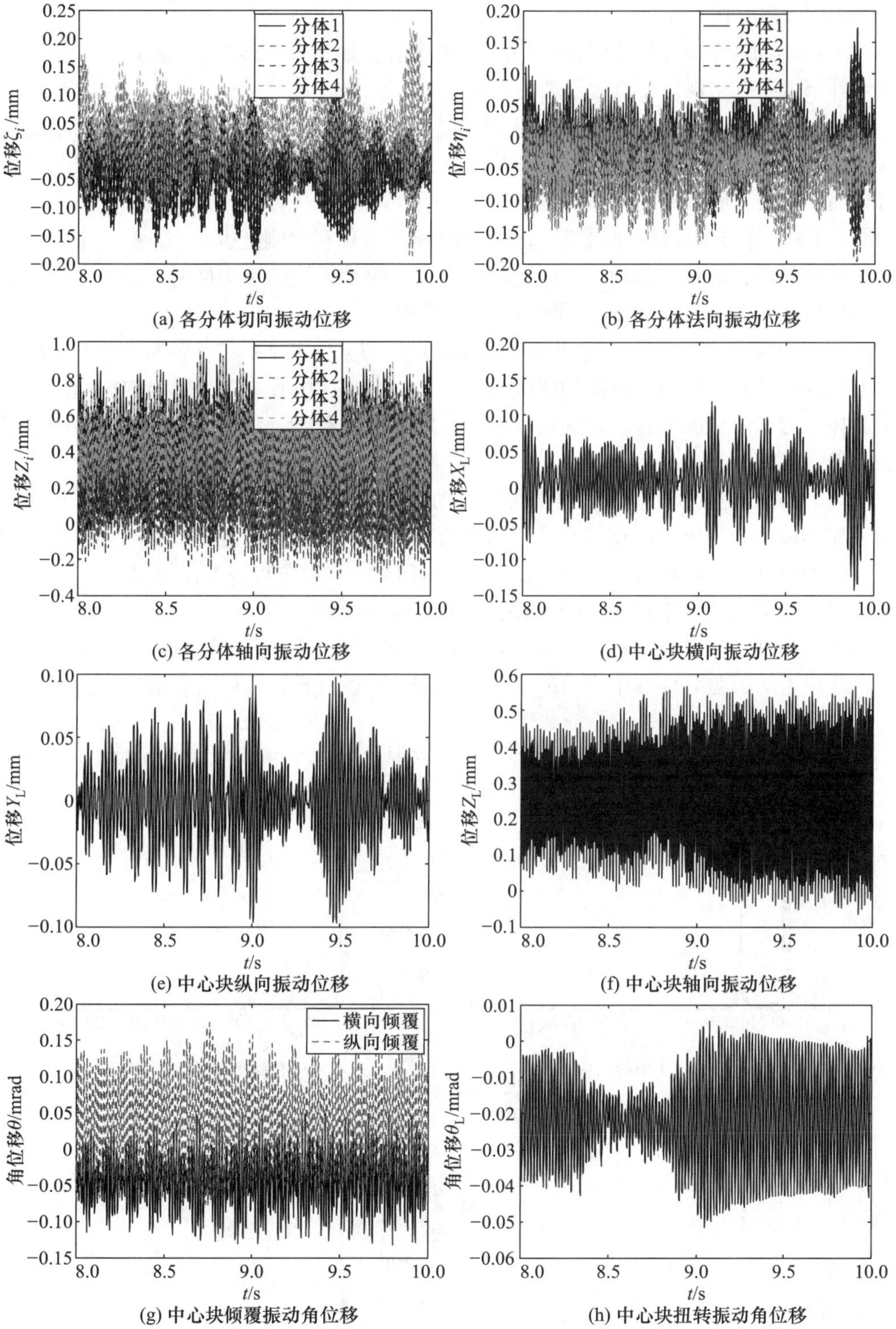

图 8.23 刀盘各自由度的振动位移响应（见书后彩图）

由图 8.23 可知：

（1）系统在内外部激励共同作用下，刀盘各分体三个平移方向的振动形式均表现出与外部激励变化规律相似的随机性，受其影响较大；

（2）刀盘各分体稳定后的切向和法向振动幅度不超过 0.4 mm，轴向振动幅度较大些，最大幅度为 1.2 mm 左右，都是在各自平衡位置做小幅往复振动，说明系统具有较高的刚度，能够抵抗外部激励冲击；

（3）尽管刀盘分体径向载荷远小于轴向载荷，但径向刚度也较小，故三个方向的振动量级相同，而径向振动过大则更易对刀盘主驱动系统的结构件造成破坏，出现如主轴承损坏、密封失效及驱动轴断裂等工程问题；

（4）刀盘中心块振动稳定后，平移振动规律与分体基本一致，轴向平移振动幅度为 0.6 mm 左右，径向平移振动幅度为 0.3 mm 左右，中心块三个方向的振动都略小于分体，与实际情况相符，计算结果能为后续求解刀盘各分体的结合面载荷历程提供输入条件；

（5）刀盘绕直径轴倾覆角度的最大振动幅度为 0.25 mrad 左右，绕中心轴扭转的最大振动幅度为 0.26 mrad 左右，这两个值对滚刀磨损量及刀盘支撑筋的焊缝强度均有一定的影响，振动幅度过大则容易造成滚刀偏磨、焊缝脱焊等工程问题。

刀盘的动态响应不仅与时间有关，同时也受频率的影响。一些信号在时域上很难分析出其特征，需进行傅里叶变换，将其转换为频域响应，研究刀盘振动响应的幅频特性。以下对刀盘分体和中心块的位移响应进行频谱分析，得到其频谱响应如图 8.24

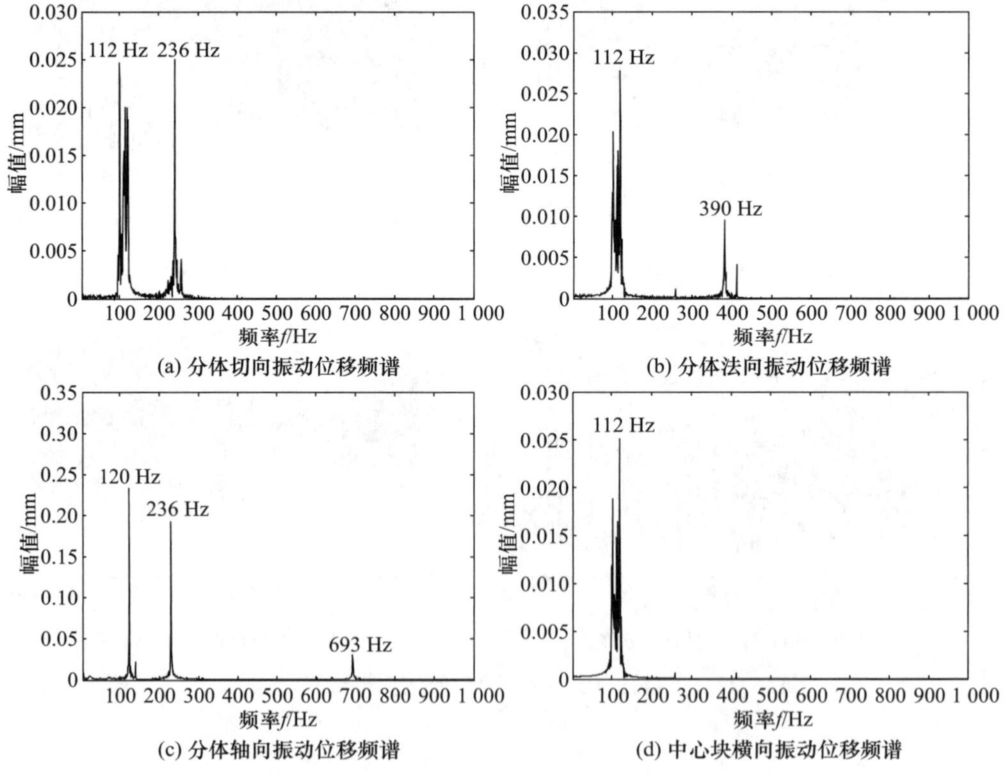

(a) 分体切向振动位移频谱

(b) 分体法向振动位移频谱

(c) 分体轴向振动位移频谱

(d) 中心块横向振动位移频谱

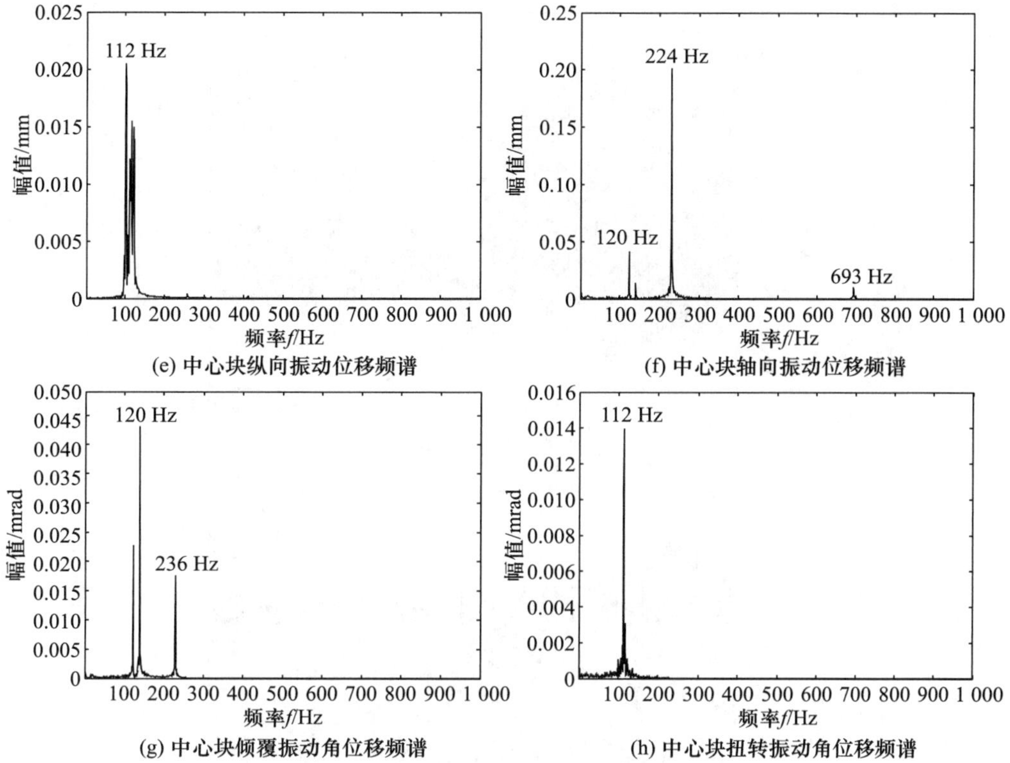

图 8.24　刀盘的振动位移频谱图

所示。

通过对刀盘结构振动位移响应的频谱分析，可以看出：

（1）在时变内外部激励综合作用下，刀盘结构件响应的频率主要集中在 100 ~ 120 Hz、224 Hz、236 Hz、390 Hz 和 693 Hz，这些响应的频率大小超过系统的内部激励频率，处于外部激励的频率段范围内，说明结构的振动形式属于受迫振动，由外部激励引起的振动响应频率占主要成分。

（2）刀盘分体和中心块的径向平移及扭转振动响应的主要频率都出现在 112 Hz，轴向和倾覆振动响应频率则都包含 120 Hz，与刀盘平移–倾覆耦合振动模式的固有频率大小相等，且振动方向一致，存在激发共振的理论可能性。因此刀盘结构设计及掘进参数匹配时应着重考虑这两个频率，避免参数的不合理选择导致系统出现共振现象。

2. 刀盘结合面载荷的时域响应

将前文得到的刀盘分体及中心块的平移振动位移响应代入式 (3.66)，即可得到分体及中心块的切向和法向相对变形，轴向相对变形则直接等于分体轴向位移与中心块上对应位置的轴向位移 $Z_{\mathrm{L}i}$ 之差，再分别乘以各方向对应的等效支撑刚度即可得到刀盘结合面载荷的时域历程，结果如图 8.25 所示，图中负号表示载荷方向与坐标系规定的正方向相反。

由图 8.25 可知：刀盘各分体结合面的载荷变化规律与振动位移响应的变化相似，同样与外部激励的变化规律一致，随外部激励的变化而变化。稳定后，结合面载荷基

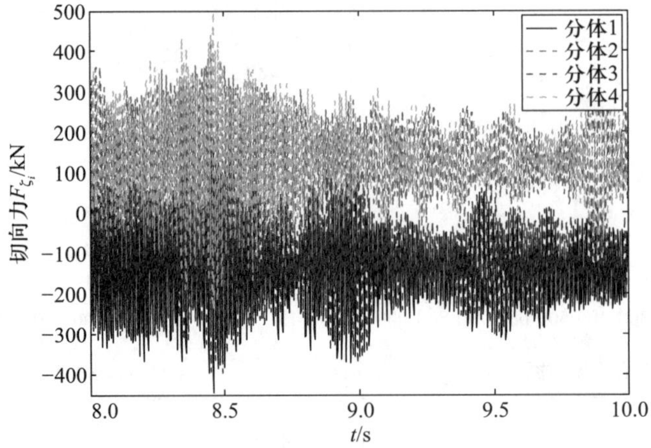

(a) 切向载荷

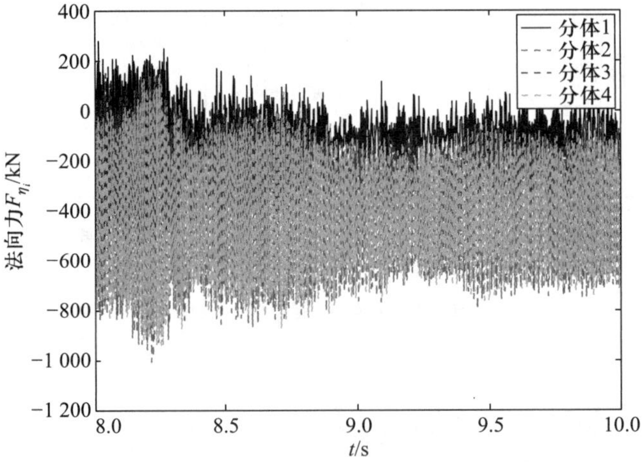

(b) 法向载荷

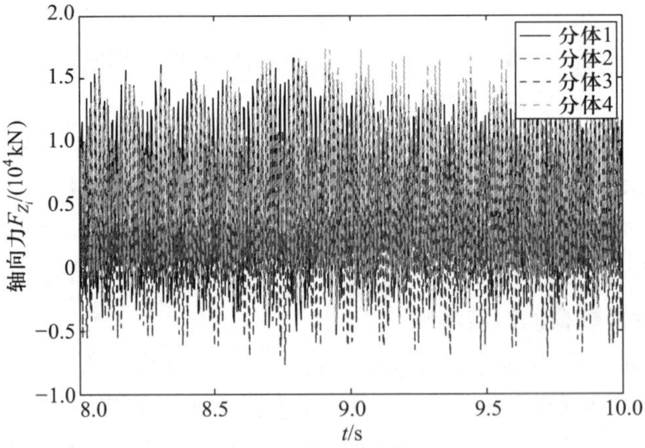

(c) 轴向载荷

图 8.25 刀盘结合面载荷时域历程（见书后彩图）

本在一定范围内波动，平均值几乎保持不变，且轴向载荷均值明显大于其余两个方向的，法向和切向载荷的数量级一致。在诸多影响因素共同作用下，结合面载荷变化剧烈。为更好地研究其分布规律及波动情况，采用直方图算法对其进行统计。仅以分体 1 的结合面载荷历程为例，对其进行统计，并用 95% 置信区间的正态分布概率图法对其进行检验，得到统计及验证结果如图 8.26 所示。

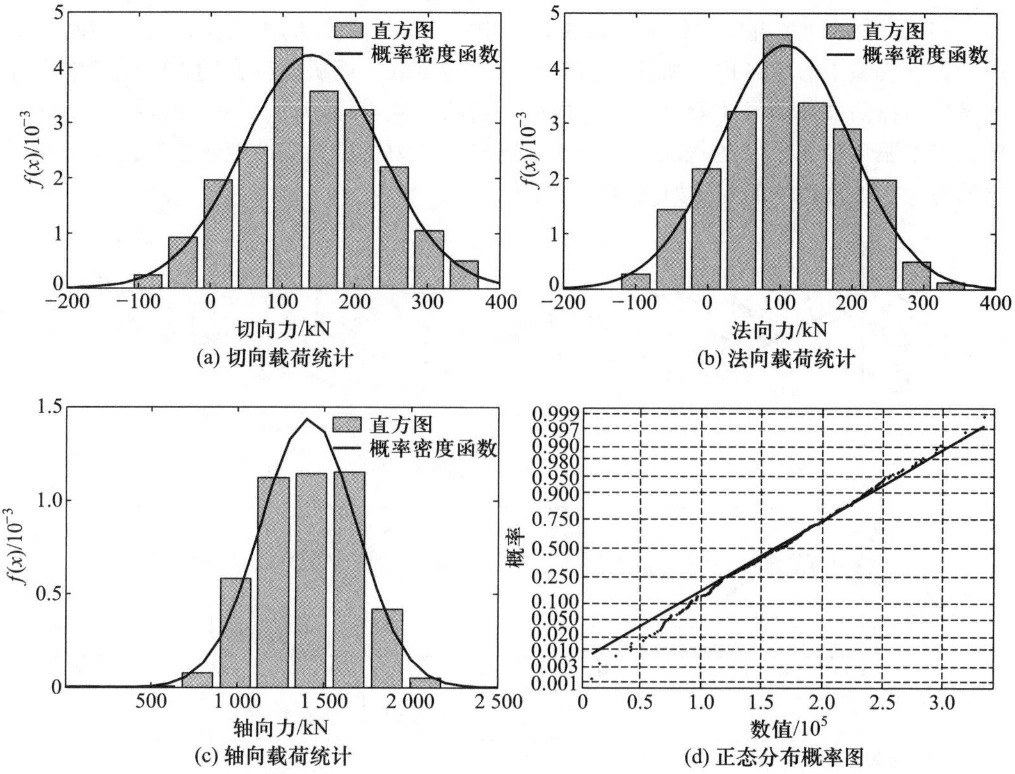

图 8.26 刀盘结合面载荷分布统计及验证

由图 8.26 可知：刀盘结合面三个方向的载荷基本符合正态分布规律，且正态分布概率图也显示统计数据的离散点分布与正态分布的最佳拟合线较为接近，表示接受正态分布的假设检验。分别对刀盘分体三个方向的结合面载荷和外部激励的分布参数进行统计，如表 8.3 所示。

表 8.3 刀盘结合面载荷分布规律统计

方向	结合面载荷		外部激励	
	均值/kN	均方差/kN	均值/kN	均方差/kN
切向	139.45	94.48	139.66	7.40
法向	106.50	90.39	106.32	11.04
轴向	1 410.09	277.52	1 410.55	60.00

由以上统计结果可知：① 在内外部激励等诸多影响因素耦合作用下，刀盘结合面载荷的时变性较强、离散程度较大；② 结合面载荷的均值与对应方向的外部激励基本

保持一致，切向、法向及轴向载荷的均方差分别增大近 13 倍、8 倍和 5 倍，说明刀盘径向载荷波动相比轴向更加剧烈，对结构造成的损伤更大。

8.3.3 主驱动系统机电耦合模型与传统模型对比

1. 电机输出轴动态扭矩对比验证

TBM 主驱动系统中电机输出轴常由于电动机输出扭矩的不均衡而发生扭断。普通动力学模型中假定各电动机扭矩恒定且为均匀负载。而机电耦合动力学模型中充分考虑了刀盘前端载荷及主驱动结构造成的各齿轮负载不均特性，同时考虑了各不均匀负载对主驱动控制系统的扰动，使电动机输出轴受力特性大大改变。强冲击突变载荷下的各连接轴负载均值变化如图 8.27a 所示。

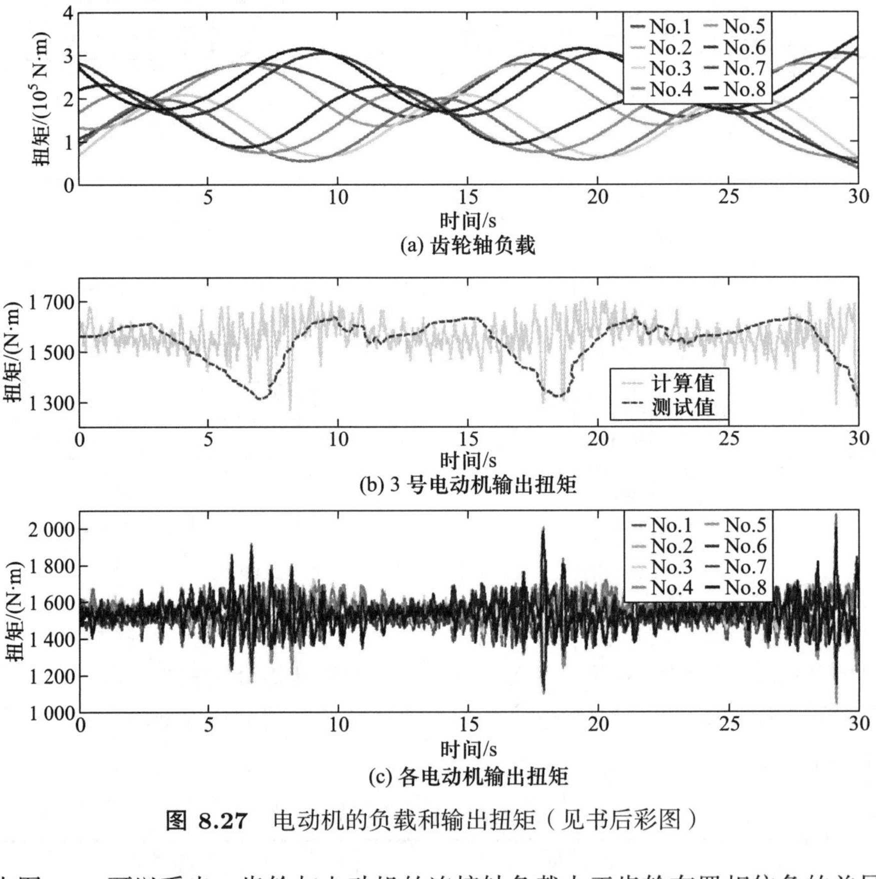

图 8.27 电动机的负载和输出扭矩（见书后彩图）

由图 8.27 可以看出：齿轮与电动机的连接轴负载由于齿轮布置相位角的差异而不同，各连接轴负载随着大齿圈转动的周期而周期性波动。在同一个周期里，由于各齿轮的相位差，其负载扭矩差异也会周期性地增大和减小。以第一个周期为例，在同时刻的最大差异出现在 $8\sim9$ s 时，达到 28 000 N·m 左右。

常规的动力学模型假定各电动机输出扭矩相同，与刀盘承受的总扭矩平衡，且各电动机扭矩为恒值输入。而在机电耦合动力学模型中，负载扭矩差异的周期性波动显著地影响了电动机的输出扭矩波动以及各电动机输出扭矩的差异。电动机动态输出扭矩的计算值和测试值对比如图 8.27b。由于现场测试的扭矩输出信号频率较低，因此以波动均值及最大幅值为统计量。从图中可以看出，机电耦合模型计算的电动机动态扭矩在任何一个刀盘旋转周期内呈现出周期性波动，这与实际测试信号相符。3 号电动机的输出扭矩均值及最大幅值计算值分别为 1 561 N·m 和 291 N·m，与测试值的误差分别为 3% 和 50%。各电动机的输出扭矩如图 8.27c 所示，统计各电动机输出扭矩的均值、最大幅值如表 8.4 所示，以及各电动机输出扭矩在同一时刻的最大差异如表 8.5 所示。

表 8.4 各电动机输出扭矩统计

	No.1	No.2	No.3	No.4	No.5	No.6	No.7	No.8	实验数据
均值/(N·m)	1 478	1 526	1 561	1 565	1 562	1 553	1 529	1 521	1 506
最大幅值/(N·m)	557	548	291	471	522	437	286	482	195

表 8.5 同一时刻各电动机间输出扭矩的最大差异 单位：N·m

	No.1	No.2	No.3	No.4	No.5	No.6	No.7	No.8
No.1	—	36.04	532.40	633.63	710.51	660.85	317.81	74.01
No.2	—	—	540.31	679.36	756.24	706.58	325.66	159.16
No.3	—	—	—	248.83	419.37	378.69	331.01	351.34
No.4	—	—	—	—	171.42	195.47	325.67	334.09
No.5	—	—	—	—	—	134.50	315.56	307.53
No.6	—	—	—	—	—	—	280.00	290.60
No.7	—	—	—	—	—	—	—	116.35

由图 8.27、表 8.4、表 8.5 可知：各电动机输出扭矩均值的最大差异为 87 N·m，最大幅值的最大差异为 362 N·m。同时，各电动机输出的动态扭矩差异也随着刀盘旋转的周期呈现周期性变化。以第一个周期为例，各电动机输出扭矩的最大差异出现在 7～8 s 内，即负载扭矩差异最大的时段。其在同一时刻的最大差异发生在相对布置的 2 号和 5 号电动机间，达到了 756.24 N·m。这种电动机输出扭矩的不均衡现象容易造成连接轴过载扭断。

2. 齿轮啮合动态特性对比分析

大齿圈与小齿轮之间的啮合动态特性直接影响着刀盘旋转的稳定性和齿轮的寿命。而在综合考虑齿轮的负载特性与电机输出扭矩的耦合关系之后，这种动态特性也出现明显的变化。机电耦合模型与原始模型计算得到的大齿轮各向响应值如图 8.28 所示，

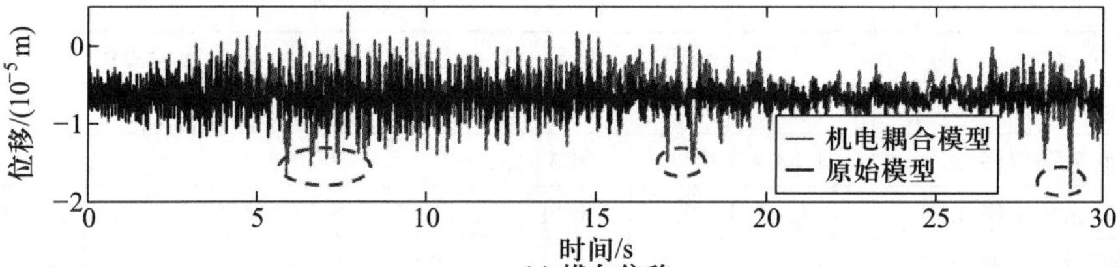

(a) 横向位移

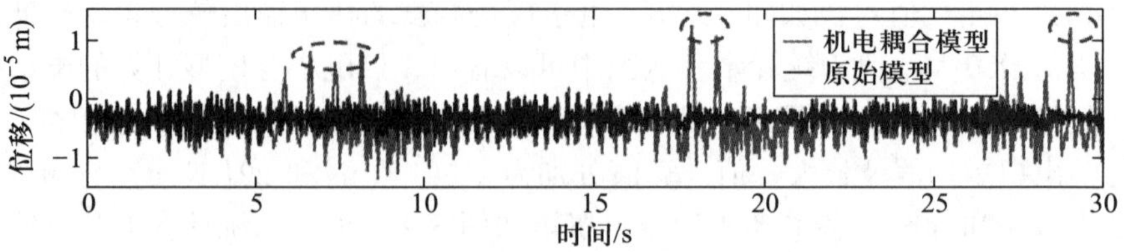

(b) 纵向位移

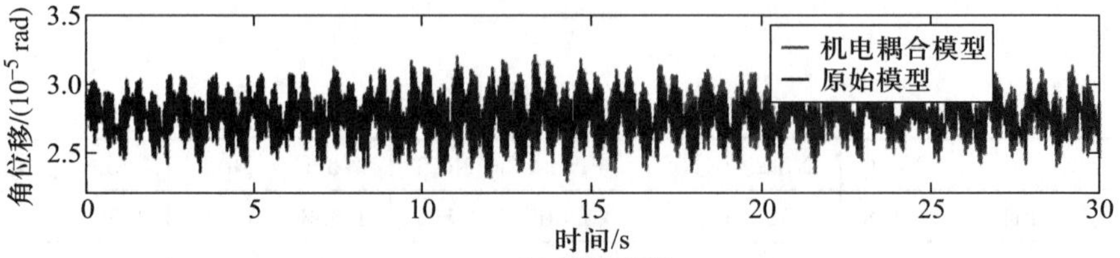

(c) 扭转位移

图 8.28 大齿圈三向位移对比（见书后彩图）

其相应的统计值如表 8.6 所示。

表 8.6 大齿圈三向振动位移统计

	机电耦合模型		原始模型	
	平均幅值	最大幅值	平均幅值	最大幅值
横向振动位移/m	2.3374×10^{-6}	1.0299×10^{-5}	1.5798×10^{-6}	6.7741×10^{-6}
纵向振动位移/m	2.1959×10^{-6}	1.6742×10^{-5}	1.5366×10^{-6}	4.6461×10^{-6}
扭转振动角位移/rad	1.6854×10^{-6}	4.5028×10^{-5}	1.3474×10^{-6}	3.8547×10^{-6}

由图 8.28 和表 8.6 可知：机电耦合模型计算得到的各向位移响应较原始模型明显增大，其中径向振幅均值增大了 40% ~ 50%，扭转方向振幅均值增大了 25%。同时由于机电耦合模型考虑了负载与输出扭矩的耦合关系，在每一个刀盘旋转周期中，随着负载差异达到最大，大齿轮的径向振幅达到最大。大齿轮的径向振动呈现出周期性的强冲击特性。机电耦合模型的横向及纵向最大振幅较原始模型分别增大了 52% 和 260%。

机电耦合模型与原始模型计算得到的小齿轮各向响应值如图 8.29。

以轮齿的啮合周期为计数最小间隔，利用雨流计数法对小齿轮的三向位移振动响应进行统计，其最大振幅和平均振幅如表 8.7 所示。

表 8.7 小齿轮振动位移响应统计

	机电耦合模型		原始模型	
	平均幅值	最大幅值	平均幅值	最大幅值
横向振动位移/m	4.13×10^{-6}	6.54×10^{-6}	3.70×10^{-6}	5.25×10^{-6}
纵向振动位移/m	4.04×10^{-6}	6.29×10^{-6}	3.71×10^{-6}	5.52×10^{-6}
扭转振动角位移/rad	4.02×10^{-4}	4.56×10^{-4}	3.83×10^{-4}	4.39×10^{-4}

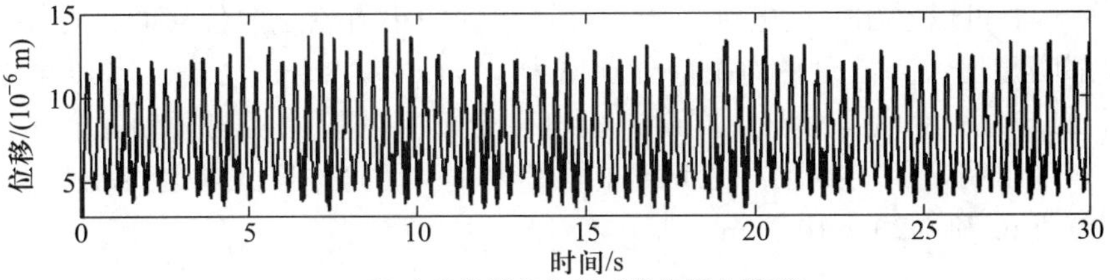

(a) 小齿轮横向位移（机电耦合模型）

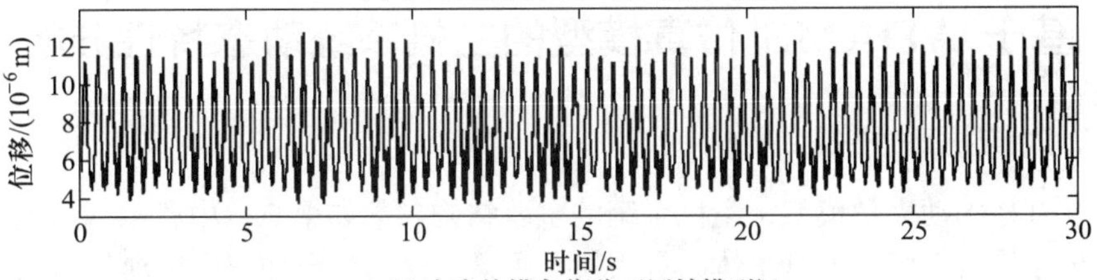

(b) 小齿轮横向位移（原始模型）

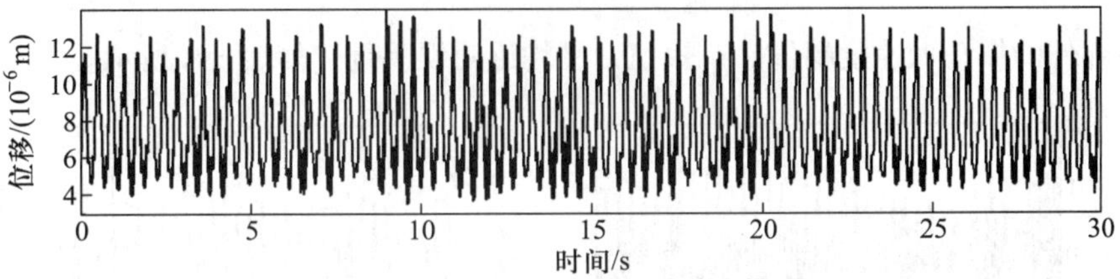

(c) 小齿轮纵向位移（机电耦合模型）

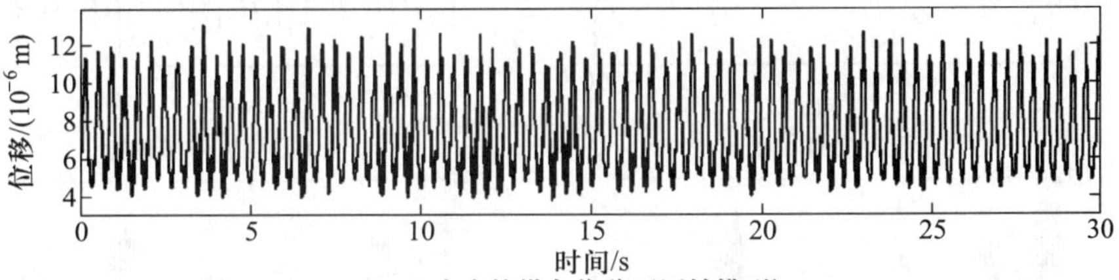

(d) 小齿轮纵向位移（原始模型）

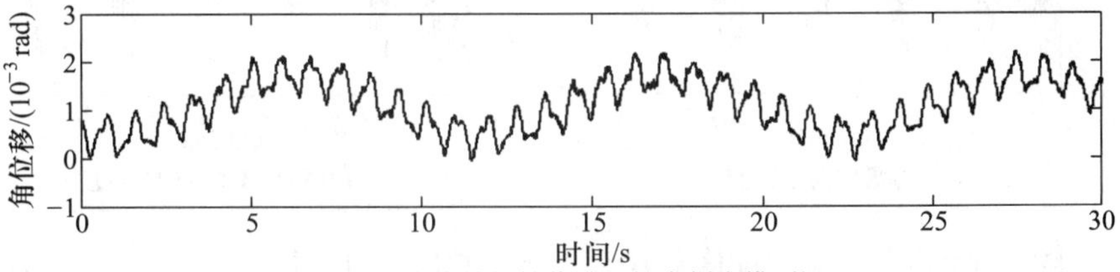

(e) 小齿轮扭转位移（机电耦合模型）

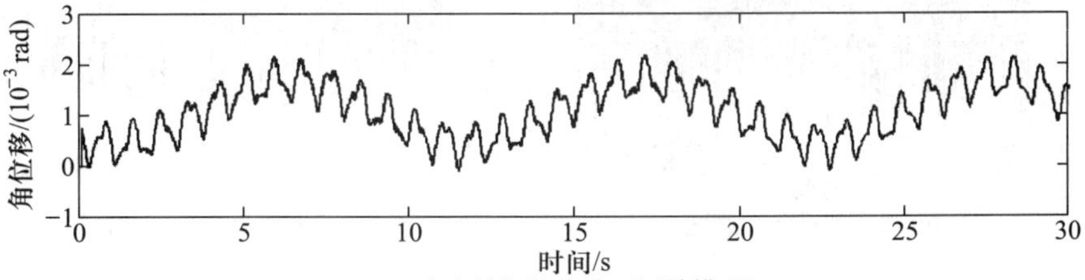

(f) 小齿轮扭转位移（原始模型）

图 8.29 小齿轮位移响应对比

由表 8.7 可以看出，机电耦合模型计算得到的小齿轮三向位移的平均振幅和最大振幅都明显增大。三向平均振幅分别增大了 11.6%、8.9%、5.0%；最大振幅分别增大了 24.6%、13.9%、3.9%。同时，机电耦合模型的齿轮径向振动随着负载差异的变化表现出明显的周期性，在负载差异最大时，径向位移振幅达到最大，分别为 6.54×10^{-6} m 和 6.29×10^{-6} m。

8.4 基于 ADAMS 仿真模型的主机系统动态特性分析

8.4.1 时域振动分析

建立 TBM 动力学模型，主机系统的主要结构参数如第三章中所示，对主机系统动力学模型进行求解，刀盘整体、机头架、主梁前段的三向加速度振动数据如图 8.30 所示。

各部件的振动加速度幅值、有效值、平均绝对误差统计如表 8.8 所示。

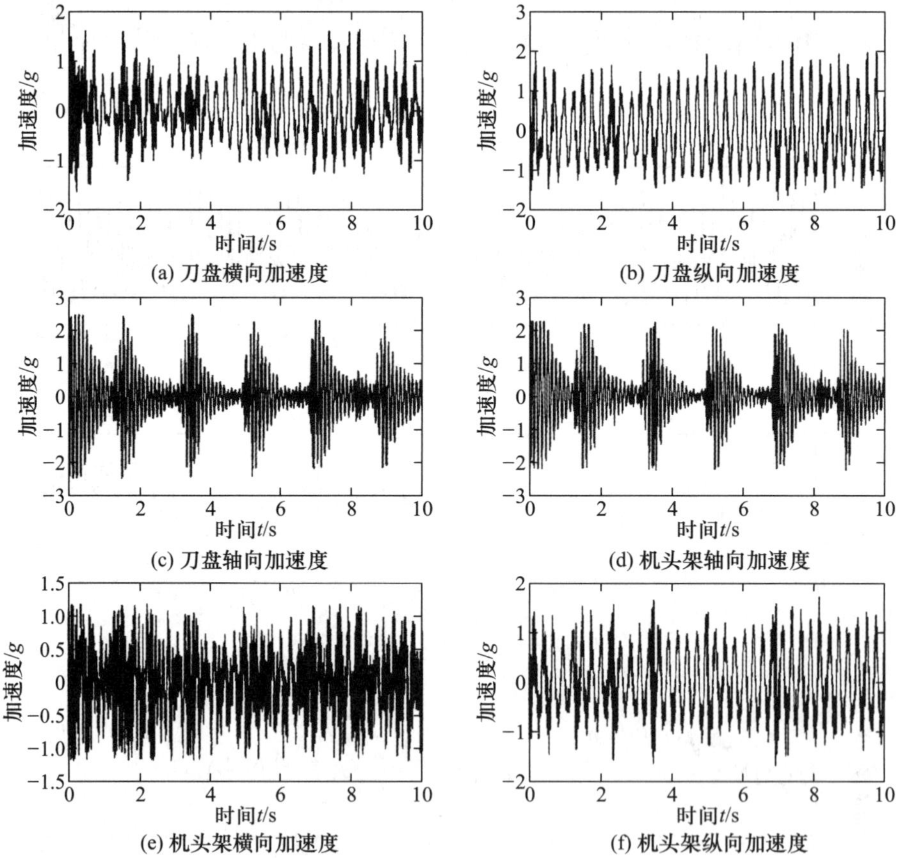

(a) 刀盘横向加速度　(b) 刀盘纵向加速度

(c) 刀盘轴向加速度　(d) 机头架轴向加速度

(e) 机头架横向加速度　(f) 机头架纵向加速度

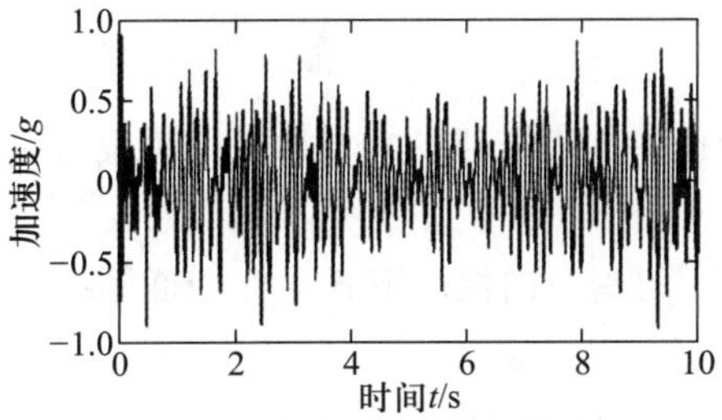

(g) 主梁前段横向加速度

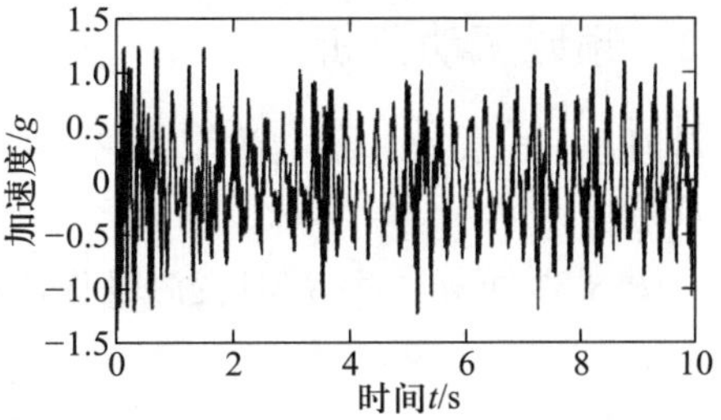

(h) 主梁前段纵向加速度

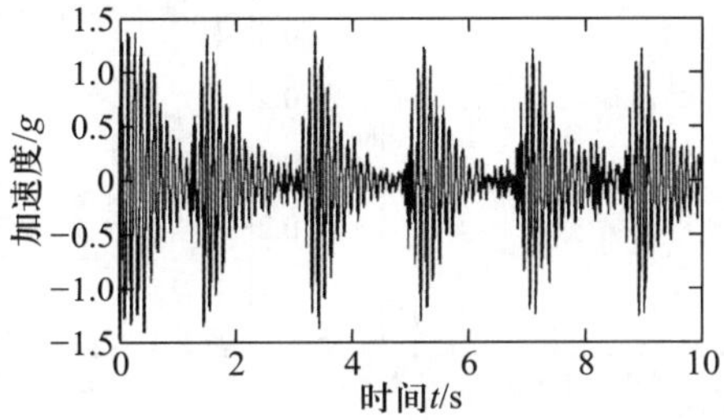

(i) 主梁前段轴向加速度

图 8.30 TBM 关键部件的加速度时域曲线

表 8.8 主机系统关键部件的振动加速度统计

	方向	幅值/g	有效值/g	平均绝对误差
刀盘	横向	1.640 1	0.577 3	0.474 5
	纵向	2.211 1	0.828 3	0.712 7
	轴向	2.489 9	0.750 8	0.541 9
机头架	横向	1.178 5	0.429 8	0.345 1
	纵向	1.712 2	0.647 6	0.568 7
	轴向	2.265 9	0.717 9	0.522 4
主梁前段	横向	0.929 4	0.312 2	0.257 4
	纵向	1.226 5	0.454 0	0.375 9
	轴向	1.379 2	0.409 4	0.292 6

由图 8.30 和表 8.8 可知：① 刀盘三向加速度的振动量级相同，振动以轴向振动为主，其幅值最大可达 2.5g 左右。纵向幅值约 2.2g，虽然略小于轴向，但因其更易引起刀盘驱动系统的部件损坏，出现主轴承密封提前失效、齿轮驱动轴断裂等问题，也不容忽视；② 机头架的横向、纵向振动幅值均小于轴向，横向振动幅值约为轴向幅值的一半；在护盾油缸的支撑作用下，机头架的横向、纵向振动较刀盘明显降低，其横向幅值降低了 28.14%，纵向幅值降低了 22.56%；③ 在推进油缸和撑靴的支撑作用下，主梁前段的三向加速度幅值均发生下降，其中横向加速度幅值降低到刀盘的 56.67%，纵向加速度幅值降低到刀盘的 55.47%，轴向加速度幅值降低到刀盘的 55.39%。

8.4.2 频域振动分析

对刀盘、机头架、主梁前段的三向振动加速度进行傅里叶变换，得频域曲线如图 8.31 所示。

由图 8.31 可知：① 在时变激励作用下，刀盘三向振动形式主要为低频振动，其

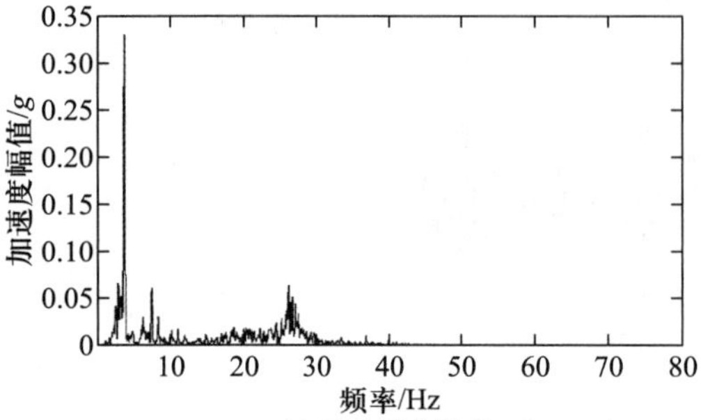

(a) 刀盘横向振动

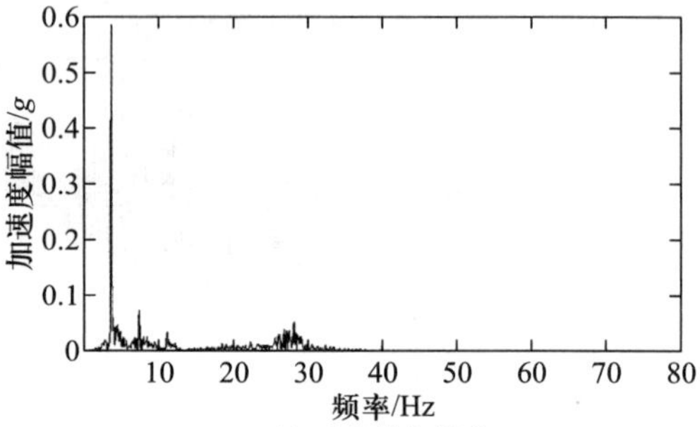

(b) 刀盘纵向振动

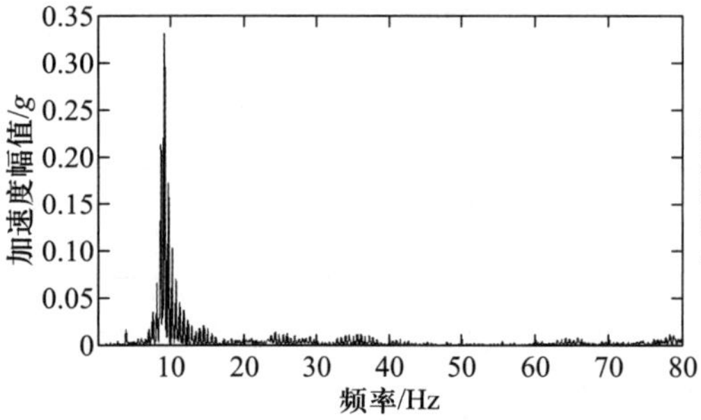

(c) 刀盘轴向振动

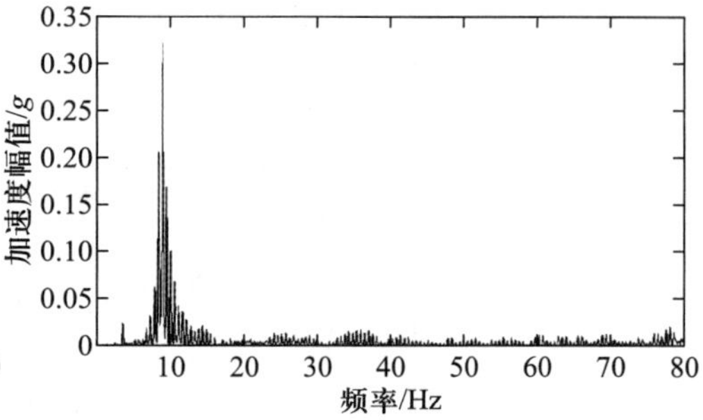

(d) 机头架轴向振动

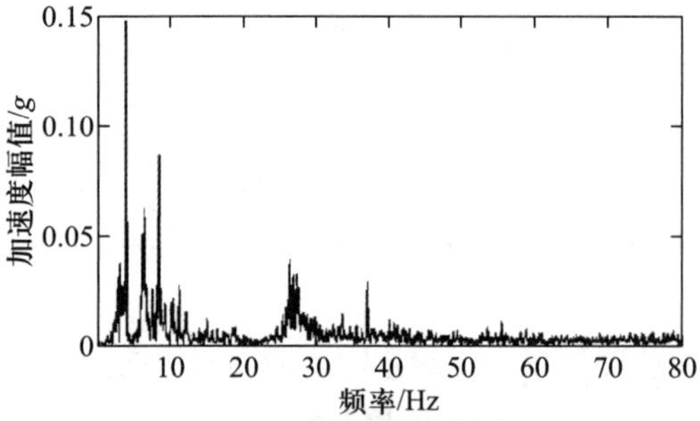

(e) 机头架横向振动

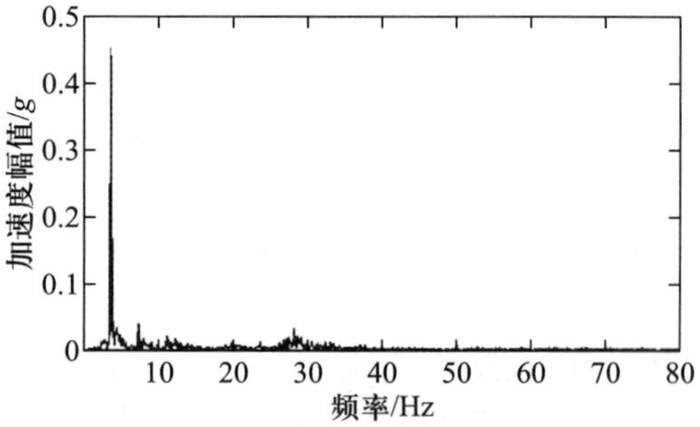

(f) 机头架纵向振动

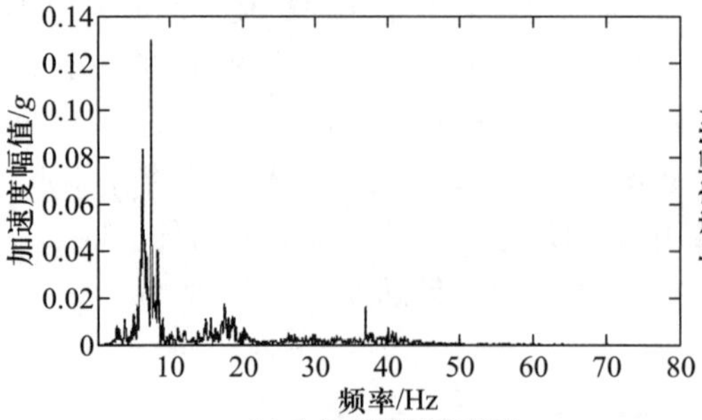

(g) 主梁前端横向振动

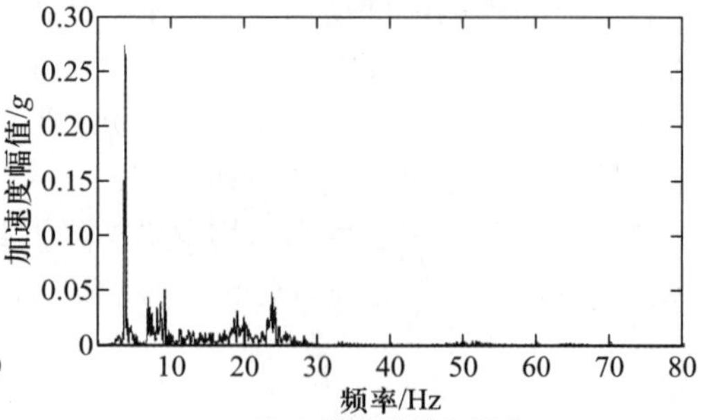

(h) 主梁前端纵向振动

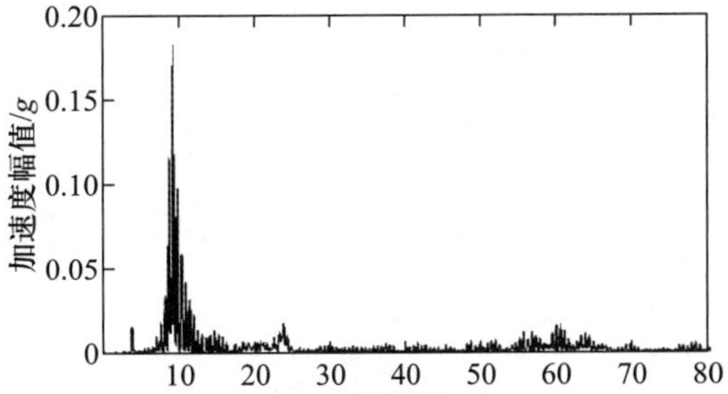

(i) 主梁前端轴向振动

图 8.31 TBM 关键部件的加速度频域曲线

中刀盘横向、纵向振动在 0 ~ 5 Hz 出现最大振幅；② 机头架的振动形式主要为 0 ~ 10 Hz 的低频振动，其纵向振动在 0 ~ 5 Hz 出现最大峰值；③ 主梁前段的振动形式也是以低频振动为主，其横向、轴向的最大振幅频率出现在 5 ~ 10 Hz，纵向最大振幅出现在 0 ~ 5 Hz。因此，刀盘、机头架、主梁前段的振动形式属于载荷引起的受迫振动。

参考文献

[1] 闻邦椿, 刘树英, 陈照波, 等. 机械振动理论及应用 [M]. 北京: 高等教育出版社, 2009.

[2] SHI W, PARK H C, NA S, et al. Dynamic analysis of three-dimensional drivetrain system of wind turbine [J]. International Journal of Precision Engineering & Manufacturing, 2014, 15(7): 1351-1357.

[3] 张魁. 盾构机盘形滚刀作用下岩石破碎特征及滚刀振动特性研究 [D]. 长沙: 中南大学, 2010.

[4] SAMUEL A E, SEOW L P. Disc force measurements on a full-face tunnelling machine [J]. International Journal of Rock Mechanics and Mining Sciences & Geomechanics Abstracts, 1984, 21(2): 83-96.

[5] ZHANG Z X, KOU S Q, TAN X C, et al. In-situ measurements of cutter forces on boring machine at Äspö hard rock laboratory Part I: laboratory calibration and in-situ measurements [J]. Rock Mechanics & Rock Engineering, 2003, 36(1): 39-61.

[6] 张红星, 张宁川. 803E 掘进机刀盘振动问题浅探 [J]. 隧道建设, 2007, 27(6): 76-78, 111.

[7] 陈世其. 超重型刮板输送机行星传动装置设计理论研究 [D]. 徐州: 中国矿业大学, 2011.

[8] 方治华. 振动系统特征值灵敏度分析的研究及应用 [J]. 包头钢铁学院学报, 1997, 16(1): 70-74.

[9] 吕程. 大功率风电增速器动态特性分析与优化设计 [D]. 大连: 大连理工大学, 2012.

第九章　不同因素影响下的 TBM 主机系统动力学特性

TBM 主机系统在不同的影响因素下会表现出不同的动力学行为[1]。对各种复杂因素影响下的系统动态特性的研究能够为主机系统的抗振抗损设计提供依据。本章以 TBM 刀盘等效载荷历程作为外部激励，基于第三章建立的滚刀–刀座系统动力学模型及 TBM 主机系统动力学模型，研究不同结合面参数、主机系统设计参数对 TBM 主机系统动态响应的影响。

9.1　不同因素影响下的滚刀–刀座系统振动响应

9.1.1　结合面对刀座振动响应的影响

常规的动力学模型一般不考虑结合面对系统动态响应的影响，为了对比有无结合面的刀座系统振动响应的不同，在第三章建立的滚刀–刀座系统动力学模型的基础上，仅考虑结构的刚度、阻尼，计算得到无结合面情况下系统的动态响应曲线如图 9.1 所示。统计有无结合面情况下系统各节点振动位移如表 9.1 所示。

表 9.1　有无结合面情况下系统各节点振动位移统计

方向	质量块	节点号	均值/mm		幅值/mm	
			无结合面	有结合面	无结合面	有结合面
垂向	滚刀	1	0.778 14	0.129 72	0.084 89	0.005 95
	上楔形块	2	0.879 66	0.217 76	0.084 92	0.009 61
	刀座	3	0.006 01	0.006 00	0.012 21	0.004 26
	下定位块	6	–0.134 53	–0.059 92	0.012 50	0.004 26
侧向	滚刀	8	0.018 17	0.010 49	0.014 41	0.005 77
	上楔形块	9	0.002 35	0.002 02	0.001 87	0.001 30
	刀座	10	0.001 20	0.001 20	0.000 96	0.000 81
滚动	滚刀	11	0.000 84	0.000 58	0.000 58	0.000 39
	上楔形块	12	0.000 13	0.000 11	0.000 09	0.000 07
	刀座	14	–0.000 07	–0.000 06	0.000 05	0.000 04
	刀座	16	0.000 49	0.000 38	0.000 34	0.000 26

由图 9.1 和表 9.1 可知：在无结合面的情况下，滚刀和楔形块的垂向振动位移均值分别约为有结合面情况下的振动位移的 6 倍和 4 倍，各定位块的侧向振动位移均值较有结合面情况有不同程度的增加，滚刀滚动方向振动位移均值约为有结合面情况下的 1.4 倍，而刀座三个方向的振动位移的均值和峰值则无明显变化。

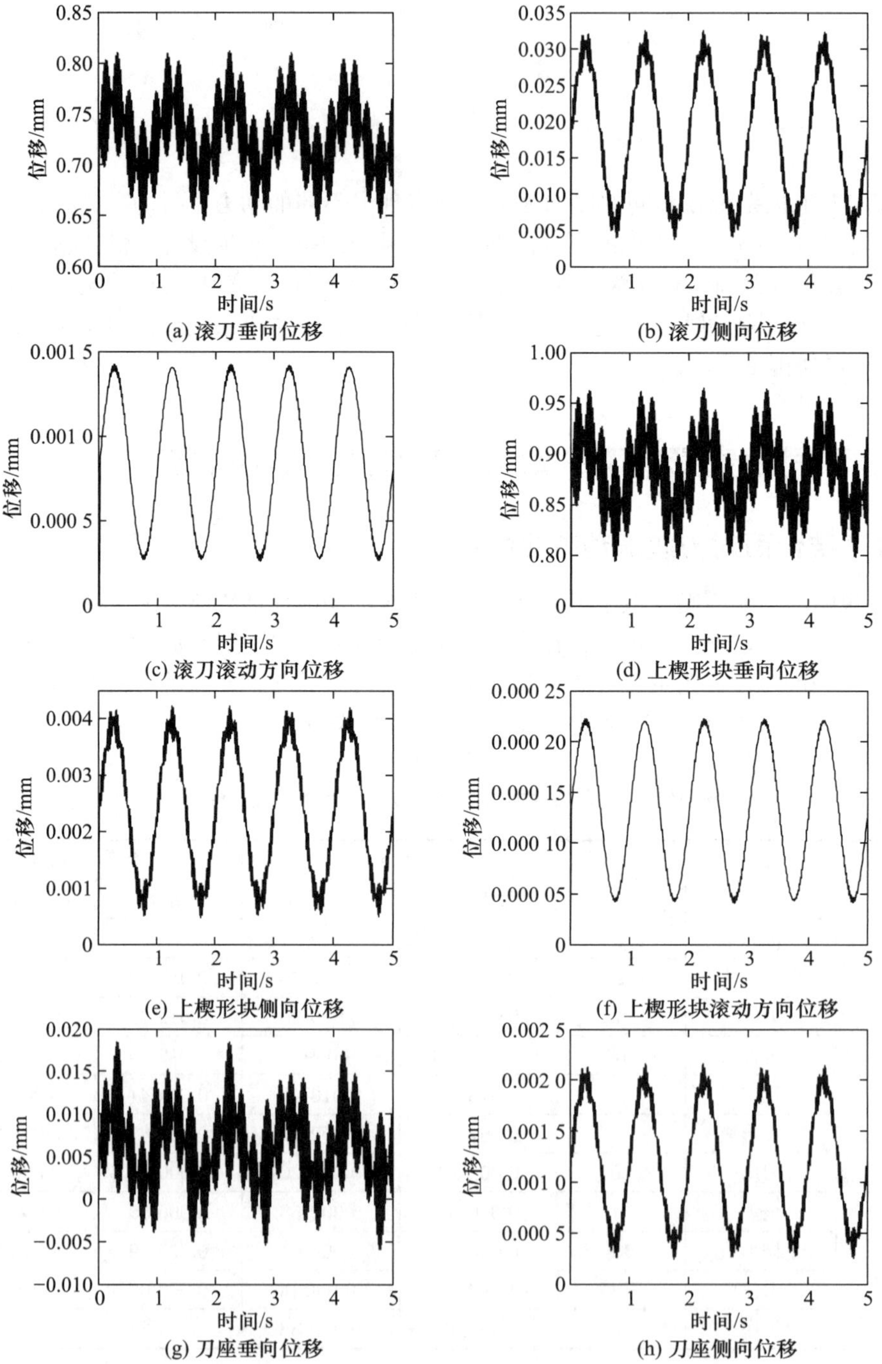

(a) 滚刀垂向位移　(b) 滚刀侧向位移

(c) 滚刀滚动方向位移　(d) 上楔形块垂向位移

(e) 上楔形块侧向位移　(f) 上楔形块滚动方向位移

(g) 刀座垂向位移　(h) 刀座侧向位移

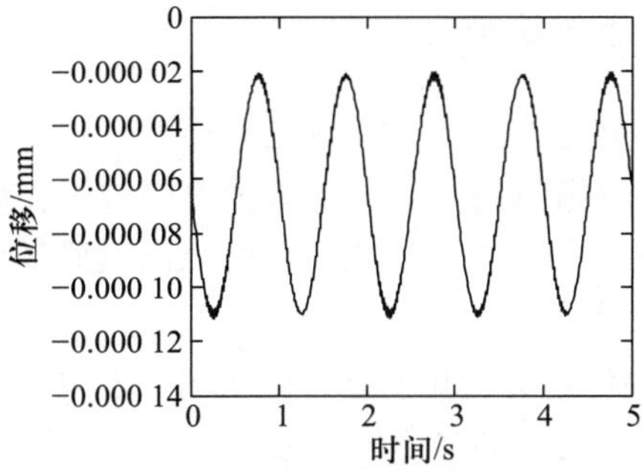

(i) 左刀座滚动方向位移

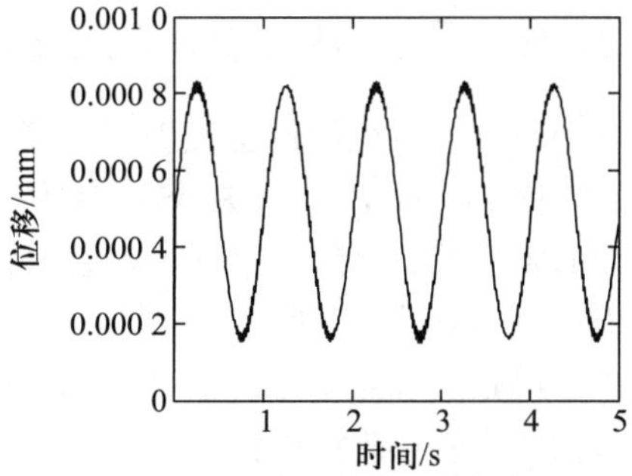

(j) 左刀座滚动方向位移

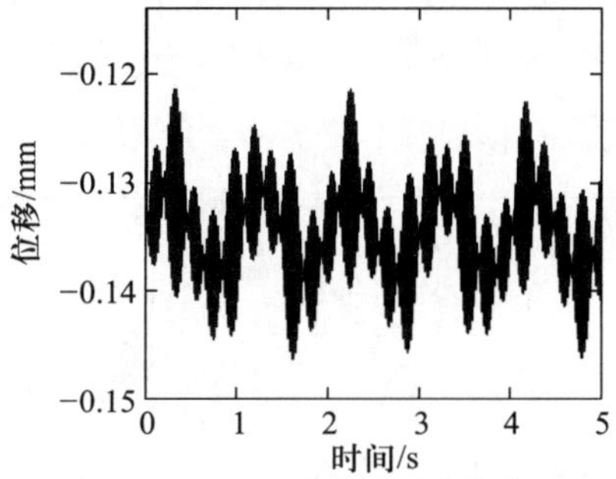

(k) 下定位块垂向位移

图 9.1 不考虑结合面情况下刀座系统各结构件振动位移响应曲线

表 9.1 表明：滚刀和楔形块上存在的结合面对系统振动响应的影响很大，结合面阻尼的存在大大减小了系统的振动位移，同时减少了局部振动。因此，有必要从结合面的角度研究刀座系统的动态响应。另外从图 9.1 中可以明显看到，各质量块的振动位移有明显的局部周期振颤现象，且垂向 > 侧向 > 滚动方向，这是由于螺栓预紧力随楔形块振动位移的变化而变化，导致外部激励非定值。

图 9.2 为结合面刚度与结构刚度的对比曲线。由图 9.2 可以看出：结合面刚度随时间变化的周期与位移随时间变化的周期一致，与结构刚度处于同一数量级，且略小于结构刚度。由此可知：在分析时有必要考虑结合面刚度的变化对系统振动响应的影响。

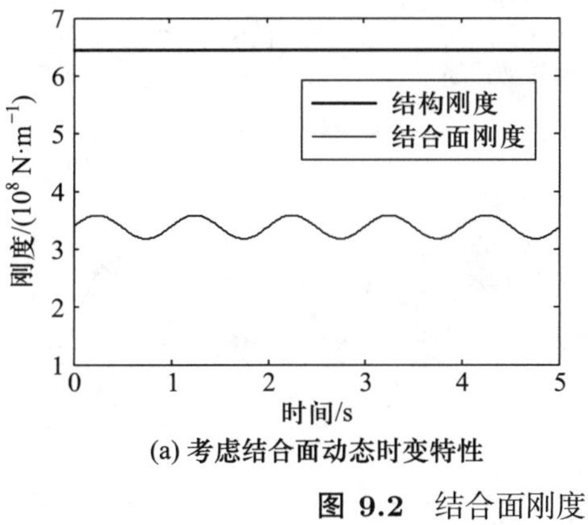

(a) 考虑结合面动态时变特性

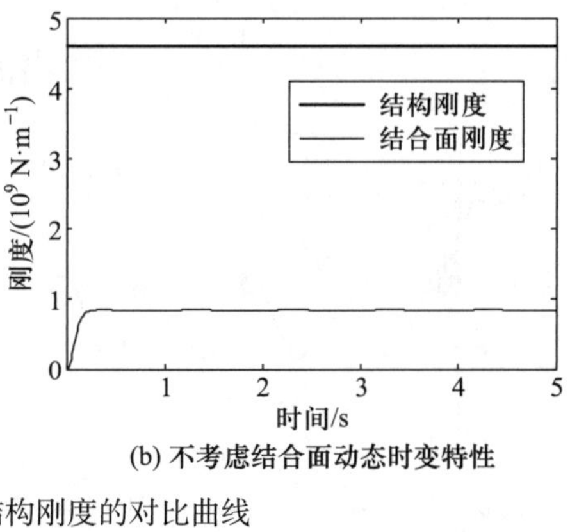

(b) 不考虑结合面动态时变特性

图 9.2 结合面刚度与结构刚度的对比曲线

9.1.2 结合面阻尼系数对刀座振动响应的影响

由于结合面阻尼的作用机理十分复杂，目前难以建立准确的数学模型，因此模型采用黏性比例阻尼 $\boldsymbol{C}_j=\beta\boldsymbol{K}_j$[2]，其中 β 为比例阻尼系数。β 的取值准确与否直接影响结合面阻尼的数量级，进而改变系统的动态响应。本节采用不同的比例阻尼系数求得系统振动响应进行对比，部分结果如图 9.3 所示。

仿真得到的各质量块的振动位移均值与幅值均无明显变化，但从图 9.3 中可以看出：当比例阻尼系数减小到 1×10^{-5}、1×10^{-6} 时，即结合面阻尼越接近结构阻尼时，结构的局部振动强烈，容易造成螺栓的松动；当 $\beta=1\times10^{-3}$ 时，质量块振动响应趋于稳定，结合面阻尼远远大于结构阻尼。因此，在考虑结合面的系统动力学模型中，

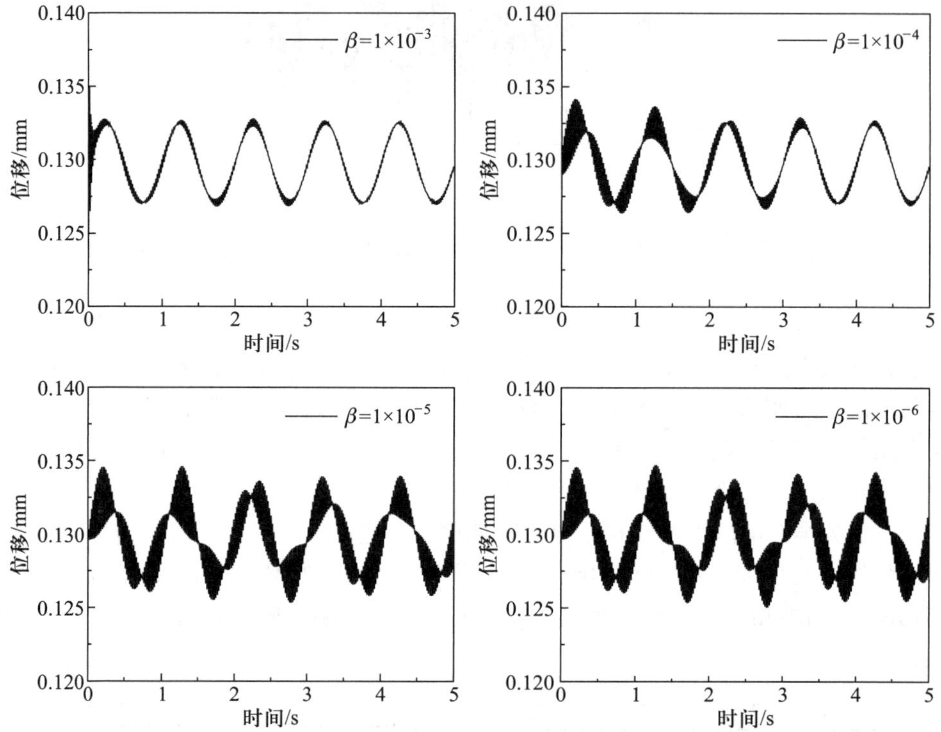

(a) 滚刀垂向振动位移

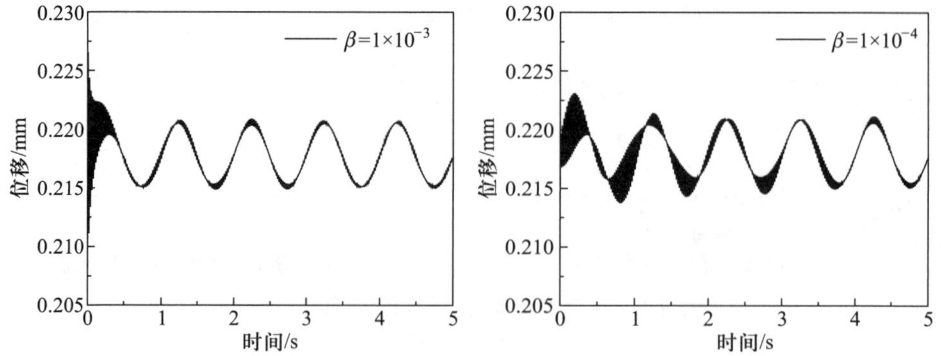

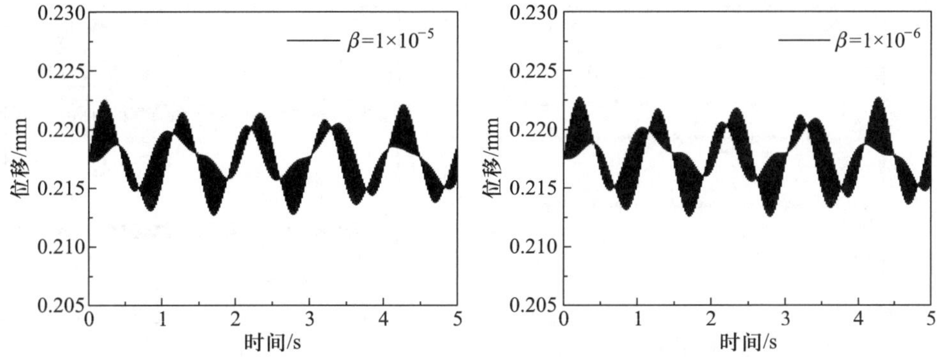

(b) 上楔形块垂向振动位移

图 9.3 不同阻尼系数下刀座系统部分结构件振动位移响应曲线

结构阻尼可以忽略不计，在结构设计中也应谨慎考虑结合面阻尼对系统振动的影响。

9.2 不同因素影响下的主机系统动力学行为

9.2.1 刀盘的结构形式

由于 TBM 结构及掘进情况的复杂性，即便在同种掘进环境中，不同的刀盘结构其动力学特性也会有很大不同。因此，需要对不同结构形式刀盘在各工况下的动力学行为进行对比分析，进而指导刀盘选型。运用 2.2.1 节中建立的不确定性分析，并将其转化为不确定区间载荷，建立不确定因素下的刀盘系统耦合动力学模型并进行求解，得到不同刀盘形式各工况下的振动响应情况。图 9.4 所示为不同刀盘各工况下径向振动响应对比。

通过分析可知，振动稳定后，中方五分式刀盘的径向振动幅值最小，并且响应的半径最小，即响应波动的范围最小。其中：在最大倾覆工况下，中方五分式的径向振动幅值分别约为一体式的 67%、对分式的 78%；在最大推力工况下，中方五分式分别约为对分式的 62%、一体式的 92%；在转弯纠偏工况下，中方五分式分别约为对分式的 52%、一体式的 77%；在脱困工况下，中方五分式分别约为对分式的 76%、一体式

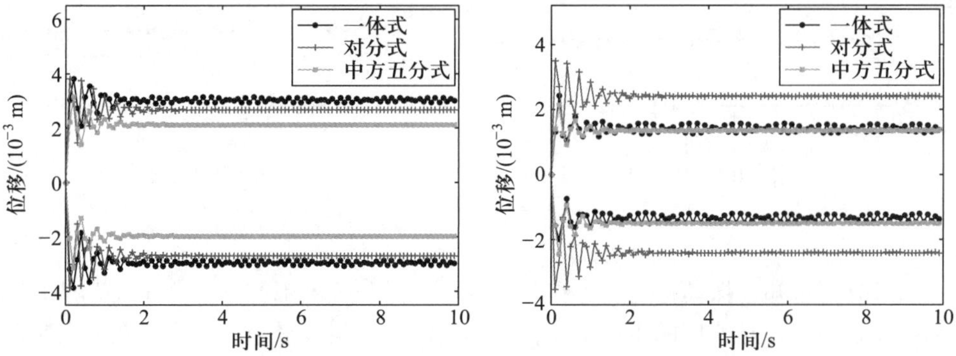

(a) 最大倾覆工况　　(b) 最大推力工况

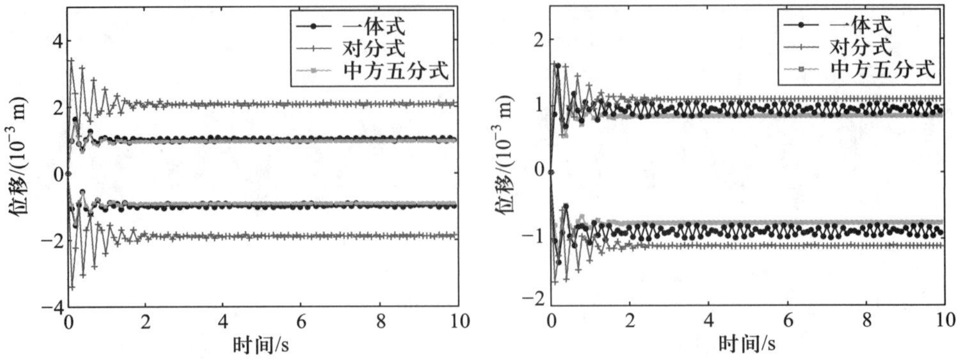

(c) 转弯纠偏工况　　(d) 脱困工况

图 9.4　不同刀盘各工况下径向振动响应对比（见书后彩图）

的 84%。

图 9.5 所示为不同刀盘各工况下轴向振动响应对比。

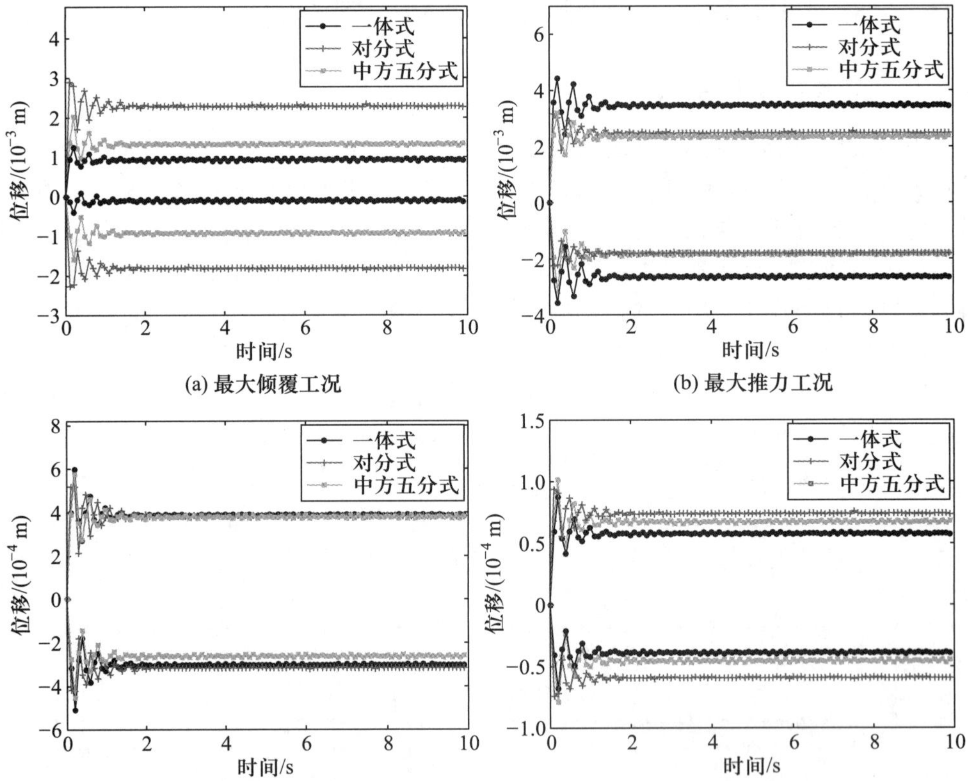

(a) 最大倾覆工况　　(b) 最大推力工况

(c) 转弯纠偏工况　　(d) 脱困工况

图 9.5　不同刀盘各工况下轴向振动响应对比（见书后彩图）

通过分析可知，振动稳定后，在最大倾覆工况和脱困工况下，一体式刀盘的轴向振动幅值最小，并且响应的半径最小，即响应波动的范围最小。其中：在最大倾覆工况下，一体式的轴向振动幅值分别约为对分式的 42%、中方五分式的 60%；在脱困工况下，一体式分别约为对分式的 78%、中方五分式的 87%；在最大推力工况下，中方五分式分别约为一体式的 68%，为对分式的 96%；转弯纠偏工况下，中方五分式约为对分式的 97%，为一体式的 95%。

图 9.6 所示为不同刀盘在各工况下的倾覆振动响应对比。

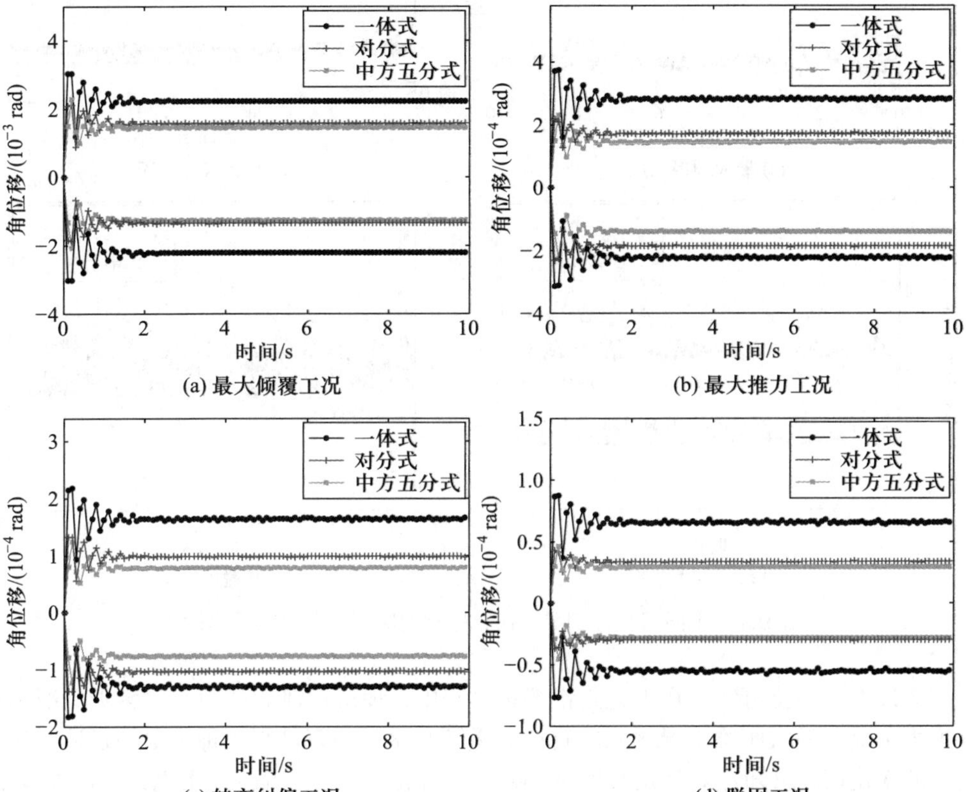

(a) 最大倾覆工况　(b) 最大推力工况

(c) 转弯纠偏工况　(d) 脱困工况

图 9.6　不同刀盘各工况下倾覆振动响应对比（见书后彩图）

通过分析可知，振动稳定后，中方五分式刀盘的倾覆振动幅值最小，并且响应的半径最小，即响应波动的范围最小。其中：在最大倾覆工况下，中方五分式的倾覆振动幅值分别约为一体式和对分式的 94%；在最大推力工况下，中方五分式分别约为对分式的 83%、一体式的 52%；在转弯纠偏工况下，中方五分式分别约为对分式的 79%、一体式的 46%；在脱困工况下，中方五分式分别约为对分式的 82%、一体式的 43%。

图 9.7 所示为不同刀盘在各工况下的扭转振动响应对比。

通过分析可知，振动稳定后，中方五分式刀盘的扭转振动幅值最小，并且响应的半径最小，即响应波动的范围最小。其中：在最大倾覆工况下，中方五分式的扭转振动幅值分别约为一体式的 67%、对分式的 56%；在最大推力工况下，中方五分式分别约为对分式的 64%、一体式的 64%；在转弯纠偏工况下，中方五分式分别约为对分式的 44%、一体式的 65%；在脱困工况下，中方五分式分别约为对分式的 56%、一体式的 70%。

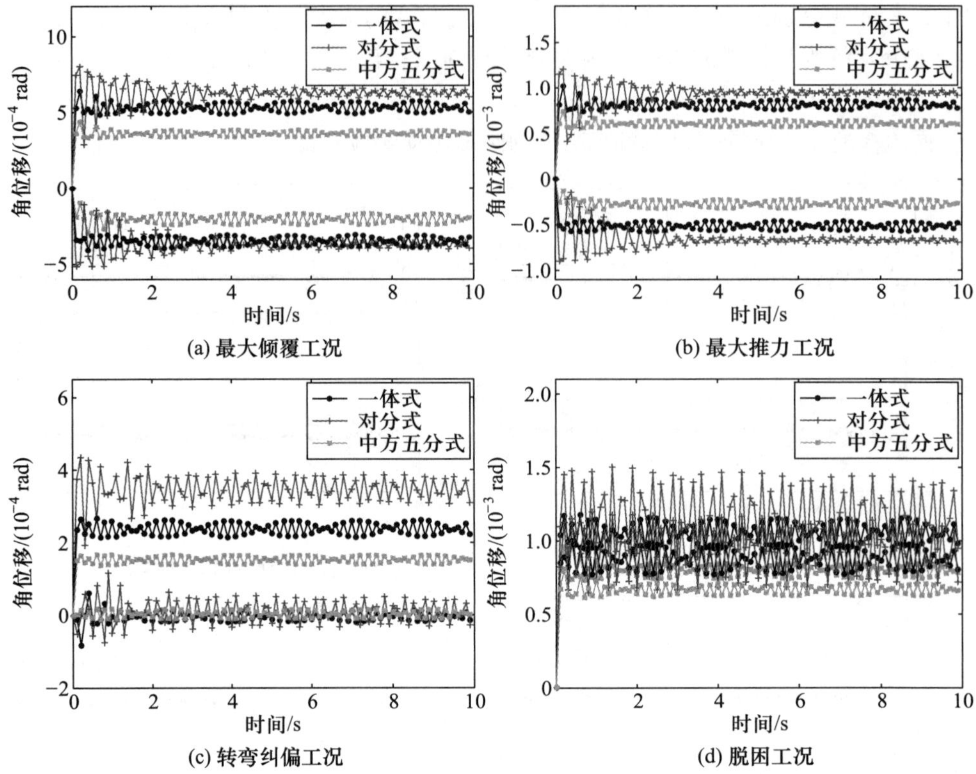

图 9.7 不同刀盘各工况下扭转振动响应对比（见书后彩图）

通过工程经验可知，在刀盘正常掘进过程中，地层过渡导致刀盘最常见工况为最大推力工况与最大倾覆工况之间的转换。通过对比三种刀盘在两种工况间过渡时振动响应的变化情况可知：对分式刀盘振动响应波动最小，中方五分式次之，一体式最差；对分式过渡时最平稳，中方五分式次之，一体式最差。

径向振动影响着刀盘驱动系统结构件的寿命，当径向振动过大时，将会导致 TBM 主轴承损伤、轴承密封失效和刀盘驱动轴的断裂等刀盘系统结构件的损坏。倾覆振动和扭转振动将会影响滚刀的磨损量以及支撑筋的焊缝强度，振动过大易导致滚刀异常磨损、焊缝脱焊等工程故障。通过对比三种形式刀盘各工况下振动响应边界可知，由于中方五分式刀盘 4 个分体与中心块之间的相互耦合作用，其刀盘振动位移幅值较小、振动强度较低、响应的半径较小、振动的平稳性好，尽管工况过渡时平稳性较对分式稍差，但总的来说，相对于其他两种刀盘，中方五分式刀盘具有较好的振动特性，因此建议优先采用中方五分式刀盘。

9.2.2 驱动齿轮的布置形式

刀盘驱动齿轮常用的布置方式为对称布置和均匀布置（如图 9.8 所示）。驱动齿轮的布置形式不同，刀盘的振动响应不同。对比分析不同齿轮布置形式下的刀盘振动响应，合理选择齿轮布置形式，对刀盘驱动系统及控制系统设计具有重要意义。不同齿轮布置形式下的刀盘振动响应对比如图 9.9 所示。

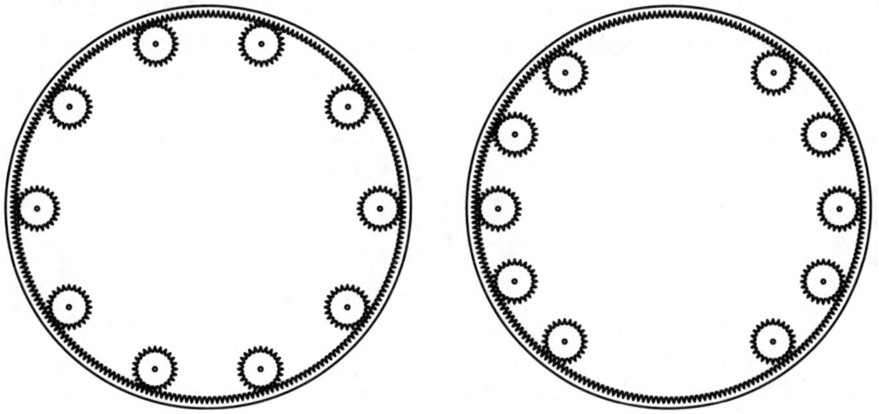

(a) 均匀布置　　(b) 对称布置

图 9.8　驱动齿轮布置形式

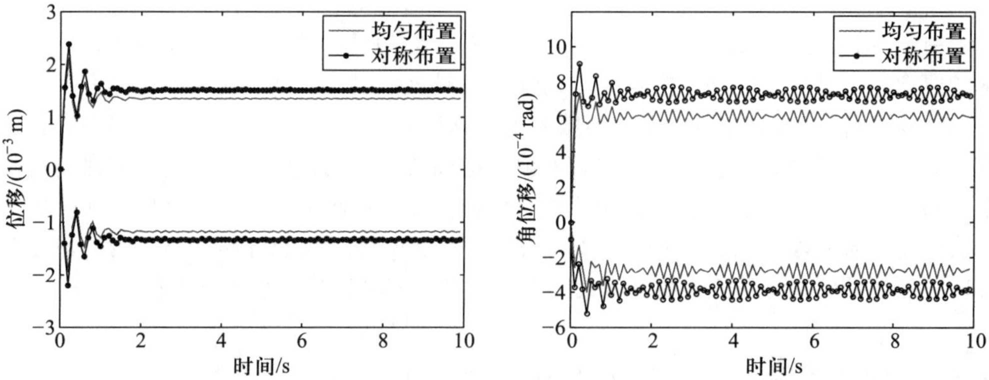

(a) 刀盘径向振动　　(b) 刀盘扭转振动

图 9.9　不同齿轮布置形式下的刀盘振动响应对比

通过分析可知，振动稳定后，两种齿轮布置形式下的刀盘振动响应变化规律一致。齿轮均匀布置时，刀盘径向振动幅度比对称布置形式小 10% 左右，振动响应半径（即振动变化范围）比对称布置形式小 11% 左右。同时，齿轮均匀布置时，刀盘扭转振动幅度比对称布置时小 17% 左右，振动响应半径比对称布置形式小 20%。结构振动太大的话，将会导致结构件的损伤，例如主轴承损坏、密封失效等。因此，齿轮均匀布置时，刀盘系统振动特性较好。所以，在安装空间足够的情况下，驱动齿轮最好均匀布置。

9.2.3　刀盘转速

在一定的施工地质环境下，合理选择 TBM 掘进时的刀盘转速，研究刀盘系统在不同运行速度下的动态特性具有重要的工程意义。鉴于上述研究的 TBM 刀盘直径为 8.53 m，对比国内外不同掘进机公司刀盘转速参数并参考辽西北供水工程实例，刀盘常用的转速有 1.44 r/min、2.7 r/min、4 r/min、5.44 r/min 及 6.85 r/min 等[3]。根据这几种转速，可选择刀盘正常工作转速在 1 ~ 7 r/min 之间，保持其他参数不变，基于数值计算，分析系统的振动响应，得到刀盘振动位移有效值与转速之间的关系曲线如图 9.10 所示。

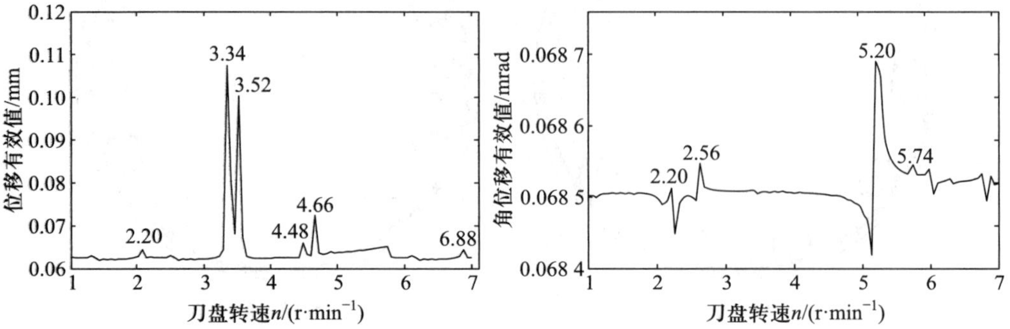

(a) 径向振动　　(b) 扭转振动

图 9.10　不同转速下的刀盘振动位移有效值

由图 9.10 可知：刀盘转速对径向振动位移有效值的影响较大。这里引入振动波动率的概念，定义振动波动率为响应波动幅度与最大值之比，则径向振动位移有效值的振动波动率可达 36% 左右，而扭转振动角位移有效值的波动率不到 1%。当刀盘转速在 2 r/min 以下时，刀盘振动位移有效值响应曲线较平稳，波动很小；当刀盘转速高于 2 r/min 时，径向和扭转振动角位移有效值曲线波动较为明显，且某些转速会出现峰值突变，如刀盘在 2.2 r/min、3.34 r/min、3.52 r/min、4.66 r/min 及 5.2 r/min 等转速下的振动位移有效值会明显增大，应尽量避免刀盘长时间在这些转速下工作。

9.2.4　典型掘进工况下 TBM 动力学特性

TBM 在施工过程中主要有 4 种典型掘进工况，即最大推力工况、最大倾覆工况、转弯纠偏工况、脱困工况（如图 9.11 所示）。四种工况简单的介绍如下：

（1）工况 1（最大推力工况）：当掘进地质均匀时，TBM 刀盘所受到的推力最大的情况；

（2）工况 2（最大倾覆工况）：当掘进地质条件复杂或不稳定时，TBM 刀盘所受到的倾覆力矩最大的情况；

（3）工况 3（转弯纠偏工况）：当 TBM 纠偏或需转弯时，刀盘盘面受力最不均匀的情况；

（4）工况 4（脱困工况）：当 TBM 掘进过程中需增加刀盘扭矩以摆脱卡机等突发状况时，刀盘承受最大扭矩的情况。

以工况 1 的刀盘载荷传递为例，提取刀盘前面板和刀盘法兰处的载荷，对比如图 9.12 所示。

由图 9.12 可以看出：刀盘载荷传递前后均值变化较小，振动形式基本一致，刀盘横向载荷、纵向载荷、轴向载荷、扭矩传递后幅值增大，倾覆力矩幅值接近。4 种工

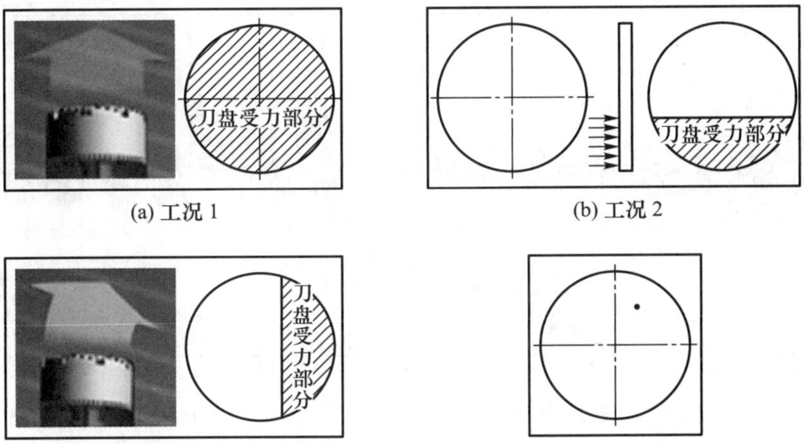

(a) 工况 1　(b) 工况 2　(c) 工况 3　(d) 工况 4

图 9.11　TBM 4 种典型掘进工况

况下载荷传递前后的均值统计如表 9.2 所示。

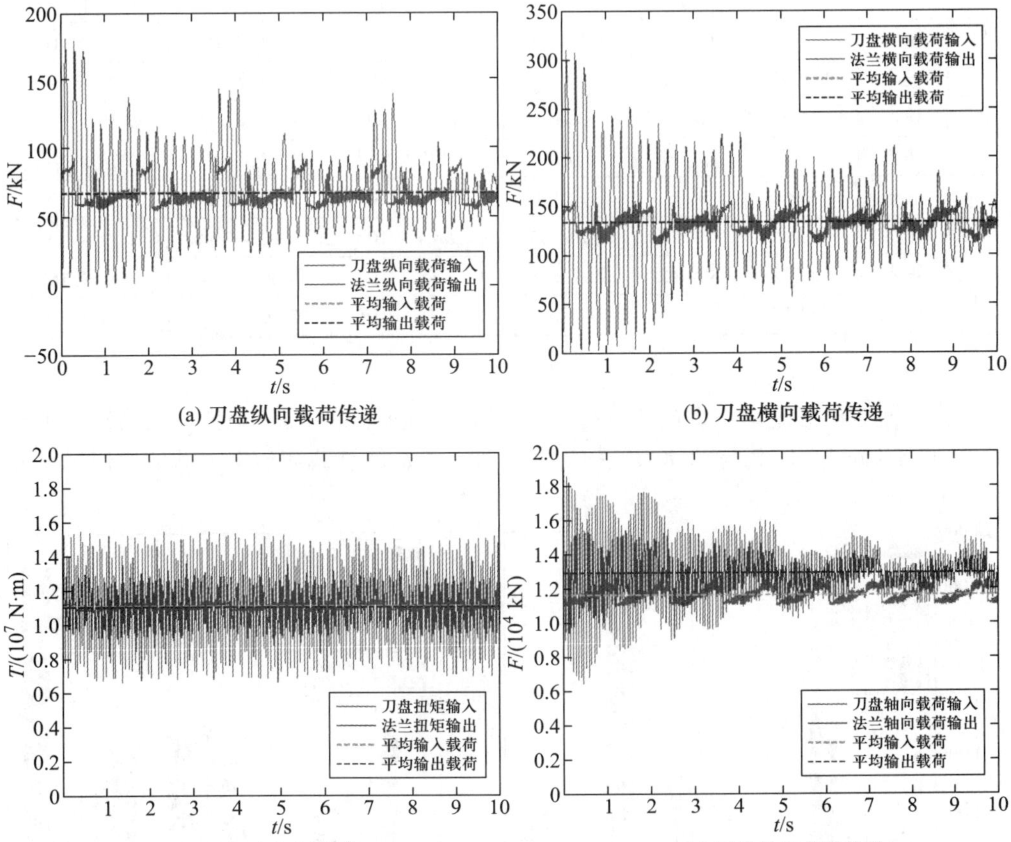

(a) 刀盘纵向载荷传递　(b) 刀盘横向载荷传递

(c) 刀盘扭矩传递　(d) 刀盘轴向载荷传递

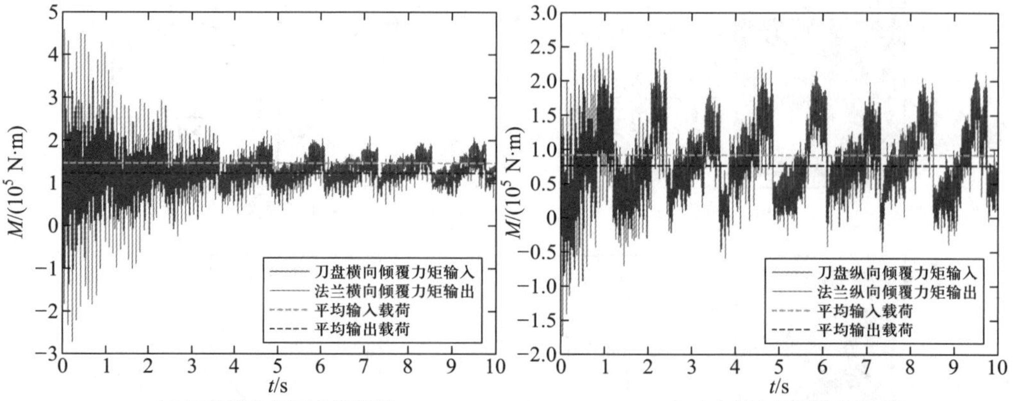

(e) 刀盘横向倾覆力矩传递　　(f) 刀盘纵向倾覆力矩传递

图 9.12　载荷传递曲线（见书后彩图）

表 9.2　载荷传递前后的均值统计

工况		横向载荷/kN	纵向载荷/kN	轴向载荷/kN	扭矩/(N·m)	横向倾覆力矩/(N·m)	纵向倾覆力矩/(N·m)
1	输入	132.76	67.71	1.15×10^4	1.10×10^7	1.44×10^5	8.83×10^4
	输出	132.55	67.60	1.20×10^4	1.10×10^7	1.19×10^5	7.23×10^4
2	输入	121.25	119.16	665.33	8.50×10^6	1.25×10^6	1.25×10^6
	输出	121.74	127.83	965.61	8.47×10^6	1.04×10^6	1.04×10^6
3	输入	74.85	50.07	210.38	2.75×10^6	5.38×10^5	1.30×10^6
	输出	81.39	50.39	214.77	2.74×10^6	5.16×10^5	1.21×10^6
4	输入	523.92	350.47	2.10×10^3	2.75×10^7	5.38×10^5	1.30×10^6
	输出	569.77	352.70	2.15×10^3	2.74×10^7	5.16×10^5	1.21×10^6

为了使对比更简单，将横向载荷/纵向载荷、横向倾覆力矩/纵向倾覆力矩分别扩大 200 和 10 倍，使其与轴向力、扭矩数量级一致，绘制载荷传递前后的均值对比如

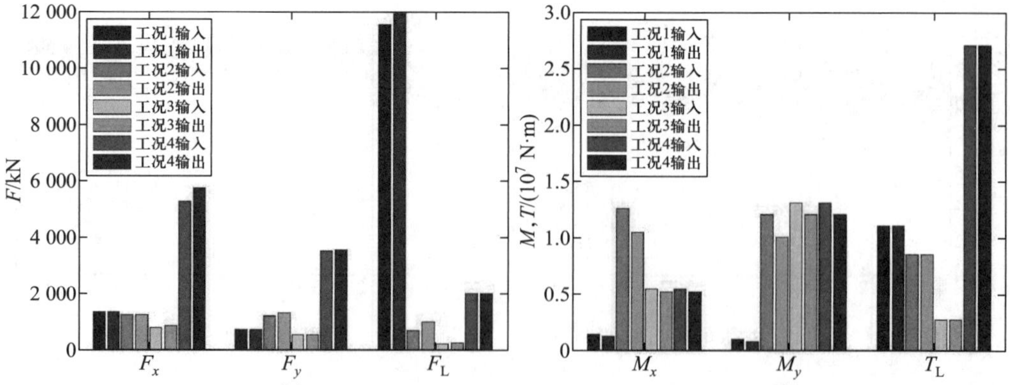

(a)　　(b)

图 9.13　载荷传递前后的均值对比图（见书后彩图）

图 9.13 所示。从表 9.2 和图 9.13 可以看出：4 种工况载荷传递规律一致，传递前后的刀盘载荷均值基本一致。

对传递前后载荷幅值进行统计，如表 9.3 所示。

表 9.3 载荷传递前后的幅值统计

工况		横向载荷/kN	纵向载荷/kN	轴向载荷/kN	扭矩/(N·m)	横向倾覆力矩/(N·m)	纵向倾覆力矩/(N·m)
1	输入	56.83	69.25	4.39×10^3	7.18×10^4	1.61×10^5	2.79×10^6
	输出	145.03	428.40	2.39×10^4	6.78×10^5	1.13×10^6	5.43×10^6
2	输入	111.01	140.24	491.41	2.12×10^5	4.79×10^4	1.88×10^6
	输出	254.72	442.61	1.16×10^3	1.17×10^6	1.53×10^5	9.32×10^6
3	输入	42.92	27.43	811.73	4.20×10^4	1.01×10^5	5.00×10^6
	输出	487.66	66.19	6.77×10^3	4.09×10^5	9.43×10^5	1.07×10^7
4	输入	284.17	346.24	2.19×10^4	7.18×10^4	1.61×10^5	1.39×10^7
	输出	706.97	2.16×10^3	1.19×10^5	3.03×10^6	1.67×10^6	2.64×10^7

为了使对比更简单，将横向载荷/纵向载荷、横向倾覆力矩/纵向倾覆力矩幅值分别扩大 50 和 10 倍，使其与轴向力、扭矩的数量级一致，绘制载荷传递前后的幅值对比如图 9.14 所示。从表 9.3 和图 9.14 可以看出：由于刀盘质量较大，惯性力使法兰处输出载荷变化幅值明显增大，最大可达刀盘输入载荷变化幅值的 42 倍。法兰处载荷的提取为后续系统的设计提供了依据，并为单个构件的设计提供了可靠的输出边界。

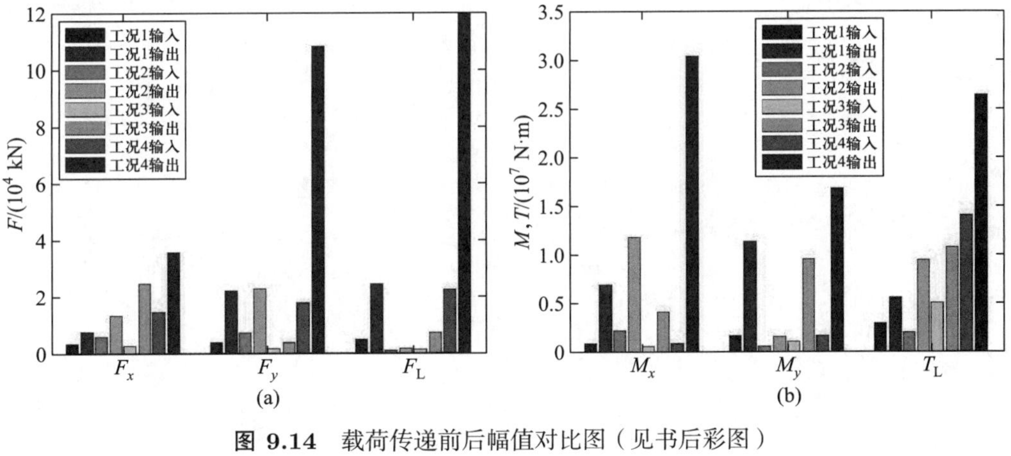

图 9.14 载荷传递前后幅值对比图（见书后彩图）

参考文献

[1] 吴瀚洋. TBM 主机多自由度耦合动力学行为及实测验证 [D]. 大连: 大连理工大学，2016.

[2] 吕振华, 冯振东. 粘性阻尼线性振动系统的复模态特征值问题. [J]. 应用数学和力学, 1991, 12(8): 719-728.

[3] 宋克志, 袁大军, 王梦恕. 隧道掘进机 (TBM) 刀盘转速的讨论 [J]. 建筑机械: 上半月, 2005 (8): 63-65.

第十章　TBM 主机系统抗振优化设计

TBM 主机系统抗振优化的措施主要有新型抗振结构设计和系统主参数抗振优化设计。在新型抗振结构设计方面，首先结合前面章节对滚刀系统力学特性和振动特性的分析，在传统滚刀结构设计的基础上考虑滚刀的抗振性，建立一种基于滑动支撑的岩石掘进机盘形单刃滚刀设计方法，并对其进行综合性能评价；其次，根据前面章节的滚刀–刀座系统振动特性分析，对比现有典型滚刀安装方式的优劣，考虑载荷传递的合理性和现场安装的可行性，对刀座联结结构进行了改进设计，然后利用滚刀线切割实验得到的实测载荷数据作为外部激励对系统进行求解，对此结构进行综合性能评价。在系统主参数抗振优化方面，分别从刀座螺栓预紧力、刀座结合面面积、刀盘中心块占比和刀盘分瓣形式四个方面进行设计。通过参数的设计修改，减小动态激励的传递、降低系统振动、延长寿命、减小噪声等。

10.1　新型滚刀抗振结构设计

10.1.1　新型滚刀整体方案设计

本章设计的 TBM 盘形滚刀主要是针对坚硬岩石（岩石单轴抗拉强度 $>$ 100 MPa）和超硬岩石（岩石单轴抗拉强度 $>$ 150 MPa）。在破岩过程中由于岩石单轴抗拉强度较大，滚刀破岩载荷将急剧增大而产生更大的冲击突变载荷，根据第三、第四章中对传统滚刀的动力学分析可知，滚刀的振动响应也将进一步增大。由于滑动轴承在特大冲击和振动、径向尺寸受到限制等工作条件下具有独特的优点，故新型滚刀在径向采用滑动轴承进行回转支撑。由于滚刀在破岩过程中受到较大的侧向载荷和倾覆力矩，滑动轴承不能承受较大的轴向载荷，故在刀体两侧安装两套推力滚子轴承。这样的轴承安装方式能够提高滚刀整体的强度和轴向刚度，并降低刀轴和刀盘的振动。滑动轴承的轴瓦或衬套与刀体过盈配合，主要起回转支撑作用；推力圆柱滚子轴承的外圈与刀体过盈配合，内圈与刀轴过盈配合，主要承担滚刀的侧向载荷和倾覆力矩。刀体的结构可根据径向滑动轴承和推力轴承的结构尺寸进行设计，而刀轴、刀圈、卡环、端盖和浮动密封等可保持原结构形式。新型滚刀整体结构示意图，如图 10.1 所示。

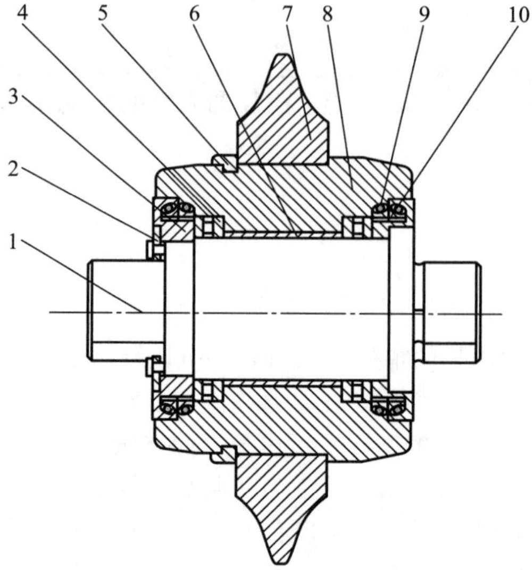

图 10.1 新型滚刀整体结构示意图

1—刀轴；2—轴端挡圈；3—端盖；4—推力圆柱滚子轴承；5—卡环；6—滑动轴承；7—刀圈；8—刀体；9—O 形橡胶圈；10—金属浮环

10.1.2 新型滚刀关键结构件设计

10.1.2.1 滑动轴承的选型设计

根据新型滚刀滑动轴承的外部激励特点以及安装形式，其结构设计和安装需要满足一定的设计规范与要求。由于轴瓦安装在刀体内圈，为了便于安装，选用整体式轴瓦。

首先，确定滑动轴承的内径 d 和宽度 B。一般滑动轴承的宽径比 B/d 在 $0.3 \sim 1.5$ 范围内[1]。小宽径比对于运转稳定性有较大的提高，但是轴承宽度减小，其承载能力也会随之降低。滚刀轴承为低速重载轴承，为提高轴承的整体刚性，宽径比应取大值[1]。考虑与刀盘、刀座的安装配合以及互换性，可基于传统滚刀刀轴的直径来确定 d 值。根据滚刀的载荷历程，综合考虑滚刀的宽度和承载能力，先确定滑动轴承的宽度 B，再根据《机械设计手册》最终确定滑动轴承的型号和尺寸参数。

其次，在轴承的型号和尺寸确定后，进一步确定该滑动轴承的润滑方式。如果选择完全液体润滑，为保证轴承能处于液体摩擦状态，最小油膜厚度必须大于或等于许用油膜厚度，故要对最小油膜厚度进行验算[1]。

假设盘形滚刀在刀盘上做纯滚动，刀盘与盘形滚刀在相切点的线速度是相同的，故可求得滚刀的转速为

$$n = \frac{R_{\mathrm{l}}}{R_{\mathrm{r}}} n_{\mathrm{p}} \tag{10.1}$$

式中：R_{l} 为滚刀的安装半径；R_{r} 为滚刀刀圈的半径；n_{p} 为刀盘的转速。

滑动轴承的轴承套与轴颈的相对间隙 ψ 为

$$\psi = \frac{(n/60)^{4/9}}{10^{31/9}} \tag{10.2}$$

润滑油的动力黏度 η 为

$$\eta = \frac{(n/60)^{-1/3}}{10^{7/6}} \tag{10.3}$$

则承载系数为 C_P 为

$$C_P = \frac{F\psi^2}{\eta\omega dB} = \frac{F\psi^2}{2\eta vB} \tag{10.4}$$

式中：F 为滚刀承受的径向载荷；v 为滚刀刀轴轴颈的线速度；B 为径向滑动轴承的宽度。

查宽轴承的承载量系数表，并通过插值得滑动轴承偏心率 χ。

计算最小油膜厚度 $h_{\min}$ 为

$$h_{\min} = \frac{d}{2}\psi(1-\chi) \tag{10.5}$$

确定轴颈、轴承孔微观不平度十点高度，则许用油膜厚度 $[h]$ 为

$$[h] = S(R_{Z1} + R_{Z2}) \tag{10.6}$$

式中：S 为安全系数，一般取 $S \geqslant 2$；R_{Z1}、R_{Z2} 分别为轴颈、轴承孔微观不平度十点高度。

S 取值为 2，计算最小油膜厚度和许用油膜厚度。若 $h_{\min} \geqslant [h]$，则满足工作可靠性要求，故使用完全液体动压滑动轴承；若 $h_{\min} < [h]$，则无法满足工作可靠性要求，故不能使用完全液体动压滑动轴承，可选择非完全液体滑动轴承。进而，根据滑动轴承的轴颈圆周速度、平均压力选择合适的轴瓦材料、润滑油或脂润滑。

此外，考虑到滚刀工况属于低速重载、间歇性工作，并且工作环境恶劣，难以给滚刀经常供油，故应采用油脂润滑。

10.1.2.2 推力滚子轴承的选型设计

确定了滑动轴承的内径 d 和宽度 B 后，可根据刀体的宽度和刀轴的长度确定滚动轴承的宽度和内圈的直径，同时考虑滚刀的最大轴向载荷，从而可选择合适的推力圆柱滚子轴承。

滚动轴承常用的润滑方式有两类：油润滑和脂润滑。润滑方式的选择与轴承的速度密切相关，一般用滚动轴承的 DN 值来表征轴承的速度大小。适用于脂润滑和油润滑的 DN 值界限如表 10.1 所示。

表 10.1 适用于脂润滑和油润滑的 DN 值界限　　单位：10^4 mm·r/min

轴承类型	脂润滑	油润滑			
		油浴	滴油	循环油	油雾
圆柱滚子轴承	12	25	40	60	>60
推力球轴承	4	6	12	15	—

此外，润滑脂的润滑膜强度高，能承受较大的载荷，不易流失，容易密封，更方便的是一次加脂可以维持较长的一段时间。对于不便经常添加润滑剂的复杂低转速工况，选择脂润滑十分适宜。而在高速、高温的条件下则应采用油润滑。因此，推力轴承的润滑方式可根据轴承的转速值和滚刀的实际工况确定润滑方式。

10.1.2.3 其他结构件的设计

滑动轴承和推力圆柱滚子轴承的结构尺寸及安装尺寸确定后，进而完成刀体、刀轴、端盖和浮动密封的设计，最后完成滚刀相关结构的设计。此外需要注意的是：盘形滚刀工作时受到来自岩石面的很大的压应力和剪切力，因此除了对刀圈的性能有要求之外，对径向滑动轴承和推力圆柱滚子轴承的性能也有特殊的要求，即能承受来自岩石面的压应力和剪切力，承受几个方向的载荷，具有良好的耐磨性。浮动密封同样需要高的耐磨性和良好的密封性能。

10.1.2.4 工程实际应用

本设计方法适用于 14 in、17 in、19 in、21 in 等盘形单刃滚刀和中心多刃滚刀，下面以目前最常用的 17 in 盘形单刃滚刀为例具体说明。

1. 径向滑动轴承的设计

为了使设计的滚刀经济适用，滑动轴承和滚刀轴承尽量选择标准件，结合现有 17 in 滚刀刀轴以及滚刀整体的结构尺寸，初定刀轴轴颈为 120 mm，滑动轴承宽度为 100 mm。

设刀盘最大转速为 8 r/min，滚刀直径为 0.432 m。利用刀盘任一点处的线速度相等计算出该点处的滚刀的线速度，故距刀盘中心 2.36 m 处的正滚刀的转速为 87.5 r/min。

由式 (10.1) 至式 (10.4) 计算得最小油膜厚度

$$h_{\min} = \frac{d}{2}\psi(1-\chi) = \frac{120}{2} \times 4.25 \times 10^{-4} \times (1-0.874)\ \mu\text{m} = 3.21\ \mu\text{m}$$

确定轴颈、轴承孔微观不平度十点高度，按加工精度要求取轴颈表面粗糙度等级为 0.8、轴承孔表面粗糙等级为 1.6，查表可得

$$R_{Z1} = 3.2\ \mu\text{m}$$

$$R_{Z2} = 6.3\ \mu\text{m}$$

取安全系数 $S=2$，计算得许用油膜厚度

$$[h] = S(R_{Z1}+R_{Z2}) = 2 \times (3.2+6.3)\ \mu\text{m} = 19\ \mu\text{m}$$

由上可得

$$h_{\min} < [h]$$

因此不能使用完全液体动压滑动轴承。由于滚刀的工作状况是低速重载、间歇性工作，故选择不完全液体润滑，同时考虑到滚刀的工况比较复杂，不便经常添加润滑剂，故采用脂润滑。

以 17 in 正滚刀的最大额定推力 250 kN 作为外部极限载荷进行不完全液体润滑滑动轴承设计计算。

轴承的平均压力为

$$P=\frac{F}{dB}=\frac{250\ 000}{120\times 100}\ \mathrm{MPa}\approx 20.83\ \mathrm{MPa}$$

轴颈的最大线速度为

$$v=\frac{\pi dn}{60\times 1\ 000}=\frac{\pi\times 120\times 87.5}{60\times 1\ 000}\ \mathrm{m/s}\approx 0.55\ \mathrm{m/s}$$

验算轴承的 Pv 为

$$Pv\approx 11.5\ \mathrm{MPa\cdot m/s}$$

由以上计算可得：$P>15$ MPa，$v<1$ m/s，属于低速重载工况。而铅青铜 ZCuPb30 宜用于重载轴承，并且能承受变载荷冲击，最大许用值分别为 25 MPa、12 m/s、30 MPa·m/s，故可满足以上设计要求。

根据润滑脂选用条件，当载荷大于 6.5 MPa、轴颈圆周速度为 0.5 m/s 以下，最高工作温度为 110 ℃，选用锂基润滑脂。

为便于加工和装配，选择 C 形整体铅铜合金轴套，该轴承套的尺寸公差如表 10.2 所示[2]。

表 10.2 铜合金整体轴套尺寸公差

内径	外径		宽度	轴承座孔直径	轴颈
	⩽ 120 mm	> 120 mm			
E6	s6	r6	h13	H7	e7 或 g7

综上所述：选择径向滑动轴承的标记为“轴套 GB/T 18324—C120×140×100—ZCuPb30”。刀体内圈与滑动轴承的外径的配合选择为 H7/r6，此配合为过盈配合，靠压力装配；结合《机械设计手册》和企业生产标准，滑动轴承的内径与刀轴的配合公差为 E6/e7, 滑动轴承轴套压入以后的装配公差为 H6/e7，轴承内径与外径的同轴度的公差为 IT8。润滑脂选用 1 号钙钠基润滑脂。

2. 推力圆柱滚子轴承的设计

根据刀轴轴径为 120 mm，滚刀最大轴向载荷约为 20 kN，选择推力滚动轴承的型号为 81124，其基本额定动载荷为 155 kN、基本额定静载荷为 660 kN，满足设计要求，并且有充足的轴向刚度。

计算推力轴承的 DN 值为

$$\mathrm{DN}=120\times 87.5\ \mathrm{mm\cdot r/\min}=10\ 500\ \mathrm{mm\cdot r/\min}$$

由表 10.1 可判断出该推力轴承应采用脂润滑。综合考虑工况等因素，滚动轴承也采用滑动轴承的润滑方式。同样，根据轴承的载荷状况和工作温度，选择锥入度较小的钙钠基润滑脂，其装脂量一般为轴承内部空间容积的 1/3 ∼ 2/3。

推力轴承主要承担滚刀受到的侧向载荷和倾覆力矩，轴承外圈与刀体内部过盈配合，而轴承内圈与刀轴过盈配合。根据滚刀承受载荷状况以及《机械设计手册》中推力轴承与轴的配合、轴的公差代号，推力轴承与轴外壳孔的配合、孔的公差代号确定轴承的配合公差。

综上所述，可确定推力轴承的型号为 81124，推力轴承外圈与刀体的配合公差为 P6/h5，推力轴承内圈与刀轴的配合公差为 H6/m5。

3. 滚刀其他相关结构的设计

滑动轴承和推力圆柱滚子轴承的结构尺寸以及安装尺寸确定后，进而完成刀体、刀轴、端盖和轴端挡圈的设计，最后根据刀体、端盖和推力圆柱滚子轴承构成的封闭空间的尺寸选定浮动密封装置的型号。滚刀的刀圈可根据岩石的坚硬强度选择钢刀圈和球齿刀圈（单轴抗拉强度 $>$ 175 MPa）。

10.1.3 新型滚刀装配工艺设计

岩石掘进机滚刀在掘进过程中既要有较高的强度和耐磨性，又要有一定的韧性，还要保证钢体具有良好的焊接性能，需要一定的热处理工艺。在滚刀的制造装配中，刀圈、轴承、浮动旋转密封的技术性能要求比较严格，而刀体、刀轴及端盖等零部件的加工装配要求与普通机械零件基本相同。刀圈、刀体和刀轴的热处理工艺较为复杂且与企业热处理工艺水平有关，故本节主要研究新型滚刀的装配工艺流程。

新型掘进机盘形滚刀由刀圈、刀座、刀轴、径向滑动轴承和推力轴承、端盖和浮动密封等几部分通过装配而成。

装配设备包括：① 装配工作台；② 装配扳手；③ 检测扭矩用的紧箍夹具；④ 冷压轴承用的 T 形套筒；⑤ 退轴承外套用的半圆片；⑥ 扭力扳手；⑦ 吊车；⑧ 单柱油压机。

新型滚刀整体装配流程如下：

（1）清洗轴承、浮动密封、轴座、上端盖、下端盖、轴等；

（2）在压力设备上把滑动轴承轴套冷压进刀体轴座内，滑动轴承外径和刀体轴座采用 H7/r6 过盈配合，此时两者间无须加固定措施；轴套压入后，内孔如果发生变形，可用刮研或滚压的方法进行修整；

（3）在压力设备上分别把两套推力圆柱滚子轴承的外套冷压进刀体两侧轴座中；

（4）下端盖和刀轴进行装配；

（5）把其中一个推力轴承在压力机上与轴进行冷压装配，必须紧贴下端盖，并在下端盖上装配好浮动密封；

（6）把上面装配好的整体与轴座（刀体）进行装配；

（7）用压力设备把另一个推力轴承和刀轴进行装配，然后安装好浮动密封；

（8）安装上端盖；

（9）对滚刀进行扭力测试；

（10）滚刀密封性能测试；

（11）添加润滑油脂；

（12）端盖螺孔密封，端盖定位焊接；

（13）刀圈加热，与刀座进行装配；

（14）刀圈卡环焊接；

（15）滚刀表面清理与防锈处理。

10.1.4 新型滚刀振动特性

新型滚刀滑动轴承的相关参数以及润滑油脂的相关参数如表 10.3 所示。

表 10.3 滑动轴承结构参数和润滑油脂参数

轴颈直径 D/mm	轴颈转速 $n/(\mathrm{m \cdot s^{-1}})$	轴颈长度 L/mm	半径间隙 c/mm	动力黏度/(Pa·s)
120	87.5	100	0.047	0.118

通过仿真得到的中心滚刀垂向载荷以及表 10.3 中相关参数，可得到滑动轴承动态刚度和阻尼曲线如图 10.2 所示。

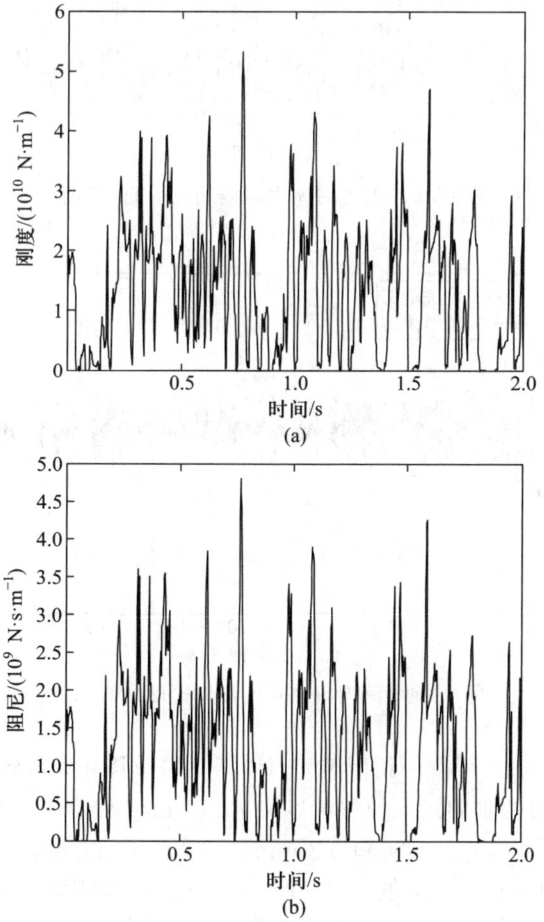

图 10.2 滑动轴承动态刚度和阻尼曲线

根据推力轴承的结构参数，可得推力轴承的刚度与阻尼如表 10.4 所示。

表 10.4 推力轴承的动力学参数

质量/kg	刚度/(N/m)	阻尼/(N·s·m^{-1})
8.85	7.5×10^9	1.03×10^4

由动力学方程求解可得刀体的垂向和侧向的振动位移及速度，并与传统滚刀进行对比，滚刀垂向振动位移和速度对比如图 10.3 和图 10.4 所示，侧向振动位移和速度对比如图 10.5 和图 10.6 所示。

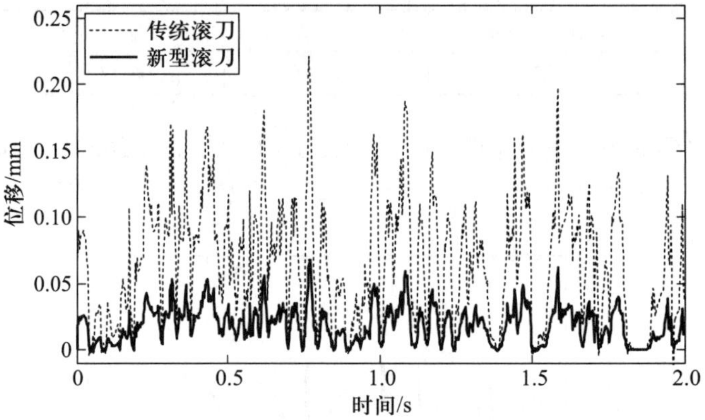

图 10.3 滚刀刀体垂向振动位移曲线对比

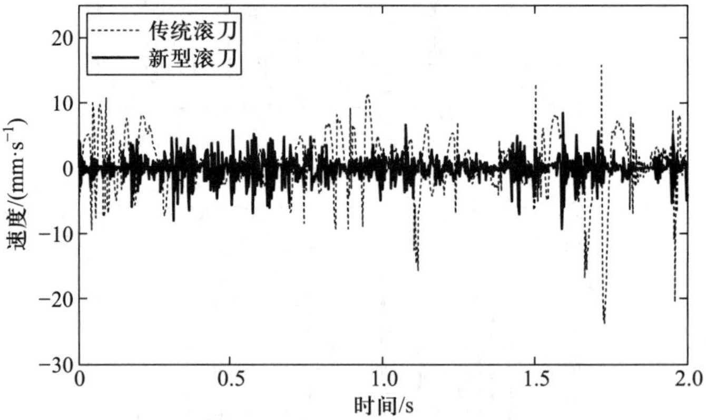

图 10.4 滚刀刀体垂向振动速度曲线对比

由图 10.3 至图 10.6 可得：新型滚刀刀体振动的位移和速度较传统滚刀显著减小。传统滚刀和新型滚刀的垂向最大位移分别为 0.217 mm 和 0.075 mm，降低了 65.4%；最大振动速度分别为 23.7 mm/s 和 9.3 mm/s，降低了 60.8%；振动速度有效值分别为 4.5 mm/s 和 2.3 mm/s，降低了 48.9%。传统滚刀和新型滚刀的侧向最大位移分别为 0.018 6 mm 和 0.010 7 mm，降低了 42.5%；最大振动速度分别为 5.5 mm/s 和

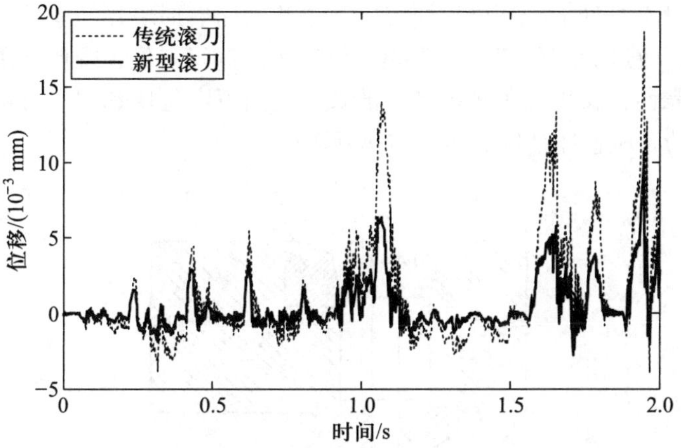

图 10.5　滚刀刀体侧向振动位移曲线对比

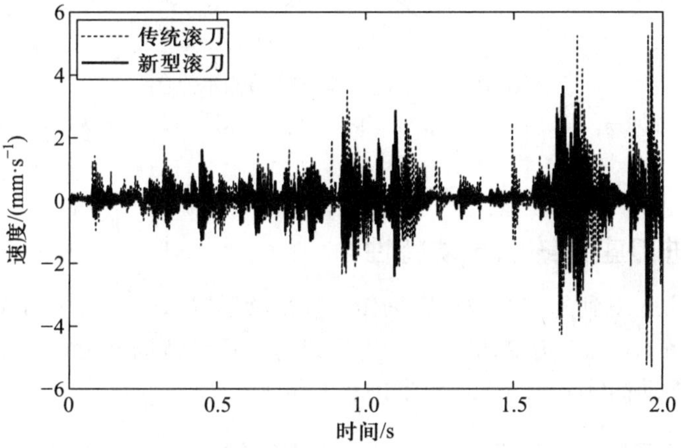

图 10.6　滚刀刀体侧向振动速度曲线

3.5 m/s，振动速度降低了 36.4%；振动速度有效值分别为 0.96 mm/s 和 0.66 mm/s，降低了 31.3%。这主要是由于滑动轴承油膜起到了良好的吸振效果，大大降低了滚刀卡环以及浮动密封等关键结构件的振动损伤，从而提高了滚刀的使用寿命。

10.2　刀座联结结构优化设计

10.2.1　刀座联结结构优化设计方案

设计的刀座联结结构主要是针对硬岩地质环境。在此种类型地质环境中，由于岩石的强度较大，造成滚刀破岩时产生的三向力更大，与此同时造成的冲击振动也大大增加。由刀座的动力学分析可知，刀座的振动响应也会进一步增大，影响刀盘的稳定性。

在原有刀座联结结构的基础上，综合考虑滚刀–刀座装配、换刀的便利性，结构的可靠性和刀座的抗振性，对不对称上、下楔形块刀座进行了改进，设计了新的楔形块固定方式。针对不对称上、下楔形块刀座其单侧斜面楔形块在预紧的过程中容易将滚刀卡死的缺点，改进为采用双侧对称楔形块对滚刀进行定位，既保证了刀座在硬岩环境中掘进的可靠性，又提高了现场换刀的效率。而下定位块和刀座可保持原有的结构形式。改进后的刀座整体结构如图 10.7 所示。

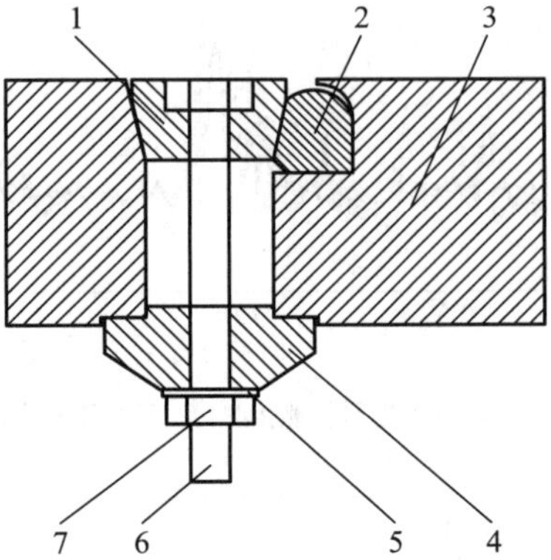

图 10.7 改进刀座整体结构示意图

1—上楔形块；2—刀轴；3—刀座；4—下定位块；5—垫片；6—高强度螺栓；7—螺母

10.2.2 改进刀座系统的振动特性

将线切割实验得到的实测载荷数据作为外部激励输入，对改进刀座结构的振动位移响应进行求解，并将响应结果与原始刀座进行对比。侧向并无明显变化，垂向和滚动方向的位移振动曲线如图 10.8 和图 10.9 所示。

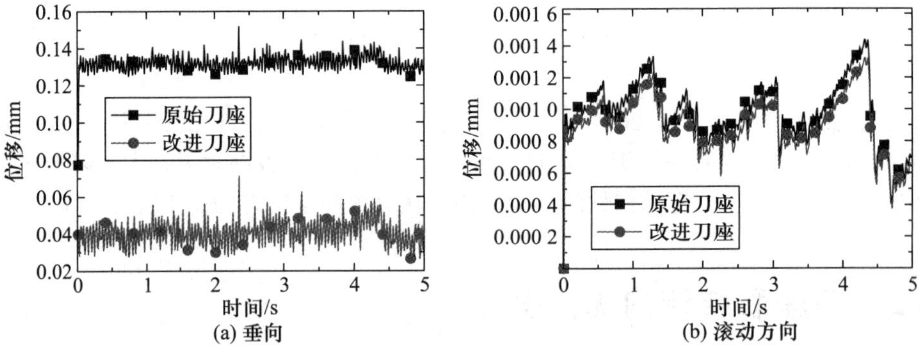

图 10.8 滚刀振动位移曲线（见书后彩图）

由图 10.8 和图 10.9 可以看出：改进刀座的滚刀和楔形块振动位移较传统刀座显著减少；传统刀座和改进刀座的滚刀垂向最大位移分别为 0.15 mm 和 0.07 mm，降低了 53.3%；楔形块的垂向最大位移分别为 0.224 mm 和 0.070 mm，降低了 68.8%。滚刀和楔形块的滚动方向位移分别降低了 7.9% 和 7.6%。这主要是由于本来由楔形块和滚刀承受的滚刀破岩的剧烈振动一部分被刀座与楔形块的接触斜面承受吸收，起到了良好的吸振效果，大大降低了滚刀本身和刀座紧固螺栓的振动损伤。

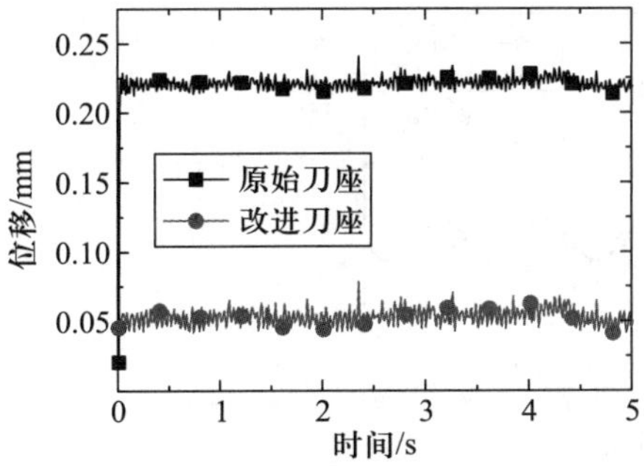

(a) 垂向

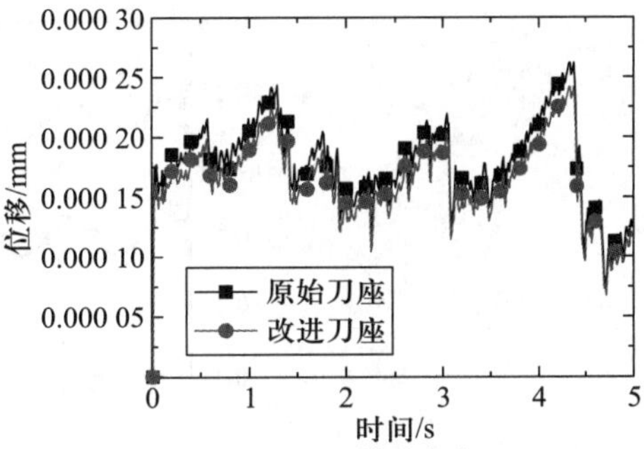

(b) 滚动方向

图 10.9 楔形块振动位移曲线（见书后彩图）

10.3 主机系统主参数抗振设计

10.3.1 螺栓预紧力对刀座振动响应的影响

由实验可知，螺栓预紧力的变化会对刀座振动响应产生影响，因此本节对不同螺栓预紧力下的系统动力学模型进行了求解，结果如表 10.5 所示。受篇幅所限，仅列出部分质量块位移曲线如图 10.10 所示。

表 10.5 不同螺栓预紧力下系统各节点的振动位移

方向	质量块	节点号	均值/mm			幅值/mm		
			234 kN	300 kN	增幅	234 kN	300 kN	增幅
垂向	滚刀	1	0.129 72	0.146 13	12.66%	0.005 95	0.008 10	36.23%
	上楔形块	2	0.217 76	0.256 64	17.85%	0.009 61	0.012 88	34.01%
	刀座	3	0.006 00	0.006 00	0.00%	0.004 26	0.004 31	1.16%
	下定位块	6	–0.059 92	–0.071 80	19.86%	0.004 26	0.004 31	1.18%
侧向	滚刀	8	0.010 49	0.010 49	0.00%	0.005 77	0.005 77	0.00%
	上楔形块	9	0.002 02	0.002 02	0.00%	0.001 30	0.001 30	0.00%
	刀座	10	0.001 20	0.001 20	0.00%	0.000 81	0.000 81	0.00%
滚动方向	滚刀	11	0.000 58	0.000 55	–4.68%	0.000 39	0.000 37	–4.73%
	上楔形块	12	0.000 11	0.000 10	–3.45%	0.000 07	0.000 07	–3.53%
	刀座	14	–0.000 06	–0.000 06	0.00%	0.000 04	0.000 04	0.00%
	刀座	16	0.000 38	0.000 37	–3.32%	0.000 26	0.000 25	–3.43%

螺栓预紧力由 234 kN 增加到 300 kN 时，各质量块垂向振动位移的幅值和均值均有不同程度的提升，侧向无变化，滚动方向有不同程度的减小。这表明：系统垂向响应对螺栓预紧力的变化更为敏感，且呈正相关；螺栓预紧力对侧向响应基本无影响，与实验结论相吻合；滚动方向与螺栓预紧力的变化呈负相关。螺栓预紧力增大会造成垂向振动位移大幅增加，因此，相对于 300 kN 来说，234 kN 的螺栓预紧力对减小刀座垂向振动的效果更好。在实际施工过程中，应根据工程经验合理选择螺栓预紧力，在保证滚刀完全固定的同时，尽量减小滚刀和刀座的垂向振动位移。

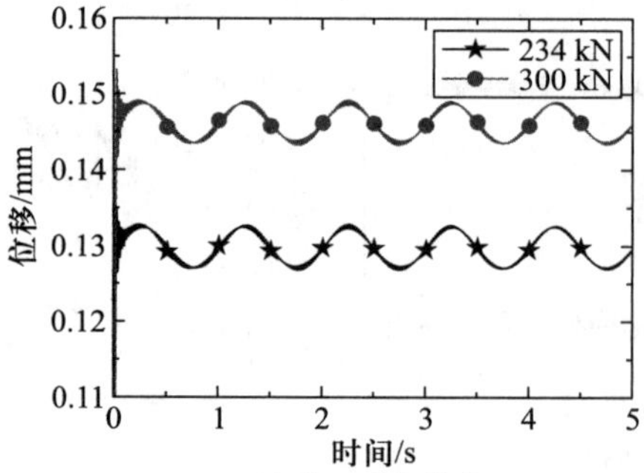

(a) 滚刀垂向位移

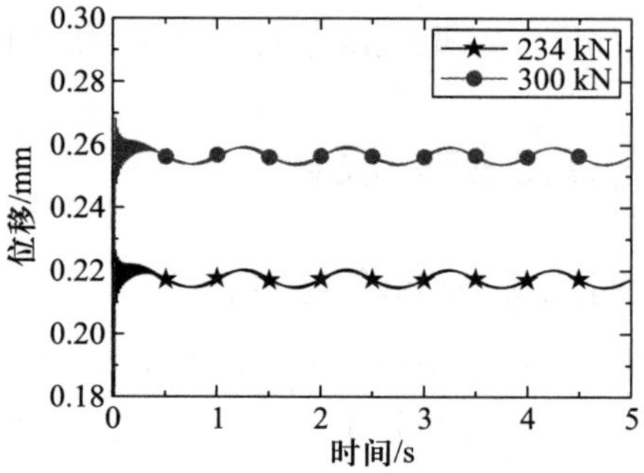

(b) 上楔形块垂向位移

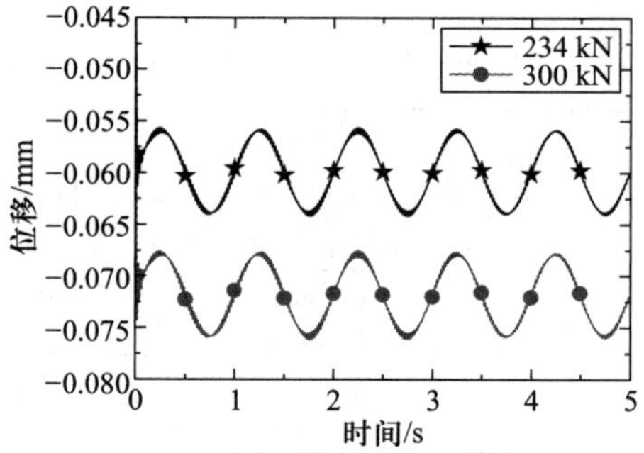

(c) 下定位块垂向位移

图 10.10 不同预紧力下刀座系统部分结构件的振动位移响应曲线

10.3.2 结合面面积对刀座振动响应的影响

由对结合面刚度的分析可知，结合面刚度的大小与其接触面积有直接关系。由于系统结合面较多且侧向力和滚动方向的外部激励较小，因此本节仅考虑了滚刀与刀座接触的主要结合面面积的变化，对系统动力学模型垂向振动进行了求解，如图 10.11 所示。图 10.11a 为滚刀与刀座接触面积放大 1 倍后与原模型的垂向振动位移对比曲线，图 10.11b 为滚刀与楔形块接触斜面面积放大 1 倍后与原模型的垂向振动位移对比曲线。

由图 10.11 可知：各结合面的面积增大 1 倍后，相应质量块的振动位移振幅无明显变化，滚刀振动位移均值下降了 10.6%，上楔形块振动位移均值下降了 1.63%。这表明：结合面位移的增加可降低结合面面压，与此同时降低系统质量块振动位移。但由于结构空间的限制，在对刀座结构进行优化时，还需综合考虑各种因素，在不影响刀座结构加工制造装配的情况下，尽量增大结合面接触面积，以达到减振目的。

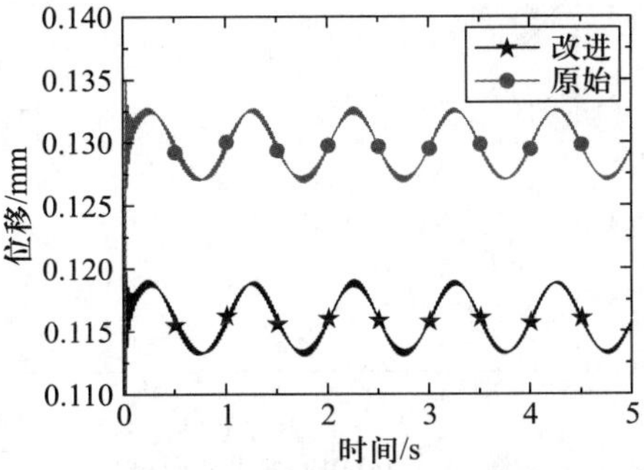

(a) 滚刀与刀座垂向结合面面积放大 1 倍

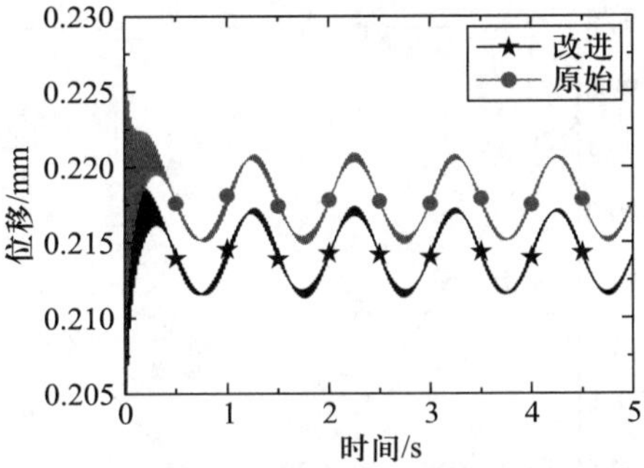

(b) 滚刀与楔形块结合面面积放大 1 倍

图 10.11 不同结合面面积下刀座系统部分结构件的振动位移响应曲线

10.3.3 刀盘分块质量优化设计

本节对中方五分式刀盘分块质量进行优化分析。中心块质量取刀盘盘体总质量的 45% ~ 60%，如表 10.6 所示。对刀盘动力学特性进行计算，以刀盘盘体振动为目标分析质量对振动的影响，刀盘平移振动与扭转振动位移如图 10.12 所示。

表 10.6 中方五分式刀盘分块质量

中心块比重/%	45	48	50	52	55	58	60
中心块质量/kg	28 800	30 720	32 000	33 280	35 200	37 120	38 400
分体比重/%	13.75	13	12.5	12	11.25	10.5	10
分块质量/kg	8 800	8 320	8 000	7 680	7 200	6 720	6 400

由图 10.12 可知：随着中方五分式刀盘中心块质量的增加，刀盘振动减小；当中心块占刀盘总质量的 53% 时，刀盘振动、扭转位移最小；随着中心块质量占比继续增加，刀盘振动增大。由分析可知，当中心块质量取刀盘总质量的 53% 时，刀盘振动最小，有利于降低刀盘施工过程中产生的噪声，延长刀盘寿命，建议企业在设计制造中方五分式刀盘时，选择中心块质量占比为 53%。

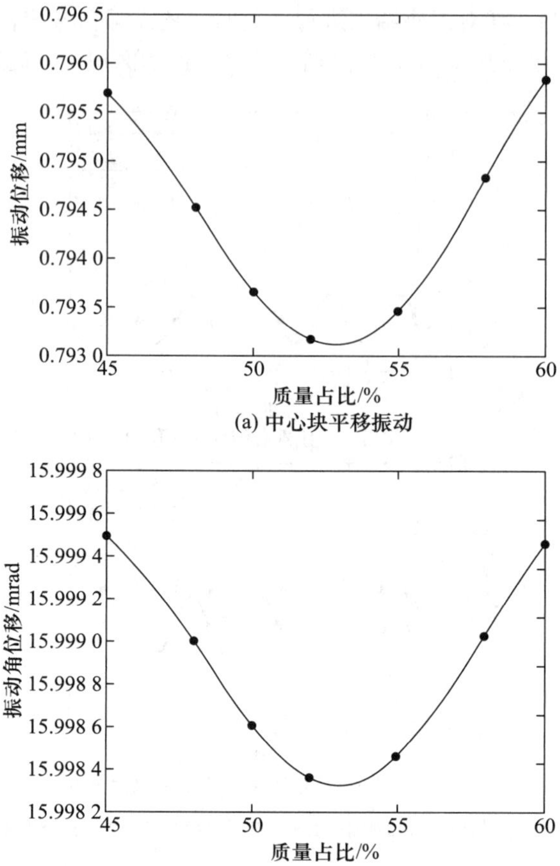

(a) 中心块平移振动

(b) 中心块扭转振动

图 10.12 刀盘振动变化趋势

10.3.4 刀盘分瓣形式分析

在前面章节的分析中，均采用一体式刀盘进行建模研究。在实际工程中，TBM 刀盘有以下几种分瓣形式：中分式、偏分式、中方五分式、中六角七分式等[3]（如图 10.13 所示）。由于中六角七分式刀盘在实际工程中应用较少，主要针对特大直径的 TBM，且动力学模型较为复杂，本节只对中分式、偏分式、中方五分式的刀盘进行动力学建模分析。

1. 中分式与偏分式刀盘动力学模型

中分式与偏分式刀盘动力学模型及对应的动力学方程相同，仅在刀盘分瓣质量与连接刚度、阻尼方面存在不同处，因此以中分式刀盘为例，简述动力学模型的建立过程。

中分式刀盘建模与一体式刀盘建模基本一致，仅在刀盘前面板与刀盘支撑板处有区别。为了使动力学模型更加简单明了，模型中只画出了分瓣刀盘部分与刀盘支撑板部分，其余部分与第三章动力学模型一致。纵向平移动力学模型与横向平移动力学模型一致，纵向倾覆动力学模型与横向倾覆动力学模型一致，这里均省略未画。中分式

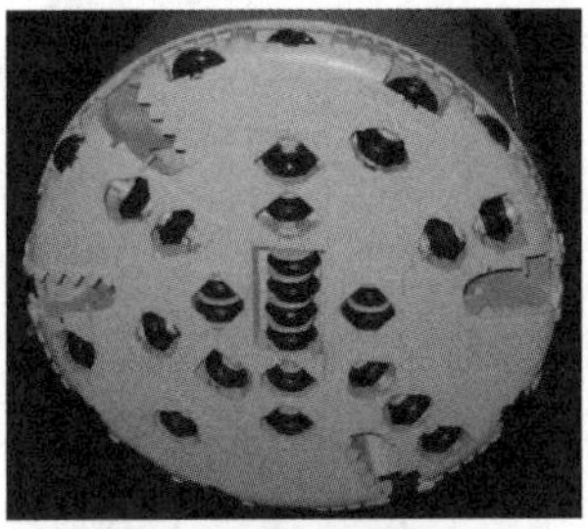

(a) 一体式

(b) 中分式

(c) 偏分式

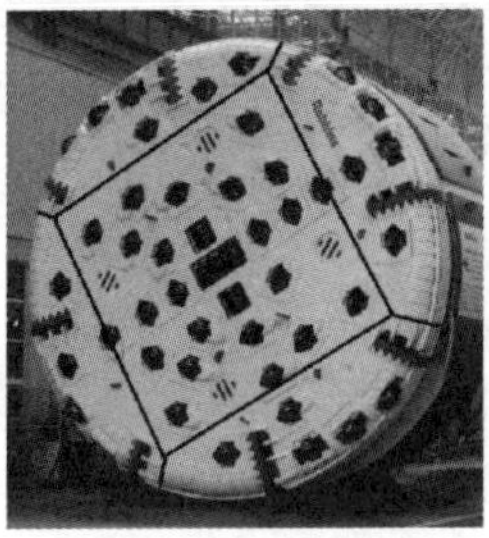

(d) 中方五分式

(e) 中六角七分式

图 10.13 刀盘分瓣形式

刀盘弯扭耦合动力学模型如图 10.14 所示，轴摆耦合动力学模型如图 10.15 所示，相应的动力学方程如式 (10.7) 至式 (10.9) 所示。

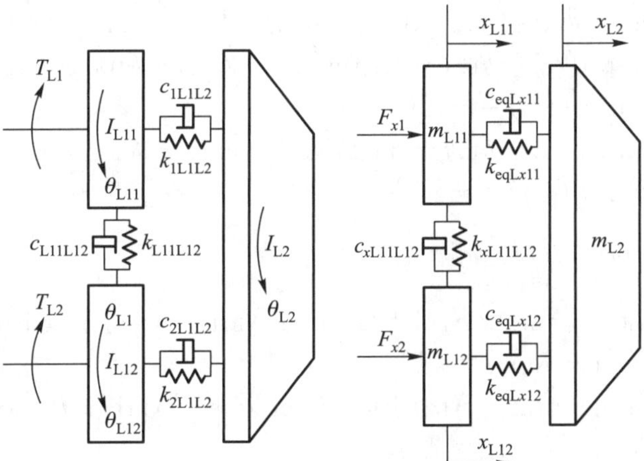

图 10.14 中分式刀盘弯扭耦合动力学模型

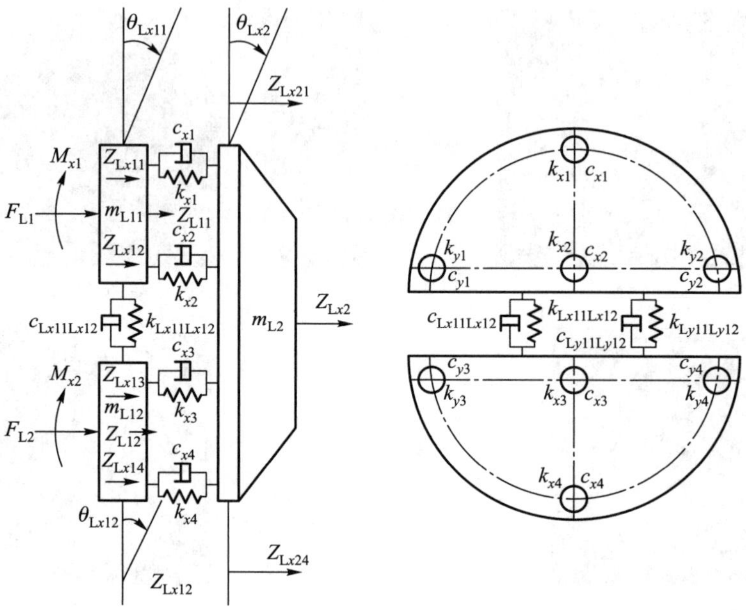

图 10.15 中分式刀盘轴摆耦合动力学模型

扭转自由度动力学方程为

$$
\begin{cases}
I_{\mathrm{L2}}\ddot{\theta}_{\mathrm{L2}}+c_{\mathrm{L2L3}}(\dot{\theta}_{\mathrm{L2}}-\dot{\theta}_{\mathrm{L3}})+k_{\mathrm{L2L3}}(\theta_{\mathrm{L2}}-\theta_{\mathrm{L3}})+c_{\mathrm{1L1L2}}(\dot{\theta}_{\mathrm{L2}}-\dot{\theta}_{\mathrm{L11}})+ \\
\qquad k_{\mathrm{1L1L2}}(\theta_{\mathrm{L2}}-\theta_{\mathrm{L11}})+c_{\mathrm{2L1L2}}(\dot{\theta}_{\mathrm{L2}}-\dot{\theta}_{\mathrm{L12}})+k_{\mathrm{2L1L2}}(\theta_{\mathrm{L2}}-\theta_{\mathrm{L12}})=0 \\
I_{\mathrm{L11}}\ddot{\theta}_{\mathrm{L11}}+c_{\mathrm{1L1L2}}(\dot{\theta}_{\mathrm{L11}}-\dot{\theta}_{\mathrm{L2}})+c_{\mathrm{L11L2}}(\dot{\theta}_{\mathrm{L11}}-\dot{\theta}_{\mathrm{L12}})+k_{\mathrm{1L1L2}}(\theta_{\mathrm{L11}}-\theta_{\mathrm{L2}})+ \\
\qquad k_{\mathrm{L11L2}}(\theta_{\mathrm{L11}}-\theta_{\mathrm{L12}})=-T_{\mathrm{L1}} \\
I_{\mathrm{L12}}\ddot{\theta}_{\mathrm{L12}}+c_{\mathrm{2L1L2}}(\dot{\theta}_{\mathrm{L12}}-\dot{\theta}_{\mathrm{L2}})+c_{\mathrm{L11L2}}(\dot{\theta}_{\mathrm{L12}}-\dot{\theta}_{\mathrm{L11}})+k_{\mathrm{2L1L2}}(\theta_{\mathrm{L12}}-\theta_{\mathrm{L2}})+ \\
\qquad k_{\mathrm{L11L2}}(\theta_{\mathrm{L12}}-\theta_{\mathrm{L11}})=-T_{\mathrm{L2}}
\end{cases}
\tag{10.7}
$$

平移自由度动力学方程为

$$
\begin{cases}
m_{\mathrm{L11}}\ddot{X}_{\mathrm{L11}}+c_{\mathrm{eqL}x11}(\dot{X}_{\mathrm{L11}}-\dot{X}_{\mathrm{L2}})+c_{x\mathrm{L11L12}}(\dot{X}_{\mathrm{L11}}-\dot{X}_{\mathrm{L12}})+k_{\mathrm{eqL}x11}(X_{\mathrm{L11}}-X_{\mathrm{L2}})+ \\
\qquad k_{x\mathrm{L11L12}}(X_{\mathrm{L11}}-X_{\mathrm{L12}})=F_{X1} \\
m_{\mathrm{L12}}\ddot{X}_{\mathrm{L12}}+c_{\mathrm{eqL}x12}(\dot{X}_{\mathrm{L12}}-\dot{X}_{\mathrm{L2}})+c_{x\mathrm{L11L12}}(\dot{X}_{\mathrm{L12}}-\dot{X}_{\mathrm{L11}})+k_{\mathrm{eqL}x12}(X_{\mathrm{L12}}-X_{\mathrm{L2}})+ \\
\qquad k_{x\mathrm{L11L12}}(X_{\mathrm{L12}}-X_{\mathrm{L11}})=F_{X2} \\
m_{\mathrm{L2}}\ddot{X}_{\mathrm{L2}}+c_{\mathrm{eqL}x11}(\dot{X}_{\mathrm{L2}}-\dot{X}_{\mathrm{L11}})+c_{\mathrm{eqL}x12}(\dot{X}_{\mathrm{L2}}-\dot{X}_{\mathrm{L12}})+c_{\mathrm{eqL}x2}(\dot{X}_{\mathrm{L2}}-\dot{X}_{\mathrm{L3}})+ \\
\qquad k_{\mathrm{eqL}x11}(X_{\mathrm{L2}}-X_{\mathrm{L11}})+k_{\mathrm{eqL}x12}(X_{\mathrm{L2}}-X_{\mathrm{L12}})+k_{\mathrm{eqL}x2}(X_{\mathrm{L2}}-X_{\mathrm{L3}})=0 \\
m_{\mathrm{L11}}\ddot{Y}_{\mathrm{L11}}+c_{\mathrm{eqL}x11}(\dot{Y}_{\mathrm{L11}}-\dot{Y}_{\mathrm{L2}})+c_{x\mathrm{L11L12}}(\dot{Y}_{\mathrm{L11}}-\dot{Y}_{\mathrm{L12}})+k_{\mathrm{eqL}x11}(Y_{\mathrm{L11}}-Y_{\mathrm{L2}})+ \\
\qquad k_{x\mathrm{L11L12}}(Y_{\mathrm{L11}}-Y_{\mathrm{L12}})=F_{Y1} \\
m_{\mathrm{L12}}\ddot{Y}_{\mathrm{L12}}+c_{\mathrm{eqL}x12}(\dot{Y}_{\mathrm{L12}}-\dot{Y}_{\mathrm{L2}})+c_{x\mathrm{L11L12}}(\dot{Y}_{\mathrm{L12}}-\dot{Y}_{\mathrm{L11}})+k_{\mathrm{eqL}x12}(X_{\mathrm{L12}}-X_{\mathrm{L2}})+ \\
\qquad k_{x\mathrm{L11L12}}(Y_{\mathrm{L12}}-Y_{\mathrm{L11}})=F_{Y2} \\
m_{\mathrm{L2}}\ddot{Y}_{\mathrm{L2}}+c_{\mathrm{eqL}x11}(\dot{Y}_{\mathrm{L2}}-\dot{Y}_{\mathrm{L11}})+c_{\mathrm{eqL}x12}(\dot{Y}_{\mathrm{L2}}-\dot{Y}_{\mathrm{L12}})+c_{\mathrm{eqL}x2}(\dot{Y}_{\mathrm{L2}}-\dot{Y}_{\mathrm{L3}})+ \\
\qquad k_{\mathrm{eqL}x11}(Y_{\mathrm{L2}}-Y_{\mathrm{L11}})+k_{\mathrm{eqL}x12}(Y_{\mathrm{L2}}-Y_{\mathrm{L12}})+k_{\mathrm{eqL}x2}(Y_{\mathrm{L2}}-Y_{\mathrm{L3}})=0
\end{cases}
\tag{10.8}
$$

倾覆自由度动力学方程为

$$
\left\{
\begin{aligned}
& m_{\mathrm{L}11}\ddot{Z}_{\mathrm{L}11} + c_{x1}(\dot{Z}_{\mathrm{L}x11} - \dot{Z}_{\mathrm{L}x21}) + c_{x2}(\dot{Z}_{\mathrm{L}x12} - \dot{Z}_{\mathrm{L}x22}) + c_{y1}(\dot{Z}_{\mathrm{L}y11} - \dot{Z}_{\mathrm{L}y21}) + \\
& \quad c_{y2}(\dot{Z}_{\mathrm{L}y12} - \dot{Z}_{\mathrm{L}y22}) + c_{\mathrm{L}x11\mathrm{L}x12}(\dot{Z}_{\mathrm{L}x11} - \dot{Z}_{\mathrm{L}x12}) + k_{x1}(Z_{\mathrm{L}x11} - Z_{\mathrm{L}x21}) + \\
& \quad k_{x2}(Z_{\mathrm{L}x12} - Z_{\mathrm{L}x22}) + k_{y1}(Z_{\mathrm{L}y11} - Z_{\mathrm{L}y21}) + k_{y2}(Z_{\mathrm{L}y12} - Z_{\mathrm{L}y22}) + \\
& \quad k_{\mathrm{L}x11\mathrm{L}x12}(Z_{\mathrm{L}x11} - Z_{\mathrm{L}x12}) = F_{\mathrm{L}1} \\
& m_{\mathrm{L}12}\ddot{Z}_{\mathrm{L}12} + c_{x3}(\dot{Z}_{\mathrm{L}x13} - \dot{Z}_{\mathrm{L}x23}) + c_{x4}(\dot{Z}_{\mathrm{L}x14} - \dot{Z}_{\mathrm{L}x24}) + c_{y3}(\dot{Z}_{\mathrm{L}y13} - \dot{Z}_{\mathrm{L}y23}) + \\
& \quad c_{y4}(\dot{Z}_{\mathrm{L}y14} - \dot{Z}_{\mathrm{L}y24}) + c_{\mathrm{L}x11\mathrm{L}x12}(\dot{Z}_{\mathrm{L}x12} - \dot{Z}_{\mathrm{L}x11}) + k_{x3}(Z_{\mathrm{L}x13} - Z_{\mathrm{L}x23}) + \\
& \quad k_{x4}(Z_{\mathrm{L}x14} - Z_{\mathrm{L}x24}) + k_{y3}(Z_{\mathrm{L}y13} - Z_{\mathrm{L}y23}) + k_{y4}(Z_{\mathrm{L}y14} - Z_{\mathrm{L}y24}) + \\
& \quad k_{\mathrm{L}x11\mathrm{L}x12}(Z_{\mathrm{L}x12} - Z_{\mathrm{L}x11}) = F_{\mathrm{L}2} \\
& m_{\mathrm{L}2}\ddot{Z}_{\mathrm{L}2} + c_{x1}(\dot{Z}_{\mathrm{L}x21} - \dot{Z}_{\mathrm{L}x11}) + c_{x2}(\dot{Z}_{\mathrm{L}x22} - \dot{Z}_{\mathrm{L}x12}) + c_{x3}(\dot{Z}_{\mathrm{L}x23} - \dot{Z}_{\mathrm{L}x13}) + \\
& \quad c_{x4}(\dot{Z}_{\mathrm{L}x24} - \dot{Z}_{\mathrm{L}x14}) + c_{y1}(\dot{Z}_{\mathrm{L}y21} - \dot{Z}_{\mathrm{L}y11}) + c_{y2}(\dot{Z}_{\mathrm{L}y22} - \dot{Z}_{\mathrm{L}y12}) + \\
& \quad c_{y3}(\dot{Z}_{\mathrm{L}y23} - \dot{Z}_{\mathrm{L}y13}) + c_{y4}(\dot{Z}_{\mathrm{L}y24} - \dot{Z}_{\mathrm{L}y14}) + c_{\mathrm{eqL}x21}[(\dot{Z}_{\mathrm{L}x21} + \dot{Z}_{\mathrm{L}x22}) - \dot{Z}_{\mathrm{L}x31}] + \\
& \quad c_{\mathrm{eqL}x22}[(\dot{Z}_{\mathrm{L}x23} + \dot{Z}_{\mathrm{L}x24}) - \dot{Z}_{\mathrm{L}x32}] + c_{\mathrm{eqL}y21}[(\dot{Z}_{\mathrm{L}y21} + \dot{Z}_{\mathrm{L}y22}) - \dot{Z}_{\mathrm{L}y31}] + \\
& \quad k_{x1}(Z_{\mathrm{L}x21} - Z_{\mathrm{L}x11}) + k_{x2}(Z_{\mathrm{L}x22} - Z_{\mathrm{L}x12}) + k_{x3}(Z_{\mathrm{L}x23} - Z_{\mathrm{L}x13}) + \\
& \quad k_{x4}(Z_{\mathrm{L}x24} - Z_{\mathrm{L}x14}) + k_{y1}(Z_{\mathrm{L}y21} - Z_{\mathrm{L}y11}) + k_{y2}(Z_{\mathrm{L}y22} - Z_{\mathrm{L}y12}) + \\
& \quad k_{y3}(Z_{\mathrm{L}y23} - Z_{\mathrm{L}y13}) + k_{y4}(Z_{\mathrm{L}y24} - Z_{\mathrm{L}y14}) + k_{\mathrm{eqL}x21}[(Z_{\mathrm{L}x21} + \dot{Z}_{\mathrm{L}x22}) - Z_{\mathrm{L}x31}] + \\
& \quad k_{\mathrm{eqL}x22}[(Z_{\mathrm{L}x23} + Z_{\mathrm{L}x24}) - Z_{\mathrm{L}x32}] + k_{\mathrm{eqL}y21}[(Z_{\mathrm{L}y21} + Z_{\mathrm{L}y22}) - Z_{\mathrm{L}y31}] + \\
& \quad c_{\mathrm{eqL}y22}[(\dot{Z}_{\mathrm{L}y23} + \dot{Z}_{\mathrm{L}y24}) - \dot{Z}_{\mathrm{L}y32}] + k_{\mathrm{eqL}y22}[(Z_{\mathrm{L}y23} + Z_{\mathrm{L}y24}) - Z_{\mathrm{L}y32}] = 0 \\
& I_{\mathrm{L}11}\ddot{\theta}_{\mathrm{L}x11} + a_{\mathrm{L}1}c_{x1}(\dot{Z}_{\mathrm{L}x11} - \dot{Z}_{\mathrm{L}x21}) - 0.5a_{\mathrm{L}1}c_{x2}(\dot{Z}_{\mathrm{L}x12} - \dot{Z}_{\mathrm{L}x22}) + \\
& \quad 0.5a_{\mathrm{L}1}k_{x1}(Z_{\mathrm{L}x11} - Z_{\mathrm{L}x12}) - a_{\mathrm{L}1}k_{x2}(Z_{\mathrm{L}x12} - Z_{\mathrm{L}x22}) = M_{X1} \\
& I_{\mathrm{L}12}\ddot{\theta}_{\mathrm{L}x12} + a_{\mathrm{L}1}c_{x3}(\dot{Z}_{\mathrm{L}x13} - \dot{Z}_{\mathrm{L}x23}) - 0.5a_{\mathrm{L}1}c_{x4}(\dot{Z}_{\mathrm{L}x14} - \dot{Z}_{\mathrm{L}x24}) + \\
& \quad 0.5a_{\mathrm{L}1}k_{x3}(Z_{\mathrm{L}x13} - Z_{\mathrm{L}x23}) - a_{\mathrm{L}1}k_{x4}(Z_{\mathrm{L}x14} - Z_{\mathrm{L}x24}) = M_{X2} \\
& I_{\mathrm{L}11}\ddot{\theta}_{\mathrm{L}y11} + a_{\mathrm{L}1}c_{y1}(\dot{Z}_{\mathrm{L}y11} - \dot{Z}_{\mathrm{L}y21}) - 0.5a_{\mathrm{L}1}c_{y2}(\dot{Z}_{\mathrm{L}y12} - \dot{Z}_{\mathrm{L}y22}) + \\
& \quad 0.5a_{\mathrm{L}1}k_{y1}(Z_{\mathrm{L}y11} - Z_{\mathrm{L}y12}) - a_{\mathrm{L}1}k_{y2}(Z_{\mathrm{L}y12} - Z_{\mathrm{L}y22}) = M_{Y1} \\
& I_{\mathrm{L}12}\ddot{\theta}_{\mathrm{L}y12} + a_{\mathrm{L}1}c_{y3}(\dot{Z}_{\mathrm{L}y13} - \dot{Z}_{\mathrm{L}y23}) - 0.5a_{\mathrm{L}1}c_{y4}(\dot{Z}_{\mathrm{L}y14} - \dot{Z}_{\mathrm{L}y24}) + \\
& \quad 0.5a_{\mathrm{L}1}k_{y3}(Z_{\mathrm{L}y13} - Z_{\mathrm{L}y23}) - a_{\mathrm{L}1}k_{y4}(Z_{\mathrm{L}y14} - Z_{\mathrm{L}y24}) = M_{Y2} \\
& I_{\mathrm{L}2x}\ddot{\theta}_{\mathrm{L}2x} + a_{\mathrm{L}2}c_{x1}(\dot{Z}_{\mathrm{L}x21} - \dot{Z}_{\mathrm{L}x11}) - 0.5a_{\mathrm{L}2}c_{x2}(\dot{Z}_{\mathrm{L}x22} - \dot{Z}_{\mathrm{L}x12}) + \\
& \quad 0.5a_{\mathrm{L}2}c_{x3}(\dot{Z}_{\mathrm{L}x23} - \dot{Z}_{\mathrm{L}x13}) - a_{\mathrm{L}2}c_{x4}(\dot{Z}_{\mathrm{L}x24} - \dot{Z}_{\mathrm{L}x14}) + \\
& \quad a_{\mathrm{L}2}k_{x1}(Z_{\mathrm{L}x21} - Z_{\mathrm{L}x11}) - 0.5a_{\mathrm{L}2}k_{x2}(Z_{\mathrm{L}x22} - Z_{\mathrm{L}x12}) + \\
& \quad 0.5a_{\mathrm{L}2}k_{x3}(Z_{\mathrm{L}x23} - Z_{\mathrm{L}x13}) - a_{\mathrm{L}2}k_{x4}(Z_{\mathrm{L}x24} - Z_{\mathrm{L}x14}) + \\
& \quad a_{\mathrm{L}3}\{c_{\mathrm{eqL}x21}[(\dot{Z}_{\mathrm{L}x21} + \dot{Z}_{\mathrm{L}x22}) - \dot{Z}_{\mathrm{L}x31}] - c_{\mathrm{eqL}x22}[(\dot{Z}_{\mathrm{L}x23} + \dot{Z}_{\mathrm{L}x24}) - \dot{Z}_{\mathrm{L}x32}]\} + \\
& \quad a_{\mathrm{L}3}\{k_{\mathrm{eqL}x21}[(Z_{\mathrm{L}x21} + Z_{\mathrm{L}x22}) - Z_{\mathrm{L}x31}] - k_{\mathrm{eqL}x22}[(Z_{\mathrm{L}x23} + Z_{\mathrm{L}x24}) - Z_{\mathrm{L}x32}]\} = 0
\end{aligned}
\right.
\tag{10.9}
$$

2. 中方五分式刀盘动力学模型

扭转自由度时，刀盘前面板不分瓣。$k_{1\zeta i}$、$k_{1\eta i}$、$k_{\mathrm{L}i}$ 分别为刀盘边缘分体切向、径向和轴向等效刚度。中方五分式刀盘的动力学模型如图 10.16 所示，相应的动力学方程如式 (10.10) 和式 (10.11) 所示。

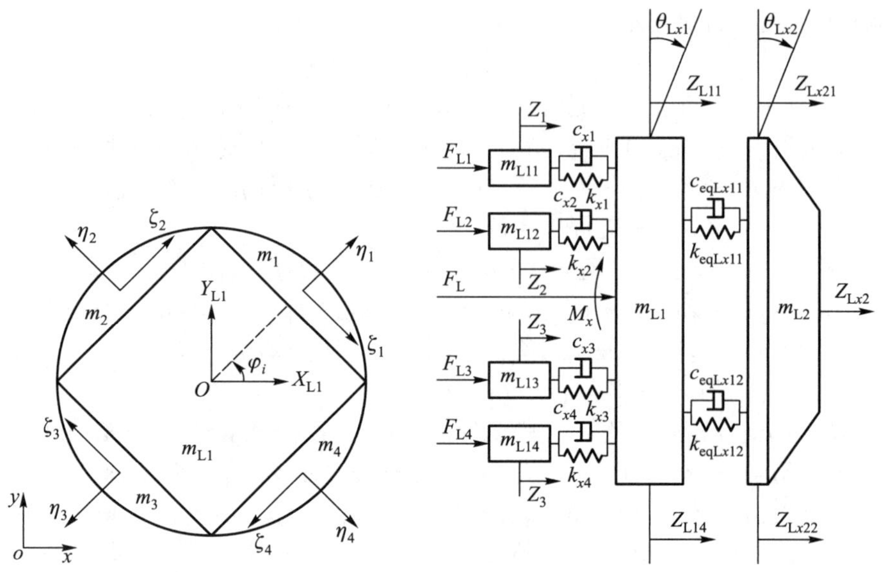

(a) 平移自由度　　　(b) 倾覆自由度

图 10.16　刀盘弯扭耦合动力学模型

平移自由度的动力学方程为

$$
\left\{\begin{array}{l}
m_i\ddot{\zeta}_i + k_{1\zeta i}\delta_{1\zeta i} + c_{1\zeta i}\dot{\delta}_{1\zeta i} = F_{\zeta i} \\
m_i\ddot{\eta}_i + k_{1\eta i}\delta_{1\eta i} + c_{1\eta i}\dot{\delta}_{1\eta i} = F_{\eta i} \\
m_i\ddot{Z}_i + k_{\mathrm{L}i}(Z_i - Z_{\mathrm{L}i}) + c_{\mathrm{L}i}(\dot{Z}_i - \dot{Z}_{\mathrm{L}i}) = F_{\mathrm{L}i} \\
m_{\mathrm{L1}}\ddot{X}_{\mathrm{L1}} - \displaystyle\sum_{i=1}^{4}[(k_{1\zeta i}\delta_{1\zeta i} + c_{1\zeta i}\dot{\delta}_{1\zeta i})\sin(\omega t + \varphi_i) + (k_{1\eta i}\delta_{1\eta i} + c_{1\eta i}\dot{\delta}_{1\eta i})\cos(\omega t + \varphi_i)] + \\
\qquad c_{\mathrm{eqL}x1}(\dot{X}_{\mathrm{L1}} - \dot{X}_{\mathrm{L2}}) + k_{\mathrm{eqL}x1}(X_{\mathrm{L1}} - X_{\mathrm{L2}}) = F_X \\
m_{\mathrm{L1}}\ddot{Y}_{\mathrm{L1}} + \displaystyle\sum_{i=1}^{4}[(k_{1\zeta i}\delta_{1\zeta i} + c_{1\zeta i}\dot{\delta}_{1\zeta i})\cos(\omega t + \varphi_i) - (k_{1\eta i}\delta_{1\eta i} + c_{1\eta i}\dot{\delta}_{1\eta i})\sin(\omega t + \varphi_i)] + \\
\qquad c_{\mathrm{eqL}y1}(\dot{Y}_{\mathrm{L1}} - \dot{Y}_{\mathrm{L2}}) + k_{\mathrm{eqL}y1}(Y_{\mathrm{L1}} - Y_{\mathrm{L2}}) = F_Y \\
m_{\mathrm{L2}}\ddot{X}_{\mathrm{L2}} + \displaystyle\sum_{j=1}^{N}(F_{\mathrm{pr}j} + D_{\mathrm{pr}j})\sin(\varphi_j + \alpha) + c_{\mathrm{eqL}x2}(\dot{X}_{\mathrm{L2}} - \dot{X}_{\mathrm{L3}}) + c_{\mathrm{eqL}x1}(\dot{X}_{\mathrm{L2}} - \dot{X}_{\mathrm{L1}}) + \\
\qquad k_{\mathrm{eqL}x2}(X_{\mathrm{L2}} - X_{\mathrm{L3}}) + k_{\mathrm{eqL}x1}(X_{\mathrm{L2}} - X_{\mathrm{L1}}) = 0 \\
m_{\mathrm{L2}}\ddot{Y}_{\mathrm{L2}} - \displaystyle\sum_{j=1}^{N}(F_{\mathrm{pr}j} + D_{\mathrm{pr}j})\cos(\varphi_j + \alpha) + c_{\mathrm{eqL}y2}(\dot{Y}_{\mathrm{L2}} - \dot{Y}_{\mathrm{L3}}) + c_{\mathrm{eqL}x1}(\dot{Y}_{\mathrm{L2}} - \dot{Y}_{\mathrm{L1}}) + \\
\qquad k_{\mathrm{eqL}x2}(Y_{\mathrm{L2}} - Y_{\mathrm{L3}}) + k_{\mathrm{eqL}x1}(Y_{\mathrm{L2}} - Y_{\mathrm{L1}}) = 0
\end{array}\right. \tag{10.10}
$$

式中：$\delta_{1\zeta i}$、$\delta_{1\eta i}(i = 1, 2, 3, 4)$ 分别为刀盘边缘分体与中心块的切向和径向相对变形，$\delta_{1\varsigma i} = \zeta_i - X_{\mathrm{L}}\sin\varphi_i + Y_{\mathrm{L}}\cos\varphi_i$，$\delta_{1\eta i} = \eta_i - X_{\mathrm{L}}\cos\varphi_i - Y_{\mathrm{L}}\sin\varphi_i$；$\varphi_i$ 为各边缘分体的初始相位，$\varphi_i = \pi(i-1)/2$，其中 $i = 1, 2, 3, 4$。

倾覆自由度的动力学方程为

$$
\begin{cases}
m_i\ddot{Z}_i + k_{\mathrm{L}i}(Z_i - Z_{\mathrm{L}1i}) + c_{\mathrm{L}i}(\dot{Z}_i - \dot{Z}_{\mathrm{L}1i}) = F_{\mathrm{L}i} \\
m_{\mathrm{L}1}\ddot{Z}_{\mathrm{L}1} + \sum\limits_{i=1}^{4}[c_{\mathrm{L}i}(\dot{Z}_{\mathrm{L}1i} - \dot{Z}_i) + k_{\mathrm{L}i}(Z_{\mathrm{L}1i} - Z_i)] + c_{\mathrm{eqL}x11}[(\dot{Z}_{\mathrm{L}11} + \dot{Z}_{\mathrm{L}12}) - \dot{Z}_{\mathrm{L}21}] + \\
\quad k_{\mathrm{eqL}x11}[(Z_{\mathrm{L}13} + Z_{\mathrm{L}14}) - Z_{\mathrm{L}22}] = F \\
m_{\mathrm{L}2}\ddot{Z}_{\mathrm{L}2} + c_{\mathrm{eqL}x11}[\dot{Z}_{\mathrm{L}21} - (\dot{Z}_{\mathrm{L}11} + \dot{Z}_{\mathrm{L}12})] + k_{\mathrm{eqL}x11}[Z_{\mathrm{L}22} - (Z_{\mathrm{L}11} + Z_{\mathrm{L}12})] + \\
\quad c_{\mathrm{eqL}x12}(\dot{Z}_{\mathrm{L}2} - \dot{Z}_{\mathrm{L}3}) + k_{\mathrm{eqL}x12}(Z_{\mathrm{L}2} - Z_{\mathrm{L}3}) = 0 \\
I_{\mathrm{L}1x}\ddot{\theta}_{\mathrm{L}1x} + a_{\mathrm{L}1}[c_{\mathrm{L}1}(\dot{Z}_{\mathrm{L}11} - \dot{Z}_1) - c_{\mathrm{L}3}(\dot{Z}_{\mathrm{L}13} - \dot{Z}_3) + k_{\mathrm{L}1}(Z_{\mathrm{L}11} - Z_1) - k_{\mathrm{L}3}(Z_{\mathrm{L}13} - Z_3)] + \\
\quad a_{\mathrm{L}2}[c_{\mathrm{eqL}x11}(\dot{Z}_{\mathrm{L}11} - \dot{Z}_{\mathrm{Lx}21}) - c_{\mathrm{eqL}x12}(\dot{Z}_{\mathrm{L}13} - \dot{Z}_{\mathrm{L}x22}) + k_{\mathrm{eqL}x11}(Z_{\mathrm{L}12} - Z_{\mathrm{L}x21}) - \\
\quad k_{\mathrm{eqL}x12}(Z_{\mathrm{L}14} - Z_{\mathrm{Lx}22})] = M_X \\
I_{\mathrm{L}1y}\ddot{\theta}_{\mathrm{L}1y} + a_{\mathrm{L}1}[c_{\mathrm{L}2}(\dot{Z}_{\mathrm{L}12} - \dot{Z}_2) - c_{\mathrm{L}4}(\dot{Z}_{\mathrm{L}14} - \dot{Z}_4) + k_{\mathrm{L}2}(Z_{\mathrm{L}12} - Z_2) - k_{\mathrm{L}3}(Z_{\mathrm{L}14} - Z_4)] + \\
\quad a_{\mathrm{L}2}[c_{\mathrm{eqL}y11}(\dot{Z}_{\mathrm{L}12} - \dot{Z}_{\mathrm{L}y21}) - c_{\mathrm{eqL}y12}(\dot{Z}_{\mathrm{L}14} - \dot{Z}_{\mathrm{L}x22}) + k_{\mathrm{eqL}y11}(Z_{\mathrm{L}12} - Z_{\mathrm{L}y21}) - \\
\quad k_{\mathrm{eqL}y12}(Z_{\mathrm{L}14} - Z_{\mathrm{L}y22})] = M_Y \\
I_{\mathrm{L}2x}\ddot{\theta}_{\mathrm{L}2x} + a_{\mathrm{L}2}[c_{\mathrm{eqL}x11}(\dot{Z}_{\mathrm{L}x21} - \dot{Z}_{\mathrm{L}11}) - c_{\mathrm{eqL}x12}(\dot{Z}_{\mathrm{L}x22} - \dot{Z}_{\mathrm{L}13}) + k_{\mathrm{eqL}x11}(Z_{\mathrm{L}x21} - Z_{\mathrm{L}11}) - \\
\quad k_{\mathrm{eqL}x12}(Z_{\mathrm{L}x22} - Z_{\mathrm{L}13})] + a_{\mathrm{L}3}[c_{\mathrm{eqL}x21}(\dot{Z}_{\mathrm{L}x21} - \dot{Z}_{\mathrm{L}x31}) - c_{\mathrm{eqL}x22}(\dot{Z}_{\mathrm{L}x22} - \dot{Z}_{\mathrm{L}x32}) + \\
\quad k_{\mathrm{eqL}x21}(Z_{\mathrm{L}x21} - Z_{\mathrm{L}x31}) - k_{\mathrm{eqL}x22}(Z_{\mathrm{L}x22} - Z_{\mathrm{L}x32})] = 0 \\
I_{\mathrm{L}2y}\ddot{\theta}_{\mathrm{L}2y} + a_{\mathrm{L}2}[c_{\mathrm{eqL}y11}(\dot{Z}_{\mathrm{L}y21} - \dot{Z}_{\mathrm{L}12}) - c_{\mathrm{eqL}y12}(\dot{Z}_{\mathrm{L}y22} - \dot{Z}_{\mathrm{L}14}) + k_{\mathrm{eqL}y11}(Z_{\mathrm{L}y21} - Z_{\mathrm{L}12}) - \\
\quad k_{\mathrm{eqL}y12}(Z_{\mathrm{L}y22} - Z_{\mathrm{L}14})] + a_{\mathrm{L}3}[c_{\mathrm{eqL}y21}(\dot{Z}_{\mathrm{L}y21} - \dot{Z}_{\mathrm{L}y31}) - c_{\mathrm{eqL}y22}(\dot{Z}_{\mathrm{L}y22} - \dot{Z}_{\mathrm{L}y32}) + \\
\quad k_{\mathrm{eqL}y21}(Z_{\mathrm{L}y21} - Z_{\mathrm{L}y31}) - k_{\mathrm{eqL}y22}(Z_{\mathrm{L}y22} - Z_{\mathrm{L}y32})] = 0
\end{cases}
\tag{10.11}
$$

刀盘分体间各自由度连接刚度如表 10.7 所示。在同样的输入条件下，4 种刀盘不同自由度的振动曲线如图 10.17 所示。

表 10.7　分体间连接刚度

刀盘形式	扭转刚度/(N·m·rad^{-1})	平移刚度/(N·m^{-1})	轴向刚度/(N·m^{-1})
中分式	1×10^{8}	5×10^{8}	1×10^{9}
偏分式	1×10^{8}	$8\times10^{8}; 2\times10^{8}$	1×10^{9}
中方五分式	1×10^{10}	4×10^{9}	2×10^{12}

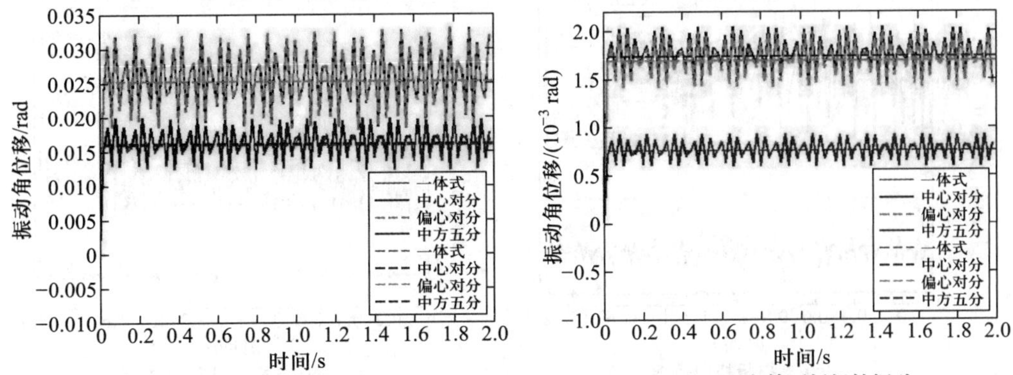

(a) 电动机扭转振动　　(b) 刀盘前面板扭转振动

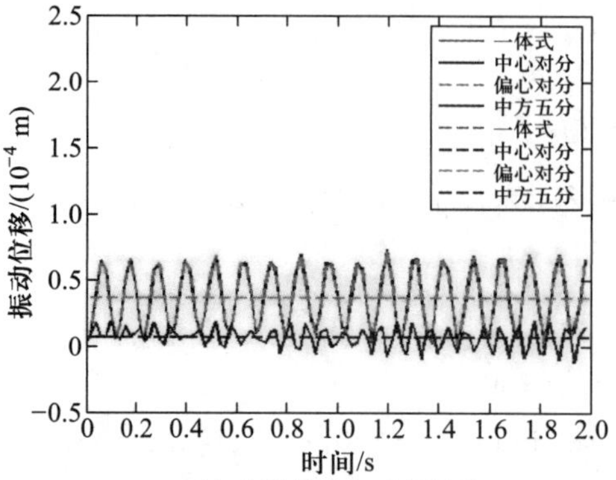

(c) 支撑板横向平移振动

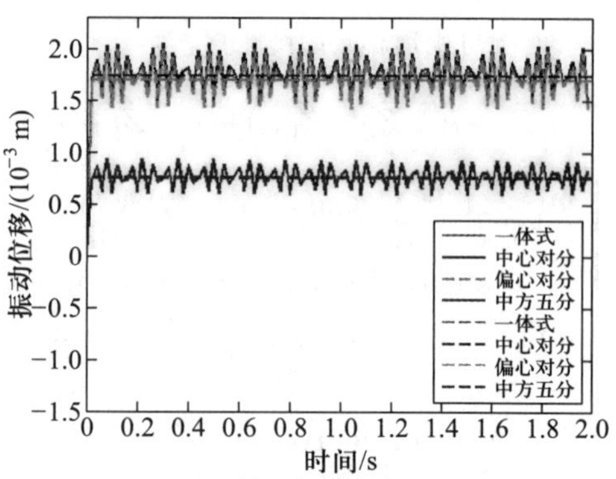

(d) 前面板横向平移振动

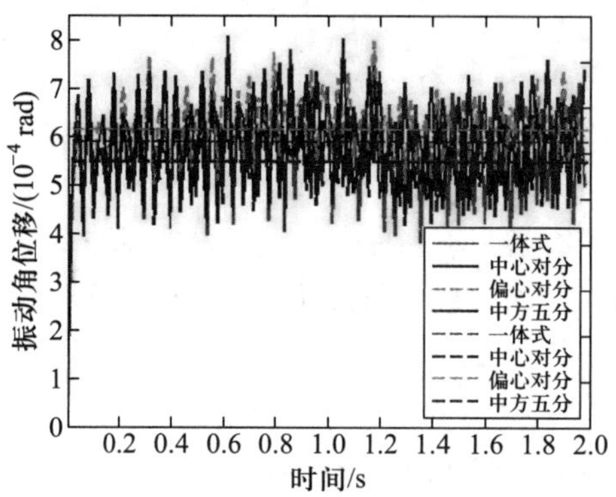

(e) 前面板轴向振动

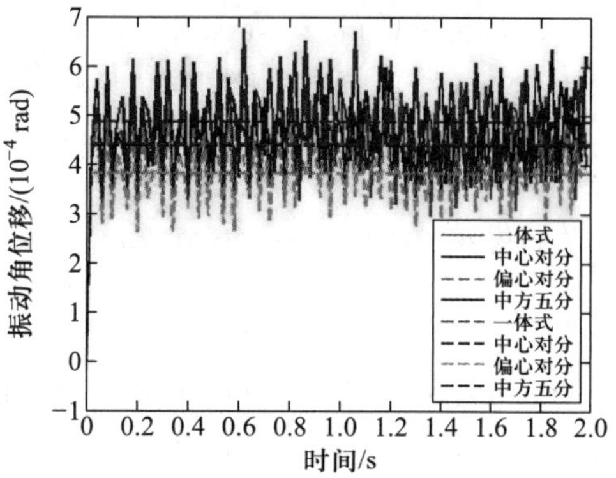

(f) 支撑板轴向振动

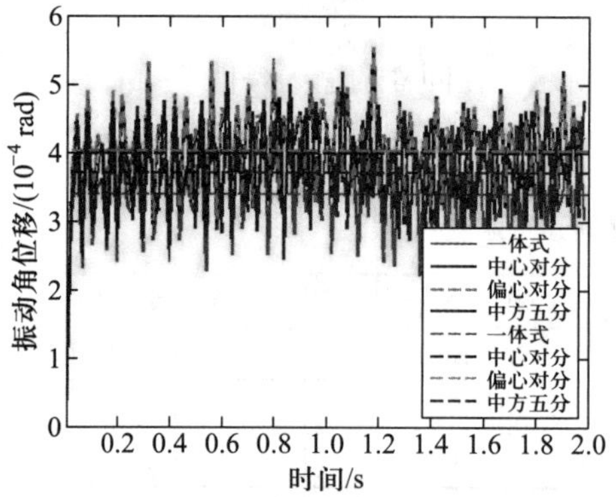

(g) 法兰轴向振动

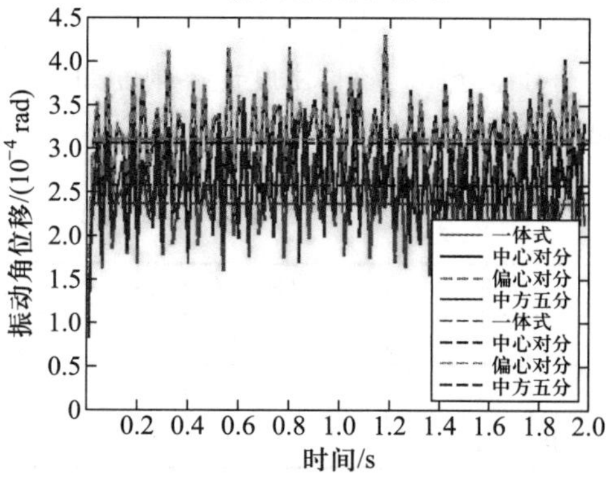

(h) 大齿圈轴向振动

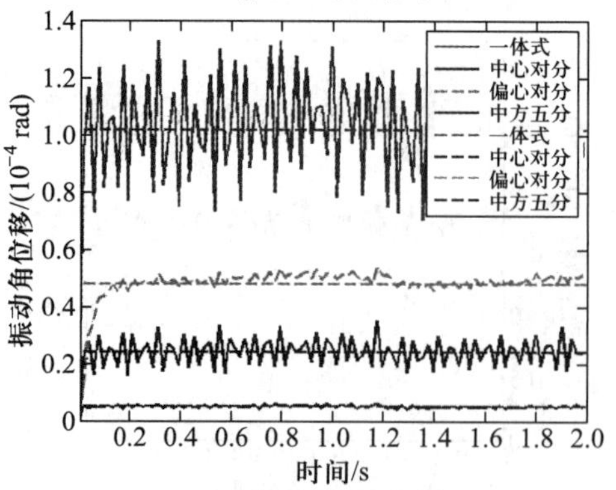

(i) 支撑板横向倾覆

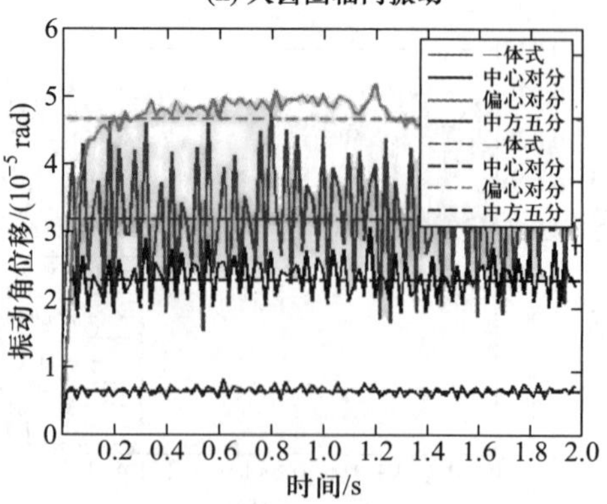

(j) 支撑板纵向倾覆

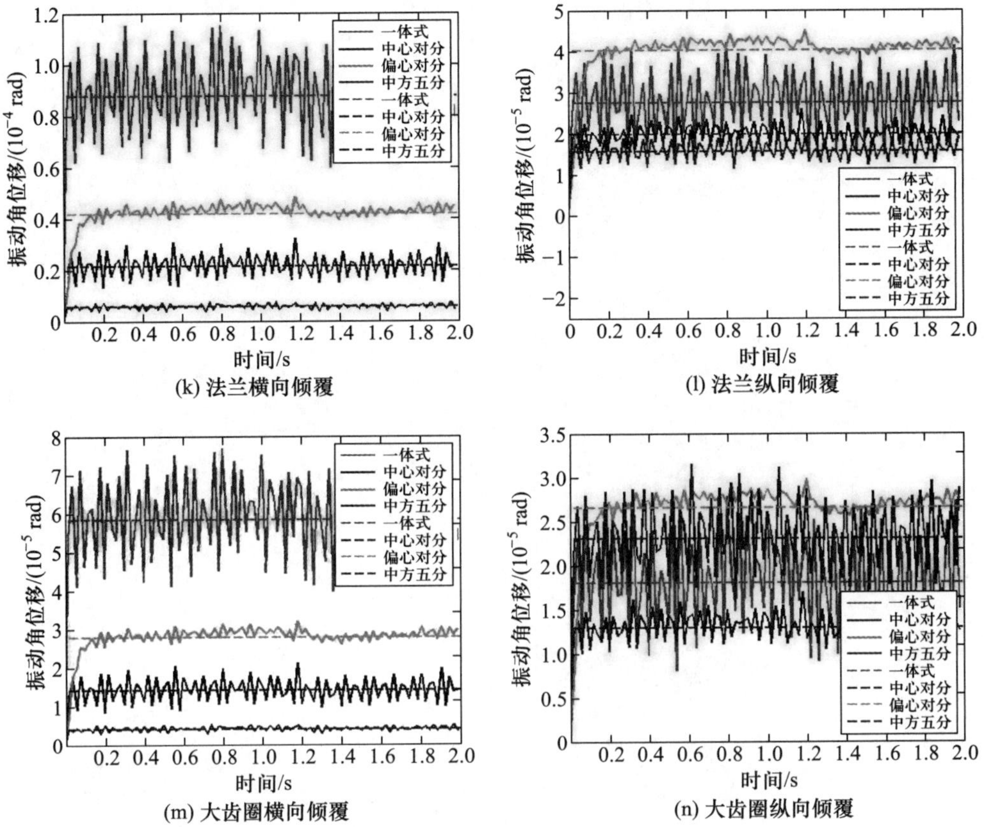

图 10.17 不同分瓣形式刀盘振动对比（见书后彩图）

（虚线表示平均值，实线表示实时数据）

由扭转振动曲线可以看出：中分式与偏分式刀盘扭转振动较大，一体式与中方五分式刀盘扭转振动较小；平移振动趋势与扭转振动趋势一致。由各构件轴向振动曲线可以看出；偏分式刀盘振动较大，一体式与中方五分式刀盘振动较小。由各构件横向倾覆振动曲线可以看出：一体式、偏分式、中分式及中方五分式振动依次减小；对于纵向倾覆振动来说，偏分式刀盘振动最大。TBM 刀盘尺寸较小时，建议采用一体式刀盘；TBM 刀盘尺寸较大时，建议采用中方五分式刀盘。从上述分析中可知，在工程中应尽量避免采用偏分式刀盘。

参考文献

[1] 濮良贵, 纪名刚. 机械设计 [M]. 北京: 高等教育出版社, 2000.

[2] 闻邦椿. 机械设计手册: 第三卷 机械零部件设计（轴系、支承与其他）[M]. 5 版. 北京: 机械工业出版社, 2010.

[3] 刘景春, 贾寒飞, 张丽华. 全断面岩石掘进机刀盘简介 [J]. 重工与起重技术, 2006(2): 1-4.

第十一章　TBM 主机新型磁流变阻尼减振系统设计

磁流变阻尼器作为一种新型智能减振装置，因其结构简单、响应时间快、阻尼连续可调等特点被广泛应用于建筑、桥梁、车辆等领域。本章基于前文建立的虚拟样机模型进行 TBM 主机系统动力学仿真分析，求取主机系统各关键部件的动力学响应，找出对主机振动敏感的结构参数；结合新型磁流变减振装置的设计方法，对 TBM 主机进行抗振系统设计。

11.1　TBM 磁流变系统灵敏度分析

由前述分析可知，TBM 在正常掘进时主机系统振动剧烈，轴向振动尤为显著，其实测加速度幅值高达 $3.28g$。剧烈的振动易引发刀盘面板开裂、主轴承密封失效、主梁焊缝开裂等严重的工程问题。因此，在设计阶段进行抗振、抑振设计显得至关重要。传统的减振措施主要是通过提高结构件的刚度或者增大阻尼来进行抑振，比如增大刀盘面板的厚度等。这种减振方式使主机系统极为笨重，且减振效果并不明显。而磁流变阻尼器作为一种阻尼力连续可调的振动控制装置，已被应用到车辆悬架系统减振、大桥斜拉索减振、房屋减振等场合，减振效果优良。本章拟考虑在 TBM 有限的结构安装空间内通过添加磁流变阻尼器来进行主机系统的减振。

TBM 主机系统涉及参数众多，局部参数的变化会影响整机系统的振动响应，而灵敏度分析可定量分析不同参数对振动响应的影响趋势，有效避免结构参数改变的盲目性，为抗振设计提供有效的指导。考虑到 TBM 结构及主要工作环境，减振设计的前提是不能对 TBM 做过多改变，以免影响实际的掘进效率及施工安全。故在 TBM 原有结构的基础上进行外置方式的减振装置布置显得比较可行，实际工程应用中可实现外置减振的部位主要有护盾–机头架系统、推进支撑系统等，故本节拟在原有油缸的基础上，模拟同步安装阻尼器，同时将外置阻尼器等效为弹簧阻尼系统，通过仿真分析判断阻尼器阻尼参数对主机系统的振动响应的影响情况。

11.1.1 护盾油缸处敏感性分析

1. 侧护盾油缸位置处敏感性分析

在侧护盾油缸位置处，保持原有油缸结构参数不变，增大阻尼系数（模拟安装磁流变阻尼器），观察阻尼对刀盘、主梁前段三向振动加速度幅值的影响，结果如图 11.1 所示。

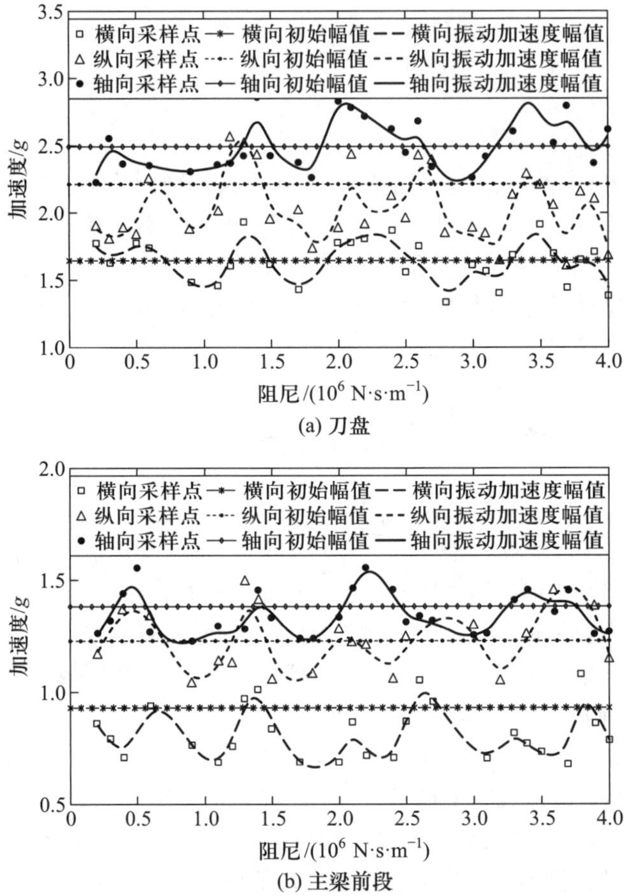

图 11.1 护盾油缸处阻尼的变化对刀盘和主梁前段三向振动加速度幅值的影响

由图 11.1 可以看出：在侧护盾油缸位置处，随着阻尼的增大，刀盘横向振动加速度幅值始终在初始值（未加阻尼器时的响应）上下 $0.25g$ 范围内波动，刀盘纵向振动加速度幅值始终在初始值上下 $0.45g$ 范围内波动，刀盘轴向振动加速度始终在初始值上下 $0.3g$ 范围内波动，主梁前段三向振动加速度也始终围绕初始点上下波动，这说明侧护盾油缸位置处的阻尼大小对主机系统各关键部件的振动影响并不明显。

2. 楔块油缸位置处敏感性分析

在楔块油缸位置处，保持原有油缸结构参数不变，增大阻尼系数（模拟安装磁流变阻尼器），观察阻尼对刀盘、主梁前段三向振动加速度幅值的影响，结果如图 11.2 所示。

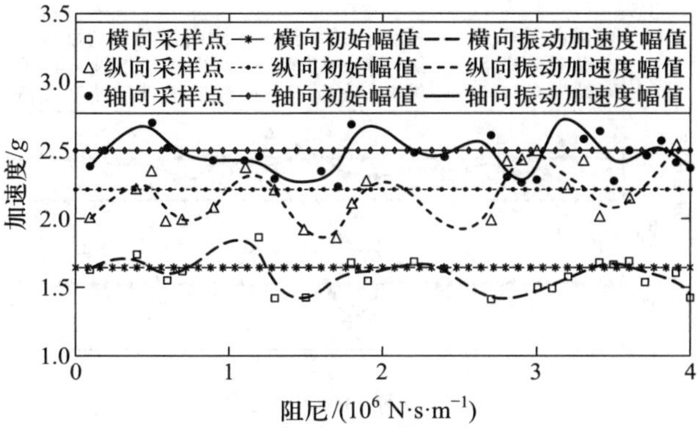

(a) 刀盘

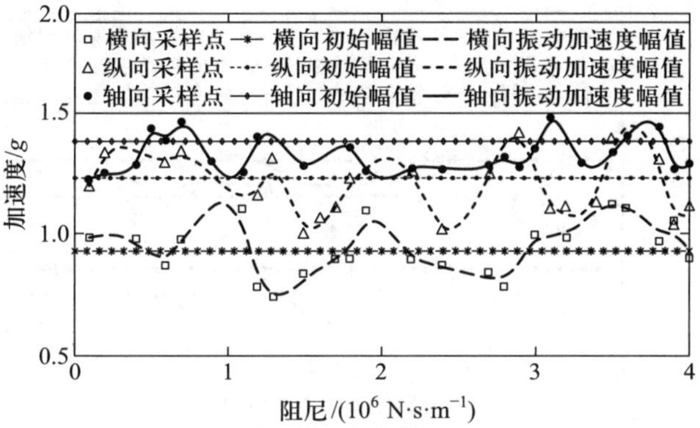

(b) 主梁前段

图 11.2 楔块油缸处阻尼的变化对刀盘和主梁前段三向振动加速度幅值的影响

由图 11.2 可以看出：在楔块油缸位置处，随着阻尼的增大，刀盘横向振动加速度幅值始终在初始值（未加阻尼器时的响应）上下 $0.2g$ 范围内波动，刀盘纵向振动加速度幅值始终在初始值上下 $0.4g$ 范围内波动，刀盘轴向振动加速度始终在初始值上下 $0.28g$ 范围内波动，主梁前段三向振动加速度也始终围绕初始点上下波动，这说明楔块油缸位置处的阻尼大小对主机系统各关键部件的振动影响并不明显。

11.1.2 扭矩油缸处敏感性分析

在扭矩油缸处，保持原有油缸结构参数不变，增大阻尼系数（模拟安装磁流变阻尼器），观察阻尼对刀盘、主梁前段三向振动加速度幅值的影响，结果如图 11.3 所示。

由图 11.3 可知：在扭矩油缸处，随着阻尼的增大，刀盘横向振动加速度幅值始终在初始值（未加阻尼器时的响应）上下 $0.35g$ 范围内波动，刀盘纵向振动加速度幅值始终在初始值上下 $0.4g$ 范围内波动，刀盘轴向振动加速度幅值始终在初始值上下 $0.15g$ 范围内波动，主梁前段三向振动加速度也始终围绕初始点上下波动，这说明扭矩油缸位置处的阻尼大小对主机系统各关键部件的振动影响并不明显。

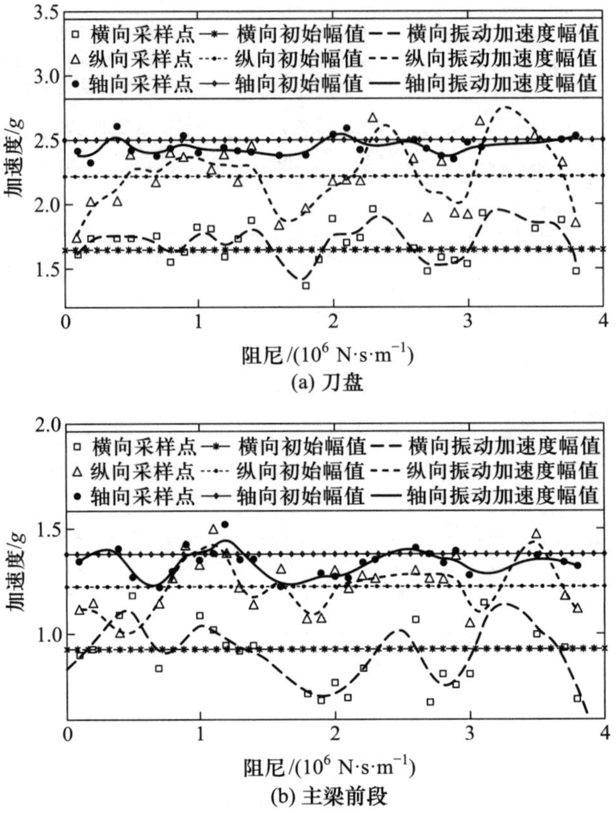

图 11.3 扭矩油缸处阻尼的变化对刀盘和主梁前段三向振动加速度幅值的影响

11.1.3 推进油缸处敏感性分析

在推进油缸处，保持原有油缸结构参数不变，增大阻尼系数（模拟安装磁流变阻尼器），观察阻尼对刀盘、主梁前段三向振动加速度幅值的影响，结果如图 11.4 所示。

由图 11.4 可以看出：在推进油缸处，随着阻尼的增大，刀盘横向、纵向振动加速度在初始点（未加阻尼器时的响应）附近范围内上下波动，刀盘轴向振动加速度幅值从初始点开始呈现直线下降的趋势，其轴向振动加速度幅值最大降低了 $0.64g$ 左右；主梁前段横向振动加速度幅值从初始点开始先升高后降低，纵向振动加速度幅值也是基本在初始点左右上下变动，轴向振动加速度幅值变化规律明显，始终呈下降趋势，最大降幅为 $0.55g$ 左右。

通过敏感性分析可知：在护盾油缸、扭矩油缸等位置设置阻尼器对于主机系统关键部位的振动响应影响不是很大；而在推进油缸位置设置阻尼器后，主机系统的轴向振动变化明显，基本呈线性下降的趋势。故考虑在推进油缸位置处设置合适的阻尼器进行轴向振动响应的抑振。图 11.5 为阻尼器最大出力随推进油缸处阻尼的变化。从图 11.4 和图 11.5 可知，随着阻尼的增大，刀盘及主梁前段的轴向振动加速度幅值均明显下降，但是其对应的阻尼器最大出力却在直线上升，出力的增大势必将造成阻尼器生产成本的增大。因此，不可盲目追求减振效果而忽略成本的飙升。从图 11.4 中可

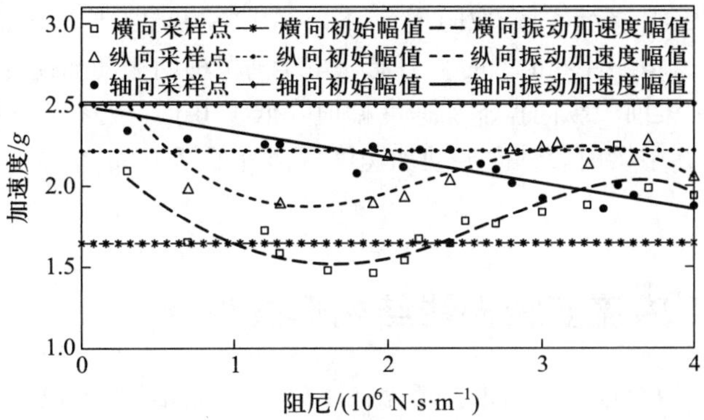

(a) 刀盘

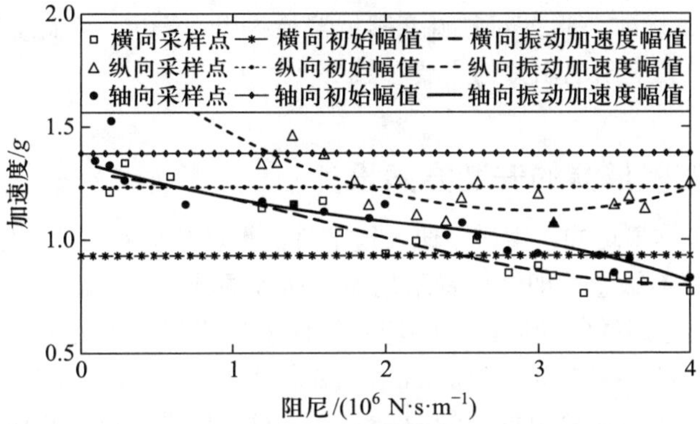

(b) 主梁前段

图 11.4 推进油缸处阻尼的变化对刀盘和主梁前段三向振动加速度幅值的影响

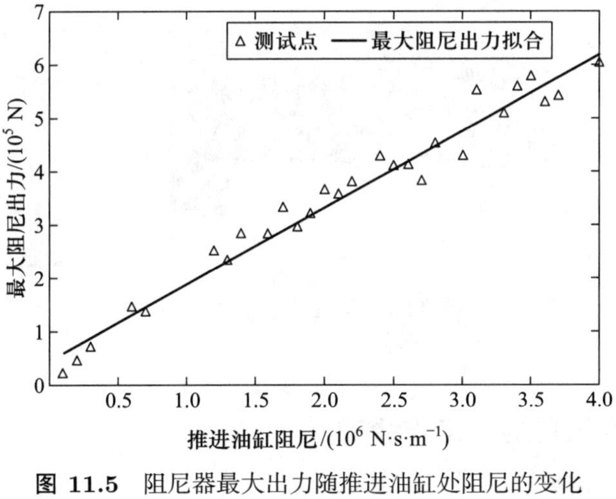

图 11.5 阻尼器最大出力随推进油缸处阻尼的变化

知，当阻尼低于 2.5×10^6 N·s·m^{-1} 时，主梁前段的横向振动加速度幅值将高于初始值 $0.93g$，其横向振动不降反升；当阻尼高于 2.5×10^6 N·s·m^{-1} 时，刀盘前段的横向振动加速度幅值将高于初始值 $1.64g$，纵向振动加速度幅值也会随阻尼增大略微超过初始值 $2.211\ 1g$。因此，阻尼高于或低于 2.5×10^6 N·s·m^{-1} 都会引起局部部件单向甚至多向自由度振动的加剧，设计时选取阻尼为 2.5×10^6 N·s·m^{-1} 比较合适。由图 11.5 可知，当阻尼为 2.5×10^6 N·s·m^{-1} 时，刀盘、主梁前段横向振动加速度幅值基本与初始值一致，刀盘、主梁前段纵向振动加速度幅值降低了 $0.1g$，刀盘轴向振动加速度幅值降低了 $0.4g$ 左右，主梁前段轴向振动加速度幅值降低了 $0.3g$ 左右，此时阻尼器最大出力为 400 kN。

11.2 TBM 磁流变减振器结构形式设计

根据上一节的敏感性分析结果，考虑在主梁前段轴向位置处设计安装 4 个磁流变阻尼器，通过实时控制阻尼器出力的大小来减缓刀盘破岩时的振动冲击，目标阻尼器最大出力为 400 kN。本节将针对磁流变阻尼器最大出力需求，对磁流变阻尼器进行结构参数设计，确定影响阻尼出力的主要参数。

11.2.1 磁流变阻尼器的安装方案设计

由敏感性分析结果可知，主机系统关键部件的振动响应对护盾–机头架位置、扭矩油缸位置的阻尼并不敏感，即使设置阻尼器，达到的减振效果也不甚明显。而在推进油缸处，TBM 关键部件的轴向振动响应对轴向安装阻尼器极为敏感，随着阻尼参数的增大，轴向振动减小得较为明显。因此，结合 TBM 的实际安装空间，考虑在推进油缸位置处增设基于磁流变阻尼器的减振装置，对主机系统进行减振控制。阻尼器并联安装在 TBM 推进油缸两侧，一端连接在主梁前段上，另一端连接在撑靴上，如图 11.6 所示，图中虚线框区域为阻尼器的安装区域。

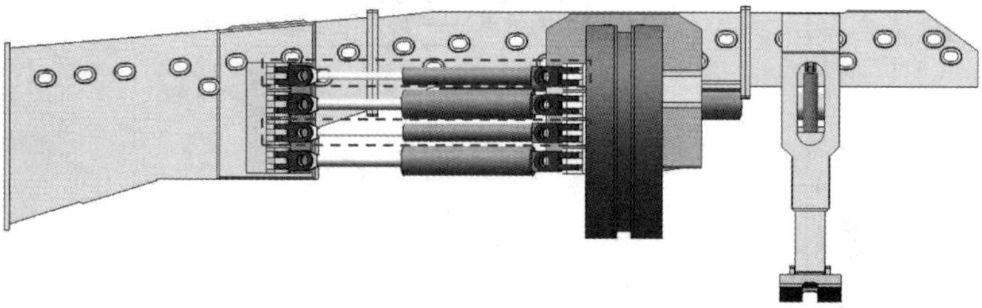

图 11.6 阻尼器安装示意图

11.2.2 磁流变阻尼器的工作原理

1. 磁流变液的流变机理

磁流变液是一种由软磁性颗粒、载液、添加剂等组成的新型智能材料，在外部磁场的作用下，可以实现液体与类固体状态的迅速切换[1]。常用的软磁性颗粒主要有羟基铁粉、Fe_3O_4、钴粉、镍锌合金等，其形状为球形，直径一般在 100 nm 至 100 μm。载液是软磁性颗粒在阻尼器中悬浮的载体，旨在将软磁性颗粒均匀地分散在磁流变液中，常见的载液主要有硅油、矿物油、水等。添加剂由分散剂和防沉降剂等组成，主要起到改善磁流变液的沉降稳定性、再分散性、黏度和剪切屈服强度等作用。分散剂主要有油酸及油酸盐、磷酸盐、磺酸盐、硬脂酸、单油酸丙三醇等。防沉降剂由高分子聚合物、超细无定型硅胶、亲水的硅树脂低聚物等组成[2]。

图 11.7 为磁场作用前后磁流变液状态示意图。在未施加磁场强度时，软磁性颗粒在磁流变液中呈无规律分布，在施加磁场后，软磁性颗粒在磁场作用下，顺着磁场方向成链状排列，且随着磁场强度的增加，链束大小逐渐变粗。此时，不同方向下的磁流变液产生的阻尼力大小不同，当磁流变液沿着磁链方向流动时，对应的阻尼力很小。当磁流变液垂直于磁链方向流动时，需要不断剪断磁链，所需的阻尼力很大。因此，在磁流变阻尼器的设计过程中，应该使磁流变液的流向与磁场方向相垂直，最大限度地发挥磁流变液的流变特性。

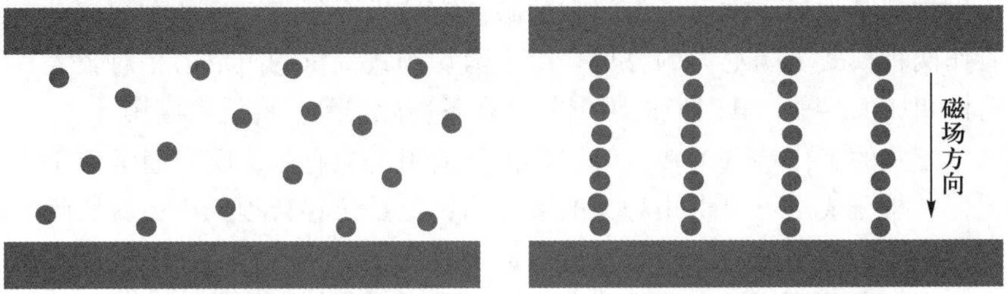

(a) 未施加磁场时的磁流变液　　(b) 施加磁场后的磁流变液

图 11.7　磁场作用前后磁流变液状态示意图

2. 磁流变阻尼器的工作模式

磁流变阻尼器作为一种流变可控的新型阻尼器，主要通过改变磁场来改变磁流变液的流变性能，从而实现阻尼出力连续可调的目的，其主要工作模式包括剪切式、阀式、挤压式、剪切阀式。

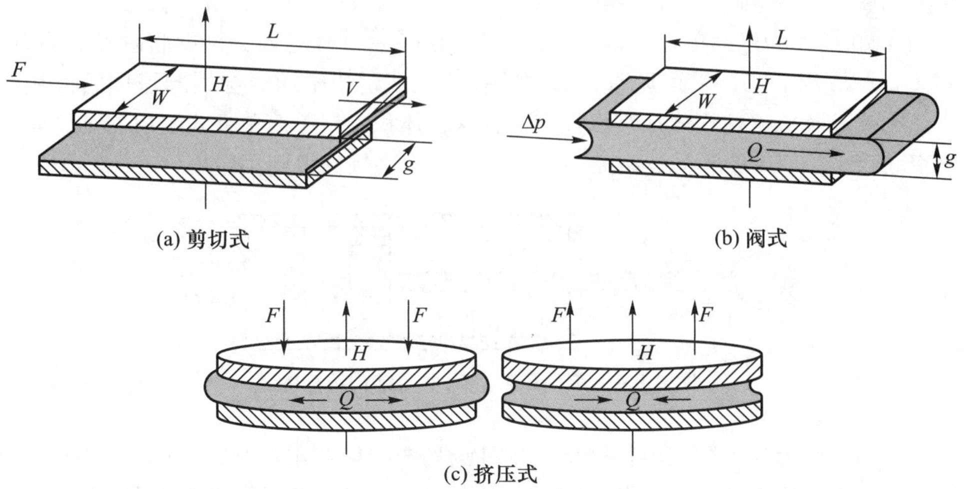

图 11.8　磁流变阻尼器基本工作模式

(1) 剪切式：如图 11.8a 所示，剪切模式下通道间的磁流变液在磁场作用下垂直于极板呈链状排列，当上下两极板发生相对运动时，磁流变液在极板的带动下将产生剪切变形，阻尼力便是通过不断剪断磁链路获得。剪切式多用于制动器、离合器、机床夹具等构件的减振。

（2）阀式：如图 11.8b 所示，阀式模式下两极板相对静止，磁流变液在两端压力差作用下流动。在这种模式下，磁场方向与磁流变液的流向垂直，通过改变磁场强度来改变两极板间磁流变液的剪切屈服强度，进而改变阻尼力的大小。阀式多用于阀门的结构设计中。

（3）挤压式：如图 11.8c 所示，挤压模式下两极板垂直于极板方向运动，与磁场施加方向相同，挤压通道间隙内的磁流变液流向外围，产生较大的阻尼力。该模式多用于小振幅的减振对象。

（4）剪切阀式: 剪切阀式集合了剪切式和阀式的工作特点，一方面上下两极板垂直于磁场方向运动，另一方面通道间隙的磁流变液沿平行于极板的方向流动，其阻尼力可以看作两种模式下阻尼力的叠加。由于剪切阀式提供的阻尼力相对较大，且磁路简单，选材和加工容易，其对应的阻尼器已在各领域得到了广泛的应用。

根据各模式的工作特点可知：剪切式提供的阻尼力有限；阀式通常应用于位移较小的阻尼器；挤压式虽可提供相对大的阻尼力，但是位移行程太小；剪切阀式的工作模式可以提供较大的阻尼力，同时也可以提供较大的位移行程。由于 TBM 掘进时的工作环境恶劣，振动幅值较大，且单个推进行程下对应的阻尼器位移行程较大，故考虑设计一种基于剪切阀式的磁流变阻尼器。

11.2.3 磁流变阻尼器结构形式的确定

磁流变技术经历了几十年的发展，相继出现了多种结构形式的磁流变器件，在很多领域得到了应用。磁流变阻尼器按照活塞杆、缸筒的结构形式主要分为单筒单杆式、单筒双杆式、双筒单杆式三种形式，以下简要介绍三种结构的特点。

图 11.9 所示为单筒单杆式结构，这种结构只有一个工作缸，活塞将缸筒分为有杆腔和无杆腔。当活塞往复运动时，活塞杆在进入或退出缸筒时会引起流体的体积差，需要在无杆腔装备一种气体补偿装置来弥补这种体积差。单筒单杆式阻尼器结构简单，占用空间较小，使用中不受运动方向的限制，在很多领域得到了应用。

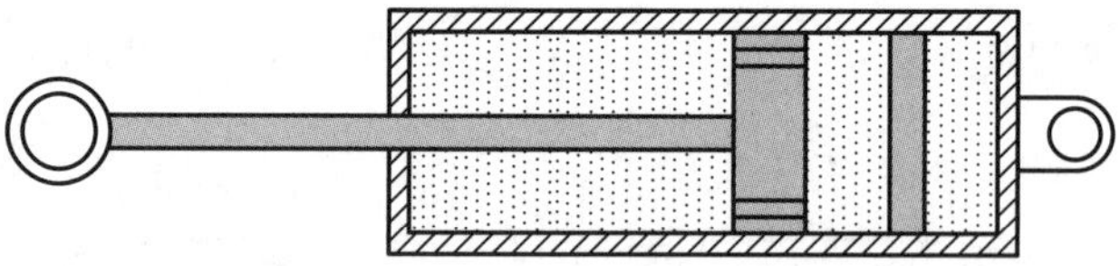

图 11.9 单筒单杆式阻尼器结构示意图

图 11.10 所示为单筒双出杆结构。这种结构与单筒单出杆结构一样，都只用一个工作缸，区别在于其活塞两端各连接一个活塞杆，活塞在运动时不会引起缸内的体积的变化，因此不需要设计气体补偿装置，避免了高压气体补偿带来的诸多问题。但是，单筒双出杆结构占用的体积较大，对于 TBM 大推进行程的场合不太适用。

图 11.11 所示为双筒单出杆结构。双筒单出杆结构有两个工作缸，外部缸筒与内

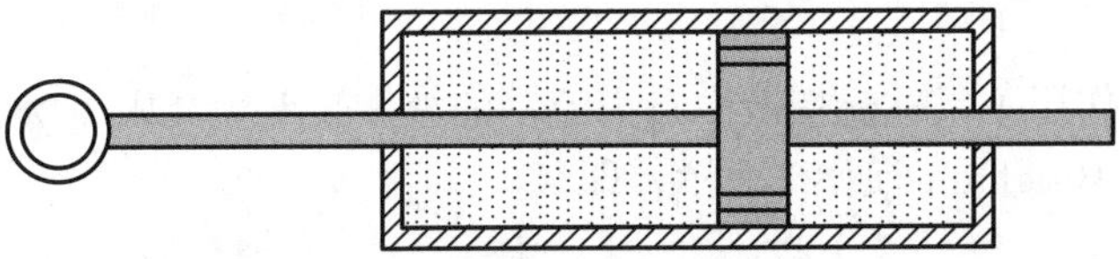

图 11.10 单筒双杆式阻尼器结构示意图

部缸筒之间存储有高压密闭气体，两缸筒通过底阀连接，当内部缸筒因为活塞杆运动产生体积变化时，内外筒的压力差将通过底阀调节来进行气体补偿。这种结构具备了单筒单出杆阻尼器体积补偿的优点，但在长时间使用时，易因磁流变液悬浮颗粒的沉降而堵塞底阀，造成体积补偿的提前失效。

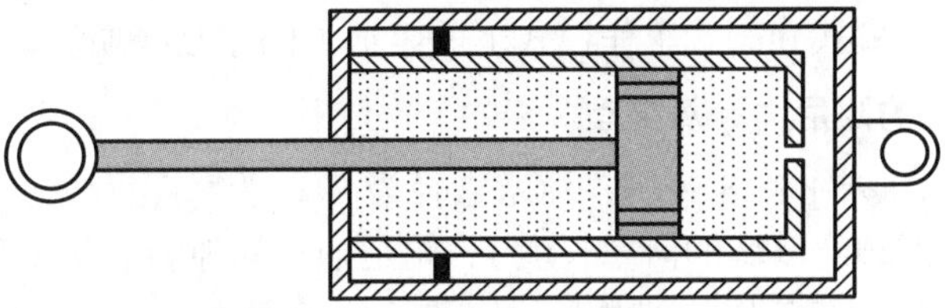

图 11.11 双筒单杆式阻尼器结构示意图

基于前面的分析结果，减振设计中需要设计阻尼出力不小于 400 kN 的磁流变阻尼器，行程为 2 m。考虑到 TBM 空间结构尺寸有限，双出杆形式阻尼器的工作行程太大，不能满足设计要求。且由于磁流变液在工作过程中存在磁性颗粒沉降的问题，易堵塞双筒单出杆结构的底阀，造成气体体积补偿失效，故考虑使用单筒单出杆结构形式的阻尼器，同时采用浮动活塞结构进行气体体积补偿，其结构如图 11.12 所示。

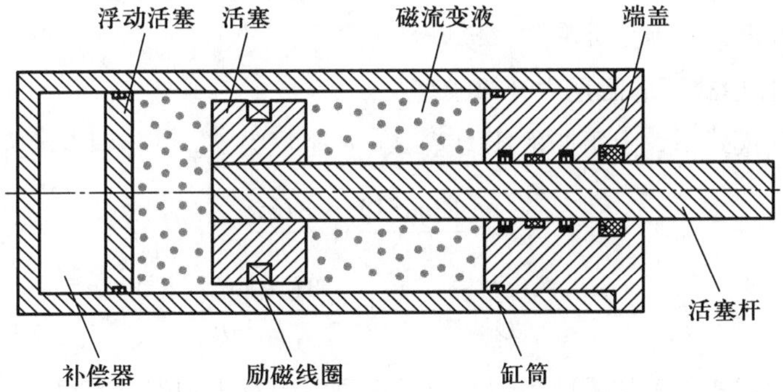

图 11.12 磁流变阻尼器结构简图

11.3 TBM 磁流变阻尼器阻尼力的计算模型

11.3.1 剪切阀式阻尼器出力计算

本书设计的磁流变阻尼器选用的是剪切阀式阻尼器，阻尼力计算公式可依据磁流变液的本构关系和液体流动原理推导得到，出力值可看成黏滞阻尼力和库仑阻尼力的合力[3]。

在外部磁场作用下，磁流变液由自由流动的液体转变为类固体状态，此时磁流变的本构关系可由 Bingham 模型来表示，即

$$\begin{cases} \tau = \tau_0 \operatorname{sgn}(\dot{\gamma}) + \eta_0 \dot{\gamma}, & |\tau| > |\tau_0| \\ \dot{\gamma} = 0, & |\tau| < |\tau_0| \end{cases} \tag{11.1}$$

式中：τ 为剪应力；τ_0 为磁流变液的剪切屈服应力；$\dot{\gamma}$ 为剪切速率；η_0 为磁流变液的初始黏度。

磁流变液在工作过程中，由于阻尼通道有效长度远大于阻尼通道间隙宽度，可将缸筒内磁流变液的流动近似简化为磁流变液在两运动的极板间流动，剪切阀式阻尼器出力可看作剪切工作模式和阀式工作模式下的阻尼力的相互叠加。

1. 剪切模式下的阻尼力计算模型

在剪切模式下，以图 11.8 为例，活塞直径为 D，活塞杆直径为 d，阻尼通道有效长度为 L（除去线圈缠绕区域的活塞长度），阻尼通道间隙为 h，假设活塞相对缸筒的移动速度为 v，则在剪切工作状态时，活塞受剪的面积为 $A_1 = \pi DL$，由剪应力公式计算得阻尼力 F_{s} 为

$$F_{\mathrm{s}} = [\tau_0 \operatorname{sgn}(\dot{\gamma}) + \eta_0 \dot{\gamma}]A_1 \tag{11.2}$$

代入磁流变阻尼器的结构参数得

$$F_{\mathrm{s}} = \frac{\pi \eta_0 DL}{h} v + \pi DL\tau_0 \operatorname{sgn}(v) \tag{11.3}$$

可见，剪切模式的阻尼力由两项组成：第一项和流体初始黏度有关；第二项与磁流变的剪切屈服强度有关，属于库仑阻尼的特性。

2. 阀式工作模式下的阻尼力计算模型

在阀式工作模式下，上下腔的压力差 Δp 和阻尼力 F_{v} 可分别表示为

$$\Delta p = \frac{12\eta_0 LQ}{bh^3} + \frac{3L\tau_0}{h} \tag{11.4}$$

$$F_{\mathrm{v}} = \frac{3\pi\eta_0 L(D^2 - d^2)^2}{4Dh^3} v + \frac{3L\pi(D^2 - d^2)}{4h}\tau_0 \tag{11.5}$$

可以看出，阀式与剪切模式类似，也是由黏滞阻尼力和库仑阻尼力两部分组成。

3. 剪切阀式的阻尼力计算模型

由前述讨论可知，剪切阀式阻尼力可看作剪切模式下阻尼力和阀式模式下阻尼力的叠加，即

$$F_{\mathrm{sv}} = F_{\mathrm{s}} + F_{\mathrm{v}} \tag{11.6}$$

将式 (11.3) 和式 (11.5) 代入式 (11.6) 可得

$$F_{\mathrm{sv}} = \frac{\pi\eta_0 DL}{h} v + \pi DL\tau_0 \operatorname{sgn}(v) + \frac{3\pi\eta_0 L(D^2 - d^2)^2}{4Dh^3} v + \frac{3L\pi(D^2 - d^2)}{4h}\tau_0 \tag{11.7}$$

式 (11.7) 中，剪切模式下阻尼力占剪切阀式总阻尼力的比重可以通过其对应的库仑阻尼力、黏滞阻尼力与阀式状态下库仑阻尼力、黏滞阻尼力的比值看出。库仑阻尼力之比为

$$K_{\mathrm{cou}}=\frac{L\pi D}{\dfrac{3LA_p}{h}}=\frac{4h}{3D} \tag{11.8}$$

黏滞阻尼力之比为

$$K_{\mathrm{vis}}=\frac{L\pi D\eta_0/h}{12\eta_0 LA_p^2/\pi Dh^3}=\left(\frac{4h}{3D}\right)^2 \tag{11.9}$$

考虑到剪切阀式阻尼器的阻尼通道间隙 h 较小，一般仅为 $1\sim 2$ mm，远小于活塞直径 D，因此剪切阀式磁流变阻尼力的计算模型完全可以按照阀式的计算模型进行计算，即

$$F=\frac{3\pi\eta_0(D^2-d^2)^2}{4Dh^3}v+\frac{3L\pi(D^2-d^2)}{4h}\tau_0 \tag{11.10}$$

11.3.2 气体补偿式单出杆阻尼器出力计算

由于活塞杆在往复运动过程中会引起缸筒内流体体积差发生变化，因此需要在设计阶段考虑气体体积补偿问题。在剪切阀式阻尼器出力的基础上，考虑采用浮动活塞式气体补偿装置，即在浮动活塞与缸筒之间通入一定压强的氮气，当活塞杆运动时通过磁流变液挤压浮动活塞，浮动活塞压缩氮气实现气体体积补偿。

由于阻尼器工作过程中运动部件的摩擦阻力占比较小，故此处忽略活塞杆与密封件的摩擦阻力和浮动活塞与缸筒内壁的摩擦阻力。以活塞杆最大伸出位置为零点，对活塞进行受力分析可知

$$F=\frac{P_1\pi D^2}{4}-\frac{P_2\pi(D^2-d^2)}{4} \tag{11.11}$$

式中：P_1 为无杆腔的压强；P_2 为有杆腔的压强。

$$\Delta P=P_1-P_2 \tag{11.12}$$

将式 (11.12) 代入式 (11.11) 可得

$$F=\frac{P_1\pi d^2}{4}+\frac{\pi(D^2-d^2)\Delta P}{4} \tag{11.13}$$

将式 (11.4) 代入式 (11.13) 得

$$F=\frac{P_1\pi d^2}{4}+\frac{\pi(D^2-d^2)\left(\dfrac{12\eta_0 LQ}{bh^3}+\dfrac{3L\tau_0}{h}\right)}{4} \tag{11.14}$$

式中：b 为阻尼通道的径向周长，$b=\pi D$。

总体积流量为

$$Q=A_p v_0=\frac{\pi(D^2-d^2)v}{4} \tag{11.15}$$

在活塞杆最大伸出状态时，以浮动活塞为研究对象，假设气密室为隔热状态，则浮动活塞两端的力学平衡关系为

$$P_1 = P_{\min} \tag{11.16}$$

$$P_{\min}V_{\max}^k = P_{\max}V_{\min}^k \tag{11.17}$$

式中：$P_{\max}$ 为氮气气室的最大压缩状态时压强；$V_{\min}$ 为氮气气室的最大压缩状态时体积；$P_{\min}$ 为氮气气室最小压缩状态时的压强；$V_{\max}$ 氮气气室最小压缩状态时的体积；k 为多变系数，此处取 1.4。

由阻尼器的运动关系可知

$$V_{\max} - V_{\min} = \frac{\pi d^2}{4}s \tag{11.18}$$

式中：s 为磁流变阻尼器的运动行程。

联合式 (11.14) 至式 (11.18) 得

$$F = P_{\min}\left(\frac{V_{\max}}{V_{\max} - \dfrac{\pi d^2}{4}s}\right)\frac{\pi d^2}{4} + \frac{3\eta_0 L\pi(D^2-d^2)^2}{4Dh^3}v + \frac{3L\pi(D^2-d^2)}{4h}\tau_0\,\mathrm{sgn}(v) \tag{11.19}$$

由式 (11.19) 可知，第一项为与补偿气室有关的气室弹簧力，第二项为与活塞和缸筒运动速度相关的黏滞阻尼力，第三项为与磁流变剪切屈服强度有关的库仑阻尼力。相比一般的剪切阀式阻尼器，其阻尼出力多了一项与补偿相关的弹簧力。

11.4 TBM 磁流变减振器结构参数设计

11.4.1 材料的选择

1. 磁流变液材料

本文采用的磁流变液为宁波杉工生产的 SG–MRF2035 号磁流变液，其主要性能参数如表 11.1 所示。

表 11.1 SG–MRF2035 流变性能参数

型号	SG–MRF2035	热胀系数/°C^{-1}	3.4×10^{-4}
密度/(g·cm^{-3})	3.09	闪点/°C	> 250
工作温度/°C	−40 ~ 180	比热/(J·kg^{-1}·°C^{-1})	1.36×10^3
表观黏度 (30 °C、5001 s^{-1})/(mPa·s)	240	剪切屈服强度 (1T)/kPa	55
质量含固量/%	81.24	体积分数/%	35

图 11.13 为 SG–MRF2035 型磁流变液的剪切屈服强度随磁感应强度的变化曲线，从图中可以看出，1 T 磁感应强度下对应的剪切屈服应力可达 55 kPa，且随磁感应强度的增大，剪切屈服应力几乎不再增大，说明此时磁流变液已达到饱和，磁流变液的磁饱和强度为 1 T。

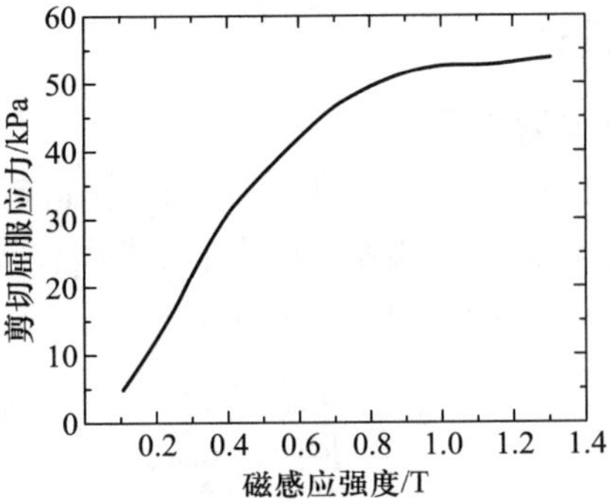

图 11.13 剪切屈服应力随磁感应强度的变化曲线

2. 活塞、缸筒材料

磁流变阻尼器的主要结构件有缸筒、活塞、活塞杆、端盖、励磁线圈等，而活塞、缸筒作为重要的磁路组成部分应具有较高的导磁性能。常用的导磁材料主要有电工纯铁、硅钢、低碳钢。电工纯铁的导磁性能极高，理论上讲是绝佳的磁路选择材料，但是考虑到设计的阻尼器出力较大，电工纯铁的质地较软，不太适合作为受力部件；硅钢具有良好的导磁性能，但是难加工、经济成本比较高；低碳钢相对磁导率较高，饱和磁感应强度一般在 1.5 T 以上，导磁性能满足要求，同时低碳钢还具有机械强度高、容易加工的特点。综合考虑 TBM 实际的工作环境，选用低碳钢作为活塞、缸筒的导磁材料。由于 20 钢相比其他型材的钢具有价格低、机械加工性能好等特点，采用 20 钢作为活塞、缸筒材料。表 11.2 为 20 钢的磁化特性参数，表 11.3 为 20 钢的性能指标。

表 11.2 20 钢的磁化特性参数

最大相对磁导率	矫顽力/($A\cdot m^{-1}$)	最大磁能面积/($kJ\cdot m^{-3}$)	磁饱和强度/T
989	376	0.104	1.73

表 11.3 20 钢的性能指标

密度/($g\cdot cm^3$)	弹性模量/(10^3 MPa)			力学性能/MPa	
	20 ℃	100 ℃	300 ℃	σ_b	σ_s
7.85	210	205	185	⩾ 410	⩾ 245

3. 活塞杆材料

活塞杆作为重要的受力型部件，在减振过程中受到较大的轴向压力，在磁路设计部分不考虑活塞杆的贡献，选用强度较高的 304 不锈钢作为活塞杆材料。

4. 浮动活塞材料

结合阻尼器的设计要求，浮动活塞在补偿时应反应灵敏且具有一定的强度，因硬铝合金具有密度小、机械性能好等特点，选定浮动活塞材料为硬铝合金。

11.4.2 基本参数的设计

1. 缸筒厚度及缸筒内径的确定

缸筒是磁流变阻尼器的主要构件，在阻尼器的工作过程中主要起到承受内压、导磁的作用，它的壁厚需要满足强度和刚度的设计要求。查阅《机械设计手册》，取缸筒厚度与缸筒内径比为 0.08 ~ 0.3，由计算公式得

$$\delta \geqslant \frac{P_{\max} D_1}{2.3[\sigma] - 3P_{\max}} \tag{11.20}$$

式中：$P_{\max}$ 为额定工作压强；$[\sigma] = \sigma_b / n$ 为缸筒材料的许用应力，其中 σ_b 为材料的抗拉强度，n 为安全系数；D_1 为缸筒内径。

结合设计经验，初步选取缸筒内径为 250 mm、缸筒壁厚为 34 mm。

2. 活塞杆直径的确定

活塞杆作为承力的重要部件，经常遭受压缩、拉伸、弯曲、冲击等载荷作用。由于活塞缠绕的线圈需要从活塞杆内部引出，活塞杆结构应设计为一空心的细长杆。活塞杆的计算公式采用下式进行计算：

$$d \geqslant \sqrt{\frac{4F}{\pi[\sigma]} + d_0^2} \tag{11.21}$$

式中：F 为活塞杆受到的轴向力；$[\sigma]$ 为活塞杆材料的许用应力；d_0 为活塞杆内径。

304 不锈钢的抗拉强度为 520 MPa，取安全系数为 2，活塞杆内径为 10 mm，计算得 $d \geqslant 46$ mm。为保障阻尼器使用的安全性，在设计阶段应尽可能将活塞杆设计得大一些，故初步选取活塞杆直径为 76 mm。

3. 阻尼通道间隙的确定

磁流变阻尼器中阻尼通道间隙是一个重要的设计变量，由阻尼力计算公式可知，随着阻尼通道间隙的减小，阻尼器阻尼出力将增大，但是阻尼通道间隙过小也将带来磁流变液堵塞的风险；随着阻尼通道间隙的增加，通道间隙的空气间隙也将增大，这将造成整个磁路磁阻的增大，使阻尼通道处的磁感应强度提前达到饱和，影响阻尼器的最大出力。目前，磁流变阻尼器阻尼通道间隙一般选取范围为 0.5 ~ 2 mm，结合实际设计经验，本文取阻尼通道间隙 $h = 2$ mm。

4. 阻尼通道有效长度的确定

阻尼通道有效长度 L 将直接决定阻尼出力的大小，L 与阻尼力成正比关系，L 越大，可利用的阻尼通道的磁场区域越长，则输出阻尼力越大。所以，在空间允许的前提下，可以适当增大阻尼通道有效长度。阻尼通道有效长度的计算公式为

$$L = \frac{F - F_S}{\dfrac{3\eta_0 \pi (D^2 - d^2)^2}{4Dh^3} v + \dfrac{3\pi(D^2 - d^2)}{4h} \tau_0 \operatorname{sgn}(v)} \tag{11.22}$$

式中：F_S 为气室弹簧力。

11.4.3 气体补偿机构的设计

在设计阶段，可以将气室近似等效为气体弹簧，设计内容主要包括气室最小压缩状态压强、气室最大压缩状态压强、气室高度等。

1. 气室压强计算

TBM 在正常工作情况下，推进系统向前推进一个行程带动旋转的刀盘向前破岩，在整个推进行程中，磁流变阻尼器也将一直承受由刀盘传递来的冲击载荷。当推进油缸达到最大行程时，磁流变阻尼器活塞杆正好处于最大伸出状态，此时补偿机构的气体体积最大，压强最小。在这种状态下，气室的气体弹簧力应大于或等于正常工作电流下产生的阻尼器出力，否则磁流变液将无法顺利从无杆腔压入有杆腔，引起空程现象，出现补偿失效的问题。所以，当阻尼器活塞杆处于最大伸出状态时，应有

$$P_{\min} \geqslant \frac{F}{\frac{\pi}{4}D_1^2} \tag{11.23}$$

式中：F 为磁流变阻尼器的最大出力；D_1 为缸筒内径。

气室最大压缩状态时，气室体积最小，压强最大，将压缩过程视为等温过程，则此时体积补偿时氮气产生的压强为

$$P_{\max} = P_{\min}\left(\frac{V_{\max}}{V_{\min}}\right)^k \tag{11.24}$$

式中：k 为多变系数，此处取 1.4。

2. 气体补偿机构体积及高度设计

气体补偿机构主要用来补偿活塞杆往复运动带来的体积变化，因此气室在最小压缩状态的体积应大于或等于活塞杆最大行程时引起的体积变化值，可表示为

$$V_{\max} \geqslant s\frac{\pi d^2}{4} \tag{11.25}$$

式中：s 为活塞杆的最大行程；d 为活塞杆的直径。

补偿气室的高度按照最大压缩状态下的气体体积来计算，因为压缩过程中不可能将气体体积压缩为零，所以应预留一定的气室高度。补偿气室的最小高度可表示为

$$h_{\min} = \frac{4V_{\min}}{\pi D_1^2} + h \tag{11.26}$$

式中：h 为预留的气室高度。将式 (11.23) 至式 (11.26) 联立得：补偿气室的最小高度为 0.584 8 m，气室最小压缩状态下的压强为 8.15 MPa，气室最大压缩状态下的压强为 13.8 MPa。

由式 (11.19) 知，气室弹簧力的计算公式为

$$F_{\mathrm{S}} = P_{\min}\left(\frac{V_{\max}}{V_{\max} - \frac{\pi d^2}{4}s}\right)^k \frac{\pi d^2}{4} \tag{11.27}$$

经计算得：阻尼器处于最小压缩状态时，气室弹簧力为 36.97 kN；阻尼器处于最大压缩状态时，气室弹簧力为 62.92 kN。图 11.14 为气室弹簧力随压缩行程变化的曲线。

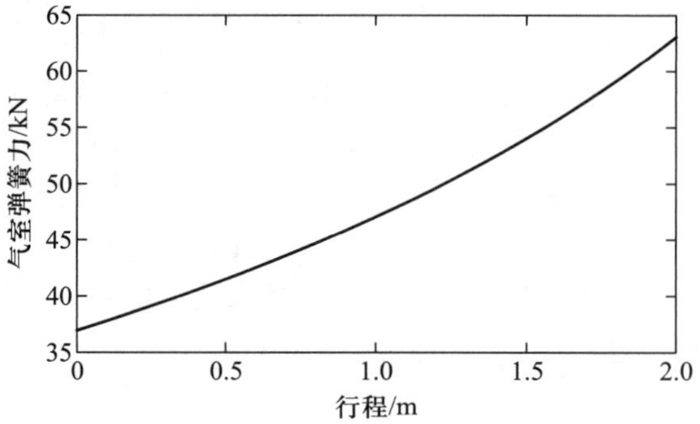

图 11.14 气室弹簧力随压缩行程变化曲线

11.4.4 液压缸强度验算

液压缸的额定压力 P_n 应小于缸筒所能承受的极限压力，即

$$P_n \leqslant 0.35\frac{\sigma_s(D_2^2-D_1^2)}{D_2^2} \tag{11.28}$$

式中：σ_s 为缸筒材料的屈服强度；D_1 为液压缸缸筒内径；D_2 为液压缸缸筒外径。

由前述计算知，液压缸内径为 250 mm，液压缸外径为 306 mm，20 钢的屈服强度为 245 MPa，代入式 (11.28) 计算得液压缸的额定压力 P_n 为 28.51 MPa，而阻尼器最大压缩状态时，腔内压强为 13.8 MPa，远小于极限压强，说明缸筒结构设计合理。

最终，磁流变阻尼器的结构参数如表 11.4 所示。

表 11.4 磁流变阻尼器的结构参数

结构参数	数值
缸筒内径/mm	250
缸筒厚度/mm	28
活塞杆内径/mm	10
活塞杆外径/mm	76
阻尼通道间隙/mm	2
阻尼通道有效长度/mm	94
磁流变液磁饱和强度/T	1
线圈槽宽度/mm	30
阻尼器行程/m	2

11.5 TBM 主机磁流变抗振磁路设计

磁路设计是磁流变阻尼器设计中最重要的一环，其设计是否合理将直接决定阻尼器的性能。区别于传统阻尼器，磁路设计更多地需要考虑电磁学的相关知识。在磁回路中，任一区域的导磁材料达到磁饱和后，整个磁路的磁场将不再增大。优秀的磁路设计往往能节省更多的材料和能源，降低阻尼器的成本，使阻尼器的性能发挥到最大。本节将对阻尼器的磁路部分进行详细的设计。

11.5.1 磁路设计原则

为了更好地利用磁流变液的磁流变效应，在磁路设计时，应使磁场方向与磁流变液的流动方向相垂直。为了更好地发挥磁流变液的性能，在磁路设计阶段应考虑以下设计原则。

（1）导磁材料的磁导率越高，一般情况下对应的磁阻越小，因此在设计阶段，为将铁芯部分损耗的磁阻降低到一定的范围内，应尽量使用磁导率较高的材料。同时，装配过程中公差的存在必然导致铁芯连接处存在一定的空气间隙，而空气间隙将增大整个磁回路的磁阻，故在条件允许的前提下，应尽量考虑使用过盈配合。

（2）阻尼通道的磁流变液在达到饱和之前，若导磁材料已经达到饱和，则此时再增大电磁线圈的电流，磁流变液的流变特性也不会再加强。因此在设计时，应使阻尼通道的磁流变液先于磁性材料达到饱和。

（3）阻尼通道间隙应保持在合理的区间内，使阻尼器能满足正常的调节需求。若阻尼通道间隙过大，将降低阻尼通道内的磁感应强度，严重时达不到阻尼力的出力要求。若阻尼通道间隙过小，磁流变液中磁性颗粒的沉降问题将造成通道堵塞，使阻尼器提前失效。

（4）剩磁现象的存在将使阻尼器在无磁场状态下阻尼力较大，从而影响阻尼力的可调范围，因此，在选择导磁材料时，应选择剩磁、矫顽力均相对较小的材料，尽可能减小磁滞现象对阻尼器的影响。

11.5.2 磁路分析及基本模型

1. 安培环路定理

安培环路定理作为电磁计算的基本定理，其物理意义是在恒稳磁场中，磁感应强度沿任何闭合回路的线积分等于该闭合环路所包围的各个电流的代数和。其表达式如下：

$$NI = \int_m H\mathrm{dl} = \sum_{m=1}^{n} H_m l_m \tag{11.29}$$

式中：N 为励磁线圈匝数，I 为励磁线圈电流，NI 称为磁动势；H_m 为闭磁环路各部分磁场强度；l_m 为闭磁环路各部分的磁路长度。

2. 高斯定理

$$\varPhi = \int_s B n \mathrm{d}S = B_s S_s \tag{11.30}$$

式中：$\varPhi$ 为磁路的磁通量；B_s 为磁路各部分的磁感应强度；S_s 为磁路各部分的磁通面积。

3. 磁路计算

由磁路欧姆定律可得，剪切阀式磁流变阻尼器的磁路计算式如下：

$$NI = \phi\left(\frac{L'}{\mu_1 S_1} + \frac{2h}{\mu_2 S_2}\right) = \phi(R_{\mathrm{m1}} + R_{\mathrm{m0}}) \tag{11.31}$$

式中：L' 是磁路的平均长度；μ_1 是磁芯的磁导率；μ_2 是空气磁导率；h 是阻尼器阻尼通道的间隙；S_1 是磁路的平均截面面积；S_2 是阻尼通道的平均截面面积；R_{m1} 是磁路总磁阻；R_{m2} 是阻尼通道处总磁阻。

磁芯导磁材料的磁导率一般都比较大，而阻尼通道间隙的距离十分小，磁通路基本可以构成一个完整的回路，在理论计算时，忽略漏磁现象。图 11.15 为磁流变阻尼器的磁路简化模型，磁路沿活塞杆中心呈轴对称分布。图中，L_1 为阻尼通道有效长度的一半，w 为励磁线圈的长度，h_1 为励磁线圈的槽深，r_1 为活塞杆半径，r_2 为磁芯半径，r_3 为活塞半径，r_4 为缸筒内径，r_5 为缸筒外径。

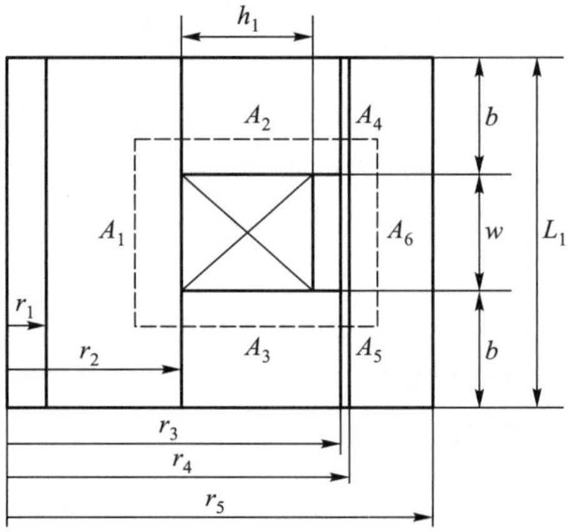

图 11.15 磁流变阻尼器磁路结构图

磁路中各区域的磁通量可表示为

$$\phi_1 = B_{1\max} S_1 = B_{1\max}\pi(r_2^2 - r_1^2) \tag{11.32}$$

$$\phi_2 = \phi_3 = B_{3\max} S_3 = B_{3\max}\pi(r_2 + r_3)L_1 \tag{11.33}$$

$$\phi_4 = \phi_5 = B_{5\max} S_5 = B_{5\max}\pi(r_3 + r_4)L_1 \tag{11.34}$$

$$\phi_6 = B_{6\max} S_6 = B_{6\max}\pi(r_5^2 - r_4^2) \tag{11.35}$$

由于在磁回路中各部分的磁通量相等，所以通过比较 ϕ_1、ϕ_2、ϕ_3、ϕ_4、ϕ_5、ϕ_6 的数值大小即可判断哪个区域的磁路率先达到饱和。当某一区域的磁通量达到饱和后，

其他区域的磁通量将不再增加，因此，整个磁回路的最大磁通量为

$$\phi_{\max} = \min(\phi_1, \phi_2, \phi_3, \phi_4, \phi_5, \phi_6) \tag{11.36}$$

当阻尼通道处的磁流变液达到磁饱和时，再增加磁感应强度也几乎不会改变磁流变液的剪切屈服强度。为了最大限度地发挥磁流变液的流变性能，应尽量使阻尼通道处的磁感应强度最先达到饱和。本节选取的磁流变液的最大磁饱和强度是 1 T，则对应的最大磁通量为

$$\phi_{\max} = \phi_5 = B_{5\max}\pi(r_3 + r_4)L_1 = 36\ 600\ \mathrm{T \cdot mm^2} \tag{11.37}$$

磁回路中各部分磁通量相等，即

$$\phi_1 = \phi_2 = \phi_3 = \phi_4 = \phi_5 = \phi_6 \tag{11.38}$$

则有

$$B_1\pi(r_2^2 - r_1^2) = B_3\pi(r_2 + r_3)L_1 = B_5\pi(r_3 + r_4)L_1 = B_6\pi(r_5^2 - r_4^2) \tag{11.39}$$

将式 (11.36)、式 (11.38) 联立得磁芯半径 $r_2 \geqslant 96$ mm，此时各区域的磁感应强度如表 11.5 所示。

表 11.5 磁路各区域磁感应强度

B_1/T	B_2/T	B_3/T	B_4/T	B_5/T	B_6/T
1.499 7	1.132 4	1.132 4	1	1	1.497 4

将磁回路各部分的磁感应强度代入各自材料的磁化特性曲线中，可分别得到对应的磁场强度 H_1、H_2、H_3、H_4、H_5、H_6。

磁回路各区域的平均长度可按照式 (11.40) 至式 (11.43) 进行计算，对应的值如表 11.6 所示。

$$l_1 = L_1 + w + r_2 - r_1 \tag{11.40}$$

$$l_2 = l_3 = r_3 - r_2 \tag{11.41}$$

$$l_4 = l_5 = r_4 - r_3 \tag{11.42}$$

$$l_6 = L_1 + w + r_5 - r_4 \tag{11.43}$$

表 11.6 磁回路各部分磁路长度

l_1/mm	l_2/mm	l_3/mm	l_4/mm	l_5/mm	l_6/mm
135	27	27	20	20	105

将各参数代入式 (11.28) 得

$$NI = \sum_{m=1}^{5} H_m l_m = 2\ 818.2\ \mathrm{A} \tag{11.44}$$

假设磁流变阻尼器的工作电流为 2 A，则需缠绕线圈的匝数为 1 409.1 匝，此处取匝数为 1 410 匝。

4. 线圈

查阅磁路在各工作条件下的通电电流密度 J 的许用范围，磁流变阻尼器线圈电流密度应在 $5 \sim 12\ \mathrm{A/mm^2}$ 内选取，由于磁流变阻尼器属于反复短时间工作制，考虑导线安全载流量及发热问题，选取 $J = 10\ \mathrm{A/mm^2}$。取线圈的最大通过电流为 3 A，得导线直径为 0.618 mm，参照相关标准取为 0.63 mm。选取的漆包铜线规格参数如表 11.7 所示。

表 11.7 漆包铜线规格参数

名称	型号	导线标称直径/mm	漆包线最大外径/mm	击穿电压/V
高强度漆包铜线	GB6109.3—85	0.63	0.7	1 400

在缠绕线圈时，导线之间总会有一定的间隙，实际缠绕后的线圈面积肯定比 N 匝导线截面积叠加起来的大，相对系数一般取 1.2 ~ 1.4，此处取相对系数为 1.4。由前述分析知，线圈槽深度为 27 mm，线槽宽为 30 mm，若充分利用线圈槽的空间，则线圈槽可以缠绕的最大线圈匝数为

$$N_{\max} = \frac{27 \times 30}{1.4 \times 0.35^2 \times \pi} = 1\ 503.4 \tag{11.45}$$

本节设计的缠绕线圈匝数为 1 410 匝，小于线圈槽最大缠绕匝数，说明线圈槽空间满足缠绕条件。

11.5.3 磁路的有限元分析

前文对磁路进行了理论上的等效计算，由于磁路自身的复杂性，计算过程中对结构不能进行精确的划分，获得的结果与真实值有一定的差距，故理论设计仍需进一步的验证。由于有限元分析法支持材料磁化曲线的非线性，同时可以将各构件进行精确的区域划分，可以考虑到磁场在阻尼器中分布的不均匀性，能得到较为准确的磁路分析结果。因此，采用 ANSYS 对磁流变阻尼器进行电磁场仿真分析，通过编写 APDL 命令实现参数的自动化建模、加载和求解。

1. 建立磁场有限元模型

计算得磁路的具体参数如表 11.8 所示。

表 11.8 线圈磁路参数

线圈匝数	线圈槽深度/mm	线圈槽宽度/mm	活塞头总长度/mm	缸筒壁厚/mm
1 410	27	30	124	28

根据结构特点选取电磁分析模块的 PLANE13 单元，图 11.16 为阻尼器的模型，其中 A1 为活塞杆，A2 为线圈，A3 为缸筒，A4 为阻尼通道处的磁流变液，A5 为磁芯，选用轴对称类型，X 为对称轴。

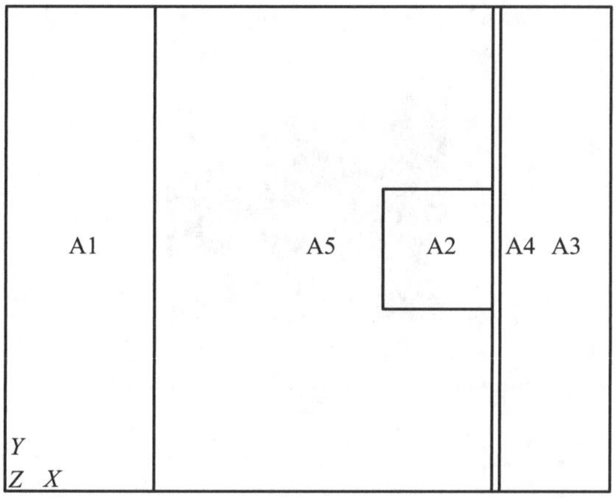

图 11.16 活塞模型

2. 赋予材料属性

定义材料的属性，分别在 ANSYS 中建立 20 钢、磁流变液、不锈钢的材料属性，励磁线圈定义为非导磁性材料。

3. 划分网格

选用四面体单元进行网格划分，如图 11.17 所示。

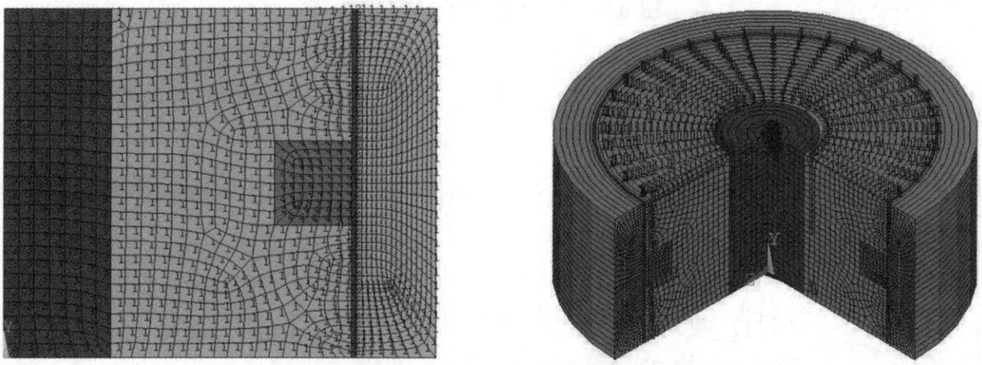

图 11.17 活塞模型的网格划分

4. 施加约束和载荷

加载约束条件，使磁力线平行于模型平面，忽略漏磁现象，对图 11.16 进行边界锁定。施加载荷为线圈的电流密度，由前文参数计算得励磁线圈处的电流密度为 3.615 4 A/mm^2。

5. 求解

本节分析的磁场仅限于静态情况，故采用静态模式进行分析。经静态求解，可得到活塞结构在 2A 的工作电流下的磁感应强度云图，如图 11.18 所示。

由图 11.18 可知：当工作电流为 2 A 时，活塞结构最大磁感应强度出现在励磁线圈缠绕的铁芯上，最大值为 1.578 9 T，小于 20 钢的最大磁饱和强度 1.73 T，阻尼通

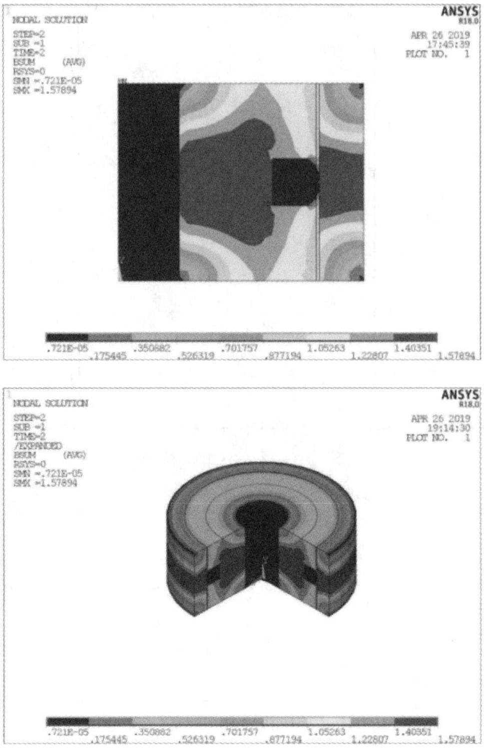

图 11.18 活塞磁感应强度云图

道的磁感应强度在 0.877 2 ~ 1.052 6 T。图 11.19 为阻尼通道间隙的磁感应强度分布。经计算分析知，阻尼通道间隙的平均磁感应强度为 1.002 1 T，达到了工作状态下最大出力所需的 1 T 的磁流变液磁感应强度，满足设计要求。由图 11.20 所示的磁力线分

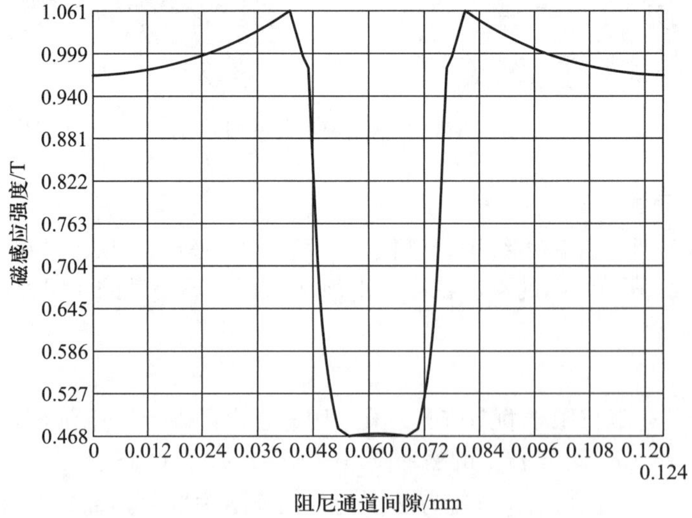

图 11.19 阻尼通道间隙的磁感应强度分布

布图可以看出，阻尼通道间隙处的磁力线与阻尼通道垂直，与理论设计一致，说明了该设计的合理性。

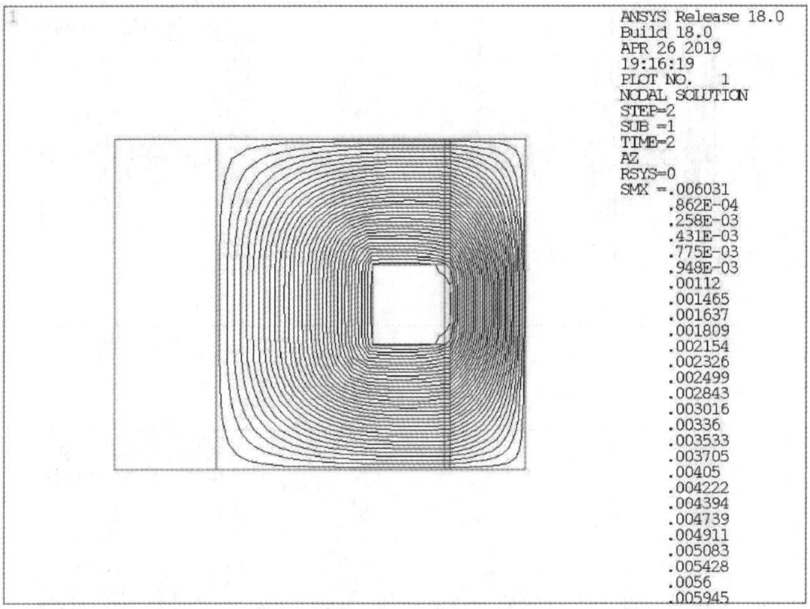

图 11.20 磁力线分布

11.6 不同因素影响下 TBM 磁流变抗振性能对比分析

在前面几节中对主机系统减振所需的磁流变阻尼器进行了结构设计和磁路设计，但阻尼器的减振性能仍需实验分析。综合考虑 TBM 掘进过程中面临的多种恶劣工况，考虑掘进中刀盘载荷的突变性以及不同刀盘转速对主机系统振动的影响，本节将通过动力学仿真分析来验证不同因素影响下磁流变阻尼器对主机系统振动的控制效果。

11.6.1 不同工况下主机磁流变抗振性能分析

TBM 主机系统在工作过程中，根据所处的地质条件和机身工作状态会面临不同掘进工况，常见的工况有最大推力工况、最大倾覆力矩工况、转弯纠偏工况及脱困工况。不同工况对应的刀盘载荷不同导致主机系统振动情况不一，因此，有必要根据工况种类计算主机系统振动情况。

将磁流变阻尼器对应的性能参数代入虚拟样机模型中，得到不同工况下主机系统关键部件的振动响应如图 11.21 至图 11.24 所示。

对磁流变阻尼器作用下 TBM 主机系统关键部件的轴向振动情况做进行进一步统计分析，结果如表 11.9 所示。

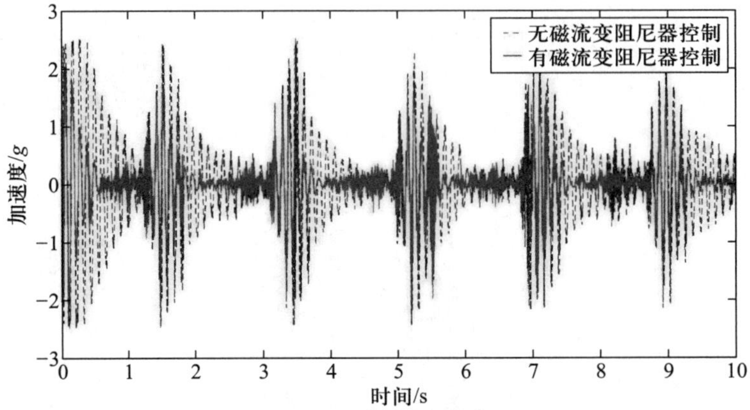

(a) 刀盘轴向加速度

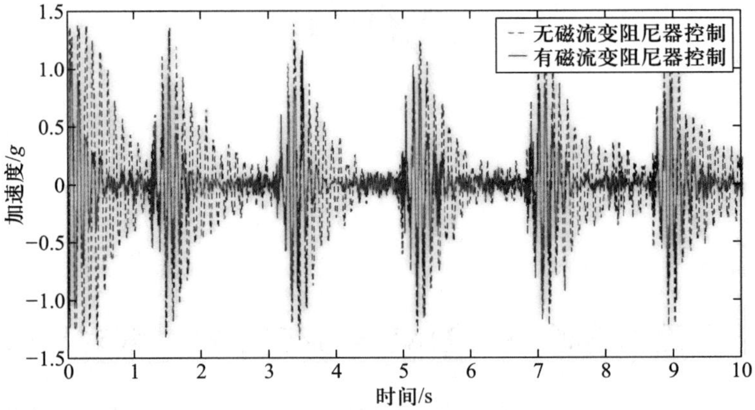

(b) 主梁前段轴向加速度

图 11.21 最大推力工况下关键部件振动控制效果（见书后彩图）

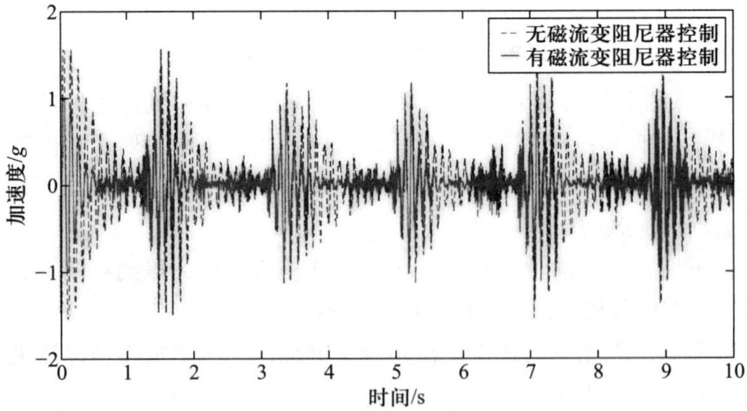

(a) 刀盘轴向加速度

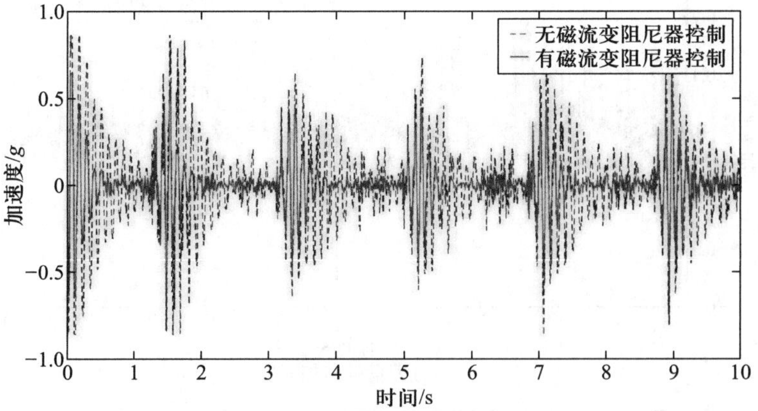

(b) 主梁前段轴向加速度

图 11.22 最大倾覆力矩工况下关键部件振动控制效果（见书后彩图）

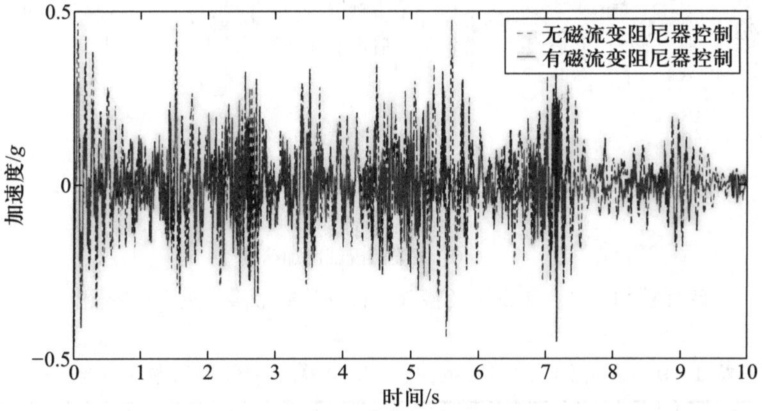

(a) 刀盘轴向加速度

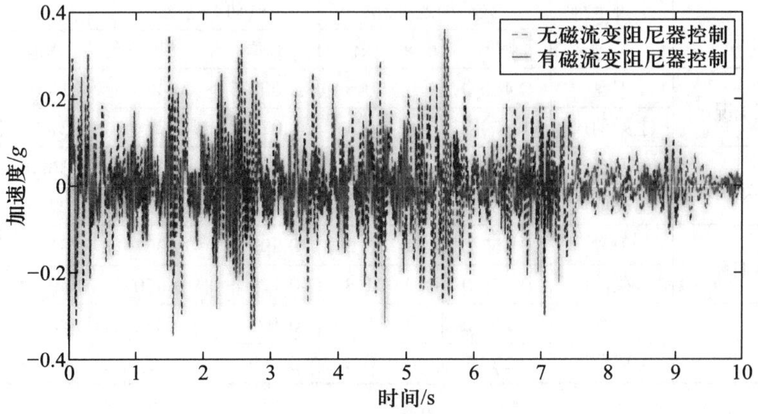

(b) 主梁前段轴向加速度

图 11.23 转弯纠偏工况下关键部件振动控制效果（见书后彩图）

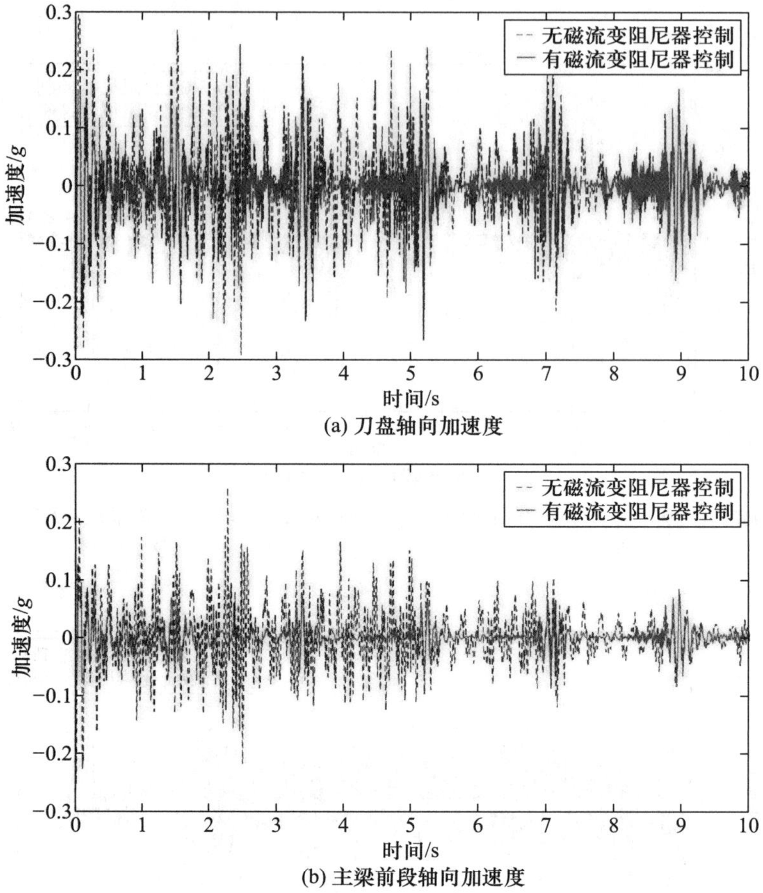

图 11.24 脱困工况下关键部件振动控制效果（见书后彩图）

表 11.9 磁流变阻尼器安装前后 TBM 关键部件轴向振动情况统计

工况	关键部件	无阻尼控制轴向振动加速度/g		有阻尼控制轴向振动加速度/g		振动降低比例/%	
		幅值	均方根值	幅值	均方根值	幅值	均方根值
最大推力工况	刀盘	2.489 9	0.750 8	2.092 5	0.423 8	15.96	43.55
	主梁前段	1.379 2	0.409 4	1.074 8	0.216 7	22.07	47.07
最大倾覆力矩工况	刀盘	1.541 3	0.417 3	0.994 7	0.216 9	35.46	48.02
	主梁前段	0.862 0	0.234 3	0.650 3	0.122 0	24.56	47.93
转弯纠偏工况	刀盘	0.466 6	0.116 2	0.293 2	0.067 1	37.16	42.25
	主梁前段	0.356 9	0.091 8	0.179 4	0.050 3	49.73	45.21
脱困工况	刀盘	0.293 2	0.067 1	0.165 5	0.031 8	43.55	52.61
	主梁前段	0.256 8	0.050 3	0.080 2	0.017 8	68.77	64.61

由表 11.9 可知：

（1）最大推力工况下，刀盘和主梁前段轴向振动加速度幅值的降低比例最低，其中刀盘轴向振动加速度幅值降低了 15.96%，主梁前段轴向振动加速度幅值降低了 22.07%。主要原因是该工况下主机系统受到的载荷最大，主机系统的振动最为剧烈。

（2）脱困工况下，刀盘和主梁前段轴向振动加速度幅值的降低比例最高，其中刀盘轴向振动加速度幅值降低了 43.55%，主梁前段轴向振动加速度幅值降低了 68.77%。主要原因是该工况下主机系统受到的滚刀载荷较小，刀盘转速较低，主机系统的振动幅度较小。

综合分析可知：4 种工况下，刀盘和主梁前段轴向振动加速度均方根值降低比例较大，其中刀盘轴向振动加速度均方根值降低幅度为 42% ~ 52%，主梁前段轴向振动加速度均方根值降低幅度为 45% ~ 64%，这说明在磁流变阻尼器的作用下，主机系统的整体振动得到了一定程度的遏制，阻尼器使主机系统振动更加均匀、波动更小。

11.6.2 不同突变载荷下主机磁流变抗振性能分析

1. 突变载荷分析

当 TBM 在正常工作过程中，部分掘进断面突然遇到极软或极硬地质时，刀盘滚刀受到的载荷将产生突变。为了更好地测试磁流变阻尼器对突变载荷下主机系统的减振效果，假设仿真过程中刀盘在第 3 秒到第 8 秒间遇到突变载荷，以原载荷减少 10% 模拟刀盘遇到极软岩石的情况，以原载荷增加 10% 和 20% 模拟刀盘遇到极硬岩石的情况，滚刀载荷的变化如图 11.25 至图 11.27 所示。

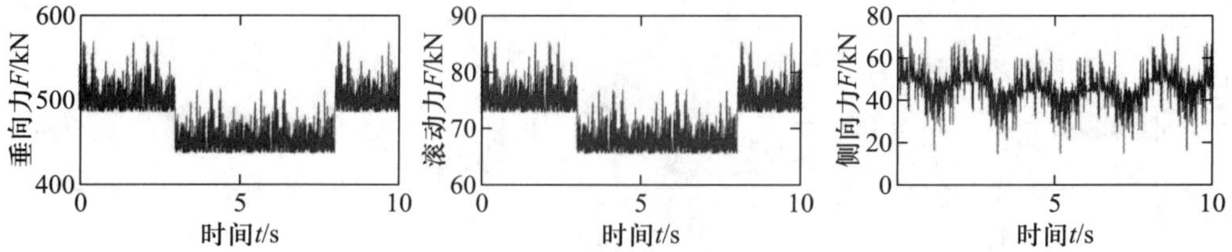

(a) 中心滚刀三向载荷

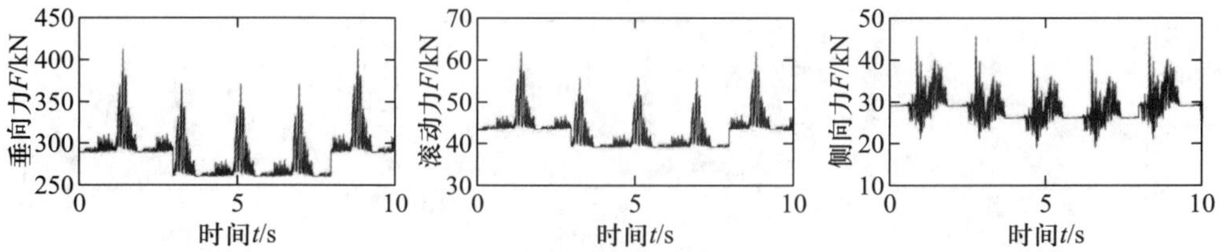

(b) 正滚刀三向载荷

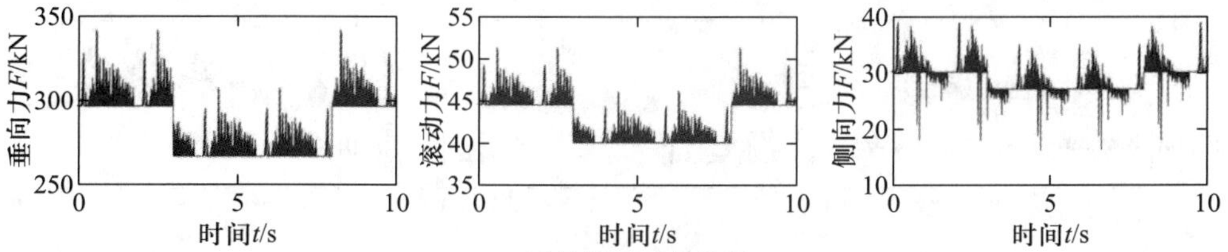

(c) 边滚刀三向载荷

图 11.25 滚刀载荷突变 –10%

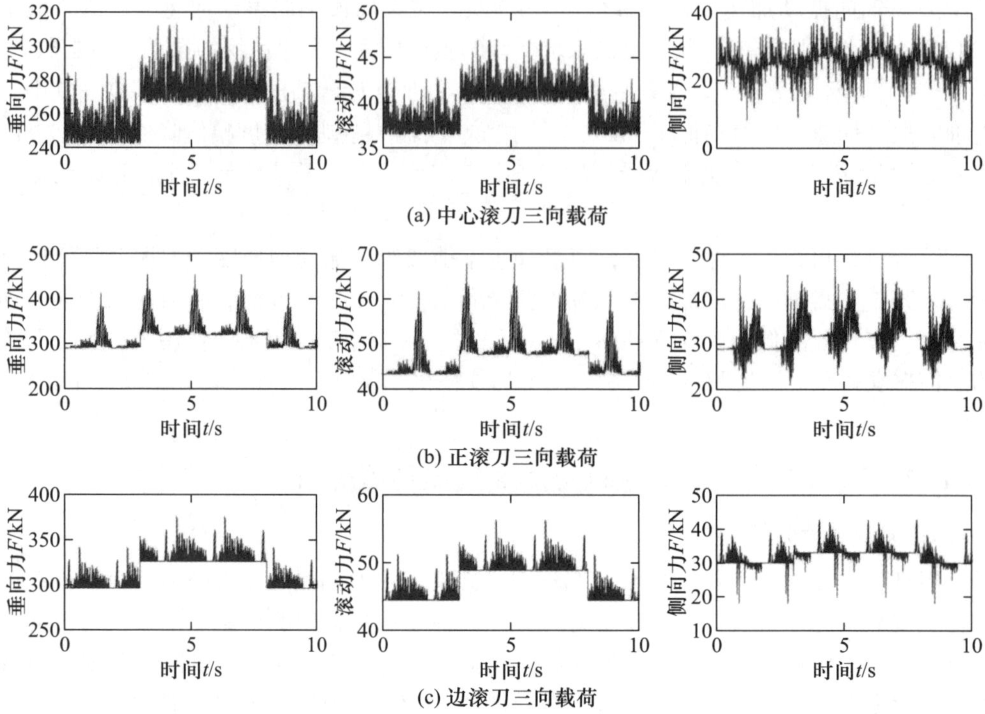

(a) 中心滚刀三向载荷

(b) 正滚刀三向载荷

(c) 边滚刀三向载荷

图 11.26 滚刀载荷突变 +10%

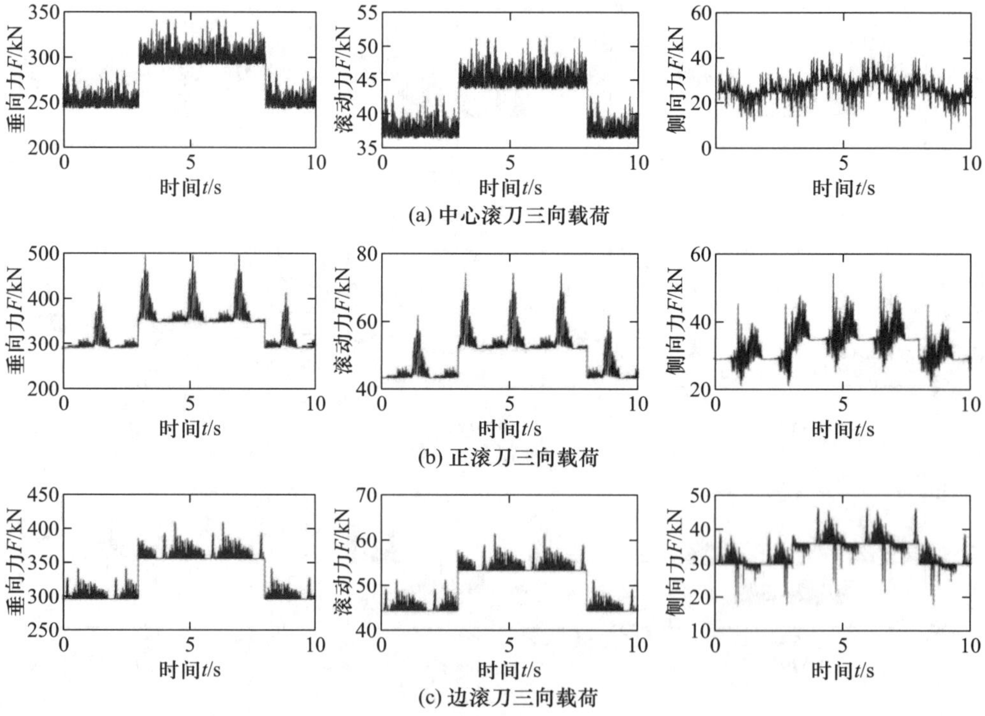

(a) 中心滚刀三向载荷

(b) 正滚刀三向载荷

(c) 边滚刀三向载荷

图 11.27 滚刀载荷突变 +20%

2. 主机抗振性能分析

将变化率为 –10%、+10%、+20% 的滚刀突变载荷代入虚拟样机模型，同时结合磁流变阻尼器性能参数，对 TBM 主机系统动力学模型进行求解，得到主机系统关键部件的振动响应如图 11.28 至图 11.30 所示。

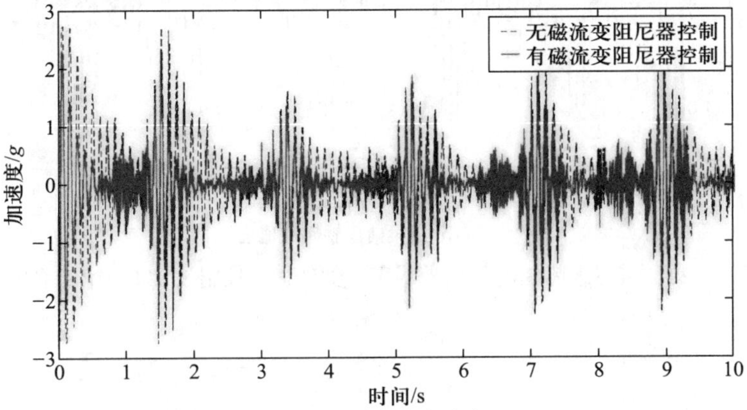

(a) 刀盘轴向加速度

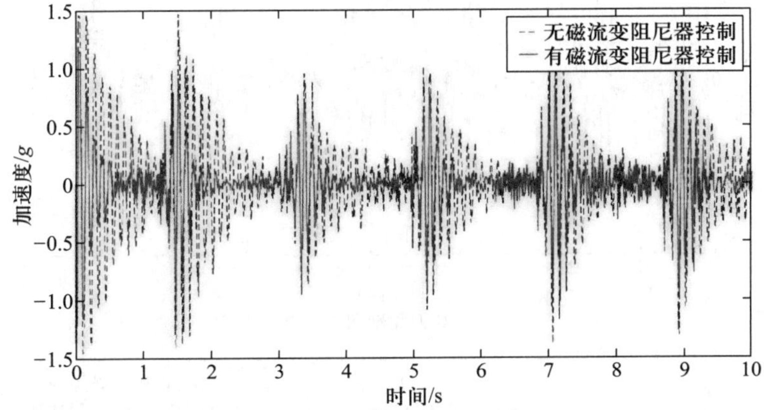

(b) 主梁前段轴向加速度

图 11.28 滚刀载荷变化 –10% 时关键部件振动控制效果（见书后彩图）

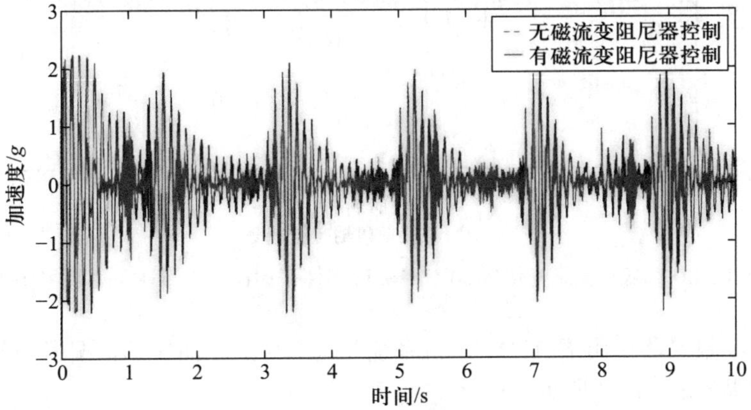

(a) 刀盘轴向加速度

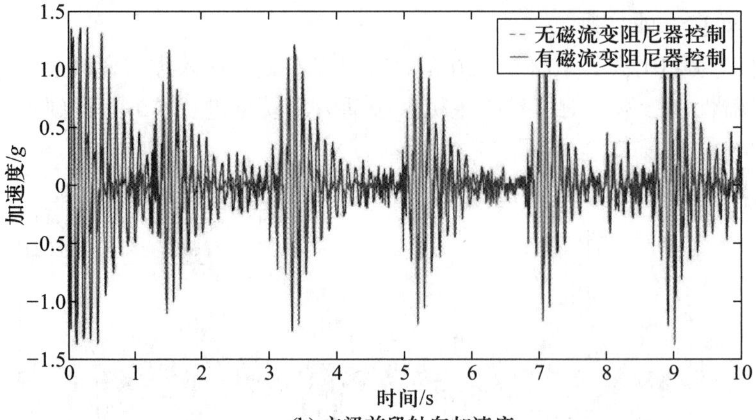

(b) 主梁前段轴向加速度

图 11.29 滚刀载荷变化 +10% 时关键部件振动控制效果（见书后彩图）

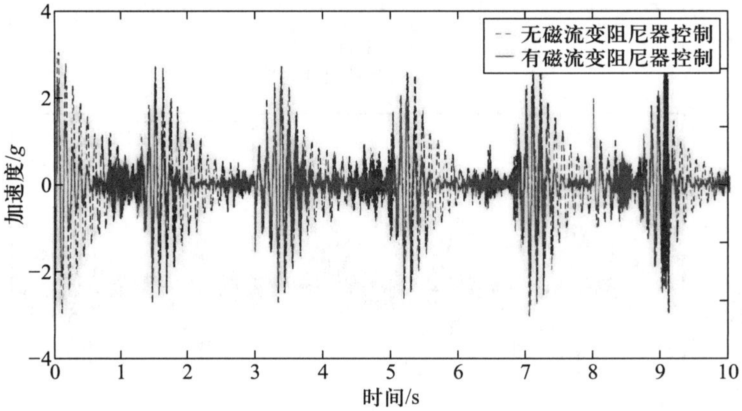

(a) 刀盘轴向加速度

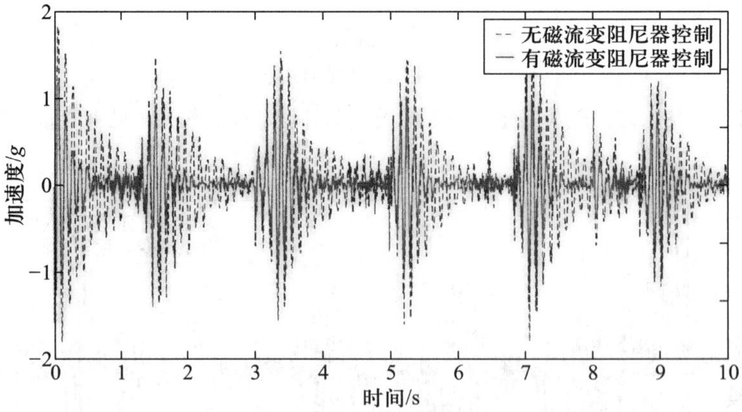

(b) 主梁前段轴向加速度

图 11.30 滚刀载荷变化 +20% 时关键部件振动控制效果（见书后彩图）

对磁流变阻尼器作用下 TBM 主机系统关键部件的轴向振动情况做进行进一步统计分析，结果如表 11.10 所示。

表 11.10 磁流变阻尼器安装前后 TBM 关键部件轴向振动情况统计

载荷变化	关键部件	无阻尼控制轴向振动加速度/g		有阻尼控制轴向振动加速度/g		振动降低比例/%	
		幅值	均方根值	幅值	均方根值	幅值	均方根值
–10%	刀盘	2.728 8	0.698 1	2.312 7	0.415 2	15.25	40.52
	主梁前段	1.456 9	0.384 2	1.158 5	0.205 7	20.48	46.46
+10%	刀盘	2.231 2	0.673 7	2.077 2	0.431 7	6.90	35.92
	主梁前段	1.369 9	0.385 3	1.115 5	0.221 3	18.57	42.56
+20%	刀盘	3.040 1	0.838 6	2.312 7	0.461 9	23.93	44.92
	主梁前段	1.802 7	0.463 7	1.169 6	0.236 6	35.12	48.98

由表 11.10 可知：

（1）滚刀载荷变化率为 –10% 时，无阻尼器控制情况下刀盘轴向振动加速度幅值为 2.728 8g，主梁前段轴向振动加速度幅值为 1.456 9g，施加磁流变阻尼器控制后，刀盘轴向振动加速度幅值降低了 15.25%，主梁前段轴向振动加速度幅值降低了 20.48%，刀盘和主梁前段轴向均方根值降幅为 40% ~ 46%。

（2）滚刀载荷变化率为 +10% 时，无阻尼器控制情况下刀盘轴向振动加速度幅值为 2.231 2g，主梁前段轴向振动加速度幅值为 1.369 9g，施加磁流变阻尼器控制后，刀盘轴向振动加速度幅值降低了 6.9%，主梁前段轴向振动加速度幅值降低了 18.57%，刀盘和主梁前段轴向均方根值降幅为 35% ~ 42%。

（3）滚刀载荷变化率为 +20% 时，无阻尼器控制情况下刀盘轴向振动加速度幅值为 3.040 1g，主梁前段轴向振动加速度幅值为 1.802 7g，施加磁流变阻尼器控制后，刀盘轴向振动加速度幅值降低了 23.93%，主梁前段轴向振动加速度幅值降低了 35.12%，刀盘和主梁前段轴向均方根值降幅为 44% ~ 48%。

综合比较分析知：在磁流变阻尼器作用下，不同突变载荷对应的刀盘、主梁前段轴向振动加速度幅值和均方根值均降低了，幅值降低比例为 6% ~ 35%，而均方根值降低比例更为明显，为 35% ~ 48%，这说明阻尼器的作用使主机系统振动更加均匀、波动更小。由此可知，磁流变阻尼器对主机系统轴向振动有明显的抑振效果。

11.6.3 不同刀盘转速下主机磁流变抗振性能分析

在 TBM 现场掘进过程中，刀盘转速对主机系统的振动影响很大。实际掘进过程中刀盘转速的选取一般根据操作者经验来决定。根据某工程实际施工经验，TBM 的常用转速有 2.7 r/min、4 r/min、5.4 r/min、6.5 r/min。对不同转速下 TBM 主机系统的动态响应进行动力学分析，测试磁流变阻尼器对不同转速下主机系统振动的影响。通过对主机系统动力学模型进行求解，得到主机关键部件的振动响应如图 11.31 至图 11.34 所示。

对磁流变阻尼器作用下 TBM 主机系统关键部件的轴向振动情况做进行进一步统计分析，结果如表 11.11 所示。

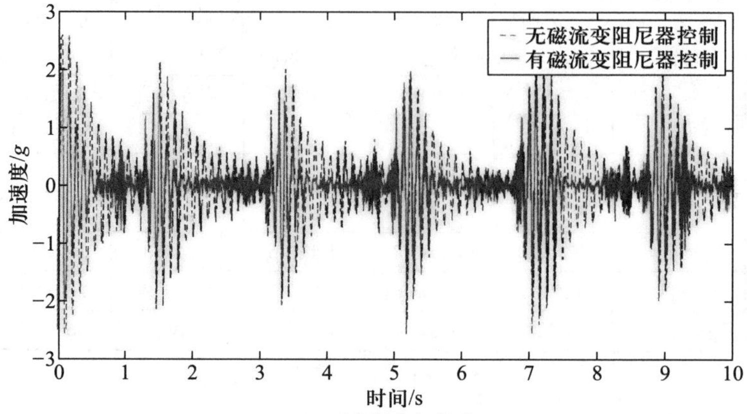

(a) 刀盘轴向加速度

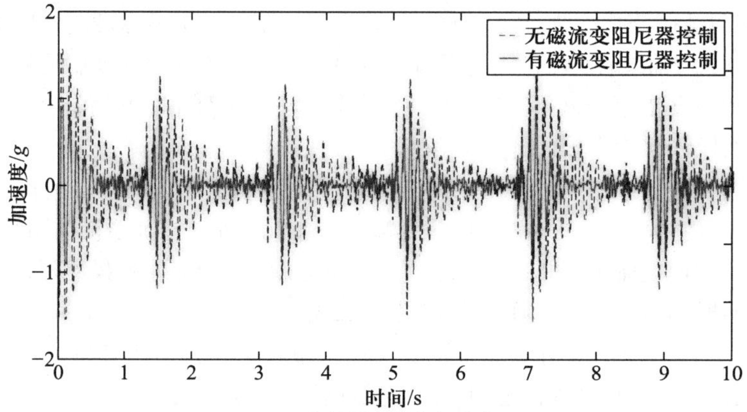

(b) 主梁前段轴向加速度

图 11.31 刀盘转速为 2.7 r/min 时关键部件振动控制效果（见书后彩图）

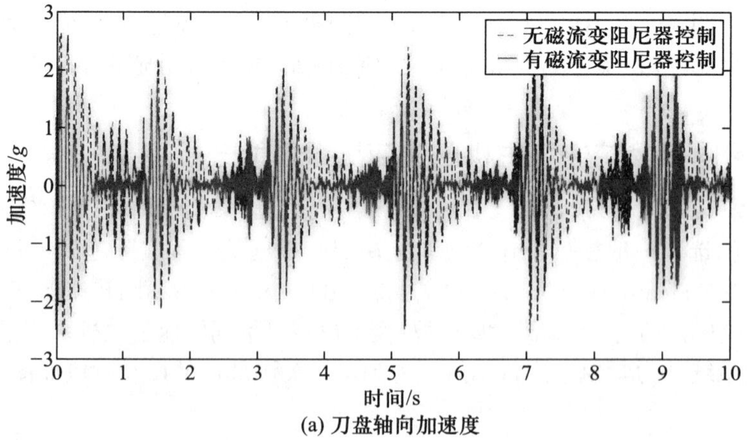

(a) 刀盘轴向加速度

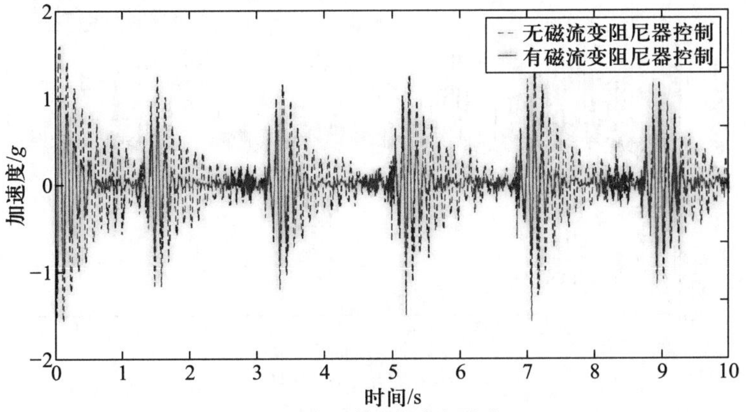

(b) 主梁前段轴向加速度

图 11.32 刀盘转速为 4 r/min 时关键部件振动控制效果（见书后彩图）

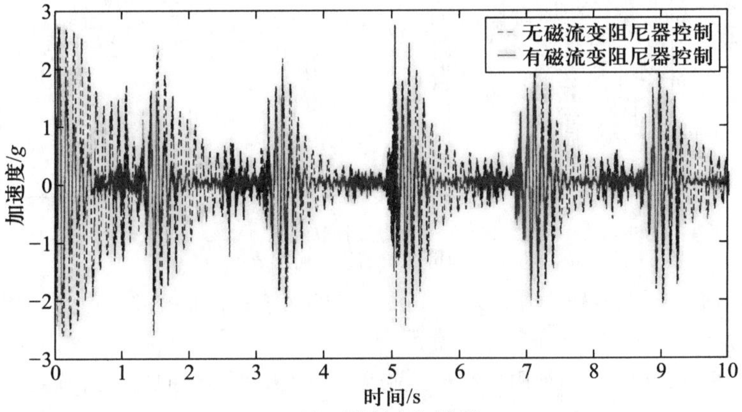

(a) 刀盘轴向加速度

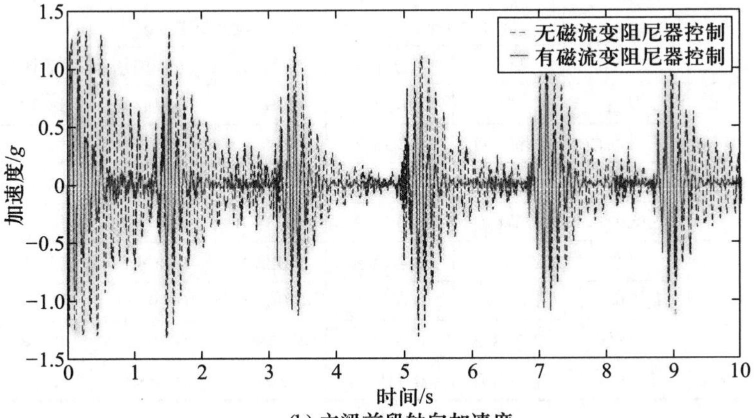

(b) 主梁前段轴向加速度

图 11.33 刀盘转速为 5.4 r/min 时关键部件振动控制效果（见书后彩图）

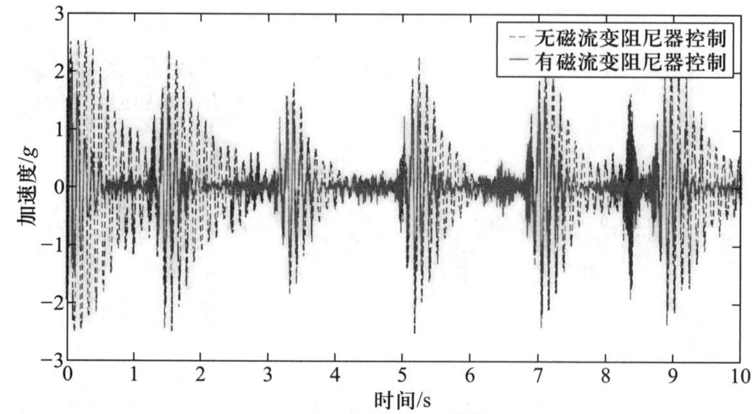

(a) 刀盘轴向加速度

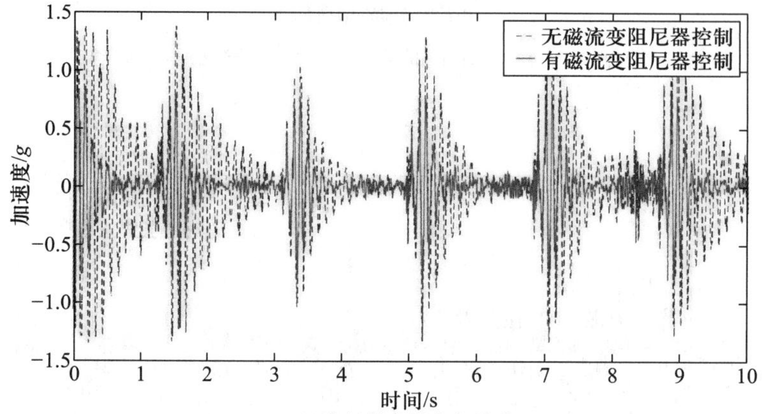

(b) 主梁前段轴向加速度

图 11.34 刀盘转速为 6.5 r/min 时关键部件振动控制效果（见书后彩图）

表 11.11 磁流变阻尼器安装前后 TBM 关键部件轴向振动情况统计

转速 /(r·min^{-1})	关键部件	无阻尼控制轴向振动加速度/g		有阻尼控制轴向振动加速度/g		振动降低比例/%	
		幅值	均方根值	幅值	均方根值	幅值	均方根值
2.7	刀盘	2.570 9	0.695 4	1.963 3	0.390 4	23.63	43.86
	主梁前段	1.564 5	0.388 2	0.944 7	0.202 0	39.62	47.96
4	刀盘	2.640 7	0.705 1	2.153 6	0.408 9	18.45	42.01
	主梁前段	1.576 9	0.391 2	1.038 3	0.201 1	34.16	48.59
5.4	刀盘	2.698 7	0.733 8	2.033 3	0.368 3	24.66	49.81
	主梁前段	1.318 4	0.391 1	0.961 0	0.191 0	27.11	51.16
6.5	刀盘	2.528 2	0.749 8	1.616 0	0.354 6	36.08	52.71
	主梁前段	1.362 5	0.410 8	0.864 3	0.188 0	36.57	54.24

由表 11.11 可知：

（1）随着刀盘转速的提高，无阻尼控制下刀盘、主梁前段轴向振动加速度均方根值呈增大趋势。刀盘轴向振动加速度均方根值由 0.695 4g 增大到 0.749 8g，增大了 7.82%；主梁前段轴向加速度均方根值由 0.388 2g 增大到 0.410 8g，增大了 5.82%。主要原因在于随着刀盘转速的提高，轮齿啮合频率提高，齿轮磨损剧烈、振动加剧。

（2）在磁流变阻尼器控制下，不同转速下刀盘轴向振动加速度幅值降低范围为 18% ~ 36%，主梁前段轴向振动加速度幅值降低幅度为 27% ~ 39%；刀盘和主梁前段的轴向振动加速度均方根值降低比较明显，刀盘降低了 42% ~ 52%，主梁前段降低了 47% ~ 54%。这说明磁流变阻尼器对主机系统振动具有一定的减缓作用，可在一定程度上降低主机系统的振动幅值，使振动形式更为平稳、均匀。

参考文献

[1] 张进秋, 张建, 孔亚男, 等. 磁流变液及其应用研究综述 [J]. 装甲兵工程学院学报, 2010, 24(2): 1-6.

[2] 江泽琦, 刘坪, 方建华. 磁流变液的研究综述 [J]. 合成润滑材料, 2018, 45(2): 27-30.

[3] 关新春. 磁流变液及其智能结构减振驱动器的理论与试验研究 [D]. 哈尔滨: 哈尔滨工业大学, 2000.

附录　刀盘动力学模型刚度矩阵

刀盘系统模态分析中的平均刚度矩阵 $\overline{\boldsymbol{K}}$ 表示如下：

$$\overline{\boldsymbol{K}}=\begin{pmatrix} \boldsymbol{k}_{11} & \boldsymbol{k}_{12} & \boldsymbol{k}_{13} & \boldsymbol{k}_{14} & \boldsymbol{k}_{15} & \boldsymbol{k}_{16} & \boldsymbol{k}_{17} & \boldsymbol{k}_{18} & \boldsymbol{k}_{19} \\ & \boldsymbol{k}_{22} & \boldsymbol{k}_{23} & \boldsymbol{k}_{24} & \boldsymbol{k}_{25} & \boldsymbol{k}_{26} & \boldsymbol{k}_{27} & \boldsymbol{k}_{28} & \boldsymbol{k}_{29} \\ & & \boldsymbol{k}_{33} & \boldsymbol{k}_{34} & \boldsymbol{k}_{35} & \boldsymbol{k}_{36} & \boldsymbol{k}_{37} & \boldsymbol{k}_{38} & \boldsymbol{k}_{39} \\ & & & \boldsymbol{k}_{44} & \boldsymbol{k}_{45} & \boldsymbol{k}_{46} & \boldsymbol{k}_{47} & \boldsymbol{k}_{48} & \boldsymbol{k}_{49} \\ & & & & \boldsymbol{k}_{55} & \boldsymbol{k}_{56} & \boldsymbol{k}_{57} & \boldsymbol{k}_{58} & \boldsymbol{k}_{59} \\ & & & & & \boldsymbol{k}_{66} & \boldsymbol{k}_{67} & \boldsymbol{k}_{68} & \boldsymbol{k}_{69} \\ & (sym.) & & & & & \boldsymbol{k}_{77} & \boldsymbol{k}_{78} & \boldsymbol{k}_{79} \\ & & & & & & & \boldsymbol{k}_{88} & \boldsymbol{k}_{89} \\ & & & & & & & & \boldsymbol{k}_{99} \end{pmatrix}$$

式中: $\boldsymbol{k}_{11}$ 和 $\boldsymbol{k}_{22}$ 是关于刀盘分体支撑刚度的对角阵，$\boldsymbol{k}_{11}=\mathrm{diag}(k_{\mathrm{L}\zeta1},k_{\mathrm{L}\eta1},k_{\mathrm{L1}},k_{\mathrm{L}\zeta2},k_{\mathrm{L}\eta2},k_{\mathrm{L2}})$，$\boldsymbol{k}_{22}=\mathrm{diag}(k_{\mathrm{L}\zeta3},k_{\mathrm{L}\eta3},k_{\mathrm{L3}},k_{\mathrm{L}\zeta4},k_{\mathrm{L}\eta4},k_{\mathrm{L4}})$；$\boldsymbol{k}_{33}$ 是关于刀盘中心块支撑刚度的 6 阶方阵

$$\boldsymbol{k}_{33}=\begin{pmatrix} \begin{matrix} k_{\mathrm{eq}x}+k_{\mathrm{L}\eta1}+ \\ k_{\mathrm{L}\zeta2}+k_{\mathrm{L}\eta3}+ \\ k_{\mathrm{L}\zeta4} \end{matrix} & 0 & 0 & 0 & 0 & 0 \\ 0 & \begin{matrix} k_{\mathrm{eq}y}+k_{\mathrm{L}\zeta1}+ \\ k_{\mathrm{L}\eta2}+k_{\mathrm{L}\zeta3}+ \\ k_{\mathrm{L}\eta4} \end{matrix} & 0 & 0 & 0 & 0 \\ 0 & 0 & \begin{matrix} k_{\mathrm{L1}}+k_{\mathrm{L2}}+ \\ k_{\mathrm{L3}}+k_{\mathrm{L4}}+ \\ k_{\mathrm{Leq1}}+k_{\mathrm{Leq2}}+ \\ k_{\mathrm{Leq3}}+k_{\mathrm{Leq4}} \end{matrix} & \begin{matrix} a_{\mathrm{L}}(k_{\mathrm{L1}}-k_{\mathrm{L3}})+ \\ r_r(k_{\mathrm{eqL1}}-k_{\mathrm{eqL3}}) \end{matrix} & \begin{matrix} a_{\mathrm{L}}(k_{\mathrm{L2}}- \\ k_{\mathrm{L4}})+r_r(k_{\mathrm{eqL2}}- \\ k_{\mathrm{eqL4}}) \end{matrix} & 0 \\ 0 & 0 & \begin{matrix} a_{\mathrm{L}}(k_{\mathrm{L1}}-k_{\mathrm{L3}})+ \\ r_{br}(k_{\mathrm{eqL1}}-k_{\mathrm{eqL3}}) \end{matrix} & \begin{matrix} a_{\mathrm{L}}^2(k_{\mathrm{L1}}+k_{\mathrm{L3}})+ \\ r_{br}^2(k_{\mathrm{eqL1}}+k_{\mathrm{eqL3}}) \end{matrix} & 0 & 0 \\ 0 & 0 & \begin{matrix} a_{\mathrm{L}}(k_{\mathrm{L2}}-k_{\mathrm{L4}})+ \\ r_{br}(k_{\mathrm{eqL2}}-k_{\mathrm{eqL4}}) \end{matrix} & 0 & \begin{matrix} a_{\mathrm{L}}^2(k_{\mathrm{L2}}+k_{\mathrm{L4}})+ \\ r_{br}^2(k_{\mathrm{eqL2}}+k_{\mathrm{eqL4}}) \end{matrix} & 0 \\ 0 & 0 & 0 & 0 & 0 & k_{\mathrm{rLQ}} \end{pmatrix}$$

$\boldsymbol{k}_{44}$ 是关于大齿圈支撑刚度的 6 阶方阵

$$
\boldsymbol{k}_{44}=\begin{pmatrix}
k_{\mathrm{eqr}}+k_{\mathrm{eq}x}+\sum\limits_{j=1}^{8}k_m\cdot\sin^2(\alpha+\phi_j) & -\sum\limits_{j=1}^{8}k_m\cos(\alpha+\phi_j)\cdot\sin(\alpha+\phi_j) & 0 & 0 & 0 & -\sum\limits_{j=1}^{8}k_m r_{\mathrm{br}}\cdot\sin(\alpha+\phi_j)\\
-\sum\limits_{j=1}^{8}k_m\cdot\sin(\alpha+\phi_j)\cdot\cos(\alpha+\phi_j) & k_{\mathrm{eqr}}+k_{\mathrm{eq}y}+\sum\limits_{j=1}^{8}k_m\cdot\cos^2(\alpha+\phi_j) & 0 & 0 & 0 & \sum\limits_{j=1}^{8}k_m r_{\mathrm{br}}\cdot\cos(\alpha+\phi_j)\\
0 & 0 & \sum\limits_{i=1}^{4}k_{\mathrm{eq}zi}+k_{\mathrm{eqL}i} & r_{br}(k_{\mathrm{eqL1}}-k_{\mathrm{eqL3}}+k_{\mathrm{eq}z1}-k_{\mathrm{eq}z3}) & r_{br}(k_{\mathrm{eqL2}}-k_{\mathrm{eqL4}}+k_{\mathrm{eq}z2}-k_{\mathrm{eq}z4}) & 0\\
0 & 0 & 0 & r_{br}^2(k_{\mathrm{eqL1}}+k_{\mathrm{eqL3}}+k_{\mathrm{eq}z1}+k_{\mathrm{eq}z3}) & 0 & 0\\
0 & 0 & 0 & 0 & r_{br}^2(k_{\mathrm{eqL2}}+k_{\mathrm{eqL4}}+k_{\mathrm{eq}z2}+k_{\mathrm{eq}z4}) & 0\\
-\sum\limits_{i=1}^{8}k_m r_{\mathrm{br}}\cdot\sin(\alpha+\phi_i) & \sum\limits_{i=1}^{8}k_m r_{\mathrm{br}}\cdot\cos(\alpha+\phi_i) & 0 & 0 & 0 & 8k_m r_{\mathrm{br}}^2+k_{\mathrm{rLQ}}
\end{pmatrix}
$$

$\boldsymbol{k}_{55}$ 是关于盾体支撑刚度的 3 阶方阵

$$
\boldsymbol{k}_{55}=\begin{pmatrix}
k_{\mathrm{eqr}}+k_{\mathrm{eqd}} & 0 & 0\\
0 & k_{\mathrm{eqr}}+k_{\mathrm{eqd}} & 0\\
0 & 0 & k_{\mathrm{eqd}z}+k_{\mathrm{eq}z1}+k_{\mathrm{eq}z2}+k_{\mathrm{eq}z3}+k_{\mathrm{eq}z4}
\end{pmatrix}
$$

$\boldsymbol{k}_{ii}(i=6,7,8,9)$ 是关于小齿轮和电机支撑刚度的 8 阶方阵

$$
\boldsymbol{k}_{ii}=\begin{pmatrix}
k_{\mathrm{eqp}j}+k_m\cos^2\alpha & k_m\cos\alpha\cdot\sin\alpha & k_m r_{b\mathrm{p}}\cdot\cos\alpha & 0 & 0 & 0 & 0 & 0\\
k_m\cos\alpha\cdot\sin\alpha & k_{\mathrm{eqp}j}+k_m\sin^2\alpha & k_m r_{b\mathrm{p}}\cdot\sin\alpha & 0 & 0 & 0 & 0 & 0\\
k_m r_{b\mathrm{p}}\cdot\cos\alpha & k_m r_{b\mathrm{p}}\cdot\sin\alpha & k_{\mathrm{mpQ}}+k_m r_{b\mathrm{p}}^2 & -k_{\mathrm{mpQ}} & 0 & 0 & 0 & 0\\
0 & 0 & -k_{\mathrm{mpQ}} & k_{\mathrm{mpQ}} & 0 & 0 & 0 & 0\\
0 & 0 & 0 & 0 & k_{\mathrm{eqp}j}+k_m\cos^2\alpha & k_{\mathrm{eqp}j}+k_m\sin^2\alpha & k_m r_{b\mathrm{p}}\cdot\cos\alpha & 0\\
0 & 0 & 0 & 0 & k_m\cos\alpha\cdot\sin\alpha & k_{\mathrm{eqp}j}+k_m\sin^2\alpha & k_m r_{b\mathrm{p}}\cdot\sin\alpha & 0\\
0 & 0 & 0 & 0 & k_m r_{b\mathrm{p}}\cdot\cos\alpha & k_m r_{b\mathrm{p}}\cdot\sin\alpha & k_{\mathrm{mpQ}}+k_m r_{b\mathrm{p}}^2 & -k_{\mathrm{mpQ}}\\
0 & 0 & 0 & 0 & 0 & 0 & -k_{\mathrm{mpQ}} & k_{\mathrm{mpQ}}
\end{pmatrix}
$$

$$(i=6,7,8,9,j=1,2,\cdots,8)$$

$\boldsymbol{k}_{12}$、$\boldsymbol{k}_{14}$、$\boldsymbol{k}_{24}$ 均为 6 阶零方阵；$\boldsymbol{k}_{15}$、$\boldsymbol{k}_{25}$ 均为 6 行 3 列零方阵；$\boldsymbol{k}_{1i}$ 、$\boldsymbol{k}_{2i}(i=6,7,8,9)$ 均为 6 行 8 列零矩阵；$\boldsymbol{k}_{35}$ 为 6 行 3 列零矩阵；$\boldsymbol{k}_{3i}(i=6,7,8,9)$ 均为 6 行 8 列零矩阵；$\boldsymbol{k}_{5i}(i=6,7,8,9)$ 均为 3 行 8 列零矩阵；$\boldsymbol{k}_{67}$、$\boldsymbol{k}_{68}$、$\boldsymbol{k}_{69}$、$\boldsymbol{k}_{78}$、$\boldsymbol{k}_{79}$、$\boldsymbol{k}_{89}$ 均为 8 阶零方阵；$\boldsymbol{k}_{13}$ 和 $\boldsymbol{k}_{23}$ 是关于刀盘分体和中心块支撑刚度耦合的 6 阶方阵

$$\boldsymbol{k}_{13}=\begin{pmatrix} 0 & k_{\mathrm{L}\zeta 1} & 0 & 0 & 0 & 0 \\ -k_{\mathrm{L}\eta 1} & 0 & 0 & 0 & 0 & 0 \\ 0 & 0 & -k_{\mathrm{L}1} & 0 & -k_{\mathrm{L}1}a_{\mathrm{L}} & 0 \\ k_{\mathrm{L}\zeta 2} & 0 & 0 & 0 & 0 & 0 \\ 0 & k_{\mathrm{L}\eta 2} & 0 & 0 & 0 & 0 \\ 0 & 0 & -k_{\mathrm{L}2} & -k_{\mathrm{L}2}a_{\mathrm{L}} & 0 & 0 \end{pmatrix}$$

$$\boldsymbol{k}_{23}=\begin{pmatrix} 0 & -k_{\mathrm{L}\zeta 3} & 0 & 0 & 0 & 0 \\ k_{\mathrm{L}\eta 3} & 0 & 0 & 0 & 0 & 0 \\ 0 & 0 & -k_{\mathrm{L}3} & 0 & k_{\mathrm{L}3}a_{\mathrm{L}} & 0 \\ -k_{\mathrm{L}\zeta 4} & 0 & 0 & 0 & 0 & 0 \\ 0 & -k_{\mathrm{L}\eta 4} & 0 & 0 & 0 & 0 \\ 0 & 0 & -k_{\mathrm{L}4} & k_{\mathrm{L}4}a_{\mathrm{L}} & 0 & 0 \end{pmatrix}$$

$\boldsymbol{k}_{34}$ 是关于刀盘中心块和大齿圈支撑刚度耦合的 6 阶方阵

$$\boldsymbol{k}_{34}=\begin{pmatrix} -k_{\mathrm{eq}x} & 0 & 0 & 0 & 0 & 0 \\ 0 & -k_{\mathrm{eq}y} & 0 & 0 & 0 & 0 \\ 0 & 0 & -k_{\mathrm{eqL1}}-k_{\mathrm{eqL2}}-k_{\mathrm{eqL3}}-k_{\mathrm{eqL4}} & r_{\mathrm{r}}(k_{\mathrm{eqL3}}-k_{\mathrm{eqL1}}) & r_{\mathrm{r}}(k_{\mathrm{eqL4}}-k_{\mathrm{eqL2}}) & 0 \\ 0 & 0 & r_{\mathrm{r}}(-k_{\mathrm{eqL1}}+k_{\mathrm{eqL3}}) & -r_{\mathrm{r}}^{2}(k_{\mathrm{eqL1}}+k_{\mathrm{eqL3}}) & 0 & 0 \\ 0 & 0 & r_{\mathrm{r}}(-k_{\mathrm{eqL2}}+k_{\mathrm{eqL4}}) & 0 & -r_{\mathrm{r}}^{2}(k_{\mathrm{eqL2}}+k_{\mathrm{eqL4}}) & 0 \\ 0 & 0 & 0 & 0 & 0 & -k_{\mathrm{rLQ}} \end{pmatrix}$$

$\boldsymbol{k}_{45}$ 是关于大齿圈和盾体支撑刚度耦合的 6 行 3 列矩阵

$$\boldsymbol{k}_{45}=\begin{pmatrix} -k_{\mathrm{eqr}} & 0 & 0 \\ 0 & -k_{\mathrm{eqr}} & 0 \\ 0 & 0 & -k_{\mathrm{eq}z1}-k_{\mathrm{eq}z2}-k_{\mathrm{eq}z3}-k_{\mathrm{eq}z4} \\ 0 & 0 & r_{\mathrm{r}}(k_{\mathrm{eq}z3}-k_{\mathrm{eq}z1}) \\ 0 & 0 & r_{\mathrm{r}}(k_{\mathrm{eq}z4}-k_{\mathrm{eq}z2}) \\ 0 & 0 & 0 \end{pmatrix}$$

$\boldsymbol{k}_{46}$、$\boldsymbol{k}_{47}$ 及 $\boldsymbol{k}_{48}$ 分别是关于大齿圈和小齿轮、电机支撑刚度耦合的 6 行 8 列矩阵

$$\boldsymbol{k}_{46}=\begin{pmatrix} k_m\cos\alpha\cdot\sin(\alpha+\phi_1) & k_m\sin\alpha\cdot\sin(\alpha+\phi_1) & k_m r_{\mathrm{bp}}\cdot\sin(\alpha+\phi_1) & 0 & k_m\cos\alpha\cdot\sin(\alpha+\phi_2) & k_m\sin\alpha\cdot\sin(\alpha+\phi_2) & k_m r_{\mathrm{bp}}\cdot\sin(\alpha+\phi_2) & 0 \\ -k_m\cos\alpha\cdot\cos(\alpha+\phi_1) & -k_m\sin\alpha\cdot\cos(\alpha+\phi_1) & -k_m r_{\mathrm{bp}}\cdot\cos(\alpha+\phi_1) & 0 & -k_m\cos\alpha\cdot\cos(\alpha+\phi_2) & -k_m\sin\alpha\cdot\cos(\alpha+\phi_2) & -k_m r_{\mathrm{bp}}\cdot\cos(\alpha+\phi_2) & 0 \\ 0 & 0 & 0 & 0 & 0 & 0 & 0 & 0 \\ 0 & 0 & 0 & 0 & 0 & 0 & 0 & 0 \\ 0 & 0 & 0 & 0 & 0 & 0 & 0 & 0 \\ -k_m r_{\mathrm{br}}\cdot\cos\alpha & -k_m r_{\mathrm{br}}\cdot\sin\alpha & -k_m r_{\mathrm{bp}}\cdot r_{\mathrm{br}} & 0 & -k_m r_{\mathrm{br}}\cdot\cos\alpha & -k_m r_{\mathrm{br}}\cdot\sin\alpha & -k_m r_{\mathrm{bp}}\cdot r_{\mathrm{br}} & 0 \end{pmatrix}$$

$$
\boldsymbol{k}_{47}=\begin{pmatrix}
\begin{matrix}k_m\cos\alpha\cdot\\ \sin(\alpha+\phi_3)\end{matrix} & \begin{matrix}k_m\sin\alpha\cdot\\ \sin(\alpha+\phi_3)\end{matrix} & \begin{matrix}k_m r_{bp}\cdot\\ \sin(\alpha+\phi_3)\end{matrix} & 0 & \begin{matrix}k_m\cos\alpha\cdot\\ \sin(\alpha+\phi_4)\end{matrix} & \begin{matrix}k_m\sin\alpha\cdot\\ \sin(\alpha+\phi_4)\end{matrix} & \begin{matrix}k_m r_{bp}\cdot\\ \sin(\alpha+\phi_4)\end{matrix} & 0\\
\begin{matrix}-k_m\cos\alpha\cdot\\ \cos(\alpha+\phi_3)\end{matrix} & \begin{matrix}-k_m\sin\alpha\cdot\\ \cos(\alpha+\phi_3)\end{matrix} & \begin{matrix}-k_m r_{bp}\cdot\\ \cos(\alpha+\phi_3)\end{matrix} & 0 & \begin{matrix}-k_m\cos\alpha\cdot\\ \cos(\alpha+\phi_4)\end{matrix} & \begin{matrix}-k_m\sin\alpha\cdot\\ \cos(\alpha+\phi_4)\end{matrix} & \begin{matrix}-k_m r_{bp}\cdot\\ \cos(\alpha+\phi_4)\end{matrix} & 0\\
0&0&0&0&0&0&0&0\\
0&0&0&0&0&0&0&0\\
0&0&0&0&0&0&0&0\\
\begin{matrix}-k_m r_{br}\cdot\\ \cos\alpha\end{matrix} & \begin{matrix}-k_m r_{br}\cdot\\ \sin\alpha\end{matrix} & \begin{matrix}-k_m r_{bp}\cdot\\ r_{br}\end{matrix} & 0 & \begin{matrix}-k_m r_{br}\cdot\\ \cos\alpha\end{matrix} & \begin{matrix}-k_m r_{br}\cdot\\ \sin\alpha\end{matrix} & \begin{matrix}-k_m r_{bp}\cdot\\ r_{br}\end{matrix} & 0
\end{pmatrix}
$$

$$
\boldsymbol{k}_{48}=\begin{pmatrix}
\begin{matrix}k_m\cos\alpha\cdot\\ \sin(\alpha+\phi_5)\end{matrix} & \begin{matrix}k_m\sin\alpha\cdot\\ \sin(\alpha+\phi_5)\end{matrix} & \begin{matrix}k_m r_{bp}\cdot\\ \sin(\alpha+\phi_5)\end{matrix} & 0 & \begin{matrix}k_m\cos\alpha\cdot\\ \sin(\alpha+\phi_6)\end{matrix} & \begin{matrix}k_m\sin\alpha\cdot\\ \sin(\alpha+\phi_6)\end{matrix} & \begin{matrix}k_m r_{bp}\cdot\\ \sin(\alpha+\phi_6)\end{matrix} & 0\\
\begin{matrix}-k_m\cos\alpha\cdot\\ \cos(\alpha+\phi_5)\end{matrix} & \begin{matrix}-k_m\sin\alpha\cdot\\ \cos(\alpha+\phi_5)\end{matrix} & \begin{matrix}-k_m r_{bp}\cdot\\ \cos(\alpha+\phi_5)\end{matrix} & 0 & \begin{matrix}-k_m\cos\alpha\cdot\\ \cos(\alpha+\phi_6)\end{matrix} & \begin{matrix}-k_m\sin\alpha\cdot\\ \cos(\alpha+\phi_6)\end{matrix} & \begin{matrix}-k_m r_{bp}\cdot\\ \cos(\alpha+\phi_6)\end{matrix} & 0\\
0&0&0&0&0&0&0&0\\
0&0&0&0&0&0&0&0\\
0&0&0&0&0&0&0&0\\
\begin{matrix}-k_m r_{br}\cdot\\ \cos\alpha\end{matrix} & \begin{matrix}-k_m r_{br}\cdot\\ \sin\alpha\end{matrix} & \begin{matrix}-k_m r_{bp}\cdot\\ r_{br}\end{matrix} & 0 & \begin{matrix}-k_m r_{br}\cdot\\ \cos\alpha\end{matrix} & \begin{matrix}-k_m r_{br}\cdot\\ \sin\alpha\end{matrix} & \begin{matrix}-k_m r_{bp}\cdot\\ r_{br}\end{matrix} & 0
\end{pmatrix}
$$

索　引

N

P

Q

S

T

W

X

Y

Z

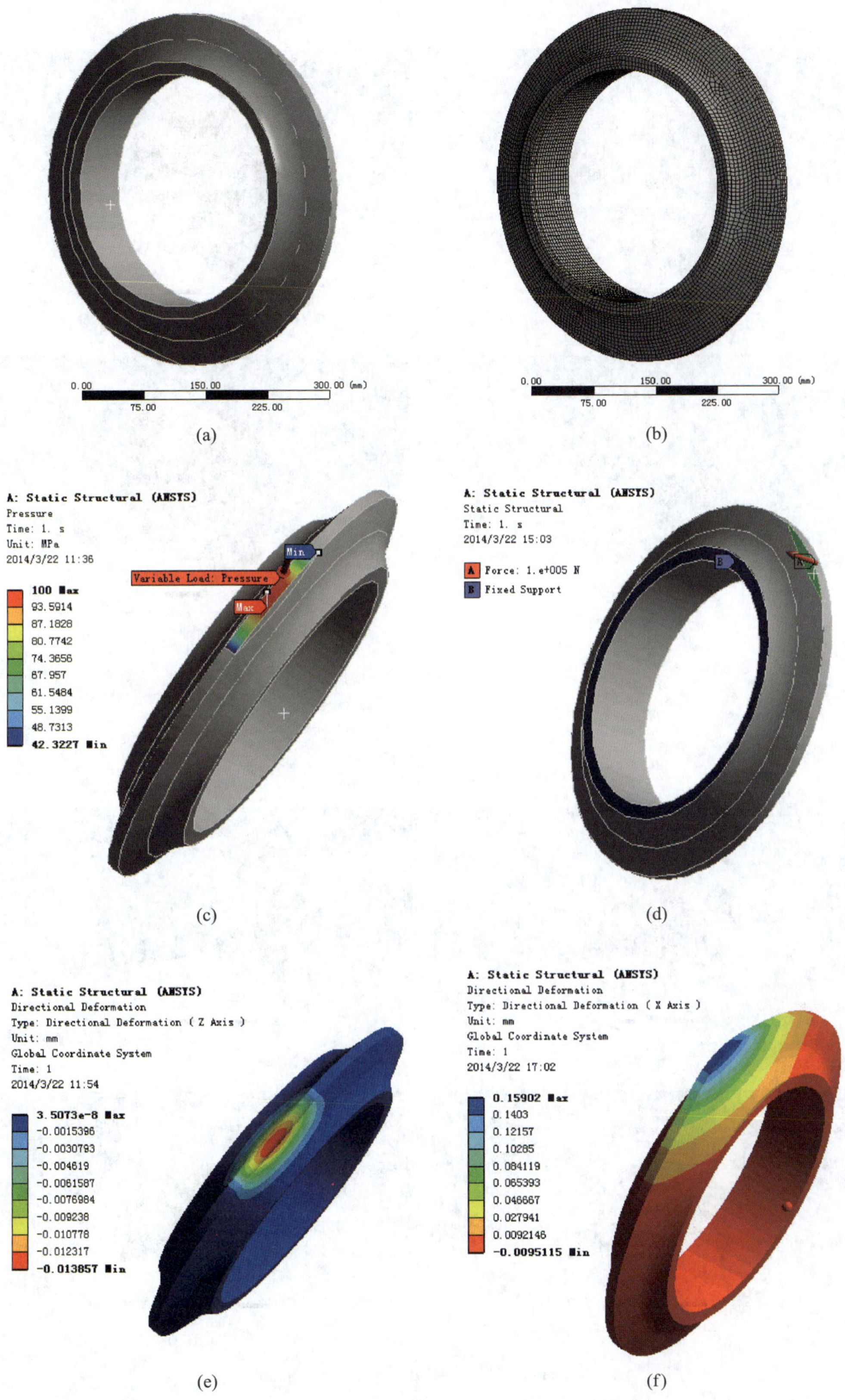

图 3.4　刀圈有限元分析结果

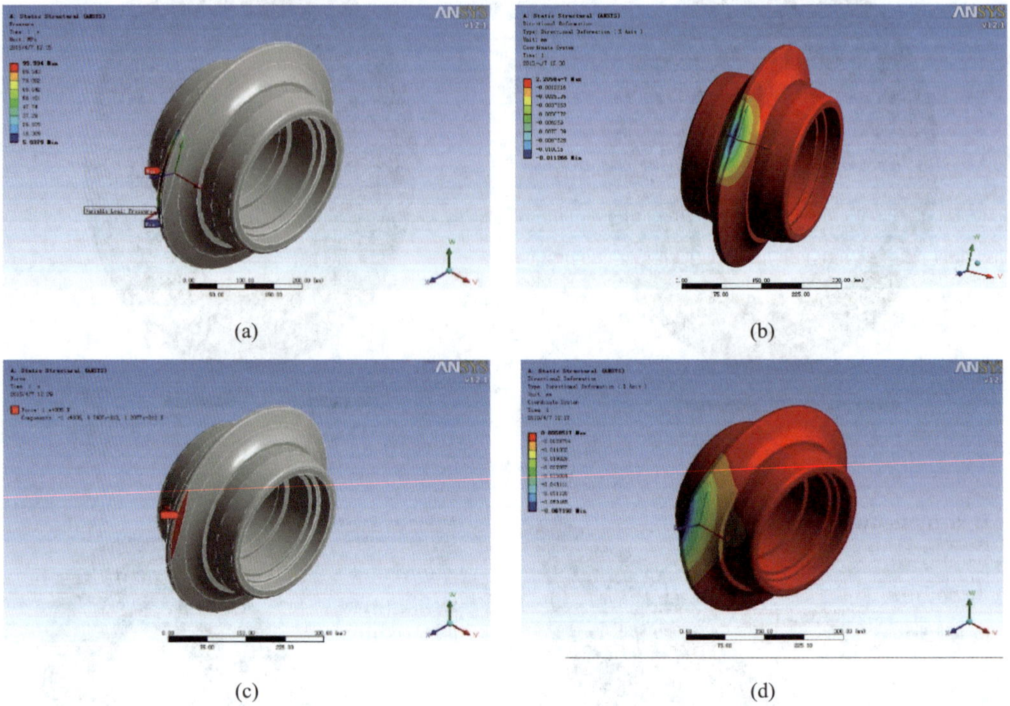

图 3.10　刀圈和刀体有限元分析结果示意图

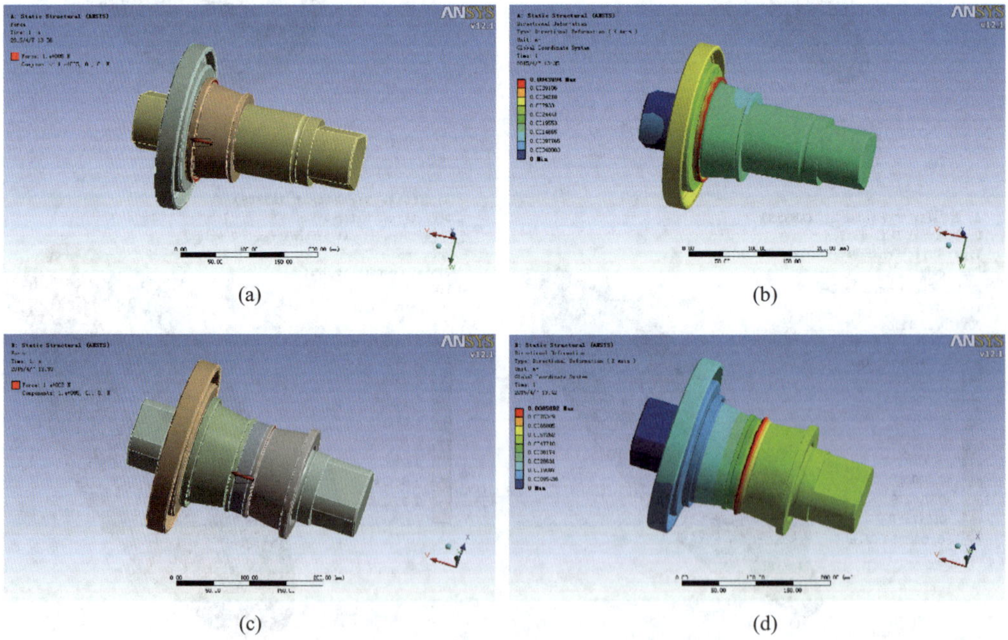

图 3.11　刀轴有限元分析结果示意图

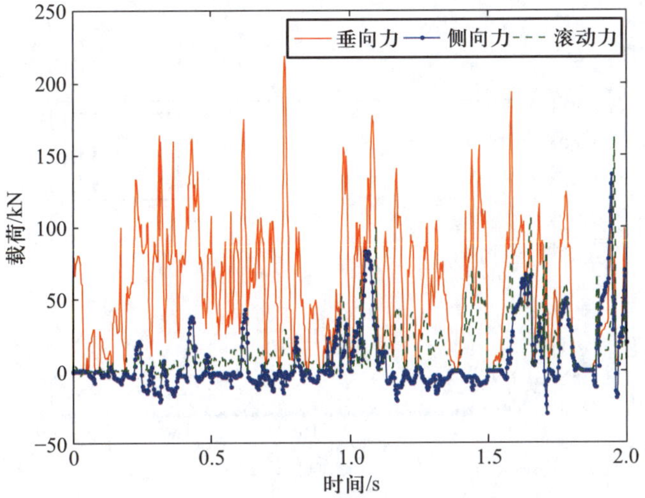

(a) 中心滚刀

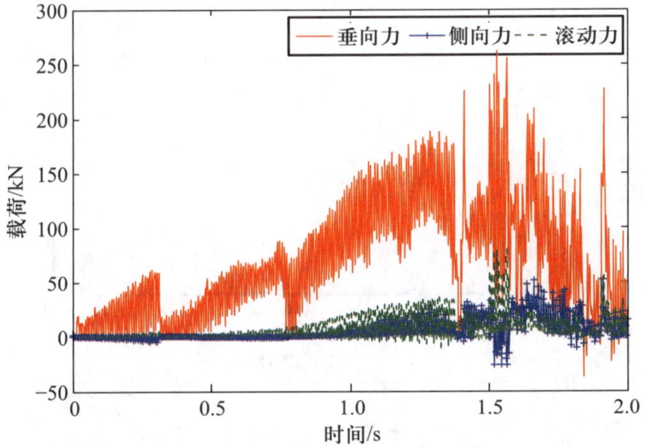

(b) 正滚刀

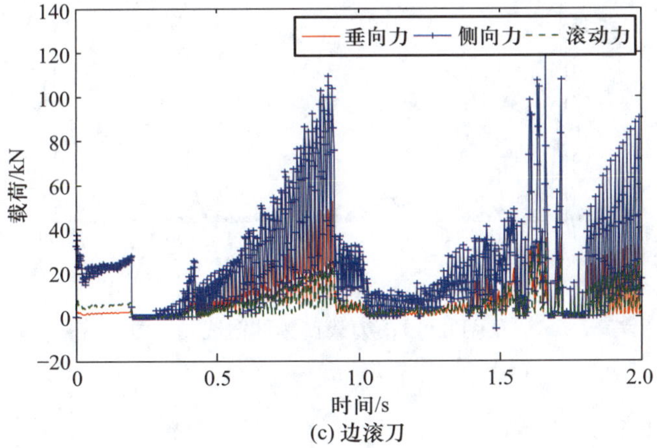

(c) 边滚刀

图 6.8　滚刀载荷时间历程图

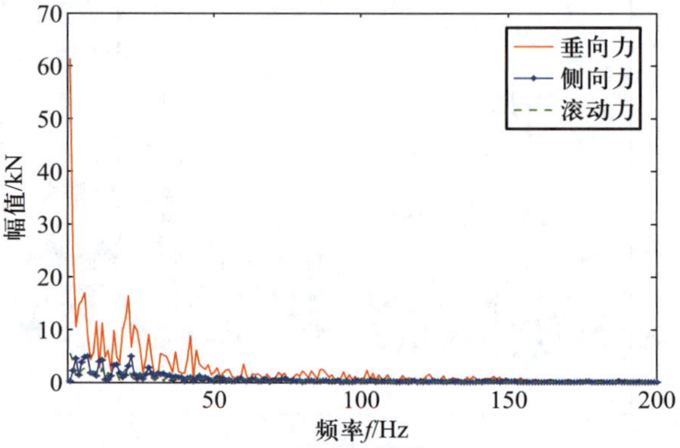

(a) 中心滚刀

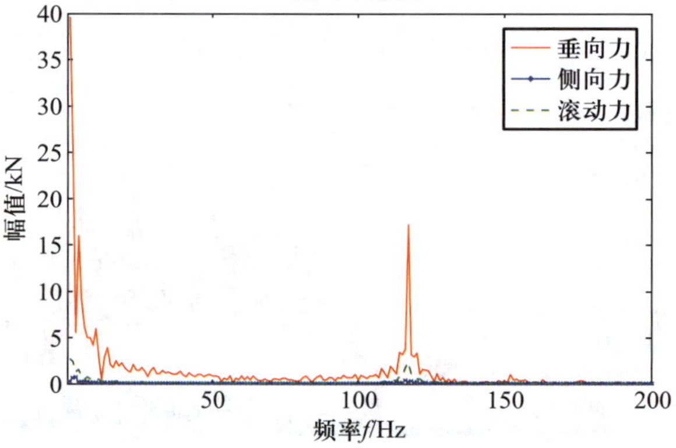

(b) 正滚刀

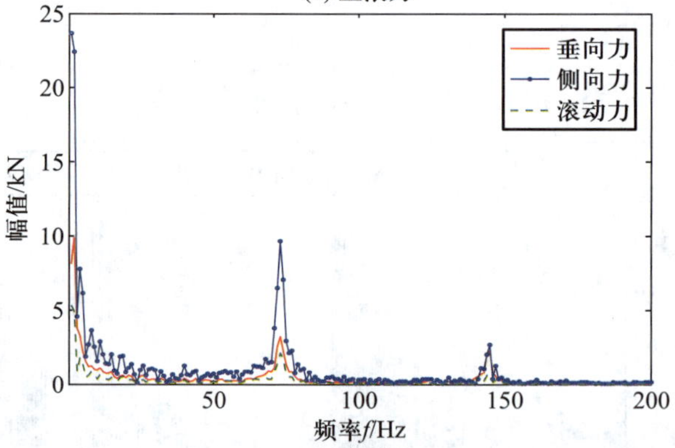

(c) 边滚刀

图 **6.9**　滚刀载荷频域曲线图

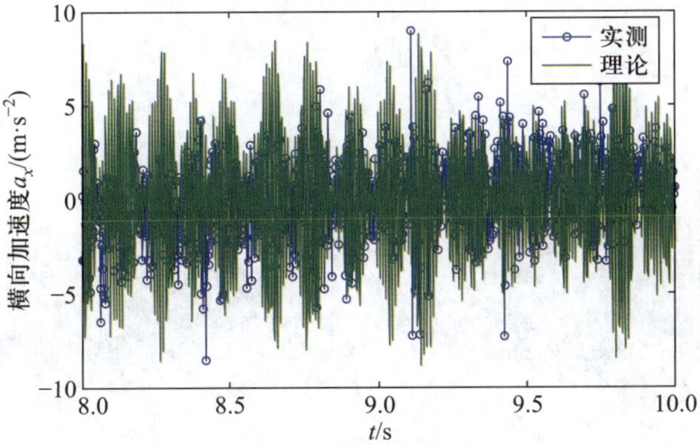

(a) 横向加速度

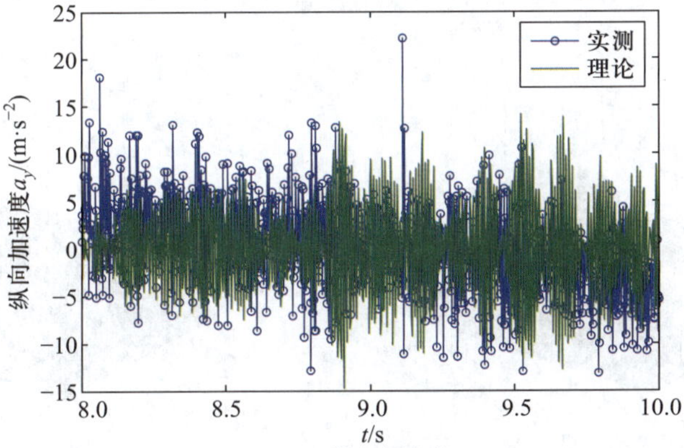

(b) 纵向加速度

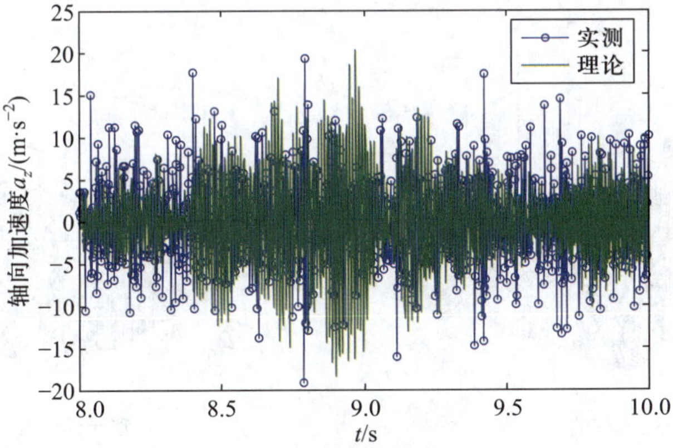

(c) 轴向加速度

图 7.20 刀盘加速度理论计算与实测结果对比

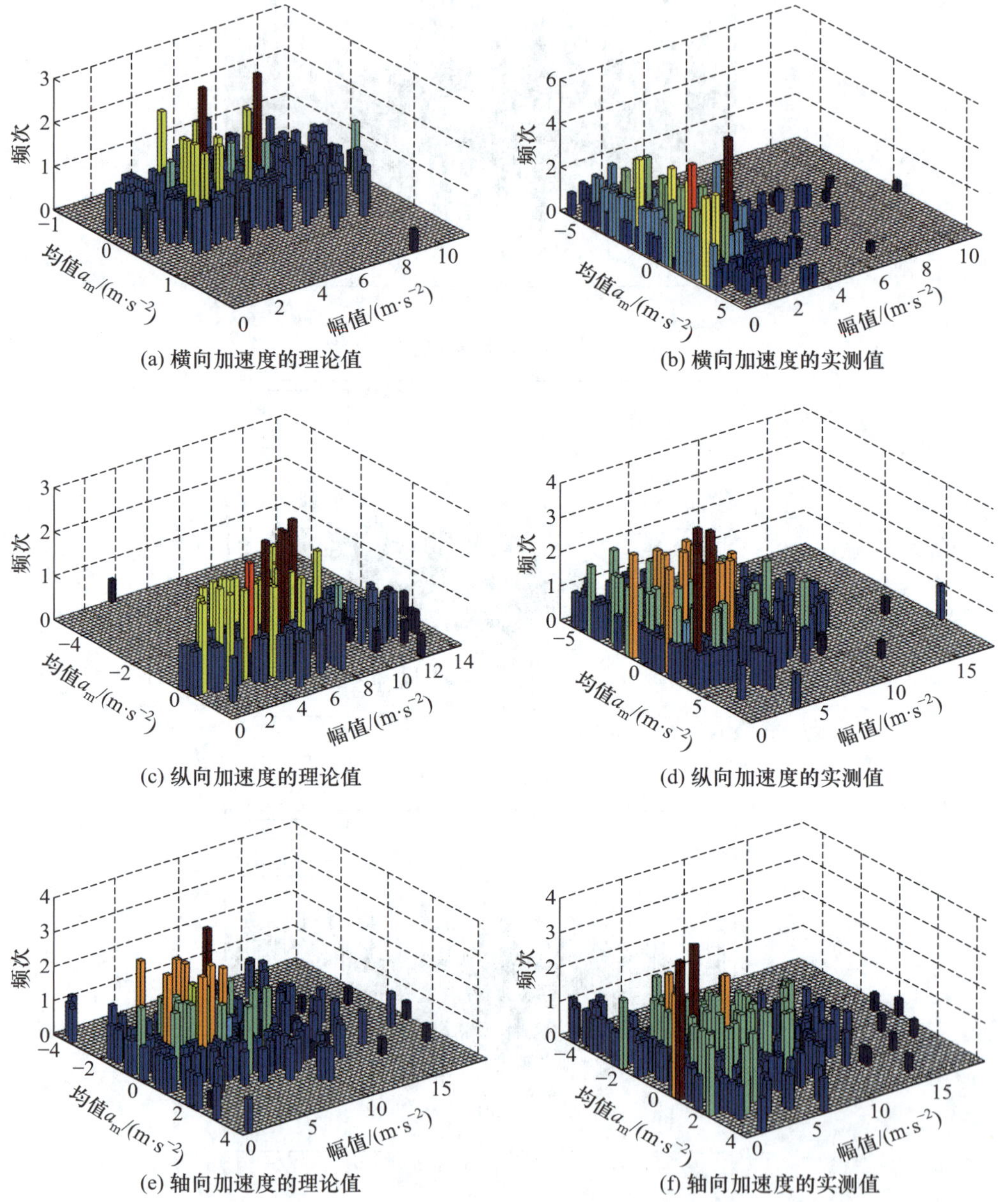

(a) 横向加速度的理论值　(b) 横向加速度的实测值

(c) 纵向加速度的理论值　(d) 纵向加速度的实测值

(e) 轴向加速度的理论值　(f) 轴向加速度的实测值

图 7.21　刀盘加速度雨流计数统计结果对比

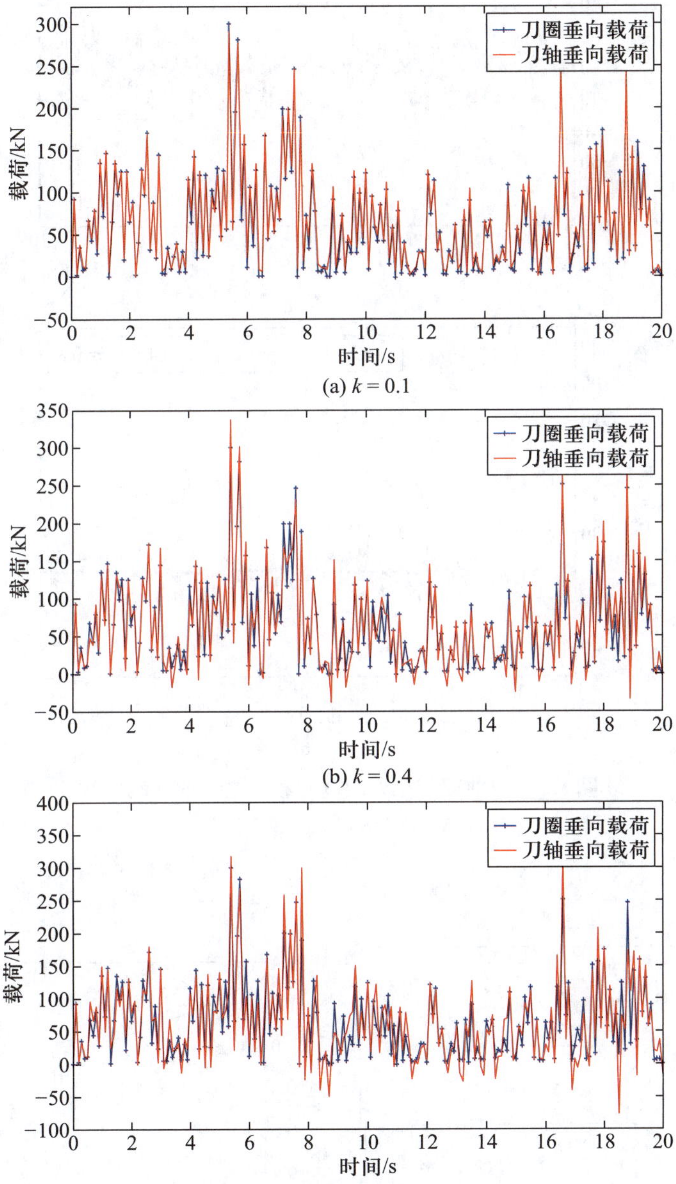

(a) $k = 0.1$

(b) $k = 0.4$

(c) $k = 0.8$

图 8.8 不同侧向载荷系数下刀轴和刀圈的载荷历程

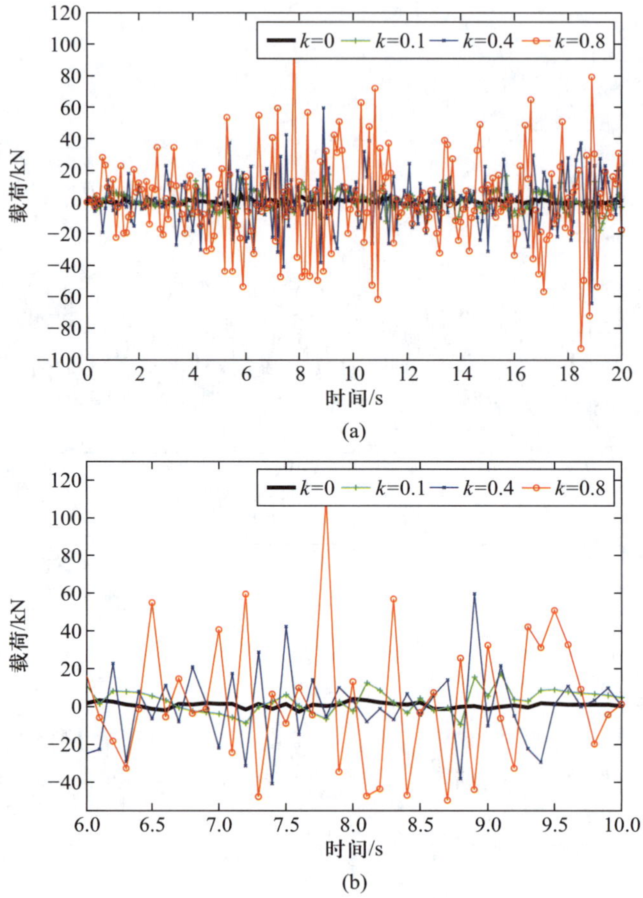

图 8.9 刀轴载荷与刀圈垂向载荷之差的波动曲线

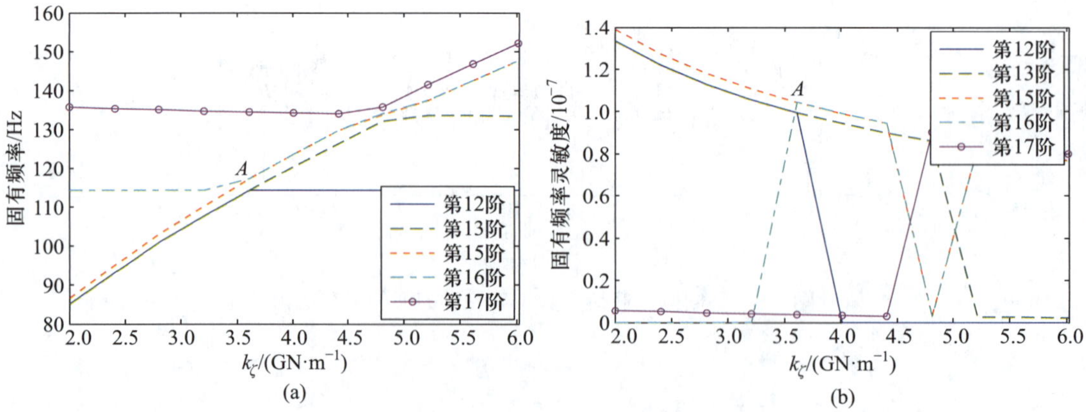

图 8.17 刀盘分体切向支撑刚度对固有频率及灵敏度的影响

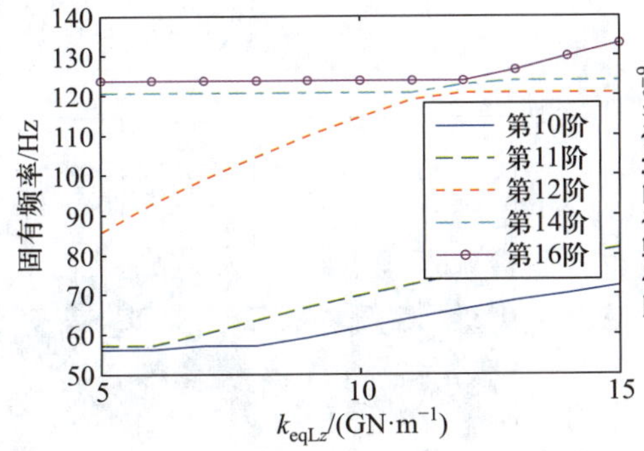

(a) 中心块轴向刚度对固有频率的影响

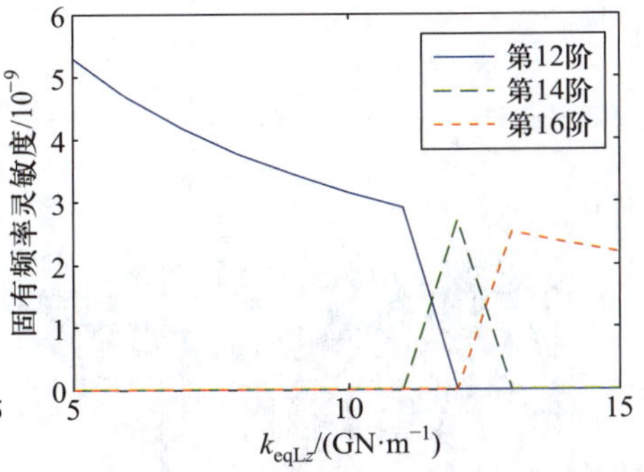

(b) 固有频率灵敏度随中心块轴向刚度的变化

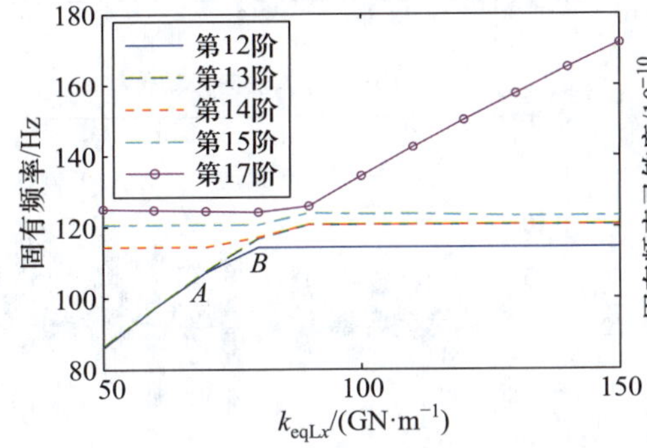

(c) 中心块径向刚度对固有频率的影响

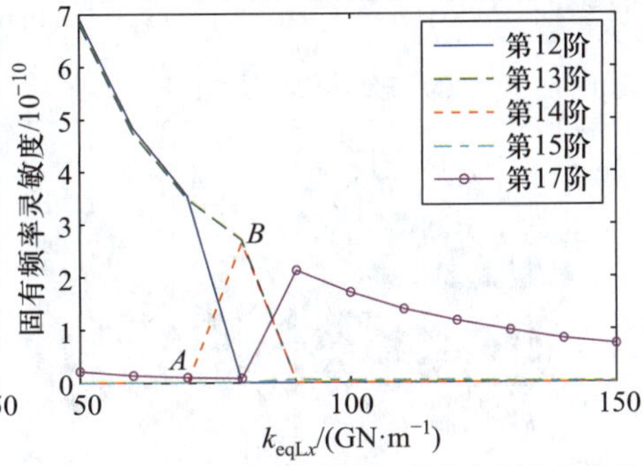

(d) 固有频率灵敏度随中心块径向刚度的变化

图 8.19 刀盘中心块支撑刚度对固有频率及灵敏度的影响

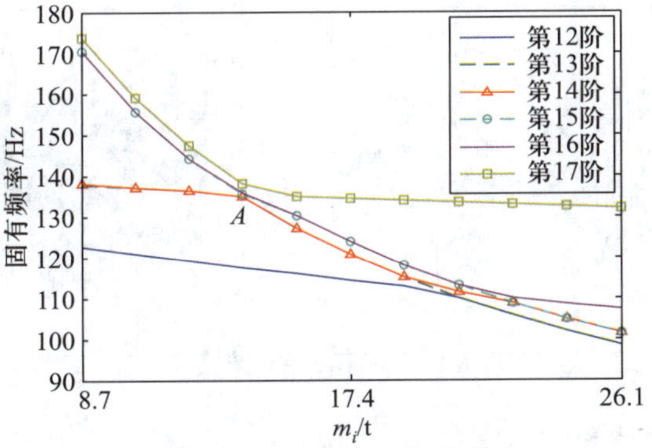

(a) 分体质量对固有频率的影响

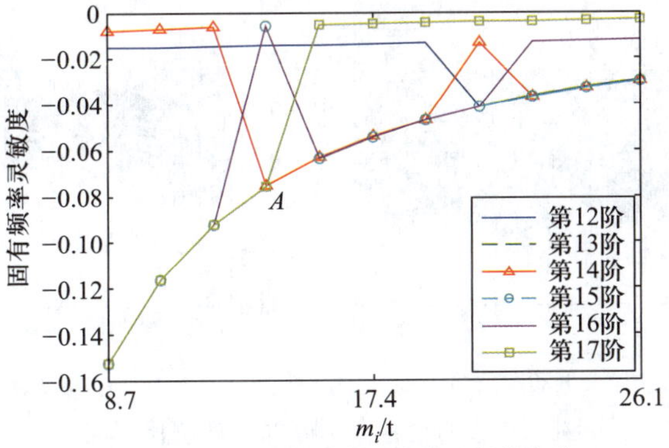

(b) 固有频率灵敏度随分体质量的变化

图 8.21 刀盘分体质量对固有频率及灵敏度的影响

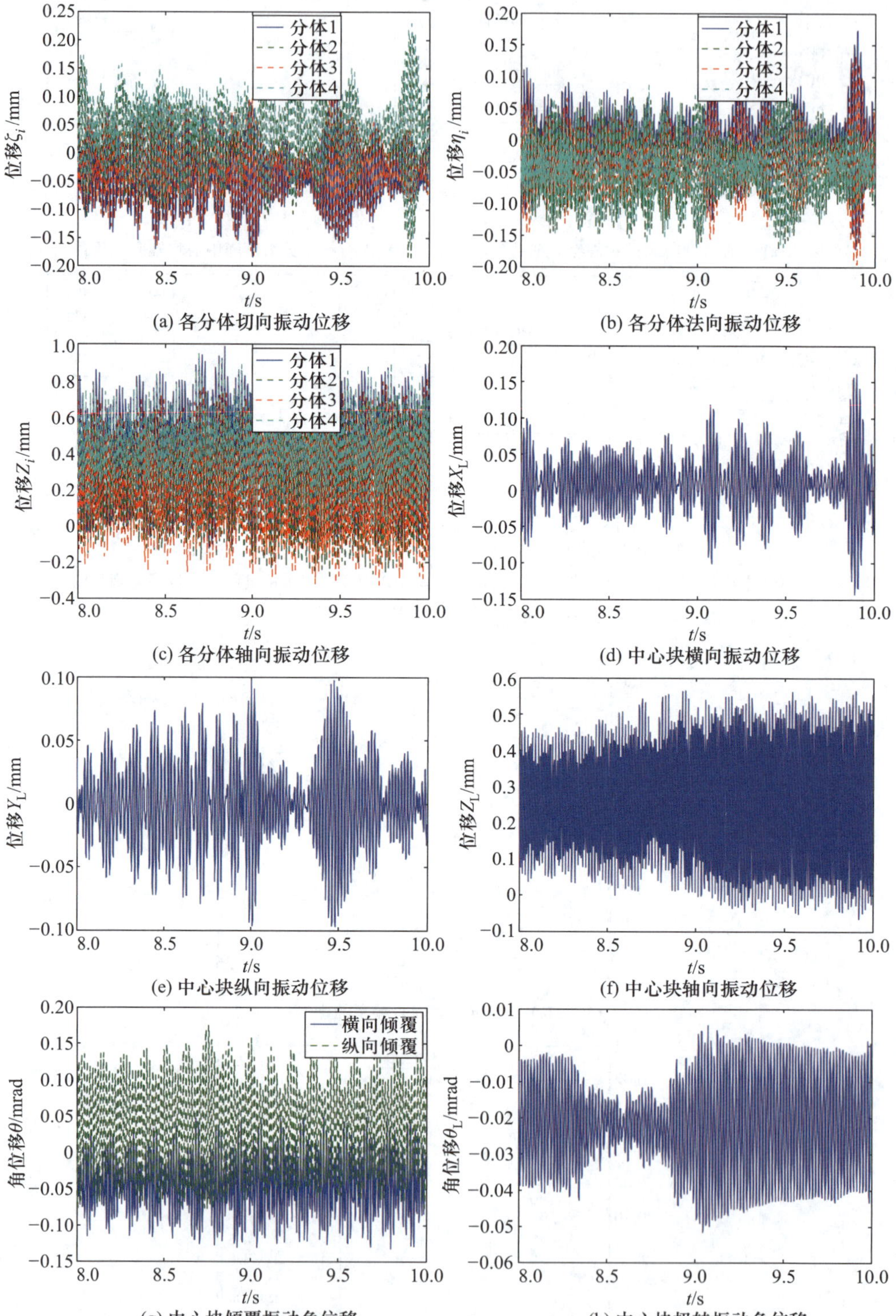

(a) 各分体切向振动位移
(b) 各分体法向振动位移
(c) 各分体轴向振动位移
(d) 中心块横向振动位移
(e) 中心块纵向振动位移
(f) 中心块轴向振动位移
(g) 中心块倾覆振动角位移
(h) 中心块扭转振动角位移

图 8.23 刀盘各自由度的振动位移响应

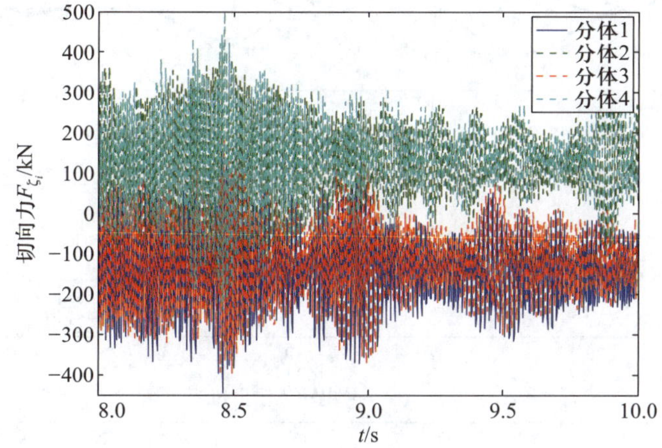

(a) 切向载荷

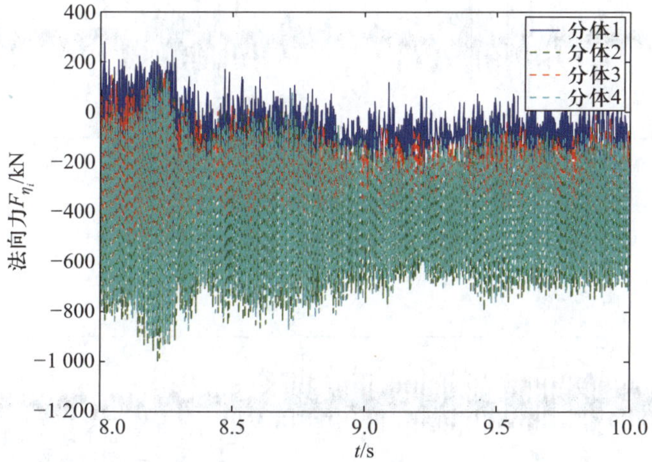

(b) 法向载荷

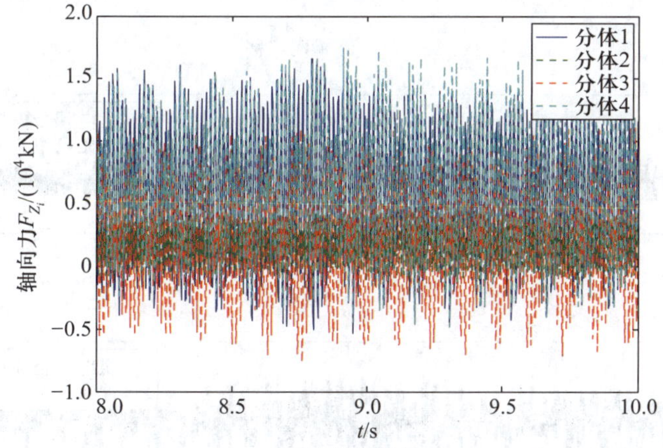

(c) 轴向载荷

图 8.25　刀盘结合面载荷时域历程

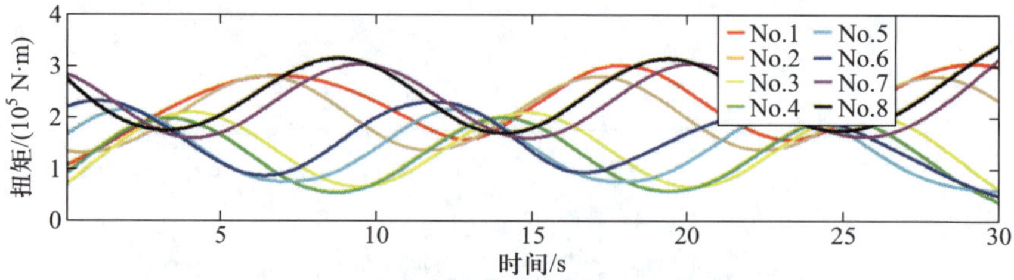

(a) 齿轮轴负载

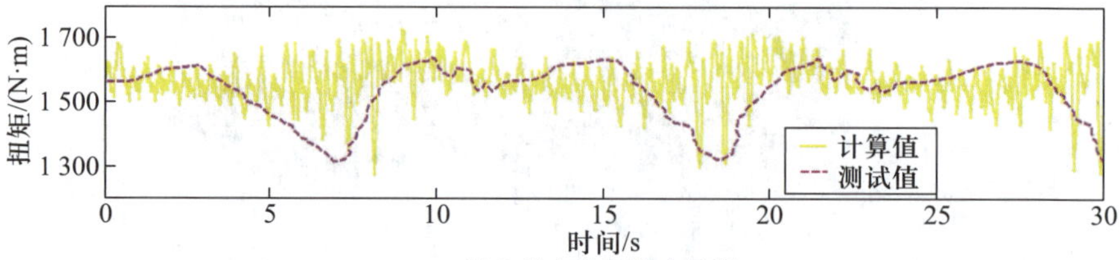

(b) 3 号电动机输出扭矩

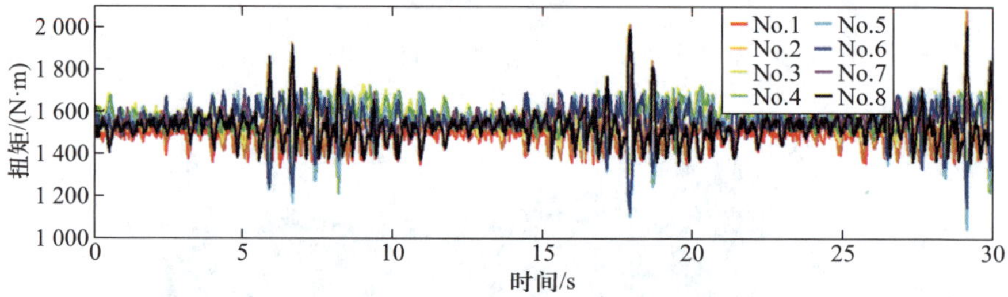

(c) 各电动机输出扭矩

图 8.27 电动机的负载和输出扭矩

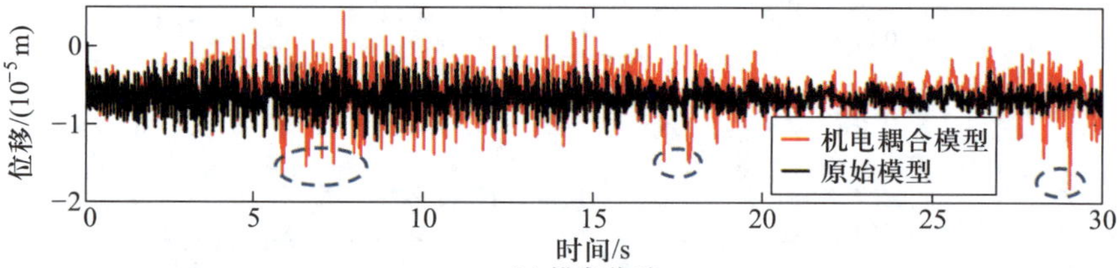

(a) 横向位移

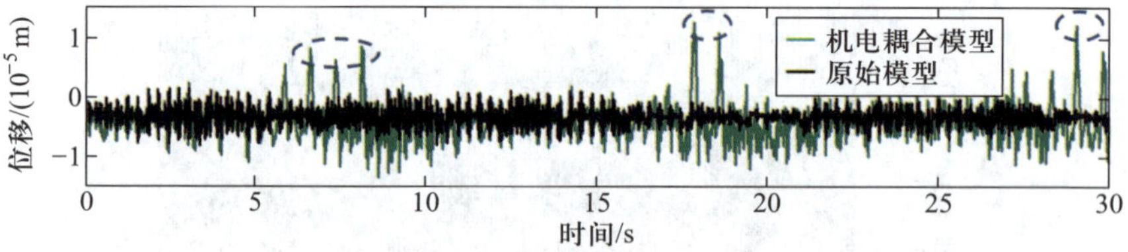

(b) 纵向位移

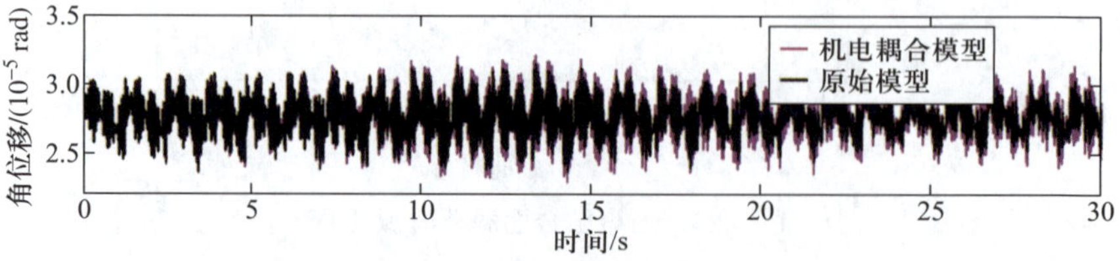

(c) 扭转位移

图 8.28 大齿圈三向位移对比

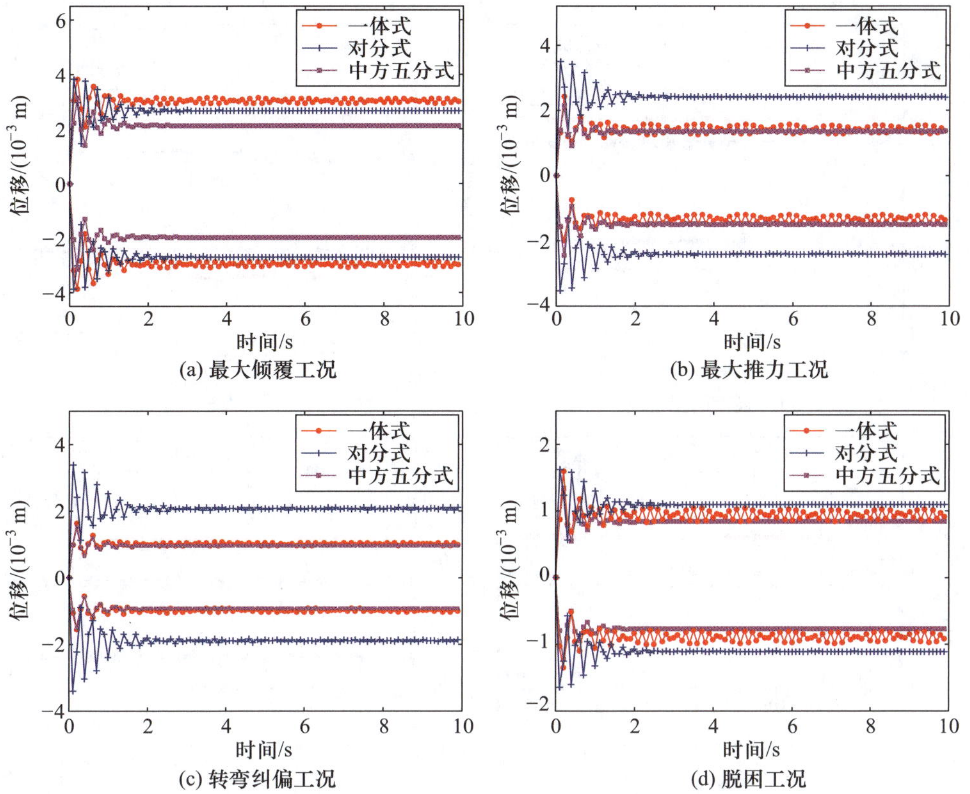

(a) 最大倾覆工况　(b) 最大推力工况

(c) 转弯纠偏工况　(d) 脱困工况

图 9.4　不同刀盘各工况下径向振动响应对比

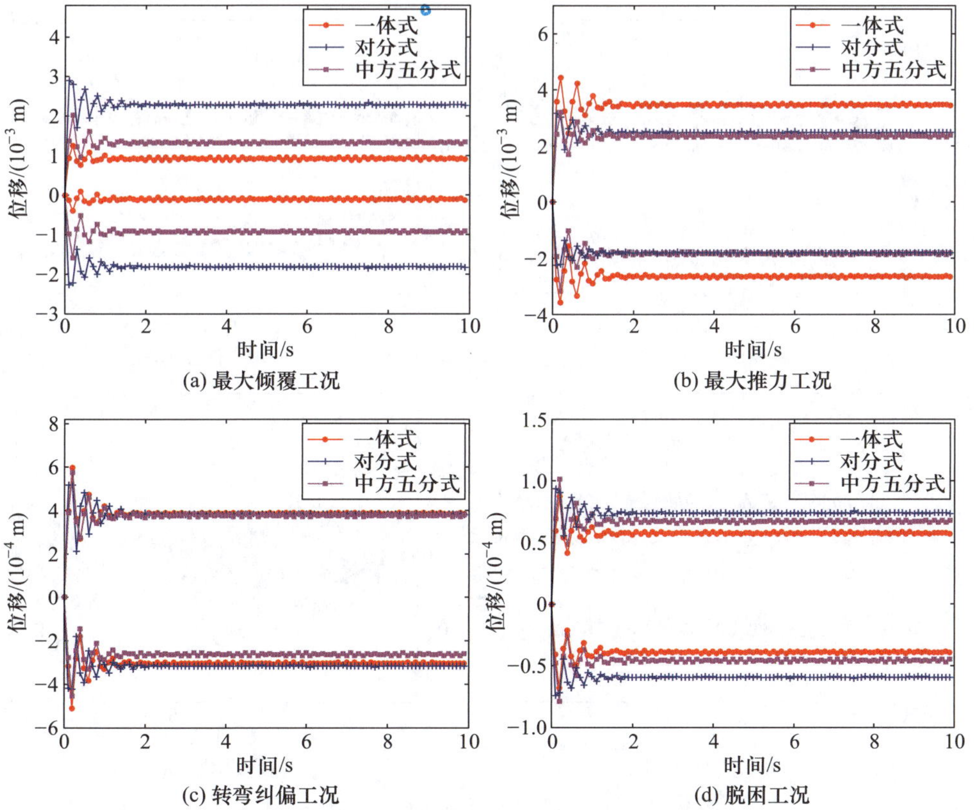

(a) 最大倾覆工况　(b) 最大推力工况

(c) 转弯纠偏工况　(d) 脱困工况

图 9.5　不同刀盘各工况下轴向振动响应对比

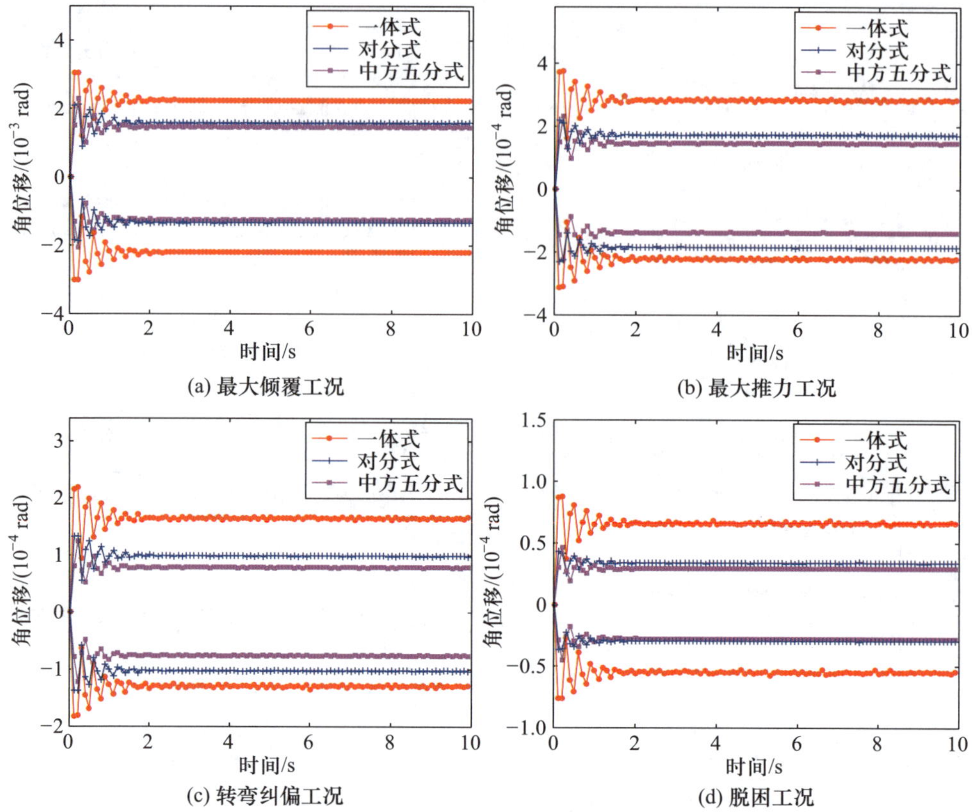

(a) 最大倾覆工况　　(b) 最大推力工况

(c) 转弯纠偏工况　　(d) 脱困工况

图 9.6　不同刀盘各工况下倾覆振动响应对比

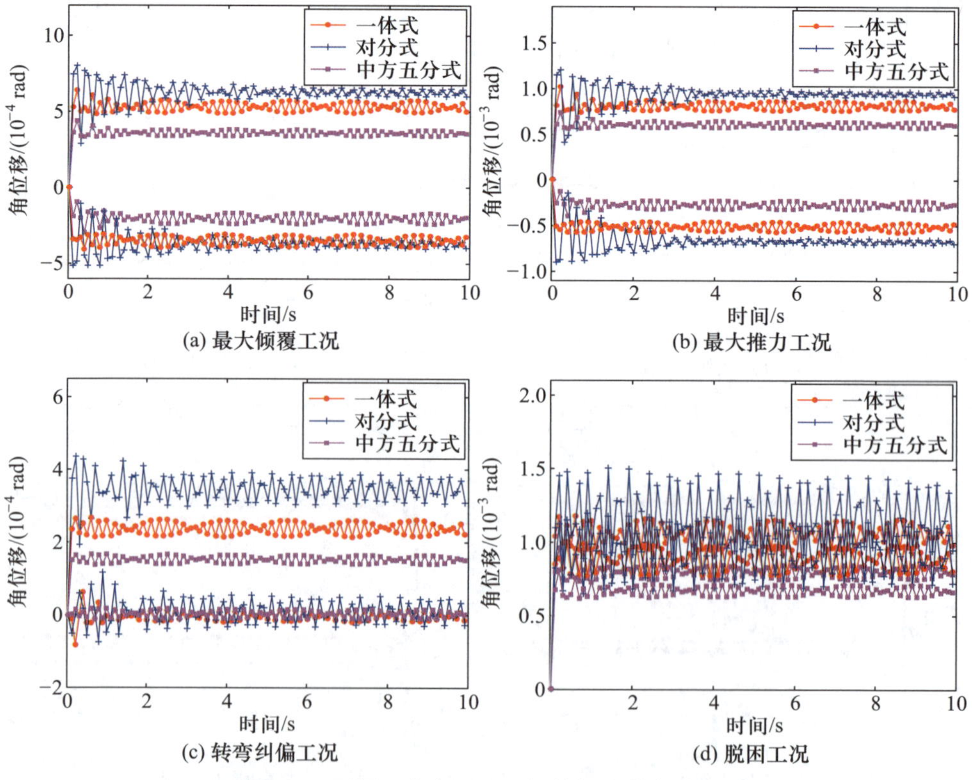

(a) 最大倾覆工况　　(b) 最大推力工况

(c) 转弯纠偏工况　　(d) 脱困工况

图 9.7　不同刀盘各工况下扭转振动响应对比

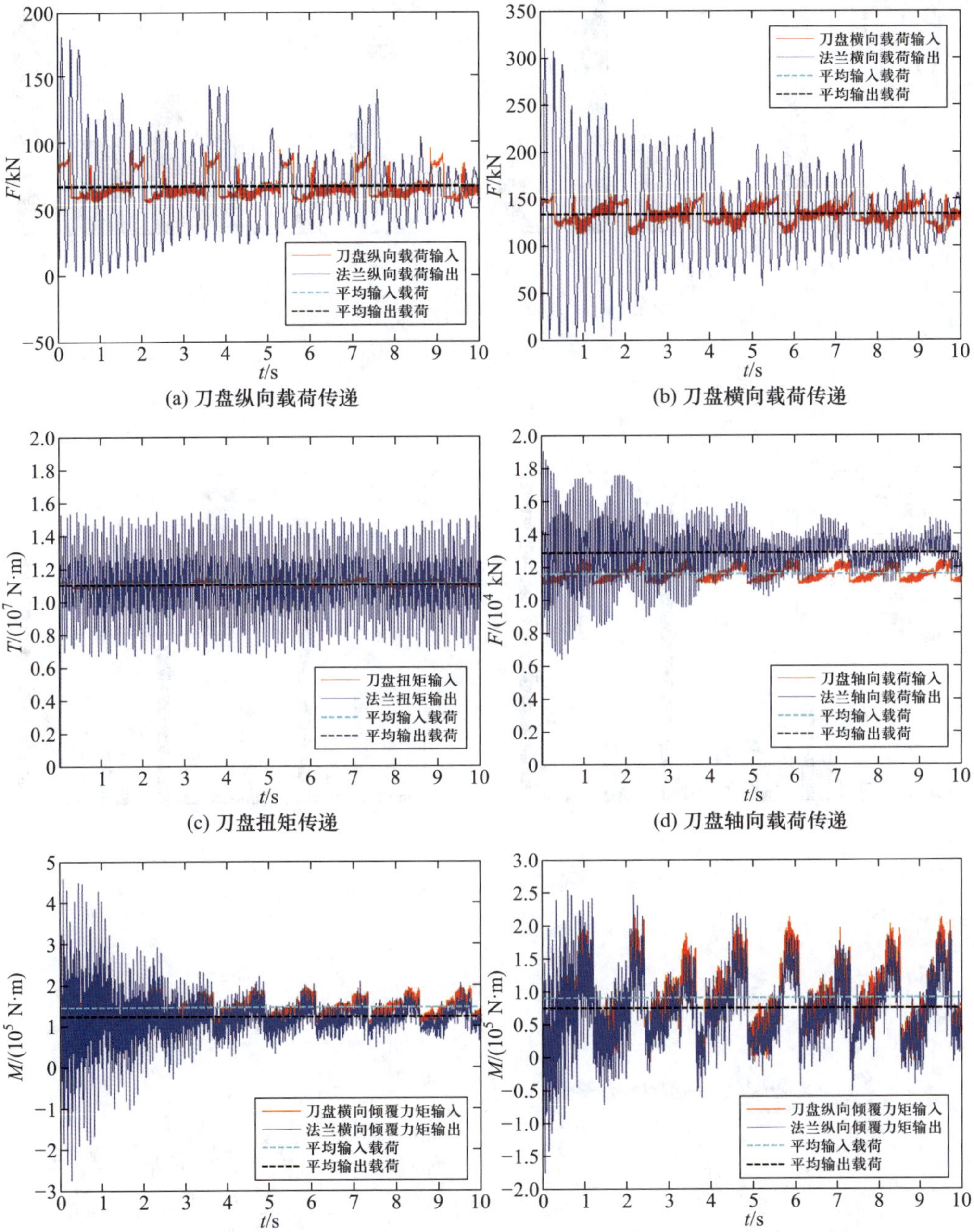

(a) 刀盘纵向载荷传递

(b) 刀盘横向载荷传递

(c) 刀盘扭矩传递

(d) 刀盘轴向载荷传递

(e) 刀盘横向倾覆力矩传递

(f) 刀盘纵向倾覆力矩传递

图 9.12 载荷传递曲线

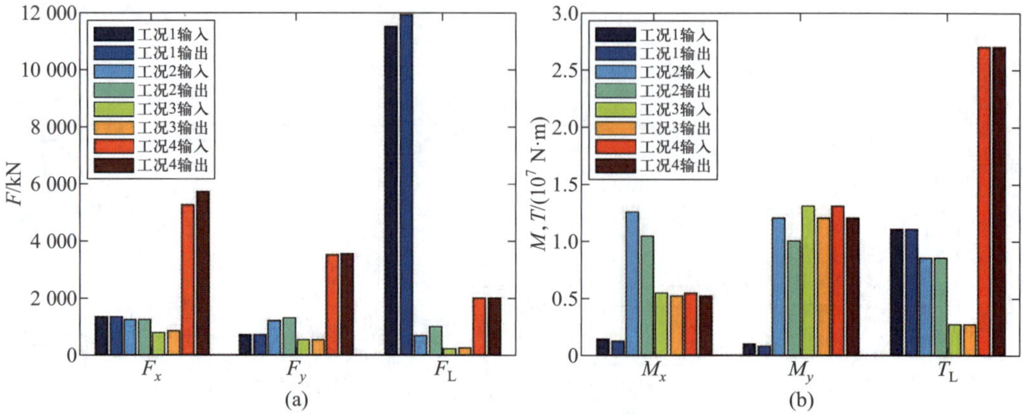

图 9.13 载荷传递前后的均值对比图

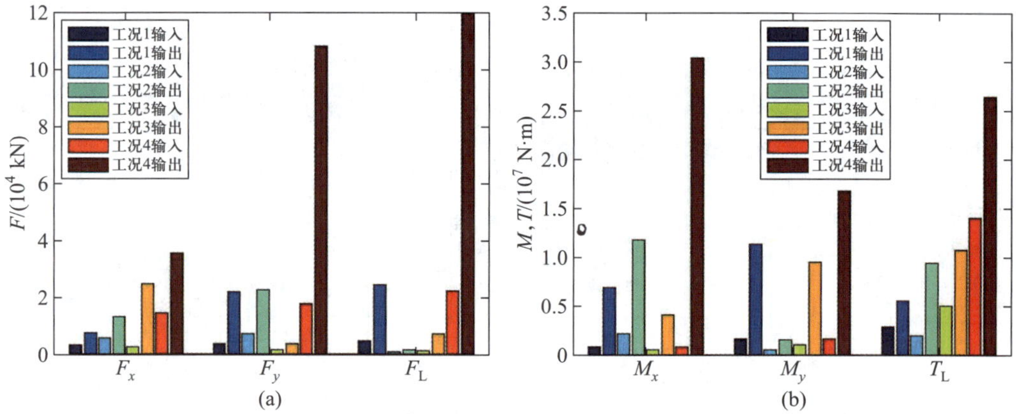

图 9.14 载荷传递前后幅值对比图

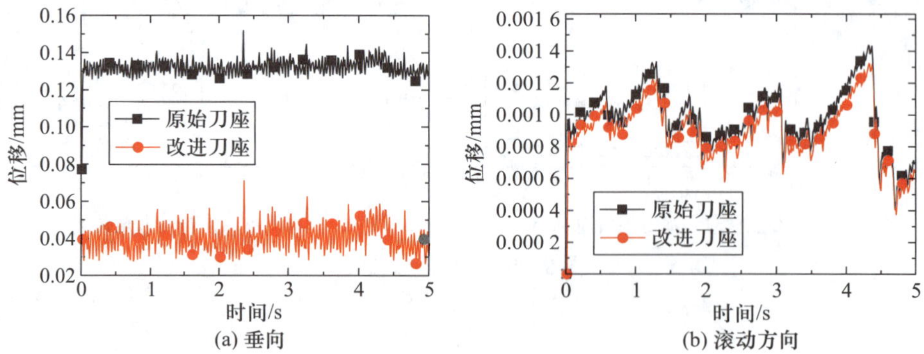

图 10.8 滚刀振动位移曲线

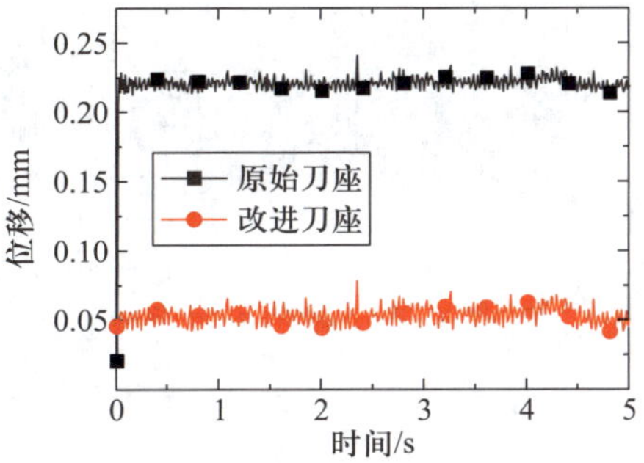

(a) 垂向

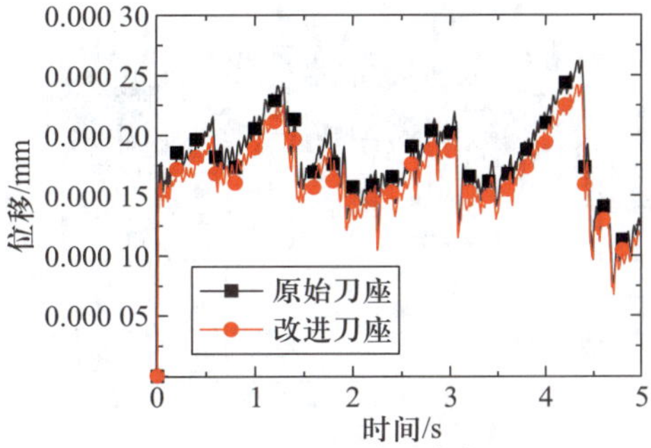

(b) 滚动方向

图 **10.9** 楔形块振动位移曲线

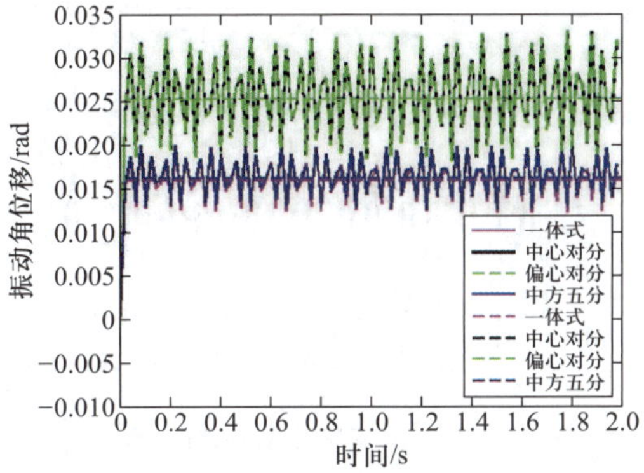

(a) 电动机扭转振动

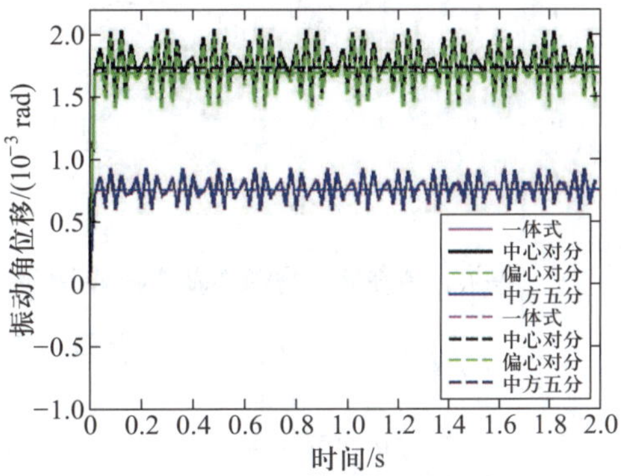

(b) 刀盘前面板扭转振动

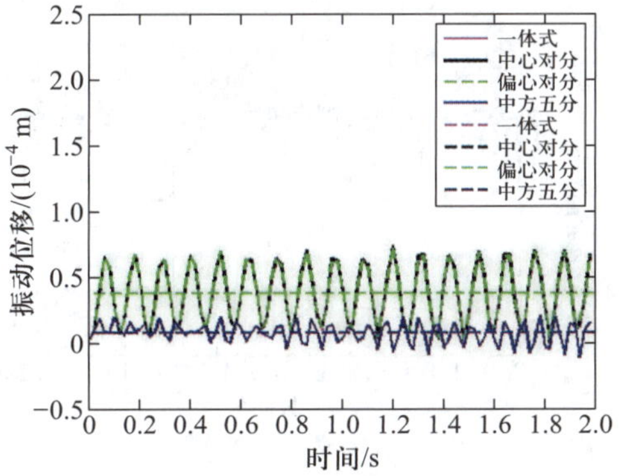

(c) 支撑板横向平移振动

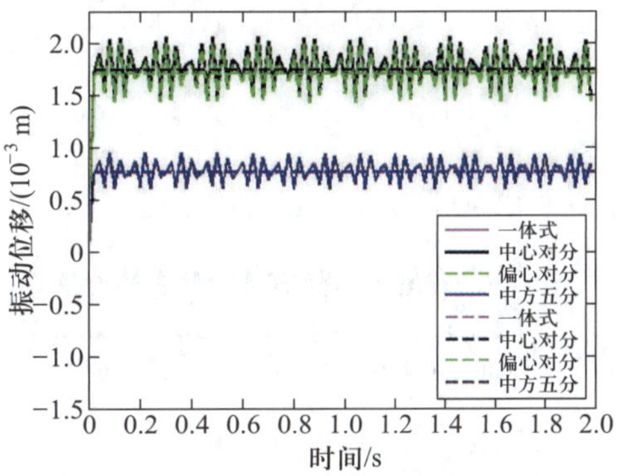

(d) 前面板横向平移振动

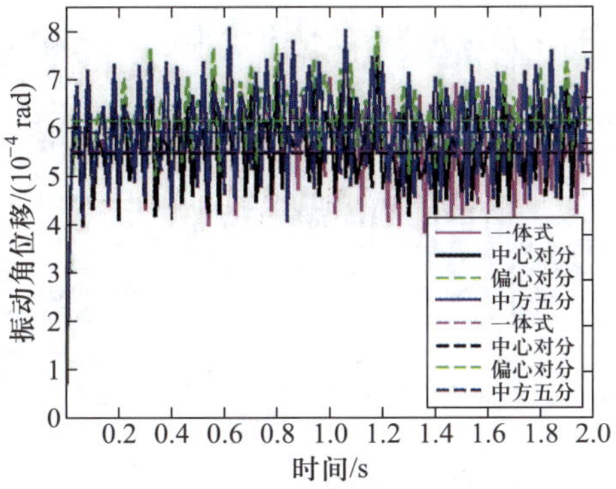

(e) 前面板轴向振动

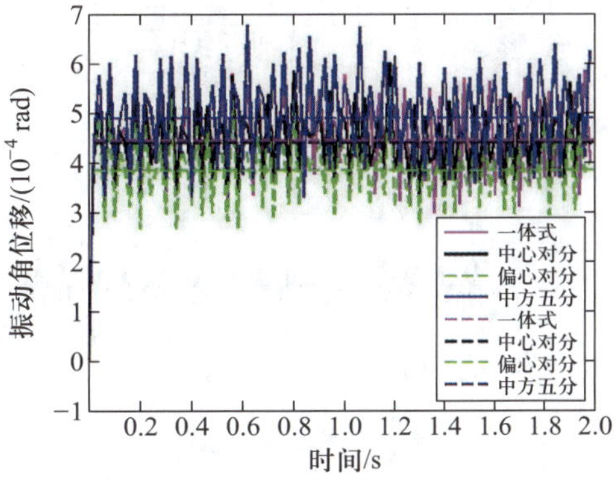

(f) 支撑板轴向振动

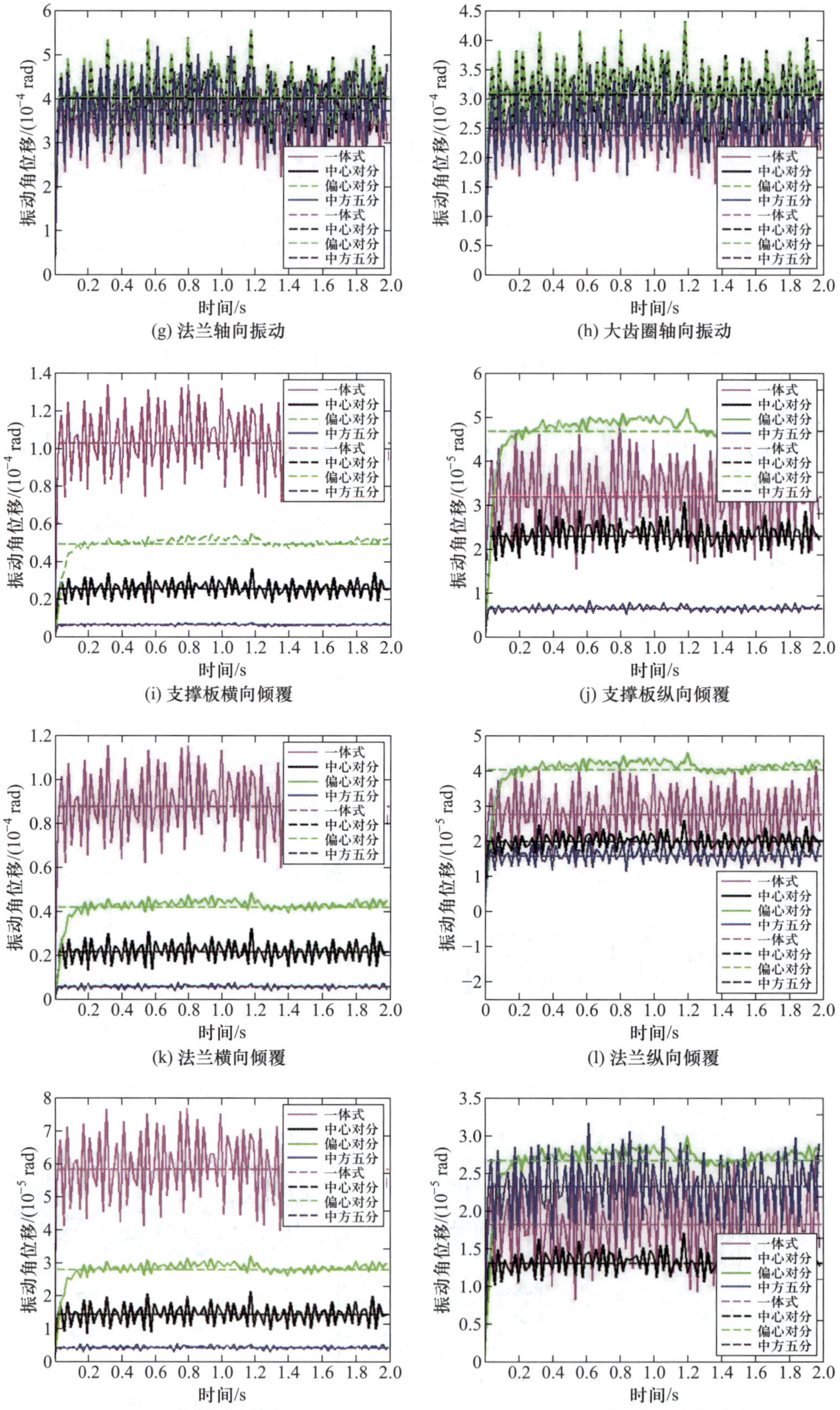

(g) 法兰轴向振动　(h) 大齿圈轴向振动

(i) 支撑板横向倾覆　(j) 支撑板纵向倾覆

(k) 法兰横向倾覆　(l) 法兰纵向倾覆

(m) 大齿圈横向倾覆　(n) 大齿圈纵向倾覆

图 10.17　不同分瓣形式刀盘振动对比

（虚线表示平均值，实线表示实时数据）

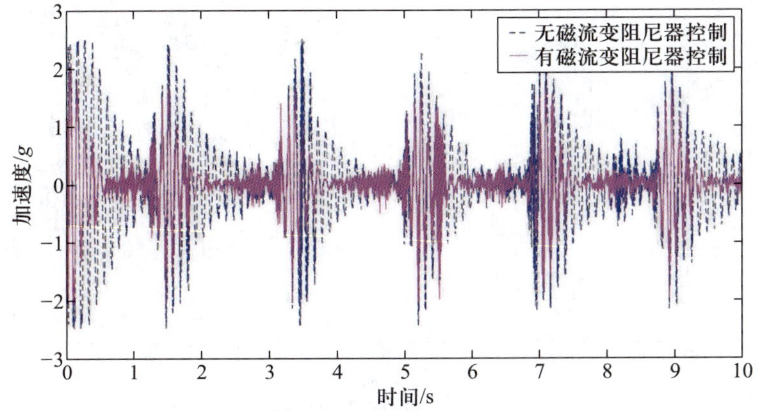

(a) 刀盘轴向加速度

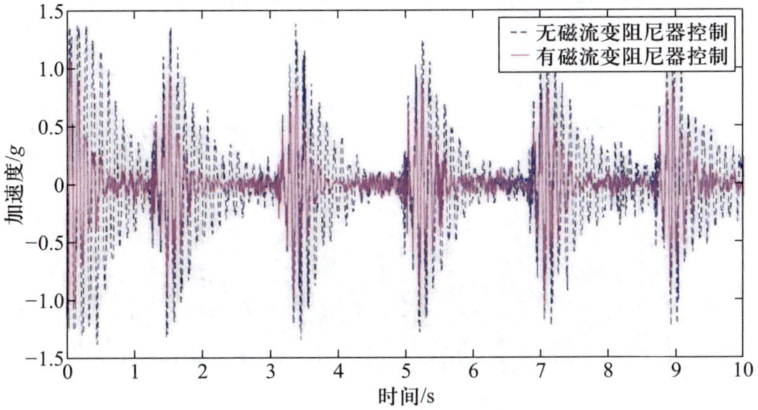

(b) 主梁前段轴向加速度

图 11.21 最大推力工况下关键部件振动控制效果

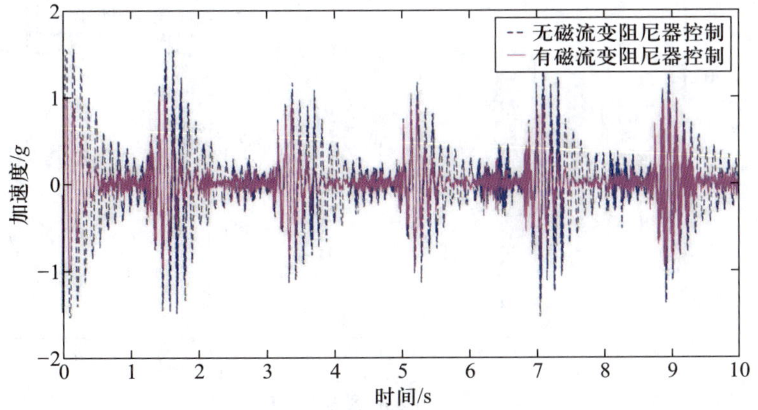

(a) 刀盘轴向加速度

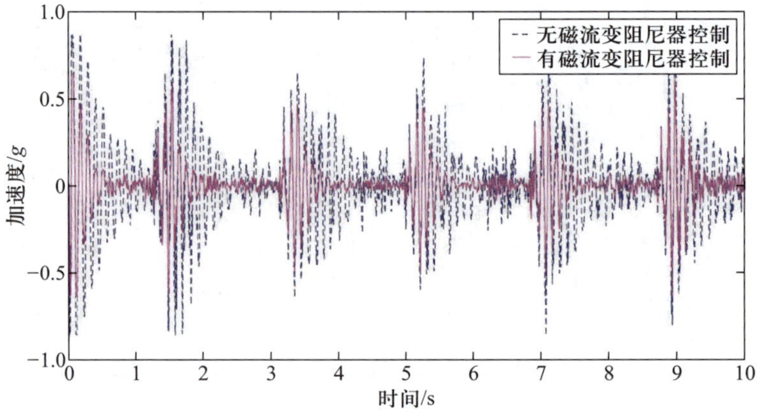

(b) 主梁前段轴向加速度

图 11.22 最大倾覆力矩工况下关键部件振动控制效果

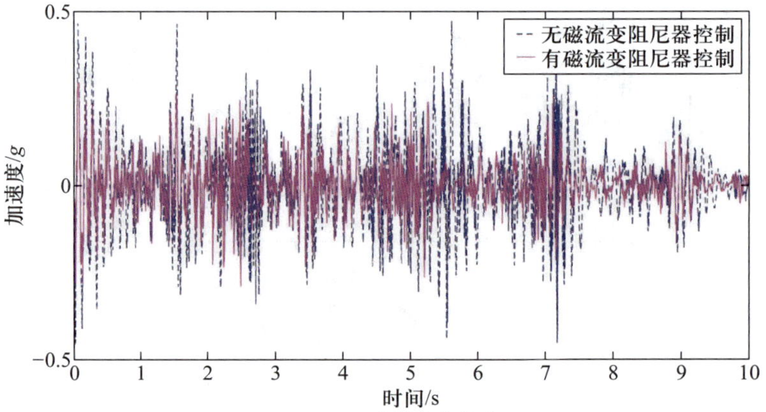

(a) 刀盘轴向加速度

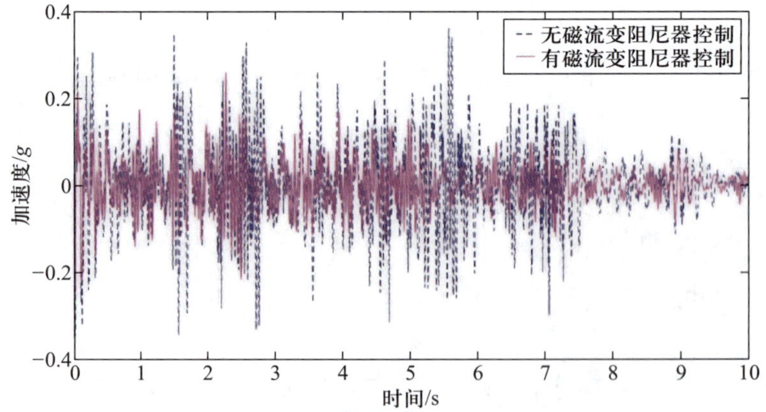

(b) 主梁前段轴向加速度

图 11.23 转弯纠偏工况下关键部件振动控制效果

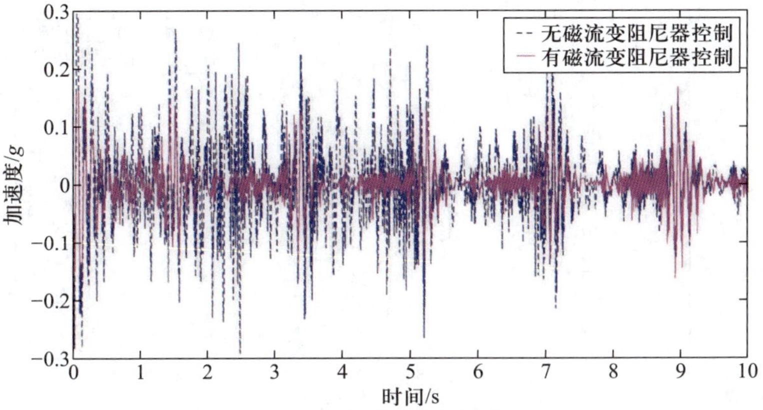

(a) 刀盘轴向加速度

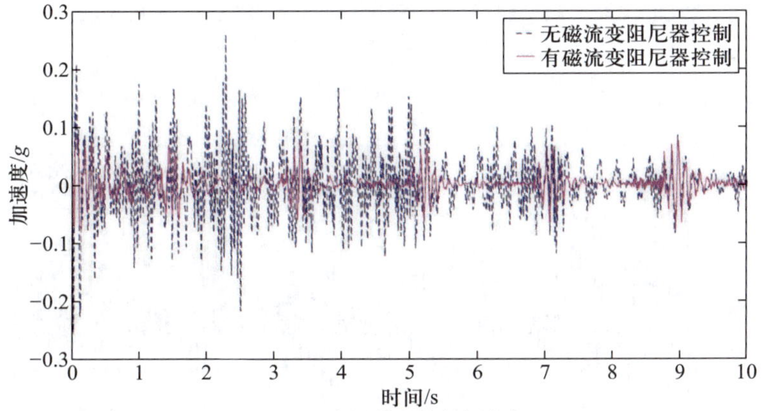

(b) 主梁前段轴向加速度

图 11.24 脱困工况下关键部件振动控制效果

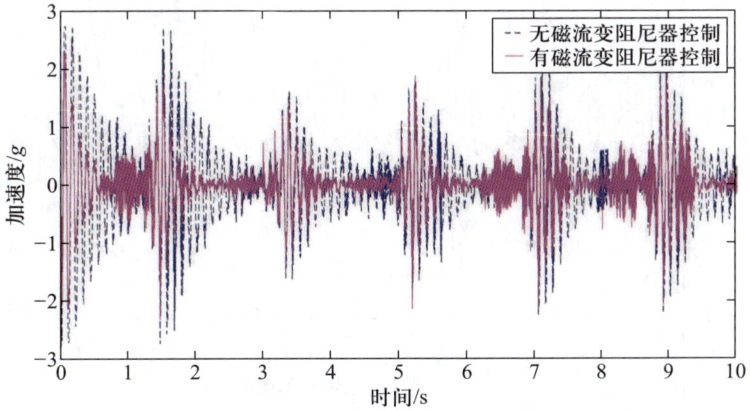

(a) 刀盘轴向加速度

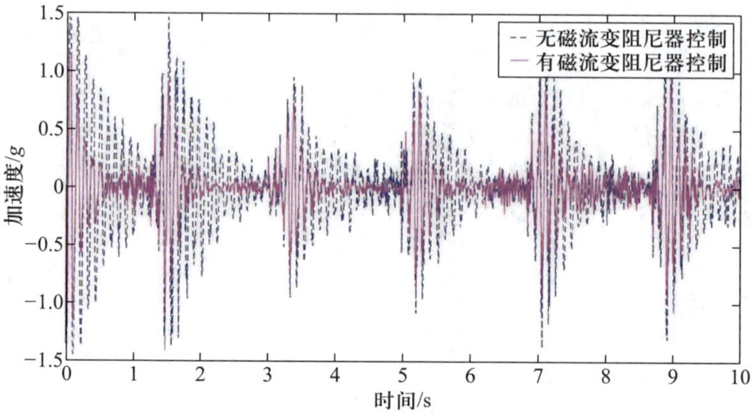

(b) 主梁前段轴向加速度

图 11.28　滚刀载荷变化 −10% 时关键部件振动控制效果

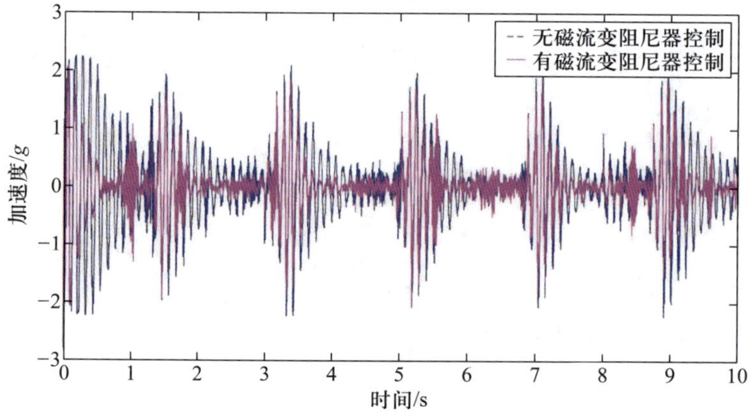

(a) 刀盘轴向加速度

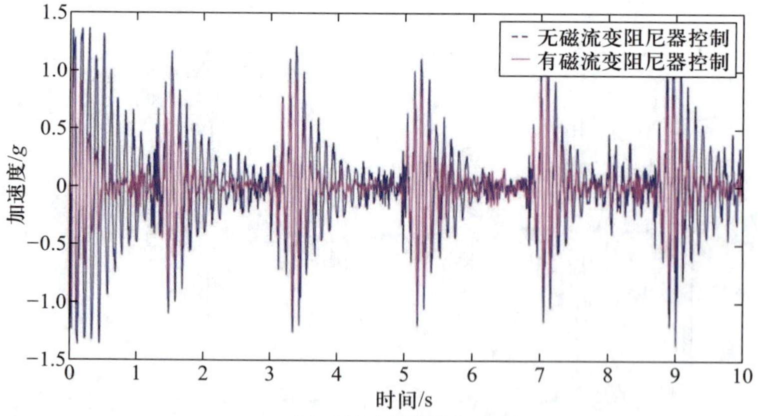

(b) 主梁前段轴向加速度

图 11.29　滚刀载荷变化 +10% 时关键部件振动控制效果

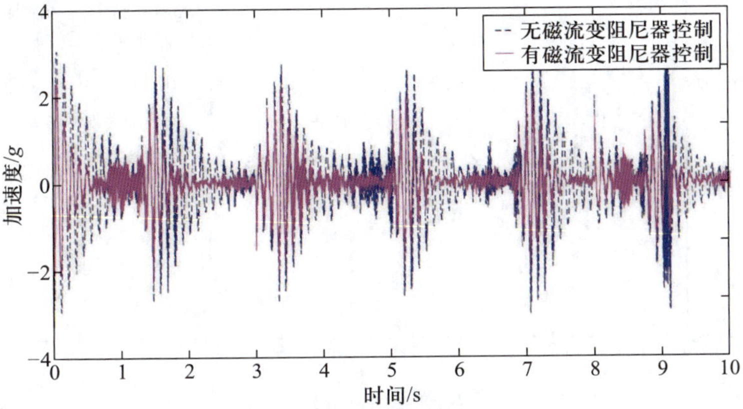

(a) 刀盘轴向加速度

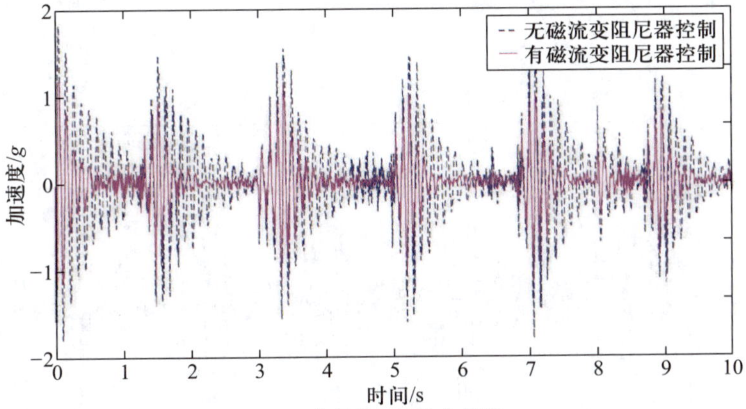

(b) 主梁前段轴向加速度

图 11.30　滚刀载荷变化 +20% 时关键部件振动控制效果

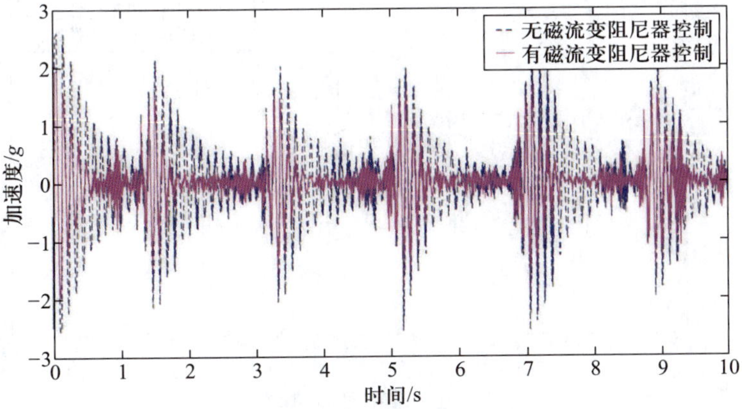

(a) 刀盘轴向加速度

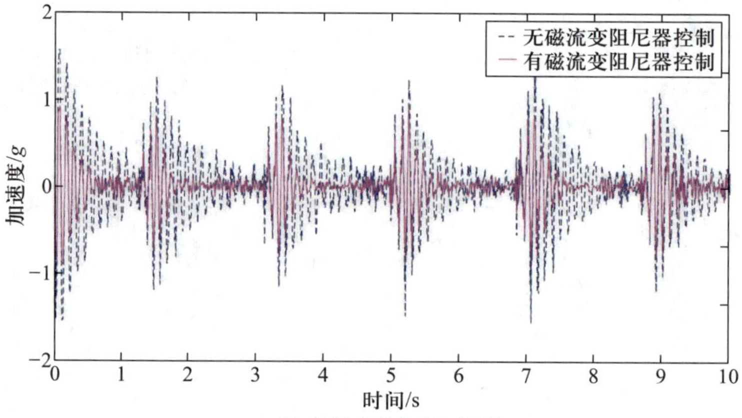

(b) 主梁前段轴向加速度

图 11.31　刀盘转速为 2.7 r/min 时关键部件振动控制效果

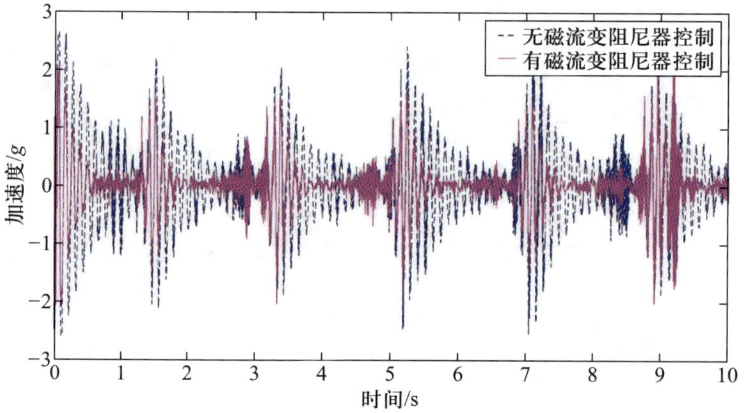

(a) 刀盘轴向加速度

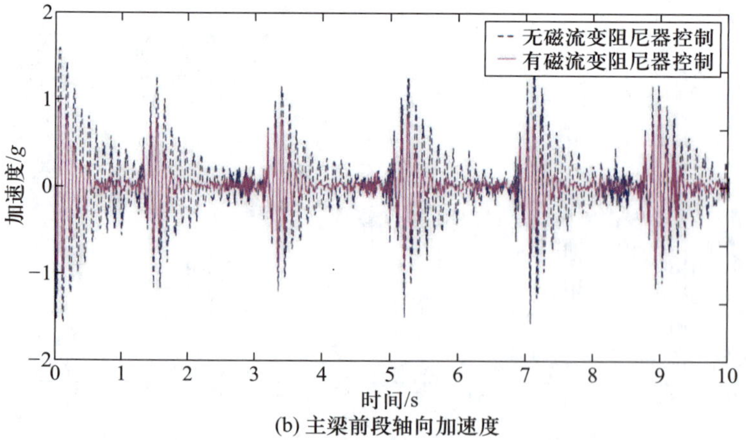

(b) 主梁前段轴向加速度

图 11.32　刀盘转速为 4 r/min 时关键部件振动控制效果

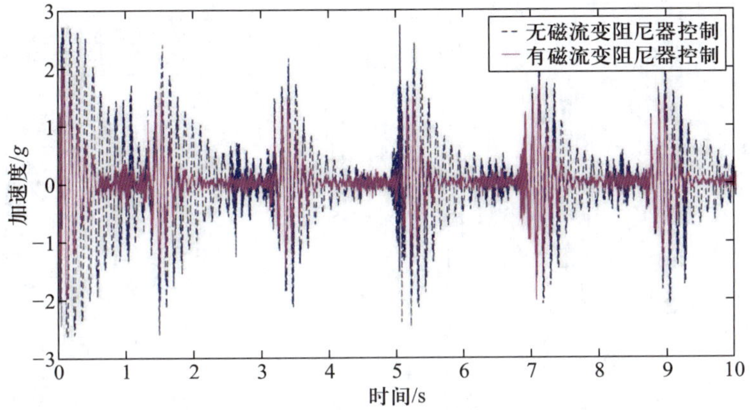

(a) 刀盘轴向加速度

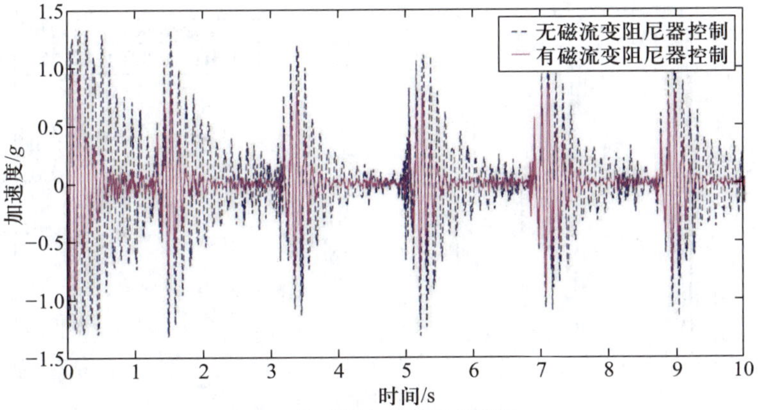

(b) 主梁前段轴向加速度

图 11.33 刀盘转速为 5.4 r/min 时关键部件振动控制效果

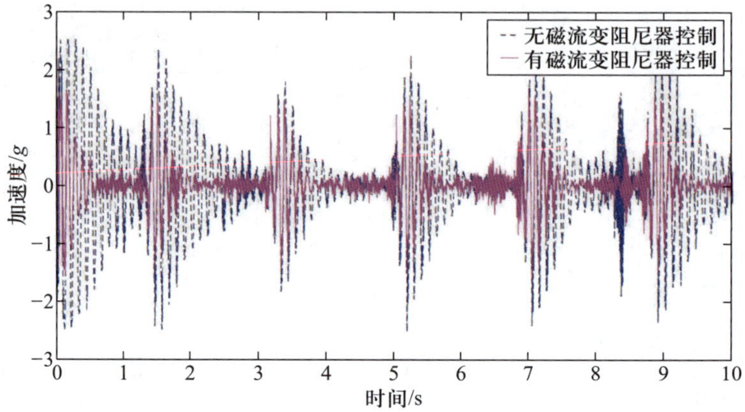

(a) 刀盘轴向加速度

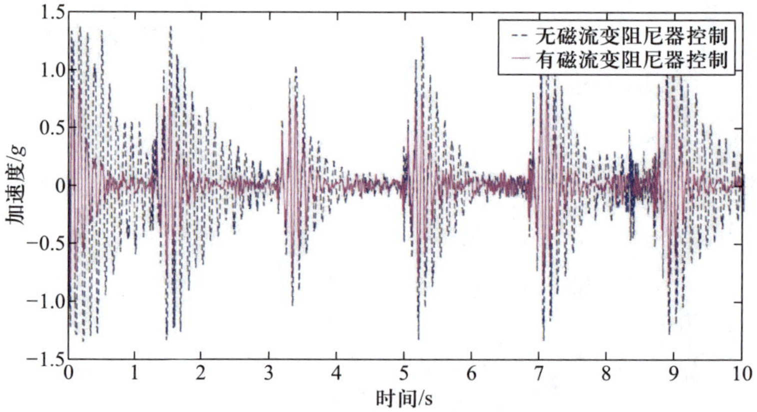

(b) 主梁前段轴向加速度

图 11.34 刀盘转速为 6.5 r/min 时关键部件振动控制效果

HEP 机械工程前沿著作系列
MEF HEP Series in Mechanical Engineering Frontiers

已出书目

- 现代机构学进展（第 1 卷）
  邹慧君　高峰　主编
- 现代机构学进展（第 2 卷）
  邹慧君　高峰　主编
- TRIZ 及应用——技术创新过程与方法
  檀润华　编著
- 相控阵超声成像检测
  施克仁　郭寓岷　主编
- 颅内压无创检测方法与实现
  季忠　编著
- 精密工程发展论
  Chris Evans　著，蒋向前　译
- 磁力机械学
  赵韩　田杰　著
- 微流动及其元器件
  计光华　计洪苗　编著
- 机械创新设计理论与方法
  邹慧君　颜鸿森　著
- 润滑数值计算方法
  黄平　著
- 无损检测新技术及应用
  丁守宝　刘富君　主编
- 理想化六西格玛原理与应用
  ——产品制造过程创新方法
  陈子顺　檀润华　著
- 车辆动力学控制与人体脊椎振动分析
  郭立新　著
- 连杆机构现代综合理论与方法
  ——解析理论、解域方法及软件系统
  韩建友　杨通　尹来容　钱卫香　著
- 液压伺服与比例控制
  宋锦春　陈建文　编著
- 生物机械电子工程
  王宏　李春胜　刘冲　编著
- 现代机构学理论与应用研究进展
  李瑞琴　郭为忠　主编
- 误差分析导论——物理测量中的不确定度
  John R. Taylor　著，王中宇等　译
- 齿轮箱早期故障精细诊断技术
  ——分数阶傅里叶变换原理及应用
  梅检民　肖云魁　编著
- 基于 TRIZ 的机械系统失效分析
  许波　檀润华　著
- 功能设计原理及应用
  曹国忠　檀润华　著
- 基于 MATLAB 的机械故障诊断技术案例教程
  张玲玲　肖静　编著
- 机构自由度计算——原理和方法
  黄真　曾达幸　著
- 全断面隧道掘进机刀盘系统现代设计理论及方法
  霍军周　孙伟　马跃　郭莉　李震　张旭　著
- 系统化设计的理论和方法
  闻邦椿　刘树英　郑玲　著
- 专利规避设计方法
  李辉　檀润华　著
- 柔性设计——柔性机构的分析与综合
  于靖军　毕树生　裴旭　赵宏哲　宗光华　著
- 机械创新设计理论与方法（第二版）
  邹慧君　颜鸿森　著
- MEMS 技术及应用
  蒋庄德 等 著
- 倒装芯片缺陷无损检测技术
  廖广兰 史铁林 汤自荣 著
- C-TRIZ 及应用——发明过程解决理论
  檀润华 著
- 机电系统动力学控制理论
  ——U-K 动力学理论的拓展与应用
  赵韩　甄圣超　孙浩　著

- 旋转机械故障信号处理与诊断方法

  许同乐　著

- 跨界车 NVH 性能分析

  ——传动轴 – 驱动桥的建模、仿真与测试

  徐劲力　姚佐平　吴波

  冯雪梅　黄丰云　卢杰　主编

- 大国重器

  ——全断面岩石隧道掘进机振动机理及智能抗振减振设计

  霍军周　石泉　李建斌

  叶尔肯·扎木提　聂晓东　贾连辉　著

坚守：1941

时代出版传媒股份有限公司
安徽文艺出版社

面对围剿、卧底、叛徒、暗杀……
面对信仰、真理、友情、爱情……
1941年。皖南。一群真的勇士毅然选择坚守。

坚守：1941

郭明辉◎著

Jianshou:1941

时代出版传媒股份有限公司
安 徽 文 艺 出 版 社

图书在版编目(C I P)数据

坚守:1941/郭明辉著.—合肥:安徽文艺出版社,2011.11
ISBN 978-7-5396-3792-1

Ⅰ.①坚… Ⅱ.①郭… Ⅲ.①长篇小说–中国–当代
Ⅳ.①I247.5

中国版本图书馆 CIP 数据核字(2011)第 168738 号

出 版 人:朱寒冬
责任编辑:曾 冰 刘冬梅 装帧设计:许含章

出版发行:时代出版传媒股份有限公司 www.press-mart.com
安徽文艺出版社 www.awpub.com
地 址:合肥市翡翠路 1118 号 邮政编码:230071
营 销 部:(0551)3533889
印 制:合肥创新印务有限公司 (0551)4456946

开本:700×1000 1/16 印张:23.5 字数:400 千字
版次:2011 年 11 月第 1 版 2011 年 11 月第 1 次印刷
定价:36.00 元

堅守

目录

1941

“过家家没有风险，那是游戏，不是打仗。打仗和游戏的区别就在于有无风险。现在，我们要做的是如何降低风险，不是逃避风险。”

“玲子啊，你若还在世上，你能看到天上那张观音的脸吗？”“大师说得对啊！该修的何止是庙宇，家国都该修了！”

“我问你，你是小资产阶级思想抬头，想找个女人搞浪漫爱情，还是封建思想作祟，想弄个压寨夫人?！”

“逃兵是什么下场？是要枪毙的！”“不就是姓冯的团长不重用你嘛，他不用，别人就不用吗？就说我吧，那死鬼不用了，可是你在用呀！”

“对我们有用的就要学，管它是敌人发明的还是朋友发明的。战争有正义和非正义之分，但是，战术没有正邪之分，只要有用，我就拿来用！”

冯和平给师座呈上一份报告，不是“剿匪”计划，而是离职疗养申请。冯和平团长竟突然跪了下来，双肩颤抖，长跪不起。

“在座各位，谁现在教我一招，只要能把小日本打回老家去，你就是把我比作

玲子会把枪口对准哥哥，哥哥将含笑面对，能倒在玲子的枪口下，哥哥无怨无悔！”

“老子那天夜里就是冲着你的新媳妇去的，可惜老子运气不好！”“你他娘的等着，我刘赣元一定会找你算账的！”

“一个人，一时失意是难免的，但是如果这失意是因信仰而起，那就会成为一辈子的不如意，与其如此，不如……”

“永垂不朽，这词放在我身上不合适吧，马克思也没有说自己不朽嘛。”

“叛徒是一种罪，不管你是哪一边的叛徒，你都是有罪的！这个罪，就像你身上的胎记，一辈子，甚至几辈子都洗刷不掉！”

“以我的经验，这事就得搞突袭，速战速决，不能打阵地战，不然他老李就成了老黄瓜喽！”

“只可惜，明月今犹在，青春不复返呀！”“但愿人长久，千里共婵娟。也许，丁玲同志此时也在看着这轮圆月啊！”

第一章

1

连天上的鸟都知道，从南坡上麻岭只有一条路，山民称之为老路。远远望去，老路像一根棉线，弯弯绕绕地伸到麻岭脚下，连上一座石桥。桥头有两株百年的樟树，一直一斜，枝叶葱绿，树冠如盖。在两株老樟树两侧，布有一人多高的铁丝网，像是老樟树展开的双翼，一直拦到两侧陡峻的崖壁。两株老樟树之间是一道粗大的活动木栅栏，一块刷着大大的红色“×”字的牌子挂在上面，透着几分森严。木栅栏前一排士兵手中的枪刺放着寒光，两条威猛的军犬利齿毕现，目露凶光，吐着鲜红的舌头，似乎随时准备扑上去撕咬。

这是国民党顽军驻皖南部队设置的路卡。自从1941年1月事变之后，所有进出的山里人都要通过严格盘查。当然，似乎只有天空中的飞鸟是管不住的。

太阳很暖，风很柔。一群鸟飞来，五颜六色，唧唧喳喳，落在铁丝网上，翘一下尾巴，丢下一片鸟粪，便掠过路卡，朝山上飞去了。山很深、很绿。

这一切，冯和平是从德国造的“蔡司”望远镜中看到的。作为五十二师某团团长，冯和平正在进行移防此地之后的第一次巡视。此时，冯和平身着笔挺的军装，端坐在马背上，缓缓放下望远镜，露出一张冷峻的面孔。这张面孔看上去颇为疲倦，一对青灰的眼窝在军帽的阴影里深如秋潭。

倏地，不知什么东西从他马前的草丛中蹿出，闪电般消失在路边的树林中。那匹栗色的战马显然受了惊吓，扬起前蹄，咴咴嘶鸣。冯和平不禁一提缰绳，紧跟身后的贴身侍卫王大功纵身下马的同时，快速地拔出双枪，闪身护住了冯和平。

四周了无动静，只有戏春的蜂蝶翩翩地翻飞。

冯和平的心脏咚咚地狂跳着，少顷才定下神来。

王大功机警地环视了四周片刻："可能是野物！"

"是呀，"冯和平摘下军帽，揩一把额头的汗，意味深长地说，"春天来了，该出来的都要出来了！"

"团长，您好几天都没睡好，还是回去歇着吧。"王大功插好双枪，说，"不会有事的。"

冯和平戴好军帽，一勒缰绳，掉转马头，扬鞭策马。栗色战马撒开四蹄疾奔而去，王大功催马跟上。马蹄的铁掌踏在山路上，声音脆亮，四面的山谷里传来阵阵回响。两骑战马在盘桓的山路上时隐时现，很快没入群山的翠绿之中。

进了麻岭山脚下的石牛镇，冯和平勒了一下缰绳，马蹄声慢了下来。自从移防此地以来，冯和平还是第一次发现这座山间小镇有着如此的古朴趣味。石牛镇是典型的山间小镇，纵横几条老街，各色店铺挤挤挨挨，分列两厢，墨檐粉墙，高低错落，颇有皖南韵味。青石板铺陈的街道被时光打磨得光可照人，斜铺下来的春日阳光，暖暖的，像涂了油彩。这大概就叫如诗如画吧。冯和平想，若不是因为战乱，这小镇也算是世外桃源了！只可惜，因为战事，小镇像失了魂魄似的，少了很多生气和活力。冯和平习惯性地摘下军帽，抱在胸前，任由战马缓缓地踏在小街的青石路上。青石如磬，马蹄声脆，冯和平像散心一般，听着悦耳的得笃得笃声，顿觉心底一片澄明。

突然，对面的一条街巷里传来一阵骚乱，是一群人在放肆地吵嚷，由远及近，声音越来越大。冯和平难得的好心境受到搅扰，马上拉下脸来，侧过身看了一眼王大功。王大功心领神会，不等团长发话便催马上前打探。冯和平骑在马上，闭上眼不停地揉搓太阳穴，想让自己静下来。

不一会儿，王大功便回来报告："团长，是我们团的几个弟兄，酒喝多了，因为划拳闹得不痛快，自己人跟自己人打了起来！"

"带回团部！"冯和平立马脸色铁青，一边催马一边对王大功命令，"把他们的营长、连长、排长、班长一起叫来！"

"是!"王大功一边应着,一边打马而去。

团部设在石牛镇镇南头一座荒弃的小学堂里。冯和平进了团部,两个勤务兵赶忙迎上来。冯和平下马之后,把马缰甩给王大功,边走边脱衣服,脱一件扔一件,如天女散花般。一个勤务兵紧跟在冯和平的身后,捡起他一路扔下的衣服。待走到团部门前时,冯和平已脱得只剩下内衣短裤,露出周身雄健的肌肉。冯和平气呼呼地往门前一站,双手插在腰间,脚下却没闲着,一只脚蹭一只,褪掉两只靴子,然后远远地踢开。勤务兵捡回靴子,没等冯和平发话,便招呼几个小兵蛋子一起,一人拎起两只水桶,小跑着去打水了。

团长生气了。团长一生气,就要冲冷水澡。这一点全团上下都知道!

虽说时至春天,但是山里毕竟仍有凉气,山间的溪水更是寒意未消。冯和平却不在乎,别说是春天,就是数九寒冬,冯和平照样冲冷水澡。冲冷水澡是冯和平读中学时就养成的习惯,不冷倒会让他觉得很不过瘾。

转眼间,勤务兵把水打来了。冯和平站在门前空地上,只看了勤务兵一眼,勤务兵马上明白,可以开始了。冯和平身材高大,这个勤务兵还是个半大孩子,显然不够高,于是搬来一只凳子站上去,拎起一桶水从冯和平的头上浇下来。就在水浇下来的同时,冯和平像通上电的喇叭一样,放开喉咙唱了起来:

"家可破,国须保,身可杀,志不扰,一心一力团结牢,拼将头颅为国抛……"

一边冲冷水澡一边唱歌,这也是冯和平团长的习惯。勤务兵也已习惯,所以也不觉得好笑,只管勤勤恳恳地往团长头上浇水。此时,冯和平团长就像一株久旱的树苗一样,忘乎所以地歌唱着。一桶水浇下去,就有当兵的拎着空桶跑步去打水,来来回回,像赶集似的。直到冯和平突然停住了歌唱,当兵的这才停下来,呼哧呼哧地喘气。

冯和平冲完冷水澡之后,刚刚换好干爽的衣服,王大功就跑来报告:"报告团长,所有人集合完毕,等候命令!"

冯和平整好军容,跨步出门。几个喝酒闹事的士兵和他们的营、连、排、班长们都集合在门前。

冯和平正色道:"喝酒闹事的站出来!"

几个士兵歪歪扭扭地站出来。

冯和平问："这些都是谁带的兵？"

班长站出来认领之后，排长、连长、营长依次都站到自己的士兵身边。

冯和平扫了一眼："噢，原来是一营和三营呀！两位营长，你们的手下在大街上酗酒滋事，你们说该怎么办？"

还没等两位营长开口，一个醉醺醺的士兵一边脱衣服，一边说："团长，不用问营长，俺知道，俺知道咋办，不就是洗冷水澡吗？俺洗，洗一洗还能醒醒酒！"

冯和平看了看那个士兵，突然拎起一桶冷水，照着那个士兵的头上浇去。那个士兵上衣刚刚脱下，露出干瘦的上身，被这突然而至的一桶冷水激得一哆嗦，一下子瘫在地上。

冯和平扔掉水桶，命令道："多来些人打水，让他们好好清醒清醒！"

呼啦啦一下来了二十多人，拎起水桶，抄起脸盆，排队跑步去打水。冯和平来来回回地走动，一边催打水的快些，一边骂浇水的站高些，整个军营里热闹得像救火一般。那几个喝酒滋事的士兵和他们的营、连、排、班长们一样，被冷水冲得嘴唇发紫、浑身发抖，一声也不敢吭，硬着头皮等着冯和平团长发发慈悲，快些喊停。

冯和平突然命令："唱，唱《抗敌歌》！"

一阵发抖的颤音，走腔跑调，唱得七零八落："家可破，国须保……"

与其说是唱，不如说是号，痛苦地号，简直不堪入耳。但是冯和平似乎并不感觉到难听，他登上临时搭起的瞭望台，朝着远处的群山望去。麻岭因其高峻而显得尤为夺目。麻岭，他是熟悉的，那是在对新四军的"围剿"中。想到这里，那惨烈的一幕又出现在眼前，冯和平不禁打了一个冷战。突然，他拔出枪，朝天啪啪两枪，然后大喊："别唱了！"

痛苦的号叫顿时停下，周围突然鸦雀无声。

冯和平闭上眼，狠狠地按了按自己的太阳穴，对王大功平静地说："让他们回去吧！"

2

麻岭是此地群山中的一座，也是最险峻的一座，山高林密，崖壁陡峭。此时，麻岭深处一个山洞内，黑暗阴冷。新四军军部作战参谋刘赣元和战友李闽南就躲藏在这里。事变发生后，突围中他们与队伍失去联系，算来已经有七十多天了。七十多个日夜，忍饥挨饿，经寒受冻，自不必提，单是个人卫生问题，李闽南就受不了。李闽南是洋学生出身，爱干净，因为受了重伤，躺着不能动，只能靠刘赣元帮忙才能动一动。为防国民党顽军搜山，他们几乎不轻易出山洞，唯一可以打发时间的方式便是闲聊。

李闽南说："老刘，几个月没有剃胡子了，里头都生虱子了。要是女人多好，没有胡子！"

"老李呀，可别这么说，女人没胡子，可是有长头发，那东西收拾起来更麻烦！"刘赣元笑着说，"话又说回来，你老李要是女人，我跟你在一个洞里住那么多天，孤男寡女，说不定现在你肚子都大了，那麻烦就更大了！"

"老刘啊老刘，你这家伙，我是女人，也不给你生孩子！"李闽南说，"就你那呼噜打得跟打雷似的，生个孩子也被吓傻了！"

两个人开心地笑了一阵。笑声在山洞中回响。

刘赣元说："老李，坚持下去，等回到大部队，我请你到城里的理发馆，找个女师傅给你刮胡子，你看怎么样？"

李闽南说："那可不行，那样会犯纪律，要关禁闭的。"

刘赣元说："别怕呀，你刮胡子，好好享受，要禁闭，就关我！"

李闽南说："算了！胡子还是咱自己刮，你老刘要请客就请我吃一碗腊肉面吧，我刚刚还做梦吃腊肉面呢！"

提到吃，刘赣元的肚子叫得更响了。算起来，已经饿了几天了。人饿的时候鼻子最灵，突然间，刘赣元凑鼻一闻，马上来了精神，道："好吃的来了！"说着，随手操起一把短刀，便摸出了洞，同时给李闽南丢下一句话，"今天改善伙食！"

山虽深，却挡不住春天的脚步。俏皮的西南风吹了半个月，天暖和得暄腾腾的。一夜之间，仿佛山里的花花草草都冒了出来，空气中弥漫着一股自然的清香，很是惹人。

衣衫褴褛，蓬头垢面，胡子拉碴，眼睛布满血丝。刘赣元从山洞里钻出来，俨然一副野人模样，腰间的驳壳枪和手中的短刀，与他冷峻的眼神一起放着寒光。也许在黑暗中时间太久，一出山洞，刘赣元的双眼被春日的阳光灼了一下，好一会儿才缓过来。刘赣元自小在山里长大，一闻空气中的清香就知道山里的野菜该冒出来了。对于大山，刘赣元太熟悉了，光凭鼻子，他就能把一座大山认个遍。果然不出所料，茂密的林间长满了各种野菜。一见到嫩绿的野菜，刘赣元仿佛见到大鱼大肉一般，口水都要流出来了。没费多大工夫，刘赣元就挖了一大堆野菜。就在他准备返回山洞美餐一顿时，突然听到一阵敲树的声响。

啷啷——啷啷——啷啷啷啷啷……

声响发自不远处，刘赣元马上隐蔽起来，随手拔枪的同时，打开了保险。

啷啷——啷啷——啷啷啷啷啷……

敲树的声音再次响起，还是这种节奏。这一定不是伐木，山民们都知道“春不伐，冬不植”。难道是一种联络暗号？如果是，是敌人搜山的暗号，还是我们突围失散的战友发出的暗号呢？

啷啷——啷啷——啷啷啷啷啷……

对刘赣元来说，这种节奏是那么地熟悉。跟着节奏，刘赣元在心里默默重复着。一遍、两遍……突然，刘赣元想起经常唱起的《新四军军歌》，心里默唱：

东进，东进！我们是铁的新四军！
东进，东进！我们是铁的新四军！

没错！就是这个节奏！

刘赣元不禁心中暗喜，过去唱军歌的时候，不就是这样打拍子的吗？他下意识地用枪柄在身边一棵大树上敲出同样的节奏。

啷啷——啷啷——啷啷啷啷啷……

刚刚敲完，那边也响起了回音，还是这种节奏。刘赣元又回了一次，对方也回应一次，如此几次，刘赣元确定：一定是自己的战友，或者是地方的同志。

自从突围出来后，已经和组织失散太久，一想到自己的同志，他的心抑制不住地一阵狂跳。

尽管刘赣元如此确定，但是他还是不敢贸然对话。倒是对方忍不住了，压低声音问："请问是'四老板'吗？"

"'四老板'"是皖南群众对"新四军"的暗称。刘赣元听出来对方是当地口音，但还是不敢应答，怕是敌人使诈，警觉地观察着周围的一切，做好随时战斗的准备。

"四老板，我是烧炭的老程，程老黑。"对方又压低声音说。

一听是程老黑，刘赣元喜出望外。程老黑经常往军部送炭，每一次见到他，他都是一头一脸的炭灰，叫程老黑倒是当之无愧。刘赣元也知道，程老黑平时烧炭，其实也是当地的老地下党员，只是为了工作方便才一直没有公开身份。

"老程，我是刘赣元啊！"刘赣元显然有些激动，嗓音有点沙哑。

这时，只见从前面坡下的一棵大树上滑下一个人来，弯着腰快速跑过来。刘赣元远远就看见果然是程老黑。

"老程，你怎么找到这里来了？"刘赣元拉着程老黑的手问。

"我在这一带转悠了好些天了，我猜这一带一定有我们的同志！"老程也很激动，"终于找到了！"

刘赣元四周看了一下，见没有其他动静，确定老程没有叛变之后，说："这里不宜多说，进山洞吧！"

二人来到山洞口，刘赣元一进洞就喊开了："老李，快来看啊！"

李闽南以为他弄到什么山珍野味，正想问时，却见他身后跟着一个人，下意识地马上抓住枪柄。

"好好看看这是谁。"刘赣元说。

山洞里的光线太暗，李闽南凑近了才认出老程来，激动地说："这不是送炭的程老黑嘛！"

老程刚坐下来，刘赣元就打听突围的情况。

老程说："听说情况不好，只有少数人突围，其余的同志，不是牺牲，就是被俘，还有一些同志失散了。不过，大部分突围失散的人员都藏在山里，因为山高林深，目前还比较安全。另外，地方党组织安排地下党员和进步群众以采茶、烧炭为名，上山寻找自己的同志，已经联系上了很多同志。"

二人听后，既难过又高兴。不管怎么说，总算跟组织联系上了，兴奋之情还是无法掩饰的。

“老程，有没有战地服务团的消息?”刘赣元突然想起什么，抓住老程的肩膀。

“听说都打散了，乱成一锅粥，分不清是哪一部分的。”老程摇了摇头，说，“在前面大山崖壁下，有一些女同志牺牲在一起，好像是集体跳崖了!”

刘赣元一听，马上站起来:“都是谁? 有没有……”

老程叹口气:“很惨啊! 血肉模糊，分不清谁是谁!”

刘赣元双目直直地盯着洞口，浑身一阵冰冷，脑际马上浮现出那张清秀姣好的笑脸，一身新四军的军装，显出女孩子的飒爽英姿，最可爱的是那一双大眼睛，和那一口悦耳动听的湘南话。

那一群牺牲的女战士里，会不会有她呢? 但愿没有! 如果没有牺牲，她现在又躲在哪里? 有没有受伤? 是一个人躲藏还是和其他同志一起? 一连串的问题，瞬间冒了出来。此时，如果不是老程拍了一下他的肩膀，他还不知道会愣到什么时候。

老程指着刘赣元挖来的一大堆野菜，说:“这些日子，你们受苦了吧。这样吧，你们先拿野菜垫一顿，我现在就下山给你们弄粮食去。”

刘赣元说:“老程，这样太辛苦了，也太危险!”

“放心吧，这大山我熟悉!”老程说，“天黑之前我来，还以‘啷啷’为暗号。”

刘赣元点点头。李闽南不知道什么“啷啷”，刘赣元解释之后，李闽南笑了，说:“这个主意不错。”

老程说:“多亏了《新四军军歌》，要不然我还找不到你们呢!”

李闽南说:“一家人不说两家话，老程，我这肚子里好久都没进米了，草根树叶倒是塞了不少，现在连屎都拉不下来了!”说到这里，李闽南似乎又想起什么，说，“老程，最好带些盐来，我们好久都没吃上盐了，吃了盐，身上就有劲了!”

程老黑点点头:“放心吧，我一定办到!”

刘赣元把老程拉到一边，显然有些为难，但是好像有话又不得不说。老程急了，问:“刘参谋，你说吧，你还信不过我吗?”

“这个山洞虽说隐蔽，但是太冷，一没吃的，二没药物，对李闽南养伤很不利，能不能想办法把他转移到可靠的群众家里养伤?”刘赣元盯着老程的眼睛，恳切地说，"我知道这很困难，但是他的伤不能再拖了！"

老程低下头。这确实是个难题，不是他不愿意，实在是山下的情况复杂。事变之后，国民党几个师的兵力就驻扎在山下，继续在山里"搜剿"新四军突围部队和失散人员。更为严重的是，国民党顽军在当地给家家户户登记造册，实行"五家联保"。眼下，国民党顽军天天挨村挨户地搜查，如果被发现，他老程一个人的性命不要紧，搭上其他同志的性命，那就是罪过啊！

"突围中，我们已经牺牲很多同志了，再也不能……"刘赣元显然很激动，"老程，你是本地人，我知道你有办法！"

"放心吧！"老程紧紧抓住刘赣元的手，说，"保证完成任务！"

刘赣元紧握老程的手，连声道谢，弄得老程很不好意思。

老程起身要走，出山洞的时候，他观察了一下四周没有情况，贴在刘赣元的耳边说："突围出来的同志最近准备开一个突围人员的会议，讨论下一步的工作。"

"太好了！"刘赣元问，"在哪里？"

"等候通知吧。"老程神秘地说。

3

天鹅荡其实是一处大山坳，四面环山，林深叶茂，一湾碧水映着四周的风光，令人心旷神怡。此时，正值春暖大地，万物复苏，若不是战争时期，面对如此美景，刘赣元说不定会发一番感慨。此时，刘赣元只身一人，穿行在皖南的山林之中。美丽的风光和他破烂的军装，形成强烈的反差。两天前，老程已经想办法把李闽南安排到一位地下党员的家里养伤去了。这个地下党员叫项腊梅，是个老党员，非常可靠。其实，刘赣元身上也有伤，不过并不重。对他来说，这点伤跟他当年攻打长沙时受的伤比起来根本就算不了什么。况且，一想到马上就能见着其他突围的战友，刘赣元心里有一股说不出的高兴，脚下也显得特别有劲，每一步都迈得那么轻快、那么扎实。

按照事先约好的暗号，刘赣元在大孤峰北面山崖下的树丛中见到了等在那里的老程，由他带路，转了一大圈之后，老程又发了一次暗号。突然，两个持枪的人从树上跳下来,直落在他们面前,把刘赣元吓了一大跳,他刷地拔出手枪。

老程拦住刘赣元,说:“自己人!”

原来是躲在树上放哨的战士。问明来由之后,两个战士拿出两块布,要把他们的眼睛蒙上。刘赣元心里有点不高兴:“这不是不相信我刘赣元吗?难道把我当成叛徒了!”

放哨的战士说:“请你们理解,毕竟刚刚经历过事变,情况复杂,突围出来的同志们都不放心啊!”

程老黑也点点头,于是,刘赣元同意蒙上眼,由人牵着继续走。那块蒙眼的布一定是从旧军装上撕下来的,有一股汗味和血腥味,呛得刘赣元打了两个喷嚏。七绕八弯,走了差不多有两袋烟的工夫才停下来。摘下眼上的布,刘赣元睁眼一看,已来到一座新搭的山棚前。

山棚里有人说话,原来早已有十多个人等在这里。有的认识,有的不认识,从神情和衣着上看,应该都是突围出来的新四军战友。经历了事变,战友相见,大家都很激动,似有千言万语,却又无从说起,只有紧紧地握手,手握得生疼都不觉得。

刚想找个地方坐下,就听一个声音叫了起来:“刘参谋,终于找到你们了!”

刘赣元扭头一看,是军部作战科李科长。见到老上级,刘赣元马上敬礼。李科长拉着刘赣元一起坐下,问了一些突围后的情况后,百感交集,无以言说。

就在这时候,山棚外又有一个被蒙着眼的人带了过来。因为那块蒙眼的布很大,来人的脸被遮住了大半,看不清面目,但是从身材上看像是女同志。等摘下蒙面的布一看,竟然是她。可能是这些天东躲西藏地突围辗转,她瘦得几乎变了形,显得更弱不禁风。

刘赣元像被电击了一般,腾地站起来,正想走过去,却见她突然倒在地上,昏了过去。没等刘赣元上前,其他同志已经把她抬到一旁,给她喂水,摇着、喊着。

慢慢地,她醒了。刘赣元来到她身边,弯下身来看着她。她也看着他,勉强笑了一下,然后又哭了起来。

刘赣元拉着她的手,安慰道:“丁玲同志,别哭了,突围出来就好啊!”

丁玲含着眼泪,点点头,但是还是控制不住自己,只是哭声压得更低。

这时候，李科长站了起来，对大家说："同志们，时间不早了，这里不能久留。现在，我们这些突围的同志，要团结起来，成立一个临时党支部，带领大家向江北转移。"

大家表示赞成。经过推选，李科长是支部书记，刘赣元是支部委员之一。

在其他同志发言的时候，刘赣元忍不住问坐在身边的李科长："老李，我们什么时候转移，去找大部队？"

李科长说："马上就转移。"

刘赣元一听，心中大喜："太好了，昨天还做梦呢，梦到回到大部队了。"

李科长点点头："是呀，凡是突围出来的同志，哪一个不想回到大部队？哪一个不想到大部队去找一些大家庭的温暖？事变之后，国民党顽军一直在大规模地搜山清剿，这些突围出来的同志一直在东躲西藏，忍饥挨饿，经冷受冻。一提到要回到江北大部队，心里都是暖洋洋的。"

说完，李科长又站了起来，把大家一个一个看了一遍，然后说："刚才，有的同志问何时回到江北。我相信，大家的心情都是一样的，都想马上回到大部队去。但是，我还要告诉大家，不是所有的同志都能回到江北去！"

会场上顿时静了下来，气氛骤然严肃起来，继而又出现了嗡嗡的议论声。

李科长抬起双手，示意大家静一静，接着把有关的情况跟大家说了一下：

"上级指示，要从突围人员中，抽出几名军事干部留在皖南，同皖南特委地下党组织一起，坚守皖南！"李科长又环视了一下大家，接着说，"现在，根据皖南地方党组织的要求，我们要研究一下，让谁留下来！"

所有的人都沉默了。

李科长也沉默了。

这在情理之中，也在意料之中。在白色恐怖的环境中打游击，有多么的艰难，是完全可以想象的！国民党顽军几万正规军不间断地搜山，还有无处不在的特务和躲在暗处的叛徒，加之当地的民团、保安团，也在为虎作伥。环境恶劣，不言而喻。可以毫不夸张地说，留下来可能就意味着牺牲！

"哪位同志愿意留下来？请举手！"李科长说这话的时候，并没有用目光去扫视大家，而是抬头看着山棚顶上露出的一块天空，那时有一片云雾轻轻地飘过。其实，无须去看，李科长对大家的表情都很清楚，那就是凝重。除了凝重，还是凝重！

没人说话。偶尔有人因为紧张而发出不自然的咳嗽。

刘赣元站起来了，看了一眼李科长，提了提腰带，意思是要出去方便一下。李科长点点头。刘赣元大步跨出山棚。

刘赣元在山棚后面找了一片密林处方便。一大早，喝的两碗水煮野菜早就化为一泡尿，来的路上走得心急，竟然忘记排放。刘赣元是个急脾气，但是也不是凡事都急，该急的急，不该急的也不能急。方便之后，刘赣元的主意也有了，如果决定让他留下坚守，自然不能装孬，共产党员、革命战士，一切行动服从组织安排；如果不是自己，那就到江北大部队去，去打大仗，发挥自己的军事特长——这才是自己的理想！

一只鸟站在山棚的草顶上，唧唧喳喳，刘赣元抬头一看，是只灰喜鹊。喜鹊叫，喜事到！这倒是个好兆头！作为唯物主义者，不能有迷信思想，但是刘赣元的心里还是掠过一丝兴奋和喜悦！难道不是吗？丁玲不是如愿出现在他面前了？

他一边想着，一边往山棚走。进了山棚，发现大家都在七嘴八舌地议论。刘赣元走到李科长面前，问："老李，定下来没有？"

李科长把刘赣元上下打量一番，好像刘赣元出去尿一泡尿就变成了女人似的。刘赣元不解地说："怎么了？"

李科长突然向前迈了一步，大声道："现在，我代表新四军突围人员皖南临时党支部宣布，经支委会研究决定，军部作战参谋刘赣元同志留下，坚守皖南！"

刘赣元一下子就愣住了。尽管先前有了些心理准备，他还是觉得突然，觉得这一切来得有点稀里糊涂。支委会研究？我刘赣元也是支委，没有参加讨论，怎么就定下来了呢？

其实，从李科长刚刚看他的那一眼开始，刘赣元就有一种预感：坚守的任务会落在他头上！上级要求留下军事干部，他刘赣元本来就是作战参谋，当然属于军事干部，况且改编新四军之前，在江西老区打过三年多的游击，官至营长，战功不凡，这一点，李科长作为他的上级自然了如指掌。再就是李科长作为兄长，平时和刘赣元关系不错，最了解他刘赣元的性格，越难的事情越敢拼。所以，刘赣元想，既然如此，这个会不如不开，改为找他单独谈话就可以了，不至于让大家心里都七上八下的，也不会出现如此尴尬的局面。

“我留下可以，组织决定的，我服从！”刘赣元看了一眼躺在山棚边上的丁玲，大声地说，“就我一个人留下吗？”

老李接着说：“三支队五团指导员李闽南同志也留下！”

本来，刘赣元是想争取回江北大部队去的，但是一听李闽南也要留下，便什么话也不想说了。他知道，其实李闽南最应该转移到江北大部队，因为他的伤没有痊愈，最好能回大部队去养伤。

“可是，李闽南同志还在老乡家养伤啊！”刘赣元说。

“是的。因为他养伤不便撤离，而且他也懂军事，所以要留下他。等他养好伤之后，和你一起在皖南坚守！”

“征求他的意见了吗？”

“这是组织安排！”

刘赣元不再说什么。对于组织的安排，只有服从！但是，他还是忍不住又看了一眼丁玲。丁玲也在看着他。那一双眼睛里有很多内容，刘赣元一时半会儿是读不完的！

李科长说：“刘赣元同志，表个态吧！”

山棚里突然又变得安静起来。山棚外，喜鹊还在唧唧喳喳地叫，好像不止一只，而是一群在叫。刘赣元的脑子里一片嘈杂，很快，他便冷静下来。

刘赣元走到山棚中间，从李科长手里夺过旱烟杆，猛吸了两口，又还给李科长。

“既然组织已经决定，作为一名共产党员，我绝对服从！”刘赣元说，“但是，我有三条建议：第一，多留些弹药给我们，这里狼多啊！”

李科长点点头，马上让同志们集中弹药，很快，弹药收集到一起，放在一顶军帽里。那顶军帽破了一个洞，斑斑血迹非常醒目。老李接过那顶军帽，一粒一粒地数，只有三十发子弹！他把三十发子弹在手里掂了掂，觉得实在没有什么分量，又从腰间掏出手枪，把子弹退出来，本来想留一颗，想了想，一颗也没留，全部放进那顶军帽里，捧到刘赣元的面前。刘赣元接过来，捧到手里，手在抖。

山棚里的气氛更加凝重，风过棚顶的声音，都听得一清二楚。

“第二，请组织放心，我刘赣元说到做到，我们一定坚守皖南，斗争到底！”

刘赣元接着说，“如果我们在这里牺牲了，请把我们的历史向上级党组织报告，让党知道，我们是坚守皖南而牺牲的！”

说到这里，刘赣元的声音也有些哽咽。他的目光与丁玲的一碰，便收了回来。老李走过来，把旱烟杆递过来，刘赣元没接。

“最后，”刘赣元接着说，“过江之后，一定要请上级党组织早点跟我们联系，我们需要党的领导，我们需要上级的指示！有组织跟我们联系，我们就不觉得孤单了！”

李科长走过来，拉着刘赣元的手，眼眶也湿润了。是的，留在皖南坚守意味着什么，他比谁都清楚，但是为了皖南的革命火种不灭，总要有人留下，而且要留下的人必须是能胜任坚守任务的，而且能把星星之火燃成燎原之势。这样的人，除了刘赣元，在这些人中，还找不到第二个。从个人情感上来说，刘赣元是他喜欢的那一类军人，硬朗干练，有一股子不服输的性格，而且不乏智谋，要不也不会从教导大队被调到军部做参谋。如果让他选择，他倒愿意把刘赣元带到江北的七师去，打大仗这也是一块好钢啊！都说好钢用在刀刃上，就这一块好钢，到底用在哪个刀刃上?！大局为重，上级的决定就是大局，就是重中之重啊！

此时，李科长真不知该说什么好。其实他什么也不需要说，刘赣元从他的表情和眼神里已经读懂了一切。

“我们已经与皖南特委的地方党组织取得联系，很快他们就会和你联系。以后他们会配合你们，在这里共同战斗！”李科长拍一拍刘赣元的肩膀，说，“赣元，相信皖南的地方党组织，相信皖南的父老兄弟，他们会支持你们的！”

“是！保证完成任务！”

刘赣元向前大跨一步，刷——给李科长和战友们行了一个标准的军礼！

李科长和同志们也给刘赣元还一个军礼。丁玲本来躺着，这时候也挣扎着站起来，扶着山棚，给刘赣元敬一个军礼！刘赣元知道丁玲要站起来，但是他不敢看，他的心里在流泪。

“时间不早了！我们要转移了，你多多保重！”李科长拍了拍刘赣元的肩膀，似乎又想起什么，从一件破衣服里摸出一颗手榴弹，别在刘赣元的腰带上。

一阵山风吹动刘赣元粗黑倔犟的头发，吹动他身上又脏又破的军衣。

李科长带领其他同志迅速撤离山棚，丁玲被战友搀扶着，最后一个走出去，走到门口又转过身，让战友扶着，来到刘赣元的面前，把一支钢笔插在他的军装衣袋里。

目送战友撤向江北，眼泪模糊了他的眼睛，战友的背影渐渐淡去……

山棚里只留下刘赣元孤单的身影。山风摇着山棚，山棚外无尽的青山翠林，成了一个孤单身影的背景。

此时，从刘赣元的心底发出一声巨响，喷出他沙哑的喉咙："我等着你们啊！"

声音悲壮，在山谷间回响，惊起一片白鹭，向山中的一片翠林飞去。

4

三十发子弹。一颗手榴弹。

对刘赣元来说，这是他目前坚守的所有资本。面对莽莽大山和山里山外敌人几个师的兵力，刘赣元心里陡然生出一丝苍凉！巧妇尚且难为无米之炊，何况留在皖南是要战斗，并且还要把革命的火种燃成燎原之势！

不错，刘赣元是个红军时期的"老游击"，当年在江西老区，他刘赣元的大名曾经让敌人闻风胆寒。但是，那里的情况与现在大不相同，其一，他在湘赣边区长大，熟悉那里的一切；其二，那时他不是一个人战斗，有一群战友和他一起并肩作战。可是如今，他又该怎么办呢？

一阵"啷啷——啷啷"声响起，刘赣元马上回应，他知道是程老黑来了。这些天来，多亏了老程送吃送喝送消息。刘赣元纵身从一棵大树上跳下来，见老程笑吟吟地出现在面前。

老程给他带来了锅巴和咸菜。饿了两天了，刘赣元抓起锅巴，就着咸菜，如风扫残云一般，眨眼就消灭干净了。程老黑看着刘赣元狼吞虎咽的吃相，可以想见他藏身山里的艰难。

吃完东西，刘赣元抹抹嘴，正想跟老程打听山下的情况，老程又拿出一套山里老百姓的衣服，虽说是旧衣服，倒还干净。老程说："这是我的衣服，你将就着穿吧。"

刘赣元换上衣服，程老黑不慌不忙地从身上掏出一个小布包，递过来，说：“还有这个，这是李闽南让我带来的，说是你需要。”

“老李还好吧？他的伤恢复得怎么样？”刘赣元问。

“很好，已经能下地走了。”老程说，“他想你呢！”

“我也想他！”刘赣元说，“我还指望他帮我啊！”

刘赣元一边说着，一边打开小布包，里面有一把小剪刀、一只小圆镜、一块肥皂头。

见刘赣元拿着东西发愣，老程说：“快去收拾收拾自己吧。你看看你这模样，别人见了，怕是会吓着！”

刘赣元笑了，拿起小镜子照了一照，自己也吓了一跳：头发蓬乱，两眼深陷，胡子又密又长，把嘴都遮住了，上面还沾着几粒锅巴米粒。乍一看，简直就是一个野人！

“你收拾好了，我们这就下山。”老程认真地说，“地方上的几个同志已经联系上了，都想见你！”

“太好了！”刘赣元非常兴奋，双手叉腰，围着那棵大树来回地绕圈子，边绕边说，“太好了，太好了！”

若不是老程催促他快去收拾，他一时半刻还真停不下来。

刘赣元把小镜子支在一个小树杈上，操起剪刀先把头发修理了一下，头发太长太乱，很费了他一番工夫，不知不觉折腾出一身大汗。尽管剪得长短不齐，但是看上去利索很多。好不容易把头发修理好了，该打理胡子的时候，刘赣元却突然停了下来。

“快剪吧，要不要我帮你？”老程比他还急。

刘赣元没说话，把剪刀和小镜子收了起来，包好，揣进了怀里。

老程急了：“胡子还没剃呢！胡子……”

“不剃了！”刘赣元说。

“那么长的胡子，为啥不剃？”老程不解地问。

刘赣元神秘地说：“留着有用！”

老程摇了摇头，嘟哝一句：“真搞不懂！”

二人来到山下，远远地看见路口有国民党顽军设卡把守。老程是山里人，由他带路,来回绕了几个弯,便成功地避过了检查。

程老黑,大名叫程永存,因为生得老相,又长年跟木炭打交道,所以才有了外号“程老黑”。程老黑是当地人,兄弟两个,弟弟叫程永远,1939 年参加新四军,次年在与日寇的战斗中牺牲。程老黑已是五年党龄的老党员,担任中共县委书记,因为长期斗争的需要,地方党组织要求他不要暴露身份,从事地下工作。程老黑一直以在山中烧炭为掩护,在周边一带活动,与中共皖南特委和县委保持联系,为新四军做过不少联络交通工作,尤其是在事变之后,掩护和帮助许多突围同志转移,功不可没。虽说烧炭买卖不大,但也算是生意,程老黑大小也是老板,在当地也算得上是个人物。因为在山里长大,程老黑性情直爽,为人慷慨,当地有头有脸的士绅富户乃至乡保长都跟他小有交往,这恰好为他从事地下工作提供了掩护和方便。

下山之后,程老黑领着刘赣元大摇大摆地来到一个小山村。远远地就听见从一户人家院子里传出喧闹声,很是热闹,好像正在办喜事。在皖南三年多,刘赣元知道,山里人办喜事要热闹三天,周边的村民,无论亲疏远近,只要来了就是客,都可以喝喜酒。

刘赣元拉住程老黑,问:“到这里做什么?”

程老黑头也不回,继续走:“喝喜酒!”

刘赣元说:“喝喜酒?不是……”

程老黑一语双关,说:“走吧,客人都到齐了!”

刘赣元马上明白过来,便大步来到那户人家门口。一进院门,程老黑就冲里面喊:“表哥,杀猪的请来了!”

刘赣元小声问:“我什么时候成了杀猪的了?”

程老黑小声说:“让你剃胡子你不剃,瞧你这副样子,胡子一大把,不像杀猪的,难道还像个秀才先生?”

刘赣元一想,这话倒是有理,便马上进入角色,尽力扮演起杀猪的角色来。

就在这时,一个壮实的山里汉子走出来,迎着他们便拱手。老程一把拉着刘赣元,介绍道:“这是我表哥,明天他儿子满月。”然后又对表哥说,“这位是从山那边请来的屠户,姓刘,就叫老刘吧,不爱说话,不过手艺不错,价钱也便宜!”

表哥笑着把他们往里请。三人来到旁边的厢房,直接来到里间,表哥随手放下帘子。

“老朱，这位就是新四军留守的刘参谋。”老程马上放低了声音，“老刘，老朱是木匠，两口子都是中共地下党员，他那口子就是项腊梅。”

刘赣元握住老朱的手，说：“恭喜恭喜！”

“恭喜就免了。”程老黑说，“这是为了见你专门安排的！热热闹闹地搞，是为了避开国民党的检查！”

“有话回头再说，”老朱指了指一面墙，说，“来，我带你去见一个人！”

说着，老朱挪开一口大棺材，里面露出一扇小门。老朱啷啷啷敲了三下，然后又敲五下，小门开了，从里面伸出一个头来。刘赣元一看，是李闽南。

李闽南从里面出来后，和刘赣元紧紧拥抱，激动之情无以言表。

刘赣元打量了一下李闽南，说：“老李，组织上已经决定，让我们一起留在皖南坚守。”

“我都听说了。”李闽南说，“坚决服从！”

刘赣元说：“没想到我们又要在一起了！”

“这样好啊！”李闽南说，“你还没请我去剃胡子呢！”

这时候，程老黑走过来，说：“二位，还有一位客人要见你们！”

当胡缅生出现在面前的时候，刘赣元无论如何不敢相认。提起胡缅生，当初在新四军军部，几乎无人不知、无人不晓，一个从东南亚归国的华侨，西装革履，金丝眼镜，能写能画，能吹口琴，绝对是一个文化人。可是，眼前这位分明就是一个又黑又瘦、衣不蔽体的地道“山民”。

见刘赣元一脸的不解，胡缅生笑了，用还算地道的皖南方言说：“老刘，士别三日，当刮目相看嘛。”

刘赣元上前拉住胡缅生的手，紧紧地握住，久久不放，忍不住还是细细打量了一番。为了让刘赣元彻底放心，胡缅生把自己的情况作了大致介绍：事变前，上级党组织为了在皖南留下革命的火种，秘密安排胡缅生以一个陌生人的身份到地方开展工作。一开始他扮成一个哑巴，先到一个地方党员家里做长工，熟悉了地方情况之后，担任皖南特委负责人兼三县中心县委书记。

这下刘赣元放心了。两个人的心情一样，三句话没说完，就谈到了今后的打算。按照事先的安排，刘赣元和胡缅生坐在里面一桌，外面也摆了一桌，由老程和老朱陪着其他客人,有一口没一口地喝着酒,其实就是在望风。刘赣元和胡缅生谈了很长时间,尤其是对今后的游击斗争,作了深入的分析和谋划。

本来刘赣元是不想喝酒的,不是他不能喝酒,相反,刘赣元酒量很大。参军前他曾在家乡一家酒作坊挑过水,钱没挣到,却练出一副好酒量。他不想喝酒是因为他觉得在敌人的眼皮子底下活动,虽有地方的同志掩护,多少还是不放心。况且,他还想多跟胡缅生同志谈一谈,多听听地方同志的意见。刘赣元就是这样的人,该粗的时候粗,该细的时候,丝毫也不马虎!

可是,就在刘赣元与胡缅生谈兴正浓的时候,国民党乡自卫队一帮人前来例行搜查。刘赣元和胡缅生等人都见过世面,面对这一帮乌合之众,一点也不慌张。老朱上前招呼,老程也凑上前去递烟。自卫队队长姓江,是个大麻脸,人称江麻子。江麻子认识老程,但是还是对这种大办喜事的场面心存怀疑。

江麻子扫视了一下现场,说:“这兵荒马乱的时候,给孩子办满月喜酒,可是不多见呢!”

老朱说:“江队长,本来是不想办的,可是孩子他娘非要办,说是图个吉利!”

老程说:“是呀,江队长,这是我表哥,都三十岁的人了,才得一个大胖小子,办几桌酒,就图个高兴嘛。来来,弟兄们一起喝几杯,一定要喝,不然就是不给我程老黑面子!”

江麻子被搀着坐下来,还是不放过,问:“既然是公子过满月,就把公子抱出来,让我过一眼!”

老朱不慌不忙地说:“那当然!正好孩子还没起名,那就请江队长给起个好名字呀!”

说着,老朱一边把一袋喜蛋递上,一边冲堂屋喊:“孩子他娘,快把儿子抱出来,让江队长看看,给孩子起个名。”

这时,项腊梅怀里抱着一个婴儿走出来。婴儿哇哇地哭着。

江麻子侧脸一看,果然是个婴儿,又看了看老朱,点点头说:“儿子随爹,有点像!”说罢起身要走。

老程知道江队长是假装要走,故意留住,说:“江队长,不能走,要走也得喝几杯,给个面子!”

江麻子正好找到台阶,马上坐下来,喝了两杯之后,可能觉得酒不够好,又摇了摇头，站了起来，一转身，看到了另一桌的刘赣元和胡缅生，问："那两位客人好像不是本地人吧！"

老朱说："江队长好眼力，他们都不是本地人，都是山那边的。"

"没错，一个是帮我烧炭的，一个是我请来杀猪的。"说到这，老程冲着刘赣元和胡缅生说，"你们两个别傻坐着，过来跟江队长喝几杯！"

刘赣元和胡缅生交换了一下眼色，端着酒杯来到江麻子身边，说："江队长，敬你一杯。"

江麻子翻翻眼，说："看你们两个，像是当过兵吧，是不是'四老板'的人？"

刘赣元装出憨态，说："江队长，兵没当过，猪杀过不少。"

胡缅生缩了缩头，说："当兵的哪有像我这样的？枪都扛不动。"

老程说："江队长，也不是我吹牛，他们要是能当兵，我就能当团长了！来，来，喝酒！"

江麻子眨巴一下眼睛，计上心来，说："好吧。别的我不多问了，你们两个一人端一碗酒，一口喝干了，让我看看。"

老程不知道江麻子要耍什么花样，看了看刘赣元和胡缅生，意思是让他们当心点。刘赣元笑一笑，端起一碗酒，咕咚咕咚，几口就喝了下去。他的酒碗刚放下，胡缅生也端起来了，咕咚咕咚，也喝了下去，还冲江麻子亮了亮碗底。

江麻子看着，点了点头，说："看来两位不是新四军。新四军那帮穷光蛋，不让喝酒，谅他们也练不出这么好的酒量！"

老程说："江队长眼光真毒，一眼就看穿了。佩服！"

"喜事就办到今天，明天不许再办了！"江麻子打了一个酒嗝，说，"国军正在搜剿新四军余党，你们也要当心点！发现情况，马上报告！"

江麻子一帮人走后，刘赣元见胡缅生酒已上脸，但是并不显醉意，看来也是好酒量。老程这时候走过来，问："刚刚有点惊险，没有吓着你吧？"

"一帮乌合之众，算不了什么！"刘赣元笑了笑，跷起大拇指，说，"不过，你们今天的安排绝对高明，严丝合缝，滴水不漏！"

胡缅生说："这是我们一起商量的办法，集体智慧嘛！"

刘赣元点点头。大白天在敌人的鼻子底下安排如此聚会，真得要有勇有谋啊！越危险的地方越安全，险中求稳，这一招实在是高明！看来，地方党组织中真有高人呢！往后，有他们的支持，游击斗争就能很好地开展起来。想至此，刘赣元紧紧地握住老程的手，一肚子感谢的话，却一句也说不出来。

这时候，老朱拿出麻将，让胡缅生、刘赣元、李闽南、程老黑四个人坐下来。老朱坐在院门口望风。四人看似打牌，其实是在开会。

胡缅生说："目前，皖南的形势非常恶劣，但是越恶劣的形势，越是要坚守。现在我们要研究的是如何坚守！"

"接受任务后，这些天我一直在想，怎么坚守？"刘赣元说，"坚守不是坐等天上掉下天兵天将，也不能指望对手发瘟闹灾自己灭亡。坚守，就要跟对手去争去抢，打出自己的一片天地！我们大了，对手就小了；我们强了，对手就弱了；我们多了，对手就少了；我们站直了，对手就会趴下！"

李闽南说："皖南的群众基础很好，有这片山，就不怕种不出林子来！"

程老黑说："对！有山就有林，有林就有柴，有柴就能烧出好炭来！"

胡缅生性格沉稳，认真地听着大家的发言，不停地点头。最后，他把四人的意见统一起来：尽快成立一支游击队，让皖南的天空红起来！

突然，刘赣元摸出一张牌来，大声道："好！"

三人不知何牌。刘赣元反手一扣，那张牌稳稳地落在桌面上。

大家定睛一看："东风！"于是一齐笑道，"好啊，就差这一张了！"

第二章

1

江之端从老相好崔寡妇的床上爬起来,天已大亮。

“糟糕!真他妈的要误大事了!”江之端摸出枕头下的怀表一看,已过八点。

躺在旁边的崔寡妇睡眼惺忪,以为这个没良心的男人吃饱了又要借故开溜,便搂住江之端的腰不让走。江之端生得肥胖,肚鼓腰圆,崔寡妇一双肥手搂不过来。江之端心里着急,一边慌慌张张往身上套衣服,一边哄着这个小贱人:“哎呀呀,不要闹了,真有大事!”

崔寡妇装嗔撒娇:“有什么屁事?我问你,有什么事比搂着我睡觉还要大呀!”

“当然有!”江之端从枕头底下摸出枪来,指着她的头,佯做开枪状,说,“今天国军‘剿共’指挥部来人检查,听说是个大官!‘剿共’可是眼下的头等大事,影响‘剿共’是要掉脑袋的!”

见江之端一脸的认真,崔寡妇这才很不情愿地松开手,趁江之端套裤子的时候,顺手从江之端的口袋里摸出几个大洋,偷偷塞进被窝里。江之端慌慌张张出门,崔寡妇露出半截白花花的身子,说:“哎,晚上还来呀!”

从崔寡妇家里出来,江之端一路小跑,肚皮上的肥肉上下直晃,大大降低了他的速度,路没跑多远,汗却出了不少。恰好,迎面来了一架竹轿子,江之端喘着粗气,伸手拦住,一屁股坐上去,直把竹轿子压得咯吱作响。

两个轿夫见是江之端，不敢怠慢，咬着牙吃力地抬起来，问："乡长，去哪？"

江之端粗着气，说："快快，乡公所！"

最近这些日子，庙首乡乡长江之端过得很是滋润。自从国军围剿新四军以来，他这个乡长的地位就陡然提高，国军给粮给枪还给饷，专抓新四军和共产党，威风要尽，催粮收税也不像过去那么难了。国军有交代：谁他妈的不听话，马上就抓起来，当成共党分子和新四军对待，看看谁还敢龇牙！当然，最重要的是，崔寡妇这个小贱人越发地浪，三天两头把他伺候得通体舒畅。哎呀，一想到那小贱人在床上的味道，他心里就美得扑腾扑腾的。

一年之计在于春，春天是皖南最忙最热闹的季节。外地来皖南讨生计的人很多，采茶的、种田的、摘桑养蚕的，这个时候都该来了。皖南物产丰富，各路商贩自然云集，有买有卖，有进有出，有大有小，都是一个目的，那就是讨个营生。所以，这个时候，在皖南能听到五湖的口音，能见到四海的面孔，确实不足为怪。虽说这些年跟日本人打仗，不太安宁，尤其是今年，皖南"剿共"形势甚凶，各种盘查很严，但是毕竟不能不让老百姓讨口饭吃。

庙首是个老集镇，祖上传下来的老规矩是隔天逢集。这一天，正好赶上逢集，人来人往，叫买叫卖，好不热闹。

天刚亮，程老黑俨然一副小老板的架势，大摇大摆地出现在庙首街上，身后跟着刘赣元和李闽南两个"伙计"，一人挑着一担木炭。庙首集市，程老黑常来常往，熟人也多，都知道他是烧炭的老板，身后跟着两个挑炭的伙计也是常事，无须担心会引起别人的注意。既然是"老板"，程老黑就不能挑担子，像个老板的样子，甩着大膀子走在前面，遇到熟人拱手打个招呼，轻松惬意。刘赣元身大力不亏看不出吃力，倒是苦了李闽南，他身上的伤刚刚好，一大早起来，又走了一段山路，此时，挑着担子就显得脚步沉重了。

好在终于到了。放下担子，程老黑开始大声吆喝："木炭，上好的木炭。火旺无烟，两块大洋一担！"

李闽南呼哧呼哧地喘着粗气。刘赣元把手巾递给他擦汗，小声说："注意观察情况。"

李闽南点点头，用手巾遮掩着，四下观察，没见异常。

有人来买木炭，程老黑跟人讨价还价，不一会儿便成交了。程老黑道："走好，走好！”

说罢，程老黑使了个眼色，刘赣元贴近他，小声说：“四处走走。”

于是，三人便佯装着赶集，混进了人群之中。此次三人下山到庙首赶集有两个目的，一是观察一下山下的“剿匪”情况，实地考察一下形势，二是采购物品，为成立游击队做些准备。其实，这是明处的两个目的，三个人都知道，另外还有一个目的只有刘、李二人知道，程老黑不知道。

走着走着，程老黑发现情况不对，突然站住，悄悄对刘赣元说：“平时，这时候江麻子的自卫队该上街了，今天怎么没有遇见，难道有什么特殊情况？”

刘赣元悄悄说：“时候还早，到乡公所看看。”

乡公所是一处大院落，朱红大门，高大的门楼两侧贴满了花花绿绿的“剿共”标语。大门前一对石狮子旁，两个自卫队员正在抽着烟说说笑笑。

远远地，江之端坐着竹轿忽闪闪来到乡公所大门前。一见大门紧闭，知道那位“剿共”指挥部派来的长官还没到，江之端暂且放下心来。待竹轿落定，江之端一摸口袋，一文钱也没有了。一想，一定是那个小贱人给摸去了，笑一笑，摇了摇头，自言自语道：“女人呀女人，就是爱钱啊！”

轿夫伸出手来，说：“乡长，轿子钱！”

江之端冲着两个轿夫说：“今天没带零钱，先记着，下次一起算吧！”

一个轿夫苦着脸说：“乡长，你前几天坐竹轿说下次，今天又说下次，都好几次了，你……”

江之端眼一翻，说：“说什么呢？什么几次？堂堂一个乡长，难道还能欠你们这几个小钱吗？”

另一个轿夫说：“乡长，我们卖苦力的，日子不容易，你就可怜可怜我们吧！”

这时，有赶集的百姓过来围观，程老黑、刘赣元、李闽南混杂其中，静静地观察。见江之端如此耍赖，围观的百姓便七嘴八舌议论：

“乡长仗势欺人！”

“对！坐轿付钱，天经地义！”

“给钱！给钱！”

江之端一见受到围攻，便拔出手枪，一脚踩在竹轿子上，说：“怎么着？他娘的，你们是不是投共通匪了，嗯？是不是想造反啊？！来人啊！”

两个自卫队员端着枪跑过来。

一听说要扣上“投共”的大帽子，围观的百姓都不敢吭声了。两个轿夫见说不出道理，只好认了倒霉，抬起竹轿子要跑。

就在这时，有人说话了：“慢着！”

说话的是一位大高个先生，一副商家打扮，头戴黑呢子礼帽，扣着一副墨镜，长相英武，气度不凡。他的身后还站着高大威猛的随从。

江之端被来人的气度震住了，一时不知如何是好，半天才拱手道：“请问这位先生是……”

那位先生并不回答问话，冷冷地反问道：“你就是庙首乡的江乡长？”

江之端看了看面前的这个先生，点点头：“是，是。”

那位先生又问：“你是不是坐了人家的竹轿？”

江之端摸不清此人的来头，想了想，慢慢点点头：“是，是。”

“那你为什么不给人家轿子钱？”那位先生突然提高了嗓门，喝道，“难道因为你乡长的屁股比别人金贵，就该不给人家钱吗？”

江之端这时候感觉到此人可能来头不小，明知道他是乡长还敢如此训他，如果没有来头，怕是不会在他的地盘上胆大妄为。好汉不吃眼前亏，江之端马上弯腰低头认错，解释道：“这位先生，不是我不给他们轿子钱，是我身上没带钱，不信，你摸摸看。”

“有钱，钱说话；没钱，人说话。怎么能不给钱还要打人呢？！”那位先生点点头，似乎相信了江之端的话，说，“江乡长，既然没钱给人家，那就给人家轿夫认个错！”

周围看热闹的百姓见平时横行乡里的江之端被如此训斥，都很兴奋，跟着起哄声讨：

“这位先生说得对，要认错！”

“对，轿夫也是人，乡长也要认错！”

江之端虽然在这位先生面前点头哈腰，但是在众百姓面前给两个轿夫认错，还是有点磨不开面子。就在他犹豫不决，打算蒙混过关的时候，那位先生的随从，跨步来到他面前，瞪着眼逼他就范。江之端心里一凉，无奈，只好来到两个轿夫面前，低头认错：“对不起二位，我错了。轿子钱，我马上让人去取。”

这样一来,倒是把两个轿夫弄得不知所措。围观的百姓一阵哄笑。

那位先生走到两个轿夫面前,从衣袋里摸出两块大洋,放进轿夫的手里,说:“让你们受惊了。拿着,轿子钱我替他付。”

“不不,这这,这太多了!”两个轿夫不敢要,那位先生执意要给,两人只好收下,连声作揖道谢。

围观的百姓发出一阵叫好声。刘赣元、李闽南、程老黑互相对视了一下。

那位先生抬起手,摘下墨镜,示意大家安静,然后,他走上乡公所的台阶,说:

“庙首乡的父老乡亲们,敝人是国军驻皖南部队五十二师团长冯和平,我部奉命负责这一地区的防务,往后还请各位乡亲多多支持。刚才,江乡长向那两位轿夫认了错,赔了礼,说明乡长还是通情达理的嘛。人非圣贤,孰能无过,有过就改,还是好样的!大家说是不是?”

下面有人附和,他的随从带头鼓掌,人群中勉强响起稀稀拉拉的掌声。

得知眼前这个高个子先生是国军的冯团长,江之端吓得直愣愣地站在那里,后背冒出冷汗。原来,要来检查工作的就是这个冯和平团长!刚才发生的事,想想真悬,好在事情过去了,虽说在老百姓中丢了面子,但是还好保住了乡长的位子。保住这个位子,面子以后可以慢慢挣回来。

就在江之端犯愣的时候,突然一只大手拍在他的肩膀上,把他吓得腿一软,差点瘫倒在地上,扭头一看是冯团长,马上赔出一副笑脸来。

冯团长说:“江乡长,难道不想请我们到你的乡公所喝口茶吗?我可听说皖南的茶很香啊!”

江之端这才反应过来,忙引着冯团长一行进了乡公所,边走边指着墙,介绍他的政绩。

冯团长抬头一看,乡公所的墙上贴满了标语,红红绿绿的,整整齐齐:

从云岭到茂林,不到十天就剿平

受匪骗不要愁,要做好人快自首

对江之端的政绩,冯和平没有评价。因为有墨镜遮着,江之端也看不出冯和平的表情里是赞许还是不满,落下一肚子的悬疑和一脑门的虚汗。

2

进了乡公所坐下，泡上一盏“明前茶”，江之端亲自把茶捧到冯团长的面前。

冯团长接过茶，看着盏中茶叶的舒展，说：“江乡长，刚才那一出，你别见怪，我那都是做给老百姓看的，是为了笼络人心，我们的工作，没有他们的支持，路子是走不长的啊！”

“冯团长，您训斥得对，是我江某一时糊涂，做了错事。为了几个小钱，得罪了百姓。罪有应得，罪有应得！”江之端点头哈腰，“江某不知道冯团长会微服私访，多有得罪，请您原谅！”

“我可不是为了微服私访，而是为了躲避暗枪啊！”冯团长板着脸说，“江乡长，据我们掌握的情况，共党的新四军余党还在活动啊！”

江之端点头称是：“团长英明，不知这一趟都要检查哪些工作？”

冯团长随口说道：“你先把乡里的情况介绍一下吧。”

江之端揩了一把汗，也不敢坐下，把乡里的情况介绍了一番：“庙首集市上共有三百多户人家，一家铁匠铺，两家杀猪户，三个裁缝店，四家杂货店，另外还有一个澡堂子，两家剃头铺，三家小饭馆，十来家种茶户和烧炭户。小集镇周边都是山，中间有条河，河上有座桥，桥是石桥，乡公所就在这桥头上。乡公所有个自卫队，自卫队有三十个人，十一条枪，另有大刀几把，队长是我亲侄，马上我就叫他来见团长……”

“停！”冯团长好像很疲惫，抬手制止了江之端，闭上眼睛靠在椅背上，叹口气说：“江乡长，你说的这些，我都知道了。你下面是不是要说‘五家联保’、‘搜山查户’什么的？我跟你说，这些作用都不大！恕我直言，看来你这里离我们想象的还差得很远！江乡长，剿灭共党，任重而道远啊！不过，这也怪不了你，整个党国都没办法，你一个区区小乡长，又能如何？”

江之端从冯团长的话音里听出有点不对劲，但是又不好问，只好跟一句：“尽力而为，尽力而为！”

突然，冯团长问：“江乡长，听说前些日子，你们从老百姓家里搜出了两个新四军女兵，有没有这回事？”

江之端马上挺起胸脯，说：“有！”

冯团长问：“她们都姓什么叫什么？”

江之端挠挠头，说：“好像一个姓杨，一个姓李。本来是三个，跑掉一个。”

冯团长马上直起身来，问：“跑掉的那个姓什么？叫什么？”

江之端说：“不知道。”

冯团长瞪着眼道：“为什么不审讯没跑掉的那两个呢？”

江之端说：“那两个确实没跑掉，因为被乱枪打死了。”

冯团长激动地一拍桌子，道：“混账！怎么能……”

江之端说：“团长，黑天黑地的，人又多，她们一跑，我们就放枪了，结果就……”

冯团长摆了摆手，闭上眼，一边揉着眉心，一边说：“没事没事，我的意思是，抓到活口更好，可以搞到一些情报嘛。”

江之端说：“晓得了，团长，下次我们一定注意，抓活的！”

就在这时，门外有人喊了一声：“报告——”

“进来。”江之端说。

话间刚落，一个大麻脸走了进来，也是一个大胖子，见客人坐着，乡长站着，知道客人有来头，马上点头哈腰。

冯团长看了看江之端，江之端赔着笑脸说：“团长，这是乡自卫队长，我亲侄子！”

冯团长点点头。

江之端对大麻脸说：“还不快见过团长！”

江麻子咔的一声，来了个立正，因为身上的肉太多，分不清身子腿直不直。

江麻子说：“团长，庙首自卫队队长江麻子前来报到！”

冯团长能闻出来他一身酒气，作为职业军人，对这类“二道醋”本来就看不惯，所以扬了扬手，让他退到一旁，然后问江之端：“江乡长，乡自卫队平时训练吗？都训练哪些课目？”

“团长，别提了，本来是想训练的，可是眼下忙不过来啊，你看看，又要忙清剿，又要忙查户，还要代国军征粮征税，这几天正在忙着去拉夫，”江之端解释说，“也就是拉壮丁。”

冯团长警惕地问:“拉壮丁做什么?”

“修桥修路,还要巡街,都需要人手!”江之端说。

冯团长摇摇头,叹口气说:“江乡长啊,我现在明白了,你这个乡长这样当下去,肯定当不长!”

江之端吓了一跳,以为自己什么地方说错了,还想解释一番。

冯团长站起来,走到门口,戴上墨镜,对江之端说:“江乡长啊江乡长,实话告诉你,你真应该学学共产党那一套,学学他们怎么跟老百姓打成一片的,想想老百姓为啥愿意冒死保护他们,而你修桥补路却没人愿意干,还要去抓壮丁!记住,别把自己这个破乡长当成多大的官,没有老百姓,乡长算个屁!”

江之端的脸一阵红一阵白,目送冯团长一行人扬长而去,心里暗骂:“他妈的,今天真是倒霉,碰上这么个东西,什么狗屁团长,他到底是共产党还是国民党?!”

3

离开乡公所,程老黑领着刘赣元和李闽南来到一家杂货店门前。这家杂货店的老板叫程老二,是程老黑的堂兄。之所以要到这里来,主要是为游击队买盐。

自从国民党顽军“剿共”以来,盐就成了当地的“控销品”。为了所谓的“困匪”,国民党顽军规定,每家每户按盐票定量供应,多买就查你是不是“通匪”。况且,想买也没人敢卖。盐的问题,事关重大,要托信得过的人办。为安全起见,刘赣元给程老黑立了一个原则,如果不是可靠的人,宁肯不买,也不能轻易下手。眼下,便衣特务渗透得很厉害,几乎无孔不入。还有一些脱党变节分子,也掺杂在群众中,稍有不慎都有可能会误了大事。程老黑心里自然明白,这才想到在庙首街上开杂货铺的堂兄程老二。程老二是个厚道人,也是进步群众,应该不会有问题。

三人来到程老二杂货铺的时候,除了一个小伙计,正好铺子里没有外人。程老黑跟堂兄程老二也不用客气,先买好做党旗用的红布和针线,接下来,就提到买盐的问题。

程老黑悄悄地说："二哥，我这几个外地朋友出来做事，想弄点盐吃，能不能想点办法？"

程老二当然信得过自己的堂弟，但是还是有顾虑，说："没有盐票我也没办法。查得紧！"

程老黑问："二哥，你可知道谁能弄到盐票？"

"江麻子！"程老二咬牙切齿地说："昨天，我亲眼看见江麻子那狗日的拦住几个老百姓，硬是把人家的盐票搜了去，说他们'通匪'，其实他是想拿出去倒卖高价！"

程老黑说："那好，二哥你让人去把江麻子找来，就说有人想跟他做生意，买他的盐票。"

程老二点点头，于是让店里的伙计去乡公所找江麻子。说来也巧，伙计刚出门，就见江麻子带着几个自卫队员，晃晃荡荡地从街对面走过来，歪戴帽子斜挎枪，嘴里还骂骂咧咧。程老二给程老黑使了个眼色，程老黑会意，马上迎上前去。

程老黑笑着递上一支纸烟，说："哎呀，这不是江队长吗，今天是怎么啦？谁吃了豹子胆，敢把江队长气成这样！"

江麻子两步跨进程老二的杂货铺，一屁股坐在柜台上，把程老二的破柜台压得咯吱直响，程老二很是心疼，却敢怒不敢言。

江麻子抱怨道："他娘的，一大早来了一个什么狗屁团长，又是训人，又是发飙，还说我叔叔的乡长干不长，我看他娘的他的团长也干不长！"

程老黑划着火柴，递上前去，说："江队长，点上，抽支烟消消气！"

江麻子点了烟，深吸一口，说："你说他娘的气人不气人，我叔叔当乡长容易吗？我当这个自卫队长容易吗？狗屁团长说我的自卫队不训练，我他娘的天天在乡里转来转去的，那不是训练呀！我他娘的把头别在裤腰带上，我没功劳总有苦劳吧！"

"一点也不错，没有江队长，别说庙首不得安宁，就连我这炭都烧不成！"程老黑附和道："江队长，没有你和弟兄们，也没有我这行生意，中午饭我请，一起喝几杯！"

江麻子从柜台跳下来，好像突然发现程老黑似的，说："哎，程老板，你这是？"

程老黑嗓门一提，说："送几担炭来卖，顺便来结一结过去的陈账！"

"结账？"江麻子不解道，"有不少吧，程老板发了！"

程老黑憨憨一笑，拍拍腰包，说："不多不多，小钱小钱，够喝几顿的！"

江麻子又点点头，盯着程老黑的腰包，想了想，伸手把程老黑一拉，说："来来，我跟你说点事。"

程老黑跟着江麻子来到门外屋檐下，江麻子说："程老板，我有点生意，你可想做？"

程老黑马上想到了盐票，故意说："江队长，我一个烧炭的，能跟你队长做啥生意？"

江麻子四下望了望，从腰间掏出一沓盐票来，说："这个，怎么样，俏得很，转手就是钱！"

程老黑看了看，确定是盐票无误，欲擒故纵道："哎哟，江队长，这是犯法的事，我可不敢！"

"你怕个鸟！"江麻子急了，说，"这他娘的犯什么法？在庙首乡的地盘上，我就是法，法就是我，我说犯法就犯法，我说不犯法就不犯法！"

程老黑觉得火候差不多了，说："那好吧，江队长，万一有个闪失，你可得给我扛着！"

"一句话！你看，这里总共二十张，"江麻子用手比画了一下，说："你就给我这个数。"

程老黑一看，这小子真敢要，说："这样吧，我这钱不够，欠你两块大洋，过几天手头活泛了，我给你送来。你要是不放心，我再给你打个条，画个押。"

江麻子看程老黑不像说假话，说："好吧，好吧，我信得过你程老板！"

一手交钱一手交货。江麻子很满意，一沓盐票白拿，几块大洋到手，又可以吃喝嫖赌了。

程老黑说："江队长，你可要帮我扛着！"

江麻子头一甩，说："他娘的屁事没有，下回多带点大洋来，这个生意你我还能做！"

程老黑说："好好！有江队长撑腰，我就放心了！"

有了盐票，到专卖处兑了盐，三个人便到老街上转了几圈，没有发现特殊情况，刘赣元提议到茶馆里坐坐，看看能不能收集一些消息。三人来到一家茶馆，要了一壶粗茶，慢慢喝着，一边留神听着周围茶客悄悄议论。有人说，听说新四军这回被搞得够戗，好几千人都给打掉了。有人说，还有好多被抓了俘虏，押到江西上饶关起来了。另一个说，是啊，今天上面又来大官了，听说是个团长，看来又要搞大行动了！

老百姓的议论，有的有根有据，有的也是道听途说，不足采信，真正让刘赣元感兴趣的，是那个团长冯和平。从他今天在乡公所前的表现来看，这个人不简单。一个团长当众训斥一个乡长并没有什么了不起，关键是他通过训斥乡长，笼络老百姓，取信于民，而且做得入情入理，自然而然，一般老百姓还看不出有什么破绽。看来，这个对手不好对付！

事实上，刘赣元第一眼看到冯和平团长，马上就想到了一个人，那就是转移到江北去的丁玲。为什么会想到丁玲？原因有三，一是冯和平团长的湘南口音，二是他眉宇间的气息，三是“和平”这个名字。这三个原因，让刘赣元不得不想起丁玲。

刘赣元是在新四军教导大队任男女队队长的时候认识丁玲的。那时，抗战全面打响，民众情绪高昂，为保家卫国，全国各地的热血青年基本上选择两个方向，一是奔赴陕北加入八路军，一是奔赴皖南投奔新四军。丁玲就是那时候从湖南长沙一所学校弃学前来参加新四军的。

那时，刚刚改编的新四军队伍中，时时处处充满着集体主义和革命浪漫主义的气氛，参军后的青年男女都把这里当成自己的家，战友之间也非常友好。在改编前，刘赣元是营长，到了新四军之后，服从组织安排到了教导队，担任男女两队的队长。这个差事，刘赣元不大满意，但是既然是革命需要，就要担当起来。刘赣元性格爽直，又是红军出身，身上有伤证明打过大仗，自然得到青年男女的崇拜，在众多崇拜者中，就有丁玲。

丁玲并不是那种容貌特别出众的女孩子，但是她有湘妹子特有的泼辣，更有青年学生的聪明和热情，天天围着队长刘赣元，问这问那，时间一长，丁玲的眼神里就有了另外的内容，这一点刘赣元也发现了。虽说年纪比她大几岁，但是毕竟也是青年人，而且部队有规定，不许男女战士谈婚论嫁，所以，刘赣元就有意地回避丁玲火辣辣的目光。可是，话又说回来，丁玲也是个聪明的女孩子，知道刘赣元的回避是出于规定，而不是对她的反感，所以也把那份美好的感情埋在心底。

刘赣元必须承认，与丁玲在一起的时候，他是快乐的。他们一起在云岭山上的林间散步，在军营后面的草丛中谈心，在青弋江畔的落日余晖中高唱军歌……想起来都让人心里暖和啊。

记得丁玲有一次特意跟他谈过自己的家庭。丁玲的父亲曾是国民党政府里的一位高级官员，早年跟随孙中山，后来病故于南京，不久母亲也病逝。只有她和哥哥一起生活。后来，哥哥参军了，她继续上学，再后来就到新四军来了。丁玲只有那一次提到她哥哥，刘赣元问起过，但她不愿多说。就在事变前，丁玲突然来找刘赣元，两个人谈心时，丁玲说要告诉他一个秘密，并要求他一定为她保守这个秘密。刘赣元答应了。

丁玲告诉他，她哥哥在国民党军五十二师，是一名团长。

现在，刘赣元无法判断丁玲当时为什么要告诉他这个秘密，也许是出于对他的信任，也许是一种暗示，也许就是女孩子的一种小游戏而已。但是，这个“秘密”现在却令刘赣元放不下了。冯和平，为什么不是丁和平呢？难道丁玲还有什么秘密没有告诉他吗？

不过，一种军人特有的感觉告诉他：这个冯和平很可能就是丁玲的哥哥！

如果真的是，那么，看来真是一个特殊的对手了！刘赣元心里暗暗想。

这时候，一壶粗茶泡得淡而无味了。

程老黑问：“下面怎么办？”

刘赣元故意大声说：“程老板，你是老板，你说怎么办就怎么办？”

程老黑这才想起自己的角色来，马上说：“伙计们，回家喽！”说罢，率先出了茶棚，刘赣元和李闽南跟在后面捂着嘴偷笑。

三个人大摇大摆地来到街上，前面大老远挂着一家剃头店的牌子。刘赣元下意识地摸摸头，又摸摸脸上的一大把胡子，突然想起什么，说：“还有最后一项任务！”

程老黑问：“还有什么任务？”

李闽南明白了刘赣元的意思，故意逗老程说：“这是我们的秘密，不能告诉你！”

程老黑说：“秘密？你们还有什么瞒着我程老黑！”

刘赣元笑了，拉着他一起进了剃头铺。

李闽南对刘赣元说："说好的，你请客。"

刘赣元说："那当然！"

二人坐下来，半躺在折椅上，剃头师傅给他们围上围布，拿来热手巾焐脸，只露出两只眼睛来。这是刮胡子的程序，焐上一会，胡子茬变软了，刮起来利索，人也舒服。李闽南挨着刘赣元，小声开着玩笑，说："老刘，你不是说进城请我刮胡子嘛，怎么又改在这小镇上了呢？这里档次不够呀！"

刘赣元说："有什么档次够不够的，我看都一样！"

李闽南掀开脸上的热手巾，压低了声音说："没有女师傅！"

刘赣元忍不住扑哧一声笑出来，把焐在嘴上的热手巾吹起老高，道："将就将就吧。"

焐好了脸，师傅过来给他们脸上抹上香胰子沫，噌噌噌，不大一会儿工夫，就刮好胡子。刘赣元付了钱，见程老黑蹲在门口等着，走上前摸着光光的下巴说："老黑，你看，这就是我们的秘密！"

程老黑忽然明白，说："噢，老刘，你这家伙，怪不得自己不剪胡子，原来是想来享受啊！"

于是，三个人一起大笑。

快回到山里的时候，程老黑问他们："这一趟觉得怎么样？有没有收获？"

刘赣元说："有！"

程老黑问："什么收获？"

"乡公所！"刘赣元说着，握紧拳头，做了一个向下砸的动作。

第三章

1

四月的皖南，草长莺飞。近处山景氤氲，远处茶园层叠，散居的村落里墨檐白墙若隐若现，淡淡的炊烟袅然化入蓝天。此时的皖南，随处都可以写进诗中，画进画里。

胡缅生站在山棚前的一棵大树下，手里捧着一篇稿子，反复斟酌。他的眼中布满血丝，虽然有些倦意，精神依然很好。昨天夜里，他和刘赣元、李闽南等人一起，把今天要用的稿子反复修改，终于定下了。那是一份宣誓词，要在皖南山地游击队成立仪式上宣读，当然非常重要。胡缅生在上海同济附中读书时就喜欢写写画画，心里常常激情澎湃，自然会融会在誓词之中。

这时候，孟玉端着盆出来晾衣服。孟玉是胡缅生的妻子，也是地方党组织领导人之一。这个来自上海的富家小姐，经过几年艰苦环境的打磨，身上已经没有了大小姐的味道，俨然成为一名合格的共产党员和革命战士。

胡缅生马上把她拉住，说："老孟，游击队成立的宣誓词写好了，你朗读一下，让我听听效果怎么样。"

"太好了！"孟玉放下盆，在身上揩一揩手，接过誓词，拢了一下短发，挺直腰身，用标准的女中音读道：

我们是新四军皖南山地游击队，我们要在中国共产党的领导下，继续高举抗日救亡大旗，在皖南坚持抗日和反顽斗争，为国雪耻，为皖南事变死难的同志报仇。我们一定要坚守皖南，迎接中国革命的最后胜利……

“好！”伴着一阵鼓掌声，刘赣元、李闽南和程老黑出现在他们面前。

“老刘，你觉得怎么样？”孟玉激动地问。

“很带劲！”刘赣元看了看李闽南。

李闽南说：“老胡的大手笔，肯定没问题！”

“这是集体智慧，我是代笔而已！”胡缅生转过身来问刘赣元，“老刘，你们下山的情况怎么样？”

“收获颇丰啊！”刘赣元指着两副担子说，“看看，该买的都买了！”

“而且还看到一场好戏！”李闽南接过话茬儿说，“这一场戏叫‘国民党团长训乡长’，晚上有空再讲给你们听！”

孟玉走上前来问：“党旗的事，办了吗？”

“当然办了！”刘赣元从怀里掏出一块红布和针线，说：“盐不买，这事也得办！”

孟玉接过红布，展开来反复欣赏，大红的布料映得她面颊通红。孟玉捧着红布，爱不释手，说：“我马上就来做！”

“女人就是女人，一见针线活眼睛就发亮！”刘赣元看了看孟玉说，“孟玉同志，材料都备好了，你就辛苦点吧。我们这些五大三粗的大老爷们，打仗可以，穿针引线可不在行。”

作为全队唯一一个女同志，孟玉知道这个光荣的任务非她莫属：“老刘，你们这些男同志思想有问题，穿针引线的事非要女同志来做吗？典型的大男子主义，要批评！”

刘赣元看看胡缅生，说：“这是小事，我们男同志当然不能做，老胡你说是不是？”

胡缅生把心思都放在誓词的稿子上，不知道什么事要他表态，头也不抬，随口说道：“就是就是！”

刘赣元说：“你看，你家老胡都说就是就是，我看，那就是！”

一句话，逗得大家都笑了。

毕竟是女人，看见针线，孟玉忍不住手痒，马上就动起手来，一边飞针走线，一边说：“同志们，我这可是在做党旗，虽说是穿针引线，可不能看做是小事！我这一针一线，可都有重大意义呀！这一块红布，代表我们对共产主义事业的忠心和热情，这上面要绣上镰刀和铁锤，代表着我们千千万万劳动人民团结在一起，还有……"

程老黑在一旁听得很入神，突然打断她的话，问："孟大姐，你说那是镰刀，我相信，可是你为啥说那是铁锤呢？为啥就不能是金锤铜锤呢？"

一句话真把孟玉问住了，也把大家逗乐了。

老胡抬起头来，严肃地说："那是一种象征，不管是金的铜的还是铁的，都是我们劳动大众的象征。大家都是党员，党旗的事，要严肃！"

孟玉瞪了程老黑一眼，嗔怪道："叫你多嘴！快，去忙别的吧，别在这打扰我！"

大约一顿饭的工夫，党旗就做好了。孟玉的手艺不错，也很用心，所以做得比较精致，自己也比较满意，一定要爱人胡缅生也来评价一下。

胡缅生展开看了又看，点点头，拍拍她的肩膀，说："很好！你辛苦了！"

孟玉说："不辛苦！做党旗我这是第一次，现在还很兴奋呢！"

胡缅生端详了孟玉一会儿，阳光照在她的脸上，在她的两腮和眼窝边留下了深深的阴影，她瘦了许多。

"这些日子，你受苦了！"胡缅生说，"本来你应该在这美丽的地方，写诗画画的，那会是多么美好！可是，现在却躲在这里受苦，不后悔吧？"

"我不后悔！你呢？你作为华侨，本可以在国外享受荣华富贵，不是也来到这深山中受苦了吗？"孟玉说，"跟你在一起，为共产主义理想奋斗，我觉得很幸福！"

胡缅生用手指着远处的山峦，说："你看，这里多美啊，等到赶走了日本帝国主义，打倒了反动派，我们再来这里，写诗，画画！"

落日余晖映出圆润的山体。孟玉拉着胡缅生的手，满怀憧憬，望着美丽的山景，心中升起一股暖意。

这时候，刘赣元和李闽南大步走来。刘赣元兴奋地说："老胡，所有的队员都到齐了，准备工作也做好了，就等着会议开始了！"

胡缅生说："很好！等会儿我们一起商量一下有关细节，天黑之后举行会议！"

"太好了！"孟玉举着手中的党旗，做出一串抒情的舞蹈动作，说，"让我们的党旗照亮皖南的夜空吧!”

夜幕低垂,一钩新月挂上天边,天空清湛如洗,满天星斗明亮闪烁,仿佛伸手就可以摘下。在密林中的一块空地上,一堆篝火正熊熊燃烧,青皮的松枝噼噼啪啪作响,仿佛开心地欢唱。孟玉亲手缝制的党旗挂在两棵大树之间,在火光的映照下,异常醒目。

这是一个特殊的时刻,刘赣元、李闽南等突围人员和胡缅生、孟玉、程老黑等地下党员,以及当地的进步群众,共计二十多人,围着火堆,在胡缅生的指挥下,高唱起《新四军军歌》:

……
扬子江头淮河之滨,
任我们纵横的驰骋;
深入敌后百战百胜,
汹涌着杀敌的呼声。
要英勇冲锋,歼灭敌寇;
要大声呐喊,唤起人民。
发挥革命的优良传统,
创造现代的革命新军,
为了社会幸福,
为了民族生存,
巩固团结坚决的斗争!
抗战建国高举独立自由的旗帜,
抗战建国高举独立自由的旗帜。
前进,前进!我们是铁的新四军!
前进,前进!我们是铁的新四军!

军歌嘹亮,穿过丛林,在山谷中回响。

大家列队站在党旗前,胡缅生领着大家一起宣誓:

我们是新四军皖南山地游击队，我们要在中国共产党的领导下，继续高举抗日救亡大旗，在皖南坚持抗日和反顽斗争，为国雪耻，为皖南事变死难的同志报仇。我们一定要坚守皖南，迎接中国革命的最后胜利……

接着，胡缅生宣布皖南山地游击队正式成立，并宣布组成人员名单。队长由刘赣元担任，李闽南任指导员。宣布之后，胡缅生让刘赣元给大家说一说，鼓鼓劲！

刘赣元站到队伍前，满怀深情地说："从现在开始，我们的游击队正式成立了，我们就是生死与共的战友了！同志们，皖南山地游击队不是我们自己的，是整个皖南人民的，甚至是整个中国人民的。我们的目的是坚守皖南，这不仅仅是为了皖南，更是为了全中国抗日战争的胜利！我们一定要团结一致，紧密依靠群众，克服困难，与日本帝国主义和一切汉奸走狗斗争到底！"

战友们激情高昂，振臂高呼："打倒日本帝国主义！坚决与顽固派斗争到底！"

"同志们，坚守就是我们的最高任务！"刘赣元说，"我们怎么坚守？我还是那句话：坚守不是坐等天上掉下天兵天将来帮我们，也不能指望老天爷让对手发瘟闹灾自己灭亡。坚守，就要跟对手去争去抢，打出自己的一片天地！我们大了，对手就小了，我们强了，对手就弱了，我们多了，对手就少了，我们站直了，对手就会趴下！"

掌声再次响起。

刘赣元激动的心情难以平复，他从身上取出一包子弹、一把驳壳枪、一颗手榴弹，摆在大家面前。

"同志们，大家都看到了吧。摆在我们面前的就是我能拿出来的家当，枪一支，子弹三十发，手榴弹一颗。大家一定会说这太少了，没错，是太少了！还不够塞敌人牙缝的！但是，我们能因为家当太少就不过日子了吗？能因为没粮食吃就坐在家里等死吗？不能！我们要去争取，要去斗争，不仅要过日子，还要过上好日子！"

大家聚精会神地听着，身旁传来松枝燃烧的噼啪声和战友们的喘息。

"我相信，很多人和我刘赣元一样，都是苦孩子出身，我们都不懒，也不笨，可是为什么就过不上好日子呢？一句话，世道不好。那为什么世道不好呢？

都是那些日本鬼子和国民党反动派闹的！老天爷把我们变成人，赤条条地来到世上，大家都一样，谁也不比谁多一样少一样，凭什么有的人天天吃香的喝辣的，有的人就该忍饥受饿！这世道不公平！不公平的世界就要把它打烂，重造一个公平的新世界！同志们，我们坚守为的是什么？就是为了迎接新世界的到来！"

掌声，热烈的掌声。

"同志们有没有信心？"

"有！"

接着，胡缅生同志讲话："同志们，毛主席曾说'星星之火，可以燎原'，叶挺军长也说过'留得火种在，不怕不燎原'！现在，我们只有二十几个人，弹药又不足，但是，我们是皖南革命的火种，一定能燃遍皖南，把日本帝国主义和反动派统统烧光！"

"打倒日本帝国主义！坚决与顽固派斗争到底！"

战友们群情振奋，声音响彻山谷。

2

入夜。大家都很激动，睡意全无。刘赣元翻来覆去睡不着，躺在旁边的李闽南和程老黑也没睡着。程老黑出去小解，看见胡缅生夫妇的山棚里还亮着灯，提议道："反正睡不着，不如去跟老胡合计一下将来。"大家都认为有道理，于是就来到胡缅生夫妇的山棚前。

山棚四处透风，刘赣元只咳嗽一声，孟玉就听见了，过来打开柴门，一边让大家进来，一边说："说曹操曹操到，刚才我跟老胡还在说你们呢，老胡说你们一定睡不着，你看果然说中了！"

刘赣元说："我们也知道你们没睡着，老程侦察过了。"

胡缅生说："看来大家的情绪都很高，那就一起讨论下一步的工作吧。"

于是，你一言我一语，大家就聊开了。

七嘴八舌，你言我语，大伙话茬儿接话茬儿，由着性子说。刘赣元一直闷头听，等大伙说得差不多了，他从军事角度谈了自己的看法：

"同志们,咱们既然是游击队,就要打游击战。游击战并不神秘,自古就有。大家都听过说书《水浒》吧,那书里就有游击战,鼓上蚤、浪里白条,还有那个孙二娘,个个都是打游击的好手。为什么?他们都有真本事。同志们,俗话说磨刀不误砍柴工,队伍成立了,好比有了一把刀,可是咱这把刀还不够快啊,还得好好磨一磨!怎么磨呢?那就是要进行必要的训练,个个都得练出一身本事啊!"

胡缅生站起来说:"老刘说得对,训练的事马上就要抓起来,老刘在新四军教导大队当过队长,课目的训练和执行就由你来落实吧。"

刘赣元说:"我已经有计划了。"

"那就好!同志们,我们皖南山地游击队成立了,我们的任务就是要坚守皖南!"胡缅生接着给大家分析形势,"眼下,国民党反动派对皖南的控制较紧,但是因为我党和新四军在皖南的群众基础较好,他们一时半会儿还做不到。况且,从大的格局分析,日军已进皖南周边,所以暂时先秘密训练,抓住好的机会,再开展军事行动!"

一番深入的沟通和交流让大家看到了胜利的曙光,大家情绪更加亢奋。胡缅生会吹口琴,许多战友都知道,但是听过的人却不多。李闽南提议请胡缅生给大家吹一曲,让大家开开洋荤。胡缅生难得有这份闲情,也不推却,接过孟玉递过来的国光牌口琴,为大家吹了一曲《新四军军歌》。

实事求是地说,胡缅生的口琴吹奏技艺虽然一般,但是激情很足,起承转合,换气滑音时,身体不停地扭动,投入之状态,颇有感染力。在场的人都被深深打动,不时报以热烈的掌声。

此时,银钩似的弯月已沉入山谷,山风轻拂,山中空静。

胡缅生站起来说:"时间不早了,大家都休息吧。列宁同志说过,休息好才能工作好啊!"

大家纷纷散去。刘赣元走在后面,突然,孟玉把他叫住了,问:"老刘,听说你们上次在庙首街上见到国民党顽军五十二师的一个团长,是不是姓冯,叫冯和平?"

"是的。"刘赣元问,"难道你认识?"

"认识。"孟玉看了看胡缅生,说,"你问老胡吧,他也认识。"

"冯和平,这个名字好熟悉。"胡缅生抬起头来,想了想,看了看孟玉,问,

"是不是在上海同济附中读书时,喜欢冲冷水澡的同学冯和平?"

孟玉点点头。

刘赣元说:"太好了!原来你们是同学啊!你们要介绍介绍,让我来多掌握一些情况,知己知彼,百战不殆啊!"

孟玉说:"冯和平是我和老胡在同济附中的同班同学。此君是湖南人,心中颇有抱负,对自己要求很严,无论春夏秋冬,一年四季都冲冷水澡,边洗边引吭高歌,不是唱《松花江上》,就是唱《保卫黄河》。用他自己的话说,这是锻炼意志。在他宿舍的墙上,挂着他父亲书写的条幅:修身、齐家、治国、平天下。同学几年,可以肯定的是,冯和平是一个操守不错的人,家庭出身也不错,而且是个大孝子,抗战全面爆发后,他参军抗日,就是遵照他父亲的遗愿。"

刘赣元想,这么说冯和平一定是丁玲的哥哥了。

胡缅生说:"这个人非常有个性,爱憎分明,而且敢作敢为。"

孟玉说:"冯和平高大英俊,当时,他在我们班上很吸引人的,好几个女同学都喜欢他。只是……"

刘赣元问:"只是什么?"

胡缅生笑了,接过话道:"只是他不喜欢其他女孩子,就喜欢我们孟玉同志。"

刘赣元觉得事情变得越来越有意思了。

孟玉说:"其实,那时候我和老胡最谈得来,当然不能接受他了。不过,说心里话,我们都不反感他!是吧,老胡。"

胡缅生说:"是啊,冯和平同学是个好青年,可惜现在成了我们的对手!"

孟玉开玩笑道:"缅生,你和冯和平两个人,先是情敌,后是政敌,这辈子怕是解不开这个结了!"

胡缅生说:"人各有志,各为其主。不过,以我对他个性的了解,像他那种性格,在国民党军队里面一定吃不开的!说不定他早就后悔加入国民党军队呢!"

虽说都是闲话,但是,结合丁玲过去透露给他的一些信息,刘赣元对冯和平有了进一步的了解。

刘赣元说:"以我的观察,这个冯和平,很懂鱼水关系,也比较熟悉我们的群众路线,看来对付他还真得动动脑筋!"

胡缅生说:"正义永远会战胜邪恶！这才是真理!"

刘赣元点点头。

3

雨台山和麻岭虽算不上是姊妹山,但相距并不远,仅隔着几道岭。如果站在麻岭上看,雨台山就在眼前,似乎喊一嗓子,对面山上的人都能听得见。俗话说,看山跑死马,从石牛镇到雨台山,骑马也需要个把小时。这条路,冯和平来回跑了几趟,已经得到证明。

冯和平上雨台山,不是因为军事目的,而且为了烧香拜佛。雨台山素有"小九华"之称,山上有一座雨台寺,远近闻名。一次,在小镇一家小酒馆里,冯和平偶然听到老百姓议论,说那里的香火如何旺,便生礼拜之念。

也许是小时候受母亲的影响,冯和平对寺庙有着一种特别的亲近感。母亲是一个虔诚的居士,除到庙里烧香拜佛,还在家里设了佛堂,随时参拜。在母亲的熏陶下,冯和平从小就对佛有着由衷的敬畏,对一些礼数也知之甚多。一般情况下,冯和平上山进庙,都会着便装,不穿军服。他觉得穿军服有一种煞气,进庙礼佛,不仅是对军装的不恭,更是对佛的不敬!

无事不登三宝殿,有诚才拜观世音。冯和平烧香礼佛,当然也是事出有因,而且原因还相当复杂,其中之一是为妹妹玲子。现在,冯和平不知道妹妹在哪里,更不知道妹妹是死是活。正因为如此,他才内心不安,求佛保佑妹妹免于战火,平安无事。这让冯和平不由得想起去年腊月茂林那场战斗的惨烈,像他这般铁骨铮铮的男儿都不忍回顾。这是对还是错,是功还是过,冯和平到现在也弄不清楚。

记得在"事变"前,上峰命令他率部从山南快速运动到茂林一带,横线展开阻击。冯和平明白这是典型的堵截战术安排,至于要堵截哪一部分,上峰却没有明确,指示听候命令。从形势上分析,日军盘踞在浙皖交界水陆交通线一带,没有必要冒险插入深山找打,只有山中的新四军有可能经过此处北移。难道要对新四军下手吗?冯和平当时的推测后来果然被印证,当上峰的命令下达时,他已经发现了在山间冒雨行进的新四军。从望远镜里,他能清楚地看到,在那支队伍中,有一个女兵分队,她们的年龄都跟妹妹玲子相仿,充满青春朝气。她们在雨中相互搀扶着,边走边唱。越来越近了,他甚至能看清那些女孩子脸上的笑意。此时,他下意识地想看见妹妹玲子,可是他又祈求玲子千万不要在其中。就在这时,上峰命令下达,让他们团协助相邻三个团的兵力,全力围剿所有经过的人马,一个也不留,无论是哪方面的!

枪声响了,炮声响了,他看到了那群新四军女兵奔跑、躲藏,然后中弹倒下。一个,又一个,转眼间,她们全部倒下了。他的眼泪出来了。

时至今日,冯和平还无法判断妹妹是不是就在其中,但是时常在梦中发现妹妹就在其中。在梦中,他能清晰地看见,在他下达开火命令后,一颗带着寒光的子弹穿过雨幕,击中妹妹的胸,一股鲜血像莲花一样迸出。他不禁大喊:“玲子,玲子——”

妹妹脸色惨白,倒地时喊着:“哥,哥——”

这天一大早,冯和平便带上王大功一起上了雨台山,来到雨台寺。一进山门,一股萧瑟之气迎面而来。由于战事不断,原本香火很旺的佛境,现如今竟然寥无香客。冯和平不禁心生悲凉:试想连佛门都冷清如斯,这个世道已经到了何种地步!

庙是老庙,几近颓败。王大功上前推开庙门,冯和平抬头看到一尊巨佛矗立正中。冯和平不禁双手合十。

这时,一个小和尚走到面前,双手合十,问:“阿弥陀佛,小僧木鱼,请问二位施主,有何事?”

王大功说:“进庙当然是烧香拜佛了,喝酒吃肉谁到这里来?!”

冯和平低声喝止王大功:“不要胡说!”

“阿弥陀佛,善哉,善哉!”这时,一位面目清瘦、表情超然的老和尚从后面走了出来,双手合十,道,“这位施主说得对啊,佛门净地,没有酒肉,只有苦行啊!”

冯和平走上前,双手合十,道:“大师,年轻人不懂佛门规矩,还望多多包涵!”

老和尚摇摇头说:“这没什么,不知者不为过。况我佛慈悲,不计小过。”

冯和平说:“谢谢大师,恕我冒昧,请教大师法号?”

老和尚说:“贫僧净空。敢问施主……”

“这是我们冯团长。”没等净空话说完，王大功抢先说道，“国军驻皖南部队……”

冯和平瞪了一眼王大功，王大功马上闭了嘴。

“阿弥陀佛！”净空点头道，“原来是国军长官驾到，请恕老眼昏花，不识泰山。”

“大师言重了。”冯和平说，“冯某只是久仰宝刹佛光，特意前来一拜。”

“冯团长身为军人，还有如此诚意，我佛有知，必会保佑。”

净空说着，看了一眼小和尚木鱼，木鱼转身取来三炷香，递给冯和平：“施主请！”

冯和平双手接过香，就着烛火点燃，走到佛前，端正身躯，举香长长三拜，然后把香插进香炉。香烟袅袅，渐渐飘到佛像面前。佛像威严，冯和平双手合十，注视良久，心中不停地默祷。之后，冯和平转过身来，双手合十，先谢过净空，然后又谢过木鱼。

净空微微点头，道：“冯团长，从您刚才礼佛敬香，到回身答礼，诚恳得体，可见团长心中真有佛，定是书香门第的大家出身。敝寺多年没有迎接过您这样的施主了！”

“大师过奖，冯某不过一介武夫！”冯和平谦逊地说。

“善哉！冯团长如不嫌弃，请到后院喝一杯粗茶如何？”净空做了一个请的手势。

“多谢大师，冯某求之不得啊！”冯和平笑着请净空先行。

净空前头带路，边走边吩咐：“木鱼，看茶。”

木鱼噔噔地跑去准备茶水去了。不一会，茶水备好，僧俗二人坐下品茶。

冯和平问：“大师，有句话不知该不该问？”

净空说：“冯团长，请！”

冯和平说：“没来之前，我听说雨台寺香火很旺，可是今天一见，好像……”

“门前冷落，一派凋敝。是不是？”净空接过话茬，道，“香火很旺，那是过去的事了。这几年来，已不见昔日景象了！”

冯和平问：“为什么？”

净空道：“还能为什么？世道动荡啊。”

冯和平不解：“按理说，世道动荡，人心不定，前来求佛保佑的人多才是啊!”

净空叹道:“平安年月,上山敬佛的,多是因为有苦。如今世道动荡,苦太多,人都不愿来诉了,倒是有喜事的,来谢佛了!”

是啊,时局动荡,百姓的苦太多,都不愿跟佛说了,所以就不来敬佛了。冯和平点点头,觉得净空老和尚的想法着实不一般,心中更添几分敬意。

喝过几杯茶之后,二人颇感融洽,谈兴更浓。

净空突然说:“冯团长,贫僧隐居山中,对时事知之不多,但是发生在眼前的事,还是知道一二,对有些事,实在不解,不知可否赐教?”

冯和平说:“赐教一说,冯某实不敢当。大师请说,冯某如有所知,必有一说一!”

“阿弥陀佛!”净空说,“据贫僧所知,过去国共两党曾经友好,联合抗日,那是天下百姓所拥戴的。可是自去年冬天以来,国军在皖南搞起了‘剿匪’。说实在的,一开始贫僧不知道国军剿的是什么匪,可是后来才知道剿的是共产党新四军。你说这两家联合抗日,一致对外,多么好的事,怎么突然间就变成一官一匪了呢?贫僧年纪大了,才疏学浅,只知道所谓匪必是坑民害民之辈,可是百姓们都看得清楚,共产党新四军是为民爱民,与民共患难,怎么就成了匪了呢?!”

冯和平的脸色一阵阵地变,眉毛拧得越来越紧,但是他一句话没说,只是静静地听着。净空似乎没把冯和平当做国军的军官,而是一个普通的老朋友,只顾自己说得痛快。

“好了,是非曲直,贫僧身为出家人,本不该谈论,可是贫僧也是出身百姓人家,看着百姓吃苦,心里难受啊!”净空摇着头说,“阿弥陀佛!”

对冯和平来说,净空提出的这个问题实在太难回答。事实上,冯和平自己也没弄明白。面对净空,冯和平无言以答,只好苦笑。

沉默良久,冯和平叹息道:“大师啊,你们出家人想知道是非曲直,可以诚心问佛,可是像我等俗人,想弄明白是非曲直,又能问谁啊?!”

“阿弥陀佛!”净空起身,望向窗外。

窗外,群山起伏,茫茫无际。

4

皖南山地游击队成立不久，为安全起见，根据情况随时变换驻地。早上在南山训练，晚上可能在东山宿营，刚刚躺下合上眼，马上可能就要转移到北山。总之，东奔西走，东躲西藏，如同家常便饭。好在山区大，总能找到隐蔽的地方。可是，时间一长，队员们就有了情绪，说，游击游击，游而不击。这样东躲西藏的算咋回事呢！成立游击队是打仗的，又不是藏猫猫的。于是，大家吵着嚷着要下山打仗。可是刘赣元就是不表态。队员们的情绪越来越大，指导员李闽南觉得此事必须尽快解决，不然对游击队的发展不利。

这一天，在转移的途中，李闽南和刘赣元边走边讨论此事。李闽南问："老刘，你看这事该怎么办？"

刘赣元笑了笑，附在李闽南的耳边嘀咕了一阵。

李闽南不大放心，问："这样行吗？老刘，会不会……"

刘赣元说："我考虑好了，到时候就这么办，只要我们两个配合好，保准没错！"

李闽南想了想，点了点头。

天黑之后，游击队转移到新的驻地。为了避免引起搜山的敌人注意，游击队晚上不许生明火。深山的夜晚，漆黑一团，风动树响，不时传来野兽的嗥叫，令人发憷。到了后半夜，奔波一天的队员们都睡着了。这时，刘赣元拉了一下李闽南，李闽南会意，悄悄起来，走到山棚外，突然大叫一声："有情况！"

刘赣元一跃而起，提着枪把队员们一一弄醒，命令道："准备战斗！"

睡梦中的队员们第一次遇到这种情况，慌乱中，有的找不到自己的草鞋，有的穿错了别人的衣服，有的连武器也摸不着，更有的因为太黑在山棚里撞了头，出了山棚竟分不出南北。

好一阵慌乱之后，正准备撤退，李闽南突然说："同志们，情况解除了。"

队员们这才松了一口气。

借着星光，刘赣元发现队员们一个个惊魂未定，于是给李闽南一个暗示。李闽南心领神会："同志们，刚才把大家吓着了吧。好在情况解除了，不然我们就被动了。不过,从刚才的行动来看,我们还有很多不足啊!同志们都想打仗,可是真打起来,像刚才这样,我们能赢吗?"

队员们都低着头不吭声。

刘赣元说:"我们不反对打仗,不打仗成立游击队干什么呢?可是,打仗不是过家家,比画比画就完了。打仗是真刀真枪,是会伤筋动骨掉脑袋的事!所以,打仗不能乱打,乱打不是英雄,那叫莽撞。根据游击队现有的情况,武器缺乏,人员较少,训练不够充分,如果打仗,就等于往虎口送食。游击游击,顾名思义就是要游而击之,能不打的最好不打,要打就要拿得下!这就要用上那句俗话了。俗话说:'吃柿子专挑软的捏。'这句话用在一个人身上,是说这个人欺软怕硬,品德有问题。可是要用在打游击上,再正确不过了,相当于'不拿鸡蛋去碰石头'。所以,我认为这句话应该写进我党的游击战术里,应该在更大的范围内发扬光大。所以,现在,如果大家手痒痒,就用在训练上,练好本事,仗有得打!同志们,千万别再像刚才那样,慌里慌张,仗没打,就败了一半了!"

"同志们,我现在可以告诉大家,刚才是我和老刘搞的一次假'情况',目的是让大家认识到自己的不足,同时也算是一次实战演习!"李闽南接着说,"老刘刚才说得对,从此次演习中,我们看到了不足!大家还是要抓紧训练,练就游击队员的真本事!同志们说对不对?"

"对!"

"那我们怎么办?"

"抓紧训练!"

对刘赣元来说,军事训练早已胸有成竹,困难不大。现在,难题就出在肚皮上。游击队二十几号人,天天要吃喝拉撒,原来存的十几个大洋早就用得差不多了。本来指望江北新四军新七师能派人来送点接济,但是因为新七师刚刚成立,百废待举,而且相隔太远,也爱莫能助。多亏地方上的支持,只能暂时维持。

训练要进行,肚皮也不能不顾。两手都要抓,两手都要硬。说起来容易,做起来难啊!

游击队成立后不久,胡缅生和孟玉夫妇回到他们的秘密驻地王家庄继续开展地下工作。游击队的工作就由刘赣元、李闽南和程老黑三人来共同主持。

解决吃饭问题是个大问题，三个人一起商量，刘赣元提议一边训练一边搞副业。

说到搞副业，刘赣元首先想到的是程老黑。程老黑当仁不让，带人烧炭，全力支持游击队。烧炭是个小买卖，赚钱有限，不巧的是，又赶上了皖南的雨季，烧出的炭运不下山。卖不出炭换不回米，看着一堆木炭，刘赣元犯愁了，总不能让大家一起啃炭吧。

日子一天天地过去，渐渐地，队员们就有情绪了，说："天天憋在山里挨饿，还不如下山打一仗，地主老财、乡长保长，他们家里粮食多得是，随便哪一家，打一家就能吃半年！"

这种情绪会像病毒一样在队伍里很快传染开，刘赣元知道不马上消除掉，后患无穷。队伍刚刚成立，要想方设法把大家的情绪稳住。刘赣元、李闽南和程老黑三个人躲在一个山棚里开了半天的会，也没有想出好办法。最后，刘赣元想出一招："咱们分别去做队员的工作，直接告诉大家，再过几天大米白面就有了，还有大鱼大肉。"

李闽南问："老刘，你说大米白面大鱼大肉过几天就有了，从哪来？从天上掉下来吗？战友们会相信吗？"

刘赣元想了想，说："就说江北新七师很快就会派人送来。"

程老黑也强调："这可是没准头的事！老刘，万一……"

刘赣元一锤定音："都别这个那个的，就这么说，出问题，责任我负！"

李闽南说："老刘，这不是谁负责任的问题。说不好听了，这叫撒谎，骗人！"

刘赣元问："那说好听的呢？"

李闽南说："说好听了，这叫'画饼充饥'！"

"画饼就画饼吧，总比什么都不画好。曹操当年还搞'望梅止渴'呢，跟手下人说，前面有一片梅子都长熟了，个大味美，大家一听口水直流，马上来了精神。要不然他那一队人马早就完了！"刘赣元振振有词，"话又说回来，咱们能忍心跟队员们说再饿也要忍着吗？带兵打仗就要给大家一点盼头，人心里有盼头，身上就有劲头！"

李闽南一想，老刘这一套还有点道理！没有更好的办法，只好如此一试了。

一面“画饼充饥”，一面从山里抓了些野鸡野兔，采些木耳蘑菇，变着花样给大家填饱肚子。这一天，刘赣元正带着队员在山里挖野菜，放哨的队员突然来报告，说在山里抓获一个嫌疑人！

刘赣元马上让人把那个嫌疑人带来。嫌疑人被五花大绑着带来了，刘赣元并没有马上审问，还是不停地挖野菜。嫌疑人脚下踩了两棵野菜，刘赣元用刀敲了敲他的脚，嫌疑人马上把脚挪开。等到把篮子弄满了，刘赣元这才站起身来，可是并不发问，而是围着嫌疑人一圈一圈地转，浑身上下不停地打量，直把这位嫌疑人弄得浑身发毛。

“你是什么人？为什么进山？”刘赣元问。

“您就是刘队长吧，我叫余辉，是胡缅生同志介绍我来这里找您的。”余辉焦急地说，“我有胡缅生同志给您的亲笔信！”

刘赣元说：“拿来我看。”

“在我的鞋子里缝着呢。”余辉说着抬起左脚。

那是一只山里人常穿的黑色粗布鞋，上面几块麻线补丁很是显眼。刘赣元蹲下身来，脱掉那只鞋，用力撕开一块补丁，果然发现一张纸条。从字迹和暗记来看，可以断定是胡缅生同志的笔迹。看罢，刘赣元亲手给余辉松绑，伸出手来握住余辉的手，但并不马上松开，而是仔细地捏着感受着，突然绷着脸说：“你原来不是打仗的！”

“是的，我不是。”余辉马上解释道，“我原来是新四军三支队五团的文化教员，在事变的大突围中不幸被俘，在解往江西上饶集中营的途中侥幸逃脱。之后历尽艰难，来到皖南寻找队伍，在山里一户人家家里做帮工。碰巧，这家姓朱的人家也是进步群众，他的一个亲戚也是地下党员，经过一段时间的考察，发现我并没有变节，就把我介绍给了胡缅生同志。”

刘赣元一直在听着，似乎在甄别这些话里的真伪。突然，刘赣元露出笑脸，说：“皖南山地游击队欢迎你，余辉同志！”

余辉终于长长地舒了一口气。

对于游击队来说，添人进口当然是好事，可是又添一张嘴，吃饭的问题就严重一分。刘赣元想来想去，决定让余辉起点作用，于是就跟李闽南商量，让余辉给大家作个报告，给大家鼓鼓劲。李闽南同意了，马上把余辉找来谈话。

刘赣元说：“余辉同志，这些天你不是一直要求给你布置任务吗？现在就给你一个任务。”

余辉问:“请队长指示!”

李闽南说:“现在,我们游击队的条件很艰苦,队员们有些情绪,我们想让你给队员们讲一讲你的个人经历,就从事变开始的时候讲起,怎么突围,怎么被俘,怎么逃脱,怎么回到皖南来找部队,一五一十地,怎么想的怎么讲,给大家鼓鼓劲!”

余辉做过文化教员,马上领会:“请队长和指导员放心,我保证完成任务!”

刘赣元说:“余辉同志,我希望你给大家讲出大米白面、大鱼大肉的味道来!”

余辉果然能说会道。小伙子浓眉大眼,一表人才,说起话来颇有激情。当说到亲眼所见国民党杀害新四军战俘的时候,直说得声泪俱下,泣不成声,把二十来个大老爷们弄得个个都是眼泪汪汪,一起握着拳头,高喊口号,士气顿时大振!

会后,刘赣元拍拍余辉的肩膀,说:“小伙子,你立功了!”

余辉被说得丈二和尚摸不着头脑,只好傻呵呵地笑。

就在这时,胡缅生突然来到游击队驻地,带来一个不幸的消息。由于叛徒告密,庙首乡乡长江之端把中心县委下面一个区委书记老徐抓去了,目前关在乡公所。江之端是个铁杆“反共”分子,又急于向国民党顽军邀功,所以必须尽快救出老徐,不然一定凶多吉少。

刘赣元觉得,地方上培养一个地下党员,尤其是地方干部是极为不易的,如果有个闪失,必然对党造成重大损失。所以,尽快营救是再好不过的。但是打仗不能靠义气,要尊重实际,能打则打,否则反倒会增加无谓的牺牲。于是他和胡缅生等人一起,反复研究之后,决定打!

刘赣元说:“打,是要打。不过,要先派人去摸摸那个‘柿子’到底软不软!”

派去侦察的队员回来报告,一二三四,都如所料,总之一句话:“这个柿子是软的!”

刘赣元大叫一声:“好!这个柿子吃定了!”

攻打庙首乡乡公所的时间,定在7月9日夜。

对照刘赣元的“软柿子”游击战术理论，可以攻打庙首乡有以下理由：一是，乡长江之端极为反动，曾杀害过许多党员和革命群众，此害必除，越早越好。二是，这个乡自卫队共十多个人十多条枪，那些枪支夺来可以装备队伍。三是，自卫队都是一帮欺软怕硬的地痞，没有什么真本事。尤其是“事变”后，自卫队听信国民党顽军的宣传，认为皖南新四军被“清剿”了，几乎没有什么戒备，这一点从队长江麻子身上就能看出来。四是，庙首乡一直是国民党顽军“剿共”的重点防区，吃掉这个“软柿子”之后，在皖南造成的政治影响一定很大，可以鼓舞群众。

毕竟，这是游击队成立后的第一仗，也是“事变”后打响的对敌第一枪。这一仗要是打不好，不仅对游击队的发展不利，甚至对整个皖南的革命形势都会造成影响。刘赣元反复思考，每一个细节也不放过。因是夜间作战，为了不误伤自己人，刘赣元部署凡参战人员，每人手臂上都要扎一条白毛巾，以作辨别。可是，二十多条白毛巾要不少钱，这个问题又把刘赣元难住了——游击队没有钱！

这时候，胡缅生说：“孟玉还有一只皮箱，反正也没东西装，让人拿去当了，差不多可以解决毛巾的问题。”

“这也是没有办法的办法，只好如此。不过，”刘赣元说，“皮箱是孟玉同志的私人财产，我代表游击队打个欠条，算是借的。”

孟玉笑着说：“哎，老刘，怎么跟我这么见外！要不这样，我们家老胡也是我的‘私人财产’，你也给我打个借条吧。”

一句话，把大家逗得笑弯了腰。准备工作差不多就绪，这时候，李闽南突然想起什么，说：“还有一件事，再弄些纸张，写些标语口号，给敌人看看，也让老百姓了解我们游击队。”

刘赣元说：“好！这事就交给余辉办吧，他小子字写得不错！”

第一次下山参加实战，队员们都很兴奋。出发前，刘赣元再次重复各自分工，李闽南一再强调纪律，让大家一切行动听指挥。夜幕降临，行动开始。时值农历月圆之时，虽说月光给行进带来了方便，但是也给夜袭带来了不便。

夜里十一时许，队伍来到庙首乡附近隐蔽。两个地下党员扮成喝过酒回家的木匠，先到街上走一趟做试探，结果乡自卫队睡得很香，一点反应也没有。

不知是谁家的看门狗，叫了几声之后也不叫了。

天空有云，月亮忽明忽暗，映得队员们臂上的白毛巾异常显眼。刘赣元把大家集中在一起，重复了一下各自的分工，然后亲率第一组队员直冲向乡公所。

夜静更深，乡公所门前，一个哨兵抱着枪靠着石狮低头打瞌睡。刘赣元抬手一枪，那个哨兵应声倒下，队员们分头冲进乡公所。

时值盛夏，乡自卫队员们贪图凉爽，都光着半截身子睡在天井边。半夜三更，听见枪响，自卫队员从梦中惊醒，还没等反应过来，游击队员们就冲了进来，大声一吼："我们是新四军游击队，缴枪不杀！"

一群光着半身的自卫队员还没弄清是怎么回事，枪已被下了。刘赣元冲到最前面，进屋搜查。这时，靠在最里边的一个自卫队员从枕头下面摸出枪来，冲着刘赣元就是一枪。刘赣元早有防备，闪身甩手一枪，那人应声倒下。其余的自卫队员老老实实，抱着头连声求饶。

按事先分工，第二组队员进入乡公所，砸开牢房，只找到几个抓来的壮丁，却没发现老徐。接着，刘赣元带人冲进江之端的卧室，也没有发现人，就连江麻子也不在乡公所。经审问自卫队员，才得知老徐一大早已被江麻子押往县城。乡长江之端这些天晚上都不在乡里，可能又去找相好的去了。

此处不能久留！刘赣元命令快速打扫战场，枪支弹药，米面油盐，咸肉火腿，只要是有用的，能拿的全部拿走。

同时，第三小组游击队员在乡公所的墙上和附近的街道上，张贴标语：

"团结起来，一致抗日！"

"坚决惩办顽固反共分子！"

"新四军是消灭不了的！"

仿佛是一场游戏，战斗就这样结束了。

"咱们这牙还没用劲呢，软柿子就这样被吃掉了，不过瘾啊！"游击队员一边摆弄战利品，一边笑骂着，"江之端这狗日的柿子也太软，这些大鱼大肉白吃了！"

回到秘密驻地，游击队员们情绪高昂。有人提议搞一次庆功会。胡缅生和李闽南都认为要搞一下，借机鼓舞一下士气。一听说要开庆功会，队员们都唧唧喳喳地围过来。刘赣元却闷着头,坚决不同意。

“都别高兴太早了。”刘赣元板着脸说,“这次行动并不成功!”

队员们问:“端掉了乡公所,缴获了十几条枪几百发子弹,还有那么多战利品,为什么还不成功?”

“为什么说不成功?这要先想想什么是成功。你想要的都办到了,一样都不能少,这才叫成功!”刘赣元眼睛瞪得像铜铃,嗓门扯得像喇叭,说,“庙首这一仗,该救的人没救成,该杀的人没杀掉。你们自己说说,这能叫成功吗?!如果这也叫成功,那我们庆贺什么?庆贺老徐同志没被救出来,还是庆贺乡长江之端没被镇压?你们说说!”

说完,刘赣元气呼呼地进了山棚。指导员李闽南看看大家,又看看胡缅生。胡缅生没有说话,和李闽南一起,跟着刘赣元也进了山棚。他们知道,刘赣元对队伍要求严格,这是正确的,但是,有时候也要一分为二地处理问题。功就是功,过就是过,不能功过一锅烩了。

李闽南说:“老刘啊,你刚才说得非常正确,我们都举双手赞成,但是,这毕竟是游击队的第一仗,同志们的情绪还是要照顾的嘛。”

刘赣元躺在地铺上,瞪着眼望着棚顶,好像上面不是一蓬乱草,而是迷人的西洋景。

胡缅生说:“老李说得对。老刘,活动还是要搞一下,一是照顾队员的情绪,二是借这个机会,也可以让大家认清得失,正确理解成败,对队员的成长大有好处啊!”

两个人你一言我一语劝了半天,刘赣元依然一副油盐不进的架势,一句话不说。李闽南急了,使了一个激将法,说:“庆功的事,属于思想政治工作,由我这个指导员负责。我建议我们三个人举手表决。我同意,老胡也同意。好了,按照少数服从多数的原则,你同意不同意都一样,这个活动一定要搞。”

说完,李闽南和胡缅生交换了一下眼色,说:“我这就去安排!”

“慢着!”刘赣元一骨碌从地铺上爬起来,长长地舒了一口气,说:“搞可以,不过不能叫庆功会,应该叫反思会!”

李闽南和胡缅生相视而笑,说:“好,这个主意好,是应该叫反思会,让大家好好反思反思!”

刘赣元说:“对了,队员们苦了这么多天了,把从乡公所弄回来的腊肉和咸鱼拿出来,给大家解解馋!”

李闽南笑了,说:“是,队长!”

刘赣元马上又补了一句:“细水长流,省着点啊!”

李闽南捂着嘴笑,悄悄对胡缅生说:“你看看,真像个操心的娘儿们!”

第四章

1

县城老街，晨光初露，雾气渐消。江麻子懒洋洋地从一家窑子里钻出来。头一天，江麻子带着两个乡自卫队员押送中共地下党员老徐进县城交差，当天晚上完全可以赶回来，但是这家伙因为领了几个赏钱，便在县城跟几个酒肉朋友多喝了几杯，又搓了几圈麻将，最后索性又跑到这家窑子里鬼混一夜。

江麻子带着两个乡自卫队员往回赶。一路上，两个自卫队员缠着他要赏钱。

一个自卫队员说："江队长，咱把姓徐的共党分子送到县城交了差，赏钱多少总有几个吧。"

另一个自卫队员说："是啊，江队长，总不能让咱弟兄白跑一趟！"

江麻子睡眼惺忪，大喝道："叫什么叫，嚷什么嚷？也不想一想，你们他娘的昨天夜里在窑子里快活，那不要花大洋？！还想要赏钱，想要，都他娘的到窑子里要去！"

两个自卫队员还想争辩。

江麻子把枪拔出来，瞪圆小眼，说："你们两个没良心的都给我听着，不要再提赏钱的事，现在不要提，回到乡公所，更不要提，听见没有？！"

两个自卫队员缩着头说："知道了。"

日上三竿，江麻子一行到了庙首街上。猛抬头，江麻子见满街都是新贴的标语，很多赶集的老百姓在围观，议论纷纷。

江麻子离得远，看不清，便对两个自卫队员说："记得我们这两天没贴标语呀，从哪冒出来那么多？快，过去看看！"

两个自卫队员跑过去，虽识字不多，却认出是新四军游击队的标语，于是大惊："江队长，不好了！是新四军游击队的标语！"

江麻子不敢相信地问："他娘的，说什么？"

"新四军，游击队！"

江麻子知道大事不好，大叫："快，回乡公所！"

乡公所内一片狼藉，有几个自卫队员被捆在里面。江麻子扯下塞在他们嘴里的布，问："这是怎么回事？"

自卫队员惊魂未定，结结巴巴地说："队长，新四军、游击队，砸了乡公所！"

江麻子急得直拍脑袋，突然也变成结巴了，问："乡、乡、乡长呢？"

自卫队员说："不、不知道。可能，去崔、崔、崔……"

江麻子气得朝那个自卫队员踢了一脚："崔、崔、崔你娘的寡妇！"

自卫队员说："是、是、是。"

江麻子出了乡公所直奔崔寡妇家，边走边嘀咕："叔啊，你真是命大，要不是在崔寡妇家过一夜，你早就成了游击队的枪下鬼了！"

来到崔寡妇家，江麻子啪啪拍门。

江之端和崔寡妇搂在一起睡得正香，被响动惊醒，江之端惊慌失措地摸枪，问："谁？"

"我，江麻子，"江麻子心急火燎地答道，"叔啊，不好了，新四军游击队把乡公所砸了，把东西抢走了，还打死了几个人！"

江之端顿时吓得一身冷汗，浑身抖得像是筛糠一般，直往崔寡妇怀里钻。狗急叫，人急尿。江之端一泡尿憋了一夜，这时有些控制不住，嚷嚷："尿盆，快！尿盆……"

崔寡妇又怕又气，哆嗦着，光着身子去拿尿盆，可是还没等尿盆拿来，江之端的开关失灵，把崔寡妇的床上尿湿了一大片，气得崔寡妇在他的肥屁股上狠狠地拍了几巴掌，掌掌都见五道红印子。

江之端顾不上许多，带着江麻子马上抄近路去找冯和平团长报告。

其实，此时冯和平团长并不在团部，而是在师部。

这天一大早，师座突然来电话，命冯和平火速赶到师部。至于为什么，却只字未提。冯和平当时以为可能要调他到山外的抗战前线，心里喜不自胜，于是带上王大功，挥鞭策马，疾驰而去。早在两个月前，冯和平就给师座打了一份报告，要求离开皖南“剿匪”部队，到抗战前线去好好做一回真正的军人，实现他多年来抗战救国的夙愿，可是不知道为什么，师座一直没有批准。

路上，王大功见冯和平多日来阴沉的脸云开雾散，琢磨着定有喜事，便问：“团长，是不是师长又要给您提升了？再提该是副师长了吧？”

冯和平没有回答王大功，只是不停地催马。王大功以为冯和平默认，很为自己的悟性得意，说：“太好了！我早说嘛，就凭团长您的本事，还有您跟师座的关系，早该提升了！”

冯和平还是一言不发，目视前方，挥鞭催马。师部设在县城，很快，二人进了县城，来到师部，冯和平早已熟悉这里的一切，直接跨进了师座的办公室。然而，令冯和平没有想到的是，一进门，他就被师座劈头盖脸狠狠地训斥了一通。

师座说：“冯和平，你是军人，你知道军人的天职是什么？是服从命令。可是你呢，把命令当成耳旁风！让你进山剿共，你不去，说靠剿不灵。剿不灵，那你说什么灵？靠烧香拜佛灵不灵？我听说你最近经常去雨台山烧香，还很虔诚。我不想知道为什么，只想告诉你，你的处境很危险，再这样下去，可能会有人取代你的位置！到时候，我也帮不了你！”

师座是他父亲在南京政府时的旧友，对他一向关照。冯和平知道，自己能一步步走到今天这个位置，多亏了师座的大力提携。这样一位老上司能说出这样的话来，可见实在是忍无可忍了。

冯和平知道有人打了他的小报告，但是他不知道是谁，也不想知道是谁。可以这么说，在国军的队伍中，想打他冯和平小报告的人多得是。这倒不是他冯和平怎么令人不齿，原因是他冯和平和那帮人本质上就不是一路人。

事实上，冯和平最近确实经常去雨台山中的雨台寺里烧香礼佛。但是，那也是情有可原，是为了排解内心的不安，为求妹妹平安。然而，这些想法，冯和平并不能跟师座汇报，只能放在心里。因为他知道，如果倾心相诉，除了再招来一通训斥，不会有别的。师座是“剿共”的师座，他要的是“剿共”的成果！

师座余怒未消，继续训道：“听说你带兵很是特别，特别得有点可笑！去年大冬天,你竟然发动全团官兵都去洗冷水澡,还边洗边唱。冯和平呀冯和平,你好好想一想,一个团的兵天天唱着歌洗冷水澡,那是多么滑稽可笑!我且问你,你是带兵打仗还是开澡堂子?告诉你,把你的奇思妙想都收起来,踏踏实实地带兵进山,把'共匪'统统清剿了。还有你写的这个什么《山地抗日制敌方法论》也给我收起来,我不想看这些。党国现在让你剿共,你就剿共,抗日的事你管不着!"

冯和平给师座敬完礼之后,怎么走出去的,已经记不清了。师座训斥他,是恨铁不成钢,他自知问题出在自己身上。所以他并不生气,只是觉得无奈。骑在马上,他把师座扔还给他的《山地抗日制敌方法论》拿出来翻了翻,这本小册子他花了大半年的心血,如今成了一沓废纸!可惜呀,可叹呀!然而,他又有什么办法呢!

于是,冯和平把那本小册子卷成一个纸筒,当做望远镜,朝群山里看了一周,苍山莽莽,翠林如海,他不禁苦笑。军人啊,这就是军人!然后,他随手把耗费了自己大半年心血的《山地抗日制敌方法论》扔进了山谷。那本小册子,飘飘悠悠,像一只折翅的飞鸟,慢慢落入谷底。

王大功说:"团长,好好的东西干吗扔掉?多可惜呀!"

冯和平说:"可惜,可惜的还多着呢!"说着打马赶往团部。

回到团部,冯和平觉得浑身乏力,昏昏沉沉,便关上门躺下休息。自与妹妹失去联系以来,冯和平的睡眠很成问题。晚上想睡的时候睡不着,白天眼皮发涩,总想睡一会儿。也许是多日来过于疲劳,不知不觉,他竟然浅浅睡去。朦胧之中,他看见一群新四军女兵在山中奔跑,其中有妹妹玲子,笑着朝他跑来,那大大的眼睛,俏皮的嘴角,还有那两条小辫子,上下直跳。他高兴极了,想迎上去,腿却像陷进泥潭,怎么也迈不开。他急呀!忽然,刮起一阵大风,玲子被吹着倒退,离他越来越远,越来越远。他看见玲子哭了,眼睛里流的不是清泪,而是血……

冯和平一下子惊醒,大叫一声,王大功马上进来问怎么回事。他揉了揉眼睛,方知刚才只是一场梦。

江之端和江麻子叔侄俩哭丧着脸站在面前的时候,冯和平团长还沉浸在刚才那场噩梦的余悸之中。从江之端和江麻子二人的狼狈相上,冯和平能看出来:出事了。

江之端把昨夜乡公所被端之事如实汇报,之后,苦着脸等着冯团长发话。冯和平听过之后,脸上看不出一点震惊的表情,平静地揉着眉心,半天才抬起眼看了看叔侄二人,淡淡地说:“知道了。”

“冯团长,你要给我们做主啊,”江之端哀求道,“共匪又回皖南来啦!”

“不是又回来了,是他们在这里留下了火种!”冯和平自言自语道,“看来,火种已经点燃了。”

“冯团长,共军游击队偷袭我乡公所,打死打伤自卫队员,太猖狂了,这事你要管啊!”江之端凑上来,焦急地说,“马上派兵,马上派兵,把他们都抓住!”

“混账!”冯团长猛地一拍桌子,大声吼道:“派不派兵是我的事,用不着你一个乡长来指挥我!我早就跟你说过,你这个乡长干不长!怎么样?这回应验了吧!”

“冯团长,我不是那个意思,我……”

“你不是乡长吗?你不是有自卫队吗?你的自卫队自卫了吗?可能是被共党游击队堵在床上全部拿下了吧!江乡长,上次就跟你说过,要学学人家共产党,看看人家都是怎么做事的,看看人家的胆量。人家敢到你的老窝里来捣乱,换成你,你敢吗?你有这个胆子吗?你有这个脑子吗?”

“那……那……这事怎么办呢?”

“怎么办?自己好好想一想!”

“我、我,团长啊,我想不出来!”

“那好,我来告诉你一个办法。”冯和平头也不抬。

江之端弯下腰,头向前伸着,等着冯团长的“锦囊妙计”。

“回去冲个冷水澡!”冯和平冷笑着,揶揄这个不争气的乡长,“清醒清醒,你就能想明白了!”

2

庙首乡乡公所被端,最高兴的还是当地的老百姓。

老百姓们议论纷纷,传来传去,最后变成了传奇。有人说,“四老板”根本就没被打败，都转移到江北去了。听说“四老板”这回派来了一支大部队，好几万人呢，都骑着高头大马，威风得很。也有人说，那天晚上江之端那狗东西没被镇压，可是躲得了初一躲不过十五，“四老板”这段时间手头太忙，要去打日本鬼子，等把小鬼子撂倒了，回头还会来找他算账。“四老板”手里有个账本，专记反动派的账，谁作过什么恶，谁犯过什么罪，上面都记得一清二楚，别想赖账！

差不多有半个多月，江之端没敢回庙首乡，把乡里的公务都交给了江麻子，自己躲在县城表哥家里，大门不出，二门不迈，想避避风头。偶尔，江麻子会带来一些消息，大都不是什么好消息，让他觉得很郁闷，不知道这样的日子他妈的何时是个尽头！

江之端的这个表哥是个老实本分的生意人，从乡下收山货，拿到城里的铺子里卖。虽是小生意，走街串巷也见过不少世面。过去，表哥见这个当乡长的表弟挎着盒子枪，威风八面，现在却被游击队吓成了缩头乌龟，就想找机会劝劝他。

这一天，两个人一起喝着小酒，江之端心情不好，几杯酒下肚，就有了醉意。酒入愁肠愁更愁，闷在心里不说不痛快。

江之端说：“表哥，你说我他妈的怎么那么倒霉？这方圆百里之内有好几个乡公所，新四军游击队为什么不去打，偏偏来打我的乡公所呢？难道我他妈的是软柿子，好欺负吗？”

表哥说：“表弟呀，游击队眼睛雪亮的，情报灵通。我听说，他们对所有的乡公所做的事都一清二楚，谁做的坏事多，就打谁！”

江之端说：“表哥，你这话我听着就不高兴了。你怎么能替游击队说话呢？你的意思是说表弟我做的坏事太多了？我做什么坏事了？我做的那些事都是他妈的上级要我做的，抓共党，抓壮丁，收粮款，都是……”

表哥也有酒意，打断他的话，说：“你听听，就你做的这些事，还不是坏事？所以，表弟呀，听我一句劝，以后可不能再做那些事了！”

江之端瞪着眼，打了一个酒嗝，喃喃地说：“嘁，你不懂！不做那些事，上头能让我当乡长吗！”

表哥语重心长地说：“表弟呀，照这样下去，我看你这个乡长当不长！你看看，你现在连家都不敢回，成天东躲西藏的，还乡长呢，乡长个屁！”

表哥这几句话说得很重,江之端虽说喝了酒,还是听出讽刺的意思来,心中暗想:凤凰落毛不如鸡,虎落平川遭狗欺啊!我这才落难几天,连自家表哥都看不起我了!表哥也说我乡长算个屁,说我乡长干不长,我他妈的就是不相信,我江之端难道就过不了这个坎!

想到这里,江之端就觉得酒劲冲头,血往上涌,来了脾气,一把掀翻桌子,指着表哥说:“好!既然你看不起我,从现在起,我们走着瞧,看看到底我他妈的乡长能不能当得长!”说罢,转身就走,头也不回。

表哥也不相劝,甩了句:“鸟样!做尽坏事还要威风,有本事跟游击队去斗!我看准了,你不会有好下场!”

江之端从表哥家出来,不敢回庙首,还是决定去找冯和平。其实,江之端心里明白,冯团长根本不拿他当根葱,他江之端就是剃头挑子——一头热,但是他还是要去,哪怕拿热脸蹭他冷屁股!想来想去,只有靠上国军这棵大树,他江之端的腰杆才能挺起来啊!

因为怕路上被人认出来,江之端还给自己化了装。冯和平团长不是说要向共党学习吗?共党游击队动不动就化装,我也化装!江之端想,共党对老百姓好,我就把自己弄成一个老百姓的样子,这样会安全些。

可是,因为长年累月不受风吹日晒,江之端脸上的皮肉太白,又有一身肥肉,怎么弄都不像老百姓。后来他一咬牙,跑到一处水塘边,捞了一把沤黑的塘泥抹在脸上和头上。塘泥很臭,他咬牙忍着。这样一来,虽说不是太像,也只好如此了。江之端边走边想:跟共党学,还真他妈的难呀!

一路还算顺当。来到冯和平团部前,江之端被哨兵拦住了,问他是干什么的。江之端说自己是庙首乡的乡长,有急事要求见冯团长。哨兵瞅瞅他那副不伦不类的样子,不相信,坚决不让他进。江之端好话说尽,也无济于事,气得他真想扇自己几个嘴巴:怎么想起来把自己弄成这副怪样!

太阳正上,江之端走了一趟山路,又渴又饿又乏。哨兵不让进,他只好老老实实地等着。这时候,就听一阵马蹄声,江之端抬头一看,仿佛看到救星一般,赶紧迎上前去。

冯和平团长勒住马缰,低头一看,马前站着一人,一脸的乌泥,看不出是谁。正在寻思,江之端用衣袖三下两下把脸上的泥擦了擦,说:“团长,是我,我是江之端啊!”

冯和平这才看出来,问:“怎么弄成这副样子?是不是又遇上游击队了?”

江之端有几分得意地说:“是我自己弄的,化装化装,跟共党学的。”

冯和平笑着摇摇头,一抖马缰,进了军营,江之端紧跟马后,一路小跑才勉强跟上了。

3

江之端此次向冯和平提出了两个请求:一是请冯团长派兵到庙首驻防并帮他重建乡公所;二是借给他十条枪、一千发子弹,重建自卫队。

按理说,这两个请求并不过分。作为地方驻军长官,冯和平对江之端理应支持。不过,话又说回来,冯和平团长也可以找出理由拒绝支持。军队是军队,地方是地方,毕竟是两码事。况且,冯和平团长对这个江乡长太反感,觉得他除了身上的膘比别人厚,简直就是一个窝囊废,给他枪和人等于糟蹋军费!

但是,冯和平没有拒绝,因为他想利用江之端为他办一件事。

冯和平团长想办的这件事有点棘手,甚至难以启口。那就是他想知道参加新四军的妹妹玲子,到底有没有在那次事变中阵亡;如果阵亡,埋在哪里;如果幸免于难,如今又身在何处,处境如何。

连日来,也许是暑气上升,冯和平团长的睡眠越来越成问题,每每刚刚睡着,就马上做梦,而那梦里总会出现妹妹玲子的身影,不是惨不忍睹的伤残,就是凄惨的叫声,折磨得他无法入眠。昨天夜里,他又梦见了妹妹。在梦中,妹妹玲子说:哥哥,我好冷,好冷啊!接着,他又梦见了娘,娘双眼含泪问他,和平啊,找到你妹子玲子没有?我想她啊。和平啊,她是你亲妹妹,你一定要找到她呀!玲子不懂事,你要照顾好她。娘就放心了!

惊醒之后,梦中的一切历历在目。冯和平回想起梦中娘所说的那些话,其实就是娘临终前嘱咐他的话,几乎一字不差。娘一生吃斋念佛,见庙烧香,见佛叩头,临终前没有别的要求,只是要求他照顾好妹妹玲子。可是,现在他连玲子是死是活都不知道!娘啊,我对不起您!

在冯和平想来,事到如今,他不仅对不起九泉之下的父母,也对不起妹妹玲子。冯和平比玲子大七岁，从小带着她。因为这个年龄差距，妹妹从懂事起就把他这个哥哥当做靠山，有什么要求受什么委屈，都会先跟哥哥说，哥哥也一直喜欢这个妹妹，有求必应。他曾多次出手殴打扯了妹妹小辫子的邻家孩子，直把人家打得鼻青脸肿，回家被爹打屁股也一声不吭。后来，妹妹玲子长大了，出落成了一个可爱的大姑娘，跟他这个哥哥还是无话不说，他对聪明漂亮的玲子虽不像小时候那么宠着，但还时时处处都护着。

记得那是在父母相继去世之后，冯和平和妹妹玲子第一次发生争执，起因是玲子不想上学了。当时，日军已经占领华北，全国掀起抗日浪潮，各地学生纷纷参军，开赴前线。这时候的冯和平已在军中当上了营长，听说妹妹要当兵，马上赶回去加以阻止。

冯和平自有他的考虑。从炮火中走出来的他，深知一个女孩子当兵意味着什么，要比男人付出更多。兄妹俩在父母的灵位前谈话，哥哥的关切，玲子心里是晓得的，所以只是听着。但是，玲子是任性的，也有自己的主见。她不明白为什么哥哥这个军人鼓励别人家的孩子当兵抗战，就是不让他自己的妹妹当兵！兄妹俩的争执从这个话题开始，最后还是以这个话题结束。结果是谁也说服不了谁。冯和平一脸无奈，当晚决定把妹妹送往老家乡下一个亲戚家里。

然而，就在这天夜里，妹妹走了，只给他留下一封信。信中，妹妹像小时候一样称他“我哥”。一看到这两个字，他马上想起妹妹天真无邪的样子。玲子告诉他，她去参加革命了，与很多同学一起，去皖南参加新四军。当时“国共”合作抗日，冯和平并不认为妹妹参加新四军有什么不妥。国共一家，共同抗日，没有什么区别。事实上，冯和平反对的是妹妹玲子参军，而不是参加什么军。

“我哥，等到抗战胜利了，我们到皖南聚会吧，听说那里的景色很美，那里有美盖五岳的黄山，还有遍地的茶园。到那时，你一定要把那个叫孟玉的姐姐带来让我见一见，我要叫她一声嫂子呢！我哥，记得哦，皖南见！”

冯和平一边读信，一边流泪，泣不成声。

“我哥，告诉你一个秘密，我把自己的名字改了。不再叫冯玲子，我跟娘的姓，改叫丁玲。丁玲，这是个女作家的名字，我喜欢读她写的书。丁玲——丁零，是不是很好听！”

玲子呀，你在哪里？冯和平常常在心底这么喊着。

冯和平突然热情招待，让江之端颇感受宠若惊。在冯和平的军营小灶吃过饭之后，他的心里泛起一股暖意。冯团长答应了他的要求，而且不折不扣，全部兑现。看来，冯团长对自己是越来越好，有这棵大树撑腰，我他妈的这个乡长当定了，不仅当，而且要长久地当下去，让那些瞧不起我的人看看，老子也不是个软柿子！

不过，让江之端犯愁的是，冯团长交给他的那个任务着实有点艰巨，他实在没有把握。之所以胆敢应承下来，是因为他太想靠上冯团长，太想得到冯团长的关照呀！车到山前必有路，水到田头自成渠，走一步看一步吧。

冯团长交给他的任务是尽快打听一个叫丁玲的新四军女兵的下落。这个姓丁的女新四军跟冯团长是什么关系，江之端没敢打听。冯团长一再强调，这件事事关重大，一定要秘密进行，不得向任何人泄露，有任何消息，也只能跟他一个人联络，如有违反，定以军法从事！江之端一听“军法从事”，吓得小腿直抖，马上赌咒发誓，绝不违反。

关于丁玲，江之端有两个推测：一是，丁玲可能是冯团长的老相好。不过，在江之端看来，以冯团长的相貌和地位，找一个新四军女兵当相好，太划不来。况且，“国共”现在不再友好，作为国军的团长，这样做更是不应该。二是，丁玲可能是一个新四军的重要分子，冯团长想拿她来向上级邀功。这个可能性极大，在江之端看来，大家都是吃国军饭的，谁他妈的也不能免俗，谁他妈的不想立功受奖往上爬！

总的来说，江之端是心满意足了。冯和平给他派来一个排的兵力，驻扎在庙首协防。排长叫石柱子，四川人，是个大老粗，爱喝酒。江之端一见大喜。以他的经验，世上最难摆平的人是没有喜好的人，既然石排长好喝几口，那就给他喝。所以，江之端很快就把石排长的毛理得顺顺的。

重新组建庙首乡乡公所之后，江之端大造声势，要把被游击队扯掉的面子找回来。有一个排的兵力撑腰，江之端的胸脯挺得老高。江麻子重建自卫队，每天带人在乡里转，也学着游击队的样子，到处贴标语，宣传国军在皖南一带的威力。江麻子这些天跟叔叔江之端一起，按照冯团长所嘱，暗暗学习游击队的做法，积极拉拢老百姓，发现还真他妈的有用！

这一天，江麻子在乡下巡察时，得到一个举报，说当初新四军战地服务团所在的那个村庄，可能有共党分子。江之端一听来了精神，马上和石排长一起去抓人。没费多大工夫，人抓回来了，而且是个女的。这个女人叫项腊梅，据说最近经常往山里钻，极有可能跟山里的游击队有联系。当天晚上，江之端先在乡公所审讯，想从这个女人的嘴里弄一些关于丁玲的情况，好拿去拍冯团长的马屁。

项腊梅三十来岁，虽说是山村妇女，但长相不孬，比崔寡妇强多了。江麻子一见心里就打了歪主意，可是一想到冯团长当初所说的“军法从事”，马上咽了下口水，开始审问。

审问前江之端就想好了，先进行攻心。项腊梅这个女人看来不一般，江之端问什么她答什么，但是答的内容都是没用的。

“你最近天天往山里去干什么？”

“采茶。”

“这时候，茶季也该过了，采什么茶？”

“采老茶。”

“采老茶做什么？”

“采老茶做茶枕。哎呀，我家的茶枕做得可好了，山里山外都知道，有病祛病，没病养身。乡长，下回给你送一个！”

项腊梅看上去一点也不慌张，只要问了，张口就答。江之端第一次见识这样的女人，明明感觉到她有“通匪”嫌疑，但又找不到任何破绽。

“你们村驻过新四军的战地服务团，你是不是帮过他们？”

“新四军从不麻烦老百姓，他们帮老百姓。”

“你认识哪些新四军？”

“那就多了。他们穿一样的衣裳，吃一样的饭，唱一样的歌子。这样的人，都认得。”

“认识不认识一个叫丁玲的女新四军？”

“乡长啊，我说过了，他们穿一样的衣裳，吃一样的饭，唱一样的歌子，这样的人都认得，可是你一提名字，就不知道了。”

站在一旁的江麻子有点烦了，一拍桌子：“我看你就是私通新四军！”

项腊梅说：“队长，你可不能冤枉人，我一个女人，只知道烧火做饭养孩子，没有那个胆子。”

江麻子越听越来气，对江之端说：“叔，这样的女人不要跟她啰唆，就欠打，上去打她一顿，比什么都管用！”

江之端瞪了他一眼，说：“没出息！打打，就知道打，该打的游击队你怎么不去打！长点记性，冯团长说了，要向共党学着点，要会团结老百姓！”

江麻子不服，低着头嘟囔：“团结老百姓，叔，你团结他们，他们不团结你！那些个刁民，恨我们恨得牙根都痒，还团结个屁！”

江之端把桌子一拍，骂道：“你懂个屁！”

江麻子马上不吭声了。

最后，江之端实在问不出什么名堂，又不敢跟冯团长汇报，关了两天，就把项腊梅放了。

项腊梅临出乡公所的大门时，对江之端说：“江乡长，有空去我们村上坐坐，放心吧，我们那里没有游击队！”

一句话，差点把江之端的鼻子都气歪了。

第五章

1

刘赣元最近颇感为难。难在哪儿？用他打的比方说："生意太好了！"

夜袭庙首一战，尽管刘赣元不太满意，但是游击队的名声却因此传开了。老百姓说："'四老板'回来了，老百姓又有撑腰的了！"一时间，周边地区的老百姓纷纷要求游击队给自己出出气。接二连三地，地下党组织送来了大量群众的请求，要求游击队给那些恶霸地主一些颜色看看。比如，牛栏岭的群众反映，当地的赵保长在岭头设了一个关卡，老百姓过路要交钱，不交就打，要不就抓去坐牢。所以老百姓强烈要求游击队去把那个关卡打掉。又比如，三溪镇的地下党员反映，当地有一恶霸吕秃子，儿子是乡长，他当保长，父子二人狼狈为奸，独霸一方，无恶不作，人称三溪土皇帝。吕氏父子在家私设公堂，动不动就以"通匪"为由，敲诈勒索，老百姓恨之入骨。这对父子还向县特务机关告密，破坏了三个地下党支部，此害不除，天理不容。

面对群众的呼声，刘赣元比谁都着急。只要传过来的，他一件一件都接下。在他看来，老百姓找上门来办事，那是瞧得起你游击队，是对游击队的信任，这可比什么都重要。

但是，就目前游击队的实力来看，满足这些要求，真不是件容易事。这些举报各有各的特殊情况，要一一去摸清楚，看哪个地方是"软柿子"，可以去打。单就战斗力来看，就算游击队马不停蹄，一时半会儿也拿不下来。

何况，毕竟不是做买卖，而是打仗！如果真是做买卖，砸了牌子，大不了重起炉灶另开张，不过伤在钱财上，可这是革命的队伍，搞砸了就是用脖子上的人头也换不回来！

难，是真难！

刘赣元决定派出侦察员和地方的地下党员联系，分别摸清这几个地方的情况。之前，刘赣元和李闽南一起给大家开了一个会，给大家提个醒。

刘赣元提出要求："同志们，敌情对我们太重要了。你们下去以后，要摸得越细越好，不仅要把敌人的军事实力、军事部署等弄清楚，连敌人睡觉吃喝拉撒的时间也要摸清楚，最好连敌人茅房的门朝哪开的都要搞明白！"

一连十来天，几路侦察员下去之后，很快带回来详细的情报，刘赣元一一进行分析之后，提出一个大胆的决定：分组突袭！

这的确是一个大胆的想法，以至于在三人会议上，他一提出来，就把李闽南和程老黑惊得嘴巴张了半天合不上。分组突袭，固然能提高作战效率，但是分组作战会削弱战斗力，增大风险！

李闽南不同意，程老黑也觉得拿不准。他们共同担心的就两个字：风险！

刘赣元似乎早就预料会有分歧，所以在三人会议上的解释颇有耐心。为了说明自己的想法，他还打了一个比方：打仗好比做买卖，凡买卖就是有赔有赚，没有包赚钱的，都存在赔钱的风险。放眼一看，大千世界古往今来，是不是因为有风险存在，就没人做买卖了？不是！打仗也是一样，枪子不长眼，处处有风险，但是大大小小的仗却是一直在打。过家家没有风险，那是游戏，不是打仗。打仗和游戏的区别就在于有无风险。既然如此，现在，我们要做的是如何降低风险，不是回避风险。再说，既然作战都有风险，不分组作战难道就没有风险吗？

从大早起一直说到正晌午，刘赣元说得口干舌燥，满以为能得到这两个同志的理解和支持，没想到他们黏黏糊糊不表态。刘赣元这时候就有点坐不住了。这事要想成，还得想办法。如果强行坚持，轮到最后举手表决，我老刘一个人只能占一票，所以不如暂时不定，下午再议。

刘赣元之所以暂时妥协，把事情推到下午再议，目的是想拉一票。他的目标是程老黑。李闽南是指导员，刘赣元了解他的性格，原则性太强，想拉他不容易。这个李闽南，动不动就搞少数服从多数那一套，不拉一票陪着，真是招架不住。

别看刘赣元设计得很巧妙,李闽南可是感觉到了。他了解刘赣元,这个“老游击”,肚子里的花花点子多得很,稍不留神,很可能就会钻进他的套子。所以,三人会议散了之后,他特别关照了一下程老黑,说:“老程,分组作战非同儿戏,至少现在还不成熟。如果非要打这些仗,最好还是整体作战,这样效率是低了些,但是较为稳妥。毕竟我们组建一支队伍不容易!”

程老黑同意李闽南的看法。分组作战有风险,但是,作为当地人,看到父老乡亲受苦,他心里着实不是滋味。如果让他做主,他很可能也像刘赣元那样,实行分组作战,速战速决,让老百姓早早过上安生日子!

所以,李闽南关照他的时候,他只是点点头表示知道了。

中午吃饭的时候,刘赣元一改过去扎堆吃饭的习惯,一个人捧着碗远远地蹲在一棵歪脖子树下,不动筷子,左看右看,像是在找人。李闽南抬头看见,端着碗走过来,想跟他谈谈会上的事。刘赣元哼哼哈哈应付,还是不停地左右观察。

李闽南说:“老刘,找人是吧?”

刘赣元笑笑,心不在焉,说:“不找人,不找人。”

这时候,程老黑端着碗走出山棚,刘赣元老远朝他招手,程老黑急急忙忙走过来。这些,李闽南都看在眼里,估计刘赣元是要拉程老黑做同盟,所以故意凑过来,一探虚实。

刘赣元一见李闽南凑过来,就说:“老李,我跟老程谈点私事,请你回避一下。”

李闽南故意刁难,摇着头说:“不干,凭什么要我回避!”然后伸着脖子听他们说什么。

刘赣元刚想说关键的地方,见李闽南支着耳朵,就把话咽了下去,急得直瞪眼。李闽南暗自发笑。

眼见着话说不成,刘赣元突然放下饭碗,装作很痛苦的样子,捂着肚子说:“哎哟,我肚子疼,哎哟,我要上茅厕,老程你扶我一下,快快,来不及了!”

说完,刘赣元拉着程老黑就朝后面树林里钻。与其说是程老黑扶他,不如说是他拖着程老黑在跑,时不时还回头看看李闽南,气得李闽南直瞪眼。

李闽南敲着碗喊道:“老程,小心啊,千万别上当!老程,你是党员,要有党性原则啊!”

刘赣元把程老黑拖到树林里，直截了当地说："老程，下午开会，你要站在我这边！"

程老黑说："老李打过招呼了，不太好吧？"

刘赣元说："有什么不太好？他不是也想拉你做同盟吗？反正就我们三个人，你不是站他那边，就是站在我这边，你看着办吧。"

程老黑有点为难，但是心里有点动摇，问："老刘，你可想好了，分组战斗有没有风险？风险有多大？"

"还是那句话，所有战斗都有风险，我们要做的是如何降低风险，不是回避风险。"刘赣元见有机会，就进一步分析，"我分析过，游击战斗以突袭的形式进行最为合适，而突袭恰好又要求不能用太多的队伍。按照这样的推测，分组是最为合理的，你说是不是？"

程老黑点点头。

"老程，你是本地人，我们这些外乡人打完仗可以拍拍屁股走人，你不能呀，你的根在这里！"刘赣元开始采用"攻心术"，进一步"煽动"，"你好好想一想，家乡人都知道你老程在游击队里，大小还是个领导，万一让乡亲们知道是你不同意打那些坏蛋，看看他们背后怎么戳你的脊梁骨！"

程老黑想了想，咬咬牙，说："好！老刘，我支持你。但是，我们一起再把问题给老李分析分析，一定要做到万无一失！"

刘赣元见程老黑站到自己这一边，很是开心，拍拍他的背，说："放心吧。老李是个明白人！"

二人说说笑笑走出来，一抬头，李闽南正站在面前。

李闽南冷笑着说："老刘同志，你这泡屎拉的时间可够长，是不是拉出一座山啊！"

"时间是长了点，不过肚子不疼了。老李，你也想拉吗？那好，请吧。"刘赣元说罢，一侧身做了一个请的动作。

李闽南走上去擂了他一拳，说："好你个老刘，身为队长，你竟然拉票搞同盟，作为党员，在党内搞不正之风，该当何罪！"

刘赣元一脸无辜，双手一摊："我说老李同志，你可别给我扣那么多'帽子'，我可没跟老程说什么，不信你问他。"

程老黑走过去搂着李闽南的肩膀，说："老李，我和老刘站在一边了，那事就这么定了！刚才老刘又给我分析了一下，我也觉得有道理，这几个'软柿子'干下来，我相信我们在群众中的影响会更大，我们的群众基础会更扎实，将来……"

"好了，我明白了！"李闽南笑着说，"我刚才也跟其他同志谈了一下，他们都是本地人，了解情况，都认为分组突袭可行，而且如果同时进行，还可以牵制敌人！所以，我也站在你们这一边了！"

刘赣元哈哈大笑："老李啊老李，我说你是个明白人嘛！"

李闽南问："我如此支持你，难道就这一句夸奖就了结了？"

刘赣元说："好办好办，请你刮胡子，放心，下回到城里！"

2

突袭牛栏岭和三溪镇的战斗几乎是同时打响的，分别由刘赣元和程老黑各带一个战斗小组实施突袭。本来李闽南放心不下，也要参加，但是刘赣元把他拦住了，说："指导员，你要留在山上，万一我们有个三长两短，也能给咱游击队留个种！"

刘赣元的脾气是说一不二，于是李闽南和两个生病的队员一起留在山上。

当天夜里，刘赣元和程老黑带着突击组下山之后，李闽南屁股底下像长了刺一样，一时也坐不下来。他不放心！的的确确，这样的战斗带有很大的赌博性质。李闽南在山棚里来回地转圈。那两个生病的队员看着指导员急得一头汗，知道他心里悬着，就想劝，说："指导员，你别转圈子了，转得我们头晕。"

李闽南并不停下来，说："头晕就别看，赶紧睡吧。"

两个队员说："指导员，你这样转我们睡不着！"

李闽南说："睡不着就帮我数数。"

一开始他们还数着指导员转圈，后来数不过来了，就慢慢睡着了。

刘赣元和程老黑几乎是脚跟脚回到驻地。这时，天已蒙蒙亮。李闽南看上去比战斗回来的队员还要累，见到他们胜利而归，李闽南一屁股坐下来，呼呼地喘着气。

三溪镇公所被打掉，吕秃子父子被当众就地镇压，战斗打得干净利落，而且彻底。游击队员们同时缴获大量武器和粮食，可谓大获全胜。牛栏岭的关卡被打掉，赵保长此次被捉后，答应不仅不再为难百姓，而且为游击队办事。这是意外的收获，刘赣元非常满意。镇压有镇压的好处，震慑有震慑的好处，那些不能团结的对象，一定要镇压，那些可以团结的对象就要震慑，给他们改过自新的机会，将来可能成为革命的朋友，没有什么不好。多个朋友多条路，朋友多了路好走嘛！

因为有突袭庙首的经验，战斗非常成功，既无伤亡，也没留下后患。用刘赣元成功的尺子来量，也是百分之百地合格。所以，这一次举办“庆功会”是刘赣元主动提出来的。

战斗总结刚结束，刘赣元就堵住李闽南，笑呵呵地说：“指导员，这两次战斗很成功，我看要搞个庆功会。”

李闽南白了他一眼，想起上次搞庆功会时刘赣元的态度，于是故意为难道：“搞庆功会啊？我不同意！”

刘赣元依然笑呵呵的，得意地说：“指导员，你不同意没用了，我跟老程通过气了，我们都举过手表过态了。生米煮成熟饭，你看着办吧。”

李闽南知道刘赣元又动了“花花点子”，又好气又好笑，把脸一拉，说：“既然如此，要搞你去搞，我不管！”

刘赣元把旱烟杆递上去，赔着笑脸说：“老李，这是你指导员的工作嘛，我不能抢是不是？还是你来张罗吧。你是文化人，这种事我不在行。”

李闽南见刘赣元“妥协”，心里也稍平衡了一些，于是就去张罗了。

为了把大会搞得隆重、热闹，刘赣元建议请一些地下党员来参加，这样可以增强大家的信心，鼓舞大家的斗志，增强凝聚力。刘赣元一口气说出一大串理由，条条都能站得住脚。

李闽南开玩笑地说：“好啊，你这个队长把我指导员的活全干了，以后，队长、指导员你一肩挑吧！”

刘赣元赔着笑脸说：“我说老李，别这么小气好不好，我这一点本事，还不都是跟你学来的！”

庆功会在山棚外的一块空地上进行。一堆篝火、一圈草垫,虽然简陋,却有一种热烈的氛围。本来李闽南是安排刘赣元讲话的,当时刘赣元也同意了,但是会议开始的时候,他又变卦了。李闽南拉他上去,他说什么也不去,还说:“老李,讲话是你的活,我不能抢,你去讲吧,我在下面给你鼓掌!”

无奈,李闽南只好上去讲话。李闽南的讲话很有激情。刘赣元边听边评:文化人就是不一样,你听听,还能引用几句古诗。什么游击队从“山重水复疑无路”到现在“柳暗花明又一村”,今后我们依靠广大群众,一定能“直挂云帆济沧海”。老李啊老李,真没想到,你这肚子是景德镇的铺子——尽是瓷(词)啊!

既然是庆功会,文艺节目一定要有。游击队员们合唱了《新四军军歌》,之后,从地方邀请的地下党员代表也表演了几个小节目,其中项腊梅的《采茶歌》最受欢迎,刘赣元的巴掌都拍红了。

庆功会之后,安排大家吃顿饭。饭前刘赣元就告诉大家有酒喝,庆功庆功,没酒庆什么功?刘赣元之所以敢这么说,是因为打三溪镇时缴获了一批酒。酒还都是好酒,陈年十里香。刚弄回来的时候,刘赣元就开了一坛品尝,边品边感叹,这些狗官还真会享受,这酒真他娘的不赖!

刘赣元说,把那些好酒全都拿出来,分给大家喝。李闽南怕大家高兴劲上来,把不住壶,喝多会出事,不同意。

“老李,那是酒,不是毒药,让他们喝吧,喝醉了大不了撒撒酒疯,在这山窝子里,荒天野地的,让他们撒吧,还能撒出什么花样来!况且,我们游击队东挪西搬是常事,动不动带那些瓶瓶罐罐的,也是累赘,不如让他们装进肚子里算了!”刘赣元拉着李闽南的手,说,“老李,给我个面子,让他们喝吧。我们两个也要喝,这么长时间,你对我的工作支持很大,很辛苦,我要敬你三杯!”

李闽南只有苦笑,点头答应,但是要求不许喝多。

别看刘赣元在大会上半句话都不说,到了吃饭的时候,几口酒下肚,刘赣元的劲头来了。

刘赣元端着一碗酒,站起来,说:“同志们,我现在想说几句。我呢,文化有限,不会像老李那样弄诗呀词呀的,我只是想说几句心里话。同志们,自从游击队成立到现在,那真是芝麻开花——节节高,猪八戒吃甘蔗——一节更比一节甜啊!说实话,看着这些,我老刘心里高兴、舒坦!这一切来之不易,因为什么？因为有大家的支持、大家的努力。但是，我们做得还不够，我们皖南的天空还不够红，我们的火种还没有燎原，我们还要奋斗！大家说对不对？”

大家都说：“对！”

刘赣元把酒碗高高捧起，说：“同志们，我代表老李同志，敬大家一杯，谢谢大家！干！”

刘赣元一口气干下那碗酒，抹抹嘴，对身边的李闽南说：“不错，好酒！”

李闽南拉了他一把，突然严肃地说：“老刘你为什么代表我敬酒？我同意你代表我了吗？我自己不会敬吗？你是不是怕我喝酒，想留给自己喝？”

刘赣元一拍脑袋，道：“对不住，对不住，你看看我，把这茬给忘了！”

说完，刘赣元马上站起来，又端起一碗酒，大声说：“大家都静一静，静一静，现在指导员李闽南同志要敬大家酒，我也陪着，来，干！”

李闽南被弄得哭笑不得，只好跟大家干了一口酒。放下酒碗，李闽南把刘赣元拉到外面。刘赣元还想过过酒瘾，不想出去。

李闽南附在他耳边说：“腊梅同志有事要谈！”

刘赣元马上站起来，说：“好！”

项腊梅代表当地的群众，要求游击队“二打庙首乡”。原因是庙首乡乡长江之端又回庙首来了。现在，江之端比过去更加猖狂，群众反映强烈，不打击不足以平民愤。

但是，刘赣元摇了摇头。

项腊梅说：“刘队长，别的同志提出的要求你都满足了，我提出的为什么就不行呢？我也是代表广大群众来向游击队反映情况的。”

刘赣元看了看李闽南，意思是让他去做思想工作。

李闽南说：“腊梅同志，你的心情我能理解，群众的意见也是正确的。但是，庙首的江之端现在不能去打，因为刚打过他不久，受惊的兔子，一定非常谨慎，防范严密，突袭的可能性不大，而且还有一个排的兵力协防，难度加大了，希望你回去跟群众说明一下。”

腊梅似乎有些理解，问：“那么，什么时候能打呢？群众可都盼着呢！”

李闽南说：“至少现在不行。不过，我想我们这次打了牛栏岭和三溪，对江之端一定也是一次震慑，相信他会有所收敛的。”

腊梅点点头。

李闽南突然问:"听说不久前江之端把你抓去了,有没有为难你?"

"其实他们手上没有证据,拿我也没办法。"腊梅说,"不过,我发现江之端好像有点变化,会搞团结拉拢那一套了。"

李闽南说:"看来这个江之端也在'进步'呢。"

"对了,江之端提到一个人。"腊梅突然想起来一件事,说,"他们把我抓去后,问我认识不认识一个新四军女兵,叫丁玲。"

一提到丁玲,刘赣元马上警觉起来,问:"腊梅,你好好想想,他是在什么情况下问你的?"

腊梅想了想,说:"我记得当时也没什么特别的,好像他上来就问了。丁玲同志我当然认识,但是,我跟他说不认识。"

借着酒劲,刘赣元的大脑在飞速转动,很快,他得出判断,江之端之所以打听丁玲的下落,一定与冯和平有关,很有可能是冯和平在打听丁玲的下落。如果是这样,倒是可以利用这次机会。

"腊梅同志,如果有机会,你可以在庙首街上放放风,就说丁玲藏在山中的游击队里。"刘赣元说,"说得越像真的越好!"

李闽南和腊梅几乎异口同声地问:"为什么?"

刘赣元说:"不要问为什么,就这么说!"

李闽南说:"丁玲明明转移到江北大部队了。难道你想……"

刘赣元说:"不要再多问了!腊梅同志,一定要记住,就说丁玲现在在游击队。"

腊梅郑重地点了点头。

第六章

1

五十二师师部设在县城丁家祠堂。

夏季“清剿”会议正在进行。骄阳似火,天气闷热。会场上的气氛却显得异常冷清。

如此冷清的会议气氛已经持续良久。师座就春夏以来的“清剿”形势作了分析:从年初围剿开始,到现在已经半年之久,投入几万人的重兵实施清剿,却没有明显的效果。本以为新四军残部移到江北,皖南局面得以控制,没想到又突然冒出一支共党的山地游击队,连连滋扰地方,下手准、稳、狠,庙首、三溪、牛栏岭等处均遭重创,在皖南甚至江南造成很大的负面影响。当前皖南地区各县乡国民政府内,人心惶惶,老百姓坐视观望,对国军的态度并不理想。因此,形势严峻,非常严峻!然而,在如此严峻的形势之下,我军内部士气低落,坐吃军饷而无成绩,任由一支小小的游击队在眼皮子底下滋事,实在令人失望,非常失望!

师长强调:“这不仅是我个人的看法,也是第三战区,甚至是委员长的结论。须知,皖南之安宁,对党国之重要。因此,战区长官命令必须尽快扭转局面,以解蒋委员长的担忧!”

在座的各团营军官一个个汗流浃背,一脸严肃,大气不敢出。偌大的祠堂里,只能听到师座一个人来回的踱步声。窗外,一片聒噪的蝉鸣。

冯和平团长一身笔挺的军装早已汗透,后背上的汗迹像一幅战区地图。

他最近特别容易出汗，可能跟多日来的失眠有关。但是，冯和平团长依然笔直端坐，目不斜视。至于他的心理活动，从表面上是看不出来的。

其实，他早就感觉到在座有很多双眼睛都在看着他，都等着他先发言，因为师座所指的庙首、三溪、牛栏岭均属他的防区，在他的眼皮子底下，他不谈，谁也不会把这根缰绳往自己脖子上套！

沉默，还是沉默。师座显然对这种气氛已经不满。他踱着步从每一个下属面前走过，像是农夫查看牛栏里不争气的牲畜。没想到一群穿着军服的男人，此时竟然连一个屁都不敢放！他很生气，既然都不想开口，那么就只好点将了。

师座点到的第一个人就是冯和平。

师座说："冯团长，目前来看，共党的游击队大多出现在你的防区，你先谈谈你的高见。"

冯和平马上站起来，说："报告师座，我正在考虑！"

一阵哗然。

一位军官说："冯团长，事态如此严峻，你还在考虑，难道这些天你的团一直在洗冷水澡吗？"

另一位军官说："我看冯团长气色不好，一定是躲在军营里睡大觉吧。"

一阵哄笑。

"安静！"师座突然声色俱厉，所有的人都屏气凝神，不敢造次。

冯和平说："报告师座，属下没有睡大觉，相反，我天天睡不好，军医说我患上了严重的失眠症。"

师座说："胡闹！我没问你患什么症，我是问你对清剿的看法和思路！"

冯和平说："对不起！师座，我对清剿的观点早就跟您汇报过。"

师座点点头，说："是的，你是说过什么'靠剿不灵'。那么，我现在就告诉你，不管灵不灵，你都要想办法去剿，直到剿清为止！"

冯和平笔直地站在那里，所有人的目光都盯着他，想看看这位颇有个性的团长是不是又会冒出"洗冷水澡"的歪主意来。

但是，冯和平却答道："是！师座。"

师座叹了一口气，望了望大家，说："好了！既然大家都没有成熟的想法，我来提两条原则，大家会后务必尽快拿出方案！一、改军事围剿为军事围剿和政治、经济围剿相结合;二、共党游击队出没的各防区之间,大家要相互配合,不得相互推诿,相互掣肘! 散会!”

蝉鸣声声,锥子般刺耳。五十二师的军官们个个像被晒蔫了似的,三三两两地议论着,走出丁家祠堂。冯和平面色冷峻,独自一人快步走向王大功牵着的战马,准备离开。他越来越感觉到受不了这种氛围,心中积郁的块垒把他堵得快透不过气来。的确,冯和平现在特别想冲一个冷水澡,还想一边冲澡一边放开嗓子,把心中的郁闷统统都吼出来。

突然,一只手重重地拍在他的肩膀上。冯和平一惊,回头一看,是师参谋长。参谋长附在冯和平的耳边悄悄告诉他:“师座要找你单独谈谈。”

冯和平暗想:恐怕又要挨骂了!

师座在办公室里单独接见冯和平。出乎意料的是,师坐没有骂他,而是很关心他的身体状况。作为父亲的旧友,冯和平一直把师座尊为长辈,因此据实相告:“几个月来,失眠日重,精力渐有不支!”

师座问:“和平,你是不是有什么心事?”

“没有。师座。”冯和平想了想,才这样回答的。即使对这个提携自己的师座,他也不能说出妹妹是新四军的事情,况且妹妹现在下落不明。他明白,妹妹玲子参加新四军这一事实一旦被传出去,他就有可能会被定为“通共”嫌疑。在“剿共”军内部有“通共”分子,下场是什么,可想而知。

师座说:“和平,我和令尊是好友,一直把你当做自己的晚辈,希望你也不要见外,有什么心事可以跟我说说,也许我能帮上忙。当然了,如果你不愿意说,也不要勉强。”

冯和平说:“谢谢师座,属下失眠可能是环境气候不适所致,慢慢会好起来的。”

师座说:“那就好,据说这里有一位新安名医,医术精湛,过几天我让人把他请来,给你诊治一下。我希望你尽快振作起来,往后还有更大的事业等着你来做。”

冯和平说:“谢谢师座关心!”

师座走到冯和平面前,轻轻地说:“我把你留下来,还有一件事要跟你说,现任师参谋长马上要调往别处,参谋长的位置要空出来。按照战区长官的意思，这个参谋长下一步可能会重点栽培。这是个重要的位置，盯上的人很多，我听说原来被派往新四军的联络参谋陈淡如就想吃这块肉。和平呀，你跟我这么多年，我相信你，所以这个位置……但是，凡事都要努力，希望你在皖南尽快干出成绩，不然，他人不服啊！”

冯和平敬了个礼，道：“谢谢师座关心。”

“好了，要记着我的话。”师座语重心长地说，“和平，你还年轻，好自为之啊！”

2

从师部回到团部时天色已晚。

尽管一天来回奔波，冯和平也感到有些疲惫，但是却没有胃口。卫兵把他喜欢吃的饭菜早已摆好，饭是白米饭，粒粒饱满，菜是他喜欢吃的湘菜，红红的辣椒泛着油光，在灯光下显得十分诱人。可是，冯和平却连筷子也不想动。他让卫兵撤下饭菜，又去冲了一个澡，才觉得浑身上下有些许轻松。人一轻松，头脑里就会转出许多事来。

冯和平对师座跟他的单独谈话有着准确的领悟。师座是想栽培他，把他扶到师参谋长的位置上，然后自然而然地再升迁高位。在国军任职多年，冯和平深知，国军内部派系众多，等级森严，钩心斗角，屡见不鲜，如果上面没人，不能背靠大树，想要升迁到更高的位置，简直不能想象。对冯和平来说，这是一次难得的机遇！这个机遇，不是他福大命好，而是有父亲的这个老朋友的关照。当然，冯和平不得不考虑的是，以他在师里这些团级军官中的地位，师座偏偏看上他，难道仅仅是念及与父亲当年的旧情吗？

五十二师是战区司令长官的老家底，这就是为什么没有派往抗日前线而驻守皖南“剿共”的原因之一。作为老家底，五十二师执行剿共任务操作起来方便贴心，上下通畅，便于调遣，同时，因为偏安皖南剿共，也顺理成章地避开了抗日前线。须知，与日本人打仗，风险更大，还是放在皖南保住这份老家底比较安全！

当然，冯和平对战区司令长官的司马昭之心早有耳闻，问题是国军内部格局中的博弈，恰好与他冯和平的人生抱负发生了冲突。事实上，冯和平早就跟师座汇报过，他从军的理想是抗日救国，那也是父亲生前对他的期望，所以他宁愿奔赴沙场与日军拼杀，哪怕杀身成仁。

师座似乎理解这个年轻军人的心理，毕竟都是从年轻时走过来的。师座曾对冯和平说："和平，理想是年轻人的事。我不反对年轻人有理想，但是，以我的经验，理想与现实永远是有差距的，有时甚至是矛盾的。我只能告诉你：既然你是党国的军人，就要服从党国的命令和安排。让你抗日，你就抗日；让你剿共，你就剿共。记住了，你是党国的一块砖，哪里需要哪里搬；你是党国的一块瓦，哪里需要哪里码！"

师座的教诲，冯和平诚心诚意地接受。对于"国共"之间的矛盾，冯和平不想也不能做出公正的评价。从大的方面来说，各为各的信仰；从小的方面来说，各为其主。不过，在冯和平的思想里，他还是觉得"国共"矛盾毕竟是"家里"的事，而抗日才是"大家"的事，为什么"大家"不同仇敌忾先行抗日，然后再坐下来解决"家里"的事呢?!

不解。无奈。

现在，师座又挑出"参谋长"这块肥肉，是对他冯和平作进一步的试探，还是为了拉拢更多自己的人？冯和平一时得不出结论。但是，有一点是明确的，如果那是抗日前线的参谋长位置，哪怕是低一级的位置，他都会毫不迟疑地接受，并且会不遗余力地去争取！然而不是抗日，是"剿共"。

冯和平啊冯和平，你将何去何从！

此时，月上柳梢，山风清爽，一天的暑气正在渐渐消退。冯和平来到营房外，沐着习习晚风，来到旁边的一个山坡上。山坡很缓，杂草丛生。夜行的夏虫不停地横冲直撞，打在皮肤上，倒有一种清新之感。

月亮圆润，颇似观音丰盈的脸。很多年没有如此闲情静静地看月亮了。记得小时候，爹在外做事，娘经常带着他和妹妹玲子看月亮。娘坐在门廊前的天井边，他和妹妹玲子偎在娘的怀里。银水似的月光洒在娘的身上，把娘的脸照得更加端庄。娘给他们讲月亮上嫦娥的故事，讲观音菩萨送子的故事。娘信佛，讲起观音时心中充满神圣之感。玲子问娘她是不是观音送来的，娘就笑着说是。观音给娘送来了一男一女，一个是哥哥，一个是妹妹，所以娘很满足，娘一辈子都要感谢观音。娘说到这里,就会双手合十,冲着月亮默默祷念一会儿。然后,妹妹玲子说,月亮好美,那就是观音的脸啊!

想到这里,冯和平的脸上浮起了笑意,不知不觉,两行清泪流了下来。此时,若是有妹妹一起,陪着娘看月亮,该是多好啊!可惜的是,娘走了,妹妹玲子也不知生死。玲子啊,你若还在世上,你能看到天上那张观音的脸吗?娘啊,你一定要求观音保佑玲子平安无事啊!

冯和平也像娘当年那样,双手合十,对着月亮默默祈祷起来。

“报告团长!”

卫兵突然前来报告:庙首乡乡长刚刚赶来,说是有要事跟团长当面汇报。

冯和平擦干脸上的泪转过身,说:“让他等着,我马上就来。”

卫兵去了。冯和平慢慢往回走,粗粗地一想,这么晚了江之端跑来,怕是又被游击队打了,不然他也不会黑灯瞎火地跑这几十里山路。

因为兴奋加上酷热,江之端胖乎乎的脸红得像刚出锅的卤肉。一见到冯和平,江之端赶紧上前,正想说话,又看了看旁边的卫兵。冯和平挥手让卫兵退下。江之端走到冯和平面前,神秘地说:“冯团长,丁玲有消息了!”

冯和平听罢,马上站起来,一把抓住江之端,直接来到他的卧室,关上房门,给江之端倒了一碗水让他喝下。

“冯团长,我收到消息,说那个叫丁玲的女新四军还活着,还在皖南,就在山地游击队里。”江之端解开衣襟扇风,露出又肥又白的胸脯。

冯和平心里一紧,眼睛亮了一下,问:“你是从哪里得到这个消息的?”

江之端急于表功邀宠,说:“团长布置的任务,我当然认真对待。这些日子,我布下很多暗线,收集丁玲的消息。一共抓人审问十三人次,跟踪盯梢二十余人次。另外还到各村走访一百多户……”

冯和平很不耐烦:“好了好了,直接说,你是从哪里得到这个消息的?可靠不可靠?”

江之端把白花花的胸脯拍得嘭嘭响,说:“团长,绝对可靠!”

冯和平捏着下巴,略作沉思,问:“绝对可靠?”

江之端马上改口,说:“八九不离十吧!”

冯和平想了想,摇了摇头,说:“我看其中有问题。”

“保证没问题!”江之端说,“对了,我还带来一样东西,团长你看看。”

江之端从怀里掏出一支钢笔，双手递过来。冯和平接过笔，看了看，心中大喜：这正是当年他送给妹妹玲子的生日礼物！

冯和平压抑着内心的激动，问："这是从哪来的？"

江之端说："冯团长，是这么回事：昨天我们得到线报，说有两个游击队员可能化装成夫妻下山买盐，于是我就派人跟踪，准备抓活口。可是，这两个游击队员太狡猾，发现我们跟踪之后，翻墙逃掉了，逃跑时丢下一个花布包。那花布包不大，一看就是女人用的，打开一看，里面有点零钱、一把木梳子，还有这支钢笔。你看看，这上面还有字。"

这是一支包金的派克笔，冯和平可以确定是他当年送给妹妹的十八岁生日礼物，笔身上有他亲手刻上的字："玲子生日快乐！"

冯和平点点头，长长地出了一口气。

3

冯和平决定化装潜入庙首乡一带，一探虚实。做出这个决定后，冯和平不想让任何人知道，包括江之端。

到庙首那天，冯和平只带了侍卫王大功。冯和平一副山货商贩的打扮，王大功跟在后面，挑着的山货里面藏着两把短枪。

这一天天气阴沉，闷热难耐，似乎憋着一场大雨，却总是下不来。冯和平一行来到庙首街上，在街上绕了几圈，实在口渴，便找一处茶棚坐下。此处茶棚不大，因处在十字街头，视野开阔，茶客很多。冯和平一行二人一进门，老板就迎上前来，引着他们坐在靠窗的位置上。冯和平点了一壶茶，一边喝着茶一边观察周围的一切。这时，又来了两个商贩模样的人，偏巧坐在他们邻座。冯和平从他们的行为举止和衣着言谈来判断，他们可能是当地人。于是，冯和平主动跟他们搭话。

冯和平满脸带笑，道："两位老板，请问是行商还是坐贾？"

其中一位瘦子拱手道："这位老板，我们是本地人，守家做点买卖。"

冯和平也拱手道："这兵荒马乱的，还是守家做买卖好啊，不像我们……"

另一胖子问："听口音，老板不是本地人。那就是外地来这里行商的。敢问家乡哪里?”

冯和平说:“老家湖南,现在芜湖、南京一带做点小买卖。生意不好做啊,日本人来了,生意更难了,只能混口饭吃。”

瘦子问:“老板做什么大买卖?”

冯和平俨然一个商贩,说:“谈不上大买卖。此地山货名声在外,我们想收点山货,但是不知道行情。请问两位有没有路子?最好是货色好些的,价钱好说。”

“你可是问着人了。”胖子一听笑了,指着身边的瘦子说,“这是汪老板,他就是做山货的,正愁着货出不去呢!”

汪老板说:“是啊,查得紧啊!”

冯和平说:“查得紧,难道连山货也出不去?”

“我说老板,你是不知道,皖南这阵子乱啊!”汪老板压低声音说,“山外有日本兵,山里有游击队,共产党的游击队。”

冯和平做惊讶状,低声问道:“早些时候,不是听说新四军被国军赶到江北去了吗?怎么又冒出来个游击队?”

汪老板说:“闹得厉害啊。前不久,这个乡公所还被端了。”

“啊呀,到处都不太平啊!”冯和平一副忧虑神情,突然又说,“不过,新四军都被打走了,小小游击队怕是也活动不会久。”

汪老板做了个手势,意思让他小声一点,然后说:“老板你是从外地来的,你不知道,游击队可厉害呢!听说队伍不小,男男女女,几百号人呢!”

冯和平心里暗笑,以他的判断,游击队不可能有几百号人,老百姓爱听传言,由他们说吧。不过,看来游击队的影响确实很大。

“有男有女?这话听着倒新鲜。”冯和平进一步“套”话,“游击队还有女的?”

“有!刚刚我们从南街过来,听炭行里的人说,他们在山里烧炭的时候见到过,游击队里有好多女的,不仅漂亮,而且胆大能干!有一个叫什么玲的,前不久下山来买盐,差点被自卫队抓住!”

“噢。看来真是这回事!”冯和平点点头。

“那还能有假!”汪老板说,“好了,别说这个了,跟我一起去看货吧。”

冯和平说:“好,好!”

汪老板领着冯和平和王大功刚走出茶棚，江麻子就带着自卫队迎面走过来。汪老板本来想躲开江麻子，江麻子眼尖，一见汪老板要躲，马上拦住他。

江麻子问："汪老板，看来你不想见我呀！"

汪老板说："江大队长，我哪敢呀？我这是有急事，要带个客人去看货！"

江麻子走近冯和平，冯和平怕江麻子认出来，赶忙用草帽遮住脸。本来江麻子没太在意，可是冯和平的这个动作却让江麻子产生了怀疑，马上冲到冯和平的面前，用枪挑开草帽，定睛一看，吓得江麻子差点叫出来："你是……冯……"

"逢集赶市，买点山货。"冯和平一把抓住他的手，用力一捏，挤挤眼，道，"江队长行个方便吧！"

江麻子还算聪明，似乎明白了冯和平的用意，点点头，闪到一旁，放开他们。

冯和平拍拍正在犯愣的汪老板说："走吧。我们去看货。"

目送冯和平走远之后，江麻子半天才反应过来，马上赶回乡公所，一路小跑，上气不接下气。一进门，江麻子就大叫道："叔啊，冯团长又来了！"

江之端正在闭目养神，回味昨夜崔寡妇床上的温存，一听说冯团长来了，马上站起来，跑到门口准备迎接，却只见江麻子慌慌张张的，一个人站在门前。

江之端问："冯团长呢？"

江麻子说："走了。"

江之端说："走了？到哪里去了？"

江麻子说："买山货去了。"

江之端更摸不着头脑，朝着江麻子屁股就是一脚，道："你他娘的胡说！冯团长一个大官，他买什么山货！"

江麻子很委屈，捂着屁股，嘟囔道："我没胡说，冯团长自己说去买山货！"

冯和平从汪老板那里买了两担山货，货色都是上等，价格还算公道。本来，汪老板急于抛货，冯和平完全可以压压他的价，但是冯和平毕竟不是商贩，不在乎一两个大洋，况且，从冯和平内心里说，山里的商贩做买卖不容易，能赚就让他赚吧。

汪老板意外发财，喜不自胜，不知道自己得了哪路神仙的关照，做了一笔好买卖,赚得轻松。临走时,汪老板还塞给冯和平和王大功一人两个煮鸡蛋,给他们在路上吃,说:“二位,这两担货实在,饿着肚子怕是挑不下山的。”

那两担货确实实在,走到半路上,王大功就显得有些吃力了,满头大汗不说,脚步也慢下来。冯和平怕这样走耽误工夫,说:“大功,找个没人的地方,把那两担货扔了。”

王大功是穷苦人家出身,看东西金贵,舍不得扔,说:“团长,这么好的东西,花钱买来的,扔了多可惜!”

冯团长想了想,摇摇头,一脸苦笑:“好吧,不怕累你就挑着吧。”

王大功乐呵呵地说:“团长,我不累。这比家里的农活轻省多了!”

一路上,喜悦之情一直在冯和平的心中荡漾。现在,他可以放心了,妹妹玲子终于有了下落。但是很快,一阵阴云又布上心头。妹妹玲子是新四军游击队员,他是国军“剿共”部队的团长,同胞兄妹成了冤家对头,这该如何是好?

天气有点闷热,两人早已汗湿衣背,口渴难耐。这时,王大功抬头一看,前面就是雨台山。在王大功的印象里,团长是很喜欢来这里的,而且团长跟寺内的净空老和尚相处甚好。何不让团长上山到庙里歇一歇,也能讨碗茶喝!

王大功说:“团长,前面就是雨台山。”

冯和平停下脚步,抬头一看,果然是。

王大功说:“去雨台寺烧香吧。”

冯和平沉着脸说:“你这家伙,是不是想去歇一歇,再讨碗茶喝?”

王大功赔着笑脸,故意说:“团长要是不想去,就不去呗。”

冯和平笑了:“谁说不去了? 走,我正想烧香还愿呢!”

王大功说:“正好,把这山货送给净空老和尚。团长,你说行不行?”

冯和平说:“你说呢?”

王大功憨憨地笑了。

雨台寺就在眼前。本来天气一直闷着,突然一道闪电,顿时雷声轰鸣,大雨滂沱。冯和平并不慌张,任由雨水浇淋。

王大功上前推门。门是开着的。

王大功冲着里面喊:“有人吗?”

里面传出一个苍老的声音:“有佛。”

冯和平抬头一看,是净空和尚,便上前施礼。

净空走上前来，道："冯团长，佛知道你来了，下雨给你消暑呢。"说完笑呵呵地看着冯和平。

冯和平说："大师，冯某不敢蒙佛施恩。只是路过，想来避雨。"

净空说："雨没下就想避雨，而且进了佛境，雨就下了，看来冯团长与佛有缘啊！"

冯和平说："要说佛缘，也许是有。家母一辈子礼佛，算是心诚的居士。"

净空双手合十："阿弥陀佛，善哉善哉！"

雨下得越来越急，老庙失修，多处漏雨。冯和平看了看庙宇房顶，说："这庙该修了！"

净空说："该修的何止是庙宇！"

冯和平一怔，看看净空，顿时肃然起敬："大师说得对啊！该修的何止是庙宇，家国都该修了！"

净空说："冯团长今天一定有喜事临门。"

冯和平问："何出此言？"

净空道："冯团长面有喜色。"

冯和平微微一笑，并不答话，走到大殿的佛像前，点上三炷香，然后深深三拜，心中默念一番，感念佛祖保佑，妹妹玲子平安无事。

冯和平拜了佛，净空引他到禅房喝茶。

冯和平说："这一趟来，没带什么好东西，两担山货，请大师笑纳。"

说罢，冯和平给王大功使了个眼色，王大功便把那两担山货挑进来。净空客气一番，便唤来小徒弟木鱼收下。王大功把山货挑到后院，取出里面的两把短枪。木鱼看见枪，先是一惊，然后伸手想摸一摸。王大功挺大方，便拿出枪来，让木鱼摸，木鱼摸着枪，爱不释手。王大功伸手夺过枪，炫耀地耍了一通。木鱼更是羡慕不已。

王大功摸摸木鱼的光头，说："木鱼，你怎么不当兵？当兵就能玩枪了！"

木鱼木讷地摇摇头。

王大功帅气地将枪插到身后说："怎么？你不想当兵？"

木鱼讷讷地说："师父不让我当兵！"

王大功说："为什么？"

木鱼说："不知道。"

王大功说:“当初我爹娘也不让我当兵,我自己偷偷跑出来的。”

木鱼无奈地说:“我不敢。”

王大功同情地说:“不敢?那就老老实实地敲你的木鱼吧。”

这时,禅房内,冯和平起身告辞,净空相随送客。

一出庙门,大雨骤止,万道光芒,破云而出,一片辉煌。

冯和平脱口而出:“天晴了!”

“佛在送你们呢!”净空当胸合十,道,“阿弥陀佛!”

二人下山。王大功轻快地走着,凑过去跟冯和平说:“团长,没有担子,真轻松!”

“是啊,真轻松啊!”冯和平望着雨后的晴空,长长地出了一口气。

第七章

1

一连串的胜利，使游击队在周边几个县的名声大振，许多进步群众纷纷要求参加游击队。刘赣元把这一情况汇报到中心县委，经中心县委会议研究，决定扩编游击队，增强战斗实力。为保证队伍的纯洁和战斗力，关于录用新的游击队员，定下一些原则：由地方党组织推荐，游击队进行调查政审。两方面相结合，等于加了双保险。

按照事先分工，刘赣元前去考察的人选中有一个青年叫李刚烈。据地方党组织提供的消息，李家是山里的茶户，祖传的制茶手艺远近闻名，尤其是李家制作的"火青"，味道纯正，销路甚好。可是前两年，一帮地痞恶霸常来吃白食，稍有怠慢，就动手打人。李家人有理没处说，有冤没处申，老两口咽不下这口气，相继撒手人寰。现在家里只有兄妹二人，相依为命，发誓一定要为爹娘报仇，所以参加游击队的决心很大。

这一天，刘赣元在地方党组织的安排下，悄悄来到李家。通过交谈和观察，刘赣元觉得李刚烈这样身世的青年可以加入游击队，当即要带李刚烈一起走。李刚烈非常高兴，刘赣元又对他勉励一番。

这时候，一个姑娘挎着一篮野茶进来了。姑娘二十来岁，中等个头，浑身上下洋溢着山里姑娘的朝气和活力，尤其那一双大眼睛，像星星一样闪亮，刘赣元的心顿时有点慌。

"这是我妹妹茶花。"李刚烈一边介绍一边吩咐，"茶花，快给刘队长泡茶。”

茶花放下菜篮，一甩粗黑的大辫子，进了灶间。刘赣元望着茶花的背影，那辫梢仿佛不是扫在茶花的腰际，而是扫在他的心头。茶花的眼睛让刘赣元想起了丁玲，丁玲也有茶花一样的眼睛，但是茶花的眼神更为纯净、更为亲切，似乎让人觉得前世就曾相识一般。

“刘队长，请喝茶。”茶花把一碗茶递过来。

刘赣元猛地收起回忆，接过茶，也不试一试冷热，端起来就是一口，不小心被刚泡的茶水烫了一下，不禁吸溜一下嘴。

茶花扑哧一声，掩鼻而笑。

刘赣元放下茶碗，慌张地说：“这茶好！”

茶花说：“刚泡的茶，先闻后喝。”

李刚烈把茶花拉到门外，好像要说什么事情。刘赣元捧起茶碗，按照茶花所说的“先闻后喝”，果然很香。

这时，茶花突然跑进来，站在刘赣元的面前，说：“刘队长，我也要参加游击队！”

刘赣元说：“茶花姑娘，我们要打仗，不要女的。”

李茶花问：“为什么？新四军也打仗，他们就有女兵！新四军是共产党，你们游击队不也是共产党吗？都是共产党，为什么做事不一样呢？”

刘赣元被问得哑口无言。

李刚烈说：“刘队长，我一走，留下妹妹一个女孩在山里，不放心啊。不如把她带着，不让她打仗，让她给游击队洗衣做饭。”

茶花说：“对对！洗衣做饭、缝缝补补我都会！”

这可给刘赣元出了个难题。其实，游击队不是不需要女队员。这一点，刘赣元想过。女队员有女队员的不便，但是也有女队员的长处。当初，项腊梅按照刘赣元的指示，在庙首乡放出“丁玲在游击队”的风声之后，江之端马上就得到消息，派出人进一步打探。项腊梅把这一情况反映给刘赣元，说，光说他们可能不太信，不如找个人扮演一下，让他们信以为真更好。刘赣元觉得很有道理，但是找谁扮演成了一个难题。想来想去，只好去请孟玉和他一起假扮夫妻下山买盐，故意让自卫队发现，并丢下那个花包袱。里面那支笔就是丁玲撤往江北时，插在刘赣元口袋里的钢笔。刘赣元之所以忍痛割爱把它放进去，是为了让冯和平团长相信丁玲就在游击队里。

事实上,在游击战争中,像这种化装假扮的行动不会少。如果游击队有女队员,行动安排就方便很多。想到这里,看着眼前这个能说会道、聪明能干的茶花,刘赣元决定,先把李茶花带进游击队再说。

茶花高兴得不得了,把她亲手炒的茶全都背上,和哥哥一起,跟着刘赣元,高高兴兴地来到了游击队。

李茶花正值青春,又出落得亭亭玉立,真像一朵盛开的茶花。她一进游击队,大家的眼睛都直了,各种各样的议论也传开了。

有人说:"大家都来看呀,队长带来一个女的,既年轻又漂亮,是不是队长找的革命伴侣呀?"

又有人说:"什么伴侣?在这深山老林里,叫压寨夫人!"

有人说:"游击队来了女的,不太方便吧,往后大家拉撒可得留心,不能再像以往那样出门就解裤子。"

又有人说:"游击队有女的,等于给咱们找来一个小丫鬟,往后咱缝缝补补、洗洗涮涮有人干了!"

2

刘赣元和李闽南吵起来了。两个老搭档你不让我,我不让你,脸红脖子粗,吹胡子瞪眼,就差捋胳膊挽袖子动手了。

争吵是由茶花引发的。不过,论起来,事情还得从丁玲身上说起。

上次庆功会上,项腊梅带来一个情报,说庙首乡乡长江之端在打听丁玲的下落。刘赣元马上判断,这件事肯定与冯和平团长有关。丁玲是冯和平的同胞妹妹,这件事只有刘赣元一个人知道。刘赣元当即觉得可以利用这一情报,跟冯和平玩一场真真假假的游戏,于是让项腊梅故意在庙首乡放出风声,说丁玲就在游击队里。刘赣元之所以这样设计,目的是给冯和平出一个难题。凭感觉,冯和平算得上一个有情有义之人,如果他知道自己的妹妹在游击队,可能就不敢轻易发兵攻打游击队。如此一来,可以为刚刚成立不久的游击队争取一段成长的空间和时间。

所有的人都不明白刘赣元为什么这么做，而刘赣元又不能跟大家说明。他要信守承诺，为丁玲保守这一秘密。事实上，即使丁玲当初不叮嘱他，他也会替她保守这个秘密。他知道，刚刚经历过“事变”，如果大家知道丁玲的哥哥是敌人，那么对丁玲必定会有影响。所以，刘赣元不想跟任何人解释，只是让人按他的计划行事。

作为指导员、老战友，李闽南一直相信刘赣元在军事上的判断，这个“老游击”胆大心细，往往会使出奇招。不过，过去只要想到奇招，刘赣元总是憋不住，急着征求他的意见，分析给他听，为什么，怎么样，一五一十，非常清楚。可是这一次，刘赣元却藏着掖着，闭口不谈！如果说这是军事秘密，不能扩大范围，李闽南可以理解，但是，对他这个指导员也要保密，那就有问题了。

李闽南觉得有必要找刘赣元好好谈谈。

李闽南说：“老刘，我希望你明白，有什么问题事先说明，比捂在你肚子里好！是孩子迟早都是要生下来的！”

刘赣元说：“老李，我明白你的意思，可是这个‘孩子’要揣着，不能生呀！但是，我以党性担保，这件事只是斗争需要，没有什么其他问题。”

李闽南说：“既然没有其他问题，为什么不能跟我说呢？我是指导员，跟你是搭伙工作的，从工作这一层来说，胜过夫妻，你就是我，我就是你！”

刘赣元说：“不能说就是不能说！该说的时候，我会说清楚。”

李闽南问不出所以然，也不好再追究，但是心里就结了疤。

本来，刘赣元想，只要说清楚，李闽南会同意李茶花加入游击队的，毕竟这是从工作角度考虑。但是，刘赣元好话说尽，李闽南就是不同意。

刘赣元摇着头说：“我说老李呀，都跟你说这么明白了，你还不同意。你一个有文化的干部，咋就这么固执呢?!”

李闽南不冷不热地说：“老刘，你跟我说明白什么了？我看你什么都没说明白，不仅没说明白，明明还隐瞒什么不可告人的东西！”

刘赣元一听，急得手直抖，说：“老李，你这话听着可带刺呀。我老刘心里有什么不可告人的东西？你给我说清楚！”

李闽南来回踱步：“好，说清楚也行，先不说这个茶花姑娘的事，就说丁玲的事，你老刘是不是有什么瞒着我?”

刘赣元眨一眨眼，说："有！但是不能说。"

李闽南说："这不就结了嘛！这难道还不叫不可告人？"

刘赣元说："这不是一回事！丁玲是丁玲，茶花是茶花。"

"是啊，丁玲是丁玲，茶花是茶花。可是她们有一个共同点，都是姑娘，还都是有几分姿色的姑娘！"李闽南不无挖苦地说，"你老刘对有几分姿色的姑娘还是很关心、很爱护的啊！"

"老李，你把我当成什么人了！"刘赣元明白李闽南的意思，突然笑呵呵地看着李闽南，似乎胸有成竹，"看来，这件事只好拿到会上解决了。老程下山弄粮食去了，过两天就回来，等老程回来我们再开会讨论！"

李闽南估计刘赣元会再搞"同盟"那一套，便提醒说："老刘同志，我告诉你，除非我离开这里，不然，你拉多少票，我都不同意！"

"你的意思是我们还要争吵？"刘赣元问。

"是的，直到胜利！"李闽南也不让步。

"老李呀，我们这是怎么啦？非得要吵着干工作，不吵不通，一吵就灵！哎呀，看来，争吵也是一种工作方法，只是不大好推广！"刘赣元拍了拍李闽南的肩膀说，"既然如此，吵就吵吧！不过，吵归吵，不能当着战士的面，以免在游击队中造成不好的影响！"

"你说在哪里吵？怎么吵？愿意奉陪！"李闽南双手抱拳。

"那好！午饭后到驻地后面一处山洼里去，好好地吵一通。谁不去谁是小狗！"刘赣元主动下了"战书"。

"一言为定！"李闽南接受挑战，"谁不去谁是小狗！"

那天中午，考虑到会有一场"恶吵"，怕是会消耗大量体力，刘赣元很快"扫"完两碗干饭，又灌下一瓢凉水，打了一串饱嗝之后，顿感浑身清爽，斗志昂扬，于是赶往约好的地点。一到地方，抬头看见李闽南正从另一个方向走来。两个人一步一步靠近，像是古代准备决斗的侠客一样。开始两个人还客套一下，你先，你请。最后，刘赣元急了，说："哥俩好，大让小，我比你大一岁，你先吧。"

李闽南说："好，我先说。刘赣元同志，我想跟你谈谈招茶花姑娘进游击队的事，这件事你是不是又想搞先斩后奏？"

刘赣元态度很好,笑呵呵地说:“不是,指导员同志,我这绝对是为今后的工作着想。你想啊,将来打游击,离不开女同志,女同志有女同志的优势。”

李闽南说:“别什么事都往工作上扯,你想过没有,我们游击队现在能进女人吗?女人是会惹出麻烦的。队长同志,我希望你要冷静,最近跟女同志有关的事,你做得是不是太多了?!比如丁玲。”

刘赣元知道,李闽南话里有话,于是说道:“指导员同志,我郑重地告诉你,我们在谈工作,有话就说,有屁就放,不能冷嘲热讽!”

李闽南说:“我这不叫冷嘲热讽,我这叫政治提醒。老刘同志,我问你,你是小资产阶级思想抬头,想找个女人搞浪漫爱情,还是封建思想作祟,想弄个压寨夫人?!”

这一句话把刘赣元惹毛了,他大吼一声:“放屁!我刘赣元做事做人一向坦荡。什么搞小资产阶级情调!什么搞压寨夫人!天地良心,我刘赣元没有想过!”

李闽南说:“怎么啦?急了吧?嗓门大就有理了?我也会嗓门大!想没想你心里明白,你说说,你对丁玲是什么想法?”

刘赣元脸色很难看,说:“没什么想法,革命战友!”

李闽南说:“好,那你对这个李茶花呢?也是革命战友?就是为了同情她,就没有想到别的?”

刘赣元问:“什么别的想法?老李,这话你可要给我说清楚!”

李闽南说:“你自己心里明白!”

刘赣元说:“我不明白!”

李闽南说:“那是你装不明白!”

刘赣元说:“你什么意思?噢——明白了,你是说我对李茶花有那个意思,是不是?既然你这么提醒我,我还真明白了!我告诉你,我刘赣元就对她有那个意思,就是看上她了,怎么着吧?!是该杀还是该剐,你说说看!我是男她是女,我快三十了,她也二十了,我有那意思怎么样?我还跟你说,李茶花这个女人,我娶定了!”

李闽南说:“你娶谁我不管,也管不着,但是游击队进人,我就要管。我也跟你说,这个李茶花,不能进游击队!”

刘赣元说:“就要进!”

李闽南说:“不能进!”

刘赣元说:“指导员同志,我们别在这争,明天胡缅生同志来开会,当着他的面,让他评评理,看看谁对谁错!”

李闽南说:“评就评,谁怕谁!”

啪——

就在两个人吵得难解难分之时,从营地方向传来一声枪响。两个人几乎同时闭上了嘴,只对视一下,马上转身朝营地跑去。

枪声从一间山棚中传来。

刘赣元和李闽南跑进来的时候,新来的游击队员王德才站在那里像筛糠一样地发抖。原来,王德才在老游击队员的指导下擦枪,擦到一半内急去上茅房,回来之后也没看,拿起一支枪继续擦。其实这支枪已经不是他那支枪,而是放哨的队员的枪,里面有子弹。王德才不知道,随手一扣扳机,一颗子弹就打了出去。所幸子弹没有打中人,但是却打中了山棚墙上挂着的一条裤子,从裤裆处进去,从屁股处出来,一枪打出两个洞。

更巧的是,那条被打穿两个洞的裤子是李闽南的,早上刚洗好,挂在那里晾着。本来是想第二天换上的,没想到,这下子穿不成了。问题是,李闽南现在穿的裤子是借刘赣元的,整个游击队,就刘赣元多一条裤子,也只有刘赣元的裤子他穿着合适。

王德才早就吓得两眼发直,眼泪汪汪。刘赣元把那名老游击队员和王德才狠狠地教训了一通,并且当场宣布,关二人禁闭三天;同时,吩咐以后训练的山棚与作息的山棚分开,避免此类事情再次发生。

处理好事情,刘赣元走出山棚,见李闽南正拎着他那条可怜的裤子发愁。刘赣元有点幸灾乐祸,走过去想逗李闽南一番。

“指导员同志,真是屋漏偏逢连夜雨呀,借裤子洗裤子,结果自己的裤子又弄俩大窟窿。闽南同志,你知道这叫什么?”刘赣元指了指天,笑眯眯地说,“这叫报应!”

李闽南正在气头上,说:“去去去!”

“你别不服,这可是老天爷说的!”刘赣元翻了一下眼,拿腔拿调,学着戏台上腔调,调侃道,“那个跟刘赣元吵架的人是谁啊?朕看着怎么那么不顺眼呀,来人,下去给他一个警告,把他的裤子弄两个洞,让他记住,下次不要吵嘴了!"

旁边围着的游击队员被逗得哈哈大笑。李闽南很生气,抬手把裤子扔到地上。刘赣元弯腰捡起来,认认真真地看了看,说:"不就两个洞嘛,扔了多可惜!"

然后掸了掸,规规矩矩地叠好,往胳肢窝一夹,不声不响地走了。

3

第二天一大早,刘赣元早早地来到了山棚外,蹲在一只树墩子上抽旱烟,不时地朝山下张望。不多时,就听哨兵一声口令,接着一声口令回应。刘赣元马上站起身迎上去,他知道胡缅生和孟玉来了。

一见到胡缅生和孟玉,刘赣元就把想招女游击队员的想法说了。胡缅生和孟玉都认为这个想法很好,女同志在革命斗争中也有不可替代的作用,这大家是有目共睹的。孟玉同志就是一个好例子嘛。

刘赣元见问题明朗,便顺着话茬儿继续推进,说:"哎呀,可惜的是,这件事不好办呢!"

胡缅生问:"怎么呢? 是不是女同志不好招?"

"不是不好招,人选倒是有!"刘赣元摇一摇头,说,"问题是在我们内部,有的同志思想不够开明呀!"

胡缅生似乎明白了,问:"是不是老李?"

刘赣元点点头:"你看,他这么一拦,我不好办呀!"

孟玉说:"干革命不分男女,我们共产党人讲的是男女平等,为什么他不同意?"

刘赣元说:"不好说呀,不好说呀!"

胡缅生说:"老刘,别着急,等一下我们找他谈谈。"

刘赣元说:"不急不急!"

孟玉说:"怎么能不急呢,有问题马上就解决,不能拖拉!"

刘赣元笑了,不停地点头。

边走边说,不知不觉来到了山棚。一声哨响,大家都聚集起来,由胡缅生给新来的游击队员上党课。胡缅生的课讲得生动活泼,效果良好。李闽南一直坐在胡缅生夫妇的旁边，不停地记笔记，刘赣元忽然想起什么，便招手让李闽南出来一下。李闽南很不情愿，但还是出来了。

刘赣元笑笑说："老李，我的裤子是不是要还给我？"

李闽南板着脸说："不还！我没有裤子换。"

刘赣元说："你这就不对了，借了就还，再借不难。你还是指导员呢！"

李闽南说："废话！指导员怎么了，还了你裤子，你让指导员光屁股啊！"

刘赣元要的就是这效果，不禁哈哈大笑，说："指导员，不想光屁股也可以，我呢，还是比较理解同情你的。要不这样，裤子你还穿着，我不让你还，但是，等会儿老胡找你谈话，你可不能说我俩吵架的事！"

李闽南说："为什么不说？"

刘赣元说："你看你，比我脾气还不好。你想一想，让外人知道我们两个老搭档吵架，以为我们俩不团结，影响多不好！"

"少来这一套！这是两码事！"李闽南似乎识破机关，说，"老刘，你是不是想让我放弃防线，好让你长驱直入，直达目的地？我告诉你，那是石狮子的屁股——没门！"

说完，转身就走。

"真不讲理！"刘赣元在身后大叫道，"站住！你还我裤子！"

李闽南头也不回，匆匆进了山棚。

不知不觉，已到午饭时分。胡缅生和孟玉夫妇二人端着饭碗，刚刚坐定，刘赣元把胡缅生夫妇叫到一边耳语了几句，这时候李闽南也端着饭走了过来。

刘赣元说："都到齐了，我们现在开个会吧。我先汇报，主要谈招收女游击队员的事。"

李闽南捧着碗，有一口没一口地嚼着饭，等着看刘赣元下面的表演。

刘赣元把招女游击队员的长短处一一说明，之后，等着胡缅生和孟玉讲话。

孟玉说："老李，这个问题你怎么看？"

李闽南说："老刘说得很有道理，但是我不同意！"

胡缅生问："为什么？"

李闽南把自己的理由说了一遍，只强调现在游击队招女队员很不方便，但是没有再提刘赣元小资思想和压寨夫人那些问题。刘赣元冲他笑了笑。

孟玉说:“实事求是地说,老李说得也有道理。我个人的意见,如果没有招的话,这件事可以缓一缓!”

胡缅生点头,表示认可。

刘赣元急了,说:“不能缓!我们已经招了。人已经到了!”

胡缅生和孟玉显然有些吃惊。

这时,刘赣元大叫一声:“李茶花——”

“到!”一个清脆的声音随即应道。

循声望去,迎面跑来一个清秀的女孩子,来到胡缅生和孟玉面前,马上敬礼:“我叫李茶花!”

孟玉上前拉住李茶花的手,左看右看,很是喜欢,问:“茶花,多大了?”

李茶花答:“虚二十,属牛。”

孟玉问:“你想当游击队员吗?”

“想!”李茶花答道。

孟玉说:“当游击队员是要吃苦的,还可能流血牺牲!”

“我不怕!”李茶花说,“我要为爹娘报仇!”

胡缅生点点头,看看孟玉,孟玉满意地笑了。

李闽南一直坐在旁边低头不语,知道这又是刘赣元这家伙导演的戏。其实,李闽南对茶花并不反感,只是觉得她进游击队不合适,再就是对刘赣元的做法有点不满,没有别的杂念。他从刘赣元嘴里了解到茶花的身世,知道她哥哥李刚烈来参加游击队,把她一个女孩放在山里,也不能安心战斗。将心比心,共产党人也是人嘛。所以,李闽南在想,最好能有一个办法,既能解决李刚烈的后顾之忧,又能安顿好茶花,最重要的是,要瓦解刘赣元此次的“险恶用心”!

刘赣元指着茶花,笑着问:“你们看,这个小同志还不错吧!”

胡缅生和孟玉点点头。

刘赣元马上接着说:“既然大家认识一致,那么我们就批准李茶花同志……”

“慢!”话还没说完,李闽南站起来,说,“我不同意!”

茶花的脸腾地就红了,可怜巴巴地低下了头。胡缅生和孟玉盯着李闽南,一脸的不知所措。只有刘赣元表情沉着,他知道李闽南这家伙在跟他较劲!

“茶花确实是个好姑娘，本来应该留在游击队，但是，我说过，目前游击队条件不成熟，不能有女同志。”李闽南接着说，“不过，根据茶花姑娘的实际情况，我认为让她到地方工作比较合适。因此，我建议安排她跟孟玉同志一起工作，既能学习一些革命知识，也能得到一些锻炼！”

孟玉率先表示同意：“太好了！我正好缺一个帮手！老胡，你说呢？”

胡缅生点点头也表示同意。

茶花刚才还是一脸的委屈，这时也喜出望外，高兴得直跳，搂着孟玉偷偷地望着刘赣元。

问题解决了，双方都松了一口气。刘赣元也觉得满意，不管在游击队还是地方工作，李茶花总算进了革命队伍了。

刘赣元走过来，拍一拍李闽南的后背，把他拉到旁边，附在他耳边小声说：“老李啊，你太了解我了，我得谢谢你！”

李闽南问：“怎么谢我？又要请我刮胡子？”

刘赣元神秘兮兮地一笑，从怀里掏出一条裤子来，塞到李闽南的怀里。

李闽南拎起来一看，裤子上的两个洞已经被缝补妥当，而且针线活做得相当工整，几乎看不出来。难道粗粗大大的老刘还有这般手艺？

“这可是人家茶花的功劳。一针一线，昨天忙了大半夜！”刘赣元说。

“这针线活做得真不赖！哎呀，有裤子穿了！”李闽南瞄一眼刘赣元说，“哈哈，这回就不怕某些人逼着我脱裤子喽！”

“现在明白了吧，革命还是需要女同志的！”刘赣元说。

“嗯，革命需要，你老刘也需要！”李闽南指着刘赣元郑重其事地说，“老刘呀老刘，我记着你红口白牙说过的话。”

刘赣元一脸无辜：“指导员同志，别什么屎盆子都往别人头上扣，我又说什么了？”

李闽南说：“忘了？那好，我提醒你一下。你说你看上人家茶花了，是不是？一定要娶人家，对不对？想起来了吧，男子汉大丈夫，又是共产党员，说话要算数，到时候你要是不娶人家，你就不是个男人！”

“老李，你放心！”刘赣元大大咧咧地说，“我敢指天发誓，她茶花肯定是我刘赣元的女人！”

说完，两个人互相在对方胸上擂了一拳，接着便哈哈大笑。

第八章

1

江之端有两大爱好，一是玩女人，二是吃乌龟。女人他要玩善解风情、浪劲十足，最好还带一点不要脸的那种；乌龟他要吃炖得稀烂、汤浓肉糜，入口就化的那种。江之端有他的歪理：贱女人养性，炖乌龟补身。

这一天，江之端亲自到街上弄回来两只大乌龟，养在瓦盆里，打算晚上带到崔寡妇家，让那个小贱人炖给他吃，然后再好好享受崔寡妇的床上功夫。那两只乌龟恰好一公一母，尚不清楚即将成为江之端的腹中物，却有闲心调情，翻来爬去，把瓦盆折腾得哐当直响。江之端反正没事，蹲在盆边一边看一边品评，说这物件也他妈的不是东西，大白天的也干这种不要脸的事！

正在这时，江麻子进来了，身后还跟着两个人，一个是本乡叶家村的保长叶存根，另一个是二十来岁的年轻人，他不认识。叶保长介绍说，这是他内侄，叫王德才。

这两个人的到来，显然打扰了江之端观赏乌龟亲热的心情。他有点不耐烦，蹲在原处问有什么事，叶存根还没开口，江麻子就凑到他耳边，小声嘀咕了一句，江之端马上站了起来，脸色顿时变得非常难看，拔出枪来，一步步走向王德才，吓得王德才连连后退，躲到叶存根的身后。

"好你个王德才，竟敢参加游击队！"江之端咬牙切齿。

"乡长，乡长，你慢慢听我说。"叶保长护着王德才，说，"这孩子自小死了爹娘，也够可怜的。这几年一直在外帮工，前不久，孩子不懂事，听信一些共产党宣传，经不起别人连哄带骗，背着我和他姑，稀里糊涂就上山参加了游击队。你想啊，那游击队哪是人待的地方，那些共产党多厉害啊，没几天他就被关了禁闭，三天啊，孩子受不了了，这才偷偷逃出来了！”

江之端听叶保长这么一说，似乎相信了，说：“叶保长，你亲戚通共，你竟然瞒着，该当何罪！”

叶保长吓得脸色煞白，拉着江之端的胳膊：“乡长，我跟了你这么多年，你了解我，我没有那个胆啊。这孩子他不懂事，是偷偷摸摸跑去的。况且，他这不是又跑回来了嘛。”

说完，从怀里掏出一小包大洋，塞进江之端的手里，江之端接过，放在手里掂了掂，觉得分量尚还可以，随手揣进口袋里。接着，江之端变了态度，笑嘻嘻地走过来，拍拍王德才的肩膀，问道：“王德才，你说游击队关你禁闭三天，我问你，是为什么？是不是你犯错了？”

王德才说：“因为，因为我擦枪时走了火。”

“走火？走火有他娘的什么大不了的！”江之端摇摇头，接着问，“王德才，游击队里有没有一个叫丁玲的女人？”江之端手握着腰间的枪柄。

王德才想了想，摇了摇头。

江之端说：“好好想想！”

“没有！我要说假话，我就不是人养的！”王德才抖抖地说，“我在游击队一共住了二十多天，就见过一个女人，叫茶花，还是队长刘赣元的相好，后来又被送走了。”

“那个茶花会不会就是丁玲呢？”江之端似乎还心存一线希望。

“不可能！那个茶花是李刚烈的妹妹，李刚烈是和我一批进的游击队。”王德才说，“李家就在这附近山里，是种茶的！”

江之端此时彻底失望了，双手叉在粗腰上，来回地走着。江麻子一直在旁边听着，觉得应该给他叔叔一点建议。于是上前道：“这事，要不要跟冯团长……”

江之端没有吭声，想了想，瞪了江麻子一眼，说：“还不快去准备！”

江麻子的建议被采纳，马上退出去做准备。江之端走到那两只乌龟前，见那两个东西还在那里亲亲热热，真是气不打一处来，抬腿一脚，把那瓦盆踢得粉碎，两只乌龟趴在地上，还是恋恋不舍地黏糊在一起。

江之端去见冯和平团长，不仅带上了江麻子，还带了王德才。王德才一听说要带他去“剿共”军团部见大官，吓得直哭，说什么也不愿意去，气得江之端拔出枪来，才把他逼上路了。

来到冯和平的团部，卫兵把他们带到一间房屋里等候，说是有个郎中正在给团长看病。江之端听说冯团长生病了，后悔没有把那两只讨嫌的乌龟带来，不然也可在团长面前献份心意。乌龟可是大补之物呀，下次一定要带几只来给团长补补身子。左等右等，天快黑的时候，卫兵终于来了，带他们去见团长。

冯和平躺在一张竹椅上，一个老郎中正在给他开药方。那位老郎中六十开外年纪，白胡子飘在胸前，真有几分仙风道骨的味道。江之端当然不知道，此人非同凡角。此人就是当地名医汪士祺，出身新安名医世家，本在南京一带行医，南京城里政商军界要人大多都曾得其惠诊。师座也是其中之一，因此有些交情。南京被日军占领后，汪士祺先生不愿为日本人看病，愤然离宁，隐居家乡，悬壶济世。此次，受五十二师师座之邀，专程来为冯和平看病。

汪老先生写好药方，又认真核准一遍，这才递过来，说：“冯团长，先用这个方子试试吧。不过，汪某有一句忠告：病由心生，心不宁，则病难除啊！”

说罢，便起身告辞。冯和平团长命卫兵好生相送。

送走郎中，冯和平重新躺到竹椅上，问：“江乡长，有事吗？”

江之端上前一步，说：“有要事，团长。”

冯和平说：“说吧。”

江之端看了看卫兵，冯和平团长一个手势，卫兵退下。

江之端弯腰附在冯和平的耳边：“团长，不好啊！从游击队内部得到情报，你要找的那个丁玲不在游击队里！他妈的游击队里根本就没有一个女的！”

“你说什么？！”冯和平猛地从竹椅上坐起来，问，“情报可靠？”

“绝对可靠，人我都带来了！”江之端说着，冲门外喊，“王德才！”

王德才哭丧着脸慢慢进来，腿抖得不大听使唤。

江之端说：“王德才，这是冯团长，快把你知道的情况如实说来！”

冯和平站起来问：“王德才，你肯定游击队里没有一个女的吗？”

王德才说：“团长，肯定没有，总共就三十几个人，天天在一起睡地铺，是男是女分得清清楚楚。”

冯和平脸色阴沉，像是要渗出水来。他来回踱步，每一步似乎都像踩在荆棘之上，充满痛苦和不安。看来，这个情报是真的，玲子不在游击队确定无疑了！那么，妹妹玲子难道真的已经遇难了吗？冯和平不禁打个冷战。可是转念一想，似乎又不太可能，不然那支钢笔怎么会突然出现呢？难道真会有那么巧合的事吗？如果不是巧合，难道那钢笔已经不在妹妹身边，或是妹妹玲子的遗物……

冯和平不敢再往下想。

江之端问："团长，你看怎么办？"

此时，冯和平心里很乱，但是他努力地克制自己，稳定心绪，走到王德才面前，认真地打量了他一番，突然问："你为什么要参加游击队？"

王德才说："听说参加游击队能给家人报仇，还能吃香的喝辣的。"

冯和平问："你想报仇？报什么仇？"

王德才说："原来我家有几亩好茶园，后来被人强占了，我爹找他论理，他把我爹腰打断了，后来告状没有赢，我爹妈都被气死了！"

冯和平说："这么说，你们家跟那一户人家有深仇大恨了？"

王德才说："是。我没本事报仇，听说游击队专给穷人办事，就想找游击队，正好游击队要人，我就去了。"

冯和平问："那你进了游击队，为什么又逃出来呢！"

王德才说："进了游击队我才知道，根本不是什么吃香的喝辣的，天天吃了上顿没下顿，住山棚，睡草铺，还不如我在外做帮工。后来有一天，我在练习擦枪的时候，不小心走火了，他们就罚我关禁闭，关了三天！后来，我就逃出来了！"

冯和平问："你是怎么逃出来的？"

王德才说："游击队一般在一个地方住不了几天，就要换另一个地方住，不停地换，有山洞就住山洞，没山洞就搭山棚，说是为了安全。我被关了三天禁闭出来，正好赶上要换营地，我心里生气，就半路上借故说方便，从山崖溜下来了。"

冯和平半天没说话，脸色却很难看，脖子上的青筋突突直跳，突然厉声道："王德才，你知道你这种行为是什么？是逃兵！逃兵是什么下场？是要枪毙的！你知道走火在部队里意味着什么？意味着伤亡，意味着暴露目标，意味着一场战斗的失败，甚至是一支队伍的覆灭！依我看，关你三天禁闭太轻饶你了！”

王德才腿抖得更厉害了。江之端听着冯团长的话，虽说也有道理，但是觉得冯团长总是站在游击队那边说话，实在是无法理解。王德才从游击队逃出来，带来情报，应该算是有功，怎么又训斥他呢！

“当然，我不会枪毙你。”冯和平换成平和的口气，“不过，像你这种家伙，骨头不够硬，放在我这里，我也不要！”

江之端眼珠一转，献上一计：“团长，不如让王德才重回游击队做个卧底，将来对我们有利！”

冯和平转身躺到竹椅上，颇不耐烦，摆摆手说：“随便你吧！”

江之端赔着笑脸道：“那我就这样安排了，让他尽快回去！”

冯和平叹口气，轻蔑地说：“唉，就怕共党的游击队也不会留这种软骨头啊！”

2

江之端很得意自己能想到这个主意：让王德才重回游击队，那么王德才就成了他安插在游击队里的卧底，有了卧底，将来想弄到游击队里的情报，就会容易多了。

但是，王德才对重回游击队充满恐惧。他怕游击队会杀了他！毕竟他是逃兵啊！

江之端耐心地劝说王德才。在江之端看来，王德才这种没见过世面的年轻人，想把他控制住，最好是让他尝到一些甜头，还不能太多，让他舌尖刚尝到甜味，正想咬一口，突然抽回来，这时候跟他谈条件，问题就好解决了。

第二天早上从团部出来，江之端让江麻子一个人回庙首乡，自己要带王德才到县城去享受享受。江麻子一听要去县城享受，也想跟着去。江之端朝他屁股上踹一脚，江麻子只好怏怏而回。

江之端带王德才到县城，一是不想让王德才在庙首乡里多露面，怕被共产党的地下党看见，传到游击队去，这样对王德才重回游击队不利。二是他要带王德才到县城开开眼界，尝尝新鲜，好让王德才死心塌地跟着他，为他做游击队里的卧底。

来到县城，已是中午。江之端领着王德才来到一家酒楼，要给王德才压惊。正如江之端判断，那王德才哪里见过这场面，鸡鸭鱼肉乌鱼王八一大桌菜，还有一瓶好酒，别说吃过喝过，连听说都没听说过。王德才进门前还是一脸的苦相，此时已经喜上眉梢。况且有乡长亲自陪他，那荣幸自不用提。江之端一上来就说，该吃就吃，该喝就喝，放开了，把你十八九年没吃过的都吃了，没喝过的都喝了！王德才也不客气，大口吃肉大口喝酒，早把一场虚惊忘得一干二净。

眼见着王德才吃得差不多了，也喝得差不多了，江之端开始说话了。

“德才呀，你觉得这酒菜怎么样？”江之端说，“比游击队的日子好多了吧。”

“那是呀那是呀。”王德才嘴里有块鱼肉，正在用舌头剔出一根鱼刺。

“慢点吃，不着急，这些都是你的，没人跟你抢！”江之端看着王德才那副馋相，心里暗笑，“德才，从今往后，只要你帮冯团长和我做事，我保你天天吃香喝辣的！”

“江乡长，我听你的！”王德才打了一个响亮的饱嗝，说，“我王德才往后就跟你干，不去游击队了！”

“那可不行！”江之端脸一沉，说，“德才呀，你必须要回到游击队，只要你能回到游击队，站住脚，然后再搞来情报，到时候大洋有的是，像这样吃吃喝喝算什么，家常便饭罢了，更好的享受多得是！”

“还有比这更享受的？”王德才瞪大眼，“这就是神仙的日子了，我长这么大，也就这一回！”

“吃吃喝喝算什么神仙日子！”江之端笑了笑，说，“老弟，今天就让你尝尝什么叫神仙日子！走！”

花芸楼是江之端常来常往的花窑，一进门，老鸨就笑眯眯地迎了出来。江之端是常客，轻车熟路，自有老相好陪他。王德才第一次来，手足无措。江之端吩咐老鸨把王德才照应好之后，自己搂着老相好，厮混去了。

自打进了花芸楼，王德才一直都是晕乎乎的，不是因为酒喝多了，而是因为这里的香气和女人。那香气酥骨，那女人迷目。难道这里就有江之端所说的神仙享受？

王德才只记得自己是被一个香气熏人的女人扶进一间屋内的。屋内有一竹榻，还有一张床。竹榻是抽大烟用的，床是“睡觉”用的。这些王德才都听说过，但是怎么抽大烟怎么“睡觉”，王德才就不明白了。

面前这个香气熏人的女人叫春花。春花是个浑身上下饱满异常的女人，不仅身上肉多，话也多，问这问那，王德才不知怎么回答。春花笑了，说：“看你一嘴胎毛，头一回吧。”王德才老老实实地点点头。春花又叹气，说：“那个江老板真够坏的，带你来这种地方！”王德才不明白，既然是神仙享受的地方，春花为什么还说江乡长坏呢！

王德才是头一回来这种地方，也是头一回跟女人做那事。王德才笨手笨脚，做不好，春花帮他，也不行，觉得灰溜溜的，没有什么特别的享受。到了后半夜，春花又帮他一回，这回很顺当，王德才在春花身上像脱缰野马般好好地撒欢，春花不停地叫，王德才不管不顾，直到筋疲力尽。

结束以后，春花又给他点了一泡大烟，狠狠地吸一口，飘飘欲仙，如堕雾中……

真他娘的快活啊！王德才大彻，这大概就是神仙享受吧。

第二天，江之端把王德才叫出来的时候，春花正搂着王德才，嘴对嘴地喂他瓜子。说实在的，王德才很不情愿地走出来。江之端说，走！

王德才觉得这神仙般的享受刚开一个头，说走就走真是舍不得，还有那春花的眼神，勾着他的心呢。

王德才央求道：“乡长，再过一天吧。”

江之端回答得很干脆：“不行！现在就走！”

王德才无奈，只好跟着江之端，出门时回头一看，春花在向他招手。王德才心里像油煎的一样，别提多难受。

一路往回走。江之端问：“老弟，昨天夜里咋样？”

王德才说：“好！”

江之端问：“还想不想来？”

王德才说：“想！不想是龟孙子！”

江之端说：“是啊，谁不想享受啊！可是，老弟，你知道昨天一夜要多少钱吗？差不多一头牛啊！”

王德才惊得嘴张成瓢状，下意识地摸了摸裤裆那个地方，好像他昨夜用它弄死了一头牛似的。

“德才啊，不能光想着女人那点事！男子汉大丈夫，该玩的时候要玩，该干事的时候就要干事！你看我，我就是这样嘛！所以，你还是快回游击队，弄到情报就有大洋，这才是硬道理！只要你能带来情报，我保证你来一次，享受一次！”江之端盯着他，问，“怎么样？”

“乡长，我听你的！”王德才咬咬牙说，“我知道一件事，不知道算不算情报！”

“快说！快说！”江之端好像看到一堆白花花的大洋。

3

江之端不用掰着手指头算，就明白带王德才去县城享受一回是划得来的。冯和平团长说得对，要向共党学习，不能动不动就动武，还要会做“政治工作”。这话真他娘的说对了！

王德才给江之端提供的情报是：王家庄有共产党，可能还是共产党的指挥部。在游击队时，他经常听人说起王家庄，游击队队长刘赣元和指导员李闽南还经常去那里开会，中心县委书记胡缅生就住在那里。

这一情报让江之端大为惊喜。惊的是共党的地下指挥部就在自己眼皮子底下，王家庄属庙首乡所辖，相距不远，难怪上次乡公所被端！喜的是如果王家庄真有共产党地下指挥部，报到冯和平团长那里，可就立了大功了！

王家庄不大，坐落在黄高峰山脚下，只有十来户人家，散落一片。这个村子，江之端很熟悉，村前有一条小河，河滩宽展，砂石厚积，是出乌龟的好地方。崔寡妇回娘家必经此地，前不久他还派人护送崔寡妇回娘家，崔寡妇回来时还从这个村头给他买回两只乌龟。

打发走了王德才，江之端没有回乡公所，而是掉头回到冯和平的团部，马上要见冯和平，说有重要情报。

王大功把他拦住：“现在不能见！”

江之端说：“我有情报，重要情报！”

“天塌了都不行!”王大功说,“团长正在发火!”

江之端一听冯和平在发火,只好耐着性子等。

冯和平确实在发火,不是跟别人,而是跟自己。尽管冯和平有着军人强大的自控能力,但是长期的失眠困扰,已经严重地左右着他的情绪。西药吃了一堆,汪士祺老先生的中医也吃了几服,可是他还是睡不好!

一大早,卫兵把汤药煎好,端上来,他一闻药味就想呕吐,胃里如同翻江倒海一般。冯和平突然想起汪士祺老先生的话来:“病由心生,心不宁,则病难除也!”

是啊,他冯和平的心怎么能安宁?心不安宁,药有何用!

一抬手,冯和平把面前的药碗打翻在地,啪嚓,瓷碗应声而碎,黑糊糊的药汤溅洒一片,一股浓浓的药味顿时弥漫开来。勤务兵隔窗一看,不敢多言。他们知道团长的心里正烦着呢!

等了足足一个钟头,冯团长还是不接见,江之端心里很是着急。自忖与冯团长有些交情,加之又有情报面呈,趁着侍卫王大功上茅房的间隙,江之端壮着胆子,试探着推开冯团长的门,一股浓浓的药味扑面而来。江之端在山里长大,对中草药并不陌生,从药味里能分辨出有党参和何首乌,这两味可都是大补呀!

就在江之端一脚门里一脚门外的时候,冯和平团长抬起头来,大喝一声:“出去!”

江之端吓得小腿一抖,忙道:“团长,有情报,重要情报!”

冯和平团长并不在意,声音更高:“出去!”

江之端只好退出门外,悄悄把门带上,立在门外,瑟瑟缩缩,不知如何是好。

大约过了半个小时,电话铃响了。机要员接了电话,写了一个条子,送到冯团长的面前,悄悄放下,再悄悄地退开。冯和平扫了一眼,揉了揉眼睛,转了转脖子,慢慢站起来,走到电话边,接过电话,说了几句什么,便放下电话,冲着门外喊道:“进来!”

江之端这才敢推门进去,却并不敢上前。

冯和平看了看他,问:“什么事?”

江之端神秘地说:“重要情报!”

对这个肥胖的江乡长的情报，冯和平早就失去了兴趣。接二连三，他提供的情报都不靠谱，于是哼了一声。

江之端对冯和平的心理有所察觉，说："这个情报是王德才提供的，千真万确！"

冯和平招手让他靠近，江之端方敢趋前把情报一说。冯和平闭上眼，想了想，目光逼视江之端，眼神里充满怀疑。江之端能看出来。

江之端立正道："团长，我江某用人头担保！"

"人头？"冯和平摇了摇头，淡淡地说，"你的人头能值多少钱？！"

从冯和平的团部出来，江之端一肚子的怨气：这就叫剃头挑子一头热，热脸蹭他冷屁股！我江之端辛辛苦苦跑来给他姓冯的送情报，没得到奖赏，却挨了一通训，真是岂有此理！还说老子的人头不值钱，这是他妈的什么话，老子的人头难道就不是人头啊！他妈的这个姓冯的动不动胳膊肘儿往外拐，他到底是站在哪一头，到底是姓共还是姓蒋！

一路走着，一路在心里骂，直把冯和平骂了个痛快。肚子里有怨气，身子似乎也轻了，脚下便走快了许多。江之端没有回乡公所，直接去了崔寡妇家，他想到那里找一些安慰。

毕竟在一起厮混日久，崔寡妇对江之端颇为了解。江之端一进门，崔寡妇就看出他有些不对劲，还没来得及问，倒是江之端自已把肚子里的怨气重新放了一回。

崔寡妇一听，哈哈大笑，说："哎呀，还以为有多大的事呢！江大头呀江大头，本以为你这个乡长够聪明，其实笨得可以！看来你是乌龟吃多了，都笨成乌龟了！"

江之端气鼓鼓地说："说什么？说老子笨？"

崔寡妇红嘴唇一撇，搂住江之端的脖子，一屁股坐在江之端怀里，说："不就是姓冯的团长不重用你嘛，他不用，别人就不用吗？就说我吧，那死鬼男人扔下我，我总不能为他守一辈子活寡吧，你看这两年我不是也没闲着吗？那死鬼不用了，可是你在用呀！"

江之端心想，别看这个小贱人的比方打得不好听，说得真在理！

崔寡妇跷起兰花指，刮了一下江之端的鼻子，说："真笨！不怕没人用，就怕你没用,只要你有用,就会有人用!”

江之端突然大悟:“你是说再去找另一家?”

崔寡妇说:“真是呆子!人总不能在一棵树上吊死呀!”

江之端挠头,自言自语:“还能找谁呢?这……”

崔寡妇用手指戳了戳江之端的肥脑袋,说:“长这么大的脑袋干什么用!难道不记得了,你那个好朋友、谭家桥乡长王延年,他不是跟六十三师孙团长有关系吗?干吗不找他试试!”

江之端一拍肥脑袋,喜出望外,大叫一声:“我的小贱人,说得好!”

然后,搂住崔寡妇就亲,两个人滚进床帐之中。

第二天,江之端来到谭家桥找乡长王延年。江之端矮而胖,王延年高而瘦,二人站在一起好比一个冬瓜一个丝瓜。别看二人体态迥异,志趣却极相投。王延年跟江之端一样,也爱女人和乌龟。二人相见,一拍即合,称兄道弟,拍肩膀摸屁股,不分你我。当然,喝酒吃乌龟谈女人,也是免不了的事。

吃饱喝足,江之端把事情一说,王延年大喜,马上备马带着江之端去六十三师预备团找到孙团长。过去,孙团长也曾来庙首乡催过粮款,江之端私下里没少孝敬他,也算熟人。

王延年和江之端说明来意,孙团长略犯踌躇。

孙团长说:“按理说,眼下,王家庄不在我的防区,我孙某不能越限行动,不过,剿共是党国大事,不分你我,只要情报准确,可以行动!”

江之端这回不敢说拿人头担保,而是说:“我江某你还信不过!”

孙团长说:“信是信得过,不过我这里的粮草可是有点紧张啊!”

王延年说:“孙团长,我和江乡长愿为团长效劳!”

孙团长眨眨眼,笑了。

王延年说:“我们的粮食都准备好了,孙团长能保我们一方平安,这是我们应该做的!”

“好!你们这个忙,我孙某帮了!”孙团长说,“来人!通知二营、三营,马上集合,准备行动!”

第九章

1

刘赣元得知王家庄遭到围剿,是在两天之后。

这个消息让游击队所有的人都为之震惊。据悉,国民党顽军六十三师预备团共出动两个整编营的兵力,于凌晨潜入包围王家庄。所幸的是,由于当地的地下党员和进步群众发现敌情并及时通报,胡缅生率领中心县委机关的同志快速转移,才免于一场劫难。但是,当地的几名地下党员却被残酷杀害。这是一大损失！更为重要的是,国民党顽军还指名道姓,要缉拿胡缅生、刘赣元,并开出每人一万大洋的赏金。

王家庄作为中心县委的秘密根据地已经有些日子了,一直都没有暴露,为什么会在这个时候遭到围剿？为什么那几名地下党员被杀害？为什么国军对游击队的情况如此了解？为什么……太多的为什么集中在一起,直指一个关键:内部出现叛徒!

谁是叛徒?

在游击队全体队员会上,这个问题一提出来,所有人的目光都集中在刚刚返队的王德才身上!

王德才发现大家的目光都盯着他的时候,脸上一阵红一阵白,但是他很快就镇定下来,站起来看着大家,一脸无辜,说:"都看我干吗？我又不是叛徒!谁要是叛徒,谁就是王八蛋!"

会场上一阵哄哄的议论。

刘赣元站起来，咳嗽一声，示意大家安静。他和李闽南交换了一下眼色。

李闽南站起来说："好了，大家不要瞎议论。我们共产党人，绝不能冤枉一个好人，也绝不放过一个坏人！至于究竟谁是叛徒，我们会尽快调查清楚！"

刘赣元走到王德才面前，拍了拍他的肩膀："小王，你说是不是？"

王德才悻悻地扭了扭身子，不知刘赣元到底是什么意思。

刘赣元说："老李说得对，大家不要瞎猜，谁屁股有屎，谁自己知道。散会！"

刘赣元和李闽南来到山棚外的一片小树林，也就是上次他们吵架的那个地方。不过，这一次不是吵架，而是商讨叛徒究竟是谁。和游击队其他同志一样，刘赣元和李闽南也认为王德才有重大嫌疑。但是，嫌疑毕竟是嫌疑，没有掌握充分的证据，还不能轻易下结论。不过，两个人很快达成共识，密切观察王德才，从他平时言行举止中寻找蛛丝马迹。同时，派人与地方党组织联系，调查王德才在失踪的几天内是否有叛变行为，如有，马上对其采取措施。

正在这时，程老黑匆匆忙忙赶来说："腊梅来了，有重要情报！"

三个人互相对视一下，心里都有感觉，一定与内部出现的叛徒有关。

果然不出所料。据项腊梅反映，有当地群众看到王德才在庙首乡街上出现过，还有人说在去县城的路上，见到一个人跟乡长江之端一起有说有笑，从背影看很可能是王德才。这两种说法中涉及的时间，与王德才掉队失踪，以及王家庄发生血案的时间，基本吻合。由此看来，王德才叛变的嫌疑升级！

本来，在叛徒没有浮出水面的时候，大家都恨得咬牙切齿，恨不得立马抓来就崩了他。可是，现在基本上确定目标之后，大家反倒冷静下来。刘赣元也是这样。

自从王德才回来之后，刘赣元就一直在观察这个一说话脸就红的年轻人。多年的游击斗争让刘赣元对所有不了解的人都会多留一份心。王德才回到游击队的时候背着一条枪，还有七发子弹。他的浑身上下多处受伤，但伤都不重。据王德才自己说，那天夜里，他在行军途中突然拉稀，不小心从山崖上滚落下去，恰好被一丛荆条挡住，幸免一死，但是昏了过去，所以没有听见大家喊他的声音。等到他醒来的时候，天已蒙蒙亮。他从崖下爬起来，想去找队伍，但是怎么也找不着，在山里饿了两天，天黑之后下山去一个村上弄吃的。说来也巧,他刚进村子,就看见三个自卫队员从一户老乡家里出来,可能是刚喝过酒,有一个自卫队员摇摇晃晃地落在后头。当时,他壮着胆子,摸起一块石头,偷偷从背后打晕那个自卫队员,抢过枪和子弹,赶紧跑回山里。

王德才所说是真是假且不说,对于游击队来说,能搞到一条枪,等于立了一次功。然而,王德才很自觉,不仅不要记功,而且要求处罚他,理由是:他掉队了,让大家担心了!

直到这时,王德才的表现还没有任何破绽,但是刘赣元和李闽南一直不放心。毕竟失踪五天,而且是一个人。五天之内可能什么事情都不会发生,也可能会发生很多事情。如果王德才是叛徒,给地方党组织和游击队造成了损失,就绝不能饶过他,但是杀他一个王德才又有何用?

想到这里,刘赣元说:"我有一个建议,暂时不要惊动王德才,他给我们带来了损失,我们也要让他帮我们办点事,补偿补偿!然后,再崩了他也不迟!"

李闽南点头同意,说:"将计就计。好!"

其实,自从回到游击队,王德才心里一时也没有安宁过,他心虚。在回来之前,江之端给他出了一连串的主意,教他如何把身上弄点伤,如何编一个故事,看上去暂时起到一些作用,但是,他还是不敢肯定游击队彻底地相信他,尤其是队长刘赣元。他觉得这个人的眼神里,似乎总是充满审问。

王德才决定回到游击队不是真心的。他其实不想回来,是江之端连逼带哄,把他弄回游击队的。他怕游击队会杀了他!江之端看透了他的心思,给他出主意。

江之端说:"德才,你不回去,游击队肯定会杀你!你想想,谁会放过一个逃兵,一个叛徒!但是,如果你回去,说不定游击队不杀你。因为你不是逃兵,只能说是掉队了,这跟逃兵可是两码事!"

王德才想了想,说:"我说掉队他们能信吗?"

江之端抓耳挠腮想了想,说:"这样吧。游击队不是最喜欢枪吗,我给你弄一条枪,就说你掉队以后,遇到自卫队搜查,抢了一条枪!这是立功,将功补过,你最多挨顿骂,就是再关你三天禁闭也值得!"

王德才心里这才有点底,脸上有了笑意,连连感谢。

江之端说:"德才,为了你,我可是下了不少本钱,你心里要有数啊!"

王德才回到游击队,最感恐惧的是夜里睡觉的时候,他时常会从噩梦中惊醒，不是被游击队砍了头，就是被地下党捅了刀子，总之都是非常吓人的场面。当然，王德才也会梦到花芸楼的春花，这一段梦往往开始都很美好，春花亲他，他亲春花，两个人搂在一起，春花会摸他那个地方，直把他摸得一泻千里。但是，泄过之后，梦里的故事陡转，春花突然变成一头狼，瞪着绿莹莹的眼睛，张着血盆大口要吃了他！他不停地大喊：春花春花……

梦到这里，他被吓醒了。醒来之后，一摸裤裆，湿了一片，于是呼呼喘气。

这时候，身边突然一个声音问道："做梦了吧？"

王德才吓得一激灵，黑暗中他看不清，但能听出来这是队长刘赣元的声音。他记得，睡觉前明明刘赣元不是睡在自己身边，怎么会突然在他耳边说话呢？王德才顿觉后背直冒寒气。

夜色很浓，山棚外风声很紧。刘赣元坐起身来，像是看到他做的一切，压着嗓门问："王德才，梦到什么啦？是不是梦到女人了？"

王德才支起身子，在黑暗中听到自己的心跳像打鼓一般，说："我……我没有做梦！"

刘赣元哑着嗓子，道："不可能！你一定做梦了，一定梦到女人了。"

王德才支吾半天，没说出一句完整的话来。难道这个刘赣元真像传说中的有双夜光眼，能看透人心？

刘赣元问："那个叫春花的女人漂亮不漂亮？"

王德才又问："队长，你……你怎么知道？"

刘赣元笑了笑，说："你告诉我的。你不停地喊'春花，春花'。"

王德才知道，自己说梦话了。

"王德才，你怎么发抖了？"刘赣元拍了拍他，说，"心里无玄事，不怕鬼敲门。睡吧。"

王德才顿时抖得更厉害了，那一夜再没敢合眼，后悔不该回到游击队来。

2

顽军袭击王家庄之后，大肆鼓吹打掉了皖南共产党的指挥部，称再有一两月即可将皖南"共匪"游击队清剿殆尽。同时，在各乡村镇，张贴标语恐吓百姓:“通匪窝匪罪同于匪!”“共产党的日子长不了了!”“通匪不要紧,自首做新人!”凡此种种,不一而足。与此同时,顽军还下发通缉令,悬赏缉拿共党分子和游击队员。其中,缉拿胡缅生、刘赣元的赏金,从一万大洋升到五万大洋!

山外的白色恐怖,给山里的游击队带来一种无形的压力。敌人的军事封锁和政治攻势,使山下的粮油盐等补给送不上山,大家开始饿肚子,时至深秋,天气一天比一天凉,秋冬衣物还没有着落,队员中又出现了一些情绪波动。老队员还能挺住,一部分新队员看不到前景,天天愁眉苦脸,训练也打不起精神。刘赣元对这些很敏感,马上跟李闽南商量,决定找胡缅生同志一起研究一个解决问题的办法。

自从王家庄事件后,中心县委机关搬到两县交界的船形山里,离游击队的秘密驻地并不算远。这一天,程老黑留在游击队坐镇,刘赣元和李闽南一起去中心县委开会。

路上,李闽南跟刘赣元开玩笑,说:“刘赣元同志,马上就能见到茶花了。说实话,想她了吧。我可告诉你,你这回一定要求婚,不然,我李闽南就要下手了!”

一提到茶花,刘赣元乐得嘴巴合不上,说:“你老弟不会的!”

李闽南说:“我干吗不会,我会! 茶花那么漂亮一个姑娘,谁不想!”

“别的姑娘你会,茶花你不会。你看,咱们就像亲兄弟,我是哥,你是弟,哥不先娶,弟怎么能抢先呢!”刘赣元一脸认真,说,“再者,茶花也姓李,跟你是本家,应该算你妹子,你怎么能对妹子下手呢,那不是乱套了吗? 我看你就当她哥吧,我也随她叫你哥! 哥!”

这个刘赣元,心眼真是小! 李闽南被他说得差点笑破肚皮。

中心县委设在一个山洞里,洞很大,像一个巨大的河蚌张开,又像一个巨大的船舱,既能瞭望,又能采光,亮亮堂堂,用竹篱笆和荆条隔成几个小空间,像一个住着几户人家的大院。

一进山洞,刘赣元就大叫:“好,好地方!”

李闽南跟他开玩笑,说:“这地方好,将来给你做洞房!”

刘赣元笑笑说:“一家人用了浪费,你再找个人成家,我们两家做邻居吧。”

说说笑笑之间,胡缅生和孟玉来了。茶花过去给大家每人倒了一碗水。给刘赣元倒水的时候,茶花不好意思看刘赣元,头偏过来,正好与李闽南的目光对上，像是被人偷看了秘密，不禁一惊，水洒到刘赣元的身上，她都没发觉。

会议开始，直接进入主题。根据目前的情况，大家一致认为，坐吃山空不行，坐以待毙更不行。目前，这一带已经被敌人盯上了、咬住了，一时半会儿不会松口，只有尽快动起来，找一块敌人放松的地方，重新打出一片天地。至于如何游击，还是听听刘赣元的意见。

刘赣元一张嘴就把大家震住了：

"当年，小日本占领华北之后，发明了一种'蚕食'政策，想慢慢吃掉华北。虽说没有得逞，但是这个方法不错。我们也来个'蚕食'战术，一点点啃出一片新的根据地来！"

孟玉马上接着刘赣元的话说："老刘，怎么能说我们学习小日本呢，日本侵略者那是我们中华民族的共同敌人！我们不学它！"

"不！对我们有用的都要学，管它是敌人发明的还是朋友发明的。"刘赣元一脸严肃，"战争就像两个人打架，一个有理，一个理亏，也就是正义和非正义，但是，战术没有正邪之分，只要有用，我就拿来用！明明手边放着一个棒子，我不能因为它是对手带来的，就不用它，照样用，而且还要用得更好，直到把对手打得稀里哗啦！"

刘赣元的语速很快，想必口干舌燥，自己碗里的水早喝干了，于是伸手把李闽南手里的碗抢过来，一饮而尽。

"不过，小日本这条'蚕'不行，光知道吃。咱们游击队这条蚕大不一样，不能光吃，还要'作茧'！一条蚕光吃不吐丝作茧，那是一条笨蚕，懒蚕，混蛋蚕！那就是小日本。我们不是，我们要作茧！我们的'茧'是什么？是广大老百姓，是革命群众，是根据地！"

刘赣元谈得很投入，大家听得也很投入，就连进来倒水的茶花也听得入迷了，竟然忘记给大家续水。若不是孟玉提醒她，她还会直愣愣地站在那里。

接着，胡缅生谈了自己的看法："我看老刘这一套'蚕茧'战术理论可行，游击队可以马上行动。这样一来，扩大作战范围和活动空间，伺机打击地方恶势力，确立党和游击队在皖南人民心目中的地位，更为重要的是，可以在游击队活动的区域内建立党支部，组织群众展开多种方式的对敌斗争。"

会议决定：刘赣元和李闽南率部分游击队员，向南、东方向扩展，一方面吸引敌人的注意，另一方面要去作"蚕"吃一块新地盘；程老黑等人率部分游击队员继续留在原区域内发展。在条件成熟的时候，两处打通，连成一片。

会议开得很成功，直到太阳偏西，大家才觉得肚子提意见了。游击队没东西吃，中心县委的日子也不好过。米汤煮野菜，一人两碗。李闽南敲着碗，对孟玉说："老孟啊，我和老刘来中心县委开会，本想在你们这里加加餐，解解馋，犒劳一下肚子，看来计划落空了！哎，老刘，你说是不是？"

没有人应声。

李闽南一回头，发现刘赣元不见了踪影。孟玉笑着用筷子指了指洞外，李闽南一看，刘赣元正端着碗和茶花说着什么。两个人看上去都很高兴，茶花低着头，不时地扭头朝洞口看，像是怕人偷看。刘赣元倒是无所畏惧，不停地说着。看来，那碗米汤煮野菜是堵不住他的嘴了。

离开中心县委的山洞时，太阳已贴近山梁。李闽南知道，马上他们要向东南进发，和中心县委的联系就有很多不便，刘赣元和李茶花见面的机会就会少了。于是，他就想腾出时间，让刘赣元跟茶花道别。所以，他就提前走了一截路，远远地等着刘赣元。

正如李闽南所料，刘赣元确实要和李茶花道别，只是道别的方式有些特别。

茶花先从怀里掏出一小包茶叶，递给刘赣元，说是她自己做的"火青"，刘赣元自然高兴接纳。但是，刘赣元揣好茶叶后，突然想起应该给李茶花一件什么东西作为纪念。浑身上下摸一遍，实在没有什么可以留作纪念的。

翻了半天，刘赣元从口袋里摸出一张敌人发的"通缉令"。刘赣元看了看，觉得很有意思，于是掏出笔来，在上面写上："茶花同志留念，刘赣元赠。"

李茶花不识字，问："这上面写的是什么？"

"'通缉令'：刘赣元，皖南山地游击队队长，活捉此人者，赏大洋五万元。"刘赣元大大咧咧地给她念了一遍，然后说，"好好收着，这可是世界上独一无二的'定情物'！"

李茶花接过来，"哦"了一声，眼圈一下子红了。

3

落日黄昏。远处的枯树上，几只山鸟缩着头，忍着山风吹摇。偶尔，山鸟一声鸣叫，那声音仿佛刀子一样，刺穿了深山的黄昏。

刘赣元、李闽南、程老黑三人会议是在远离山棚的树林里开的。按照中心县委船形山会议的精神，三人作了分工。刘赣元和李闽南准备率队向南、东方向进发，程老黑等人要留在原地继续战斗。这是分别前的最后一次三人会议，没有像过去那样争争理，拌拌嘴。只是一二三地往下进行，会议内容很快就进行完了。

此时，三个人都舍不得分离，但是非常时期岂能感情用事，都表示坚决执行。然后，三人默默无语，气氛一下子搞得很沉重。

李闽南不想让这种氛围影响了情绪，于是清了清嗓子，打破沉默："老刘，这一分开，往后，你再想搞同盟，怕是不成了。"

刘赣元也知道李闽南的用意，配合默契，于是道："搞不成同盟搞瓦解，把你瓦解掉，结果是一样！"

李闽南说："老程你看看，这个人实在是顽固，总想弄点歪门邪道！"

程老黑也默契配合，说："哎呀，幸亏我留下来了，不用掺和你们两个的事了。往后，你们两个可以放心大胆地吵嘴喽！"

三个老战友哈哈大笑，惊吓了枯树上的山鸟，山鸟展开翅膀，飞走了。

转回山棚时，刘赣元突然站住，对李闽南和程老黑说："二位，你们难道没有想到还有一件事没有办吗？"

李、程二人一愣，不知道刘赣元葫芦里卖的什么药。

刘赣元咂咂嘴，说："哎呀，你们不知道呀，那个王德才回来之后，夜夜都没睡安稳过，你想啊，多不容易，二位看看，我们是不是该照顾照顾他！"

李、程二人一听，扑哧，都笑出声来，点点头，要听刘赣元到底想干什么。

刘赣元说："俗话说，帮人如帮己。我看我们还是'帮'他一把，说不定还能捞点好处，不知二位意下如何？"

李、程忙说："那是那是。不知如何帮他才好啊？"

刘赣元说:“看看,你们这些人呢,就是不懂得‘关心’叛徒,叛徒最需要什么？需要情报嘛。我们就给他一个情报,让他好去领个赏啊。”

李、程心领神会,笑道:“是啊,这个忙还是要‘帮’的!”

第十章

1

冯和平给师座呈上一份报告，不是“剿匪”计划，而是离职疗养申请。

师座无需再问，冯和平既然去意已定，何苦再阻拦！人各有志，冯和平既然不想吃“参谋长”这块肥肉，非要塞到他嘴里，他也未必会嚼出味道来。且不说恨铁不成钢了，为人尊长，尽了一份心也就罢了！

于是，大笔一挥，签字允准。那一刻，空荡荡的办公室里，只能听到师座重重掷笔的声响，以及一声长长的叹息。

冯和平知道自己令师座失望了。但是他坚定地认为，这是他最好的选择，也是最能令他心安的选择。失眠已将他的身体摧残得更加虚弱，他已对周围的一切都失去了兴趣，唯一能让他久久留心思考的，是妹妹玲子。自从王德才带来妹妹玲子不在游击队的真实消息后，冯和平的失眠越来越严重，以致整日整夜不能入睡。尽管吃了汪士祺老先生的几服中药，依然没有任何改善。

失眠是痛苦的。冯和平的失眠更加痛苦，时常稍稍闭上眼睛，头脑里便出现那一群新四军女战士惨死的场面。现在，冯和平固执地认为，妹妹玲子就在那一群被剿杀的新四军女兵当中，他的耳际分明响起妹妹玲子撕心裂肺的叫声：哥啊……

走出师座办公室的时候，师座头也不抬，冯和平发自内心地给师座行了一个礼，不是军人的敬礼，而是深深的一个鞠躬！

冯和平申请的疗养地是重庆。

冯和平只带了一个随从，就是侍卫王大功。王大功跟随他多年，可以说是最贴心的人。虽是主仆，却情同兄弟。

二人离开团部，打马走上山道。冯和平在前，王大功在后。本来说好先去渡口，从青弋江坐船入长江，然后借道去重庆。但是，出了团部，冯和平却打马进了山。王大功不敢多问，只好打马跟上。

时至深秋。丛林之中，红叶遍布，丝丝缕缕的秋气已有寒意。冯和平手持马鞭，不停地抽打着身下的坐骑，那匹纯种的英国战马撒开四蹄，箭一般向山林深处射去。

大约半小时后，两人来到一处山谷。冯和平突然勒住马缰，战马陡地扬起前蹄，立在空中，咴咴嘶鸣。王大功也勒住马，抬头一看，这处山谷竟有几分熟悉。王大功马上记起这里就是去年冬天冯和平团长率部阻击新四军的前沿阵地，就在迎面那面山崖前，炮火硝烟中，一群新四军女兵倒在那里再也没有起来。

此时，夕阳西下，层林尽染，大片的红叶被染得更红，巨大的山崖被映得如血洗一般。冯和平下了马，一步一步地走向那面山崖，树枝草茎划着他的皮肉，竟也浑然不觉。王大功紧跟上去，没走几步，又停住脚步。

远远地，冯和平团长竟突然跪了下来。

团长在此下跪，是为什么而跪？王大功实在不明白，但是他知道，团长一定有他的道理。他默默地站在远处，看着团长，双肩颤抖，长跪不起。

“啊——”从冯和平的喉咙里发出一声裂肺般的声音，在山谷中回荡。

有一群山鸟从秋林里飞出，鸣叫，复又飞进秋林。山谷中，显得更加空旷、肃穆。

2

江之端听说冯和平团长离职疗养的消息之后，有点幸灾乐祸，也有点怅然若失。他妈的姓冯的活该！天天愁眉苦脸的，一看就不是好东西！但是，冯和平在离开之前，把原来派驻庙首乡协防的一个排的兵力撤走了，少了一个排兵力的协防，让他心里少了底气。

自从“成功围剿”王家庄共党指挥部之后,江之端的地位有所上升,因为“协助剿共积极”,还得了一面锦旗。但是,没有给大洋作奖赏,让他稍感不爽。不过,江之端并不气馁:事在人为,新团长上任,再多联络感情,加上王德才在游击队当卧底,立功受奖的机会还会有的!

提到王德才,江之端心里就得意,是他成功地将那个乡下小子快速“培养”成了卧底,并且初见成效。一段时间以来,没有传出王德才被游击杀掉的消息,说明王德才蒙混过关,站稳了脚跟,这多亏他江之端老谋深算帮他谋划。看来,王德才这小子也还聪明,可以栽培!

这一天,江之端有点伤风,浑身不大舒服,就跑到崔寡妇家让她按摩按摩,拔拔火罐,祛祛寒气。崔寡妇那双小手真他妈的软,揉哪哪舒坦,捏哪哪快活。他江之端简直成了一团面,被那小贱人一双小手揉捏得越来越筋道,越来越活泛。

就在这时,江麻子来了,隔着帘子说:“谭家桥的乡长王延年来了,正在乡公所恭候。”

江之端一听,心中大喜,马上翻身起来去见王延年。

崔寡妇说:“你这个没良心的,刚把你揉捏舒坦了,这就要走!”

江之端在她屁股上摸了一把,说:“朋友来了,一定要好好接待! 你不知道,像我们这样的人,有一个朋友不容易啊!”

穿衣出门,江之端突然对崔寡妇说:“今天不下馆子了,你赶紧去街上弄两只乌龟回来炖上,王乡长也好这一口!”

崔寡妇嘴一撅,说:“不去!”

江之端问:“为什么?”

崔寡妇说:“没钱!”

江之端心里暗骂一句:“小贱人!”然后掏出两块大洋,隔衣塞进崔寡妇的怀里。崔寡妇扭捏作态一番,收了钱,喜笑颜开。

王延年来庙首乡,并无要事,只是顺便来看看,说说聊聊。二人见面,无需客套。当然,王延年也没空着手,给江之端带来两条鹿鞭。

江之端果然大喜,掂着鹿鞭感慨万分:“王乡长,就咱兄弟俩那爱好,到这个年纪,这东西离不了了!”

王延年说："是啊，屋老要修，人老要补。你看，人鞭倒要鹿鞭补，老天爷不如让人长条鹿鞭，岂不更好！"

江之端大笑，说："老兄，那样怕是更要补喽！"

说罢，江之端打发江麻子拎着鹿鞭送到崔寡妇家，并嘱咐："把这东西跟乌龟一起炖上！"

二人相拥着，进了客房，坐下喝茶。

江之端问："王乡长，你那里近来可安宁？有没有共党活动？"

"托国军的福，还算安宁。"王延年大大咧咧地说，"江乡长，你庙首一带如何？上次共党的游击队打了你乡公所，后来没有再来捣乱吧？！"

"放心吧，共党游击队不敢再来了！"江之端拍着胸脯说，"王家庄一战，他娘的游击队吃了大亏，这回他们该老实了！"

"是啊，国军打掉王家庄共党老巢，太及时了，不然那可就后患无穷啊！"王延年竖起大拇指，说，"江乡长，这件事你立了大功，一定拿到不少大洋吧！"

"别提了！他娘的大洋一块没有！"江之端颇为不满，指着墙上的一面"剿共先锋"的锦旗，说："喏，就落个这块破旗！不过，大洋有没有没关系，能打掉共党老巢，给游击队一点厉害看看，也他娘的算给我出了一口恶气！"

两个人说说笑笑，到了吃饭的时候，因为有乌龟加了鹿鞭，二人吃得更为卖力。三杯酒下肚，王延年的眼睛就开始瞄崔寡妇，崔寡妇也能察觉，但是并不回避，而是迎合，倒是江之端没有发现，还把王延年当做知己朋友，一心一意地敬酒。主人不喝客不饮，不多时，江之端就醉了。崔寡妇把他弄到床上躺下，接着陪王延年喝酒。王延年人瘦，酒量却壮，直把崔寡妇喝得面带桃花，春心摇荡。桌面上推杯换盏，桌底下两个人的腿早已摩挲在一起。

这样一来，喝酒显然不太要紧。两个人一对眼色，便一起溜到厢房里，轻轻闩上了门。

江之端醒来，王延年已经走了。临走时，王延年托崔寡妇给江之端带一句话："乌龟不能多吃了，吃多了会把自己吃成乌龟的！"

江之端越想越别扭，对王延年和崔寡妇之间产生了怀疑。但是问崔寡妇，她不承认。江之端想，毕竟是好朋友，王延年不会做对不起朋友的事。于是便不再多想。

酒醒之后，江之端开始头痛，躺在崔寡妇家的床上，东想西想，想到王德才。这个龟孙子，一点音信都没有，动作也太慢了。又一想，也不能怪王德才，卧底想必不是容易当的，何况还是在游击队里？

天黑之后，江之端晃晃荡荡地下了床。他要到乡公所去检查一下自卫队，那个不争气的侄子江麻子天天出去赌，实在让他放心不下。来到乡公所，江麻子果然不在，一问，才知道江麻子带队出去巡逻了。

不一会儿，江麻子回来了，一见江之端，马上附耳报告："王德才回来了！"

江之端一听大喜，问："人呢？"

江麻子说："王德才让他姑夫叶存根带的信，说是后半夜才能见面！"

江之端酒意全无，头也不再痛了，吩咐江麻子带人去接一下，为保险起见，最好多带几个人。江麻子马上带人出去了。

果然，到了后半夜，江麻子带着王德才来了。

王德才带来的"情报"是："近来国军围剿太紧，游击队准备往北转移，打算走庙首后山葫芦坑经过。时间定在后天凌晨一点。我是被派出来侦察路情的，连夜还要回去。"

江之端问："情报可靠？"

王德才说："绝对可靠！我是在队长刘赣元和指导员李闽南悄悄开会的时候听到的，他们还说一定要保密！"

江之端问："为什么派你侦察路情？"

王德才说："一共派出三个人，我自己选了这一条线。"

江之端点点头，说："好！"

王德才突然伸出手来，说："钱！"

江之端白了他一眼，说："你还要回游击队，要钱干什么？下次再给。"

王德才不干，说："这是情报钱，不能赊账，一回一回结吧。乡长，我这可是拿命换的！"

江之端数了五块大洋给王德才，王德才说："说好是十块的。"

江之端说："先付一半，等情报落实，有了效果，再付另一半！"

王德才很生气，但是时间不能耽误，怕引起怀疑，只好揣上钱，离开了乡公所。

3

这一次，江之端又去找六十三师预备团的孙团长。

有上次的成功，孙团长当即答应，马上出兵，并表示事成之后，一定为他请功邀赏。江之端当然非常高兴，为了表示“协助剿共积极”，江之端主动提出带领乡自卫队负责带路。

是夜，孙团长抽调两个营的兵力，早早部署在葫芦坑周围埋伏，并亲临指挥，试图一举剿灭游击队。江之端紧跟在孙团长屁股后面，观察着周围的动静。秋夜风寒，江之端趴在乱石上，不一会儿，浑身发凉，一泡尿显得很急，于是起身找僻静处撒尿。孙团长不知道江之端要撒尿，见他胡乱走动，便低声命令：“不许乱动！”

江之端小声报告：“团长，尿急！”

孙团长说：“就地解决！”

江之端只好侧过身子，急忙掏出家伙来就尿。因为天黑，看不清周围的情况，江之端正尿得快活，就听孙团长小声骂道：“他娘的，你这是往哪里尿，你想给老子洗脸啊！”

江之端一惊，赶紧收住家伙，留下一半没敢尿出来。

按照“情报”提供的时间是凌晨一点，游击队马上就要到了，孙团长握枪的手都握出汗来。但是，过了凌晨两点，却仍不见游击队的踪影。本来，江之端以为夜黑风高游击队行动不便可能会迟到，但是左等右等，鸡叫三遍了，仍然没有动静。

孙团长有些不高兴，大骂：“他娘的，天都快亮了，游击队的人影也没见着，你的情报可靠不可靠?!”

江之端心里也急，开始有点怀疑，但是还抱一丝希望，说：“团长，夜黑山高，路不好走，再等一等！”

孙团长强忍着怒火，又等了约二十分钟。

就在这时候，突然，一阵枪响，划破夜空。枪声不是从葫芦坑内，而是从背后南边传来。江之端回头一看，庙首乡方向一片火光。

“混蛋!”孙团长当场给了江之端两个大巴掌,大骂一声:“上当了!撤!”

江之端一屁股坐在石头上,半天也起不来。

江之端被自卫队员抬回庙首时,乡公所房檐上的火势已经差不多烧尽,有几片火花在炸,那是屋檐的旧木,燃烧后的余烬。

接着,江之端得到江麻子的报告:留守的三个自卫队员全被干掉,仓库里的枪支弹药全部被劫,前几天抓来的一批壮丁都被放走。

江之端大声叫嚷:“他妈的王德才,你这个叛徒!你这个笨蛋!你给老子假情报!老子见到你非枪毙了你不可!”

江麻子说:“叔,别骂了,王德才就在那里。”

江之端顺着江麻子手指的方向一看,见屋檐下吊着一个人,天黑看不太清,让人把火把就近一照。他看清了,是王德才!

在王德才的胸前,贴了两条游击队的标语:

一条是:“叛徒无耻,死有余辜!”

另一条是:“拿下江之端狗头者,奖赏一个铜板!”

江之端连吓带气,一下子背过气去。

第十一章

1

秋风老了，慢慢变得又尖又硬。山林的颜色也老了，仿佛一块巨大的古翠，显露出几分苍凉和幽深。

自从转移到这里，只看了一眼，刘赣元便相中了这个地方。这个地方叫木广坑，距国民党县政府所在地仙源镇二十余里。此处山连山，岭接岭，坑套坑，丛林茂密，地形蜿蜒，岔道众多，易进难出，一般人不敢贸然进入。据说，当年清兵与太平军曾在此一战，因不熟悉此处地形，吃了大亏。当然，对于刘赣元来说，最为理想的是，这里的村庄是三五户的小村为多，且分布零散，非常适合游击队活动。

刘赣元猛地拍了一下李闽南的肩膀："哈哈，看，我们找到桑园了！"

"是啊，我们这些'蚕'可都饿着呢。"李闽南也很兴奋，在刘赣元的胸口擂了一拳，"这回一定要吃个饱！"

其他游击队员听着队长和指导员又是桑园又是蚕的，说得那么起劲，大为不解：明明是秋风打人的季节，冬天马上就到，哪里有什么桑，还谈什么蚕！

刘赣元和李闽南故作神秘状，笑而不答，依然沉浸在对桑园和蚕的畅想之中。队员们被弄得一头雾水、抓耳挠腮，刘赣元和李闽南心里却美滋滋的。

按照中心县委的决定，刘赣元和李闽南率队转移到此地开辟新的游击根据地。他们只带了十名游击队员，其余的都留给了程老黑，一是队伍少行动方便，二是程老黑担负保卫中心县委的重任，更需要人手。

找到一片新桑园，怎么下嘴？刘赣元和李闽南费了不少脑筋，还是没有理想的方式。李闽南建议把大家召集起来，开一个会，让大家一起出主意！

一共十二个人，大家围在一起，席地而坐，挤的挤靠的靠，还真像一群生机勃勃的“蚕”！刘赣元一看，乐了，说：“同志们，我们今天要开一个‘蚕众’大会，讨论如何吃桑叶的问题！”

队员小周说：“队长，这几天你跟指导员整天唠叨蚕啊桑的，今天又是开‘蚕众大会’，到底是咋回事？”

刘赣元笑笑，说：“这个问题提得好，请指导员同志解释一下吧。”

李闽南接着把刘赣元的“蚕食”和“作茧”的战术一说，大家方才明白。

小周说：“指导员，我提个意见，这个战术好是好，但是名字不好听。蚕是什么？是条虫。把我们都比作‘蚕’，不威风！”

“好，你这个意见提得好！”李闽南故意把话扔给刘赣元，笑着说，“这是老刘发明的，请他解释！”

“噢，你说不好听，好听的也有，贵妃、娘娘、皇帝老婆，这名字好听吧，那我们就叫贵妃大队、娘娘队员，你们同意不同意？”刘赣元腾地站起来，说，“好听不好听，管用就好！好听不顶事，又有屁用！在座各位，谁现在教我一招，只要能把小日本打回老家去，你就是把我比作猪狗，我都同意！有吗？没有吧！所以，不管好听不好听，管用就好！”

大家一阵大笑，鼓掌。

“队长刚才说得很有道理。我们打游击不是写诗作画，起名要好听。我们要的是实用！”李闽南站起来，说，“蚕，大家都见过，确实是一条虫，但是，它不是一般的虫，是天虫。为什么叫天虫呢？大家来看：‘蚕’这个字，上面有‘天’，下面有‘虫’，所谓‘蚕者，天虫也’。说的就是这个意思。大家想一想，能作为天虫，有什么不好呢！我们要坚信，我们这些‘天虫’，在皖南这块桑园里，在群众的支持下，一定能结出革命的茧来！”

鼓掌！热烈的鼓掌！

刘赣元的巴掌拍得最响。其他人不拍了，刘赣元还在拍：这个李闽南，学问就是多，三言两语，就把我老刘没说出来的道理都说出来了！

小周一直琢磨着队长和指导员的话，慢慢地琢磨出了一点门道来，于是站起来，说：“我明白了！我家就在皖南，我从小就采桑养蚕。别看蚕是一条小虫，可是它一天能吃好几筐桑叶。我琢磨，现在我们虽说很小，但是要像蚕一样，一点一点地去吃，吃肥了长大了，就可能吐丝作茧，这样我们就会把自己好好地保护起来，将来去争取更大的胜利！”

“好！”刘赣元带头鼓掌，“小周，接着说，好好跟大家谈谈！”

小周脑子果然灵光，说：“我家养蚕，都是种多少桑养多少蚕，这样既不冤枉桑，也不亏欠蚕，年年都有好收成。为什么？是因为桑多了浪费，蚕多了也是浪费，只有两样搭在一起正好合适，才是最好的。”

李闽南悄悄对刘赣元说：“小周说到这一点太及时了，我们现在就需要下去，去摸摸底，看看我们的桑园的情况怎么样！”

刘赣元说：“好！老李，我有两个想法，一是在没有作战行动之前，我们先下去访贫问苦，发动群众，把皖南这块大桑园的情况摸清楚。二是，小周这小子头脑灵活，让他担任警卫员和通信员。”

这两个决定，李闽南都同意。

小周名叫周家林，从小就在山里生活，有很多亲戚就在附近的村子里，由他带路联络，事情进展得基本顺利。大约一个月的时间，刘赣元和李闽南带领游击队员白天隐蔽，夜间走村串户，几乎走遍了木广坑方圆之内的所有村庄。通过走访，他们摸到大量有价值的信息。当地群众绝大部分都同情共产党，还有一些进步群众愿意为游击队义务采买粮油盐和日用品。更为重要的是，游击队借机在山内和山口外的交通线上，逐步建立了一些秘密交通站。

但是不久，有两个刚刚建立的秘密交通站遭到破坏。经过调查，原来是这里的进步群众在替游击队采买物质时，没有注意细节，每次购买的数量大大越出生活需要，也与他们的经济状况不相称，引起敌人的怀疑，遂被特务跟踪。

刘赣元和李闽南马上把这些情况汇报到中心县委，在中心县委的支持下，他们决定在进行锄奸的同时，改变工作方法，不仅要做进步群众的工作，还要重视中间分子，做好统战工作。

“桑叶好吃，可是吃不好也会拉肚子的！”刘赣元说，“看来，桑是好桑，就是不大好消化呀！”

“因为没有消毒，消消毒就好消化了！”李闽南道。

“那就先消毒！”刘赣元咬牙切齿。

2

根据群众举报，这一天，向特务告密的金保长可能会去他的一个把兄弟家喝小孩的满月喜酒。金保长名叫金士本，作恶多端，欺男霸女，控制茶市，老百姓对其恨之入骨，送他一个外号叫“金屎盆”。他的那个把兄弟名叫方世昆，家住仙源镇，外号叫“方屎棍”，也是当地一霸。此二人还曾经为日本人买过山货，可恶至极，若能除掉他们，必定会大快人心，得到广大群众拥护。

刘赣元和李闽南商量后决定铲除这两个恶棍。本来，研究决定由小周带两名队员对金保长进行伏击，另外两名队员接应即可。可是，刘赣元一觉醒来，突然提出他要亲自去，并且不打伏击，而是潜入那户人家的喜酒现场突袭，要当众打碎“金屎盆”和“方屎棍”。事实上，好多天没打仗了，刘赣元的手有点痒！

刘赣元说：“你想想，既然是办喜事，前去的人一定很多，如果当场把这两个家伙干掉，既能震慑一部分中间分子，还能在群众中造成很大的影响，对将来我们开展工作，大有好处！”

但是李闽南不同意：“那里是县城，很危险！”

刘赣元说：“越危险的地方越安全！”

李闽南说：“锄奸的目的就是打掉他们，不在乎谁去，怎么打！没有必要去冒这样的险！”

刘赣元还在坚持：“这算什么！想当年在江西打游击，我刘赣元单枪匹马照样闯国民党的乡公所，照样取走那狗乡长的人头！”

李闽南就是不同意：“此一时，彼一时，想当年你可以冒险，因为那时没有我和你搭档，现在就是不行！”

两个人僵持了一会儿。刘赣元没有办法，急得直喘粗气。

李闽南笑了，故意逗他，问：“老刘同志，你看我们两个人要不要举手表决？我举手，我不同意！”

刘赣元想了想，他举手也没用，一票对一票，白搭！但是，刘赣元毕竟是刘赣元，一个主意跳了出来，马上说：“好好！我的指导员同志，我不去，不去！我睡觉去!”

李闽南一边擦枪一边哼着小曲,见刘赣元一副落魄的样子,心里暗笑。

因为参加打伏击的队员要提前出发,晚饭提前。刘赣元有一口没一口地嚼着饭,眼睛不停地朝小周看,小周心领神会,突然把碗一放,大叫肚子痛。李闽南忙上前问他怎么回事。刘赣元过来,摸了摸小周的头,说发烧! 李闽南也摸了摸,说,肚子疼跟发烧有什么关系? 刘赣元说,关系大了,发烧引起肚子痛! 李闽南不信。

刘赣元大声问:“小周,是不是发烧? 是不是发烧引起的肚子疼?”

小周挤着眼说:“队长,你快扶我找地方拉泡屎吧,看看会不会好一点!”

刘赣元说:“好,我扶你,谁叫我是队长呢!”

李闽南突然觉得有问题,判断这可能是刘赣元使的计,便上前拦住,说:“队长,还是我来扶吧,这属于政治思想工作,归我管!”

刘赣元干巴巴地点点头,只好让开。

李闽南扶着小周走了几步,小周突然又说肚子不疼了。李闽南气得在他屁股上打了一巴掌,回过身来,以胜利者的目光看着刘赣元。刘赣元低头吃饭,看也不看他,只偷偷瞪了小周一眼,怪小周装得不像。小周无奈地摇了摇头。原来,刘赣元事先跟小周谋划,用这种方式偷偷跑出去,参加打伏击,没曾想计划落空。

打伏击的队员吃完饭后,准备出发。刘赣元突然提出:“这是一次军事行动,作为队长,我要亲自带队,不然不放心!”

李闽南明知他是在找借口,但是没有办法反对,只好同意。但是,他让刘赣元以党性原则作担保,保证只打伏击,不能冒险突袭。

刘赣元一直点头,说是是是。

二十多里的山路,对年轻的游击队员来说并不算远。黄昏时分,他们就来到仙源镇老木桥附近埋伏下来。等到夜幕降临,刘赣元观察了一下四周之后,突然说:“不好! 情况有变化,看来这场伏击打不成了!”

众队员相信队长的话,问是不是取消行动。只有小周明白,队长又在动点子了。

刘赣元看似很认真地说:“根据目前的情况,取消行动怕是来不及了,只能改变行动计划！你们几个留在这里观察，做好接应准备，我和小周前去镇上侦察一番！大家同意不同意？”

小周明白刘赣元的意思，马上举手表示同意，其他几个队员也跟着举手。

刘赣元说：“好！既然大家都同意，这就是集体决定，回去后指导员要是问起这事，大家要保持口径一致。”

小周说：“一定！”

刘赣元又看看其他队员，他们也说：“一定！”

刘赣元说：“好！按新计划行动！”

仙源镇是座近千年的古镇，民风淳朴，夜色中独有韵味。街边店铺亮起了点点灯火，青石条铺就的老街传来悦耳的丝弦乐音，以及长长短短的叫卖声。

小周熟悉这里的一切，刘赣元跟着小周走街串巷，不一会儿便来到金保长的把兄弟方世昆家附近。从一个汤圆摊子后面，刘赣元和小周可以看见方世昆家的情况。方家门前灯笼高挂，人声喧闹，不时传来猜拳行令的声音。

小周悄声说：“他娘的都喝上了！”

刘赣元说：“咱也去助助兴！”

小周说：“怎么进去？”

刘赣元说：“办喜事，那就送礼呗。”

小周看看刘赣元，两个人身无分文，送什么礼？

刘赣元笑了笑，走到一座老屋的断墙边，摸来两块青砖，然后把手伸进衣服里，“嚓”的一声撕掉一块衣襟，三下两下包好，拎在手上挺沉，说：“这包点心，够分量！”

于是，二人来到方家大门前。啪啪啪，一敲门，一个管家过来开门。管家好像也喝了不少酒，斜挎一把短枪，仔细打量了一番刘赣元和小周，见不像贵客，便问：“干什么的？”

小周晃了一下手中的“礼品”，用当地的土话说：“贺喜的！”

管家看了一眼那个“礼品”，问：“你们东家是哪位？”

小周说：“东家是镇北做茶的宋家，家里有急事走不开，打发我们送来！”

管家见他们点头哈腰的，便一边开门，一边嘟囔：“黑灯瞎火的来贺喜，真不懂规矩！”

门一开，刘赣元率先闪身进门，从背后一把捂住管家的嘴，双手一用力就把管家的脖子拧断了，然后轻轻地把断气的管家放平，取了管家的短枪。整个过程干净利落，让小周大为吃惊。接着，小周紧随刘赣元悄悄摸到灯火通明的堂屋前。隔窗一看，堂屋很大，摆着酒席，中间坐着一个人，一定是方世昆，旁边一个镶金牙的就是金保长。

刘赣元小声说："我开枪，你放火，然后撤！"

小周说："明白！"

说时迟，那时快，嘣的一声，刘赣元突然踹开屋门，抬手啪啪两枪，"金屎盆"和"方屎棍"应声倒在桌前。紧接着，刘赣元又是两枪，把堂屋里两盏大灯笼打灭。黑暗中，酒席顿时大乱！

小周这时已经取下院内的灯笼，倒出灯油，把火引到了方家的屋檐。

刘赣元大喝一声："都不要动！我们是皖南山地游击队，特来铲除恶霸！"

说罢，又朝屋顶开了一枪。此时，小周已经点燃了大火。刘赣元并不恋战，招呼一声小周，便逾墙而走。整个过程，前后不过一两分钟。小周带路，三弯两绕出了老街，从小河边来到了老木桥头。刘赣元发出暗号，埋伏在木桥附近的队员马上出来接应。

一见刘赣元和小周，队员便说："队长，刚才好像听到镇上有枪声。"

小周说："还有火光呢！"

说罢用手一指，果然见方家的上空腾起一片烈焰。

参加打伏击的队员个个都信守诺言，对刘赣元和小周的行动严格保密。但是，李闽南还是知道了刘赣元那天晚上的冒险行动。因为第二天在当地的老百姓中已经传开，有两个游击队员，一眨眼的工夫就取走了"金屎盆"和"方屎棍"的性命。还说那两个游击队员像古代的大侠一样，能飞檐走壁，隔墙打人，百发百中。如此等等，直传得神乎其神。

不用问，这一定是刘赣元带着小周干的好事！李闽南大为恼火，把正在打呼的刘赣元硬拖起来。刘赣元没有睡好，一脸的不高兴，问："一惊一乍的，这是干什么？"

李闽南说："刘赣元，你这个骗子！"

刘赣元一脸的无辜，说："谁是骗子？你说谁！"

李闽南脸涨得通红，说：“我就说你！你这个骗子！你当着我的面，用党性担保不去冒险，你置党性原则于不顾，你是个骗子！”

刘赣元这下子听明白了，揉了揉眼，赔着笑脸说：“指导员，别生气！坐下来慢慢说！声音小一点，传出去多难听！”

“难听！难听的还没说完呢！”李闽南不依不饶，恨不得把所有难听的话都说出来，“刘赣元，你想干什么？你冒充大侠是不是？想显示你刘赣元有三头六臂是不是？呸！你是浑蛋大侠，你不顾集体安全，只考虑个人英雄主义，你是个浑蛋！”

刘赣元一直笑嘻嘻的，耷拉着脑袋，任由李闽南骂个痛快淋漓。刘赣元知道，纸里包不住火，李闽南迟早会知道，可是没想到会这么快！刘赣元也明白，李闽南知道以后非跟他没完没了较真不可！所以刘赣元早就做好了思想准备，让他骂，骂够了再说。大姑娘怀孩子，生米煮成了熟饭，就这一堆了！

李闽南呼呼地喘着气，刘赣元点了一锅烟递给他，说：“老李，你消消气吧。你看，你骂也骂了，说也说了。总该歇一会儿吧，歇好了，想骂再骂。我刘赣元绝不会跑的，支着两只耳朵听着！”

李闽南不接他的烟，拿出纸和笔来，说：“好了！我不骂了！你写份检讨，彻底检讨，我要把这份检讨交到中心县委！”

刘赣元还是笑脸相赔，说：“指导员，我们俩是搭档，我写检讨，你脸上也无光，是不是？依我看，你要不解气，就再骂几句，打两下也行，检讨就免了！”

李闽南说：“不行！骂不骂，打不打，看我的心情。但是这检讨一定要写！”

刘赣元说：“老李，要我写检讨可以，但是就别送到中心县委了，你自己揣着，就当揪着我老刘一根小辫子，时不时你还可以拽一拽！”

李闽南说：“想得美！不仅你写，我也要写，这件事情我也有责任！”

刘赣元说：“不行！我写可以，你不能写，两个人都写，好像我们游击队犯了多大错误似的！”

李闽南说：“这不是游击队的错误，是你这个队长和我这个指导员的错误！”

刘赣元像个大孩子似的，说：“你看看，这不就结了嘛，你有错，我也有错，两边抵消了！你还骂我半天呢，我可一句都没还嘴！这样一算，我吃大亏了！”

李闽南被刘赣元逗得扑哧笑出声来，但是马上又严肃起来，说：“检讨一定要写，认识深刻，可以考虑不送中心县委！”

“哎，这就对了！这才是我的好指导员！”刘赣元得寸进尺，说，“要不这样，我当面给你做个口头检讨算了，认识深度都是一样，比书面检讨来得还快，又省纸省笔，你说好不好！”

李闽南知道刘赣元明白了问题的严重性，也觉得把他整得差不多了，说：“好！口头检讨可以，但是不是当着我一个人的面，而是当着大家的面！就这样，晚饭后开会，你先准备吧！”

说完，李闽南转身走了。

刘赣元轻轻松了一口气，这时候，小周跑过来，说：“队长，指导员骂你我可都听见了，真不应该，我们犯什么错了，除了恶霸，还有罪过?!”

刘赣元一摆手，说：“去去，别胡说！指导员骂得有道理！”

小周问：“那么说，晚饭后你要当着大家的面作检讨?”

刘赣元拍拍胸脯：“当然！”

小周说：“队长，你是领导，领导怎么能检讨呢！”

刘赣元说：“怎么不能，领导也是人，是人就有错，有错就要检讨！”

小周说：“那也不能当着大家的面，多难看啊！”

刘赣元说：“难看？有什么难看？我老刘脸上一个鼻子两只眼，难道比别人少一样还是多一样?!”

晚上，在游击队宿营的山洞里，两堆篝火熊熊燃烧，松木在火中发出噼啪的脆响，一股松油的香气弥漫开来。游击队员围坐在篝火边，七嘴八舌地议论着。

李闽南站起来，走到中间，严肃地说：“同志们，昨天，我们游击队的锄奸行动非常成功，应该提出表扬。但是，有的同志违反纪律，有的同志，有的同志……”

“这‘有的同志’就是我老刘。”刘赣元突然站起来，打断李闽南的话，“闲话少说，书归正传。下面我当着大家的面做个检讨。检讨的内容是我违反纪律，逞个人英雄主义。为什么会逞个人英雄主义呢？事情是这样的：昨天晚上，我带着几个同志去打伏击，但是到地方一看，情况有变化，所以临时决定改变方案，由我和小周一起去镇上突袭。话说，那天夜里，月黑风高，我和小周悄悄来到老街上，突然对面闪出一个黑影……”

刘赣元突然打住，队员们的胃口被吊着，追问：“队长，快说黑影是什么？”

“我定睛一看，原来是一条狗溜溜达达过来了。”刘赣元轻松地抖一抖双手，学着狗走动的样子。

队员们一阵大笑，又问：“后来呢？”

“为了不引起狗的注意，我和小周马上隐蔽起来。然后，潜身形，轻移步，眨眼间悄悄来到方家院门外。等我站定，抬头一看，院墙高耸足有八尺，大门紧闭如同铁壁，不禁倒吸一口凉气：啊呀呀，这该如何是好？”刘赣元像说书一样，又卖了一个关子。

李闽南说：“老刘，让你检讨，不是让你说书，快进入正题。”

队员们说：“是啊，队长快说，怎么进去的？”

刘赣元说：“不说了，不说了，说检讨！”

队员们的胃口被吊着正难受，纷纷喊着：“接着讲，接着讲怎么进去的！”

刘赣元看看大伙，又看看李闽南，李闽南见队员们心切，便默许。

“我心中暗想，既来之，则进之。今天俺老刘说什么也要进去也！”刘赣元说着摆出说书先生的架势，“说时迟，那时快，我老刘脑筋一转，一条妙计顿上心头！”

队员们又问：“什么妙计？”

刘赣元说：“正所谓兵不厌诈，投其所好。列位请想，对‘方屎棍’这样的人，家里有点什么事，就巴不得有人给他送礼。于是，我和小周弄来一大包礼物！”

李闽南插话道：“不可能吧，你身上一分钱都没有，从哪里来的钱买礼物？！不会是又犯纪律了吧？”

“这位客官问得好。咱老刘身无分文，又不能犯纪律去抢去夺，怎么办呢？”刘赣元说，“这就要说到我的妙计了。妙计妙计，关键在一个妙字！且说当时，我灵机一动，随手找来两块破砖头，然后撕下一块衣襟，结结实实一包，方方正正，提在手里一看，好家伙，左看像元宝，右看像金砖，怎么看都是一件厚礼！有了礼物，来到门前，啪啪啪，一打门，稍稍一会，门开了，出来一个管家，那管家一见我那‘厚礼’，马上放我们进去。进门之后，说时迟那时快，先撂倒管家，再抢了枪，来到堂屋，啪啪啪，三下五除二，干掉了两个恶霸。事已至此，我和小周一不做二不休，扳不倒葫芦洒不了油，一把火把方宅弄了个火光冲天！这正是：游击队员浑不怕，夜闯深宅除恶霸，两块砖头做礼物，两个浑蛋回老家！”

队员们鼓掌：“好！”

李闽南也听得入迷，跟着鼓掌叫好：没想到老刘还会说书！

刘赣元自己也很满意，笑呵呵地说：“好了，好了，时间不早了，大家休息吧，我要去查哨了！”说罢，走出山洞。

直到这时，李闽南才反应过来：“这明明是说书，哪里是做检讨啊！”于是追上去，喊，“老刘，你还没做检讨呢！”

刘赣元并不答话，甩开两条长脚便走，边走边窃笑。

3

转眼已是腊月。虽无太多的雨雪，但是山风凛冽，寒意彻骨。

游击队又揭不开锅了。粮食没有了，油盐也尽了。寒冬腊月，大家身上的夹衣，感觉越来越薄。要是躲在山洞里烤火还能顶住，一出门就像光屁股一样，冻得清水鼻涕擦不尽。这事很急，怎么办？游击队本来就没有钱，况且眼下就是有钱，也买不来东西。国民党顽固派对生活用品控制较严。李闽南跟刘赣元商量来商量去，一时拿不出好主意。

刘赣元说：“寒冬腊月天，这么多同志，不能等着挨冻受饿。依我看，实在不行，只能去借！”

李闽南说：“老刘，你的意思我明白，去找当地的富绅借，据我所知，其他地方打游击，也有过这样的经验！”

刘赣元说：“这也是没有办法的办法。通过几个月的工作开展，我们游击队在这一带有点群众基础，要是找几家富裕人家借点粮款，也许并不是难事！”

“借可以！”李闽南说，“我们游击队借粮借款，不能让人家觉得我们像土匪，打着借的幌子去抢！我们的原则是，找富家借，而且人家愿借，借后打借条！”

刘赣元说：“就这么干！我们马上跟地方党组织联系，让他们给我们提供几个‘债主’!”

第一个目标“债主”是甲林村的陈家。

甲林村交通相对便利,有二十来户人家,算是方圆之中的大村。这个村子以经商户为多,其中一户是本县的大财主兼士绅,名叫陈荣耀。此人交际广泛,历任县长都跟他有些关系。陈荣耀年轻时走南闯北做生意,见过一些世面,对时局的变化也有自己的见解。据群众反映,陈荣耀常常挂在嘴边的一句话是:“国民党是党,共产党也是党,两党合作抗日我都拥护,我陈某这一碗水还是能端平的!”另据了解,陈家养有五名家丁五条枪,帮他看家护院。

这一天,是腊月初八。刘赣元和李闽南带领六名队员来到了甲林村附近的山上隐蔽起来。天近傍晚,刘赣元一行化装之后进了甲林村,径直来到陈家大院门前。守门的家丁见这几个人大摇大摆,无所顾忌,以为是县保安团来人,前来找东家谈事,便点头哈腰,把“客人”请进院内:“各位长官辛苦,陈先生正在吃茶,请进!”

听说陈荣耀在家,刘赣元和李闽南对视了一下。李闽南带人走向厢房,把正烤火的几个家丁控制了起来。刘赣元带着小周大步进了堂屋。此时,陈荣耀正坐在火桶边跟他老婆一边喝茶,一边说话,见有人进来,且都是虎视眈眈的持枪大汉,忙起身,道:“几位弟兄,有话好说!”

小周上前把枪拍在桌子上,陈的老婆吓得抖作一团,倒是陈荣耀有点胆量,拱手道:“几位弟兄,请问有何贵干?我陈某……”

刘赣元笑笑,示意陈荣耀坐下,说:“我们是皖南山地游击队,特来找陈先生商量几件事。”

陈荣耀一听是游击队,马上镇定,道:“原来是‘四老板’的人,敝人一向拥护抗日,一向拥护!”

刘赣元说:“陈先生,这一点我们早就调查清楚,要不然,我们此次也不会这么客气了!”

陈荣耀连连道谢。

这时,李闽南也走了进来,见墙上挂着一幅字:“积善之家”,颜体金字,很有气派,于是说:“陈先生,想必陈家一向有善举,不然也不配这‘积善之家’四个字。你的情况,我们早有了解,知道你还算仁义之士,并对抗日有过一些贡献。陈先生是见过世面的人,又知书达理,希望陈先生不要站在与老百姓为敌的一边,不然,这‘积善之家’的牌子怕是保不住的!”

陈荣耀频频点头,连连称是。

刘赣元说:“既然陈先生站在老百姓的一边,我们作为为老百姓办事的游击队,想跟陈先生商量一下,能否借点粮款,我们打下借条,将来一定会还!”

陈荣耀眨眨眼,看了看他老婆,说:“这……”

小周性子急,把枪抵了上去,说:“什么这个那个的,说,行不行!”

刘赣元上去把小周拉开,瞪了一眼小周,转身对陈荣耀说:“陈先生,年轻人有点鲁莽,你别介意。如果陈先生实在为难,我们就不借了,现在告辞!”

李闽南说:“是啊,生意不成仁义在,咱们后会有期!”

大家正要转身,陈荣耀叫了一声:“四老板,请留步!”

刘赣元早就料到会有这效果,于是停下脚步。只见陈荣耀在他老婆耳边说了几句什么,然后说:“请稍等一等,老太婆耳朵背,耳朵背。”

李闽南说:“多谢陈先生!”

陈荣耀说:“不瞒你们说,开始我怕你们是冒充‘四老板’的,后来见你们并没有勉强的意思,而且有礼有节,才断定是‘四老板’的人。说实话,我陈某不常出门,但是你们的作风我还是有所耳闻的!”

这时候,陈荣耀的老婆回来了,把一个大包袱递给陈荣耀。陈荣耀接过来,打开包袱,露出一包白花花的大洋。

陈荣耀说:“这五十块大洋,是前些日子结回来的茶钱。这些年兵荒马乱,外面的生意不好做,实在没有太多的闲钱了!”

李闽南看了看刘赣元,刘赣元没说话。

陈荣耀以为他们嫌钱少,苦着脸说:“各位,别看我这家大业大,其实日子也不好过,实在没有现钱了,要不然,把老太婆身上的几件金首饰也拿去吧。”

说着,陈荣耀就要去取他老婆身上的首饰,李闽南上前拦住。

李闽南握着陈荣耀的手,说:“陈先生,你误会了,我们不是嫌少,我们是被你的诚意感动了!”

刘赣元走过去,从那一堆钱里数出二十块大洋,说:“这样吧,陈先生,马上就要过年了,我们先借你二十块大洋,余下的你留着好好过个年。我们马上打个借条,保证归还!”

李闽南拿出纸和笔，写好了借条，落款为：皖南山地游击队。

“见财不贪，借钱留据。”陈荣耀不禁感慨，“如此之举，可见真是仁义之师，恕我断言，你们将来一定能得天下啊！”

李闽南说：“天下是人民的天下，所以还需要各界人士的支持！”

陈荣耀见游击队员们穿的只是夹衣，脸冻得通红，更加感动。

陈荣耀说：“哎呀，我陈某手头局促，不过如果需要，我可以私下给你们张罗，有钱的朋友我倒还有一些，相信他们能筹一些！”

4

正所谓，人追喜事隔山跑，喜事追人跟脚到。

由于陈荣耀出面帮忙筹借，游击队很快从几户富人家筹到一笔款项，借着陈荣耀的威望和影响，购买了必需的粮食油盐和棉衣，吃穿用一揽子解决了，这个腊月就能熬过去了。

就在大家穿上新棉衣的时候，中心县委的胡缅生同志派人送信来，说是江北新四军七师派来十几名干部战士，秘密来到皖南，明天与大家见面！

刘赣元看完信，搂住李闽南，哇的一声哭了，哭得天昏地暗。李闽南怎么劝也劝不住。好不容易等他停一会儿不哭了，便问他为什么哭。

刘赣元抹着眼泪鼻涕说：“高兴啊！”

李闽南的心里也是百感交集！是啊！整整一年了，吃了多少苦，经了多少难，游击队从小到大，像一只断线的风筝孤悬在皖南，现在，终于跟大部队联系上了，能不高兴吗？

李闽南拍着刘赣元说：“老刘呀老刘，你真没出息，高兴应该笑才对，你说你哭什么啊，你这一哭，让我……”

说着说着，李闽南也忍不住哭起来，只是哭得没有刘赣元那么放肆。于是两个人搂抱在一起，索性哭了个痛快淋漓！

第二天，胡缅生带着中心县委和新七师的同志来到了木广坑。刘赣元早早就等在路口，仿佛见了亲人一般，见一个就抱一抱，见两个抱一双，几乎每个人，他挨个都抱了一遍，就连孟玉同志也没放过，但是有一个人他没抱，那就是李茶花。

李闽南见机行事，打趣道："老刘，这么多人，你挨个把大家抱了一遍，怎么轮到茶花姑娘你就不抱了呢？是不是觉得不亲？我跟你说，你要是不抱我可要抱了！"

茶花被说得满脸通红，刘赣元捅了李闽南一拳，说："老李，你还是不是文化人，说话注意点！"

大家一起笑。茶花躲到孟玉大姐的身后，头也不敢抬。

这是一次胜利会师！大家都高兴，讨论，问候，一连三天，都是热闹非常。

虽说是会师，但是刘赣元觉得同志们来到木广坑，怎么说也是客人，就跟李闽南商量，是不是想点办法，弄点像样的东西，招待一下客人。

刘赣元说，老李啊，你不是说过吗，咱俩就像夫妻。好了，现在咱们家来了这么多客人，得想办法招待好人家呀！你看，是不是再去借点！

李闽南说，快过年了，借怕是不好说。要不就把存的那点家底拿出来，先用上再说！

李闽南说的那点家底，刘赣元知道，是置办东西没用完的借款，大概十来块大洋。本来两个人商量好了，先存着，等过完年春荒的时候再用的。看来，要先动派上用场了。

两个人正在商量，茶花进来了。

茶花看着李闽南，又看看刘赣元。刘赣元看出茶花有事找他，就跟着茶花走到外面的空地上。

刘赣元问："茶花，有什么事？"

"我听见你们说话了，男人手里咋能缺钱呢！"李茶花从手腕上取下一只玉镯，放进刘赣元的手里，说："找人把这拿去卖了吧，也许能换几块大洋！"

说完，扭身跑开了。

刘赣元像突然接到一块烫手的山芋，捧着那只玉镯，不知如何是好。于是，刘赣元捧着玉镯来找李闽南："老李，给你这个！"

见是一只玉镯，李闽南马上明白了："茶花的？"

刘赣元心情复杂："茶花说把这拿去卖了，给大家买年货。"

李闽南拍着刘赣元的肩膀说："老刘呀老刘，你小子真是有福气，能找到一个又漂亮又贤惠的女子！”

刘赣元无心开玩笑，指着手上的那只玉镯问：“老李，别扯别的，这事咋办？要不找人拿去当了？”

李闽南说：“你到底是真傻还是装傻，那东西能拿去当吗？这可不是一般的东西，说不定是茶花祖上传下来的，也说不定是你丈母娘留给你儿子的礼物呢！”

刘赣元说：“怎么办？”

李闽南说：“还给她！”

刘赣元把玉镯放在衣服上擦了擦，揣进了怀里。

李闽南用那点“家底”，到附近村庄买了些年货回来，虽不丰盛，但花样却不少，只图个热闹。大年三十，孟玉和茶花一大早就忙开了，附近村上也来了几个进步群众帮忙，大家一起高高兴兴吃了顿年夜饭。

晚饭后，一块空晒场上，燃起一堆篝火，大家围坐一起，说说笑笑，辞旧迎新。

开始，刘赣元跟李闽南坐在一起，和大家说说笑笑。茶花和孟玉坐在一起，隔着火堆，茶花的脸被映得越发好看。刘赣元看着看着，就有点坐不住了，东一扭西一蹭的，李闽南以为他身上生虱子了，没大在意，过了一会儿，看见茶花不停地往这边看，李闽南就明白了。

李闽南悄悄问刘赣元：“那个玉镯还没还给人家吧？”

刘赣元说：“没有。”

李闽南说：“那还不赶紧去！”

刘赣元平时大大咧咧的，到了这时候，倒有点不好意思，说：“明天，明天吧。”

李闽南知道他言不由衷，其实恨不得马上就过去，说：“等明天干吗呀，要是弄碎了，你还赔不起呢！你要是不敢去，给我，我去还给她！”

刘赣元身子一斜，马上说：“我去，我去，这事就不麻烦你老李了。”

李闽南故意逗他：“这可不属于军事行动，算是思想政治工作，你去不合适呀！”

刘赣元听出李闽南在开玩笑，说：“今天是过年，不论分工，自主行动！”

说完，便起身朝茶花走去，然后坐在茶花身边。李闽南看见刘赣元附在茶花耳边说了一句什么，然后，两个人便离开了人群。

夜空下，除夕的爆竹声，次第响起。

第十二章

1

二月二,龙抬头。

如在往年,这段江面上该有赛龙舟的场面了。然而,此时,江面上只有几只水鸟无聊地飞来掠去。

冯和平团长骑在马上,眼前出现一座江边古镇。

这就是有名的漆林渡。

漆林渡是临江的一座古镇。镇南端有一渡口,自古以来,南北商贾,多会于此,镇中一条老街,店铺林立,如同蜂巢,人来车往,颇为热闹。漆林渡有一特色,小街沿江而建,靠江边的一排店铺,房屋前半间建在岸上,后半间用粗实的木桩架在江上。每户的房子,都是前面一间在岸上,后面一间在江上,涨水季节,江水就从楼下流过。这种房屋形似吊灯悬在空中,故当地人称:“吊灯阁”。因着这样特别的格局,每当赛龙舟时,家家户户的后屋便成了观景处。人在家中,江中景色尽收眼底。

然而,见识“吊灯阁”的闲情,不是人人都能有的。冯和平就没有。因为他要参加在这里举行的“皖南清剿大会”,参加会议的有国军五十二师、六十三师、一四四师、一四五师的部分师团军官,当然皖南各县地方的党、政、军、特头头脑脑也在参会之列。

冯和平带着侍卫王大功,从江边老街走过,新钉的马掌铁,敲打着青石街面,发出清脆悦耳的得笃得笃声。这声音与冯和平此时的心情极不和谐。

其时，冯和平请假疗养刚刚回来不久。从气色上看，冯和平团长恢复得不错，至少脸上的倦怠不再浓重。

当然，对于冯和平来说，重庆之行也有出乎他意料之外的收获。这个收获不是治好了失眠，而是医好了心病。新安名医汪士祺老先生不是说“心不宁，则病难除”吗？现在，冯和平的心终于安宁了！因为他得到可靠的消息，妹妹玲子还活着，只是不在皖南山地游击队，而是在江北的新七师。

想到这里，冯和平打内心里要感谢他在重庆城隍庙里烧的那炷香，是那炷香给他带来了好运，让他见到了久违多年的于珍珍。于珍珍是他在上海同济附中读书时的同学。那一次，在城隍庙烧完香，一出门他就遇到了于珍珍，只是短暂的对视，几乎是同时，他和于珍珍叫出了对方的名字，这是多么美好的事啊！时局动荡，战火纷飞，能在一起重温同学往事，真是一种奢侈。

于珍珍还是那么快人快语，还是那副得理不饶人的劲头，只是比过去更多了几分成熟练达和善解人意。她能看出他心中的积虑，并愿意以同学的身份分担，这一点让冯和平倍感欣慰。那一天，他喝了很多酒，然后像一个弃妇一样，喋喋不休，把心里积压的郁闷全都倒了出来，那是多么的畅快呀！而于珍珍一点都不烦，她像一位大姐姐一样，耐心地听，静静地注视着他，直到他说累了，趴倒在桌前。

奇怪的是，那一夜，他睡得最香，可以说是近一年来最香甜的一觉！

第二天，于珍珍又来了，答应尽快帮他打听她妹妹玲子的消息。她说她有朋友与共产党和新四军有联系。冯和平想，身在陪都重庆，各路特务遍布大街小巷，于珍珍胆敢直截了当地跟他说这种话，到底是她相信他这个老同学不会出卖她，还是她看透他内心里对共产党和新四军并没有太多的芥蒂呢？

后来，正是于珍珍利用她记者的身份，通过多种渠道，打听到了玲子的确切消息，除此之外，于珍珍还给他带来另外一个意想不到的消息：当年上海同济附中的同学胡缅生没有回海外继承家业做老板，而是参加了新四军，现在就在皖南。只是胡缅生已与他心仪的同学孟玉结为了夫妻。

冯和平相信于珍珍的消息是可靠的。他一直不相信于珍珍只是重庆一家报社的记者，她很可能还是共党的地下党员。如若不然，她怎么能远在重庆，就能打听到妹妹玲子的消息和胡缅生与孟玉的消息呢？

人各有志，各为其主。不管于珍珍是什么身份，冯和平更愿意把她当做中学同学来对待。

漆林渡镇，刀枪林立，戒备森严。

国民党军“皖南清剿会议”在这里召开，为期三天。这三天里，冯和平一改过去萎靡不振的状态，精神饱满地出现在会议上。不过，别人不知道，他之所以如此，不是因为党国的伟大的“剿匪”计划刺激，而是心中装着妹妹平安的消息，以及同学胡缅生和孟玉的消息。

此次会议，确实有别于以往“剿匪”会议的蜻蜓点水，而是作出了更多“扎实有效”的策略。会上宣布成立了“皖南剿匪总指挥部”，总指挥由刚刚上任不久的五十二师少将参谋长陈淡如担任。在宣布这个决定时，冯和平和其他人一样，也给予鼓掌祝贺，他还看到师座向他投来恨铁不成钢的目光。不过，冯和平并不为失去这个“总指挥”的机遇而后悔，相反，他倒觉得从未有过的轻松。

然而，接下来又宣布的决定，却让他无论如何也轻松不起来。

战区第三十二集团军司令长官宣布，从五十二师、一四四师、一四五师各抽出一个团，连同皖南五县自卫队和行动队，共同联手，实施“剿匪”。而从五十二师抽出的那个团，恰恰正是冯和平所在的团。

冯和平看了看师座，师座目不斜视，一脸严肃。冯和平心里一下子凉了半截！

接着，又宣布：“限令三个月内消灭皖南共军游击队，剿灭地方共匪，不得有误！”

陈淡如新官上任，率先起立敬礼，宣誓就职，并承诺一定恪守职责，完成党国交给他的“剿匪”重任！接着，陈总指挥命令下辖各团一起宣誓，冯和平极不情愿地站起来，脑子里始终一片空白。

关于陈淡如，冯和平早有了解，此人曾是国军派驻新四军的中校联络参谋，事变后，被晋升为少将。据说，此人自称熟悉共军，且具有一套反共经验，号称“剿共专家”。

冯和平想，以后的日子怕是不好过了。

2

陈淡如总指挥上任伊始，马上部署实施他的“大清剿计划”，军事行动由“清剿”改为“驻剿”，在强调“三分军事，七分政治”的方针下，集中兵力把皖南游击队分别包围在三个大圈子里，然后逐步缩小包围圈，并在包围圈内设立无数个“自觉室”，强迫群众说出游击队的下落，再把这些“自觉”的人组织起来，作为反共骨干。尤其对游击队实施经济封锁，清剿区内居民采取按居民证配售粮、油、盐、布等生活必需品。这就是所谓的“陈氏软套”，以期困死游击队。

陈淡如放言，共党那一套，不就是游击战嘛，我太清楚了。我相信不要半年时间，一定把皖南山区的游击队一网打尽。

事实上，关于游击战，陈淡如的确不陌生，不仅他，国民党军中有很多人都不陌生。早在 1938 年，全面抗战序幕拉开，在南岳军事会议上，蒋介石确定第二期抗战“政治重于军事，游击战重于正规战，变敌后方为前方，用三分之一力量于敌后”的总战略。此外，抗战爆发后，新桂系编撰《焦土丛刊》，蒋百里著有《新式游击战术纲要》，冯玉祥著有《抗日游击战术问答》，黄绍竑著有《游击战的理论与实际》。白崇禧兼任军训部部长后，组织编写了《游击战纲要》，颁发各战区、各军事学校，作为开展游击战的教材。最为重要的是，1939 年 2 月，国民党军委会选派各战区部队营长以上的军官和高级司令部的中级幕僚人员，在南岳成立“游击干部训练班”，并邀请中共干部叶剑英等三十多人参加教学工作。游干班共创办七期，每期三个月，毕业学员 5659 名。陈淡如就是其中之一，而且考核成绩优异。

陈淡如还说，共军不就是喜欢和老百姓打成一片，搞什么“鱼水关系”嘛，那好，我就来“车水捉鱼”！

冯和平对陈淡如这一套并不以为然，游击战重在实战，而他陈淡如熟悉的只是理论，而且是共党嚼过的口水饭，没有什么味道了。真正的营养早被共党自己吸收殆尽。剃头师傅教徒弟，总会留一手的，而且这一手往往才是制胜之招啊！

人在屋檐下，不得不低头，冯和平不得不执行陈淡如安排下来的任务。不过，冯和平基本上得过且过，既能跟陈淡如交代过去，又能少烦劳操心。说实话，冯和平更相信，以他的了解，在皖南，想搞“车水捉鱼”，恐怕是难于登天，因为皖南老百姓的心早就被新四军牵走了！

这一天，冯和平团长起床后，刚刚坐下来给于珍珍回信，突然电话响了，副官接过电话说，是陈总指挥。冯和平心中暗骂一句：“这个陈混蛋！”然后过去接听电话，陈淡如在电话中说，“大清剿计划”初步实施，你们团的防区有无效果显现？

冯和平一向听不惯陈淡如的公鸭嗓音，尤其是电话里还有沙沙啦啦的噪音，听起来陈淡如不是在指挥部打电话，更像是在一个鸭棚里轰鸭子，唧唧嘎嘎。

冯和平强压不满说：“报告总指挥，我们这里效果显著。没有发现异常！”

侍卫王大功听冯团长这么一说，偷偷地笑。

陈淡如在电话里说：“很好，很好，我马上要来你们那里检查！”

冯和平说：“谢谢总指挥，我正要出去巡查，如果总指挥来检查，恕冯某不能恭候大驾！”

陈淡如说：“很好很好，你忙你的吧。”

冯和平放下电话，摇了摇头，看见侍卫王大功在窃笑，也跟着笑了起来。

笑过之后，冯和平说：“我们赶紧出去，不然陈总指挥一到，想走就走不成了！唉——我可受不了他那公鸭嗓子了！”

于是，二人换上便装，骑马出了营房，跑出半里多路，王大功问，团长，我们去哪？冯和平这才想起来，只想着出门，没想好去哪。于是说：“脚踩西瓜皮，滑到哪是哪，只要能躲开陈总指挥就行！”

王大功说：“团长，不如去趟庙首，看看那个胖乡长最近怎么样，是不是更胖了？”

冯和平说：“反正无聊，去一趟就去一趟，权当散心了。”

于是，二人打马而去。

来到庙首乡，正是早上赶集时分。如在过去，这个时候街上应该是人来人往，买卖正旺，可是现在却零零落落，沿街的店铺大都关门闭户。冯和平叹口气，对王大功说，看见了吧，这都是陈总指挥干的好事！“车水捉鱼”，鱼没捉到，这水倒是车得干净，老百姓都不敢赶集了！

说话之间，二人已来到乡公所前，没进门就听到里面有吵骂之声。冯和平下马在外等候，王大功进门大喊："冯团长到！"

顿时，里面的叫骂声停了。这时，只见江之端慌里慌张地从里面跑出来，一见冯和平，江之端就上前拉住他的衣服，说："冯团长啊，你来得正好，你一定要帮我做主，帮我评评理！"

冯和平被江之端搞得丈二和尚摸不着头脑。江之端把事情的来龙去脉说了一遍。

原来，和江之端吵骂的人是谭家桥的乡长王延年。这两个"好朋友"为什么吵骂呢？是因为崔寡妇。头一天傍晚，王延年来到庙首，说是找江之端叙旧，江之端也很高兴，两个人一起躲在崔寡妇家喝酒，喝到小半夜，王延年说太晚了就不走了。江之端也同意了，说明天一早回去也不耽误。于是就安排崔寡妇烧水泡茶，两个人接着东拉西扯，漫无边际地聊。正聊得兴起，突然江麻子来报告，说从叶家村抓到一个人，可能是跟游击队有关系。一听说跟游击队有关系，江之端就要去审问，临走之前让江麻子安排王延年住到街上的旅店去。王延年也高高兴兴地答应了。

江之端到了乡公所审问疑犯，直到后半夜也没有问出什么名堂，眼皮直打架，就打算先回去休息，等第二天再审。出了乡公所，江之端没有回家，而是去了崔寡妇家。到了崔寡妇家，江之端怎么也叫不开门，就怀疑出了问题，便把门撞开，进屋一看，王延年正躺在崔寡妇的被窝里。江之端气不打一处来，拔枪要和王延年拼命，王延年也拔出枪，二人僵持，直到天亮。后来，崔寡妇说，你们两个人别在我这里动枪弄炮的，你们到乡公所去，谈好了再来吧，我要睡一会。

于是二人就来到乡公所，双方开骂。江之端骂王延年他妈的对不住朋友，占了他的女人。王延年骂江之端他妈的不够朋友，一个寡妇又不是你老婆，那么小气，不让朋友一起享用！

冯和平听罢，顿觉可笑，两个堂堂乡长，竟然为了一个寡妇闹到如此地步，实在是荒唐！天下可能也不会再有第二！如此乡官，怎么能尽职尽责治理乡务，怎么能全心全意维护一方平安?!

如果在平时，冯和平可能会躲着这种龌龊之事，这次正巧赶上，又不得不过问。但是，这种无聊荒唐的事，纵是神仙也断不出对错，于是冯和平把两个人分别训斥一顿之后，转身出门，跨上马，绝尘而去。

途中，冯和平和王大功说起刚才的事，越想越好笑，笑得肚子痛，不得不伏在马鞍上好好歇一会儿。

笑过之后，冯和平从这两位乡长身上悟出一个结论：陈淡如总指挥的“大清剿计划”，很可能会成为另一件可笑的事情！

3

雨台山，雨台寺。

冯和平一行二人刚拾级而上，净空老和尚似乎早有预知，已在门前口念阿弥陀佛了。

冯和平从庙首乡出来，并没有回团部。冯和平就是想躲着陈淡如总指挥，于是才借道来到这里，想来给佛敬炷香，也想跟净空老和尚聊聊天。

净空把二人迎进寺内，冯和平请香敬佛。之后坐定，净空要给他们泡一壶“雪中云雾”。冯和平对茶事不甚了了，也不好多问，只好留待观察了。

净空喊来小和尚木鱼，吩咐他去后院石洞里取两碗雪来。雪是去年冬天的头一场雪，净空收藏在后院的石洞里。雪取来，装进陶壶，放在炭炉上煮。煮雪不像煮水，煮雪有响，滋滋嚓嚓，似是天上仙人说话。净空说，这是闲趣。

水沸泡茶。冯和平把盏一品，别有味道，连声赞好。

“雪水，陶壶，木炭，绿茶，喝‘雪中云雾’，这四样一样都缺不得啊！”净空说，“冯团长军务繁忙，怕是少有这种闲趣吧。”

冯和平说：“实不相瞒，身在军中，根本就没有闲趣可谈！”

净空说：“人就像一张弓，总是拉满，日久必折，还是该张则张，该弛则弛，张弛有度为好！”

“一个人能做到张弛有度自然好啊，可叹苦于奔命如我等，张不由己，弛也不由己啊！”冯和平叹口气，苦笑道，“‘大清剿’开始了，天天要抓人守候排查，一时不得闲。实不相瞒，今天若不是及早脱身，怕是也‘弛’不成啊！”

净空说：“出家人本该不问俗家事，但贫僧一直有一疑问，不知当问不当问？”

冯和平说：“请吧。”

“自去年以来，国军就在大喊‘清剿’，不知清剿的是什么？”净空说，“是人还是物？”

冯和平有些诧异，难道他竟不知道国军“清剿”的是共党？

“当然是人。是共党。”冯和平说。

“这么一说，是党清党，党剿党，或说人清人，人剿人。”净空说，“党都是党，如人都是人，各有修行，各有归宿，为何要别人去清，别人去剿呢？”

净空一脸的认真，盯着冯和平。

“是啊，党都是党，人都是人，为何要清剿？”冯和平摇摇头，“我也不明白啊！”

“既然不明白，为何要做糊涂事呢？”净空的目光清澈。

“我在做糊涂事？”冯和平在心里暗想，不禁手一抖，茶水洒湿衣襟。

不知不觉，时至中午。净空有意留冯和平吃斋。小时候，冯和平和妹妹玲子一起，跟随母亲曾去庙里吃过斋，但是那时不太懂事，只知道好玩有趣。想起母亲和玲子，冯和平心里一阵翻腾，答应留下来。斋饭清淡，无多繁琐，一菜一饭一汤，果腹而已。放下碗筷，冯和平还是没有回味起小时候吃斋的趣味来。

冯和平说：“大师，冯某小时候随母亲一起吃过斋饭，与今天的相比，味道好像变了。”

净空一笑，说：“味道没变，舌头变了。”

冯和平不再追究，起身告辞，出门前从衣袋里摸出几块大洋来，递给净空，净空推辞。双方推来让去之间，冯和平发现净空的右手食指竟然齐根断掉了。

净空看出冯和平的惊讶，右手在空中晃了晃，然后左手指着断掉的右手食指处，悄悄对冯和平说：“它杀过生，我便去了它！”

冯和平顿觉后背发凉。

净空淡然一笑，说：“告诉你一个秘密，贫僧也曾吃过军饷。那还是在北伐的时候，我是营长，有一次我们打伏击，战斗很成功。就在我们打扫战场的时候，从敌方人堆里又爬起来一个人，举着枪朝我射击，我抬手一枪，他倒下了。”

冯和平问:“后来呢?”

“后来那人死了。你知道,我们军人一向敬重有种的人,所以我过去查看,想给这个有种的家伙敬个礼,可是走到跟前,越看越觉得眼熟,掏出他的士兵证一看,竟是我的亲兄弟!”净空表情淡漠,“阿弥陀佛,世间的事就是这么巧!”

冯和平被这故事惊住了,呆呆地发愣。

净空说:“回到军营后,我就当了逃兵,先回家乡,在爹娘的坟前,我把手指剁下,后来就出家了。”

冯和平张着嘴,半天说不出一句话来。

“这么多年,老衲想明白了一件事:当你举枪的时候,对面站着的可能就是你的兄弟姐妹啊!”净空双手合十,“阿弥陀佛!”

第十三章

1

三月的皖南，春暖花开。然而，山区局势寒意正浓，紧张而萧飒。

国民党顽军在漆林渡召开“大清剿”会议，并任命陈淡如为“皖南剿匪总指挥”的消息很快传到了游击队和中心县委。除此之外，有关会议内容和其他细节，一概不知。游击队和中心县委多次开会研究对策，但是苦于没有情报，一时拿不出确定的反清剿方案。

李闽南不无感慨地说：“要是我们有一条内线就好喽！”

说者无心，听者有意。刘赣元吧唧两口烟，突然想起了丁玲，想起丁玲是因为想起了她的哥哥冯和平团长。如果能通过丁玲打通他哥哥冯和平的渠道，建立一条内线，就太好了！想到这里，刘赣元有点激动，话锋就要冲口而出的时候，却又把话咽了下去。这时候说出来对丁玲好不好？对自己好不好？如果对丁玲不利，她会不会不愿意？或者丁玲为自我保护，拒绝承认她和冯和平的兄妹关系又怎么办？刘赣元深深地吸了几口烟，便把这个想法藏在心底了。

既然搞不到敌人的“清剿计划”，那就从有限的信息来分析几种可能。首先，陈淡如的走马上任就是一个很重要的信息。陈淡如之所以被起用，无外乎一点，那就是陈淡如曾经作为驻新四军的联络参谋，在皖南新四军军部待过两年，对新四军惯常的军事策略比较熟悉。

关于陈淡如，刘赣元比较熟悉，闭着眼就能想起那个圆脸蛋子、五官清秀、中等个头，看上去有几分书生气的家伙。当初，刘赣元调到新四军军部任参谋时，经常和陈淡如见面，有时一起吃饭、打篮球。陈淡如嘴角有点上翘，所以看上去他整天都在笑。这个整天笑眯眯的家伙还喜欢喝酒，但酒量不大，他曾跟刘赣元喝过多次酒，一直都是刘赣元的手下败将。对了，这家伙还有一副古怪的公鸭嗓子。

然而，就是这个脸上常带着笑、好酒而酒量又不大的家伙成了游击队的死对头，对付这样的家伙有点费神。刘赣元有一种感觉，陈淡如这一关不好过！

在中心县委开完会，刘赣元的眼皮一直在跳，左眼跳过右眼跳，要不就是一起跳。这几天，连续开会熬夜，没有睡足，眼皮跳也是正常的。但是，在与茶花告别的时候，茶花发现了，问："你老揉眼，眼怎么了？"

刘赣元说："眼皮跳。"

茶花问："左眼右眼？"

刘赣元说："两只眼都跳。"

茶花显得很担心："左跳财右跳灾，左右都跳……你可要保重啊！"

刘赣元说："那是迷信，我不信，你也别信。"

茶花点点头。

刘赣元嘴上那么说着，心里可总是不安。这时候，孟玉从外面进来，刘赣元就走过去，对孟玉说："老孟，茶花就交给你了！"

孟玉说："放心吧，刘队长，我会帮你照顾好她的！"

刘赣元点点头，似乎还有什么放不下，折回身来，从怀里掏出那只玉镯，递给茶花，说："还是放你这里，我整天东奔西跑，爬高下低的，别把它弄碎了！"

茶花没有接，把他的手推回去，说："我娘说这玉是老玉，传了几辈人了，能避邪，你带着吧。再说，没钱的时候还能应应急！"

刘赣元想了想，又把玉镯揣进怀里。李闽南在外面喊了他几声，他才惴惴地跟茶花告别。刘赣元暗骂自己："老子今天怎么变得婆婆妈妈的像个女人似的！"

2

刘赣元知道，这一天迟早要来！

3 月底,陈淡如亲自指挥军队,对皖南山地游击队主要活动地区发动了全面进攻,尤其是对木广坑地区更是布下重兵。陈淡如熟悉游击战,所以他的战术较以前“清剿”行动有很大的改变。他命令其部队由山脚开始,成散兵线步步逼近木广坑,到了半山腰,却不像过去一样派兵搜山,而是停止前进。一部分兵力就地安营,分兵守住通往各山村的路口,一部分兵力分别住进各村村民家中,像新四军当年一样,做宣传鼓动工作。还别说,陈淡如学得还很像那回事,找村民谈心、贴标语、讲故事,过去新四军使用过的方法,一样不落,全使上。与此同时,在较大的山村建立居民点,将村边和路边零星的散户和小村子,一起移到大村里集中居住,一并监管,这叫“移民并村”。这样做的目的很明确,就是要隔断老百姓与游击队之间的联系!

尽管这些都是陈淡如从新四军那里学来的,但是经他还算聪明的脑袋加以发挥之后,用起来真好使,效果马上突显出来。一时间,木广坑山区鸡犬不宁,草木皆兵。

大兵压境,形势逼人。刘赣元并没有慌张。刘赣元之所以不慌张,是因为他这个红军时代的“老游击”见惯了这种阵势。在他看来,这些不过是虎头蛇尾、虚张声势,并没有什么可怕的。应付这些他心里有底,当年在苏区打游击时,毛泽东和朱德就总结出了“十六字方针”,现在用来,绰绰有余。

转移到此处之后,刘赣元这支游击队已经扩大到三十多人。按照刘赣元的想法,三十多人的队伍有点大了,不便于山林游击,还得分组作战。李闽南见识过刘赣元的分组作战效果,表示同意。刘赣元把三十多人分成三个班,根据敌情,分头行动。各班都是退到哪里,就地搭棚宿营,见敌军跟上来,再换一个地方,反正山大林深,山越深处林越密,不怕找不到藏身之处。

就这样,坚持了大约十来天,许多队员就沉不住气了,纷纷要求跟敌军干一场,打打敌军的嚣张气焰。刘赣元不表态,李闽南也拿不准。但是队员们的士气不能老是憋着。李闽南更在乎队伍的情绪,找刘赣元商量,最后决定先摸清敌情。

刘赣元马上派出三路侦察员下山摸底,晚上侦察员纷纷回来汇报,其中小周侦察回来说,敌军有一个排住在一个村边上,一整天都在村子的房前屋后贴标语,可能也学咱们跟老百姓搞鱼水情深呢。顽军四周连警戒都不设,看样子是个“软柿子”。

刘赣元对这个情报很感兴趣，说吃它！

按照事先计划，刘赣元和李闽南率队分别从两个方向进攻目标敌人。借着夜色，一开始进展顺利，但是就在快要接近目标时，突然四周黑暗中枪声大作，子弹划出火线，交织成网，火力之猛，绝不是一个排的兵力所及的。

刘赣元顿时明白："中埋伏了！"

事实上，刘赣元确实中了埋伏，而且很深。此一遭，将会让刘赣元后悔并牢记一生！

四周枪声响起的时候，刘赣元命令队员隐蔽，没有命令不许开枪，以免暴露目标。山村一般建在平坦处，所以隐蔽并不理想，不到三分钟就有两名队员中弹。刘赣元马上命令撤退！

"老李，听声音，敌人上机枪了，这仗不能打！你带伤员快速撤回营地，我和小周带几个队员来掩护！"刘赣元对李闽南说，"快撤，我们山上会合！"

说完，刘赣元带队向李闽南等撤退的相反方向移动，并时不时开枪吸引敌人火力，掩护李闽南等人转移。夜色很深，敌军凭借强势火力，步步逼近。游击队弹药不多，还要省着点。刘赣元让队员打一枪换一个地方，以麻痹敌人。但是敌人好像识破这一招，不急不躁，依然是呈合围之势，像包饺子一样，不慌不忙，一点一点地拿捏。

时间在僵持中过去了。趁着夜黑，必须设法突围，如果等到天亮，那就等于把自己送到狼嘴边了。刘赣元深深意识到这一点。他侧耳听了一会儿，凭经验确定一个突围的方向后，把两颗手榴弹甩向同一个方向，炸开一个缺口，率众夺路而去。

刘赣元带队回到营地时，李闽南早已到达，正准备生火做饭。

集合队伍清点人数，一共损失七名队员！刘赣元伤心至极。

李闽南安慰道："老刘，这次失利，我也有责任！"

刘赣元长叹一口气："这时候不是谈谁的责任问题，要马上转移！"

李闽南说："让大家吃口饭，然后再转移！"

刘赣元说："不行！马上转移！"

话音刚落，就听附近枪声大作。

刘赣元提醒大家不要慌张，趁敌人没有形成包围，往山上撤！

撤到安全地带之后，重新清点人数，又少了三人。撤出来的队员们大多数都带伤，不是枪伤就是撤退时山林中树枝、石头划的伤，一个个衣服不整，精疲力竭，神色凝重。本来大家都很饿，但此时却没有一个人提吃饭的事！

“这次吃了大亏！”刘赣元痛悔不已。

李闽南一直一声不吭，他到附近找到水源，淘米做饭，怕炊烟暴露目标，他特意把锅灶搭在一个山洞里。饭好了，李闽南把饭端到大家面前，没有一个人去碰。他把盛好饭的碗塞到刘赣元的手里，刘赣元看也不看，面向天空发呆！

李闽南火了，一把抓住刘赣元的领子，说：“老刘，你还是‘老游击’吗？你难道不知道胜败乃兵家常事吗？失败之后要总结教训，不是要大家绝食！我知道大家都很伤心，我也很伤心。如果绝食能换回战友的生命，那我们一起饿几天！老刘，你是队长，你要带头吃饭！大家都吃好了，才有战斗力！你说过要给队伍盼头，可这饭都不吃，还有什么盼头！”

刘赣元突然站起来，大声命令道：“全体吃饭！”

说罢，他率先抓起一把饭塞进嘴里，却吃出苦涩的咸味！

吃过饭，刘赣元召集全体队员开会，总结失败教训。刘赣元自己作了深刻检讨：在战术上轻视敌人，没有做好撤退的准备。之后，李闽南也作了检讨，作为指导员，在这次战斗决策上没能把好关，在第一次撤退后，对敌人可能的追击没有充分估计。

然后，大家发言。大部分队员都认为，不管成败，这一仗打得都是对的，不能让陈淡如把咱们游击队看成“软柿子”！

见大家情绪回升，刘赣元决定：“从这一次战斗分析，敌人的‘清剿’战术有很大的转变，我们要认真思考，不能轻易作战，要保存实力，必要的话，放大活动范围，跟敌人在山里绕圈子，发挥我们的山林游击优势，拖住敌人，能拖多久就拖多久！”

李闽南说：“马上派人联系中心县委，尽快与地方上的地下党取得联系，争取群众的支持和帮助，我们是鱼，水不能干，我们是蚕，桑园不能丢！”

3

躲在深山，队伍安全了，肚子的问题却出现了。

上次战斗中，撤离匆忙，原来存的粮食没有来得及带出来，队员身上带的干粮也都见了底。连续几天用野菜竹笋充饥，队员们的脸都发绿了。没有盐吃，个个都四肢无力。

刘赣元派人下山几次，无功而返。很多队员因为吃野菜，大便拉不下来，好不容易拉出来了，简直像牛粪。还有的队员出现水肿，甚至晕厥。如此艰难，游击队还要不停地转移。队员中有人情绪低落，甚至抱怨。刘赣元和李闽南轮流做工作，劝了这个劝那个，鼓励开导，好话歹话说了几箩筐，也未见有太好的效果！

小周带人侦察过几次，回来说敌人封锁很严。但是，现在正值茶季，山上茶园的茶叶都长出寸把长了，国民党顽军应该会让老百姓上山采茶，这样就有机会把粮食弄上山了。

事实确实如此。

一年之计在于春，茶户一年的指望，都在春茶这一季。茶季不能耽误，老百姓怨言四起，地方上的乡绅也主动找顽军商量，让茶户上山采茶。顽军为了笼络人心，暂且同意让老百姓上山采茶，但盘查严格，凡进山者必须登记，而且要搜身，每人每次限带中午一顿饭的干粮。中心县委根据这一情况，派地下党组织发动进步群众上山采茶时，把带上山的中午饭省下不吃，故意留在茶园里，让游击队晚上去取。此外，各种各样的夹带方法都派上用场，有一个老汉发明了一种办法，冒充"疝气"把干粮藏在裤裆里带上山。

有了群众的支持，游击队一天一天地坚持着。这天夜里，项腊梅突然摸上山来，带来一包盐。腊梅已怀有身孕，挺着大肚子。据腊梅说，要不是她这大肚子做掩护，这包盐还带不上来呢。原来，那天一大早，腊梅把那包盐贴身绑在肚子上，挎着竹篮装作上山采茶。过关卡搜查的时候，她把大肚子往前一挺。搜查的国民党兵是个毛头小伙子，一见她挺着大肚子，不敢下手。腊梅胆大，又灵活，把自己的肚子拍了拍，当兵的看出她是真有身孕，便放她上山了。

她上山之后就藏了起来,一直等天黑之后才来找游击队。

刘赣元和李闽南对这个女地下党员由衷地钦佩。如果没有这样的地方党员和群众的支持,想渡过这个难关,真是难以想象!鱼儿离不开水,蚕也离不开桑啊!腊梅说,顽军这么一搞,老百姓的意见就大了,村村鸡犬不宁,户户人心不安,陈淡如在这里守不了几天了!

腊梅的话,对游击队员的鼓舞作用很大,队员个个信心倍增。因为腊梅怀着身孕,夜里走山路不太方便,刘赣元就留她到第二天一早再走。腊梅也表示同意。

大家看见盐,个个都来了精神,围着腊梅问这问那。刘赣元脑筋一转,想借这个机会给队员们放松放松,给大家鼓鼓劲,就提议搞一个联欢会,请腊梅给大家唱几段。腊梅性格开朗,随即同意。大家鼓掌欢迎,山棚里气氛一下子热闹起来。

这时候,刘赣元问李闽南:“我们这好歹也算军民联欢吧,不能光让地方的同志一个人唱,我们游击队是不是该出个节目?”

李闽南说:“应该!就来一个合唱《新四军军歌》。”

刘赣元说:“唱《新四军军歌》当然是可以,不过,咱不能总是老一套啊,能不能再加一个新节目?”

李闽南说:“新节目没有,要不你来一个?”

刘赣元说:“我老刘唱歌跑调跟放鹰一样,跑了就回不来,这你还不知道呀!”

李闽南说:“发动发动队员,看看大家有没有新节目!”

刘赣元说:“这个点子好!联欢嘛,最好大家一齐上!”

于是李闽南去动员队员出节目,并承诺谁愿意出个节目,就奖励谁一撮盐。

这个办法果然奏效,呼啦啦,一下子报上来好几个节目。刘赣元高兴了,说:“看不出来,咱游击队里还有这么多文艺人才,我平时怎么就没看出来呢?”

李闽南指指那包盐说:“那是你不设奖,一设奖,人才都冒出来了!”

刘赣元感慨道:“弟兄们太苦啊,为了一撮盐,把文艺才能都逼出来了!”

山棚里的小小联欢会搞得简单而热闹。腊梅是当然的主角,一连唱了五六支歌,又是采茶歌,又是黄梅调。队员们点什么,她张口就来。腊梅嗓子好,脑子也快，在唱的时候把老词改为新词。山里女子唱歌哼调本来就是天生，但是能即兴编词的人却不多。

腊梅的歌声婉转，情真意切，结合实际，又便于队员理解，所以赢得阵阵掌声。李闽南怕她累着，不让她多唱了。

腊梅擦一把脸上的汗，说：“不累！给同志们唱歌，我高兴！”

刘赣元说：“腊梅，你歇歇吧。军民联欢，请地方的同志也欣赏一下我们队员的节目，看看水平咋样！”

报上节目的队员一个一个轮流上，没有一个唱完一首完整的，都是上去哼哼几声就下来，然后伸手要盐。

刘赣元大声呵道：“哈哈，你们这些家伙，偷工减料可不行，重来！不然没有奖励！”

那些想投机取巧的队员又都上去重新哼哼一遍，虽说不怎么好听，还是坚持唱完整了。腊梅笑得捂着大肚子，直喘粗气。

上节目的队员领到一撮盐，用舌尖一点一点地舔，那副馋相，像个孩子似的。没有上节目的队员看着眼馋，偷偷地咽口水，毕竟好多天没尝到盐味了！

刘赣元跟李闽南商量，说：“看看，那几个家伙，眼馋着呢，都流口水了，也给他们一人一撮吧。”

谁也没有想到，几天之后，上山送粮的地下党员带来一个消息：项腊梅被敌人杀害了！

刘赣元和李闽南都惊呆了。

据说，那天早上项腊梅下山之后，便被隐藏在山上的特务盯上，将其逮捕，并对其严刑拷打，让其说出游击队的具体位置，项腊梅宁死不从，五个月的身孕被打流产，血把衣服都染红了。最后项腊梅被枪杀在茅草岭。

游击队的战士们都不敢相信，前几天给游击队送盐，一起唱歌的项大姐被敌人杀害了！大家摩拳擦掌，咬牙切齿，缠着刘赣元下令给项大姐报仇！如果项大姐的仇不报，太不够义气，将来老百姓就不相信游击队，就不会冒死为游击队送粮送盐了！

大家说得很有道理，刘赣元承认，但是下山报仇的命令他还是不能下。李闽南劝大家不要激动，游击队不是只有项大姐一个人的仇要报，还有很多兄弟姐妹的仇要报！有仇不报非君子，何况我们革命战士！那么，要报仇，拿什么报？拿命去拼吗？我们不是“山大王”，不是江湖大侠，不能意气用事，我们是共产党领导的游击队，我们的任务是坚守皖南，等待时机！

4

时间一天天地过去了，就这样整整熬了几个月。

终于，有一天，中心县委派人送来信，说山下的形势有所好转。原因是侵华日军向浙赣线进攻，国民党顽军为自身考虑，不得不暂时收缩对皖南游击队的围剿，撤走大部分“围剿”部队。但是总指挥陈淡如依然在皖南驻守，继续“清剿”，只是他手上的兵力已经不足以“车水捉鱼”了。鉴于形势转变，中心县委指示，刘赣元和李闽南二人率队快速跳出木广坑山区，转移到兰义滩。

兰义滩位于皖南山区的南端，虽说叫滩，其实还是山区，因谷地开阔，形似河滩，故称其滩。这一带纵横两百多里的崇山峻岭，山高谷长，景色如画。

刘赣元率队来到兰义滩时，胡缅生带领的中心县委机关和程老黑率领的另一支游击队早已先期到达。紧接着，江北新七师的特派员老陈等同志也相继到达，几方面的同志聚到一起，兰义滩便热闹起来。

中心县委扩大会议在这里召开。会议总结失败教训，也展望了未来形势。其实，半年来，陈淡如精心策划进行的所谓大清剿，并没有达到预期目的。陈淡如总指挥既没有剿灭皖南游击队，也没有把游击队赶出皖南。相反，为了配合所谓的“七分政治”，陈淡如在皖南大肆摧残百姓，推行“车水捉鱼”的同时，也伤害了许多中间分子和一些有社会地位的士绅商人。这样，就迫使一些原本对共产党有怀疑而企图依靠国民党的人，转过来倾向共产党，同情支持游击队，统一战线扩大，已经形成对下一步斗争发展极为有利的局面。

兰义滩会议一共开了五天。在这期间，刘赣元和李茶花天天都能见着，但是只说过一次话。一是不方便，二是刘赣元觉得在这里要住些日子，机会还多。另外，除了休息，还有很多游击队的问题要跟同志们商讨。

会议结束那天,刘赣元邀上李闽南和小周一起到驻地附近的一处温泉洗澡。李闽南和小周都同意,说享受谁不干,不干那是傻瓜。

时近小秋,天气并不太凉。傍晚时分,三个人来到了温泉边,用手试试水温,不凉不烫,跟澡堂子里准备好似的。于是一二三,扒光了衣服,泡进水里,顿感周身舒泰。

刘赣元闭目享受,嘴也不闲着:“小周啊,你小子真会投胎,生在皖南这地方,有山有水有美景,山有黄山甲天下,水有新安江通四海,仙境啊!”

李闽南接过他的话说:“是啊,皖南太好了!要不然你老刘怎么会做皖南的女婿呢!”

小周一听,马上来了兴趣,说:“真的?队长,那姑娘是谁啊?”

刘赣元摆了摆手,说:“去去去,你胎毛没长直呢,别掺和!”

李闽南说:“老刘,这你就不对了,小周问你是谁有什么错?人家也是大小伙子了,你不敢说是不是怕人家茶花姑娘看不上你呀!”

刘赣元说:“不可能!我刘赣元看上的人,肯定能看上我!这叫‘鸡配鸡狗配狗,猫猫对象踮脚走’!别的咱不敢吹,有两样我最自信,一是打游击,二是搞对象!”

小周说:“那你跟茶花姑娘是谁找的谁?”

刘赣元朝小周的光屁股拍了一巴掌,说:“笨蛋!还用问吗?就我这条件,还能先找她吗?她先找我的!”

李闽南呵呵一笑,说:“小周,你别听他吹牛!我证明,是老刘先找人家姑娘的!把人家姑娘骗到游击队,还逼着我同意接收,我不同意就跟我吵架!哎哟,你没看见,脖子脸通红,太不像话!”

刘赣元说:“老李同志,当着年轻同志的面,不要说不团结的话,我那是骗吗?我那是为游击队工作需要着想,怎么说到现在你还不明白呢!”

李闽南没真没假地说:“那好,既然是为工作需要着想,茶花现在不在游击队,那我们工作就不需要了,你也不要动不动去跟人家姑娘套近乎,影响不好!我跟你说,作为指导员,我有责任监督并提醒你!还有小周,你也要监督,发现队长跟茶花在一起,马上向我报告!”

“老李,我看你是故意捣乱!”刘赣元一急,腾地从水中站起来,光溜溜的身体在夕阳下闪着水光,身上几处枪伤疤痕异常醒目。

李闽南和小周哈哈大笑，刘赣元这才反应过来，哧溜，钻进水里。

说说笑笑，泡得也差不多了。刘赣元让小周给他擦擦背，小周一边擦一边问："队长，你身上的伤都是打仗打出来的吧。一二三四五，这五处伤，都是在哪打仗留下的？"

刘赣元说："说来话长啊，从二八年到现在，前前后后打多少仗，大大小小受过多少伤，记不得了！你看，腰上这一块，是当年打长沙城的时候留下的。那一仗打得难呀！那时候我是营长，负责打头阵，敌人火力太强，压得我们抬不起头，冲上去一排，倒下一排。他娘的！我急呀，这一急，突然想起杨六郎的牯牛阵，就让人到老百姓家买了二十头牛，把牛身上都绑上棉被和炸药包，再浇上洋油，点着了就往敌人阵地赶，那火一烧，二十头牛像疯了一样，一头扎进了敌人阵地，炸药包轰地一炸，我率人冲上去，一下子就把城门打开了，就在这时候我才感到腰上黏糊糊的，一摸，一个大口子，一巴掌大。"

三个人洗完澡，显得格外精神。回到营地山棚前，见李茶花站在门前一棵树下东张西望。李闽南说："老刘，找你呢！快去吧，带她出去走走，谈一谈，恋爱嘛，就要谈！"

"咱不像你们文化人，不搞才子佳人、花前月下那一套！"刘赣元嘿嘿一笑，说，"不过，我真有点事要找她谈谈。"

李闽南推了他一把，说："别硬撑了你，快去吧。"

月光如水，秋风送爽。群山环抱，兰义滩静谧安详，脚下厚厚的秋草踩上去像毯子一样松软。秋虫唧唧，偶尔一只飞起打在身上，痒痒的，很是惬意。

第一次单独跟一个姑娘在月光下散步，刘赣元多少有点不自在。走了一段之后，他想停下来，找个地方坐下来说话。可是他坐下来了，茶花却还一直在走，一边走一边哼着小曲，小曲好听。刘赣元只好起身追上，跟在她身后像押俘虏似的，硬着身板，一点也放松不下来。

终于，茶花说话了："你们去温泉了吧？"

刘赣元说："是！你怎么知道的？"

茶花捏着衣服，扭着身子说："我就是知道！你还说打长沙城的事呢，你身上的伤现在还疼吗？"

难道她都看见了？刘赣元后背不禁冒出冷汗来。

"我可没偷看,是偷听的!"茶花很郑重地说,"我在旁边洗衣裳,听到温泉那里你们在说话,就偷听到了。"

刘赣元问:"就听到打长沙城的事,没有听到别的吧?"

"别的,别的是什么?"茶花半嗔半娇地说,"没有。就是没有。"

刘赣元还是觉得有点玄,干脆坦白:"茶花,不管你有没有听到别的,反正,除了打长沙城的事以外,别的都是我们三个人胡说八道的,开玩笑。"

"别的也没什么呀。"茶花吃吃地偷笑,说,"反正,反正是我先找你的!"

刘赣元一听这话,头嗡的一下,心里想:完了!我说的那些吹牛的话,她一定都听到了。这下该如何是好!

茶花突然说:"有件事,我跟孟大姐打听过。"

刘赣元问:"什么事?"

茶花说:"孟大姐说,游击队的人可以成亲!"

刘赣元马上明白,高兴得手足无措,嘴也变得笨起来,说:"是!是!"

茶花说:"你想了吗?想好了,我们俩的事就定下了。你找个空闲,跟孟大姐说说,我相信她。"

刘赣元说:"好!好!好!……"

刘赣元后来都不记得自己说了多少个好,总之是"好"个没完没了。

陪茶花散步回来,李闽南正站在山棚外焦急地等他,见他回来,让他马上到胡缅生的山棚去,有重要事情。刘赣元和李闽南马上赶到胡缅生处,见很多同志都在那里了。

胡缅生见大家到齐,马上拿出一封密信,说:告诉大家一个好消息,鉴于目前皖南形势变化,江北新七师党委指示,让我们派人过江汇报工作,商讨大事。明天就出发!

大家都很兴奋。接着,胡缅生宣布到江北汇报人员名单,刘赣元就在其中。

刘赣元把队里的工作交代给李闽南,显得很兴奋,一边收拾东西一边哼着小曲,尽管调子跑得找不着了,依然自我陶醉其中。李闽南在一旁帮他收拾,说:"花前月下回来就这么兴奋,那要是到洞房花烛的时候,你还不疯了!"

刘赣元不理他,扮个鬼脸,依然哼着他那找不着调的小曲。

“老兄,求求你别哼了,你成心让我睡不好觉啊!”李闽南一脸无奈。

然而,李闽南哪里知道,刘赣元心里装着另一件事。当他听说要到江北新七师时,他的第一个念头就是:这一趟,能见到丁玲吗?

第十四章

1

冯和平团长最近日子过得很不如意，刚刚好起来的心情，又被弄得乱七八糟。这事不怪别人，只怪陈淡如。

半年的时间，“车水捉鱼”的计划落空，这让陈淡如总指挥的颜面大跌。战区司令长官的训斥必不可免，手下的一干团营级军官对他也颇有微词，连普通的士兵都在军营里闲聊，都会拿他“车水捉鱼”的话把子来议论，七嘴八舌，当兵的嘴里出来的话，不会有好听的。

有人说，“车水捉鱼”，鱼没捉到，倒是把自己的面子车没了。知道这是为什么？是因为他的名字不吉利！一个人的名字就代表一个人的命，里头的讲究可大了。你看，“陈淡如”倒过来念就是“如淡陈”，像鸭蛋一样，放陈了，不臭才怪呢！当然了，姓陈，那是他爹的事，好坏怪不得他，但是这“淡如”两个字就有大毛病了，得改，改为“陈淡咸”，一淡一咸，一冲一抵，这样就平妥了！

又有人说，兄弟你这话说得有理。你听听人家共党游击队队长的名字：刘赣元，这名字一听就不一般——姓刘的干事情圆圆满满！唉！我看这仗，咱们国军不好打！不过，这不怪咱当兵的，咱他妈的扛枪就为吃饭，好打不好打关咱鸟事，那是他陈淡如的事！

这些议论冯和平也听到过，不过付之一笑。但是，这些议论要是让陈淡如亲耳听到，那问题就严重了。

陈淡如就是在冯和平的军营里听到的。那天，陈淡如心血来潮，突然莅临冯和平的军营视察军务，把冯和平堵个正着，无奈之下，冯和平只好硬着头皮陪着陈淡如在军营里转。冯和平的军营驻扎在一座废弃的学堂，房屋不够，在后院里还支起了几个大帐篷。冯和平陪着陈淡如在院子里转了一圈之后，陈淡如坚持要到后面几个大帐篷里看望一下士兵。冯和平不好劝阻，只好陪同。

军营帐篷搭建有些时日，风吹雨淋，破了几个洞，士兵在里面的说笑，大老远就传过来。一开始冯和平没有在意，越走越近，冯和平听明白了，陈淡如也听明白了。

冯和平听过之后，颇为尴尬，陈淡如脸上红一阵白一阵，像火烤一般。冯和平正想解释，陈淡如却笑一笑，快步走向帐篷，卫兵还没来得及喊“总指挥到”，陈淡如已进了帐篷。冯和平随即跟进，大声喝道：“安静！”

热火朝天的议论声，戛然而止。士兵们马上立正敬礼。

陈淡如依然笑眯眯的。冯和平看不出来他是真心的笑，还是违心的笑，因为他总是笑着。

陈淡如把手中的马鞭扬了扬，说：“稍息。各位刚刚的议论很热烈嘛！”

士兵们面面相觑，大气都不敢出了。

陈淡如接着说：“你们说得很好，我陈淡如现在就是一只臭鸭蛋！但是，请你们放心，我这只臭鸭蛋不是一般的臭鸭蛋，我会让皖南的共党游击队一闻就逃！各位，‘车水捉鱼’没有达到效果，并不能说明我们失败了，不是还有我这个臭鸭蛋嘛，那我就让游击队再尝尝臭鸭蛋的厉害！希望各位以党国剿匪大业为重，不要把精力都用在议论臭鸭蛋上！”

说罢，把笑脸向大家转了一圈，一一点头，然后转身快步走出营帐。

冯和平紧跟在陈淡如的身后，揣摩着陈淡如此时的心理。他知道，别看陈淡如刚才一番话说得心平气和，其实肯定窝着一肚子的火。身为“剿匪”总指挥，被一帮士兵如此议论，心里怎么能平静下来！冯和平知道，陈淡如不会就此善罢甘休，当然，陈淡如不会把那些议论他的士兵怎么样，他犯不着跟小当兵的治气，小当兵的不配让他治气，但是对他这个团长会不会怎么样，可就不好说了！

陈淡如离开时，依然是笑容可掬，像是什么也没发生过一样，显示出一个少将的城府和老辣。在出军营的时候，陈淡如关切地问冯和平睡眠情况是不是有所改善，还给他介绍了一个经验：睡不着的时候，不要数羊，而要数猪，依他的经验，一般数到九十九头的时候，差不多睡意就来了。

“羊太犟，不好使；猪不一样，猪笨，不会想那么多！所以，数羊不如数猪啊！”陈淡如说到这里，金丝眼镜后的两只细细的眼睛俏皮地眨了眨，甚至还露出几分天真和调皮！

陈淡如话里有话，冯和平当然能听出来。但是，冯和平故作不解，对陈淡如喜怒不形于色的城府多少有点赞赏。不过，陈淡如总指挥这个经验是否可靠，冯和平不知道，但是他知道，自己很可能又要睡不着了！

2

日军逼近浙赣线，与之毗邻的皖南形势危急。战区司令长官不得不暂时从皖南撤走大部分“清剿”部队，应付前线的局面。冯和平听说这一消息时，怦然心动，立即打马来到师部，私下面见师座，请求批准他带团赴抗日前线，以圆他的抗战梦想。

师座沉默良久，告诉他不可能。根据战区司令长官的指示，此次驻皖南各师撤走，但是要留下一个团的兵力，由陈淡如指挥继续“剿匪”，以控制皖南“共匪”势力之蔓延。而要留下的这个团正是冯和平的团。

冯和平大为不解，为什么偏偏是他的团？

师座进一步说明，因为陈淡如已经报告战区司令部，点名要冯和平团留在皖南坚持“清剿”和善后工作，从此冯和平的团将从五十二师撤销，编入皖南剿匪总队。这个报告已经得到战区司令部的批复，木已成舟，不可能再有变动！

“从五十二师撤销，编入皖南剿匪总队”就意味着他冯和平的团从此脱离正规军，成为地方武装。亲生的变成抱养的，地位大不相同！冯和平顿觉通体冰凉，同时心里的火气腾地冒了出来。但是，冯和平没有像过去那样在师座面前发牢骚，而是强压怒火，默然接受。

师座非常了解这个年轻的下属，知道冯和平一肚子不满，但是师座还是提醒他，好好完成本职，作为军人，服从是第一要务。我们都走了，陈总指挥将是你的直接上司，你好自为之吧！

冯和平给师座敬了礼，然后转身离去！

这就是那个自称“臭鸭蛋”的家伙干的好事，这就是那个教自己睡不着时“数猪”的家伙使的阴招！冯和平团长眼前又浮现出陈淡如那张笑眯眯的脸来，他想不明白，世间怎么会有这样一张脸，能笑得如此迷人，还能在内心里制造另一种勾当！

冯和平想不通。但是，冯和平很快又让自己想通了。

次日一早，冯和平把团里的事务安排给团副之后，换上便装，带上王大功就出了营区。王大功从他脸上就能读出来，团长心里有事，可能又要去雨台寺了。

果然，冯和平一抖马缰，直奔雨台山而去。

早霜如盐，落叶铺径，寺院外的竹林，飒飒作声。

冯和平来到雨台寺，没想到自己竟不是第一位香客。隔着窗棂，冯和平看见，一个老先生已经和净空和尚对坐品茗，颇为投机。待那位老先生转过身来，冯和平不禁一喜，此人却是新安名医汪士祺。

三人见面，无须介绍，净空便添一茶盏，一起品茶。茶香意浓，谈起来自然随意。

冯和平道：“汪老先生，多日不见，没想到在这里能见到您，实在惊喜！”

汪士祺道：“这里我也常来，一来敬佛，二来见见老友净空。冯团长一到，我汪某倒是一惊，想你军务繁杂，哪有这等心情啊？”

净空说：“汪先生你有所不知，冯团长可是这里的老香客了！”

汪士祺举杯敬茶，说：“没想到，军旅之中还有如此虔诚之香客，想必佛缘深广啊！”

冯和平道：“说起来，是受家母影响，不过到这里来，主要还是散散心，也跟净空大师学点东西。”

净空道：“哪里哪里，在我这小庙里，冯团长东西没有学到，大洋倒是丢了不少哟！”

说罢哈哈大笑。

冯和平说：“大师言重，那区区小钱，聊表心意，不值一提啊！”

三人话来话往，相谈甚欢。

突然，汪士祺问：“冯团长，看来你最近气色不错，你那病……”

“多亏汪老先生妙手回春,现在大有改善!”冯和平拱手致谢,“老先生你那句话救了我冯某啊!”

“是不是心不宁,则病难除啊!”净空插话道,“我的耳朵都听出茧子来喽。”

冯和平说:“正是! 这句话让我明白了很多事,后来到重庆疗养,我还常想起,真是至理箴言啊!”

汪士祺笑笑,又拉过冯和平的手,把了一下脉,连连点头:“从气色、脉相上来看,比以前确实大有好转,只是……”

冯和平说:“这里没有外人,汪老先生直说无妨。”

“好吧,恕汪某直言,医家治病不治心,冯团长以后少惹闲气,别生闷气,更不能赌气。气为人身贯通之物,养来不易啊!”

冯和平问:“那又如何少惹闲气,不生闷气,又不赌气呢?”

净空道:“气顺!”

汪士祺点点头。

冯和平也点点头,举盏敬茶。

“好了,不说这些了。冯团长年轻有为,想必自有所悟。”汪士祺放下茶盏,说,“听说日军进逼浙赣一线,贵军是不是要转战前线呢?”

冯和平手中的茶盏还没放下,听此一问,手一抖,镇定之后说:“是啊,不过,我冯某走不成啊!”

净空问:“为何?”

“还能为何?”冯和平无奈地说,“剿匪呗。”

“去年以来,贵军一直在皖南剿匪,不知收效如何? 不过,听说刘赣元的游击队在老百姓中的口碑可是很好啊! 俗话说,金碑银碑,不如老百姓的口碑,老百姓认准的人和事,一般都会长久!”汪士祺说,“冯团长,请恕汪某多嘴,这个‘匪’怕是不好剿呀!”

“是啊! 冯某也深知其中道理。”冯和平叹道,“但是,身为党国军人,只好执行命令啊!”

“哈哈,又是命令! 当年我就是因为执行命令,没想到亲手打死自己的亲兄弟!”净空和尚脸色马上一变,腾地站了起来,僧衣一抖,差点打落茶盏,“剿剿剿,外敌逼上家门,不去驱逐,倒是在家里打打杀杀,罪过啊罪过!”

冯和平觉得脸上发烫，心中的火气又莫名地起来了。汪士祺行医多年，善于察言观色，自然看透冯和平的心理，于是拍拍他的手臂。冯和平稍稍安定下来。

“你看你看，”汪士祺对冯和平说，“国难当头，一个出家之人竟如此激动，何况我们乎！”

冯和平突然觉得无地自容，恨不得找个地缝钻进去！

中午，冯和平留在雨台寺里用斋。

小和尚把斋饭摆上，净空却不让急着动筷子，他走进禅房，拿出一个布包来，一层层打开，竟是一壶酒。

冯和平惊讶，汪士祺也惊讶。这个老和尚是不是老糊涂了，在寺里当着佛面竟然要饮酒！

汪士祺问：“净空和尚，你这是……”

净空并不说话，把酒打开，不给冯和汪斟酒，而是自己斟上，然后端起酒来，一口喝下去。然后又给自己斟上。如此连喝三怀之后，停下来，说：“阿弥陀佛！用斋吧。”

净空故意犯戒，行为背后想必另有文章。用过斋之后，三人来到寺中小径散步。冯和平越想越不明白，越不明白越想弄明白，最后还是忍不住了。

冯和平问：“净空大师，您明明知道出家人不能饮酒，为什么还要当众故意犯戒？”

汪士祺也向净空投去询问的目光。

“是啊，贫僧这般岁数，出家多年，为什么要故意犯戒呢？”净空和尚手拈佛珠，怅然道，“贫僧斗胆一试，就是要看看佛祖会不会惩罚我！”

冯和平更是一头雾水：“以身试法，只图求罚，大师，您这是为什么？”

“我只是想向二位施主证明，有些事不是不能突破，而是敢不敢突破！一个怕字，让我们不敢做出选择，哪怕选择是正确的！”净空转向冯和平，道，“我且问你，佛旨大还是军令大？”

冯和平摇了摇头，表示无法判断。

净空一笑：“对我来说，佛旨最大，对你来说，军令至上。而我如此老迈都敢破戒，何况你们热血军人！”

汪士祺竖起大拇指，连连点头。

冯和平怔怔地站在那里，好久缓不过神来。他觉得，站在他眼前的净空不是一个出家的僧人，分明就是一个站在战火硝烟里铁骨铮铮的军人！

“冯团长不要介意，贫僧喝多了酒，罪过罪过！”净空当胸合十，道，“我佛慈悲，阿弥陀佛！”

“谢谢大师，冯某明白了！”冯和平下意识地给净空敬了一个标准的军礼。

一个国军军官给一个和尚敬军礼，此情此景，不知汪士祺是不是觉得有点滑稽。反正，侍卫王大功远远地看着团长此举，大为不解。

3

回到团部，天色已晚。冯和平还没来得急换下衣服，团副送来了陈淡如亲笔签署的命令，让他率部于近日向山内移防，联同地方保安队和行动队，准备新一轮“清剿”。冯和平看罢，并不惊讶，扫了一眼团副，轻轻把一纸命令递过去，然后淡淡地说：“知道了。”

当天晚上，冯和平让王大功给他买来了酒和菜。酒是当地的酒，菜是当地的菜，并不是太合他口味。其实，冯和平虽身在军中，但并没有养成嗜酒的习惯，几个月不沾酒他也无所谓。这大概是自小受母亲的教育和影响。但是今晚，他想喝酒，独自一人。

这是典型的借酒浇愁。之所以如此，都是因为净空和尚的话刺激了冯和平。是啊，一个老和尚都敢冒罪犯戒，他一个热血军人被陈淡如玩弄于股掌之间，抗日救国的愿望不得实现不说，还要去“剿匪”，而他冯和平本来就不想“剿匪”！

冯和平心情很糟，不胜酒力，很快就喝多了。王大功也不敢劝阻，只好等他把自己喝倒了，才把他弄到床上睡下。平时，做梦是最频繁的，但是今天，一夜无梦。

第二天，冯和平起来后，骑马直奔总指挥部。他要面见陈淡如。

陈淡如好像夜里没有睡好，接待冯和平的时候哈欠连天。陈淡如是圆脸盘，一打哈欠，五官都集中到一起了，几乎分不清哪在哪。

“冯团长,一大早急急忙忙有何事?”陈淡如从容不迫地擦着他那副金丝眼镜。

“总指挥,和平有一个请求。”冯和平口气尽力平缓。

“说吧。”陈淡如话也淡如。

“我想到前线去抗日,还望总指挥成全!”冯和平态度诚恳。

陈淡如戴上眼镜,笑眯眯地问:“为什么?难道跟我陈某人一起剿匪委屈你吗?”

冯和平说:“总指挥,请不要误会,我只是想完成自己的抗日救国愿望!”

陈淡如说:“愿望,很好啊!不过,抗日是救国,难道剿匪就不是救国吗?外患是敌人,内患就不是敌人吗?冯团长,你的思想大有问题!”

冯和平正想进一步解释。陈淡如手一挥,脸一下拉平,顿时那一脸的笑了无踪影。冯和平不禁一惊,原来陈淡如不笑的时候,竟然是这么一张奇怪的面孔!

“冯团长,你是军人,军人就要服从命令。无论抗日还是剿匪,都是为了党国利益,请你以党国利益为重,端正态度!”陈淡如来回踱了几步,说,“还有,冯团长,以后你就是冯队长了,皖南绥靖工作队队长!”

说罢,陈淡如甩手而去。

冯和平站在那里,像被粘住了一样,不知能不能抬起脚步。

第十五章

1

刘赣元等人秘密前往江北七师驻地,历时六天,一路尚还顺利。

一进七师营盘,刘赣元激动得两眼含泪,旁若无人地大喊:“回家啦! 这回真是回到家啦!”一边喊一边拍着胡缅生的肩。刘赣元激动之下,下手很重,胡缅生痛得牙直咬,也只好忍着。警卫员小周还是头一回看见刘队长高兴起来像个孩子,躲在程老黑的身后,偷偷地笑。

七师的接待非常热情,从战士到师首长,都像亲人一样,嘘寒问暖,关怀备至。他们一共八个人,刘赣元、胡缅生、程老黑和另外一个干部各带一名警卫员。八个人被安排在一个小院内,首长特别关照,让他们好好休息一天,然后再谈工作。刘赣元只歇了半天,屁股底下就像长了草一样坐不住了,趁着警卫员小周打瞌睡的工夫,他来到七师机关。

七师机关设在几个连在一起的院子里。此时正是傍晚,落日余晖无遮无拦,把七师机关院子染上一层温暖的色彩。院子整齐干净,墙上用石灰水刷满了革命标语,身着军装的男男女女进进出出,阵阵歌声、谈笑声不绝于耳,此情此景让刘赣元想起了“事变”前在新四军军部工作的时光,心中不禁生起很多的感慨。在皖南走惯了山路,钻惯了山林,乍一进这生机勃勃的地方,倒让刘赣元有些不大适应。他像个山野小子进城,有点欣喜,有点激动,有点羡慕,还有点不知所措。

要是当初不留在皖南,自己也会转移到江北七师,在这个环境里那该多幸福啊！刘赣元一边东张西望，一边感慨。其实，刘赣元出来转悠并不是为了发这番感慨，而是另有目的，他要找人。

不知不觉来到一个小院门前，几个学生模样的女兵在排练一个小节目。小节目可能是新编的，几个人的词都不太熟，配合也不默契，词与词之间说得驴唇不对马嘴，闹出一堆笑话，几个女兵乐得前仰后合。刘赣元被她们的笑声感染，也觉得好笑，站在一旁跟着呵呵地笑。他这一笑，那几个排节目的女兵就发现了他，上下打量他一番，问他是干什么的。刘赣元说，找人。

一个泼辣的女兵问："找谁？"

刘赣元说："她是个女同志。"

女兵说："女同志？我们七师的女同志多着呢，我们几个就是。"

几个女兵哈哈大笑。

刘赣元说："我要找的人，她是从皖南转移过来的女同志。"

女兵围着刘赣元转了一圈，突然咯咯地笑了，说："噢，一看就是外地人，原来你是从皖南来的，是相亲的？"

刘赣元被这个黄毛丫头弄得脸一红，忙解释："不不，我们是战友！"

女兵挤眉弄眼地说："战友？我们这里都是战友！"

说完，女兵跟那几个排节目的小女兵一起大笑起来。刘赣元反倒被弄得不咸不淡，有些尴尬。

这时候，一个高个子的女同志走过来，道："你们几个小同志笑什么呢？节目排得怎么样了？"

女兵们收住笑，马上敬礼："报告队长，这里有个外地人要找他的'战友'。"

女兵故意把"战友"两个字说得很滑稽，很暧昧，说完又笑起来。

女队长转脸看了看刘赣元，问："你是……"

刘赣元说："我是从皖南来七师开会的。"

女队长马上笑脸相迎，上前握手，说："你是皖南游击队的同志啊，早就听说了你们的事迹，太感人了，我们还想排一个你们的节目呢。"

刘赣元笑着说："都是为党做工作，应该的！"

女队长问："请问你找谁？"

刘赣元说："丁玲，从皖南转移过来的。"

女队长想了想，说："丁玲同志现在分配到五十五团搞文艺宣传工作，我和她经常见面。这几个是新参军的同志，不太熟悉。"

刘赣元问："五十五团驻地在哪里？"

"就在西乡，离这不远，走过去要个把小时。"女队长显然是个热心人，"如果你想见丁玲同志，不一定要去，托人带信很方便，各团到师里来办事的人很多，放心吧，这事交给我办，准没问题！"

刘赣元连声道谢，然后把自己的住处地址留了下来。

有了丁玲的消息，刘赣元很兴奋。但是，紧接着发生的另一件事却让他很为难！

工作汇报和讨论，一共用了两天。胡缅生汇报地方党组织工作，刘赣元汇报游击队工作。

听完汇报，七师首长对皖南山地游击队的工作给予充分肯定和评价：皖南的地方党组织在皖南事变后的恶劣环境中，保存了党的力量，并创建游击武装，开展了游击战争，这是一个很大的胜利。皖南山地游击队在皖南山区开展的游击斗争，不仅在政治上有重要意义，在军事上也有很大影响。皖南是江南抗日战争的前线之一，它与皖西的大别山、浙西的天目山，都是控制宁沪杭的重要战略地带，对于配合六师和七师的抗日斗争有着十分重要的意义。但是，七师首长也指出，游击队在借粮、筹款等政策上有偏差。这些问题都有待改善。

七师党委确定皖南山区对敌斗争方针是："长期坚持，积蓄力量，等待时机。"具体的斗争任务是："组织精干的游击队，广泛开展群众工作，开辟游击根据地。"强调"要以政策胜人，巩固内部"。此外，七师拨一部分款，让游击队开展一次"还债活动"，补救筹款中发生的偏差，挽回和扩大我党的影响。以上指示，胡缅生和刘赣元都认为非常正确，表示赞同。

最后，七师首长宣布党委决定："因工作需要，刘赣元同志留在师部参谋处工作！"

这个决定，别说在座的胡缅生等人意外，就连刘赣元本人也感到意外。但是，从内心里说，刘赣元感到很高兴。他实在太想在大部队干一番事业，何况是他的老本行。人都有点念旧，尤其是男人，对自己过去辉煌过的事业，多少都有几分留恋。当时,刘赣元的心怦怦地急了跳几下,但是,转眼一看胡缅生和其他几位同行者低下了头。

会后,刘赣元要留在七师的消息不胫而走,从皖南一起来的同志都知道了。大家都不愿意刘赣元留下,嘴上不说,意思全挂在脸上。胡缅生和程老黑想劝一劝,一时不知道该如何开口,毕竟那是七师党委的决定,不能违抗。警卫员小周顾不上太多,听说刘队长不回皖南了,撅着嘴,饭也不吃,一个人躲在房间里生闷气。

刘赣元哼着小曲进门,问:"小周,为什么不吃饭?"

小周说:"队长,您要是不回皖南,我就不吃饭!"

刘赣元说:"回不回皖南是组织决定的,我说了不算,你先吃饭!"

小周说:"不!您不回去,我就不吃!"

刘赣元说:"我现在命令你吃饭!"

小周说:"我就不吃!"

刘赣元把饭碗端到小周嘴边,命令道:"吃!"

"就不吃,就不吃!"小周把脸扭开,抬手把碗打掉,啪嚓一声,饭碗摔得稀巴烂。

一碗米饭糟蹋了。这一碗米饭在游击队是多么珍贵!经历过皖南游击战的艰苦,刘赣元最恨的就是糟蹋粮食,所以刘赣元的火腾地上来了,一把拉过小周,拔出枪顶着小周的头:"把饭捡起来吃了,不然老子毙了你!"

小周很犟:"就不,你不回皖南,我就不吃!"

刘赣元腾出手来,抓起一把米饭,塞进小周的嘴里,小周扭动着,紧紧闭着嘴。两个人相缠在一起,难解难分。

这时候,胡缅生和程老黑等人闻声赶来,把刘赣元劝开。小周抹眼泪哭了。

"你凭什么不回去,你把我们扔在皖南,我们怎么办?"小周一边抹眼泪一边说,"你是队长,说话不算数,游击队成立的时候,你不是说要把皖南的天变红吗?现在皖南的天还没红呢,你就不回去了,你赖皮!你不回去,我就不吃,饿死算了!"

刘赣元长长地出了一口气,看了看小周,低着头抽闷烟。胡缅生悄悄把刘赣元叫到僻静处,问:"老刘,你真想留在七师吗?"

刘赣元说:“老胡,说心里话,我想!”

胡缅生点点头:“组织上有这个决定,如果你自己想留,就留下吧。”

胡缅生说完,转身就走。从他的神情中,刘赣元看出胡缅生也希望自己回皖南,和他并肩战斗。一起工作这几年,刘赣元了解胡缅生的性格,该争取的一定会争取,不该阻拦的也绝不会阻拦。

“老胡,你等等。”刘赣元叫住胡缅生,说,“老胡,你是不是不想让我留在七师?”

“老刘,不是我不想让你留在七师,是皖南需要你啊!”胡缅生的话似乎早就准备好了,说起来语速比平时快了许多,“你想想,你不回去,游击队怎么办?那些战友兄弟怎么办?还有刚开辟的根据地怎么办?当然,组织上会派另外懂军事的干部去,可是,我总觉得没有你老刘,皖南的工作不好开展,游击队不好带!为什么呢?因为你熟悉皖南,了解游击队!换成别人,我胡缅生心里真没底啊!”

刘赣元一直静静地听着。是啊,皖南留给他太多的记忆,有恐惧,也有信心,有苦闷,也有甜蜜,有兄弟般的战友,还有温存可爱的未婚妻。这一切,刘赣元怎么能说丢就丢得下呢!

“老刘,你的心情我能理解。到七师来,在大部队可以干点大事,不要再到皖南山林里钻来钻去,东躲西藏了!凭你个人的能力,不出一年,还会被委以重任,前途一片光明!这是一个好机会,我应该支持你才对啊!”胡缅生说着说着,眼圈有点潮润,“可是,我也需要你的支持啊,老刘!”

胡缅生说到这里,再一次转身要走。

刘赣元一把拉住他,说:“老胡,我跟你回皖南!”

胡缅生愣了一下,看了看刘赣元,似乎不敢相信。

刘赣元说:“看什么啊?不认识啊!”

胡缅生说:“你要回皖南?”

刘赣元点点头,说:“我舍不得你老胡啊!”

胡缅生一把搂住刘赣元的肩膀,高兴得差点在他脸上亲一口。突然,胡缅生松开手,茫然道:“既然组织上已经决定了,你还是留在这里吧。”

刘赣元说:“我去找首长,让他放我回去!”

胡缅生问:“这可不能开玩笑,你跟首长怎么解释?”

2

当天晚上，刘赣元和胡缅生商量到半夜，为了保证首长放人，他们准备了两套战术：一是磨，二是赖。具体安排是，先由刘赣元跟首长死磨烂缠，实在没有效果，再用第二套战术，跟首长耍赖皮。当然，这需要胡缅生配合，如何配合，两个人也作了深入的交流，决定演一次“双簧”。

一大早，刘赣元和胡缅生二人来见七师首长。果然没错，一听刘赣元说还要回皖南，首长就摇头。

“这是组织决定，怎么能说改就改呢？皖南需要你刘赣元这样的人才，江北一样也需要嘛。”首长颇为认真地说，“皖南的游击基础，已经打得很扎实了，现在要把你放到更好的位置上，让你发挥更大的作用！你不是一门心思想打大仗吗？现在有机会了，怎么又缩头了呢？你刘赣元是属乌龟的还是属老鳖的？你的胆量哪里去了？”

刘赣元舰着笑脸，说：“首长，你说我属什么都行，只要你放我回皖南，我刘赣元都认了！”

首长说：“看来你刘赣元是属老鳖的，老鳖吃秤砣，铁了心了。我问你，你为什么非要回皖南？”

刘赣元说：“报告首长，我对皖南熟悉了，工作起来方便，还有那里的兄弟们处得都不错，我一个人在这享福，丢下他们不厚道吧！”

首长说：“你这是什么话，谁说让你来享福？你的意思是说我们都在这里享福？胡扯淡嘛，我跟你说，这里有很多困难要克服，有很多硬仗要打，你先准备脱两层皮吧！”

刘赣元说：“首长这么说，我更不能留了，那您还是放我回皖南吧，让我到那里去享福吧！”

首长来气了，说：“你这个刘赣元，今天是怎么回事，口口声声要享福，你是不是腐化变质了？你这个思想要好好改造！”

刘赣元说：“首长说得太对了，我的思想确实要改造。我都想好了，我回到皖南以后，一定好好改，改好了再向首长汇报！”

首长问："为什么非要回皖南改造？为什么不能在这里改造？"

刘赣元说："皖南那地方有山有水，风景好，又安静，在那里有利于改造！"

首长说："你别来这一套，别在这费嘴皮子，再说也没用，我不同意！"

说罢，首长拿起一份文件，认真看起来，也不再理刘赣元。刘赣元觉得第一套方案不灵，马上走到门口，把躲在门外的胡缅生叫进来，说："准备第二套方案。"

两个人一起进来，走到首长跟前。首长抬眼看看，说："刘赣元，孤军作战不行，又搬援兵来了。好吧，胡缅生同志，你说说，你同意不同意刘赣元留在七师？"

胡缅生说："首长，我同意。"

首长说："刘赣元，你听到没有，这是地方负责同志的意见，你听清楚喽！"

胡缅生紧接着说："首长，我同意刘赣元同志留在七师，但是我希望首长给我安排一个同志，接替刘赣元同志的工作。"

首长说："那是当然的。你有什么要求？"

胡缅生说："首长，我没什么要求，首先，这个同志要对皖南熟悉，精通游击战，红军时期参加革命的同志最好，当然，一定要跟我熟悉的，性格脾气上合得来的，将来一起工作好配合。还有……"

"好了，好了！"首长打断胡缅生的话，"我算听明白了，你所说的这几方面的条件都符合的人，只有一个，就是他刘赣元。非他莫属！好你个胡缅生，绕着圈子跟我要赖皮呀，还不如干脆说不同意不就完了嘛！"

胡缅生说："首长，也不能这么说，刘赣元留在七师是组织决定，我作为党员，当然要先拥护组织决定才对。但是，作为地方党组织的负责人，我向首长反映一下要求，也是应该的吧。"

刘赣元冲胡缅生伸出一个大拇指。

首长笑了笑，想了想，点点头，说："好啊，看来你们两个家伙作了战术分工，不愧是皖南游击队出来的，配合默契！就冲这一点，你们的要求我会重新考虑。这样吧，下午开党委会，我把这个问题提出来，重新研究。不过，刘赣元同志，我先把丑话说在前头，过了这个村，可就没有这个店了，以后你可别后悔！"

刘赣元说："首长，放心吧，我刘赣元从不后悔！"

首长叹口气，苦笑，自言自语："刘赣元啊刘赣元，你小子是咋回事，有肉不吃,挑豆腐嚼,你是哪根筋不通啊?难道被皖南山里的姑娘迷住了!”

刘赣元嘿嘿一乐,没真没假地说:“首长,让您说对了,确实有个大姑娘,她舍不得我离开!”

首长扑哧一声,被逗乐了,说:“就你这犟脾气,哪个姑娘会看上你!”

刘赣元说:“首长,您别小看人,我真有相好的,不信你问老胡!”

胡缅生说:“是的,姑娘叫李茶花,在我们中心县委机关工作,又聪明,又能干,正在积极要求入党。”

首长笑得合不拢嘴,走过来上下打量刘赣元,说:“哎呀,我就不明白了,就你刘赣元这样的人,胡子拉碴,粗粗大大的,还有姑娘会喜欢!”

刘赣元装出一脸无奈,说:“首长哟,您不知道,何止是喜欢,简直是喜欢得要命,整天粘着我,撵也撵不走,甩也甩不掉,都快把我愁死了。所以,还要请首长批准,让我们结婚吧!”

“臭美吧你,那是人家姑娘可怜你呢。”首长用手点着刘赣元说,“当然,结婚是好事啊,你也三十岁了吧,革命者也是人,也要结婚成家、生儿育女,要不然革命的后代从哪里来呀!不过,我警告你,娶人家姑娘,要靠个人魅力,自觉自愿,不许拿枪逼婚!”

刘赣元和胡缅生相视一笑,说:“是!”

胡缅生说:“首长放心,我会严格监督他!”

说罢,两个人兴奋地跟首长告别。

这时候,首长似乎突然反应过来,自言自语:“不好,我上当了!好嘛,这两个家伙,跟我打游击,一唱一和,一不留神,一下子把两件事情都办了啊!”

3

丁玲见到刘赣元,是在吃过午饭之后。

当丁玲站在面前时,刘赣元突然有一种恍惚之感。两年没见,面前的丁玲依然还是记忆中的模样,只是稍稍胖了一些。那双眼睛还是两颗星星一样,一眨一亮。丁玲白净的脸上泛起红晕,不知是冷风吹的,还是内心激动所致。

丁玲先伸出手来,刘赣元下意识地往后退了半步,好像丁玲伸过来的不是漂亮的小手，而是刀枪。丁玲笑了，刘赣元也憨憨一笑，把手在身上抹了抹，又搓了搓，才伸出去握住丁玲的手。那手温暖，绵软。

除了问好，几乎没有更多的话。战火硝烟中，生离死别往往多于劫后重逢，所以，分别抑或重逢，往往纵有万语千言，却不知从何说起。两个人一前一后，走到了师部后边的小河边。午后的阳光照在河面上，有点晃眼。两个人的身影映在河水里，却是那么清晰。此情此境，两个人一定会想起当年在皖南新四军军部工作的美好时光。然而那充满激情而又快乐的日子，业已成为回忆。刘赣元内心的活动想必非常强烈，导致的直接后果是，他一支接一支，大口大口地抽着烟，两只鼻孔像大烟囱似的。

丁玲打破了两个人的沉默，介绍了一下自己转移到江北七师之后的情况。回到七师后，本来她被分配到师部工作，但是她主动要求下到团里去搞文艺宣传活动，她喜欢跟战友们一起过火热的生活。

丁玲所说的，刘赣元都能理解。但是，当丁玲问他在皖南打游击的情况时，刘赣元却不知从何说起，千头万绪，实在不好概括，最后憋出来三个字：“有意思！”

丁玲一听，这句话没头没脑，问：“有意思？有意思是什么意思？”

刘赣元说：“就是说酸甜苦辣咸，啥味道都有。”

丁玲没有再追究，而是转到另一个话题，“听师部的同志说你要留在七师工作。这太好了，我们今后可以经常见面了！”

刘赣元说：“不，我还要回皖南！”

丁玲说：“为什么？”

刘赣元说：“皖南需要我！”

丁玲问：“这里就不需要你吗？”

刘赣元说：“皖南更需要我！”

丁玲显然非常失望。她捡起一粒石子，随手扔进河中，水面上泛起一圈圈涟漪，将两个人的身影荡漾起来。

“其实，当初让我留在皖南打游击，我多少有些不情愿，但是我要服从命令！现在，我觉得我离不开皖南。那里的游击队，那里的根据地，还有那里的群众，那里的战友，那里的一切，我都离不开了。”刘赣元像是对着河水，又像是对着丁玲，深情地说着，“七师首长说得对，皖南对抗战非常重要，对我刘赣元也很重要。我一定要坚守皖南，完成组织交给我的任务！”

这些话在丁玲听来更像是独白，但是以她对刘赣元的了解，刘赣元是很少会用这种风格说话的。看来，坚守皖南确实改变了他。

“是啊，皖南确实是个好地方，那里曾留下我人生中最美好的回忆。”丁玲说，“如果不是发生事变，我想一生都在那里度过，我还曾写信给我哥，要跟他在皖南相会，可是……”

“啊，对了！”刘赣元突然叫了一声，“丁玲，我正要跟你说这事。”

丁玲被刘赣元的一惊一乍吓了一跳，问：“什么事？”

“你哥的事！”刘赣元说，“我在皖南见过你哥！”

丁玲瞪大眼睛，问：“真的，他现在怎么样？”

“有一次做侦察，在街上看到他。他现在是五十二师的团长，驻扎皖南负责‘清剿’。”刘赣元放低声音，说，“现在我们是对手！”

丁玲低下头，好像犯了很大的错，一声不吭。

“据我们得到的情报，你哥哥一心想去抗日，不愿意在皖南‘清剿’，这说明他还是一个有良心的中国人！”刘赣元安慰丁玲，“他身为军官，也是迫不得已啊！”

丁玲抬起头，一眼的泪水，嘟着小嘴说：“如果他是我们的敌人，我没有这个哥！”

“别这么说，你们毕竟是同胞兄妹嘛。”刘赣元看上去很有耐心，说，“你转移到七师后，你哥曾经在皖南打听你的下落，我们得到这一情报后，将计就计，放出风声，说你就在游击队，目的是想让他不要对游击队下手。果然，他没有大动作。那是游击队初建时期，对我们非常重要！这不，为了弄虚作假，连你给我的那支钢笔都派上用场了！”

“真的？”丁玲为哥哥有此“善举”甚感宽慰，说，“我就知道我哥不是坏人嘛。前不久团首长找我谈话，说七师接到重庆一个地下党传来的情报，有一个‘统战’对象托她打听我的消息，我想一定是我哥。”

“这太好了！有情报说你哥跟现在的‘剿总’陈淡如有矛盾。我们想利用这一点，把你哥拉到我们这一边！”刘赣元说，“你看怎么样？”

“太好了！”丁玲一把拉住刘赣元的胳膊，说，“快说说，我们该怎么办呢？”

4

从江北七师回皖南，过江之后，必经江边的张家湾。张家湾属于日军占领区，在重要的交通要道边都建有碉堡。虽说这里比较危险，但是因为来的时候有经验，所以大家并不紧张。长年的游击生活，练出了胆量，也练出乐观的态度。况且，与地下交通站的同志接上了头，自然更有信心。

但是，地下交通站的同志带来的消息，却让大家紧张起来。据说，日本鬼子的一个小头目几天前开小差投奔了新四军，鬼子很恼火，一定要追回那个"叛逆"，所以，这几天所有据点的日伪军都出动了，四处搜查，封锁很严。

情况有变，是走还是等，大家都犯了难。刘赣元和胡缅生商量了一下，决定先派人侦察一下，再作定夺。地下交通站的同志自告奋勇前去侦察，一顿饭的工夫便回来报告，日伪军都撤岗了，看来情况有些松动，天黑之后可以行动。

那天正好是农历十五月圆之时，好在是个阴天，夜色可以掩护。趁着夜色，地下交通站的同志带着刘赣元一行悄悄行进，一路上，经过前面几个碉堡时，都很顺利，很快，眼前出现一座石桥。地下交通站的同志说，过了这座桥，前面就没问题了。

刘赣元掏出驳壳枪，让大家做好准备，快速过桥。一声令下，大家悄悄走上了石桥，小周紧跟在刘赣元身边，不停地向四周张望。

嗒嗒嗒。突然，从河堤右侧射来一排子弹，有两个战士倒下。

"有伏击！"刘赣元压低声音，"我和小周掩护，老胡，老程，你们带大家分散过桥！"

嗒嗒嗒，又一排子弹射过来。情况十分危急，刘赣元一边掩护战友撤退，一边还击。就在这时，刘赣元觉得腰间一麻，用手一摸，有黏糊糊的血流出来，马上蹲下身，让小周快走。小周见刘赣元蹲下来，意识到他可能受了伤，一探身把刘赣元的胳膊搭在自己肩上，边开枪边撤退。

不巧的是，就在这个时候，月亮从云层中露了出来，刘赣元和小周一下子暴露无遗。刘赣元突然把小周推倒，一梭子子弹"嗖嗖"地从他们身边飞过。河堤那边传来日本鬼子叽里呱啦的叫声，声音越来越近。刘赣元命令小周撤退，小周不依，架起刘赣元沿着河边奔跑。突然，在他们的侧面，猛地窜出两个小鬼子，刘赣元叫声“卧倒”，抬手连开两枪，两个小鬼子倒下了。两个人刚想爬起来，侧面又窜出两个小鬼子，刘赣元就势一滚，把小周挡在自己的身后。就在这时，小鬼子扑了上来，刺刀的寒光在月光下一闪，小周翻身护住刘赣元，鬼子的刺刀深深地扎进了小周的后背。

刘赣元已经有点恍惚，还是拼力连开了两枪，结果了那两个小鬼子的性命。但是小周伤势太重，不停地抽搐。刘赣元费力地摇晃小周，小周没有任何反应。

“小周，你不能死，咱们还要回皖南啊！”刘赣元伤心至极。

这时，远远近近，枪声杂乱，刘赣元判断可能是胡缅生带人冲了出去，小鬼子在放冷枪试探。于是他慢慢翻身，滚到河边，隐蔽在一片浓密的芦苇丛中。鬼子果然过来了，向河里胡乱地放了几枪，叽里呱啦了一阵，就走了。

渐渐地，四周安静下来。刘赣元一点一点地从河水里往岸上爬，河水很凉，身上的伤更疼，动一下就像刀剜锥刺一般。好不容易爬上岸，歇了一会，攒了一些力气，朝着会合的方向一点一点地爬着。

刘赣元被救回地下交通站的时候已经昏迷，迷迷糊糊中不停地叫“小周，小周”。

刘赣元身上的伤虽不在要害处，但是因为受到河水的浸泡，很快就会发炎溃烂。胡缅生很着急，让交通站的同志无论如何都要找人给刘赣元治伤。不治好刘赣元的伤，胡缅生心里有愧：如果不是他把刘赣元劝回皖南，刘赣元现在留在七师，怎么会遭此一劫呢！地下交通站的同志也很着急，但是当地没有条件治疗刘赣元身上的枪伤，建议趁着天没亮，迅速把刘赣元转移到附近的铜陵游击大队去，然后再想办法。

铜陵游击大队有很多是刘赣元新四军战友，见是刘赣元受伤，马上派出侦察员找到一个郎中。此人名叫李三观，算是当地有名的中医，因为思想进步，所以游击队对他比较信得过。

李三观检查了刘赣元身上两处枪伤，不禁倒吸一口气，惊得下巴上的一撮山羊胡子不停地颤抖。这样的枪伤他还没见过，伤口爆裂，深不见底，血流不止。此时此刻，老郎中李三观一肚子“望闻问切”显然派不上用场。

李三观很无奈，不停地摇头："我一个中医，外科不行。况且，一无器械，二无麻药，实在让我无从下手呀！"

刘赣元虽说身体很虚弱，但头脑尚还清醒，知道李三观怕治不好会得罪游击队，于是就鼓励李三观："李先生，你不要怕，我刘赣元没那么娇贵，不要用麻药，找一把刀子，只要把肉里的子弹挖出来就行了！"

李三观连连摇头说："那可使不得！你流血太多，身子虚，怕是受不了！"

刘赣元笑了笑，说："李先生，你就照我说的做，有个好歹我不怪你！"

李三观还是有点犹豫，他实在不敢下手。胡缅生等人也担心刘赣元身体扛不住。刘赣元坚持说自己没问题，让李三观只管下手。胡缅生点点头，只能如此，先救人要紧。

见刘赣元主意坚决，李三观揩一把额头上的汗，同意马上手术。他挽起袖子，从药匣子里拿出一只小瓶子，从中挑出一块黑糊糊的膏，冲一碗水让刘赣元喝下。

刘赣元问："这是什么？"

李三观说："鸦片膏，虽不是麻药，多少可以起到镇痛作用。"

刘赣元摇摇头，坚决不喝，说："鸦片不就是大烟嘛，我是共产党员，大烟这东西，我不沾！"

李三观央求道："请你服下吧，不然，我真不敢下手啊！"

刘赣元就是不喝。李三观向众人求援。

胡缅生端过碗来，坐在刘赣元身边，说："老刘，共产党人也是人，动手术也会疼，你还是喝下去吧。再说，你不喝，人家李先生也不敢给你动手术！"

刘赣元说："不行！我一生最恨鸦片，哪能因为受伤就破规矩！我不喝，让他只管动手，我能挺住！"

胡缅生说："老刘啊老刘，你是不是发烧烧糊涂了！鸦片不光是毒品，它也是药，这是人家先生给你配的药，你怎么能不喝呢？我跟你说，现在，我以组织的名义要求你必须喝下去，不然，我们不放心！"

刘赣元看了看胡缅生，又看了看碗中的鸦片汤，说："那好吧，不过，你可要给我证明，我不是想沾这鬼鸦片，是你们非得……"

胡缅生说："好，好，我证明！"

刘赣元捧起那碗鸦片汤，咕咚咚，皱着眉头喝下，然后把头上的毛巾拧成条儿，紧紧地咬住，冲李三观点点头，示意可以开始了。

李三观从酒火中取过一把尖刀。刀刃的寒光直闪，李三观的手一直在抖。刘赣元冲他笑一笑，李三观咬咬牙，开始了他一生难忘的手术……

手术进行得并不顺当。一是子弹打得比较深，二是受伤时间太长，又经过水泡，清理起来很麻烦，加上李三观没有做过这种手术，手一直在抖。胡缅生一直紧紧地握着刘赣元的手，等手术结束时，两双手像水洗一般，都是汗水，有刘赣元疼出来的汗，也有胡缅生惊出来的汗。

取出子弹后，李三观浑身像虚脱一般，一屁股坐在地上，呼呼地喘气，半天没有站起来。

刘赣元浑身汗透，见子弹取出来，露出一丝笑，对李三观说："谢谢啊！"

李三观不禁感叹："我李三观行医多年，今天真长见识了！想当年，三国时候，华佗给关老爷刮骨疗毒，现在我李某给刘队长取子弹，我李某不敢比华佗先师，但是刘队长堪比当年关云长啊！"

"李先生，你不是华佗，我也不是关云长……"经历手术剧痛，刘赣元显得很疲惫，话没说完，头一歪，便昏睡过去。

不一会儿，鼾声如雷。

第十六章

1

从国军正规军团长，一下子变成地方绥靖工作队队长，对冯和平来说，绝对是一次沦落。

在绥靖工作队简直就是混饭吃，吃饱等饿，睡醒等困，最多不过干些抓人审讯、慰问安民之类的杂事。一肚子排兵布阵、战略战术的冯和平打心眼里看不上这种事，可是他又不得不去做。因为顶头上司陈淡如非常热衷此事，他作为队长不能不有所作为，时不时还要抓几个人来，让陈淡如去审讯，过过瘾。冯和平有时候觉得自己不是军人，而是一个无聊的小政客，仰人鼻息，看着上司的脸色过日子，窝囊得很！好在，冯和平慢慢地学会了喝酒，实在无聊便找人来陪他一起喝几杯，说说闹闹，也能找点乐子。

这一天，冯和平正在喝酒，队副方家正突然来报，说陈淡如总指挥电话来问，最近怎么没有抓到嫌犯？

冯和平心里很烦，但是脸上又不能表露出来。他知道，这个方家正是陈淡如安插进来的耳目，名为副队长，其实就是为了监视自己。冯和平当然看得清楚，所以在方家正面前，说话做事格外谨慎，生怕有什么把柄落在他的手里。这个方家正看上去大大咧咧，为人憨厚，其实颇为精明。自从他来做了队副，常常主动把队里的事务担下来，说是为了不让冯和平操心烦神，其实是想暗中操纵权力。这一点冯和平看得出，但是却不揭露，说心里话，这个破绥靖工作队，冯和平根本就不想干，不如顺水推舟，落得清闲。

冯和平跟方家正客气，让他一起喝酒。方家正也不推辞，坐下来一口气喝下三杯酒，然后冯和平颇为无奈地说："家正兄，我何尝不想弄两个人给陈总指挥送去，可是，要弄疑犯谈何容易，疑犯脸上又没写着字，山高林密的，哪里去弄呢？"

方家正吱的一声，干了一杯酒，说："是啊，剿匪确实不是件容易的事，可是你我是军人，只能服从命令啊。和平兄，陈总指挥安排的任务，你看怎么办呢？"

冯和平明白，方家正是在试探他，不能乱说，以免留下把柄，于是想了想，说："此事重大，让我好好想想，再跟总指挥汇报。"

方家正说："那好，不早了，我先回去了。"

方家正走了之后，冯和平一个人开始犯愁，一杯接一杯地喝，只把瓶中的酒喝干，也没想出好办法来。

一直站在门外的侍卫王大功，把冯和平和方家正的对话听得仔细，知道冯和平一定在犯愁。于是，王大功借着送茶的机会，便问："队长，是不是上头又让抓疑犯？"

冯和平不说话，长长地叹了一口气。

"我有一个主意，不知道可不可行？"王大功把茶递给冯和平，说，"谭家桥和庙首两个乡镇，最近都冒出一些小帮会，叫什么'马刀会'，强买强卖，截道绑票，欺男霸女，当地的老百姓恨之入骨。不如派兵去把这帮人弄几个来，交给陈淡如，也给当地百姓除一害！"

冯和平把茶杯放下，马上来了精神，说："好！不管是马刀会还是驴刀会，欺害百姓，那就是匪徒！陈淡如总指挥不是要我们剿匪吗，我们就去剿！"

王大功说："对！把这帮狗东西弄来，交给陈淡如，既为民除害，又能向姓陈的交差，一举两得啊！"

冯和平在王大功肩上重重地一拍："就这样干！"

对绥靖工作队来说，"剿共"没有好招，但是对付那帮小土匪，简直是小菜一碟，手到擒来。冯和平亲自率队，不出三天，就从谭家桥和庙首两个乡捉到十多名匪徒。大功告成，冯和平命人先把匪众关押起来，然后喝酒庆贺。

酒至兴致处，王大功问："队长，你说陈淡如那家伙怎么那么喜欢审人呢？

是不是审人就像抽大烟一样有瘾？要不，队长您也去试一试！”

冯和平说：“试试就试试，反正也无聊！走！”

来到关押处，命人在外间布好桌椅，冯和平稳稳坐定，摆出一副审讯的架势，然后大喝一声：“把那帮土匪押上来！”

不多时，十几个匪徒全被押过来。只要一眼，冯和平就看出这群乌合之众不过是地痞流氓之辈的下三滥。平时，这帮家伙横行乡里，好勇斗狠，个个都不含糊，此时个个像是被抽了筋骨一般，瘫在地上，又是磕头又是作揖，连喊长官饶命。

冯和平突然觉得索然无味。本来他很想在审讯中找点乐趣，但是，这帮匪徒的表现着实让他大失所望。冯和平最看不惯这类没骨气的人，当土匪都他妈的不合格！这类人还有什么好审的，你冲他一瞪眼，他就趴下了，还没问话，他就全招供了，然后就是磕头求饶，这有什么意思！

冯和平一个劲地摇头。此时，冯和平有点恨这些家伙，不仅恨他们做土匪干了伤天害理的事，更恨他们没有种。既然敢当土匪，就要当个有种的土匪，像这群软骨头，也配担个土匪的名声？

想至此，冯和平牙关咬得咯咯直响，借着酒劲，突然想捉弄一下这帮不争气的东西，拿他们开开心。于是，大喝一声：“立正！”

群匪愣了一下，马上集体立正。

冯和平命令：“全都把裤子扒下来！”

匪徒们不敢怠慢，纷纷把裤子扒下来，露出光溜溜的下半身。

冯和平在一排光屁股匪徒面前来回走了几趟，像看牲口一样，目露凶光。在场的士兵不明白冯队长想干什么，以为冯队长有什么不雅的爱好。那帮匪徒更不明白，个个低着头，体似筛糠。

“向后转！”冯和平命令道，“趴下！”

匪徒们齐刷刷地向后转，趴下。眼前，一排光光的屁股丑陋不堪。

冯和平突然抽出马鞭，展臂甩开，朝着那一排丑陋的光屁股狠狠地抽去。冯和平的力气很大，鞭鞭见痕，一边抽一边骂：“没种！没种！”

那帮小土匪被抽得哇哇直叫，简直就是鬼哭狼嚎。

冯和平兴致越来越高，抽得实在太累了，突然拔出枪来。

王大功上前拦住他，悄悄地说：“队长，过完瘾就算了，还是把这些家伙交给陈淡如吧,他还没过瘾呢!"

冯和平慢慢收起枪,呼呼地喘着气。

2

"唱大戏"是陈淡如的主意。

陈淡如暂停"军事清剿",开始"政治清剿"。文武之道,一张一弛,不能总是来武的。陈淡如自认为自己是员儒将,肚子里有点韬略,光是打打杀杀是不行的,所以还是要来点文的。武可安邦,文则治国嘛。皖南的共党和游击队也被剿得差不多了,局势基本安定,所以这时候就要用"文"来治理了。唱大戏,就是陈淡如这时候想出来的主意。

提到唱戏,陈淡如并不陌生。他不仅爱听,而且还喜欢唱几段。陈淡如对戏有点研究,偏爱青衣,闲来无事常常捏着嗓子唱一段青衣名段。冯和平听过陈淡如唱戏,板眼挺好,但是那公鸭嗓子实在不敢恭维。如果选择老生行当,说不定更适合些,可是冯和平不可能给他这个建议。

主意已定,接下来就是分步实施。作为一次大规模的绥靖活动,陈淡如非常重视,剧种剧目都由他定。剧种以徽剧为主,因为他知道徽剧是京戏的前身,不能没有。剧目要丰富,不仅要有传统的戏,而且还要新编一些戏,鼓吹自己在皖南的"剿匪"成绩,宣传"清剿"政策,这些才是唱戏的目的。借唱戏做宣传,是共党常用的手段,效果不错,所以陈淡如也要来个"拿来主义"。

形式和内容确定之后,就要落实戏班子和唱戏的地点。陈淡如把这个工作交给了绥靖工作队,并指定责任人是队长冯和平。

接到这个任务,冯和平难免又是一番牢骚。一个堂堂国军军官,如今沦为整日与戏班打交道,可悲可叹啊!

牢骚归牢骚,事情还是要干,好在比整天去抓人强一些。冯和平知道方家正积极执行陈淡如的计划,就跟他作了分工。冯和平去落实唱戏的地点,方家正去寻找戏班子。两个人分头行动。

关于唱戏的地点,陈淡如也有要求,一是百姓聚集的地方,二是共党游击队曾经活动过的地方。对照这一要求,冯和平定下两个地方,一个是谭家桥乡，一个是庙首乡。定下之后，冯和平拟好文书，派人送到两个乡公所，让他们抓紧准备。可是，文书下达几天后，两个乡长一点反应都没有。冯和平急了，派人把庙首乡乡长江之端和谭家桥乡乡长王延年找来。

江之端和王延年来到冯和平队部，耷拉着脑袋一声不吭。冯和平看出来他们都不太愿意，就想弄个究竟。

冯和平说："两位乡长，看来你们对这次唱戏活动不大积极呀，有什么想法，说一说吧。"

江之端说："冯队长，不是我们不积极，我们是担心这场戏不好唱呀！"

冯和平问："一不收费，二不欠钱，这戏为什么不好唱？"

王延年说："冯队长，你不知道，老百姓难缠呀，你明明在为他们做事，他们却想你是别有所图！况且，我们还担心……"

王延年欲言又止，冯和平问："你们还担心什么？"

江之端说："我们担心共党的游击队会趁机出来作乱！那刘赣元神出鬼没的，精得很！到时候，万一出点差池，我们的脑袋就不保了！"

冯和平点点头，说："照两位乡长这么一说，这戏就不能唱了？"

王延年说："不是不能唱。唱也可以，要多派点兵做保卫，越多越好！"

江之端说："对！最好派一个团来！"

冯和平苦笑一下，看来这个江之端是被游击队吓破了胆，于是说："加强保卫是当然的，我自有安排。现在要紧的是你们回去抓紧准备，把老百姓都发动起来，让他们都来看戏。两位乡长，此事事关绥靖工作的大计，到时候千万不能没有人来看戏呀，不然，上面怪罪下来，可是要打屁股的！"

江之端和王延年连连点头诺诺，然后分别回去准备。

冯和平这边唱戏的地点确定，方家正那边的戏班子也已落实。按照陈淡如的要求，方家正很卖力，跑遍皖南，一下子找来三家戏班，虽没有什么当红名角，却人手俱全，台面还能撑得起。其中一个戏班，有一个小旦角，艺名小茉莉，才貌双全。方家正很是喜欢，但是，陈淡如见了小茉莉以后，也是偏爱有加，几次单独接见，甚至带到指挥部去"切磋"戏文。方家正心中不快，也实属无奈，只能强忍欲火，不敢贸然下手。

"皖南绥靖慰民演出"活动正式开始，预计历时一个月。

庙首和谭家桥两个乡分别搭起了戏台,台上台下贴满了标语。戏台周围,五步一岗,十步一哨,刀光剑影,甚为森严。

揭幕仪式定在庙首乡举行,陈淡如将亲临揭幕。是日,冯和平率队早早到达恭候。台上管弦奏响,一派热闹。但是,台下看戏的百姓却寥寥无几,扔根棍子都打不着人,只有几个调皮的孩子在台下跑来跑去。

如此冷落确实难看。冯和平把乡长江之端叫过来,问他是怎么回事。

江之端一脸无奈,说:“冯队长,我是没办法了,那些老百姓,喊也喊不来,劝也劝不动,好说歹说,才弄来这帮孩子和老头老太太!”

江之端说完耷拉着肥脑袋等着冯和平训斥,没想到冯和平不仅没训斥,反而叹一口气,说就这样也好。

时间已到,陈淡如亲临现场,见台下空荡荡的,脸上有点挂不住。冯和平扭过头去,装作没看见。事已至此,陈淡如只好硬着头皮上台讲话。陈淡如说,皖南剿匪大捷,给皖南带来平安。现在,共党的游击队死的死,逃的逃,还有的投降自首了,一些残匪也都逃到江北去了。所以,我们绥靖工作队特地请来戏班唱戏,以示庆祝!

可能台下的观众实在太少,陈淡如讲话的兴致大大受损,说了几句便下了台。接下来就是唱戏。戏的安排是这样的,先演一出新编剧目《皖南剿匪大胜利》,鼓吹皖南剿匪成就,再演一出老戏。如此轮流,一直演出到天黑。

三天下来,两个乡的情况基本一致,看戏的没有唱戏的多。陈淡如很不满意,命令冯和平想办法把老百姓都赶到戏台前。王大功大骂:“他妈的,想办法?除了拿枪逼,还能有什么好办法?”

冯和平说:“拿枪逼着老百姓看戏,历史上怕是也找不到先例!我冯和平出身良家,不能让老百姓背后骂我!”

“不拿枪逼,还能有他妈的什么好办法!”

“我看还是用软办法来哄。”冯和平挠着头,想了半天,说,“以一家一户为单位,只要来看戏,就可以到乡公所领一升米。现在正是青黄不接的时候,老百姓正缺粮食,也许管用!”

3

"绥靖好政策,看戏领大米。"

这标语一贴出来,老百姓都不大相信:看戏还有米领,天底下哪有这等好事,说不定又是乡公所在诓人!家家户户只是观望,没人前往,生怕上当。江之端让江麻子带人敲着锣,挨村去喊:"各位乡亲听着,绥靖好政策,看戏领大米喽!"这样一喊,有胆大的就想试一试,结果看了一场戏,真的领了一升米。看来这回不是诓人!

一传十,十传百,看戏的人明显增加。戏台下黑压压一片,除了人,还有箩筐、麻袋、簸箕,等等。因为有米挂念着,所以老百姓对戏没有兴趣,才唱到一半,台下就闹哄哄地乱起来。有人喊:"唱来唱去都是老一套,别唱了,咱领米去!"一个人带头,其他人跟着起哄,砖头瓦块就飞到台上去了。唱戏的哪能吃这个亏,纷纷躲到后台去了。

戏是唱不下去了。看戏的老百姓一起围到乡公所门前,吵嚷着要领米。江之端没想到会来这么多人看戏,要是人人都分一升米,乡公所的米仓还不被弄空了!说什么也不能再分米了!江之端想要赖,一边命人把乡公所大门关紧,一边派人去找冯和平解围。冯和平得知这一消息后,马上赶到。老百姓一见来了大官,马上把冯和平团团围住,问政府说话算不算数,看戏领大米,戏看了,大米为啥不给?

冯和平马上明白,一定是江之端舍不得自己的大米,老百姓才来围住乡公所。为了不失信于民,冯和平当众宣布,他冯和平拿人格担保,只要来看戏的,都能领到大米。老百姓的怨声方才平息。

安抚好老百姓,冯和平把江之端从乡公所里叫出来,对他一番训斥。

冯和平问:"老百姓为什么围堵乡公所?"

江之端说:"要领米!"

冯和平说:"看戏领大米,该给就给!"

江之端说:"冯队长,这也太便宜他们了!"

冯和平说:"混账!说过的话要算数,马上开仓分米!如果耽误了大事,军法从事！”

江之端只好乖乖地开仓分米。

因为有米作诱，连着几天，看戏的人越来越多，乡公所的米仓减下去一大半。江之端心疼，那就等于割他的肉，坚决不干了。于是气歪歪地找到冯和平，央求冯和平，这戏不能再唱了。冯和平当然不答应。

江之端说：“冯队长，你去看看，我那米仓快要见底了！”

冯和平说：“分，直到见底为止！”

江之端说：“我的大米呀，我心疼呀！”

冯和平说：“你的大米哪来的？还不是从老百姓那里弄来的，这叫取之于民，分之于民，现在还回去正好！”

庙首的情况如此，谭家桥的情况也好不到哪去。乡长王延年也跑来找冯和平大倒苦水。冯和平还是那句话：“取之于民，分之于民！”

两个乡长只好自认倒霉。

本来，因为崔寡妇，江之端和王延年闹过矛盾，二人割袍绝交。但是，自从“看戏领米”开始，两个人又恢复交往，凑到一起商量如何应付这个局面。

这一天，江之端找到王延年，二人一边吃着炖乌龟，一边喝着老酒，还一边抱怨他妈的冯和平这个馊主意，简直比泔水桶还要臭！二人酒喝得闷，话却不少。

江之端说：“老兄，这样下去不行呀，得想办法，不然，米仓见底，以后别说这乌龟老酒吃不成，怕是连乡自卫队也养不住，到那时候，谁听咱的！”

王延年说：“是啊！姓冯的盯得紧，不分还不行，办法不好想呀！”

江之端说：“说到办法，我倒有一个，不知道可行不可行？”

王延年说：“说说看。”

江之端说：“他姓冯的不是说取之于民，分之于民吗？那咱再把分出去的米取回来，咱不把米取回来，就没有米分，所以，他姓冯的也拿咱们没办法！”

王延年说：“好！这招高明，可是取也要有个好名目才妥当！”

江之端说：“名目倒是有，你看就叫‘支持绥靖’如何？”

王延年说：“我看可行！”

于是，二人分头行动。

关于征收“支持绥靖”公粮，江之端自有安排。之前，江之端把各村保长都找来，不管保长们同意不同意，就把征粮的任务摊派下去了。然后，江之端派江麻子带着自卫队一个村一个村去征。

接下来的几天里，白天，老百姓看戏从乡公所领米，晚上，江麻子带人到老百姓家征米。乡公所的米仓里，白天大米出，晚上大米进，出少进多，渐有盈余，江之端心里挺美。可是，如此下来，老百姓发现不大对劲，白天领回来米，晚上又交上去，这不是开玩笑嘛！于是纷纷抗议，坚决不交“绥靖粮”。江麻子脾气坏，带着自卫队，扛着枪跟在保长后面，不交粮就抓人，一时间，乡公所的关押房里人满为患。

冯和平得知这一情况，大为光火，命人把江之端和王延年找来，把二人狠狠地训斥了一顿，命令马上停止征粮。江之端和王延年任冯和平训斥，内心里却狠狠地骂，说得轻松，老子屁股又不是肥田还能种大米呀，不从老百姓那里征，米又能从哪来！

“绥靖粮”征不来，乡公所的米仓见了底，老百姓领不到米，戏台下就空了。

最后，陈淡如只好摇头，宣布唱大戏活动“圆满”结束。

第十七章

1

刘赣元回到皖南时，已进入腊月。

回到游击队如同回到家，亲切，放松。战友们都围过来问这问那，都是兄弟一样的关心。要说还是李闽南最想刘赣元，他把刘赣元拉进山棚，又是搂又是抱。刘赣元身上的伤刚长好，李闽南搂抱又很用劲，所以把刘赣元疼得龇牙咧嘴的。李闽南这才知道刘赣元带着伤回来的，非要掀开衣服看看伤口怎么样。刘赣元不想让他看，用手护着。李闽南非要看看，逼着刘赣元让他看。刘赣元拗不过他，只好掀开衣服让他看。李闽南很是心疼。

"老李呀，别难过，不就是两个枪眼嘛，都收口了，没什么大不了的！"刘赣元眼圈发红，说，"好在这条命保住了，可惜的是小周牺牲了！他为了掩护我，他还年轻啊……"

刘赣元说到这，嗓子有点哽咽。李闽南也很难过，两个人低头不语，默默地抽烟。烟雾蒙蒙，笼罩着两个人的脸，凝重而悲伤。

这时候，有人在山棚外轻轻咳了一声，抬头一看，是茶花。李闽南站起身，招呼茶花进来，然后悄悄走出去，轻轻拉上山棚的柴门。

多日不见，茶花瘦了，原来的长辫子也剪了，那双大眼睛更加深情。刘赣元心里不禁一紧。

"回来了？"茶花轻轻地问。

"回来了。"刘赣元轻轻地答。

“回来就好！”茶花说着，不觉竟泪汪汪的。

“有你在这，我肯定回来！”刘赣元笑了笑，装作轻松的样子，“你看这不都好好的嘛！”

其实，茶花已在山棚外站了多时，刘赣元和李闽南所说的话，她都听到了。

茶花走到刘赣元面前，轻声问：“伤在哪？”

刘赣元想瞒着她，说：“伤？没伤，没什么伤。”

茶花很任性，说：“给我看看，伤得重不重。”

刘赣元说：“没什么大不了的，磕磕碰碰的小伤，没……”

茶花说：“别瞒我了，让我看看！”

刘赣元知道，不让茶花看看，一定过不了关，就把上衣解开，褪出袖子，让她看右臂上的伤。这个伤轻一点，恢复得也好一些。

茶花看了看，这块伤已结疤，似乎放心了，然后又问：“还有呢？”

刘赣元支支吾吾，说：“没有了，没有了。”

茶花固执地说：“还有！我要看看！”

刘赣元突然变得很听话，老老实实地把衣服掀起来。伤在腰上，有杯口般大小，伤口虽然收口，但是还有黄水渗出，说明还没有痊愈。

茶花扶着刘赣元坐下，说：“枪伤收口，不算好得清爽，还要注意！”

说完，从随身带来的包袱里取出大半瓶酒，倒在一只碗里，然后划火点着了酒火。酒火蓝盈盈的，很是好看。

“转过身。”茶花声音很轻，但却是命令的口吻。

刘赣元乖乖地转过身来。茶花拿出一块干净的纱布，醮着酒火，在刘赣元腰间的伤口处轻轻地擦拭，一点一点，很轻很轻。刘赣元轻轻地闭上眼，真舒服啊！

茶花一边擦拭着刘赣元腰间的伤口，一边说：“这还不重吗？枪伤，又在腰上，好不清爽，会留下后患的。女人的脸，男人的腰，这里的伤不能轻看，要好好治，得好好养！”

茶花的声音很轻，像是自言自语，又像是教训不懂事的孩子。刘赣元闭着眼听着，心里却美得很。

“以后，每天我给你用酒火清洗一遍，你要听话。”茶花说，“明天我去山上采点草药，给你敷上，草药治伤，药性慢些，可是总比不用好……”

茶花慢慢地说着,不知不觉,刘赣元已打起呼噜来。

按照七师首长指示,中心县委召开会议,安排布置“还债工作”。

游击队里很多人对此大为不解,认为那些地主老财的钱,都是从老百姓身上刮来的,游击队为老百姓做事,借来花花理所应当,根本没必要去还!这种想法在游击队里普遍,一时半会儿很难转变。

胡缅生在中心县委会上要求,一定要做通游击队战士的思想工作,让他们认识到“还债”的重要性:还债工作,体现了“以政策胜人”,表现共产党人有错必改的磊落胸怀。为此,中心县委印发了《告皖南同胞书》和《告皖南士绅书》,宣传共产党和人民军队的政策。还债工作,政策胜人,成效显著。很多过去不了解游击队的,现在变成同情游击队;过去与游击队陌生的,现在成了游击队的朋友;过去中立的,现在转向拥护游击队了。

本来,刘赣元身上的伤还没有好利索,中心县委并没有安排他执行还债工作。李闽南也让刘赣元好好休养。但是,刘赣元说,别的他不去可以,林甲村的士绅陈荣耀家,他一定要亲自登门。

一天晚上,刘赣元和李闽南带人悄悄来到林甲村陈荣耀家。家丁进去通报后,回话说陈先生不在家。刘赣元从家丁的神情中判断,陈荣耀一定在家,可能是有意回避。刘赣元和李闽南商量了一下,认为可能这位陈先生怕游击队又来“借钱”,产生了误会。

一进陈家的堂屋,只见陈荣耀的老婆一个人正在烤火。刘赣元扫视一周,发现火桶的另一边放着一只茶壶,两只茶碗,茶碗中还冒着丝丝热气。刘赣元心里明白,陈荣耀一定在家,刚刚还在这里烤火喝茶,只是现在躲了起来。

刘赣元故意问:“陈太太,陈先生在不在家?”

陈的老婆说:“他出门讨账去了,可能过几天才能回来。”

刘赣元故意把嗓门提得很高,说:“我们是皖南山地游击队,我是队长老刘,过去我们曾经借过你家的钱,眼看快过年了,今天特地来还钱!”

说完,刘赣元把一包大洋放到陈的老婆面前。陈的老婆一愣,下意识地朝里屋看了看。

李闽南说:“陈太太,这是二十块大洋,你点一点。另外还有三块大洋算是利息。”

陈的老婆点了点钱，点点头，说：“正好，没错。”

刘赣元说：“陈太太，既然陈先生不在家，我们打的借条就暂时不取了，等陈先生回来，我们再来取吧。打扰了，告辞！”

刘赣元等人转身要走，正好一脚门里一脚门外，突然从里屋传出一个声音：“刘队长，请留步！”

话音未落，陈荣耀慌慌张张地从里屋跑出来，上前紧紧拉住刘赣元的手，说：“刘队长，都怪我陈某以小心之心度君子之腹啊！我以为你们又是来借钱的，因为这些天账收不回来，手头没钱，怕跟你们不好交代，所以我就回避了一下。没想到你们竟然是来还钱的！误会啊！我陈某人实在失礼，还请队长不要计较！”

刘赣元哈哈一笑，说：“陈先生，哪里的话，不管怎么说，你曾经支持过我们游击队，我们要感谢你啊。有借有还，天经地义，我们共产党人说话是算数的！”

陈荣耀说：“领教领教！共产党是好样的，可信可敬啊！往后，只要有用得着我陈某的地方，只管说来，陈某自当不辞！”

李闽南说：“太好了！陈先生如果想为共产党做点事，就请借你的影响，宣传一下我们党的政策，让更多像你这样的开明士绅支持皖南游击队，建立起广泛的抗日民族统一战线！”

陈荣耀说：“放心吧，这次，我陈某心服口服了，一定会为游击队效劳！”

2

春暖花开。刘赣元身上的伤势痊愈。这都要归功于茶花姑娘的精心照料，也正因为这段时间的相处，两个人的感情更加亲近了。

这一切都没逃过孟玉的眼睛。孟玉跟胡缅生商量，趁着这段时间局势平稳，干脆把刘赣元和茶花两个人的婚事办了。这样，以后茶花照顾刘赣元更方便些。胡缅生同意，说七师首长都批准了，那就抓紧准备吧。

孟玉是个热心肠，很想把游击队的第一桩婚事办得热闹一些。她找到李闽南一说，李闽南也非常愿意张罗。

孟玉说:“老李,老刘是你们游击队的人,你就算是婆家人,男方那边的事你张罗。茶花是我们中心县委机关的人,我算是娘家人,女方这边的事,我负责。你看行不行?”

李闽南说:“那当然行了。在这个问题上,老刘的家我全当,他不听话不行!这样吧,你们娘家人有什么要求,提出来,我想办法解决!”

孟玉说:“要求倒不多,不过,你们刘队长既然要娶我们茶花,最起码要弄个洞房,还得有个婚床,还有,得给点‘彩礼’吧。”

李闽南说:“孟玉同志,你这要求还不多呀。这样吧,洞房是得有,不然新郎新娘拜完天地往哪入呢?婚床当然也要有,咱游击队再穷,也不能让小两口新婚打地铺!不过,你说的那个‘彩礼’我可不敢答应!”

孟玉扑哧一声笑了,说:“老李,我代表娘家人提出抗议,没有‘彩礼’别想娶我们茶花。”

李闽南说:“老孟,我们共产党人可不能搞封建那一套!”

孟玉说:“共产党人也是人,人情事理也要讲,你记着,这些‘彩礼’必须得有:两朵大红花,一条红头巾。”

李闽南挠挠头,说:“好好!为了老刘,我答应!”

孟玉说:“这还差不多!不过,为了给他们一个惊喜,我们秘密进行准备,不能暴露!”

李闽南说:“好的!反正老刘粗粗大大的,不会让他发现。”

李闽南带兵打仗没有头疼过,可这回当上了“男方代表”却犯了愁。洞房要有,婚床要有,这两样必不可少,可以先动手准备。李闽南和刘赣元一直住在一个山棚里,洞房的问题只好用这个山棚来解决。而解决这个问题,李闽南自己必须先搬出去,跟其他战士挤一挤。

这天一大早,李闽南把刘赣元轰出山棚,让他找胡缅生同志去汇报游击队的情况,自己带着几个战士把两人合住的山棚里里外外打扫干净,该修的修,该补的补,忙活一上午,终于把洞房弄出来了。然后,李闽南带几个战士上山砍毛竹,扛回来做竹床。战士中有两个是山里人,做竹床得心应手。

李闽南提醒他们:“这回要做双人床,多用些好竹子,活要做细一点!”

他们就问:“双人床?指导员,难道你想跟刘队长睡一张床啊!”

李闽南神秘地说:“这是军事秘密,不该问的不要问,你们只管做就是了!”

很快一张双人床就做好了。李闽南心细，先躺上去试了试，够宽敞也够结实。

接着，李闽南又找来一张红纸，笨手笨脚，费了半天劲，做出两朵大红花。手艺显然不怎么样，但是花的模样还是有的。

最后，还有一条红头巾，李闽南犯愁了，这到哪里去弄呢。李闽南到战士们住的山棚里去转悠，看看能不能发现红颜色的东西。还别说，在一个战士的铺位上，发现一块红布，抓过来一看，是件红背心，还挺新。

李闽南拎着红背心问："这是谁的？"

战士小程站起来，说："我的。"

李闽南说："卖给我好不好？"

小程问："指导员，你要这做什么？太小，你又不能穿。"

李闽南说："你说卖不卖吧。"

小程说："不卖。这是我本命年我娘做的，辟邪！"

李闽南说："迷信！辟哪门子邪！卖给我吧。"

小程说："不卖！"

李闽南说："换，换行不行？拿我脚上这双力士鞋跟你换。"

小程看看李闽南脚上的鞋，不怎么新，但是并不破，心里想换，又不好说。李闽南看出来了，马上脱下鞋递给小程，然后光着脚，拿着红背心就走。回到山棚，李闽南把那件背心折了，展开扯平，找来一把刀子，小心翼翼地裁出一个方形，看上去很像一块头巾。李闽南把那块红布系在自己头上试了试，觉得很满意。

就在这时候，刘赣元回来了。

见李闽南头上顶着一块红布，刘赣元不禁哈哈大笑："老李呀，你这是唱的哪一出呀，是唱花木兰还是穆桂英呀！"

李闽南板着脸，问："别笑！你看这像不像一块头巾？"

刘赣元还是大笑，说："像，系在你头上，更像！"

李闽南长长地出了一口气，说："像就行啊！"

刘赣元扫了一眼整理一新的山棚，又摸了摸那张新竹床，很是纳闷，问："老李，你折腾这大半天，这是要干什么？"

李闽南说："你别管，我折腾着玩呢。"

刘赣元说:“真有你的,还有这种玩法!”

李闽南看着刘赣元笑,笑得刘赣元心里直发毛。

第二天,中心县委召开扩大会,各地方党组织都派来代表参加。会议为期两天。会议结束时,大家正要离开,孟玉站起来,要向大家宣布一个好消息。

孟玉说:“今天是个好日子,各地的同志都来了,所以,我要宣布,今天我们皖南游击队将有一件大喜事要办,大家猜猜是什么喜事。”

大家纷纷议论,交头接耳。李闽南看看刘赣元,刘赣元也在东张西望,不知是怎么回事。倒是茶花低着头,脸上红红的。李闽南判断,孟玉可能跟茶花谈过。

程老黑说:“老孟,你就别卖关子了,快说吧!既然是大喜事,正好我们一起庆贺庆贺!”

孟玉说:“好!我宣布,刘赣元同志和李茶花同志的婚礼今天举行!”

刘赣元马上浑身不自在起来。茶花红着脸跑了出去。李闽南看着刘赣元开心地笑着,刘赣元这才反应过来。大家都过来向刘赣元祝贺,刘赣元脸上的笑很僵硬,直到李闽南拉了一把,他才缓过神来。

李闽南说:“新郎官,祝贺你!”

刘赣元揉搓一下脸,说:“老李,你把我蒙在鼓里呢!”

李闽南说:“这叫突袭,游击战术的一种!怎么样,心里头有点激动吧!”

刘赣元说:“老李啊老李!真不够意思,瞒着我,想让我出丑呀!”

李闽南说:“我说老刘呀,你这家伙是狗咬吕洞宾,不识好人心呀!我辛辛苦苦忙里忙外,可是为你好呀,你不感谢我,还来怪我!你是不是不想跟人家茶花结婚,不想结就算了,我这就去跟她说说!”

刘赣元一把拉住李闽南,说:“老李,你这是干什么呢,谢谢你还不行吗?”

李闽南在他身上擂一拳,说:“好了,快去准备吧,我是男方代表,负责男方事务,一切听我指挥,今天咱们要展示游击队的另一面,要让大家看看,我们游击队不仅能打硬仗,而且还有侠骨柔肠!”

花香弥漫,月色朦胧。兰义滩的草地上,点起了一堆堆的篝火,映着一张张欢笑的脸,格外喜庆。

婚礼正式举行。刘赣元和茶花站在篝火旁,一人胸前一朵大红花,茶花头上系着一块红“头巾”,像一朵含羞待放的茶花,美丽迷人。

胡缅生走到篝火边,大声宣布:“刘赣元同志,李茶花同志,现在,我代表皖南山地中心县委宣布,你们二人正式结为革命伴侣!”

掌声、欢呼声响成一片。接着,大家就围着一对新人闹开了。有人唱山曲,有人扭秧歌。有说有笑,其乐融融。不知不觉,月已偏西。

孟玉把李闽南叫到一旁,说:“我说男方代表,时候不早了,下面你该宣布入洞房了!”

李闽南一拍脑袋,说:“你看,只顾热闹,这么重要的事,我差点忘了!——有请新人入洞房!”

于是,大家簇拥着一对新人,步入洞房。大家一起闹了一会洞房,便相继散开,把这良宵让给两位新人。

是夜,两情缱绻,花好月圆。

3

新婚第三天,刘赣元要去执行一项重要任务。至于是什么任务,茶花并不知道,也不便问。新婚宴尔,自然舍不得分离,不过,茶花又不能不让他去。

上次江北七师之行,刘赣元见到丁玲,一起谈到想把冯和平“拉过来”,丁玲非常愿意,并且按照刘赣元的意思,给哥哥冯和平写了一封长信,劝说其改邪归正,早日回到为人民做事的路上来。这封信由刘赣元带回来,适当的时候,可以通过中间人转交给冯和平,而这中间人是由重庆一位地下党员于珍珍提供的,她曾替冯和平打听丁玲的下落。据于珍珍说,这个中间人是冯和平特别交代给她的,以便丁玲与他联系。

这个中间人,不是别人,正是雨台寺的净空和尚。

从七师回来后,关于策反冯和平一事,中心县委召开了一次秘密会议,鉴于此事重大,为防走漏风声,参会人员只有胡缅生、孟玉、刘赣元、李闽南、程老黑五人。刘赣元把事情的经过介绍之后,大家一起讨论如何进行。最后商定,分步实施。

第一步,先把丁玲的信通过净空和尚转给冯和平,试探冯和平的心思。

第二步,如果冯和平有意反正,继续通过净空和尚作为媒介,由孟玉出面,跟冯和平进一步接触。他们毕竟是老同学关系，有些话好说。

第三步，通过接触，摸清冯和平的心理，对其进行劝说引导。必要的时候，可以把丁玲同志从江北接过来，安排他们兄妹秘密会面，以期打动冯和平。

对这三步走的办法，大家一致通过。决定先由刘赣元、李闽南、程老黑一起把信送到雨台山净空和尚那里，同时做好净空和尚的“统战”工作。程老黑过去曾经给净空的庙里送过炭，对净空本人也熟悉，知道这个出家人品性正直，是很好的“统战”对象。

这天一早，刘赣元、李闽南、程老黑三人一副商贩打扮，出了兰义滩，由程老黑带路，直奔雨台山。有程老黑带路，到雨台山并不太难。此时春好，三个人穿林过涧，轻轻松松，并不着急。之所以轻松赶路，一是怕去早了，白天庙里有香客，不好说话，想赶在天黑时到达。二是刘赣元伤势刚好，怕他累着。人家现在不仅是队长，还是新郎官呢。这样也好，边走边看皖南山区的春色，倒是饱了眼福。

坐下来歇脚的时候，李闽南突然说：“老刘，我得向你道歉。”

刘赣元被他弄得摸不着头脑，问：“道歉？道哪门子歉？”

李闽南说：“当初我俩吵架，你还记得吗？”

刘赣元说：“吵架？我不记得了。老李呀，你想想，我俩哪天不吵，那是家常便饭！”

李闽南说：“那一回，关于丁玲，我错怪你老刘了！”

刘赣元似乎想起来了。

李闽南说：“当时我以为你对丁玲早有想法了，可是你又要把茶花招进游击队，我不同意。知道为什么吗？哈哈，当时我以为你老刘是个花心大萝卜，想脚踏两只船呢！哈哈！”

刘赣元跟着哈哈大笑，说：“好你个老李，把我想成什么人了！你好好看看，我刘赣元是那种吃着碗里看着锅里的人吗？哈哈，不仅过去不是，现在也不是，将来也不会是！”

李闽南说：“现在你不敢，将来也不敢，因为有茶花管着呢！”

天黑的时候，他们来到雨台寺。

暮色四合，雨台寺一片静寂。净空和尚跟程老黑相识，一坐下来，各自开门见山,话便说开了。

净空双手合十,问:“阿弥陀佛,这么晚了,程老板来敝寺,怕不是送炭,也不是拜佛吧。”

程老黑说:“大师说得对,我一不送炭,二不烧香,陪朋友办件事。这两位是我生意上的朋友,到这里来求您一件事。”

净空说:“贫僧两耳不闻窗外事,无交无往,怕是办不了什么大事。”

程老黑说:“大师客气了,朋友想托您转交一封信。”

净空说:“信本鸿雁传,何须劳人转?不知这信是何信?”

程老黑说:“家信!”

净空说:“转给何人?”

程老黑贴近净空,小声道:“冯团长。”

净空似乎并不惊讶,轻轻哦了一声,说:“冯团长现在不是冯团长了,是冯队长喽。不过,前几天他倒是刚刚来过。”

程老黑说:“那就拜托您了。”

净空说:“不必客气,我佛慈悲,成人之美,是分内的事,也是积善的事。”

刘赣元拿出那封信,双手交给净空。净空接过信,掂了掂,意味深长地说:“这封信,好沉好沉啊!”

刘赣元说:“是啊,正因为重要,不然就不来打扰大师了。”

净空站起身来,看了看窗外,说:“天太晚了,如不嫌弃,三位今晚就住在敝寺吧。”

程老黑看了看刘赣元和李闽南,征求他们的意见。

净空诚恳地说:“三位尽可放心,这是佛门净地,不会有外人来打扰的。”

刘赣元笑道:“恭敬不如从命,那就多谢了!”

净空说:“不要言谢,贫僧老了,看到你们年轻人,很想跟你们说说话啊!你们能留宿,那是看得起我呢。阿弥陀佛!”

第十八章

1

“唱大戏”活动草草收尾，陈淡如大搞“政治清剿”的兴致不仅没有消退，反而更高，花样也更多。继“唱大戏”之后，陈淡如推出一项名为“自首典型”的宣传活动。顾名思义，该活动就是要树立一批“自首”典型，加以大力宣传，以期达到教化民众、孤立共党、打击游击队之目的。

这话是陈淡如在动员大会上说的。当时，冯和平坐在台下，心中暗想：陈总指挥不应该来“剿匪”，应该去卖大力丸，不然，他这嘴上功夫实在浪费！

陈淡如对该活动有比较具体的要求：力争在两到三个月内抓一批活生生的、有说服力的典型，加以宣传，力争在整个皖南山区制造一种“自首”的氛围，哪怕是真真假假，让共党和他们的游击队真假难辨，让皖南的老百姓不敢通共！

烦归烦，做还得做。陈淡如一个新鲜点子出来，最先遭罪的就是冯和平。

按照陈淡如的思路，要在各县乡建立一批“自首室”，设专人管理，敞开大门，让那些曾经“通匪”的人进去自首。同时，设立奖项，对重大自首分子给予奖励，在适当的时候，把这些自首典型组织起来，在各县乡巡回作报告。用蒋校长的话说，娘希匹，效果一定很好的！

各县乡“自首室”的设立，如雨后春笋，陈淡如命令冯和平的工作队定期下去督导。陈淡如言之谆谆：“剿匪要沉下去，浮在上面是剿不到匪的！”

剿，剿，剿，依然是老生常谈。冯和平实在提不起精神来，倒是方家正急猴猴地要求“沉下去”。冯和平一想，有方家正在这里监视，面子上还是要过得去，哪怕是走个过场，下去督导一下。所谓督导，不过是走一走看一看，喝喝酒吃吃饭，没什么大不了的，权当散心！

此次督导，第二站来到庙首乡。正赶上中午吃饭的时候，江之端安排酒菜，特意炖了两只大乌龟，冯和平和方家正头一回吃这美味，都觉得确实不错，于是打趣江之端不该当这乡长，应该去做厨子。说说笑笑，已到午后。突然，江麻子来报，乡公所刚刚开设的“自首室”就来了一位，口口声声要“自首”。

乡长江之端一见有人“自首”，当然高兴，马上赶往“自首室”。冯和平和方家正一起过来看个究竟。这时，一个三十来岁的男子醉醺醺地走进来，此人骨瘦如柴，脸色发青，一看就是大烟鬼。

江之端于案前端坐，问，你叫什么名字，家住哪保哪村？

那人说，我叫陈六月。家住，山南，陈家村。

江之端问，陈六月，你为何自首？

陈六月打了一个酒嗝，说，听说自首有奖。

江之端说，有立功表现才有奖。

陈六月说，我要立功。

江之端说，你说说，我听听，你是通匪、助匪，还是参加过游击队？

陈六月又打了一串酒嗝说，我没通匪，也没助匪，也没参加过游击队。

江之端不耐烦了，问，那是自首什么？

陈六月脖子一梗，说，我搞过“破鞋”。

江之端一拍桌案，喝道，你小子是不是喝多了，跑到这里胡说！

陈六月说，我没，没喝醉，我说的是真的。那个破鞋叫崔寡妇，是庙首街上的，不信你去打听。

江之端一听提到崔寡妇更来气，大喝一声，住嘴！我看你小子是来捣乱的，快给我滚，不然就把你抓起来！

陈六月这时候还来劲了，说，凭什么抓我？我来自首，凭什么抓我！

方家正笑得前仰后合。冯和平依然表情木然。

方家正自言自语：“你这是怎么了，这么可笑都不笑！？”

冯和平也觉得可笑，但是更觉得无聊。

2

日复一日，无聊的督导让冯和平身心疲惫，所以，如果不是陈总指挥催得太紧，冯和平是不愿意再出门的。这一天，冯和平迷迷糊糊从床上爬起来，侍卫王大功带进来一个小和尚。原来是雨台寺净空和尚的弟子木鱼。

冯和平问："木鱼，净空大师最近可好？"

木鱼说："师父一切安好。"

冯和平问："木鱼师傅，这一大早，进城找我有事吗？"

木鱼说："师父吩咐我给你送一封信。"

冯和平想，净空和尚难道有什么不便说的话，要写信来，问："什么信？"

木鱼说："在这，您自己看吧。"

说罢，木鱼从怀里掏出一封信来，双手递上。冯和平接过信，信封上娟秀的笔迹让他不禁一惊，心窝处一阵狂跳：是玲子的信！自从得知玲子的下落之后，冯和平一直等待着这一天，现在他们兄妹终于联系上了！冯和平的手在抖，但是他马上控制住自己的情绪。

木鱼说："冯队长，师父说，明天请您到山上喝茶。"

冯和平说："好好好，请转告大师，一定去，一定去！"

木鱼告辞，冯和平让王大功骑马送他一程。

然后，冯和平来到里屋，关上房门，双手颤抖地拆开了信封。

哥：

看见这个称呼，你一定猜出来我是你的玲子妹妹了吧。是的，玲子现在江北给哥写信。哥，你一切好吗？

自从上次我从家里偷偷跑出来，已经有几年了。几年来，我几乎天天想着哥，就连做梦都想，还有娘，还有爹。那是多么美好的梦啊，我和你坐在娘的怀里，一起看着月亮，听娘讲月亮里嫦娥的故事……可是，每次梦醒时分，只留下一脸的泪啊！我知道，这只能是梦！

我从家里跑出来之后，跟两个同学一起来到了皖南参加革命，抗日救国,这些你已经知道。在这里我学到了很多东西,知道了很多道理,我得感谢这个大家庭,给了我关怀爱护,也给了我生活的动力。可是,自从41年初皖南事变后,一切都改变了。我永远忘不了那可怕的一幕幕,我亲眼看见身边的战友被子弹打穿胸膛,亲眼看见队里的姐妹被逼到山崖,然后手挽手纵身跳下……哥,玲子是幸运的,是战友替我挡了子弹,是山洞帮我躲过搜捕,是皖南的乡亲救出我,并帮我联系到了组织,我才能回到江北,现在才能坐在灯下给哥写信!

哥啊!玲子不知道为什么会发生那一幕幕惨剧,但是我知道那本不该发生。当时我在想,那向我的战友、我的姐妹、我玲子开枪的会是我哥吗?如果是,我哥怎么舍得,怎么会那么狠心?!哥,请你告诉玲子:哥不会,哥不会!哥,你不会的,是吗?唉!苍天在上,我怎么也想不到,你我兄妹,转眼间怎么会成为敌人!

那一切都过去了,虽然阴影还留在心里。不久前,重庆那边有人打听我,我知道一定是我哥。是啊,在这个世界上,除了我哥,还有谁会惦记着玲子呢,就像玲子惦记着我哥。我哥,你的情况如何?你还记得爹对你的期望吗?你抗日救国的远大理想实现了吗?

哥,我知道你还在皖南。你在皖南前线打鬼子,还是在后方"剿共"?说实话,玲子宁愿我哥在前线打鬼子,哪怕让我为你提心吊胆,也不愿我哥躲在后方,把手中的枪指向我的战友,我的兄弟姐妹!

唉,玲子是不是说得太多了?玲子知道,我哥是个懂大道理的人,不会做糊涂事!

这次的信,托一朋友转交,如果哥想玲子,想跟玲子说说话,就写信来,也请这个朋友转交。

玲子等着。

祝一切都好。

玲子于江北

当天,冯和平几乎一夜未眠。他读着妹妹玲子的信,每一句都让他心如刀绞。他曾几次提笔试着给妹妹写信,但是每当下笔,却思潮起伏,不知从何说起。后半夜,他来到院子里,看着满天的繁星,默背着玲子的信,想象着玲子在江北的样子，心里才渐渐平息下来。是啊，他有很多话想跟玲子说啊！

……

玲子，今天是几年来最开心的日子。收到玲子的信，哥百感交集。

玲子，哥得知你依然很好，心里舒服极了。在没有你消息的那段时间里，哥哥是怎么熬过来的，你无法想象。玲子，和你相比，哥不如你，你有你想要的生活，有你想做的事业，哥哥没有。也许这就是命运！

……

玲子，哥不得不告诉你，哥让你失望了，哥对你、对你的战友、对你的姐妹是有罪的。你说得没错，那向你的战友、你的姐妹、你玲子开枪的正是哥！哥对不起你，哥糊涂，哥只记得自己是军人，只知道服从命令是天职，没想到自己还是别人的兄长，别人的儿子。都说，两方交兵，各为其主，谁又能面对骨肉相残，同胞相戮！玲子，哥这一生怕是逃不过那段阴影了！

哥没有忘记爹对我的期望，只是这期望只能放在心底了。哥抗日救国的远大理想没有实现，一点都没实现。玲子，你恨哥哥吧！

哥在皖南，没有在前线打鬼子，而是在后方"剿共"，哥手中的枪口对准的，是玲子的战友！玲子，你恨哥吧！

唉，玲子，哥多想跟你说说话，多想见到你，但是哥怕是没那勇气。你说哥不是糊涂人，可是哥却做了一生中最糊涂的事。哥无颜面对九泉之下的父母亲啊！

玲子，你走上了正路，好好走下去吧。也许有一天，你会把枪口对准我，哥将含笑面对，因为哥有罪，能倒在玲子的枪口下，哥无怨无悔！

……

3

第二天一大早，冯和平一心想去雨台山，要把写给妹妹玲子的信交给净空，但是方家正又缠着他一起下去"督导"。对这个方队副，冯和平一直提防着，不想让他知道更多，便心生一计，打发他离开。冯和平把方家正找来，说："方队副，看来督导任务还很重啊，很多乡村还没走到，这离陈总指挥的要求差距不小啊！"

方家正说："必须要抓紧了，不然陈总指挥怪罪下来，咱们可吃不消呀！"

冯和平说："方队副，你看这样好不好，为了加快进度，今天我们分开行动，一人一条线，一天下来，可以多跑几个地方。"

方家正说："可以。"

冯和平说："这样吧，你去庙首方向，我去谭家桥方向。两个方向同时推进！"

方家正一听，心中暗喜：这样正好，我正想吃江乡长的炖乌龟呢。于是说："那好，我们分头行动吧。"

于是，二人分道而行。冯和平带着侍卫王大功，打马直奔谭家桥方向而去。经过雨台山，冯和平一勒马缰，四下张望，见方家正一行不见踪影，便打马踏上上山的小路。

雨台寺。净空和尚在禅房里，早早沏了一壶春茶，摆好茶盏，独自手拈佛珠，闭目养神，似乎早就料到冯和平会来。待一听到寺外马蹄声，便招呼道："木鱼，把冯队长请到这里来，就说茶沏得正好。"

不多时，冯和平果然进来。净空依然闭着眼拈珠，说了声："请坐。"

冯和平坐下之后，长长地出了一口气，说："谢谢大师！"

净空眼睛微微睁开一条缝，说："何以言谢？"

冯和平说："大师解我思念小妹之苦，理当感谢！"

"解你思念令妹之苦的不是我，"净空呵呵一笑，随后用手一指，"是他！"

这时，从禅房外走进一个人来。冯和平并不认得，下意识地站起身来。只见来人走上前，微微一笑，双手抱拳，说："冯队长，久仰啊！"

冯和平还礼，说："幸会！请问您是……"

"我就是你们要找的人，"刘赣元自报家门，"皖南山地游击队队长刘赣元！"

顿时，冯和平脸色骤变，但是还是故作镇静。刘赣元，这个名字，冯和平太熟悉了。关于刘赣元，冯和平曾经有过无数次的想象，真真地站在眼前，却觉得不太真实。说心里话，尽管现在是对手，冯和平并不是很反感这个人，相反，内心里倒是对这个人有几分敬佩。一个人带出一支队伍,靠几条枪折腾得国军大部队团团转,没有本事,怕是做不到的!

冯和平盯着眼前的刘赣元,刘赣元也盯着他。两个人用目光较量一番,都力争洞察对方的心理。

净空这时站起来,分开双手,示意大家坐下:“你们都知道对方是谁了,免得老衲多嘴介绍了,只是都不要感觉突然就好了。来!喝茶。”

刘赣元端起一盏茶,喝了一口,说:“冯队长,丁玲同志让我代她向你问好。”

“谢谢刘队长。”冯和平闻了闻茶香,尽力掩饰内心复杂的活动。

刘赣元说:“冯队长,其实我见过冯队长,不过,那时候叫冯团长。”

“是吗?请问何时何地?”冯和平故作矜持状。

刘赣元说:“三年前,在庙首乡公所门前,冯团长训斥乡长江之端欺压轿夫,义正词严,实在令人敬佩!”

“确有此事,”冯和平似乎想起来了,不禁倒吸一口凉气,“难道说刘队长当时在场?”

“不错!我老刘就站在人群中,”刘赣元说,“对了,我当时还给你鼓掌呢!”

冯和平顿时有些后怕,随口应承道:“见笑,见笑!”

“哈哈,看来你们应该算是老朋友,既然这样,那就有话直说吧。”净空适时插话道,“不过,今天在这里,你们都要忘掉自己是什么党,不管是什么党,首先是人,大家平起平坐,然后再谈事情。”

刘赣元说:“大师说得好,一个党连人都做不好,相信也不会是什么好党!”

冯和平微微点头。

“说得好!说得好!”净空接着说,“我打个比方,好比一家有两个兄弟,老大是儿子,老二也是儿子,两个兄弟,干吗要有区分?为什么老大不让老二,老二不让老大的,非要拼个你死我活呢?”

刘赣元和冯和平互相看了一眼,然后都看着净空和尚。

“我是出家人,本不该操心俗世的纷争。但是,大家坐到一起,我还是说几句吧。”净空喝了一口茶,接着说,“自古天下分久必合,合久必分。风水轮流转。你国民党是党,他共产党也是党,你不能只兴你自己坐天下,就不许别人坐天下。天下是百姓的天下,谁能为百姓办事,谁就能坐天下。盘古开天地,有朝代以来,有一个算一个,看看哪一朝哪一代不是如此。百姓服,得天下,百姓不服,坐了天下怕是也坐不稳啊!”

冯和平和刘赣元的目光又一次碰撞到一起,不过这次不再是交锋,而是理解和融合。

净空看着眼前这两个年轻人,两个对手,不禁有些感慨:

“说起来,是我这个出家人多事,把你们两个人召在一起。”净空说,“按说,我这里是佛门净土,不该沾染是非。不过,我相信你们都是见过世面的人!我佛慈悲,这里就给你们提供一个公平说话的地方。好了,老衲不打扰了,你们好好谈一谈吧。记住,世间无仇人,交心皆是友,年轻人眼光往前看!阿弥陀佛!”

第十九章

1

刘赣元和李闽南、程老黑一起回到兰义滩，没有马上回“洞房”去见新婚妻子茶花，而是直奔中心县委找胡缅生汇报情况。在雨台寺，刘赣元和冯和平单独谈得很投机，虽说主要是试探，但是对方的心理倾向可见端倪。策反冯和平迈开了第一步，为下一步进展打下了良好的基础。冯和平袒露了自己的难处和困惑。刘赣元向冯和平宣讲了中共的政策，对他过去所做的一切也表示谅解。

胡缅生听过汇报以后，也很兴奋，说从敌人内部团结一个人就等于我们建立起一条看不见的战线，将会为我们坚守皖南，提供更好的保障。大家你一言我一语，越说越高兴，越说话题越多，刘赣元竟忘了回去见他的新娘子茶花，多亏胡缅生提醒：“老刘，你这个新郎官真不合格，赶紧回去，新娘子怕是等得要哭鼻子了！”

一提到茶花，刘赣元心里也想马上回去，嘴上却说：“不急不急，女人嘛，让她等她就得等！”

孟玉似乎看透刘赣元的心思，说：“老刘，别说女人的不是，女人怎么了，女人不好，你娶人家干什么！快回去！”

刘赣元被孟玉一语道破天机，憨憨一笑，起身告辞，一出门，甩腿就跑，一口气跑到洞房门前，听见里面有女人的哭声。刘赣元大惊，难道茶花真的急哭了？赶紧推门进来一看，正在哭的不是茶花，而是茶花的小姐妹项五妹。

见刘赣元进来，项五妹趴在茶花的怀里哭得更厉害了。刘赣元问茶花怎么回事，茶花把刘赣元拉到外面，把情况一说，刘赣元惊呆了。

五妹是此前牺牲的地下党员项腊梅的小妹妹，因为在家无依无靠，又一心向往参加革命，不久前中心县委把她接过来帮忙，她跟茶花两个人相处甚好，情同姐妹。刘赣元去执行任务，当天晚上没有回来，茶花一个人住在洞房，又怕无聊，就把五妹找来一起住。当晚，姐妹俩说说笑笑，直到后半夜才睡，一睡睡得还很沉。可是，就在天快亮的时候，茶花起来解手，忘记关门，回来就听五妹哇的一声大叫，接着从山棚里窜出一个人影，跑得飞快，很快就不见了。茶花吓得浑身发抖，跑进山棚点着油灯一看，五妹上身的衣服被撕得稀烂。幸亏茶花及时回来，不然就要出大事了。据五妹说，那个作案的人很瘦，身上有股酒味。在他逃离山棚时，跑掉一只草鞋。

从情况分析，基本可以断定，这事是游击队里的人干的。进驻兰义滩之后，刘赣元等人去江北七师期间，游击队又进一批新战士，游击队情况略显复杂，是谁有这么大的胆子干这种混账事呢？

刘赣元问茶花："这事有没有跟老胡和老孟反映？"

茶花说："五妹不让说，一个姑娘家，怕丢人！"

刘赣元恨得牙直咬，马上要喊人集合队伍，非要查个水落石出。茶花坚决不依，说："深更半夜，这样兴师动众，整个游击队和中心县委机关都知道了，五妹还怎么有脸在这住下去呀！"

这话很有道理，姑娘家摊上这事，不管有没有咋着，好说不好听。刘赣元想了想，说："好吧，明查不行，我来暗访，非要把这家伙查出来，军法处置！"

刘赣元打仗是一把好手，无可争议，可是要说劝人，尤其是劝女同志，那就显得有点拙嘴笨舌了。本来想好的话，说出来味道就变了。刘赣元说："五妹呀，别哭了，就当那小子是条狗，你呢就当被狗咬了一口，要不就当那小子是猪，你呢就当叫猪拱一嘴，反正就当是畜生干的事，想开点！等我查出来，我非让他当着大家的面，跪在你面前，喊你三声姑奶奶，好不好？"

五妹一听，哭得更凶。茶花说："你看你，人家五妹就怕外人知道，你还非要当众，那样还不如不查出来呢！"

刘赣元抓耳挠腮，无计可施，蹲在一旁，就着灯光，研究起那只草鞋来。游击队有个不成文的规矩，进队就得会自己编草鞋。常在山里跑自然费鞋，不会编草鞋,自己的脚会吃亏,所以,游击队战士个个都会编草鞋。编草鞋就像女人做针线活,手艺有好有坏,从鞋上一眼就能看出来。

这只草鞋,鞋子不大,八成新,歪帮扭底的,手艺一般。刘赣元判断,这家伙个子不高,刚学会编草鞋不久,很可能是新招进来的。这么一想,范围缩小,刘赣元心里有了底。想到这,刘赣元把那只草鞋别在腰里。

第二天,刘赣元早早来到游击队战士的山棚前。游击队每天早上出操,他要在出操时看看谁脚上的草鞋跟他腰里别的那只样子接近。战士们出操的时候,刘赣元低着头挨个看脚,李闽南闹不明白怎么回事,就过来问。刘赣元笑笑说,看看,看看!

把战士们脚上的草鞋都看过一遍之后,刘赣元基本上锁定了目标,一共三个人,一个小程,一个小章,一个小彭。

出完操,吃过早饭,刘赣元突然命令集合。

李闽南问:“老刘,你看今天安排什么训练内容,投弹还是拼刺?”

刘赣元看看天,说:“天有点热,训练就暂时不安排吧,我看安排大家一起编草鞋,搞个评比,看谁编得又快又好。”

李闽南说:“这个活动不错,编草鞋也是咱游击队战士的一项本领,搞个评比,可以互相促进,提高一下!”

游击队所有的战士以班为单位,一字排开,席地而坐,一人抱来一捆草,准备比赛。李闽南嘴里咬着哨子,大手一劈,哨子吹响,比赛开始。

刘赣元背着双手,从这头走到那头,慢慢地走,慢慢地看,从每一个人的手法,到编出来的形状,一一记在心中。

时间到了,李闽南停止的哨声一响,战士们马上停止手上的活,原地站好。

刘赣元一个一个地数,一个一个地查看。最后又缩小了目标范围:一个小章,一个小彭。

刘赣元的脸板起来,大叫一声:“二班的小章,三班的小彭出列!”

小章和小彭向前一步,看着刘赣元,不知道是会得到表扬还是批评。

刘赣元又叫道:“小章、小彭,带上你们的草鞋,跟着我,向左转,齐步走!”

李闽南喊道:“老刘,这里还没评比呢,怎么走了!”

刘赣元头也不回,小章和小彭头也不敢回,跟着刘赣元齐步走。刘赣元带着两个小战士一直走,走到前面一片小树林里。

刘赣元站住,转身喊:“立正,稍息!”

小章和小彭马上立正稍息。

刘赣元走到两人面前,板着脸问:“知道我为什么把你们两个喊出来吗?”

两个人都摇头。

刘赣元说:“好,我来告诉你,是因为这只草鞋。”

说罢,刘赣元从腰里拔出那只旧草鞋来,举到两个人的眼前,说:“好好看着,看清楚。”

小章和小彭目不转睛地盯着那只草鞋。

刘赣元问:“看清楚没有?”

二人答:“看清楚了!”

刘赣元问:“这只草鞋,是你们两个人中谁的手艺?”

小彭说:“报告队长,不是我的,我用的草绳粗一些!”

刘赣元看着小章。

小章说:“报告队长,是我的!”

刘赣元说:“好,小彭归队,小章留下!”

小彭归队,留下小章一个人面对刘赣元,可怜巴巴的,不知道咋回事。

刘赣元板着脸把那只草鞋扔到小章的面前,说:“小章,你给我说说,你前天晚上都干了些什么?”

小章眨眨眼:“睡觉。”

刘赣元逼上前,问:“光睡觉吗?”

小章说:“就是睡觉,队长不信可以去调查。”

“那你这只鞋子怎么跑到外面去了,是草鞋自己长腿了吗?”刘赣元瞪着眼说,“你说!”

“我也不知道,反正我是睡觉了。”小章委屈地说,“我们二班的战士都可以给我证明。”

“那我再问你,除了你,你编的草鞋还有谁穿过。”刘赣元从小章的神情中判断,小章作案的可能性很小,于是开导道,“好好想一想,有没有人借过你的草鞋。”

小章抓耳挠腮一阵子,突然说:“想起来了,我们二班长张昆山拿过我一双草鞋,他说他的草鞋坏了,又懒得编,就跟我借了一双。”

二班长张昆山是当地人,游击队第一次扩编时进队,刘赣元非常熟悉。此人瘦小精明,身手不错,坏毛病也不少,喜欢偷偷喝几口酒,不愿团结同志。难道真是他吗?想到这,刘赣元脑子转了转,笑着对小章说:“好了,没事了,我就是想检查一下有没有人偷懒。小章呀,你看你这草鞋编得,跟猪八戒扭的麻花一样,回去好好练练。归队吧!”

小章答道:“是!”

刘赣元慢慢地走回队里,李闽南正急等着他来颁奖,三个人获奖,一人一条毛巾。

刘赣元颁过奖,把李闽南叫到一旁,把情况前后经过一说,李闽南很惊讶。

刘赣元说:“现在基本上可以断定就是二班长张昆山,你看怎么办?”

李闽南说:“此事非同小可,我找机会先跟他谈谈,弄清楚再说!”

刘赣元说:“好!如果确定,绝不姑息!”

2

一波未平,一波又起。就在这时,中心县委突然接到情报,一股大约一个营的敌兵正从西北方向朝兰义滩开来,中心县委机关和游击队必须马上转移。刘赣元让李闽南带一班保护机关的同志先转移,他和程老黑一起带领二班和三班,从侧面牵制敌人。

兰义滩的空气紧张起来。茶花随机关转移前,悄悄塞给刘赣元一瓶药,说是亲手熬的草药,专治皮肉伤。刘赣元跟她开玩笑说,这回受伤不用怕了,反正回来有老婆伺候。

敌军从西北方向分两路向兰义滩扑来。刘赣元判断中心县委机关已经安全转移,就朝敌军放了几枪,吸引一下敌军,然后就往大山深处撤去。

晚上,刘赣元率队来到一个叫箬西坑的地方。这里其实并不陌生,游击队撤向兰义滩时,曾在这里宿营。此番情况特殊,能不能就地宿营,刘赣元让程老黑拿主意。长期在山里跑,程老黑练就了一套特殊本领:走到山前,他只要望一下山形,或者看一下路边草丛上的露水和灰尘,就能判断有没有人活动,能不能搭山棚，会不会被发现。

程老黑说，问题不大，可以宿营。

就地宿营，布好岗哨。刘赣元腾出空来分析敌军扑来的原因。这时他发现二班长张昆山有意躲着自己。难道这小子察觉到那天做的蠢事败露，心里发虚？刘赣元有意靠近他，打算侧面敲一下他的警钟，让他主动站出来承认错误。毕竟，现在游击队正是缺人的时候，挽救一个同志比放弃一个同志要好。所以，休息时，刘赣元故意在张昆山的旁边躺下来。张昆山显得很不自在，不敢正眼看人。刘赣元找话跟他说，他却装作睡觉，打起呼来。

上半夜，刘赣元一直不敢合眼，时不时到各哨位察看。程老黑担心刘赣元的身体，让刘赣元睡觉，各哨位由他盯着。程老黑是个实在人，又有丰富的斗争经验，刘赣元很放心。连着几天没有好好休息，刘赣元躺下之后，很快就睡着了。

大约到了后半夜，山风阵阵，林声呜呜。刘赣元忽然惊醒，拔出枪来。程老黑悄声说，没情况，你睡吧。刘赣元接着又睡着了。

远远地，山村里的鸡鸣声隐隐传来。这时，张昆山悄悄爬了起来，四下张望，见无人发现，悄悄溜到崖壁边，突然拔枪朝着刘赣元躺的位置一阵乱射。刘赣元被枪声惊醒的同时，突然感到左大腿中弹。刘赣元忍着剧痛，开枪还击。张昆山早有准备，身形轻展，顺着崖壁边的一棵粗藤，溜之乎也。

程老黑摸到刘赣元身边。刘赣元草草包扎好腿上的伤，让程老黑把队伍集合，马上转移。刚刚转过一道密林，刘赣元猛然想起叛徒张昆山知道中心县委机关转移的方向和位置，万一他带敌军包抄，县委机关便凶多吉少。刘赣元当即命令程老黑带人突围出去，快速给中心县委胡缅生报信。

"老刘，要走一起走！"程老黑说，"不能丢下你！"

"不行，抬着我走太慢，迟一步县委机关的危险就加大一分！"刘赣元命令道，"老程，别糊涂，快走！"

程老黑只好留下两个战士陪着刘赣元，自己带人去追赶中心县委机关。此时，东方已渐渐现出了鱼肚白，突然前面的树林里出现一伙敌军。刘赣元命令两个战士分散隐蔽。

敌军越来越近，突然，敌军发现程老黑等人向山下突围，便转身追赶。刘赣元举枪向敌人开火，有意把敌人吸引过来。这时候，叛徒张昆山站在高处，兴奋地叫道:“刘赣元在那里呢,抓活的!”

一听是刘赣元,敌军折回来,一窝蜂地包围上去。两个战士掩护刘赣元,先后中枪倒下。刘赣元伏在箬叶丛中,甩手打出一梭子弹,向两个战士爬过去,用手一摸,两个战士已经停止呼吸,其中一个就是二班的小章,那个草鞋编得不好的小战士。刘赣元很伤心,摇着小章喊:“小章,你不能死,你还没把编草鞋练好呢!”

这时,敌军中有人问:“张昆山,你他娘的看清楚没有,到底是不是刘赣元?”张昆山说:“肯定是,我已经把他打伤了,一定要抓活的!”

敌军确定是刘赣元后,开始缩小包围圈,刘赣元朝旁边看了看,一面山崖深不见底。看来只能想法逃脱,不然不是被活捉,就是被打死在这里。此时,他恨自己当时没把张昆山揪出来,如果那样,那小子就不会有机会叛变,也就不会有这事发生。

想至此,刘赣元连发一梭子子弹,冲着敌军的方向,破口大骂:“张昆山,你干的伤天害理的事,老子还没跟你算账呢!你半夜三更欺负人家姑娘,现在又叛变投敌,你他娘的不是人,是畜生!”

张昆山躲在一棵大树后边,说:“哈哈,就是老子干的,怎么着吧!刘赣元,跟你说实话,老子那天夜里不是冲着项五妹去的,是冲你的新媳妇茶花去的,可惜老子运气不好,没有上手!”

刘赣元眼珠子火星直冒,抬手向张昆山射去,同时就势滚到崖口边,高声喊道:“张昆山,你他娘的等着,我刘赣元一定会找你算账的!”

说罢,刘赣元突然跃起,纵身跳下悬崖。

敌军见状,呼啦啦围到崖壁前,朝着悬崖下一阵乱枪。

一个敌军小头目说:“弟兄们,省点子弹吧。这崖口十几丈深,下面尽是杂树乱石,从这里跳下去,再大的命他也保不住。弟兄们,回去领赏吧!”

张昆山不放心,大叫:“不行啊,刘赣元命大,我看再给他来一把火,烧他娘的一个片甲不留!”

于是,敌军点燃火把。一个个火把纷纷扔下悬崖,顷刻之间,浓烟滚滚,大火弥漫,整个山崖如同火窑。

第二十章

1

冯和平真是倒霉，又碰上一件堵心的事。

此次“成功围剿”游击队一事，作为队长，冯和平却一直被蒙在鼓里，压根儿就不知道。那天，方家正率队配合地方保安队一起联手行动并取得完胜的消息，第二天传遍县城，侍卫王大功来报告时，冯和平还不大相信。冯和平记得，当天方家正率一分队出去的时候，明明说是下乡“督导”，怎么会去“清剿”呢？等到方家正回来，冯和平质问，方家正并不否认。冯和平当时就很恼火。

“方队副，我是队长，此次行动，为什么不跟我请示？私自动兵，你知道该负什么责任吗？”冯和平说话很不客气。

“冯队长，话可不能这么说，你凭什么说我私自动兵，我明明有上级的命令！”方家正满不在乎，说，“我执行陈总指挥的命令，重创游击队，歼灭匪首刘赣元，应该受嘉奖才是！”

“既然是陈总指挥的命令，我是队长，我怎么不知道？”冯和平逼视方家正。

“那我就不知道了。”方家正撇一撇嘴，“这话得去问陈总指挥，难道陈总指挥下命令还要跟冯队长商量不成！”

冯和平脸涨得通红，浑身发抖，气呼呼地转身离开。方家正追着他说：“冯队长，你现在就可以问。啊，打个电话就可以嘛。”

冯和平并不答话，冲进自己的屋里，重重地倒在床上。冯和平不会去问陈淡如，他知道问也白问，说不定还会招来一肚子闲气。实在是太气人！陈淡如故意撇开我冯和平这个队长，让队副方家正去“清剿”，是什么意思？是的，我对“清剿”没有兴趣，但是动兵一事，没有道理不让我知情。谁他妈的听说过，队伍打完仗回来了，队长还不知道怎么回事的！这就跟自己老婆生下孩子，还不知道是谁下的种一样，明明是欺负人嘛！这是生生往我冯和平的眼里揉沙子啊！陈淡如啊陈淡如，越过我直接调动方家正出兵，你要我这个队长干什么?！欺人太甚！

其实，生气归生气，冯和平从内心还抱一丝庆幸：幸亏自己没有率队去围剿游击队，不然重创游击队、歼灭刘赣元的罪名就会落在他冯和平的头上。如果这样，他冯和平将来如何面对妹妹玲子？如何面对净空老和尚？如何面对自己做人的良心？

是的，他跟刘赣元只一面之交、半晌谈话，但是他能感觉到刘赣元不是一般的人，是一个有坚定信仰，而且敢于践行的汉子。作为男人，冯和平打心底里佩服这样的人，而且更愿意交这样的朋友。这样的人，怎么会被方家正“歼灭”呢？难道仅仅是因为内部出现了张昆山这样的败类？

尽管冯和平不情愿相信这是事实，但是从各方面的信息分析，刘赣元确实受了重伤，然后跳下悬崖，接着张昆山又放火烧山持续一天一夜，如此说来，刘赣元凶多吉少啊！

与冯和平相反，陈淡如的心情极好。

原因是他发明的“自首典型”活动初见成效，尤其令他得意的是张昆山的“自首”。作为共党游击队二班班长，张昆山在国军追剿途中恍然醒悟，迷途知返，枪伤游击队长刘赣元，并逼其跳崖自绝，那是“浪子回头金不换呀”。问题在于，这不是一个张昆山的“弃暗投明”，这是一种新的动向。用蒋委员长的话说，娘希匹，“政治清剿”大有可为的！

作为追随者，陈淡如越来越喜欢蒋委员长的那句“口头禅”：娘希匹。这句口头禅说起来很过瘾，也很灵活，高兴时可以用，恼火时也可以用，赞赏可以用，骂人也可以用。现在，陈淡如很高兴，当即把“我军重创皖南共匪，游击队长刘赣元被歼”这一喜讯，电告第三战区司令长官和蒋委员长，战区司令长官给予嘉奖，蒋委员长复电给予表彰。

陈淡如欣喜若狂，娘希匹，真他娘的娘希匹！

在得到表彰之后，陈淡如趁势大做文章，要把张昆山这个“自首典型”在皖南地区大力宣传推广。陈淡如要求马上做三件事：一是把张昆山“战地起义弃暗投明”的事迹写成文章，印刷成报，发放到各县乡村，让老百姓都能看到。二是搞一次庆祝大会，庆祝重创游击队，歼灭刘赣元，并让张昆山在会上公开报告自己的“自首经验和心得”。三是要落实奖励政策，让老百姓看到，“自首”是有好处的，立功是有奖的。

这项任务自然落在冯和平的头上。冯和平满心的不快，但还得要一一落实，因为如果他稍有懈怠，即便陈淡如看不到，队副方家正也会去打小报告的。

各项活动开展顺利，印刷好的那篇《战地起义弃暗投明》发放到位，“自首典型”张昆山的奖励也得以落实，除了得到一万块大洋，还当上了县保安队的小队长。

最让冯和平受不了的是，张昆山的“自首经验报告”逼着老百姓去听。那张昆山竟恬不知耻地在台上唾沫星飞溅，大谈他的“经验”和“英勇事迹”，如何深夜打黑枪，如何包围刘赣元，如何火烧刘赣元，等等。冯和平听着，浑身上下都是鸡皮疙瘩，差点吐出来。

说实在的，作为军人，冯和平最看不起的就是没骨头的叛徒。一个叛徒，可以毁掉一支队伍、一场战争，也会毁了一种正义和良知。当然，更会给他带来耻辱，无法洗刷的耻辱！

这一天，像往常一样，冯和平来到一家僻静的小茶馆，喝茶散心。恰巧张昆山带着他的小分队巡逻到这里。其他茶客见到张昆山都忙不迭地躲开，只有冯和平不躲不让，依然悠然地喝茶。冯和平戴着墨镜，身着便装，张昆山初来乍到，没有认出冯和平，加上喝了点酒，见此人对他一脸的不在乎，很是生气，上前非要搜冯和平的身。侍卫王大功上前拦住，张昆山竟然拔出枪来，大耍威风。

张昆山腆着胸脯问：“你不认识老子吗？”

王大功根本就不把张昆山放在眼里：“认识。怎么不认识？你不就是游击队的张昆山吗？”

张昆山呸了一声：“错！老子现在是县保安队小队长！”

“是吗？那我倒奇怪了，你不在游击队里待着，怎么跑到县保安队来了？”

王大功故意耍弄他，道，“噢，明白了，原来叛变了，是叛徒！哈哈，叛徒！”

周围的茶客都笑了，冯和平也笑了。张昆山脸上挂不住，上前就踹王大功，那王大功身上有真功夫，闪身顺势一推，张昆山直直地撞到对面的墙上，咚的一声，疼得他大叫，弟兄们给我上！

这时候，冯和平掏出枪来，朝天放了一枪。保安小队的家伙全都傻眼了。

王大功冲上去踩住张昆山持枪的手，下了他的枪，把他拖到冯和平的面前，问：“姓张的，你知道这是谁吗？”

张昆山知道遇上硬茬了，连连摇头。

冯和平端着茶盏，朝张昆山看了一眼：“不要脸的东西，你这张脸也该好好洗一洗！”

说着，冯和平将手中的残茶一下子泼在张昆山的脸上。

众茶客齐声叫好。

2

雨台寺。净空和尚的禅房内，静得让人不安，偶尔能听到净空手中的佛珠嚓嚓转动的声响。冯和平抱着双臂低头不语，净空微闭双目，不停地转动手中的佛珠。那张印着《战地起义弃暗投明》文章的小报放在茶几上，被风一吹，像一片残叶，轻轻落在地上。

突然，净空慢慢睁开眼，俯身捡起那张小报，随手把它撕碎，扔进纸篓里。冯和平看着净空的一举一动，依然一言不发。

“来，冯队长，喝茶。”净空说。

“大师，我实在喝不下去呀！”冯和平长长叹口气，“自古英雄多劫难啊，刘赣元是个英雄，所以……唉！”

“阿弥陀佛，非也，非也！”净空微微一笑，摇着头说。

冯和平放下手中的茶盏，呆呆地看着净空，不知何为非也。

“依老衲看来，这只是一劫，一劫而已。”净空说，“人活一世要过九九八十一劫，他还年轻，早着呢，所以必有劫后余生啊！”

“但愿如此啊！不然，英雄气短，实在惋惜！”冯和平说，“大师你法术高深，可为他祈佛保佑。”

“一人一命，一命一理。他刘赣元是共党，共党是无神论者，所以他不用佛祖保佑，他们有自己的‘神’保佑呢。”净空意味深长地说，“你等着看吧。”

“噢，那他的神是什么呢？”冯和平疑惑不解。

“天地万物皆可神，慈悲万物，万物慈悲。”净空越说越玄。

“大师是说，万物皆能成神，都能保佑人。人慈悲对待万物，万物就会慈悲待人，这慈悲就是保佑？”冯和平若有所悟。

净空面带笑容，微微点头。

“但愿如此，但愿如此！”冯和平双手合十。

二人饮罢一盏茶，突然，小和尚木鱼慌慌张张跑进来，说：“师父，你快去看看吧，外面来了一群人，说是县保安队的，要进寺内搜查。”

净空慢慢站起来，看了一眼冯和平。

冯和平示意净空坐下，说：“大师歇着，我去应付。”

说罢，冯和平走到门外，对王大功耳语几句。王大功心领神会，飞快跑到寺门外，举目一望，又是张昆山。

王大功笑着问：“原来是张小队长，来庙里烧香吗？烧香拜佛可要把脸洗干净，不然菩萨可不待见！”

自上次交过手，张昆山知道了王大功的来头，不敢再放肆，很不服气地说：“我们奉命来搜查，看看有没有游击队的余党。”

王大功说：“原来小队长不是来烧香拜佛，是来执行任务呀。可惜你来迟了，我们冯队长已经带人检查半天了，庙里除了能动的和尚就是不动的菩萨，没有可疑分子。小队长要是不放心，就请再搜查一遍吧。请！”

“不不！既然冯队长带人搜查过了，我们就放心了。”张昆山看了一眼破旧的庙门，一招手，“弟兄们，撤！”

“张小队长，走好啊！一会儿我替你在菩萨面前烧炷香啊。”王大功坏笑着，目送张昆山一行下山而去。

张昆山的突然出现，似乎没有搅扰雨台寺的宁静。在打发走张昆山之后，净空和冯和平接着喝茶、谈心。

“冯队长，有些话，不知老衲当讲不当讲？”净空说。

“大师请指教，冯某洗耳恭听。”冯和平道。

“上次老衲没有打你招呼，就让你跟刘赣元见面，你是不是觉得唐突？”净空笑着说，“冯队长，我可是犯了‘通匪’之罪哟。”

“说实话，当时冯某有点感觉，”冯和平略作思考，“不过，冯某深知大师一番良苦用心，现在想来，不仅不觉得唐突，反而觉得很是英明啊。不错，从党派利益角度来看，刘赣元现在是我的对手，但是通过交谈，我发现他是那种可以让人尊敬的好汉。说实话，现在这样的人不多啊，如果没有大师的安排，说不定我这一辈子都不会遇上！所以，冯某还得感谢大师啊！”

“冯队长，你能有这样的想法，老衲深感欣慰啊！”净空说着，站起来，在禅房里来回踱步，突然停下来问，“冯团长，你知道老衲为什么要让你们见面吗？”

冯和平摇了摇头。

“以我对冯队长和刘赣元的了解，我觉得你们两个是一路人。物以类聚，人以群分，你们应该相识，而且应该成为朋友啊！正像你说的，这年月，能够算得上好朋友的不多了。我老了，一般的朋友可有可无，好朋友却不能没有，更何况你们还年轻，往后的路还很长，能交一个称心的好朋友，值啊！”净空想着，说着，“不错，你们现在是对手，但是，你们并不是生下来就是对手，你们前世无冤，今世无仇，为什么非要当做是对手呢？为什么不能成为朋友、真正的朋友呢！冯团长，敌人也罢，对手也罢，老衲是过来人，看得清楚，这一切都是过眼烟云，必将过去！一切都会变啊，敌人变朋友，朋友变敌人，从辛亥革命到北伐，这样的时代，老衲亲身经历过，所以，冯队长，听一句劝：和为贵，友为贵啊！”

冯和平点了点头，若有所思。

“虽说老衲愚拙，但是从你我交往以来，从你的言谈中我也能感觉到，冯队长在国军里过得并不如意。什么原因我不知道，但是我知道：一个人一时失意是难免的，但是如果这失意是因信仰而起，那就会成为一辈子的不如意，与其如此，不如……”净空看了看冯和平，欲言又止。

“不如改变信仰，以得一生解脱！”冯和平说，“大师，是不是？”

“阿弥陀佛！”净空双手当胸合十。

第二十一章

1

刘赣元醒来的时候，闻到一股焦煳味道，接着便感到全身上下无处不痛，此时，才敢相信自己竟然还活着！

一点也不错，刘赣元还活着。在他纵身跳崖之后，恰好被崖壁上的一丛杂树乱枝接住，周身被树枝荆棘划得伤痕纵横，像是抽象的文身。周围浓烟弥漫，火舌乱跳。很明显，一定是敌军放火烧山了！

刘赣元忍着身上的伤痛，动弹了一下，抓住一根树枝，摔落到地上，试着往前爬，渐渐看清不远处石崖后面有个老乡烧炭时挖的炭窑，里面有一汪积水。刘赣元攒了一把劲，奋力从火堆里爬过去，就势滚倒在水里，淹灭身上的火。

身边一棵烧焦了的老松树冒着丝丝白烟。刘赣元发现不远处有一条小路，一直伸到对面山上。于是他匍匐着，一点一点地向前爬去。此时，大腿上的伤疼得钻心，肚子也开始咕噜噜地叫，两眼直冒金星，几乎一点力气也没有。

刘赣元咬咬牙，一边爬一边对自己说："刘赣元啊，你不能停啊，得往前爬，一定要冲出去，茶花还在家等着呢！刘赣元呀，你现在不是一个人了，你有老婆了，将来还要有儿有女，你还要当老子呢！刘赣元呀，你从小没爹没娘，现在有了一个亲人茶花，你不能丢下她啊，你一定要出去！刘赣元，这点难算什么呀，当年在江西，你吃的苦比这多，受的伤比这重，不是都过来了吗？刘赣元，你是男人，你得挺住，挺住！"

终于，刘赣元慢慢地爬到了对面的山上。这时，天下起了小雨，刘赣元又对自己说起话来："刘赣元，你看老天爷都帮你，老天爷给你淋点小雨，不大不小的，凉丝丝的，所以，你要咬牙挺住，你要坚信你能出去，能见到茶花，还有那些战友们。刘赣元，你能！"

这里是半山腰，眼前有一个山洞，洞口如拱。刘赣元笑了，又对自己说："刘赣元，我说老天爷帮你吧，你看前面就是山洞，看样子还不小，里头一定干干爽爽的。快吧，进去就可以躺一会儿了，茶花说的，躺平了，把腿抬高，伤口就不会这么疼了。快呀，就在前面，不远了……"

洞里宽敞，像个小院子一样，暖暖和和的。更让刘赣元惊喜的是，洞里散落着很多啃剩下的山果，玉米，花生，黄豆角，简直是个菜园子。另外，还有男人的草帽，女人的头巾和花裤衩。难道这里有人？刘赣元警惕起来，用枪对着洞内，等了许久，却没什么动静。

这时候，从洞里爬出一只小猴崽子，瞪着小圆眼冲着刘赣元龇牙咧嘴。刘赣元明白了，原来这是猴洞。

小猴崽吱吱呀呀地叫着，刘赣元冲它笑了笑。当年在江西山区打游击的时候，刘赣元曾多次跟猴子打过交道，深知这孙悟空后代的脾性：人不犯猴，猴不犯人；人若伤猴，猴必伤人。

刘赣元冲着那只小猴崽说："小家伙，老刘受伤了，借你的地盘歇一歇，好不好？"

小猴崽叽叽哇哇地一阵叫，实在听不明白。刘赣元说："小家伙，你同意了，那我可进去了。"

说罢，刘赣元冲它挤挤眼，试探着往里爬，没想到小猴崽没有阻拦，还高高兴兴起跳到他前面，摇晃着尾巴给他带路。刘赣元爬到洞里，找到一个僻静的地方躺下来，小猴崽蹲在他身旁，默默看着他。

刘赣元说："小家伙，我在这里躺着，不会打扰你的，我没事，你去玩吧。"

小猴崽不走，依然蹲在那里，挤眉弄眼的，似乎想跟他交流。

刘赣元说："小家伙，我老刘累了，腿上的伤疼得厉害，不能陪你玩呀，你自己去玩吧。"

小猴崽又一阵叽叽咕咕。刘赣元说："小家伙，你不想走就待在这吧，我老刘可要睡一会儿了。哎呀，这肚子饿得受不了，要有吃的多好。"

说着，刘赣元向小猴崽比画了一下吃东西的动作，小猴崽马上学着刘赣元，也做了一个吃东西的动作。刘赣元指了指那边的玉米和山果，小猴崽子似乎明白，一蹦一跳地跑过去抓来几个山果，自己吃起来，吃完后把果核扔给刘赣元。刘赣元很无奈，忽然想起，猴子喜欢模仿人，于是做了一个扔东西的动作，把果核扔给了小猴崽，小猴崽果然上当，把手里的果子扔给了刘赣元，刘赣元也不擦，放进嘴里，大嚼起来，然后吐出果核，再扔给小猴子，小猴子又把手里的果子扔给他。刘赣元笑了，太好吃了！

吃完果子，刘赣元又用同样的办法，哄着小猴崽把玉米拿来，一扔一还，好好地吃了一顿。肚子里有了食，刘赣元就有力气把腿上的伤清理一下了。伤口很脏，有点发炎。正发愁没水洗，却发现小猴崽撅着屁股在旁边的石缝里喝水，啧啧有声。刘赣元探手一摸，原来崖壁有缝，有水从中渗出，清清凉凉。

刘赣元大喜，蘸着泉水洗好伤口，从身上摸出茶花给他的药敷上。看着药，刘赣元笑了：真是个好老婆啊，你怎么知道我又要受伤呢。茶花啊，你真是个好女人……

刘赣元人瘦毛长，一脸胡楂，估计小猴崽看他越来越像"自家人"，于是跟刘赣元越发亲近。多亏了小猴崽的精心"照顾"，吃着小猴子弄来的山果、玉米，喝着山泉，刘赣元竟然挺过来了，腿上的伤也消了肿，渐渐好转。怪不得人常说人是猴变的、猴子和人是老表呢，猴通人性啊！

天天在一起，刘赣元跟小猴崽处出了感情，给它起了一个小名：小石头。

伤势好转，体力有所恢复，刘赣元决定下山寻找中心县委机关和游击队。这一天傍晚，刘赣元准备下山。小石头似乎察觉，搂着刘赣元的腿，恋恋不舍。刘赣元也觉得舍不得：这可怜的小石头，如果没有它，我刘赣元说不定撑不下来啊！

刘赣元摸摸小石头，说："小石头，你是不是舍不得老刘，跟你说实话，老刘也舍不得你啊！你对我老刘不薄，老刘要感谢你！要不，你跟老刘一起下山吧，老刘保证不会亏待你！"

小石头似乎听懂刘赣元的话，小眼睛眨巴两下，小尾巴晃了两下。

"你同意了？那好，咱们走！"刘赣元说着，张开怀抱，小石头一个纵身，跳上刘赣元的肩头。

此时，夕阳正红，一人一猴，长长的身影映在一派瑰丽的山景之中。

2

刘赣元找到游击队的时候，茶花一身孝服，两眼红肿，表情悲伤，正在刘赣元的“灵位”前烧纸。

说起来，也不能怪茶花。从刘赣元失踪到现在，已经二十多天了。这段时间里，所有的消息都说刘赣元牺牲了，而且根据非常充分：先是大腿受伤，然后跳崖，再然后敌军放火烧山，一个人再大的命，这样一折腾也没有了。游击队派两批侦察员，在刘赣元跳崖的山谷里发现一堆灰烬，虽说没有发现遗骨什么的，但是估计即便没有被烧死，逃出火堆，身带重伤，行动不便，不被野兽咬死，也得活活饿死！

开始几天，茶花不信，胡缅生两口子、李闽南、程老黑也不信，都认为刘赣元机智勇敢，一定能活着回来。可是过了十多天，还是没有消息。敌人的宣传里说刘赣元被“歼灭”，大家心里就有点憋不住了。这时候，心里最苦的是茶花，盼啊想啊，天天哭得像泪人似的，眼睛肿得像熟桃。过了半个月，依然没有刘赣元的消息，胡缅生发动地方群众到山里寻找，也没有找到任何线索。胡缅生失望了，大家也失望了。

这天早上，胡缅生主持召开了一个会议，专门讨论这个问题。大家一致认为刘赣元凶多吉少，极有可能已经牺牲。会议还决定，由孟玉代表中心县委和李闽南一起做好家属茶花的安抚工作。

茶花听完孟玉宣布中心县委的决定，一口气没上来，昏倒在孟玉的怀里。李闽南也伤心至极，给刘赣元做了一个小“灵位”，点了三支烟，大家一起给刘赣元的“灵位”敬礼，默哀。出了这么大的事，游击队突然笼罩了一层悲伤的氛围。

茶花这回相信刘赣元走了，把她丢下了。她不再流泪，眼泪流干了，不吃不喝，坐在刘赣元的“灵位”前烧纸钱。那纸钱还不是真正的纸钱，山上弄不到真正的纸钱，那是李闽南用他珍藏的旧报纸裁出来的。报纸不多，为了多裁几张，每一张大小裁得都像豆腐块一样。

可是现在，刘赣元驮着一只猴子，突然冒出来了，大家怎么能不又惊又喜！

李闽南两眼是泪,不知是笑还是哭,上前抱住刘赣元,一边拍他一边说:“老刘,你跑哪里去了,你吓坏我了,我还以为你……”

刘赣元拍着李闽南的肩膀,笑呵呵地说:“怎么,是不是以为我老刘死了?不可能!你没听说吗?老百姓都说我是打不死的刘赣元。”然后逗一下小石头,问,“小石头,你说是不是?”

小石头叽叽哇哇叫了几声。

刘赣元帮李闽南抹一抹脸上的眼泪,问:“中心县委和游击队的情况还好吧?”

“上次战斗,我们一共牺牲六名战士,一人叛变。其他都很好。”李闽南说,“现在你回来了,就更好了!”

刘赣元点点头,长长地松了一口气,二人边走边说,李闽南一直紧紧地拉着刘赣元的手。刘赣元笑道:“老李,手快松开吧,我还要去见我老婆呢!”

李闽南突然反应过来,赶紧让人去报告茶花。

茶花在自己的山棚里,刚点上一张纸钱,突然听有人喊:“刘队长回来了。”顿时,茶花两眼发直,一下子瘫在地上起不来了。等刘赣元进来之后,茶花才放声哭了出来。茶花哭得痛快,哭得浑身直颤。刘赣元抱着她,眼睛也潮湿了。

等茶花平静下来,刘赣元这才注意到茶花身上的孝服,抬头一看,旁边还有“灵位”牌。

刘赣元问李闽南:“老李,是谁牺牲了?”

李闽南差点笑出声来,说:“是谁?还能是谁?是你老刘呗!”

大家都笑了。刘赣元很纳闷,不解地看着大家。

“二十多天没你的消息,大家都以为……所以……”李闽南说,“实在是没有你的消息啊,你能理解吧,这可不是咒你!”

“没关系!一咒十年旺,我老刘不信那邪!”刘赣元明白之后,哈哈大笑,笑得眼泪都出来了,上前帮茶花把身上的孝服脱掉,然后走到自己的“灵位”前,拿起来看了看,上面果然写着:“刘赣元同志永垂不朽!”

“老李啊,看字体,这是你的杰作啊!永垂不朽,这词放在我身上不合适吧,马克思也没有说自己不朽嘛。”刘赣元嘴咧得像花一样,说,“老李,看来这堆纸钱也是你的功劳吧。”

李闽南叹口气，说："别提了，为了给你弄这纸钱，我把珍藏了好多年的报纸都贡献出来了，喏，真可惜了！"

刘赣元一副满不在乎，说："老李啊老李，太小气，就咱俩这交情，几张破报纸有什么可惜的，等到你永垂不朽的时候，我弄真家伙烧给你！"

李闽南说："好，你说话要算数。"

刘赣元突然板起脸说："不过，我希望我们哥俩一起'永垂不朽'，哈哈。"

刘赣元回来了，这让中心县委机关和游击队的同志高兴了好几天。大家不仅对刘赣元感兴趣，对那只叫"小石头"的猴子也产生了浓厚的兴趣。真是太神了！猴子救人，而且救了游击队长刘赣元，小石头的地位马上就不一般了。

茶花得知刘赣元的经历后，对小石头充满了感激，想着点子给它弄好吃的。这个小石头非常通人性，可能看出刘赣元和茶花是夫妻，就跟她特别亲，就连晚上睡觉也要和他们挤在一起。刘赣元和茶花很无奈：谁让它是刘赣元的"恩猴"呢！

不过，小石头也不是光会撒娇弄宠，还能干点事情，茶花洗衣做饭的时候，小石头还很积极地打下手。有时，山棚里没人，它还会看门放哨，如果不是熟悉的人，绝不放过。刘赣元发现这一点之后，就有意训练它，不久，小石头能听懂刘赣元的很多指令。立正稍息齐步走，不在话下，就连爬高望远，站岗放哨，它都能胜任。开门关门，系绳解索，样样都难不住它。

刘赣元心中大喜，看来游击队又多了一名"特殊侦察员"。

3

"三打谭家桥"的计划是经过反复研究之后才确定的。

自从敌人以为"重创"游击队、"烧死"刘赣元之后，很长一段时间放松了对游击队的"清剿"行动。游击队在这段时间里，抓紧休整，整顿内部，加强教育，队伍的战斗力和思想觉悟都有较大提高。鉴于敌人在群众中的大肆宣传，如"游击队逃跑了"，"刘赣元被打死了"等煽动言论，中心县委和游击队研究决定,寻找机会,用实际行动,给敌人一记响亮的耳光。

这时候,刘赣元腿上的伤口痊愈,先后拔掉汤口沿线的两个碉堡,炸掉敌人的一个弹药库。一连串的胜利大大鼓舞了游击队和广大群众,四乡八镇的老百姓奔走相告:“游击队又回来了! 打不死的刘赣元又回来了!”中心县委决定再寻找机会,打一个“大仗”,给皖南群众更大的信心。通过多次侦察,刘赣元决定吃掉谭家桥这只“软柿子”! 为了打一个有把握之仗,中心县委调动在外围活动的其他的游击队共同参战!

谭家桥是皖南一个重镇,也是敌军反共的一个重要据点之一。皖南游击队成立之后曾经打过两次,都没有成功。现在打掉它,将会在整个皖南产生很大很积极的影响。

根据我地下党掌握的情报,由于谭家桥近两年来平安无事,乡长王延年和联防队长王承先的戒备很松,自卫队白天悠悠逛逛地巡逻,晚上便聚在一起喝酒赌钱,直到很晚才睡觉,后半夜几乎没有岗哨。但是,这个地方也有不利因素,一是周围有竹签阵和铁丝网,铁丝网上系着很多铃铛,一碰便响。二是大门两边有一人多高的土围子,土围子上开了很多枪孔,易守难攻。以游击队现有的条件,又没有重炮,如果强攻,势必造成牺牲,所以只能智取,拿下大门,就能成功。

一连想了好几天,刘赣元都没想出好点子。这天正在吃饭,突然小石头自己打开山棚的门,跑到外头去玩了。刘赣元眼前一亮:何不让小石头去打开土围子大门? 想至此,刘赣元有点激动,丢下饭碗就去找李闽南商量。

李闽南马上提出异议:点子新,但是新得有些荒唐,事关游击队战斗的成败,不能让一只猴子去冒险!

说实话,毕竟是一场突袭战斗,人命关天,交给一只猴子,刘赣元自己也觉得确实有点冒险。但是不冒险哪有奇迹,不试怎么能知道行不行!

刘赣元坚持,还是那句话,打仗是军事,归他管。李闽南保留意见。

不过,话又说回来,真是没有一点谱的事,刘赣元也不会干。他之所以敢干,一定还有一点靠谱。根据地下党提供的情报,土围子的大门在夜间一般从里面闩上,门闩共上下两道,铁制,像一把弯刀,搭在一个铁环内,只要把弯钩的门闩从铁环中取出,门就能打开。刘赣元根据这一情报,用木头做了一个类似的门闩,用灶底的灰染成黑色,乍一看像是铁的。制成之后,刘赣元在自己住的山棚里模拟出大门的样子,让小石头反复练习。小石头没有玩过这东西,似乎觉得挺有意思,玩得是乐此不疲,半天下来就很熟练地掌握了开启方法。尽管如此,刘赣元还是不大放心。考虑行动是在晚上,刘赣元就找来一块黑布,用花生米哄着,蒙上小石头的眼,让小石头在黑暗中摸索着练习操作,又练了大半天,小石头熟悉了。刘赣元信心满满:想当年,打长沙他摆过"火牛阵",现在再来一个"猴侦察",太妙了!打游击战嘛,说到底就是打点子,一个好点子等于一支队伍,一个好点子就能打赢一场战斗!

夜里十一点。游击队分别布置埋伏,等候行动命令。是夜,月色朦胧,虽不是太亮,但能见度还好。时间一分一秒地过去了,到了十一点,土围子后面的岗楼上的灯还在亮着,隐隐约约还能听到士兵赌博的叫喊声和笑声。刘赣元命令大家等待时机。十二点左右,赌博的声音没有了,岗楼上的灯也灭了。

李闽南小声问:"开始行动吧?"

刘赣元小声说:"别急,先让小石头进去帮个忙。"

说着,刘赣元把小石头抱过来,给它嘴里塞几粒花生米,压低声音说:"小石头,从这棵树上跳过去,然后把那门打开,记住了吗?"

小石头点点头。

刘赣元又给它塞了几粒花生米,说:"轻一点,别碰着铁丝网!"

小石头又点点头。

刘赣元把手里的花生给小石头闻了一下,又收回来,说:"小石头,快去,干完了,这都是你的!"

小石头点点头,一纵身便窜到旁边那棵树上,随即从树上轻轻纵下,落在土围子内,悄然无声。然后,小石头一跳一跳地朝大门跑去,一会儿便不见了。

所有人都屏住了呼吸,刘赣元也是。

李闽南不放心,压低声音问:"老刘,小石头能行吗?"

刘赣元也压低声音说:"应该差不多。"

李闽南说:"什么叫应该差不多?这是打仗,不是耍猴!我们要的是肯定!"

刘赣元说:"我相信,小石头肯定行!"

李闽南说:"你相信,你相信它行,结果它不行,那又怎么办?!"

刘赣元有点不耐烦,说:"我就相信!"

李闽南说："好好，现在不是争吵的时候，这场战斗如果出了差错，你要负责任！"

刘赣元说："我负责！"

时间过去五分钟，土围子大门那里一点动静也没有，更看不见小石头的踪影。李闽南急得直拍脑门。刘赣元也急，但是他相信小石头能成功。小石头呀小石头，你小子一定要争口气，一定要完成任务，要不然老刘可要挨处分呢！刘赣元在心里默念着，眼睛却死死地盯着土围子的大门。

这时候，大门轻轻地开了，一点一点的，没有太大的声音。

好小子，好样的！刘赣元很激动，命令："开始行动！"

刘赣元跑在最前面，来到大门前，大门才开了一条半人宽的缝，只见小石头撅着小屁股正使出吃奶的力气，用力推门。刘赣元轻轻叫了一声小石头，小石头见是刘赣元，可怜巴巴地摇头，似乎是说他娘的这门太重了。刘赣元把几粒花生塞进小石头嘴里，小石头纵上刘赣元的肩头。

突击组的战士轻轻推开大门，其他战士悄悄冲进了院内，分别摸进三间营房，大喝一声"不许动，缴枪不杀"，把睡梦中的敌兵吓得个个都蒙上了头，老老实实成了游击队的俘虏。

战斗进行得太顺利，几乎不像战斗。

战士们把俘虏们押到院中，清点时发现他们的联防队长王承先在内，而乡长王延年却不在里面。刘赣元用枪抵住王承先，问："王延年在哪？"

王承先说："他……他……他打牌赢了钱，回家了。"

于是刘赣元带一队战士，让王承先带路，前往王延年家。路上，王承先不解地问："刘队长，你们是怎么进来的？"

刘赣元说："从大门进来的。"

王承先问："大门怎么开的？"

刘赣元说："小石头开的。"

王承先不知小石头是谁。刘赣元指了指骑在肩膀上的小石头，王承先将信将疑，无奈地摇了摇头。

很快，游击队赶到王延年家，将其顺利抓获。这时，天已亮，当着众多百姓，刘赣元宣布王承先和王延年的罪行，当场将其镇压。

4

谭家桥战斗的胜利，收获颇丰，缴获机枪一挺，步枪和短枪60多支，另有子弹、手榴弹若干，镇压了反动乡长王延年。这是游击队成立以来最风光的一次战斗，在皖南影响很大，游击队的地位得到进一步的巩固提高。

回到游击队，开了一个总结会，也算庆功会，几个冲在前面的突击组战士还戴上了大红花。既然要总结，好和坏的地方都要说说。会上，李闽南对刘赣元拿一只猴子去冒险提出批评。尽管战斗胜利了，但是这种机会主义和冒险主义的思想是要不得的。

当时，刘赣元嘿嘿地笑着，一边给小石头喂花生米，一边点头，好像李闽南批的是别人。等李闽南说完了，刘赣元站起来，让小石头骑到自己的肩上，走到大家面前。

“指导员对我提出的批评，我全都接受，虚心接受。但是，我也要讲一讲我的想法，我们的游击战到底怎么打？”刘赣元驮着猴子来回地踱步，“我经常琢磨，说到底，游击战就是打一个‘游’字，一笔写不出两个‘游’，这个‘游’，是游动作战的‘游’，也是思想游动的‘游’，思想游动是什么？就是动脑子，想点子，点子多了，里面总有好点子，光有好点子还不行，还要想法用上。

“就说这次打谭家桥吧，我为什么用这只猴子，是因为我觉得它有用，且不说它曾经救过我，算是我的‘恩猴’，就说它有的本事，咱人身上没有。大家都亲眼所见，那天夜里，它一纵身爬上树再跳到围子里头，那能耐，在座的哪一位也练不出来！有的本事是天生的，不是练就能练出来的！大家可以想一想，如果不是这只猴子打开大门，不管是我们强攻，还是迂回，谁敢说不会有伤亡损失？同志们，我们打仗的目的不是为了伤亡，我们不能再有伤亡了！”

刘赣元说到这里，停了停，给小石头喂了两粒花生米，接着说：“当然，我承认这次行动中多少带有机会主义和冒险主义的意思，但是，如果说机会，那是小石头给了我们一次成功的机会，如果说冒险，那是我刘赣元拿小石头的命去冒险！大家都看到了，在这次战斗中，小石头立了头功，无可争议，但是小石头要我们表扬了吗？没有！要戴大红花了吗？也没有！它要什么？它要的只是这几粒花生米！”

刘赣元说到这里突然不说了，驮着小石头出了山棚，小石头倒是回头做一鬼脸，算是跟大家打了招呼。

大家被晾在那里，面面相觑。李闽南望着刘赣元的背影，一脸的莫名其妙，于是宣布散会。

茶花是提前从中心县委回来的。茶花这几天一直不舒服，浑身慵懒，手脚发软，一点力气都攒不起来，而且还老想吐，又吐不出来。所以，她早早跟孟玉请假回来，想好好休息。一进门，茶花就发现刘赣元把山棚翻得乱七八糟。本来，刘赣元一个人翻就够乱了，小石头再帮点忙，那就更乱了。里里外外，床上地下，衣服鞋子碗筷，扔得到处都是。

茶花惊道："哎呀，你们想抄家呀！"

刘赣元见茶花回来，马上吩咐："茶花呀，你回来正好，赶紧把我们结婚时用的两朵大红花找出来。"

茶花问："大红花？找大红花干什么？你还想戴？"

"不是我戴，给小石头戴！"刘赣元进一步解释说，"这次战斗，小石头立了大功，咱俩作为家长，是不是该给这孩子一点奖励，鼓励鼓励！"

茶花一听，差点气晕了，说："老刘，你真把这猴子当人呀。鼓励？鼓励它懂吗？说出去不让人笑掉大牙！"

刘赣元耐着性子，继续做茶花的工作："茶花，你这话说得就不对了！有功就有奖，这是咱游击队的规矩！人家小石头在战斗中立了头功，这是秃子头上的虱子，明摆着的。咱不能因为它是猴子，就亏待人家，那是欺负人！你说是不是？"

茶花一边收拾满地的东西，一边嗔怪："小石头小石头，一天到晚就是小石头，我看以后你跟小石头一块过算了！"

"你听听，这话越说越不像话！小石头可是我的救命恩人哪！这次战斗，它立了大功！"刘赣元一本正经。

"救过你的命是不错，立过功也不假，可是，它毕竟是猴子，不是人。你看看，这个家本来就不像家，自从你带回来这只猴子，这个家就乱得跟猪窝一样。"茶花越想越生气，"老刘，吃饭你驮着它，睡觉你搂着它，这样的日子不能过了！”

说罢，茶花一屁股坐在乱糟糟的地上嘤嘤地哭了起来。小石头见女主人不高兴，马上跳到茶花面前，叽叽哇哇地叫起来，意思是劝茶花，没想到茶花手一挥，要把它轰走，小石头吓得噌地一下，跳到刘赣元的肩头。

刘赣元说：“你看，你跟我生气，跟人家‘孩子’有什么关系呢？冲个‘孩子’发什么火呢！”

“孩子，孩子？它是谁的孩子？你要把它当孩子，你带它走！走！”

茶花的嗓门很大，小石头吓得叽哇直叫，躲在刘赣元身后，可怜巴巴地东张西望。

“你走！带它走！”茶花吼道。

“李茶花同志，我真没想到你跟他们的想法一样，你太让我失望了！”刘赣元突然发火了，驮着小石头，抬腿就走，“走就走！我刘赣元还怕不成！小石头，好孩子，咱们走！”

刘赣元驮着小石头，拎着破被卷，刚出山棚，迎面李闽南走了过来，正好把他堵在门口。

李闽南笑问：“哟，老刘，看你这样子，是打算另立门户吧？”

刘赣元一笑：“不不不，我想到你那里，跟大家伙挤一挤，大家在一起热闹，哎呀，我老刘就喜欢热闹！”

李闽南说：“热闹？刚才我可都听到了，你这家里也够热闹的！”

刘赣元翻翻眼，问：“老李，你什么意思？”

李闽南说：“什么意思？你是不是欺负人家茶花了？作为队长，欺负一个女同志，还想跑，你能跑得掉吗?!”

刘赣元挤了挤眼，又朝茶花看了看，说：“好好，有话咱们出门再说，出门再说。”说着，想夺路而走，却被李闽南死死地堵住。

李闽南说：“不行！我说老刘，有什么见不得人的话，就在这说嘛！”

刘赣元见走不出去，就靠在门边，低头想点子。

“老刘，你别动点子，今天你要是不说清楚，我不会放你走！”李闽南叉着腰，像个门神一样，说，“你是男人，先给茶花认个错！”

“我没错！”刘赣元梗着脖子说，“凭什么要我认错！”

“你没错也要认错！”李闽南冲着刘赣元挤眼，意思是让他跟茶花说句软话,“老刘,不管是怎么回事,总之你错了,错了,知道吗?”

“我没错!”刘赣元索性把破被卷放下,坐在上面,准备打持久战。

“我说老李,你就不能说一句‘错了’吗?”李闽南急得眼直瞪,“我就不明白,就说一句‘错了’,怎么比割你肉还难呢!”

“我没错!”刘赣元固执地说,“我没错让我认错,那还不如割我肉呢!”

李闽南气得直咬牙。就在这时候,孟玉来了,挎着一只篮子,篮子里放着一些新鲜的山货,还有几枚野鸡蛋。

“老孟,你来得正好,你得好好教训教训老刘,这家伙太不像话了,欺负女同志,还死扛着不认错!”李闽南气呼呼地说。

孟玉走进山棚,见茶花坐在地上,哭得像个泪人似的,马上就明白小两口闹别扭了,就先把茶花哄起来,坐到床上,然后问清了情况。

“老刘,这是你的不对!”孟玉说,“你必须认错!”

“我没错!”刘赣元还是那句话。

“你错了!”孟玉板着脸,大声说,“你知道吗?如果你仅仅欺负一个女同志,也就罢了,关键是你还欺负了一个革命的后代!”

刘赣元腾地站起来,一脸无辜,望望孟玉,又望望李闽南。

李闽南赶紧替他解释说:“老孟,老刘只是欺负茶花,没有欺负孩子。这我可以作证!”

“不可能!明明欺负人家娘儿俩,还敢不承认!”老孟趁空对李闽南耳语一句,然后说,“老刘,你该当何罪?”

李闽南这才明白老孟的意思,也跟着起哄,说:“对!我作证,他刘赣元就是欺负了两个人,是娘儿俩!”

刘赣元放下猴子,双手一摊,说:“老李,你不能这样红嘴白牙说瞎话呀,你想陷害我!”

孟玉见刘赣元急眼了,说:“老刘,你还不承认,好,那我就让你心服口服!”

刘赣元说:“我不服!我……”

孟玉说:“茶花怀上革命后代了!”

刘赣元愣了一下,揉揉眼,突然笑了:“我要当爹了?哈哈,我要当爹了!”

孟玉问:“老刘,我再问你,错没错?”

刘赣元说:“错了,我错了!”

李闽南问："那你怎么办？"

刘赣元赶紧跑到茶花面前，说："孩子他娘，我错了，我真错了，你打我吧，你打我吧，你打我吧！"

茶花破涕为笑，小石头这时叽叽哇哇地跑过来凑热闹。刘赣元一看，小石头脖子上挂着一朵大红花。

刘赣元正在疑惑，抬头见李闽南正朝他笑着点头。

第二十二章

1

1945 年 8 月 15 日，日本天皇宣布无条件投降，全国抗战结束。原驻皖南的国民党正规军纷纷向芜湖、南京、上海等大中城市集结，接管原日军占领的城市。陈淡如总指挥因此另获新职，忙不迭地赴任去了。皖南“剿匪”一事暂时搁置下来。

本来，冯和平以为自己也会进城，重回正规军的怀抱，但是没有想到，陈淡如却把他留了下来。理由是绥靖工作队在皖南工作成绩突出，熟悉皖南剿匪形势，留在皖南可为将来皖南安定大计尽责。冯和平的确想离开皖南换个环境，为此他专门写信给原五十二师师座，寻求帮助提携，结果信去如泥牛入海，杳无回音，遂断了回归之念。

根据统一布置，陈淡如临行前，将绥靖工作队编入了省保安旅，任命冯和平为皖南行署保安团团长，团副还是方家正。陈淡如说，冯队长，你现在又是冯团长了，希望你能跟方团副一起，通力合作，在皖南剿共大业上，有更大作为！冯和平也学着蒋委员长的口吻，在心里暗暗骂了一句：“娘希匹！”

冯和平上任伊始，组织了一系列的庆祝抗战胜利的活动，皖南各县纷纷响应，一时间，皖南的形势平添了几分喜庆。冯和平不像陈淡如那样会说道，他也不想说。作为一名军人，没有机会到前线与日军交锋，等到日本投降了，你还有什么好说的呢！

抗战胜利后，全国民众要求和平和民主的呼声日高，不久又传来国共“重庆谈判”的消息,国共新一轮的合作又成为可能。国共合作,意味着国共不再是敌人,而是友党。对于刚刚上任的皖南保安团团长冯和平来说,这是一个好消息,最为乐观的是,见到妹妹玲子是指日可待了。为此,冯和平抽出时间,赶到雨台寺,跟净空和尚商量。

雨台寺,香烟缭绕,香客如云,老老少少,男男女女,来来往往,络绎不绝,这可是几年来从未有过的,冯和平颇感诧异。

净空说:“日本投降了,老百姓以为不会再打仗,往后该过上安稳日子了。人若有安稳的愿望,就想寻找一种保护,无论权高位重,还是黎民百姓,都是一样。既然想得到保护,找谁最放心呢,官靠不住,兵不敢靠,只有来求佛稳妥,佛前一炷香,佛便进了心中,不分贵贱,佛对谁都一样!”

冯和平说:“也难怪,对于老百姓来说,不求神拜佛,还有什么好办法呢!”

一僧一俗,二人边走边聊,不觉来到了净空的禅房,坐下喝茶,下棋。

净空突然问:“冯队长又成了冯团长,不知有何感想?”

冯和平苦笑,手拈一枚棋子,道:“冯某不过是一枚小小棋子,任人摆布,谈何感想!如果说感想,倒也有一点。”

“说来听听。”净空提起一子,抬头望着冯和平。

“无可奈何!”冯和平落下一子,摇头不已。

“无可奈何,好!”净空目光离开棋盘,望着窗外,“无可奈何,无须奈何,如此一来,谁能奈何!?”

“有理!有理!”冯和平连声赞道,“大师,这也叫死猪不怕开水烫,合我心意啊!”

二人相视而笑,接着下棋。从棋势来看,冯和平略显上风,但是净空的劣势大有转化之可能。冯和平便设法破解,三五分钟内,看出一步棋,却举棋不定。

净空笑道:“冯团长,该断则断,优柔寡断,必成后患啊!”

冯和平似得到鼓励抑或刺激,伸手落子一搏,净空正好得手,冯和平见棋局大势已去,连连惊叹,“中计,中计!”净空却拍拍他的手,说,“不要怕,你还年轻,可以赌,我可不行了,没机会了!”

二人大笑。此时,窗外秋光正好。

冯和平突然压低声音说:“大师,你真乃神机妙算啊!”

净空问:“何出此言?”

“果然如大师所料,刘赣元得万物慈悲,劫后余生啊!”冯和平说,“不知大师可有耳闻?”

“有所耳闻。不过不是我神机妙算,是他刘赣元命中有助。”净空微微一笑,道,“人算不如天算,古话说得有理啊!”

“有意思的是,刘赣元劫后余生,回到游击队后,连连还国军以颜色,先端下汤口一线两座碉堡,炸了一座弹药库,接着又轻松打下重镇谭家桥,除掉了乡长和联防队长,其势咄咄逼人,刀刀见红啊!”冯和平感叹,“此人不一般,真不一般啊!”

“是啊,老衲曾说过,万物皆可神,刘赣元游击队有他们自己的‘神’,所以才得如此神勇啊!”净空感叹。

“上次大师也说他们有自己的‘神’,看来真有其‘神’!”冯和平问,“大师,他们的神究竟是什么呢?”

“老百姓是他们的神,山山岭岭是他们的神,甚至皖南的一草一木都可能是他们的神!”净空手拈佛珠,沙沙作响,“众神护佑,岂有不成之理!”

“大师所言极是,所以,冯某今天还有一事相求,求大师再做一次媒,我很想再跟刘赣元见一次!”冯和平掏出写好的信来,双手递给净空,“想请他安排,见一下我妹妹玲子。”

“我佛慈悲,成人之美,老衲当仁不让啊。”净空当胸合十念道,“阿弥陀佛!”

2

冯和平没想到,张昆山会突然来拜见他。作为团长,接受下属一个小队长的拜见,对冯和平来说还从来没有过。

那天,冯和平正闲得无聊,王大功进来报告,说张昆山求见。一听到张昆山三个字,冯和平的胃口就有反应,当即回道:“不见!让他滚蛋!”

王大功答应着,正要出门回话,冯和平马上又把他叫住:“慢!看来,姓张的小子一定是来拍马屁的。咱们只知道他是共党游击队的叛徒,还没见识过他怎么拍马屁的，反正无聊，不如让他进来，看看他如何演戏！”

王大功心领神会，转身出去，不多时，便把张昆山领了进来。张昆山果然是来拍马屁的，手里拎着茶酒、点心、月饼，此外还有一篓子大螃蟹。茶是猴魁，酒是头曲，点心是方片切糕，螃蟹个个脐圆黄满。张昆山一进来，点头哈腰，冯和平看了一眼，也不让座，问：“张小队长，你来见我有什么事？”

“团长，马上要到中秋节了，团长带兵打仗太辛苦，我来孝敬孝敬团长！”张昆山哈着腰，一脸的笑纹烂若菊花，“也没什么好东西，都是本地的特产，不成敬意！”

“好你个张昆山，不成敬意你竟然敢来见团长，你打的是什么主意！”王大功抢在前面，有意吓唬他说，“你胆子不小呀！”

“团长，过去，我张昆山有冒犯之处，还请团长原谅，您大人不计小人过，往后，我张昆山一定死心塌地跟着团长干！”张昆山挺了挺胸，抬手敬礼。

“哈哈，张昆山，不是我看不起你，别人说死心塌地我信，你说，我不信！”冯和平走到张昆山面前，“你当初在刘赣元的游击队里怕是也是这样表白的吧，可是结果呢，你不是照样打他的黑枪，做了游击队的叛徒吗？！”

张昆山低下头，一脸的冷汗：“这、这……”

“张昆山，让我猜一猜你现在心里怎么想的，你肯定对我冯和平又恨又怕，是不是？我再问你，你知道我为什么这样对待你吗？”冯和平啪地一拍桌子，怒道，“因为你是叛徒！当然，你心里肯定不服，你认为你是国军的功臣，这也没错。但是，我告诉你，叛徒是一种罪，不管你是哪一边的叛徒，你都是有罪的！这个罪行，就像你身上的胎记，你一辈子，甚至几辈子都洗刷不掉！”

张昆山被骂得一头雾水，不知道这个冯团长是站在哪一边的。但是，官大一级压死人，只好硬着头皮，任他骂吧。以张昆山的经验，上司发火骂人，无外乎两种情况，一种像老子骂儿子，恨铁不成钢；一种像女人骂丈夫，雷声大雨点小，骂完就好了。

“老话说，来而不往非礼也，张昆山，你给我送来了东西，我也不能让你白来一趟。”冯和平语气平缓下来，说，“我送你一句话：做人要有骨头！”

张昆山点点头，连声致谢。王大功在一旁看着，捂着嘴笑，心想这个张昆山真贱，挨了一通臭骂，还说谢谢！

冯和平想了想，突然问：“张昆山，你刚才说往后你要死心塌地地跟我干，你打算怎么干?”

张昆山拍着胸脯说:“团长看得起我,我张昆山愿为团长做牛做马,请团长看我的实际行动吧!”

冯和平笑了笑,上下打量一下张昆山,说:“做牛做马,那倒不必,如果真像你说的那样,往后我倒想给你一些机会!”

张昆山很激动,扑通一声,双膝跪地,再表忠心:“我张昆山一定记住团长的大恩!”

冯和平摇了摇头,牙咬得咯咯直响,看来这个张昆山是没救了。

“起来,去吧。”冯和平说,“记住我送给你的那句话!”

张昆山激动得双唇发抖,连连说是是是,边说边退出门外,脚下不灵光,差点被门槛绊倒。

望着张昆山远去的背影,王大功问:“团长,你怎么说要给张昆山机会,这样的人就是癞皮狗,不能给他机会!”

冯和平冷冷一笑,晃着二郎腿,说:“机会还是要给他的,你等着看吧。”

前脚刚刚送走张昆山,后脚又来了江之端,也是来送礼的。

江之端送来的东西,除了月饼以外,还有两只大乌龟。这是冯和平意料之中的。有些日子没见,江之端看上去瘦了一圈,脑袋上的黄毛显得更加稀疏,像是害过一场大病一般。与其说江之端是来送中秋礼,不如说他是来大诉苦水。自从刘赣元的游击队打掉谭家桥乡公所,镇压了乡长王延年之后,江之端仿佛看到了自己的归宿,惶惶不可终日,乡公所不敢去,家里不敢住,就连崔寡妇那里他也不敢再去了,东躲西藏,像无家可归的野狗一般!

冯和平说:“江乡长,刘赣元帮你除掉了一个情敌王延年,不是正合你心意吗?你又怕什么呢?”

江之端苦着脸说:“冯团长,您是不知道,那刘赣元的游击队神出鬼没的,防不胜防,谭家桥被打掉了,下一个就是庙首,王延年被干掉了,下一个就是我江之端呀!”

对待江之端,不同于张昆山,冯和平还表示一点客气,至少面子上表示同情,但心里却在暗笑,这江之端有今天绝非偶然,以刘赣元的性格,王延年的结局很可能就是江之端的下场啊!无论是王延年还是江之端,也许都不会想到会有今天,可悲可叹啊!回过头来一想,如果自己也像他们一样,现在的日子岂不一样?不禁手心冒汗。

冯和平问:“江乡长,你打算怎么办?”

“团长啊,我现在也在打游击啊,东住一天,西睡一夜,不得安生啊!”江之端苦楚着脸,像个娘们似的,说,“冯团长,庙首乡我不能住了,我想搬到城里来住,上有老下有小,我不能不防啊!”

冯和平说:“搬到县城倒是可以,不过,庙首乡的事务怎么办呢?”

江之端说:“说实话,冯团长,这个乡长,我也不想干了!”

冯和平说:“那不行!一方政府怎么能一日无主?要不这样,你把家搬到城里来,乡里的事务还要管,两头跑吧。”

江之端一想,也只有这个方法较为妥当,于是点头答应。

3

方家正这些日子有点蔫。

本来,方家正以为自己在陈淡如鞍前马后侍候这么多年,陈淡如一定会带上他一起进大城市的,但是没想到陈淡如让方家正继续担任冯和平的团副,他要在冯和平身边放一条眼线,为将来作些打算。方家正只好服从安排,留在皖南。

自从陈淡如离开皖南之后,少了这棵大树在身边撑腰,方家正老实了许多,也谨慎了许多。不仅不再跟冯和平叫板,而且早晚都会主动来找冯和平汇报工作。冯和平心里明白,方家正的顺从,不是真心所致,而是有意为之,对他不仅不能放松警惕,而且要更加防范。好在,在皖南行署内部,冯和平上上下下都很熟络,又掌控着保安团,一切都还方便,谅他方家正一个人纵有三头六臂,一时半会儿也难兴风作浪。

农历八月十四,冯和平把方家正叫到自己的房间里,安排工作。有很多事情,保安团可以做,也可以不做。做与不做,全看冯和平自己的心情。冯和平把方家正找来,就是要做一件可做可不做的事情。

冯和平让方家正于八月十五这一天,下到各县乡,代表他去慰问那里的

"弟兄",既然是慰问,当然要带些慰问品,酒肉月饼每样备些,分发下去,体现团座的关心。这显然是一件好差使,如若放在平时,方家正是乐意前往的。但是,此时方家正却有点犹豫。

方家正之所以犹豫,是因为他心里有隐情。早些时候,他就约好了一个相好的女人,在八月十五中秋夜相会。此人正是当初"唱大戏"时,方家正找到的一家戏班的旦角小茉莉。初见小茉莉,方家正就流口水,因怕陈淡如,没敢造次,如今陈淡如一走,方家正便蠢蠢欲动。前两天,方家正让人带信给小茉莉大诉相思之苦,祈求一见。身为戏子,小茉莉演惯了才子佳人的戏,善解风情自不必说,对于方团副此番约她的心思也揣摩得很准,为了攀上这个团副,当下回信,约定在八月十五月圆之夜与方团副共度良宵。这个诱惑不小,难以抗拒,方团副跃跃欲试,恨不得马上爬到天上把月亮弄圆了,做个月圆之夜来。

正因为如此,方家正才会犹豫,如果是过去,冯和平会考虑照顾一下方家正的情绪,但是现在冯和平不考虑,而是以团长的名义命令方家正必须完成任务!

方家正满心的不乐意,还是立正敬礼:"是!"

说起来,下去慰问"弟兄"并非必须在八月十五这一天,也不一定非要方家正下去才行,那么冯和平为什么非要方家正去办?还非要在八月十五这一天?这些大概只有冯和平自己知道。王大功只能作出大致的判断,可能跟团长所说的要请一位贵客有关。

王大功不愧是冯和平的贴身侍卫,对团长的心思揣摩得细致准确。

前些时候,冯和平托净空和尚设法与游击队联系,想跟刘赣元再次会面。冯和平当时在信中指定的会面地点不是雨台寺,而是城里的陶然亭徽菜馆。冯和平指定这个地方有他自己的目的,一是试探刘赣元是不是诚心和他交"朋友",二是看看刘赣元是不是传说中的英雄好汉,浑身是胆,智勇双全。如果是,刘赣元就会来,如果不是,这个"朋友"可得要缓交,不交也罢。很快,刘赣元托净空和尚带信来,不仅同意进城见面,而且说最好定在八月十五那一天,一起喝茶赏月吃月饼。

冯和平大喜。但是,为了安全起见,冯和平作了打算,一是为"朋友",二是为自己。刘赣元到城里来会面,最大的安全隐患就是团副方家正,这只陈淡如的鹰犬,鼻子灵光得很,有点风吹草动他都会觉察,所以要设法把方家正支走,越远越好。

八月十五这天，从早上开始，冯和平就做好准备，他要看看刘赣元怎么能进得城来，到陶然亭赴约？这可是考验刘赣元本领的最好时候！

一切准备妥当，突然，冯和平倒有些不安了。

刘赣元为什么要定在八月十五这一天会面？在这个中秋之夜，会不会发生什么意外呢？

第二十三章

1

刘赣元想“单刀赴会”,第一个提出反对的就是李闽南。

自从程老黑从雨台寺净空和尚那里带回冯和平的“邀请信”之后,刘赣元就决定一个人去“单刀赴会”,李闽南不同意。二人早就习惯于在争论中解决问题,所以就这个问题,两个老搭档免不了一番唇枪舌剑,唾沫星子乱飞。

李闽南早就摸透了刘赣元的脾气,毫不客气地指出,“单刀赴会”就是个馊主意,你刘赣元爱耍个人英雄主义的毛病又蠢蠢欲动了,你刘赣元小时候大鼓书听多了,又想冒充江湖大侠!“单刀赴会”,说起来多神气,可那只是冷兵器时代的英雄传奇,现在不是三国时候,也不是唐朝宋代,你以为你有三头六臂,简直就是拿自己的生命去开玩笑!再者说,毕竟跟冯和平只一面之交,虽然他有求和反正之意,但是人心隔肚皮,知人知面不知心,不能不防。在没有更大把握的情况下,李闽南建议找个借口,把这次会面推掉,或者换一个会面地点,比如雨台寺。

刘赣元承认自己个人英雄主义的思想存在,但是对推掉会面或者换地方会面的说法,坚决不同意,说哪怕就是“鸿门宴”,我也要去喝几杯!他冯和平发出邀请,很大可能就是一种试探,对游击队诚意的试探,也是对我刘赣元诚意的试探。如果取消或有意避开这次安排,会让他对游击队产生不好的看法,也会对我刘赣元低看一眼。不就是县城嘛,又不是龙潭虎穴,刀山火海,没什么大不了的!不仅要去,而且要大大方方地去,择个日子,就定在八月十五,让他冯和平看看，我刘赣元说得到做得到，我老刘非要去看看城里的月亮圆不圆！

二人的意见不能统一，事情就拿到了中心县委会上。胡缅生主持会议，关于这件事，会议分两步研究，首先讨论刘赣元去不去赴约。大多数同志同意刘赣元的分析，认为去是一定要去的，为了争取冯和平和他的保安团，值得一去。关键是怎么去，既要去得成，事情办得好，还要安全无误。

最后，胡缅生指出，就按照"怎么去"这个思路，大家讨论。你一言，我一语，大家纷纷出主意，想办法，经过一番讨论，总结出来一个较为满意的方案。

这个方案否定了刘赣元的"单刀赴会"，改为"三人行"，即由程老黑和孟玉两人陪同刘赣元一起前往。程老黑是皖南当地人，会说当地土话，不易引起怀疑，而且他对县城地形较为熟悉，与城里的地下党联系起来方便，同时，程老黑胆大心细，万一有不测，可以配合刘赣元一起突围。至于让孟玉一起去，一是可以让刘赣元和孟玉化装成夫妻，便于伪装进城，另外，孟玉和冯和平曾在上海同济中学同学，老同学见面，既可以叙旧谈心，做好冯和平的"统战"工作，也为他们此行的安全加上另一道保险。

大家都表示同意。

接着，又讨论他们一行化装进城的具体细节。然后，刘赣元和李闽南一起回游击队，路上，刘赣元还在想着进城的事，就让李闽南仔细参谋一下，其中还有没有漏洞，以免节外生枝。

李闽南反复想过之后，觉得很完善，便开玩笑说："大问题没有，只有一点，你老刘要注意，你和老孟是化装夫妻，不是真夫妻，可要注意保持距离哟。不然，老胡可饶不了你！"

刘赣元接着开玩笑："是啊，不仅老胡不饶我，怕是茶花也不饶我啊！"

二人说着笑着，刘赣元突然想到一件事，说："老李，茶花托我问你一件事，都好几天了，差点忘了！"

李闽南问："问我什么事？"

刘赣元说："茶花让我问，你有没有相好的？"

李闽南眼一瞪，道："天天跟你在一起，有没有你老刘还不知道！你以为我像你，能交上桃花运啊！"

刘赣元拍着手说："太好了，这太好了！"

李闽南说:“老刘啊老刘,你什么意思?我没有相好的就太好了,你那意思是盼着我李闽南打一辈子光棍,是不是?!”

刘赣元说:“老李,我可不是这个意思,我的意思是,你没有相好,我这里正好有一个人选,介绍给你,不是正好嘛!”

李闽南扑哧一笑,说:“哎哟,看不出来,老刘啥时候学会做媒婆了?我看你这嘴角还少一颗痣嘛!”

刘赣元说:“别啰唆,你就说行不行吧。”

李闽南说:“我说老刘,你当媒婆都不合格,说媒拉纤,讲究门当户对,我不知道对方是谁,你就逼问我行不行,有这样说媒拉纤的吗?”

刘赣元一拍脑袋:“怪我怪我!情况是这样的,茶花有个小姐妹叫项五妹,她是项腊梅的妹妹,模样长得不错,心灵手巧,这些你都知道,我就不多说了。五妹也二十出头了,姑娘家一大,心里就装着找人出嫁的事!听茶花说,人家五妹早就看上你了,就是不好意思开口,所以茶花就让我问问你。正好,你说没有相好。哎呀,你们两个般配啊,那真是天造的一对,地设的一双!依我看,这个事就这么定了,争取早点把喜事办了!”

李闽南觉得可笑:“老刘,你要搞封建家长制是不是?我李闽南的终身大事八字还没一撇,怎么就这么定了,还要早点把喜事办了,你以为这是过家家?真是岂有此理!”

刘赣元说:“好好,都怪我性子太急。我知道,你喝的墨水多,喜欢搞一点小情小调。这样吧,这个事先说到这,等我进城办完事回来,马上安排你们好好谈一谈,一来二去,有几个来回,事情也就差不多了!”

李闽南说:“好了好了,老刘同志,谢谢你了,我的事你还是少操心,赶紧回去侍候你孩子他娘去吧。”

说着,李闽南把刘赣元推了一把,刘赣元回过头来说:“就这么定了啊!”

李闽南摇头苦笑:“这个老刘……”

2

八月十五这一天,秋高气爽,风轻云淡。

按计划，刘赣元和孟玉扮成一对做小生意的夫妻，一起回城里的娘家过中秋。程老黑扮成仆人，推着独轮车跟着。三人一上路，看上去很像那么回事。刘赣元身着蓝士令布长衫，头戴黑呢子礼帽，胡子刮得干干净净，简直像换了一个人。孟玉身着紫红缎子旗袍，脸上破例扑了粉，真有几分商家太太的风韵。他们身上的行头都是头天程老黑下山托人租来的，一共租两天。程老黑依然是山里人的打扮，只是洗掉了平时一身的炭灰，收拾得干净利落，推着独轮车。车的一边坐着孟玉，手打遮阳伞，另一边放着一只竹箱，箱里放着山货若干，冬瓜和倭瓜各一个，上面贴着喜字。在皖南，小媳妇中秋节回娘家送冬瓜或倭瓜，意思是给娘家人报喜，说自己怀上孩子了。但是，他们带的冬瓜和倭瓜可不是报喜用的，里面已经被掏空，有两把短枪藏里头。

刘赣元从来没有穿过这么阔的衣服，走起路来有点不自在，一会儿想解扣子，一会儿想撩衣襟，孟玉不得不时不时提醒他："老刘，记着你是老板。"刘赣元这才正正经经起来。

山路弯多坡陡，因为是下山，程老黑的独轮车推得轻松。逢到无人之处，三个人说说笑笑，一路倒不冷清。

刘赣元问程老黑："老程，你说我和老孟在一起，是不是像夫妻？我怎么觉着不像呢？"

程老黑笑道："像还是像的，像和是，两回事！"

孟玉说："老刘，你别不好意思，咱俩个这回就要让人看着像才行，不像不是白搭了化装的工夫！"

刘赣元说："除了茶花，我这辈子还没有想过跟谁夫妻相称，要不是为了任务，老孟，你拿枪顶着我，我都不敢！"

孟玉说："是不是怕茶花吃醋？"

刘赣元说："那不可能，茶花吃谁的醋也不会吃你老孟的醋。话又说回来，我刘赣元怎么能怕女人呢，男人干事，女人少管！"

孟玉说："哎哎，老刘，你这可不是第一次了，不要大男子主义好不好！你们男人办事，我们女人不管，那好，我掉头回去算了！"

"对不起，我的好'太太'！"刘赣元自知刚才话说错了，马上道歉，"你一走，我'刘老板'就成了寡汉了！"一句话把三个人逗得哈哈大笑。

孟玉说："说归说，笑归笑，对待女同志这方面，你老刘还要跟李闽南学一学，你看人家，对女同志有礼有节，很有绅士风度！”

刘赣元说：“哎呀，我老刘这一辈子怕是学不成了，他是洋学生出身，我是大老粗一个，让我学他那还不如让我学狗叫呢！”

孟玉说：“那是你打心里就不想学，就凭你老刘足智多谋，想学准能学好！老程你说是不是？”

老程说：“是，不过，老刘真学得像老李那样，他老刘也就不是老刘了！”

刘赣元一听，这话很称心：“听听，还是老程实在，说到点子上了。”

孟玉说：“老刘呀老刘，你这是找借口，有机会我跟李闽南同志说一说，让他好好给你上上课，教教你怎么关心女同志！”

刘赣元听罢哈哈大笑：“老孟，你算了吧，就他，孤家寡人一个，还教我？！”

孟玉说：“怎么着？孤家寡人一个就不能教你了？哼！”

说到这里，刘赣元突然想起要给李闽南和项五妹做大媒的事来，于是说：“老孟，提到老李，我倒想起来一件事。你看，老李也三十岁的人了，是不是也该找个人成家了。”

孟玉说：“那倒是，不过，这可不是说找就能找到的，有人，还得合适。”

刘赣元说：“我倒有一个人选，很合适。”

“谁？”孟玉问。

“项五妹。”刘赣元说。

“哎呀，还别说，真是挺合适的！我怎么就没想到呢。”孟玉想了想，惊喜地说，“我说老刘，看不出来呀，你粗粗大大的，心还挺细的！”

“所以，老孟同志，不能门缝里看人嘛，我老刘对女同志还是挺关心的！”刘赣元高高仰起头来。

“瞧，把你美的！老刘，老李和五妹都知道这事吗？”孟玉问。

“我已经跟老李说过了，五妹那边我让茶花去说了。”刘赣元一副当家做主的架势，“两边一说，事情就这么定了。老孟，你帮忙择个好日子，把他们的喜事办了！”

“老刘，刚表扬你，马上就飘起来了！”孟玉白了他一眼说，“你以为这是买卖，两边一说就成了，胡闹嘛，得这两个人都同意，再互相了解一下才能定，不能操之过急！”

“以我的经验，这事就得搞突袭，速战速决，不能打阵地战，不然他老李就成了老黄瓜喽!”刘赣元说罢,一阵开怀大笑。

说说笑笑,不觉已接近正午。抬头一看,县城东门就在眼前,城门前设有检查哨。刘赣元给孟玉和程老黑使了个眼色,三个人走向检查哨。

检查哨是保安团设的,三个哨兵被秋阳晒得懒洋洋的,程老黑推着独轮车在前,刘赣元紧跟其后,哨兵走过来问话,一听就是当地口音。

“搞什么的?”哨兵问。

“走亲戚。”程老黑说。

“通行证!”哨兵说。

“哎呀,老总,我们没带。”程老黑说,“不是说日本投降了,不用通行证了吗?”

“谁说的?没有通行证,不许进城!”哨兵横枪拦住。

这时,孟玉从独轮车上下来,如风摆杨柳般,来到哨兵跟前,用当地土话说:“老总,你听说过回娘家还要通行证的吗?”

哨兵打量一下孟玉,问:“娘家?你娘家在哪条街哪条巷子?”

程老黑马上接着答道:“樟树后街,水井巷,卖炭的老宋家。”

哨兵隔着帽子抓抓头,说:“卖炭的老宋家,是不是江上春茶叶店对门?”

程老黑说:“对对,隔壁是王家油坊。”

哨兵说:“地方倒是都对得上。”

刘赣元上前给哨兵散烟,孟玉一把挽住刘赣元的胳膊,说:“几位老总,熟门熟路,得空到我娘家喝茶吧。”

哨兵过来翻了翻车上的行李,敲了敲那冬瓜和倭瓜,看了看孟玉的肚子,说:“噢,回娘家报喜的吧,那好,恭喜恭喜,你看我们兄弟几个是不是,弄点喜酒喝喝?”

“那要的,当然要。”刘赣元伸手摸出两块大洋,拍在哨兵手里说,“等孩子生下来,还要请几位老总吃喜蛋呢!”

哨兵见钱眼开,挥挥手说:“好吧,记得下次带上通行证。”

三个人进了城,离开城门老远了,孟玉还挽着刘赣元的胳膊,刘赣元回头望一眼,说:“老孟,差不多了,可以松手了!”

孟玉说:“老板,叫太太!”

刘赣元眉头一皱,说:“太太,‘娘家’快到了!”

程老黑带着刘赣元和孟玉来到樟树后街水井巷宋家炭铺。炭铺老板宋大个子忙把三人让进里屋。原来老宋是城里的地下党员之一,与程老黑曾多次一起开会,相互熟悉得很。老宋没有见过刘赣元,突然见到刘赣元站在面前,激动得手直抖,握着刘赣元的手,把刘赣元仔仔细细看了一遍:“你就是刘队长,就是打不死的刘赣元?”

刘赣元拍拍老宋的肩膀说:“老宋,不会有假,如假包换呀!”一句话,说得大家都笑了。

老宋安排好他们吃饭休息,程老黑把此行的目的向老宋作了介绍。刘赣元让老宋把城里的情况作一些介绍。据老宋说,城里最近确实宽松很多,尤其日本投降后,留在城里的保安团不再像过去那样三天两头搜查,有事无事抓人,所以城里基本上还算平静。

吃过饭之后,由老宋带着程老黑,以送炭为由,去陶然亭徽菜馆查看地形,摸清情况,尤其对菜馆内的各种通道加以留心,以备万一。不多时,二人回来,把摸到的情况一一说明,并作了图示,刘赣元默记于心。接着,大家一起边谈边等着天黑。

趁这个工夫,刘赣元把蓝士令布长衫脱下来,好好轻松一下。孟玉见他脱下长衫像脱掉枷锁似的,忍不住笑。

刘赣元说:“我老刘就没有穿这衣服的命呀,才穿了半天,浑身绑得难受,真不明白那些人天天穿着这样的衣服怎么受得了!”

孟玉说:“有什么受不了的,习惯了是一样。像我们住山棚走山路,三天两头换地方,人家也受不了。等到革命成功了,不住山棚,不打仗了,看你怎么办?”

刘赣元说:“到那时候,我就率领我的孩子上山,种几亩地,养些鸡鸭,一边教他们打仗,一边过咱的小日子!”

程老黑说:“看来你老刘早有打算呀,那就让茶花多给你生几个孩子,不然编不成一个排,领导起来也不过瘾!”

刘赣元说:“就是,回去就跟茶花商量,这事真得要抓紧!”

见刘赣元和孟玉像没事人一样,说说笑笑,老宋很不理解。因为老宋不了解刘赣元办事的脾气,于是悄悄问程老黑:“晚上这么大的事,刘队长还有心思说说笑笑，难道就不准备准备？”

程老黑看看刘赣元，说：“他呀，这就是准备！”

老宋被程老黑说得有点糊涂，不好多问，只好作罢。

3

夜幕降临，一轮圆月挂在天空，古老的山城沐上一层银色光晕。纵横的老街，灯火点点，远远近近，传来叫卖叫买声，偶尔有几声狗吠传来，古老的街巷显得空洞而又神秘。

孟玉挽着刘赣元的胳膊走在老街上，程老黑跟在后面，不远不近。县城不大，从樟树后街出来，拐过第二个路口，眼前一处灯火通明，人来轿往，很是热闹，想必便是陶然亭徽菜馆了。

陶然亭徽菜馆是县城有名的饭馆，以经营徽州菜肴闻名，本店的招牌菜毛豆腐和臭鳜鱼在小城妇孺皆知，拴住很多食客的心。菜馆是两层两进小院，墨檐白墙，雕梁画栋，一方天井，通天接地，给小院平添不少生气。刘赣元一进小院就被吸引住了，暗叹冯和平果然有眼力，找到这么一处可人的地方，实在是没有白来，可惜茶花没来，不然也长见识。若不是有任务在身，刘赣元真想领着孟玉在小院里转一圈，好好欣赏一下这有名的陶然之处。

见刘赣元和孟玉进来，店家跑堂马上迎上，问有无订座。

程老黑用当地土话说：“都是冯团长的客人。”

跑堂马上明白，躬身领着他们三人朝后院走。刘赣元和程老黑边走边观察，哪里能走，哪里有门窗，都一一记清，以备不测。看来，冯和平为了此次会面，早就作了周密安排，跑堂的领着他们一直走到最里面一间雅间门前。刚一敲门，门便开了。

最先出门的是冯和平的侍卫王大功。他一身便服，做了一个请的手势。程老黑上前把住门边，刘赣元和孟玉进门，一身便装的冯和平从里面迎上前来，抱拳问候。

“刘先生按时赴约，冯某敬佩！”冯和平说。

“冯团长请客，有酒有菜，岂敢不来，恭敬不如从命，我还想跟你喝几杯呢!”刘赣元接着神秘地说,“冯团长,我要给你介绍一个人。”

说罢,转身一指孟玉,冯和平借着灯光仔细一看,没有马上认出来。

“这位是……”冯和平问刘赣元。

“冯团长位高权重,竟然连老同学都不认了?”孟玉走上前说。

冯和平又看了看,似乎想起来,但又怕认错,正在犹豫不决,孟玉说:“真是贵人多忘事,小女子孟玉给团长大人请安了!”

“噢——孟大小姐,我的老同学,你的变化太大,和平眼拙,乍一看,真不敢相认啊!”冯和平看上去非常意外,也非常激动,握着孟玉的手,说,“多年不见,一向可好?”

“好,好,只是想念老同学,这不,特意过来看望你来了!”孟玉笑着说,“冯团长这些年来春风得意,把老同学都忘了吧。”

“岂敢岂敢!”冯和平一边让座,一边说,“和平既没有春风得意,也不敢忘记旧时同窗,都是因为公务缠身,无暇顾及,今天见面,真是喜出望外呀!”

“谁说不是,如果不是冯团长请客,怕是还见不到冯团长呢!”孟玉坐下之后,看了一眼刘赣元,“就这样,还是沾了这位刘先生的光呢!”

“听说孟大小姐与缅生兄结为伉俪,”冯和平不解地望着刘赣元和孟玉,说,“请恕多嘴,你跟刘先生……”

“哈哈,因为要进城,她临时做了我老刘的太太。”刘赣元放声大笑,“冯团长,这都是仰仗你成全啊,不然我可没有这份福气哟!”

冯和平明白过来,连连抱歉,说:“我冯和平一次小小邀请,竟惊动如此之大,实在惭愧啊!”

菜和酒都是冯和平特意安排的,菜当然是本店的招牌菜,毛豆腐、臭鳜鱼,酒也是当地的上好酒,另外一盘黄澄澄的蒸螃蟹,更是显出主人的热情和诚意。

冯和平斟上一杯酒,站起来说:“这第一杯酒是感谢酒。刘队长,您能来,我冯和平真是太高兴了!一是说明刘队长信任我冯和平,二是刘队长愿意交我这个朋友。谢谢您的信任!来,干了这杯!”

说完,冯和平一饮而尽。

然后冯和平又斟上一杯酒,说:“这第二杯酒是道歉酒。刘队长,请原谅冯某的小气。不错,我之所以约你到城里来会面,是有试探的意思,试探您刘队长有没有胆识，也试探您刘队长有无诚意交我这个朋友。看来，是我冯某人小肚鸡肠，您刘队长果然是好汉，冒着危险进城赴约，令我汗颜啊！”

说完，冯和平又喝了一杯。

接着，冯和平又斟了一杯酒，说：“这第三杯酒，我要敬我的老同学孟玉小姐，您的到来，让和平仿佛回到了当年。说实在的，刘队长能来，我已经很感意外了，孟大小姐能来，更是意外之意外！干！”

冯和平连着喝下三杯酒，脸色有点泛红，既有酒力作用，也因掩饰不住的激动和兴奋。

这时，刘赣元站起来，抓过酒壶，往一只大碗里倒了半碗酒，端起来，说：“冯团长，你的一二三杯酒都有讲究，说得头头是道，我刘赣元不善言辞，就不一一说了，这半碗酒是我代表老胡、游击队，还有我自己敬你，希望你永远把我们当做朋友！”说完，一饮而尽。

孟玉以茶代酒，压低声音，郑重地说：“冯团长，老刘说得好，希望你把我们当做永远的朋友，也希望你能站到人民的立场上来！”

冯和平点点头，端起酒杯，手竟有些抖，眼里有泪光一闪：“我冯和平从小受家庭熏陶，还知道做人的道理，你们所说，我心里明白。这里，我有一事相托，不知二位愿意不愿意帮忙？”

刘赣元说：“请说吧，只要是我们能做到的，尽管说来。”

“我和妹妹玲子失去联系多年，多亏你们上次送来她的信，让我们兄妹取得联系。说实在的，这几年，我冯某人在乎的不是官位，也不是金钱，而是我的妹妹玲子，她是我这个世界上唯一的亲人了！”冯和平说，“如果可能，能不能请你们代为安排，让我们兄妹见上一面？”

“冯团长，告诉你一个好消息：在来之前，我们已经与江北七师取得联系，经首长批准，同意丁玲同志与你见面了！”孟玉说，“老同学，这算是我们送给你的一份中秋大礼吧！”

“这份礼太重了！和平实在受宠若惊啊！”冯和平颇为感激，突然眼睛一亮，神秘地说，“来而不往非礼也，既然你们给我冯某人一份厚礼，我也要送你们一份薄礼，请一定笑纳！”

孟玉看了看刘赣元，又看了看冯和平。

“我这份礼，不是金银财宝，也不是绫罗绸缎。不过，很是特别，相信你们会很感兴趣!"冯和平斟上一杯酒,微微一笑,端起酒来,故作神秘地卖个关子,说,"来,先喝了这杯酒,等你们临走的时候,我冯某人一定把那份礼送上!"

双方再次举杯,场面着实欢畅。

第二十四章

1

从陶然亭徽菜馆出来，月上中天。

菜馆人多眼杂，不便久留，冯和平带刘赣元等人从后门出来，直接来到事先安排的一个秘密院落。按照原计划，如无特殊情况，刘赣元三人要连夜离城，赶回游击队。冯和平不便强留，专门作了安排，准备在下半夜送他们出城。刘赣元跟孟玉和程老黑商量，觉得这样也好，正好有时间让孟玉做一做冯和平的"统战"工作。

这座院落原是一大户人家的后花园，现在是冯和平秘密会客的地方。院内有一片桂花林。孟玉邀上冯和平一起到桂花林边散步。

此时，月华似水，桂影扶疏，花香馥郁，沁人心脾。两个老同学正回忆着当年在一起读书时的青春岁月，甜蜜中夹杂着青涩，却是回味悠长。

"时间过得真快啊，一晃十年过去了。"孟玉说，"哎，和平，后悔当初的选择吗？"

"那是为圆家父的遗愿啊！"冯和平低头看着自己的影子浮想联翩，接着问道，"你和缅生兄为什么选择参加新四军呢？"

"说实话，当初我和缅生一起选择参加新四军的时候，是被新四军倡导的救国精神所打动。那时候还年轻，我们被一腔报国热情激励着，只想尽一个国人的责任。"孟玉说，"你知道，我来自商人之家，条件不错，完全可以过上大小姐的日子，舒舒服服一辈子。还有缅生，他是归国华侨，海外有丰厚的家业等着他去继承,但是我们选择来到皖南,说到底,就一个理由,追求真理,抗战救国!"

"是啊,读书时我们也曾在月光下散步,一起谈理想,谈未来。记得我们谈得最多的是为国效力,拯救吾中华于水火之中,说实话,现在想来,心头还是怦怦直跳啊!"冯和平抬头望着天上的明月,感慨万端,"只可惜,明月今犹在,青春不复返呀!"

"和平,记得当年你最有激情,立志救国,为了锻炼意志,大冷的天冲冷水澡。"孟玉摘下一束桂花,闻了闻,"如今是不是还是那样激情澎湃啊?"

"过去了,一切都过去了。"冯和平长吁短叹,"那时的和平已经不存在了,存在的是一个碌碌无为、心之将死的和平了!"

"不能这么说! 和平,你年轻、正直,前途还是很远大的!"孟玉说,"关键是选择走哪条路!"

"是啊,选择,选择,和平一直都在选择。可是结果呢,似乎一直在错!"冯和平说,"我真不知道还有没有选择!"

"有!"孟玉马上接着说,"老同学,你是我们的朋友,更希望你能成为我们的同志啊!"

"同志?"冯和平喃喃道,"我冯和平怕是没资格了。当年事变,我的手上有你们同志的血债啊!"

"改邪归正,既往不咎! 我们主张团结一切可以团结的力量。"孟玉说,"况且,当年的错不在你一个人身上,那是'顽固派'的罪行! 当务之急,不能一错再错,要立即醒悟啊!"

冯和平久久地注视着天空,月光在他的面颊上留下深深的阴影,似乎那月轮之上,有他想要的答案。

"但愿人长久,千里共婵娟。"孟玉知道冯和平在犹豫,便说,"也许,丁玲同志此时也在看着这轮圆月啊,说不定她正在想着哥哥呢!"

冯和平不禁打了个冷战,突然,他转过身,紧紧握住孟玉的手,说:"请转告贵部组织,如蒙不弃,和平当以功洗罪!"

孟玉诚恳地点点头,"老同学,我们欢迎你!"

就在这时,侍卫王大功突然来到冯和平的身边,对他耳语一番,冯和平点点头,转身对孟玉说:"老同学,我给你们的薄礼已经备好了!"

2

张昆山是一个人来的。

因为是八月十五,张昆山晚上偷偷跑出去喝点小酒。喝酒是张昆山的一大爱好,过去在游击队时,两个月都弄不到一口酒喝,憋得实在够戗!现在好了,只要有空,想喝酒就能喝,喝多少都没人管。喝完小酒又去窑子里混一混,花点小钱,落个快活,反正那笔奖励还没花完。要钱干什么,钱是王八蛋,花了再去赚嘛!这神仙日子,与在游击队相比,真是一个天上一个地下啊!

张昆山一个人晃晃悠悠,嘴里哼着小调,往营房走。王大功上前拦住,告诉他团长要见他,命他火速到达。张昆山很激动,不敢怠慢,跟着王大功就走。他不知道深更半夜团长找他干什么,但是他知道一定有事。团长主动找他,说明团长原谅了他。况且团长说过,一定会给他机会,看来果然机会来了。

张昆山跟着王大功走进来时,首先看到的是团长冯和平高大的背影,面对这个背影,张昆山浑身的骨头马上就软了下来。冯和平慢慢转过身来,张昆山看到的不是一张他期望的笑脸,而是一张冷若冰霜的脸。他不禁心头一紧。

冯和平问:"张小队长,你知道为什么找你来吗?"

张昆山说:"团长,不知道。"

冯和平说:"今天是八月十五中秋节,是个团圆的好日子。既然是好日子,我当然会想到你!"

张昆山转忧为喜,连忙道谢。

"我曾经说过,会给你机会的。"冯和平说,"你还记得吧。"

"记得,记得!"张昆山点头如捣蒜。

"记得就好!我冯某人向来说话算数,答应过的事,一定会办到。今天,我就给你一个机会。你可能在想,这是什么机会呢?"冯和平看上去颇有耐心,"那好,我来告诉你,我给你一个做鬼的机会!也是一个还债的机会!"

说罢,冯和平一挥手,王大功上前三两下就把张昆山拿住,用绳子捆了个结实。张昆山连声求饶:"团长,团长,我没犯错,我没有!"

"你有没有错,我不评价。既然到了这时候,也该让你明白了。"冯和平说到这，转向门外，道："有请客人！"

张昆山还在求饶，不停地叫冤。

"张昆山，你回头看看，他们是谁？"冯和平大声喝道。

张昆山浑身发抖，慢腾腾地转过身来一看，顿时瘫在地上。

刘赣元、程老黑、孟玉站在他面前。

"张昆山，你这个叛徒！你没有想到吧，我刘赣元没被你烧死，现在还活得好好的！你更不会想到，我会进城来抓你这个狗东西！"刘赣元接着说，"听说你立功受奖了，就是因为你朝老子打黑枪，就是因为你害死了好几个游击队的兄弟！你拿到不少大洋吧，花起来很快活吧，张昆山，今天你的福算享到头了，你这个败类！"

程老黑从张昆山身上撕下一块布，团一团，一把塞进张昆山的嘴里，然后把他装进准备好的麻袋里，搬到门外的独轮车上，结结实实捆好，张昆山一动也不动了。

紧接着，刘赣元和冯和平一起商量如何处置张昆山。刘赣元认为，一个叛徒，一枪干掉他也太便宜他了，不如利用他干点事。冯和平觉得很有道理，于是二人开始想主意。冯和平想出一个主意，刘赣元听罢连声叫好，说："就这么干！"

此时，月已偏西，冯和平带着王大功亲自送刘赣元一行出城。

孟玉说："老同学，我们等着你！"

冯和平说："放心吧！"

说话间已来到城门下，就听哨兵喊："什么人？"

王大功上前喝道："他娘的，眼睛装裤裆里了，团长送贵客赶路，快开城门！"

见是团长，哨兵不敢怠慢，吱呀呀，打开大门。

城门外，月光如银铺地，远处山影如画。冯和平与刘赣元、孟玉、程老黑一一道别。

冯和平握着刘赣元的手说："不早了，快赶路吧。一路顺风！"

刘赣元说："后会有期！"

3

方家正下去慰问“弟兄”，一肚子的不高兴。八月十五中秋夜，与戏子小茉莉的幽会泡了汤，方家正暗自生气：他娘的冯和平是有意刁难我，这口气难以下咽！

本来，按要求他在三天后务必回团部述职，可是，途中方家正斩不断心中情思，便转道去见小茉莉。小茉莉心中有气，方家正千般解释，万般说明，费了老大劲才算挽回一点面子。当然，方家正也明白，征服小茉莉还有一种有效手段，那就是大洋。哗啦啦，一包大洋在小茉莉面前一展，方家正的形象立马高大起来，小茉莉眼里媚波荡漾，方家正便成了大西厢那出戏里的张生。于是，你依我依，耳鬓厮磨，两情相悦，竟分不出戏里戏外。方家正也算情种，坠入小茉莉的温柔乡里不能自拔，发誓要娶小茉莉，小茉莉也愿以身相许。

五天后，方家正与小茉莉依依惜别。回到城里，方家正听到的第一消息就是：张昆山失踪了。

一个大活人说失踪就失踪了，方家正不大相信。自打从游击队里叛逃出来，张昆山一直躲在城里，很少单独外出，怎么可能消失得无影无踪了呢？这其中一定有问题！

在团部会议上，冯和平同意方家正的分析，责令方家正负责调查此事，要求一定要查个水落石出，活要见人，死要见尸，不能让一个“自首典型”就这么无声无息地不见了！方家正不敢说不干，只好硬着头皮去调查。一连忙了几天，没有查出一丝头绪来。

这一天，本城炭铺的宋老板带人出城打柴烧炭回来报案，说在出城三里外的夹山沟里发现一个当兵的死在那里，穿的是保安团的衣服，看样子是摔死的。大家都知道，那条路通往游击队频繁活动的山区。

方家正跟随冯和平带上一队人马赶到现场，果然是张昆山。从表面上看，张昆山像是从那边往这边跳的时候不慎掉下摔死的，头破血流，面目全非，惨不忍睹。冯和平命令封锁现场，把张昆山的尸体弄上来。在整理张昆山的衣服时，从张昆山的内衣夹层中发现了一封信，王大功把信递给冯和平，冯和平并不接，命令道：念！

王大功于是念道：

方团副：一别多日，甚是想念。此信不为别事，专问上次共谋起义之事考虑如何。张昆山是我方派出的内线，值得信任，他会专线与你联系，请尽快考虑妥定，早日起义。恭候佳音。刘赣元敬启。

方家正无论如何也想不到这信是写给他的，而且是共党游击队队长刘赣元的亲笔信。当时，方家正呆了，嘴张了半天，一句话也说不出来。信念出去了， 群士兵都听得真真切切。

冯和平似乎也不相信这是真的，马上接过信来看了一遍，看完后，脸色铁青，瞪着方家正半天，一句话没说，把信甩到他面前。

方家正捡起信来，连看了几遍，一点都没错，白纸黑字，清清楚楚，就是刘赣元写的，就是写给他的。他娘的，这是陷害！方家正气得浑身发抖，可是，事到如今，浑身是嘴也他娘的说不清啊！

“来人，把方团副的枪下了！”冯和平厉声喝道，“带回团部，听候审查！”

两个士兵上前抓住方家正，王大功下了方家正的枪。

方家正苦着脸说：“团座，我是被陷害的！我没有跟游击队联系，我……”

冯和平冷冷一笑，说：“方团副，有没有你自己清楚，这白纸黑字写得明白，你觉得冤枉是不是？那好，等调查清楚再说吧。”

关了两天之后，冯和平突然把保安团的小队长以上的头头脑脑都召集来，在团部公开审理方家正。

方家正这两天简直像变了一个人，一会儿暴跳如雷，大骂遭人陷害，一会儿哭天抹泪，喊冤叫屈。保安团上下没有人敢去看他，都怕惹上一身骚。再说，平时方家正自恃身为团副，一人之下众人之上，不太注意跟下属沟通，没积下什么人缘，所以手下的人同情他的不多，想看笑话的倒是不少。

审理开始前，冯和平把大体情况说了一下，让大家有个整体印象，并强调大家一定要实事求是，本着一是一二是二的原则，目的是搞清问题，查明真相，既不能冤枉，也不能姑息。这话说得没什么毛病，但是大家还是能听出，方家正这回是栽了。

审理正式开始。荷枪实弹的士兵站立两旁。冯和平主审，陪审员，书记员，分别就位。方家正被押进来，样子还有点不含糊。

冯和平问："你叫什么名字？是何身份？"

方家正说："我叫什么你不知道吗？你明知故问。"

冯和平一拍桌子，"你叫什么名字？是何身份？"

方家正翻翻眼，答："方家正。保安团团副。"

冯和平问："为何被捕？"

方家正往前一蹿，但被两个士兵按住，"我是被冤枉的。"

冯和平说："方家正，你涉嫌与张昆山相互勾结，与游击队合谋叛乱，是不是事实？"

方家正吼道："不是！我他娘的没有和张昆山勾结，也没有想通共谋乱，我是被陷害的！"

冯和平问："你说你是被人陷害，有无证据？"

方家正说："反正我就是被陷害的！"

冯和平问："好，我来问你，农历八月十五那天，你在哪里？"

方家正说："我下去慰问兄弟了。"

冯和平问："下去慰问，原定几天？"

方家正说："三天。"

冯和平问："你几天后回来的？"

方家正说："五天。"

冯和平一拍桌子，问："为什么是五天？那两天去了哪里？都干了些什么？"

方家正支支吾吾，说："我……我……我去找小茉莉了。"

冯和平问："小茉莉是谁？和你是什么关系？"

方家正说："小茉莉是个戏子。她是我相好。"

下面一阵哄笑。

冯和平让大家安静，接着问："你说你去找相好的，谁能作证？"

方家正说："小茉莉，小茉莉就能作证！我们一直在一起，两天两夜，没分开过。"

下面又一阵哄笑。

冯和平突然大怒："方家正，你还有什么好说的。作为军人，身负军职，不思报国，利用工作之便，寻花问柳。你伙同张昆山，勾结共党，企图叛乱，白纸黑字，还想狡辩！"

方家正一下子腿软了，说："团座啊，你还不了解我吗，我寻花问柳是事实，可是我没有伙同张昆山勾结共党，我方家正发誓，我要勾结共党，我不得好死！团座啊，请你明察啊！张昆山啊，你他娘的把老子害苦了！各位兄弟，你们也知道，帮我说句话吧。"

冯和平说："事实基本清楚，马上上报，等候发落。押下去！"

方家正大喊："我冤枉！我要上诉，我要找陈总指挥！"

第二十五章

1

这段时间，应该是游击队成立以来，相对平静的日子。

日本投降后，国民党大批军队进城抢收抗战胜利果实，皖南山区出现了一个暂时“和平”的局面。此时，根据中共中央的决定，长江以南及沿江一带的新四军向北转移。七师也在其中。这时，有传言说，游击队将要并入七师，融入大部队，战士们都很兴奋，翘首以待。可是，奉命北撤前，七师指示中心县委和游击队，继续在皖南坚持斗争。为了今后联系方便，七师派人给中心县委和游击队送来了一部电台并配了发报员。

很多战士不能理解，抗战胜利了，为什么我们游击队不能回到大部队去？为什么我们还要在山里守着，难道这样的游击还要一直打下去？

看来，皖南是离不开了，必须要坚守。刘赣元隐隐约约感觉到，他和他的游击队在一段时间内不可能离开皖南，是斗争需要，也是形势所迫。既然是上级命令，必须坚决执行！刘赣元跟胡缅生多次讨论，做好战士们的思想工作，同时利用眼下有利时机，广泛开展群众工作，恢复和巩固老根据地，积极开辟新根据地。很快，纵横300里的皖南游击根据地连成一片，游击队也发展到300多人，另有地方民兵1000多人。

2

茶花的肚子越来越大，像是衣服里扣了一口大锅，低头看不见脚尖，弯腰摸不到膝盖。孟玉说，锅底男，箩底女，看茶花这肚形，一定会生个儿子。刘赣元高兴，毕竟要当爹了嘛。但是，刘赣元另一个担心也随之加重。从目前的局势和上级的指示分析，游击队不可能离开皖南，武装斗争还将继续，甚至可能会更残酷。游击战打起来，东奔西走，跋山涉水，居无定所，吃无定时，那么，孩子生下来怎么办？

不久，茶花生了，不是儿子，是个女儿。刘赣元高兴还是高兴，但心里多少还是有点失望，这逃不过茶花的眼睛。茶花劝他，说想要儿子，咱们以后再生。刘赣元却说，男女都一样，都是革命后代！茶花见刘赣元能想得通，心里很高兴。

可是，女儿刚刚满月，刘赣元突然提出，要把孩子送到老乡家里去养。母女连心，茶花说什么也不同意，刘赣元就发火了："一个小丫头，有什么金贵的，为什么不能送到老乡家里去养！"

刘赣元这句话刺痛了茶花的心。茶花心里暗气，认定刘赣元骨子里重男轻女。你听听，一个小丫头，有什么金贵的，这是一个当爹说的话吗？小丫头怎么了？小丫头就要送给外人养吗？世上哪有这种歪理，这不是明摆着重男轻女嘛！于是两口子三天两头吵架拌嘴，气得茶花的奶水差点下不来。刘赣元没有办法，找孟玉帮忙做茶花的思想工作。胡缅生和孟玉也有孩子，因为工作不便，也是送给老乡养着。刘赣元想用这个"榜样"来说服茶花。俗话说得好，母子连心，不到万不得已，哪个当娘的愿意把孩子送人？孟玉答应做茶花的思想工作，但是这不是一般的思想工作，得一点一点地做。可是，斗争形势说变就变，说不定明天就要打仗，它可不等你慢慢做工作！刘赣元等不及了，打算独自行动。

刘赣元打游击多年，积累了一套有效的游击战术，因此也形成了一种思维模式，他认为像这种家务事，要想解决得快，就得搞"突袭"，快刀斩乱麻，生米做成熟饭，问题就解决了。

这一天，刘赣元找到程老黑，请程老黑帮忙在附近的山村里找一户信得过的老乡。程老黑以为刘赣元要搞调查研究，或是安排战斗部署，马上就去安排，很快搞定，回来通知刘赣元。刘赣元一听大喜，说："好！马上行动！"

程老黑一头雾水，问："行动？什么行动？"

刘赣元说："你去我家，想办法把茶花支走，其他的事，就由我来解决！"

程老黑问："支走茶花干什么？她在奶孩子呢。"

刘赣元说："让你去你就去，别啰唆，这是命令！"

程老黑摇摇头，走进山棚对茶花说："茶花，山棚后边晾的尿布叫风刮掉了，你快去看看吧。"

茶花正在奶孩子，听说尿布被风刮掉了，马上把孩子放到床上，去收拾尿布。她刚一出门，刘赣元马上闪进山棚，用一条小被子把孩子一裹，抱起来就走。本来孩子还在哭，他这一抱，孩子不哭了。刘赣元说："我的好丫头，跟你爹配合得不错！"

刘赣元抱着孩子跟着程老黑连走带跑，朝那个老乡家赶去。此时，程老黑有点后悔，不该配合刘赣元搞这次"突袭"！这事不是开玩笑，茶花知道了不找人拼命才怪呢！想到这里，程老黑心软了，说："老刘，这事做得不太好，咱还是回去吧，你好好跟茶花商量，商量好了再来也不迟！"

刘赣元说："谈判多次，'敌人'比较顽固，政治攻势拿不下来，只能搞武装'突袭'。"

程老黑说："茶花回来不见孩子，还不急疯了！老刘，还是回去吧。"

刘赣元说："老黑，你做事一向果断，今天怎么就婆婆妈妈的，像个娘们一样！这孩子是茶花的，也是我老刘的，我是她爹，她的事，我能做主！"

程老黑无奈，只好领着刘赣元来到一个老乡家。老乡姓陈，是个木匠，四十多岁，是位信得过的进步群众，跟程老黑还是拐弯抹角的亲戚。老陈两口子一见孩子，喜欢得不得了。

刘赣元说："大哥，大嫂，这孩子就麻烦你们了！"

老陈说："刘队长，你的孩子就是我们自家的孩子，你就放心吧，我和孩子他娘都不会亏待孩子！"

刘赣元掏出几块大洋，交给老陈，说："你们先买点东西给孩子吃，过一段时间我再来看孩子。"

陈嫂问:“这孩子叫什么名字?”

刘赣元这才想起,孩子还没取名字,于是随口说:“丫头,就叫丫头吧。”

正像程老黑判断的一样,茶花收拾好尿布,回到山棚见床上的孩子不见了,顿时放声大哭。起初,茶花以为孩子让山里的野兽给叼走了,哭着喊着老刘啊快去撵,可是喊了半天,不见刘赣元的影子。一个小战士闻声过来,说刚刚看见刘队长跟程老黑两个人一起下山了,刘队长怀里抱着东西,连走带跑的,好像有急事。

茶花一听,马上就明白了,想去追,又不知道刘赣元朝哪个方向去的,只好边哭边等。直到下午,刘赣元和程老黑才回来。

茶花一见刘赣元,马上不哭了,问:“你把我孩子弄哪去了?”

刘赣元倒也坦诚:“送给老乡了。”

茶花问:“你凭什么把孩子送人,你凭什么?”

刘赣元说:“我是她爹,就凭这个!”

茶花说:“我还是她妈呢,你怎么不打我招呼!”

刘赣元说:“打招呼,打招呼还叫突袭吗?”

茶花说:“刘赣元,你今天不把孩子给我抱回来,我跟你拼了!”

说着,茶花像头愤怒的母狮一样,扑向刘赣元,刘赣元巧妙躲闪开,大声喝道:“李茶花同志!注意你的形象,这是在游击队!”

茶花很无助,躺在地上呜呜地哭,边哭边叫着,孩子啊我的孩子!

程老黑知道,刘赣元回来后茶花一定不会放过,所以早早就跑去找李闽南,让他速去劝说。李闽南听程老黑把情况一说,气得哭笑不得,一边往刘赣元那边赶,一边让程老黑速去找孟玉,他怕一个人拗不过刘赣元,那家伙犟起来像头驴!

李闽南赶到刘赣元的山棚时,茶花正哭得稀里哗啦,刘赣元倒像个没事人一样,坐在门前有一口无一口地抽烟。李闽南上前薅住刘赣元的领子,把他拉到外边,说:“老刘,你看你干的是什么事?”

刘赣元推开李闽南的手,“什么事?好事!”

李闽南问:“好事?好事人家茶花哭得像个泪人似的。老刘,你想想,那是孩子,不是个物件,随随便便就能送人!再说,要送人也可以,你们两口子商量好，怎么能自作主张呢！”

刘赣元说：“你一个寡汉你不懂，跟老婆商量事比跟敌人商量还难，你说东她说西，你赶鸭子她撵鸡，总是跟你对着干，所以，就要搞突袭！”

李闽南说：“好嘛，你堂堂刘队长把自己老婆比作敌人，还搞突袭，你这是什么思想，这是一个共产党员的思想吗？这是一个革命战士的思想吗？你以为你是谁？你是地主老财，有三妻四妾？！你只有一个老婆，她是你的革命伴侣，你凭什么跟人家动不动就搞突袭？赶紧先认个错，再把孩子抱回来！”

刘赣元说：“笑话！我没错，我认什么错。再说了，我好不容易把孩子送出去，又抱回来，我脑子有毛病呀！”

正这时，程老黑把孟玉也搬来了。孟玉先去劝茶花，劝了半天没有劝好，看来茶花这回是真伤心了。茶花说：“孟大姐，你评评理，一只猴子他自己养着，像亲人一样，把自己亲生孩子送给外人养，你说他这是什么人！孟大姐，我这日子没法过了！”

作为女同志，孟玉能够理解茶花的心情，过来找刘赣元理论：“老刘，你太过分了，你这样做是封建家长作风，要好好批判！”

刘赣元说：“哎，老孟，你怎么也这样说呀，你的孩子不是也送出去养了吗？也没见你又哭又闹的！”

孟玉说：“这是两回事，我们把孩子送出去是两个人商量好的，没谁使霸王作风！可是你呢？把游击战术用到家庭生活里，这是什么态度？”

刘赣元说：“好好，我说不过你们，你们嘴多，我不说了。反正事情已经这样了，你们看着办吧。”

李闽南说：“老刘，你这叫死猪不怕开水烫，有问题说问题，解决问题，怎么能耍赖呢？走，先跟茶花认错，至于孩子的事，回头再说。”

刘赣元一动不动。

孟玉说：“对！如果不诚恳认错，我建议开地委扩大会，研究给你处分！”

刘赣元说：“老孟，你吓唬我！我们这是夫妻之间的家务事，清官难断家务事，怎么能犯得上开地委扩大会研究呢？”

李闽南说：“完全可以，根据党章，这种问题完全可以上升到党内纪律问题！”

刘赣元还是不服气，程老黑把他拉到旁边，附在他耳边嘀咕了几句。

老程说:“老刘,事情搞成这个样子,你要是不去跟茶花认错,我也不想做恶人,我就去把你家丫头抱回来,交给茶花,然后你们两口子想怎么就怎么,跟我老程没关系,我也不落埋怨!”

“哎,我说老程,你怎么也胳膊肘儿朝外拐!”刘赣元想了想,说,“好吧,我认错可以,不过孩子不能抱回来,茶花可以经常去看看!”

孟玉说:“这样不是很好嘛,茶花是个明白人!”

3

刘赣元的家庭风波总算平息,主要是茶花息事宁人。在家务事上,刘赣元的“游击战术”茶花是领教过的,他想做的事,不达目的不会罢休。

孩子离开的头几天,奶水一涨,茶花就哭,她想孩子。过了半个月,刘赣元带茶花去看了一回,茶花抱着孩子亲不够,刘赣元在旁边看着不顺眼,一个劲地催她走。其实,刘赣元看着孩子心里也难受,但是,难受总会过去,总比打起仗来背着个孩子四处躲要强得多。这些天茶花瘦了一圈,好多天不理这个又狠心又霸道的刘赣元。

孩子送走后,茶花一个人落寞,项五妹就经常来陪着茶花说说话。五妹人生得乖巧,长得也水灵。刘赣元看见她就想起了李闽南。这个李闽南真是没眼光,这么好的一个姑娘,他竟不动心。不行,得找他谈谈。

刘赣元找到李闽南,开门见山:“老李,我上次跟你说的事,考虑怎么样了?”

李闽南被他问得有点糊涂,问:“你跟我说的事多了,到底是哪一件?”

刘赣元说:“还有哪件事,就是你跟五妹的事。你看是不是早点定下来?”

“定下来?你说得比唱得还好听。”李闽南觉得可笑,说,“老刘,你自己家里的事安生了,又想操点闲心是不是?不是早跟你说过嘛,我的事就不劳你操心!”

“那不行!你这终身大事我必须操心,别人操心我可不放心!”刘赣元一副认真负责的样子。

李闽南说:“现在革命斗争还没有胜利,我还不想考虑结婚这个问题!”

"胡扯淡！谁规定革命不胜利就不能考虑结婚?！自古以来，男大当婚，女大当嫁，天底下都知道这个道理。青年男女碰到一起，你情我愿，干柴烈火，你说不考虑就不考虑了！再说，为了革命就不结婚生孩子，等我们这一茬儿都去见马克思了，将来革命的班谁来接？我们跟马克思也不好交代！"刘赣元过去拍拍李闽南的肩膀，说，"老李，我是过来人，别硬撑着，我刘赣元就认一个理儿：敢爱敢恨，才是真男人！哎，说到这，我可以给你介绍介绍经验，搞对象就跟打仗一样，千万不能贻误战机……"

"最好搞突袭，把生米煮成熟饭，是不是?"李闽南打断刘赣元的话，说，"还有什么，你不就会这一套吗?"

"老李，别小看我这一套，它管用！你看，抓住战机，搞突袭，突袭之后，还得要坚守自己的'根据地'！"刘赣元说，"坚守，这个问题非同小可！"

"这倒有点新鲜，你说说。"李闽南说。

"搞对象的人，不论男女，心里都有一块'根据地'，都不想随便让别人进去。比如说，就咱们的根据地，怎么能随便让人进来溜达呢。"刘赣元越说越来劲，干脆站起来边比画边说，"但是，两个人要结婚，就要考虑两个人的'根据地'合并问题，这个问题是大问题，是谁兼并谁的问题，这决定将来谁当家做主。所以，结婚前谁先抢占先机，谁就不吃亏，婚后谁说话就算数！比如说你和五妹，如果你先进入她的'根据地'，扫荡一下，对她的情况了如指掌，那么你就做到了知己知彼。而她呢，比你迟，想扫荡来不及了，那么她就处于下风。嘿嘿，等到两口子一起过日子，你的优势就显露出来了！"

"我说老刘，你这些歪门邪道的东西都是怎么琢磨出来的？别说还真有点意思。"李闽南止住笑，捂着肚子，说，"那我问你，你跟茶花，是谁先占领谁的'根据地'?"

"那还用问！我先占领她的呀！"刘赣元下巴一扬，"要不，咱老刘怎么能在家里说一不二呢！"

"你就吹吧，老刘。"李闽南说，"反正，我看到的都是你给人家茶花认错！"

"这是两码事！"刘赣元从容不迫，说，"说到这，我还要再教你一招。这招叫'兵不厌诈'，这一点，在两口子过日子的时候也会常常用到。比如说认错，那有什么呀，不就是上嘴皮碰下嘴皮嘛，你听着：'我错了'，不就三个字吗，多容易呀！其实你心里想的是'我没错我没错'，你想，她哪知道你心里怎么想的,所以轻松拿下!”

“老刘啊老刘,这么说你过去跟茶花都是假认错!”李闽南说,“好,我马上就去告诉茶花去!”

“老李,你可别不识好歹,我这是向你传授训妻经验呢!”刘赣元说,“不收你学费就算客气了,要是别人,我还懒得说呢!”

“我不想听你的经验!”李闽南说,“我比较笨,学不来!”

“这样吧,老李,我老刘做事向来一是一二是二,带徒弟包教包会,现在就跟我走,一起去见五妹,就用我教你的方法,保你马到成功!”刘赣元说着就拉着李闽南往外走,李闽南不情愿,刘赣元劲大,不大一会就把李闽南拉到自己的山棚来了。

茶花和五妹正在说笑,可能说到特别好笑的事上,两个人都笑得眼泪都出来了。一见刘赣元拖着李闽南进来,像被掐断了一样,嘎巴就不笑了。

“哟,五妹来了。来了好呀,正好,老李也来了,中午就在我家吃饭。”刘赣元说,“茶花,走,我们两个去弄菜去。”

茶花见刘赣元把李闽南拖进来,马上就明白是想让他和五妹谈谈,于是扯了扯五妹的衣服,意思是让她好好跟李闽南谈谈,五妹的脸马上红了。看来,茶花早就跟她透过底。这样一来,两个人的事也就等于挑明了。

刘赣元和茶花两个人出了山棚,李闽南不好马上就走,怕会伤了五妹的自尊心。其实,李闽南对五妹的印象还是不错的,只是平时交流少,互相不大了解。李闽南还听过五妹唱山歌,唱得比她姐姐项腊梅不差,甚至更好。

毕竟是做指导员的,李闽南见五妹低头红脸不语,马上找话说:“五妹,最近多亏你陪茶花,帮我们游击队做好了家属工作。”

五妹掐着衣角,像包饺子似的,说:“应该的,我跟茶花是好姐妹。”

李闽南说:“你工作忙吗?”

五妹说:“也忙也不忙。有事就忙,没事就不忙。”

李闽南笑了,“这倒是实话。不忙的时候都做些什么?”

五妹说:“跟孟大姐学识字。”

李闽南说:“学识字是好事,识了多少字了?”

五妹说:“不记得多少,反正报纸能看了。”

李闽南说："那就很好了。再学学就能写文章了。"

五妹身子一扭说："那还早着呢。"

李闽南说："识字就跟做针线一样，做多了就熟悉了。"

五妹像个乖孩子一样，说："噢，知道了。"

李闽南接着想找一个话题，一时没想起来，正在寻思，五妹说话了。

五妹问："老李，你会不会写文章？"

李闽南说："会一点。"

五妹问："往后，你教我写文章好不好？"

李闽南有点不知所措，忙说："好，好。"

五妹突然抬起头，胸脯起伏间，眼睛眨呀眨，像是在说话。李闽南能感觉到，那眼神是火辣辣的……

茶花跟着刘赣元出门后，并没有走远。她被刘赣元拉着，一起躲在山棚外偷听李闽南和五妹的谈话。茶花说，这样不好！刘赣元说，没什么不好的，都是革命同志，同志的事情，我们要多关心嘛！茶花说，人家两个人说私房话，不能偷听！刘赣元说，在游击队没有私房话，我是队长，要掌握动向。茶花拗不过，只好跟刘赣元一起，猫在山棚后面偷听。刘赣元听得很兴奋，一边听，一边小声评价，茶花听不下去，死拉硬扯才把他弄走。

中午饭很简单，一份山里的野菜，一份野猪腊肉，都是茶花亲手做的。

吃饭的过程中，李闽南和五妹两个人像商量好的一样，埋头吃饭，一声不吭。刘赣元觉得很奇怪，但是仔细观察一下，发现两个人却在偷偷地瞄对方。吃完饭，李闽南说有事先走。刘赣元说，事情还没定，怎么能走呢。李闽南坚决要走。刘赣元和茶花看看五妹，五妹低着头，也不说话，脸上还是红扑扑的。

茶花问："五妹，你们谈得怎么样？"

五妹说："还好。"

刘赣元急了："还好是什么意思？你们都表态了吗？"

茶花白了刘赣元一眼，问："五妹，你觉得老李人怎么样？"

五妹说："还好。"

刘赣元一拍大腿："还好，还好，就没有别的吗？这样吧，我来问你，五妹，你愿不愿意跟老李做夫妻？"

茶花拉了拉刘赣元，刘赣元又问：“你说，你愿不愿意？”

五妹的脸更红了，头埋得很低，扭扭身子，点点头。

刘赣元说：“好！摇头不算，点头算，五妹你同意了！那好，我这就去找李闽南，今天就把你们的事定下来！”

茶花说：“老刘，你急什么呀你，他们两个谈好再说呀！”

刘赣元说：“还要怎么谈，我看差不多了！”

说着，刘赣元三步并作两步跨出门去。

李闽南回到山棚就躺了下来，闭上眼睛，慢慢回味和五妹谈话时的感觉。应该说，因为双方都心知肚明，这一次与五妹谈话，李闽南的收获不小，三十岁的男人，第一次发现了姑娘身上的美感，那一句话，那一个眼神，那一个小动作，都令人心旷神怡，值得回味。李闽南啊李闽南，你的“根据地”可能要被占领了！

正在想着，刘赣元噔噔地走进来，一把把他从床上拉起来，一直拉到山棚后面的树林里。刘赣元问：“老李，废话少说，你跟五妹谈得怎么样？”

李闽南说：“还好。”

刘赣元问：“你觉得五妹人怎么样？”

李闽南说：“还好。”

刘赣元上去给他一拳，说：“还好还好，你们两个人怎么跟商量好的一样！我问你，你愿意不愿意跟五妹做夫妻？”

李闽南低着头，有点不好意思，迟迟没有表态。

“李闽南，你黏黏糊糊是什么意思？你是不是觉得自己是个洋学生，看不上人家山里姑娘？你是不是想将来进城里找个门当户对的大小姐？你是不是想有朝一日离开这里不想留下拖后腿的？”刘赣元突然发火了，“我算看明白了，你口口声声说对皖南有感情，一定要坚守皖南，那我来问你，你凭什么坚守？你知道什么是坚守吗？坚守不是人在这里就行了，还要把心安在这里，把根扎在这里！老李，看见没有，就像这山上的树，要坚守就要扎根，只有扎下根，才能守得住，根越深守得越稳，守得越久！”

李闽南一直听着，也不打断。等刘赣元说得差不多了，李闽南说话了。

“老刘，火发完了吧，话也说差不多了吧？现在该我说了！”李闽南整理了一下思路说，“老刘，我承认，你说得对，坚守必须把心安在这里，心须要扎下根！好，这些都对！那我来问你，你怎么知道我的心没安在这里？怎么知道我不想扎根？是不是我非要像你那样娶个皖南的老婆就算扎根了？就说明我李闽南能坚守了?!”

刘赣元脖子梗着，说：“可以这样说，如果你连这一点感情都不敢付出，还谈什么奉献，谈什么坚守！”

“感情问题和坚守是两码事！”李闽南脸红脖子粗，说，“如果你非逼我说，好，我现在告诉你，我要娶五妹！”

“什么?”刘赣元侧着耳朵，“你再说一遍！”

“我要娶五妹！”李闽南瞪着眼说，“你他娘的耳朵塞狗毛了！”

“好！”刘赣元高兴，上去抱住李闽南，突然又放开，说，“慢！老李，我告诉你，不能因为我骂你，你就赌气娶人家五妹，娶人家就要真心真意！”

“肯定真心真意！”李闽南拍着胸口说，“老刘啊，真让你说着了，老子的‘根据地’失守了！”

刘赣元听罢，哈哈大笑：“老李啊老李，完了！你婚后的日子不好过喽！”

“我愿意！”李闽南幸福地说，“你管不着！”

第二十六章

1

释放方家正，冯和平是迫不得已的。本来，冯和平设计将方家正拿下，就是想借机除掉方家正，但是方家正毕竟是团副，除掉他不仅要有一个堂而皇之的理由，还要履行合法的审批程序。况且，他又是陈淡如的亲信，不能轻率处置。在这个环节上，冯和平非常谨慎。

果然，不多久，陈淡如发来电报，要求冯和平释放方家正，并设立专案组，待查清事实，再作定论。冯和平知道，所谓调查清楚再作定论，只是一种托词，是释放方家正的一个借口，此事将会不了了之。陈淡如得到消息如此之快，冯和平也没想到，后来才知晓原因还在于那个戏子小茉莉。且说方家正和小茉莉山盟海誓之后，小别几日，小茉莉便起思君之念，遂雇顶轿子，忽闪忽闪地进城来找方家正，没曾想方家正刚好被以“通匪”罪名关起来了，当即惊得她花容失色。那小茉莉戏里戏外都见过世面，心思灵巧，马上想到，要救方家正必须搬陈淡如这个救兵，于是托人打电报给在南京的陈淡如。陈淡如得悉，马上来电，冯和平只好放人。

不过，冯和平相信，陈淡如不可能查出那封“刘赣元写给方团副的亲笔信”的真伪，只要这封信攥在手里，方家正找不出破绽，他就是跳进黄河也洗不清，即使此次除不掉他，也会给他一个教训；同时，这封信也是一根“小辫子”，可以牢牢拴住方家正，时不时地揪一揪，让他没脾气。

释放方家正的那天，冯和平动了一番脑筋，作了一些特别的安排。既然上面有人保他方家正，“面子”要给，“里子”也要给，这个顺水人情还是要做的。冯和平让人专门到菜馆定了一桌酒席，给方家正压惊。虽说方家正拿不出证据，证明他此次遭遇陷害是冯和平干的好事，但是凭直觉，这事跟姓冯的多少有点关系。所以，方家正心里恨透了冯和平，但是又不敢在面子上表现出来，对冯团长的关怀还要千恩万谢。

酒席设在陶然亭，一桌酒菜，冯和平和方家正分坐两边。开席前，冯和平给方家正斟上一杯酒，再给自己斟上一杯，端起酒来，说：“家正兄啊，此次让你受惊了，这杯压惊酒干了！”

方家正站起来，先给冯和平敬礼，然后端起酒来，一饮而尽。方家正喝酒有个毛病，喜欢喝猛酒，要喝就连着喝三杯，不然不过瘾。加之这么多天被关着，没闻过酒味，所以他一口气喝了六杯，方才停下来。

方家正说：“感谢团座，我方某记着你的恩情，往后一定在你鞍前马后效劳，报答团座搭救之恩！”

冯和平能听出来，方家正这话里有话，对他冯和平不满，又不敢直说。想当初，陈淡如在的时候，这家伙怎么会如此低三下四！人在屋檐下，不得不低头，冯和平是知道其中滋味的。

冯和平说：“家正兄，你我之间，相处有段时间了，不说有刎颈之交，至少也算兄弟之情，说什么感恩之类的话，太客气了。出来了就好，出来了就好啊！”

方家正又喝了三杯酒，说：“团座，我冤啊，我是被陷害的，你相信吧？”

“我相信！”冯和平毫不犹豫地说，“所以，我不能看着你白白遭人陷害，放你出来，我也是担了风险的。你说呢？”

方家正嘴里正对付一根鱼刺，一时腾不出嘴来说话，可能是那根鱼刺比较顽固，方家正索性把一口嚼得稀烂的鱼肉全都吐了出来。冯和平看着，顿感恶心。

“他娘的，人要是倒霉，干啥都不顺！”方家正骂骂咧咧地说，“喝凉水塞牙，放屁砸脚后跟，连他娘的鱼刺都跟我过不去！”

冯和平笑一笑，突然问：“家正兄，你觉得会是谁想陷害你呢？”

方家正停下筷子，看了看冯和平，眼神有点恍惚，一时不知道如何回答。冯和平盯着他，并不急躁，进一步追问：“你看不会是我冯某人吧？”

方家正叹了口气，摇了摇头，好像一肚子的猜想，却不能说出来。于是便端起酒杯来作掩饰。

冯和平说:“家正兄,说实话,我认为一定是内部的人干的,不然,有些事情就解释不通。你看,你出城下去慰问,只有内部的人知道,你延期回团部,应该也只有内部人知道。这些都没错,可怎么那么巧,张昆山出事正是你两天未归的时候,你不觉得太巧了吗?”

方家正认真地听着,脑子也在转:姓冯的说这些是什么意思?是为自己开脱还是另有意图呢?

“我这也是瞎琢磨,不一定要当真。”冯和平端起酒来,话题突然一转,问,“家正兄,你说的那个小茉莉,是不是上回搞‘唱大戏’活动,找来的那个戏子?”

方家正点点头,脸上掠过一丝不快。

“我记得那个小戏子不是陈淡如总指挥的红颜知己吗?怎么家正兄你也……”冯和平欲言又止,但又似乎很关切,遂接着说,“这事千万不能让陈总指挥知道,不然会引起上下级之间的误会啊!当年吴三桂冲冠一怒为红颜,事情闹得可不小!家正兄,说句不该说的话,陈总指挥对你不薄,你现在动了他碗里的肉,是不是太那个了!”

方家正点点头,似乎赞成冯和平的观点。

“听我一句劝,得罪谁也不能得罪陈总指挥呀!不然,那可就吃不了兜着走呀!”冯和平看着方家正脸上的表情在变化,说,“比方说,你这一次,要不是……”

方家正似乎突然明白了什么,问:“团座,你是说陈总指挥他……”

冯和平马上说:“不能乱想,不能乱想!我相信陈总指挥不会是那种小肚鸡肠的人,不过,他留在皖南的那些亲信会不会有人替陈总指挥办事,那可就不好说了啊!”

方家正表情木然,粗大的喉结上下地蠕动,好像要把什么话压下去。

“当然,你也曾是陈总指挥的红人,不过,人无百日好,花无百日红啊!”冯和平说,“好了,不说了,喝酒!”

2

《剿匪手本》下发，冯和平拿到之后颇感纳闷：国共谈判有了“双十协定”的结果，明确两党互相承认地位，开展合作，这《剿匪手本》中所说的“匪”又是指谁呢？这《剿匪手本》是十年内战时期蒋委员长钦定，指令各部队要在“剿灭共匪”的作战中“切实遵行”。难道说委座还要“剿共”？

此前，冯和平听说，在山西上党地区，国共又交上了火，阎锡山部集中了13个师的兵力与共军刘邓指挥的晋冀鲁豫部队大战一场，但是运气不好，败下阵来，损失惨重。就在“双十协定”公布后的第一天，委座向各战区司令长官发出密令：“此次剿共为人民幸福之所系，务本以往抗战之精神，遵照中正所订《剿匪手本》，督励所属，努力进剿，迅速完成任务。其功于国家者必得膺赐，其迟滞贻误者当必执法以罪。希转饬所属剿共部队官兵一体悉遵为要！”接着，国民党政府军事委员会分别召开军事会议，决定进攻共军的作战计划：在六个月内击溃八路军和新四军主力，然后分区进行清剿，以期“根绝匪患”。

看来，国共谈判只是委座的一步缓棋。内战不可避免。冯和平隐隐感觉到，新一轮的“清剿”即将开始。

果然，第二年一开春，国军以三个师的兵力部署拟于当月底开始对皖南进行清剿。这一天，冯和平在皖南行署开会时，得知这一消息，回来后便写了一封信，找个借口，带上王大功，赶往雨台寺。

一路无话。待冯和平和王大功沿山路来到雨台寺近前，发现雨台寺上空烟雾蒙蒙，树木燃烧的焦煳味道阵阵扑鼻。冯和平心头一紧，难道雨台寺出事了？于是快马加鞭，来到雨台寺前，冯和平不禁大吃一惊：本来就显得破旧的大殿被烧掉了一半，垣壁暴露，朽木成灰，残留的屋檐处还在丝丝冒烟。寺院内，一片狼藉，像是刚刚遭过打劫。

冯和平和王大功翻身下马拔出枪，四处打量。

寺院内，不见一个人影。突然，王大功说：“团长，后边禅房有人在哭。”

冯和平一听，果然有哭声从禅房传来，顿时心里凉了下来，快步来到禅房一看，木鱼趴在床边哭。床上半遮纱帐，净空和尚躺在那里，一动不动，有一口无一口地艰难呼吸着。

冯和平俯身叫道:“大师,大师,你这是怎么了?”

净空慢慢睁开眼,看了看冯和平,摇摇头,又闭上眼。

据木鱼说,昨天夜里,寺里确实是遭到打劫。但是奇怪的是,劫匪明知寺庙没财,却要来劫,而且寺里仅有的几样值钱的东西一件也没拿。劫匪大概有二三十人,带着刀枪,进入寺内,直奔禅房,抓住净空,让他把东西交出来。净空说,我一个穷和尚,一没金二没银,你们想要什么东西?劫匪头子说,别他娘的装糊涂,把那批弹药交出来。净空说,出家之人,哪有那杀生之物。劫匪头子说,秃驴,我的弟兄跟踪到这里,明明看见有人把弹药抬进庙里了,你竟说没有,我看你是活得不耐烦了,来人,给我打!一伙劫匪上去就把净空暴打一顿。然后,劫匪头子又问,到底藏在哪里?快说!净空说,没有就是没有,不信去问菩萨,阿弥陀佛。劫匪头子说,给我搜,拆庙也要搜出来。于是,劫匪就搜,里里外外,前前后后,搜到天快亮也没有找到,一气之下,便在庙里放了一把火,幸亏前几天山上一直下雨,屋顶潮湿,不然怕是早烧光了。

冯和平问:“知不知道那伙劫匪是什么人?”

木鱼说:“他们自己说是游击队,但是我觉得不像。”

冯和平说:“为什么不像?”

木鱼说:“师父说他们是畜生,不是人。对了,那个小头目的脸上有一块很长的刀疤!”

王大功说:“一定是山里的土匪,冒充游击队来打劫。”

冯和平想了想,问:“匪徒说寺内有弹药,是不是真的?”

木鱼说:“庙里除了菩萨,就是佛祖,怎么会有弹药?”

冯和平静下来想了想,来到床前,叫了声:“大师。”

净空又睁开眼,似乎攒了一股力气,说:“木鱼,扶我起来。”

木鱼把净空扶着坐起来。

净空说:“木鱼,到大殿里去,给佛祖上香吧。”

木鱼答应着去了。

净空看了看王大功,冯和平明白了,让王大功走开。

然后,净空吃力地从枕头里拿出一张纸来,递给冯和平,说:“打开看看。”

冯和平打开一看,是一张很奇怪的地形图,各种标志记号,密密麻麻,组合在一起，不知道是什么意思。

“确实有一批弹药，但是不在寺里，在寺院后墙外的山洞里。”净空说，“这就是藏那批弹药的地形图。冯团长，老衲可能撑不了多久了，请你把它交给刘赣元。”净空拉着冯和平的手，接着说，“这批弹药是名医汪士祺先生托人从山外弄进来的，是送给游击队的。本来放在这里，等着游击队来取，没想到那帮土匪早就盯上了。好在，我把东西藏得好，他们找不着。”净空自信地一笑，说，“这个图是我亲手画的，没有图找不到门道的！冯团长，别耽误了，朋友之托，不能失信啊！阿弥陀佛！”

冯和平点点头，问：“大师，怎么和刘赣元联系？我也有一件要紧的事急着要找他。”

净空勉强一笑，说：“你们不是成为朋友了，怎么还来问我？”

冯和平说：“你是我们共同的朋友啊！”

净空说：“那好吧，到城里去，找开炭铺的宋老板，让木鱼去，他认得。”

冯和平点点头。

“冯团长，还有一事相托。”净空喘了一口气，说，“木鱼是个苦孩子，从小没了爹娘，我收留他到庙里来，好歹有口饭吃。眼看着我要不行了，将来他在这里也没法待下去。”净空叹口气，道，“阿弥陀佛！如今兵荒马乱，世道艰难，连这庙里的饭也不好吃了！木鱼十六七岁了，又是个男孩子，还是让他扛枪吃饭吧，落个痛快啊！”

冯和平问：“大师，是让他参加国军，还是游击队？”

净空黯然长叹：“随他，也随缘。”

冯和平当即表示，一定不负嘱托。净空和尚拉着冯和平的手，老泪纵横。

当即，冯和平一共写了两封信，一封是写给刘赣元的，告诉他国军即将对皖南进行新一轮的“清剿”，务必做好防范准备；另一封是代净空和尚写给刘赣元的，告诉他尽快来取弹药，事不宜迟。两封信均由木鱼送交到城里炭铺的宋老板，一切都很顺当。

3

名医汪士祺的医术留不住净空和尚西去的脚步。净空躺在床上再没有起来。汪士祺先生痛不欲生,后悔不该把那批弹药弄到寺院来,害了老友。净空摇头,表示无怨无悔,用他枯瘦的手指,在汪士祺的掌心里,抖抖地写下“守信”二字,之后便撒手西去。

料理完师父净空的后事,木鱼离开雨台寺,下山来到冯和平的保安团。这是师父净空的交代,让他一切都听冯团长的安排。对于小和尚木鱼来说,净空名为师父,其实更像父亲,这一点木鱼心里明镜一样,所以师父的话他是听从的。木鱼来到冯和平处,把净空和尚的想法说了。木鱼性格内向,言语不多,但心里还是满满的。说着说着,木鱼哭了,哭得呜呜的。

哭完了,木鱼抹抹眼泪,说:“师父让我当兵,我就当兵!冯团长,我要给师父报仇!”

冯和平点点头,对木鱼这种男儿的血性很是赞赏,于是问:“很好,是条汉子!你想当什么兵?”

木鱼说:“什么兵能为师父报仇,就当什么兵!”

冯和平为难了。木鱼这种朴素的想法,冯和平非常理解,但是要给他一个指导,却很难。从内心里说,冯和平想把木鱼放在自己身边,既然承担了净空和尚的嘱托,就应该把木鱼安排好,不敢说让木鱼享受荣华富贵,至少一日三餐无忧。然而,冯和平还有另一个想法,想让木鱼参加游击队,从眼下看,游击队的日子不是太好,有时可能吃饭都成问题,但是从长远看,要比保安团有前途。男人嘛,奔的是好前程。可是,这些话冯和平觉得不太好说,因为净空作为木鱼的师父说了一句“随他,也随缘”,看来还是先随他,再随缘吧。

冯和平说:“当兵不一定就能报仇,报仇也不一定非得当兵。要不这样,你先在我这保安团试一试,如果你满意,就留下,不满意,再说。”

木鱼说:“团长,我听你的。”

于是,冯和平让王大功领着木鱼去办理登记手续,领衣服铺盖。换上军装,戴上军帽,木鱼像变了一个人,一进门,冯和平差点没有认出来。木鱼初来乍到，如果把他安排到连队，冯和平怕那些老兵油子欺生，便把木鱼留在身边做勤务兵，这样，平时王大功也能关照他几分。

木鱼进了保安团后，改名叫王木鱼。这个名字是王大功给他改的。王大功带木鱼去办理入团手续的时候，负责登记的老兵看了看木鱼的光头，问："叫什么名字？"

木鱼答："木鱼。"

老兵一听，提笔又问："哪两个字？"

木鱼不识字，说："就是庙里和尚敲的木鱼。"

老兵笑了，说："咦！真他娘的奇怪，还有人叫这鸟名字的！"

木鱼一听老兵骂人，不愿意了，就跟老兵吵起来。王大功及时出面制止。

老兵说："王哥，你听听，木鱼，这也叫名字，这里又不是庙，他娘的让我怎么填呢！"

王大功一想老兵说得有理，就跟木鱼商量，在他名字前面加个姓，于是问他姓什么。

木鱼挠着光头，说："打记事时起，师父就叫我木鱼，我不知道自己姓什么。"

王大功想了想，说："要不这样，今后咱哥俩就在一起了，你跟我一样，也姓王算了，反正就是一个代号，没什么大不了的！"

木鱼倒是爽快，说："你是哥，我听你的，那就跟你姓王吧。"

于是，老兵大笔一挥写上："王木鱼。"

木鱼当兵的第三天，保安团接到命令，要求该团近日务必配合国军六十二师某部进山"剿匪"。团副方家正毕恭毕敬地跟冯和平报告情况，等候冯和平的指示。"协助剿匪"，这正是冯和平多日来所担心的。出兵"剿匪"就意味着要与刘赣元的游击队交战，冯和平当然不愿意，但是命令已下达，按兵不动也不可能。这实在是让冯和平左右为难。方家正鼻子很灵，冯和平不想让他嗅出自己"对抗剿匪"的味道来，于是试探一下方家正的心思，便问方家正："方团副，剿匪是当前大事，马虎不得，你看如何安排为妥？"

方家正感觉到冯和平不想出兵，以为冯和平贪生怕死，想保存保安团的实力，便讨好地建议："团座，反正我们保安团不是主力，既然上峰的命令必须执行，不如把队伍拉出去，咱吩咐弟兄们多个心眼，不要冲得太急，这样既能保存实力,又能交差,岂不两全其美?”

冯和平笑了笑,来个顺水推舟:“既然方团副考虑这么周到,就按你的意思吩咐下去吧。”

方家正很得意自己的“双面”策略,于是答应着,下去安排了。

冯和平和方家正谈论“剿匪”的时候,木鱼正好给冯和平打了一盆洗脸水进来,一听说要进山剿匪,木鱼的眼睛就亮了,马上跑到王大功跟前,问:“哥,是不是要去剿匪?”

王大功点点头。

木鱼说:“哥,我也想去!”

王大功说:“你是勤务兵,只是搞内务,不能去打仗。”

木鱼说:“我不去不行,我要给师父报仇!”

王大功拍了一下他的头,说:“傻小子,你找谁报仇?你知道这是剿什么匪?”

木鱼说:“剿匪剿匪,不就打土匪吗,还能干什么?”

王大功把他拉到门外,说:“记住,往后不懂的地方不要多嘴!你知道这里说的剿匪是干什么吗?”

木鱼摇头。

王大功压低声音说:“是指去打共产党游击队!”

木鱼愣住了,半晌才说:“哥,这是为啥?为啥说是剿匪呢?”

王大功赶紧捂住他的嘴,不知道如何才能跟木鱼说清楚,索性不说,在木鱼屁股上狠狠拍了一巴掌,说:“傻小子,慢慢你就明白了!”

木鱼不解,一个劲儿摇头,军帽肥了一号,在他的光头上像陀螺一样,转了大半圈,差点掉了下来。

第二十七章

1

几乎是在收到冯和平密信的同时，游击队收到了上级发来的敌情密电。

游击队连夜召开会议，胡缅生主持会议，分析形势，研究“反清剿”对策。

从全国形势来看，皖南局势趋紧并非偶然。自从全面内战开始以来，毛泽东主席提出了“一切反动派都是纸老虎”的著名论断。同时，还制定了正确的方针：必须和人民群众合作，必须争取一切可靠的人，建立统一战线……

上级的指示，让大家信心倍增。会上，结合皖南实际情况，总结分析近期的经验教训。尤其提出，“统战工作”成绩突出，对冯和平主动发来密信给予了充分肯定，是特殊战线成功迈出的第一步。孟玉正好跟刘赣元坐在一起。趁着会议休息的时候，孟玉对刘赣元说：“老刘，冯和平这个朋友还是不错的，我们得感谢他！”

刘赣元说：“是啊，我刘赣元又欠他一个人情，看来只能以后慢慢还了！”

孟玉说：“人情债难还，还也还不完。”

刘赣元嘿嘿一笑，说：“你们是老同学，你们之间的人情债我可不知道，不过就是有，也是过去的老债，不还也不要紧！”

孟玉说：“这个老刘，都什么时候了，还有心开玩笑！”

刘赣元说：“不是玩笑，是真心话。这个冯和平是条汉子，我看着就顺眼，够朋友！”

孟玉说：“是啊，我们还要想办法，尽快把他变成我们的同志！”

"那当然好!"刘赣元挤了挤眼,说,"老孟,这个光荣的任务就交给你了!"

孟玉被刘赣元调皮的样子逗笑了。

接下来,会议研究如何取回净空和尚藏在寺庙后面山洞里的弹药。对于即将开始的"反清剿",这批弹药太及时了。据地下党提供的情报,这批弹药确实是新安名医汪士祺托人从山外弄进来,专门送给游击队的。不过不是花钱买来的,而是一分钱没花,用一服药方从一个国民党某部高师长的三姨太那里换来的。

此事说来话长。那位高师长的三姨太姓蔡,叫蔡心珠,出自上海滩一商人之家,算得上是一名媛,后因家道中落,下嫁给这位川籍高师长做了三姨太。本想从此过上安心的日子,可是嫁过来之后,却一直没生出一儿半女,因此在高家的地位一直不能确立,幸而深得高姓军官之宠,于是从上海滩来到皖南伴夫,但是想生孩子的念头一直没断。到皖南后,蔡心珠得知汪士祺老先生医术高明,便私下托人请汪先生诊治,那汪士祺在医界绝非浪得虚名,只一把蔡心珠的秀腕,便诊出她的隐疾,三服中药服下,蔡心珠次月便断红,再一诊脉,寸关尺上跳出喜脉,直把蔡心珠高兴得喜泪涟涟,当下非要表示重谢。蔡心珠问,汪恩公,你想要什么,阿拉一定办得到!汪士祺一向是中共的好朋友,当时地下党正托他为游击队弄些药品,于是便说,汪某悬壶济世,药物匮乏,实在心有余而力不足,如果蔡太太惠心有意,请帮忙弄些药品吧。蔡心珠应允,当即去找孩子他爹高师长,高师长一听三姨太怀上他的种,忘乎所以,对恩公的要求,自然妥办,便派人按汪先生开的单子弄来一批药品,送上府来。

从此后,蔡心珠便成了汪家的常客。有一天,地下党又托汪先生设法弄一批弹药,汪先生正愁眉不展的时候,蔡心珠便上门来诊脉养胎,见汪先生心事重重,便问缘由。汪先生随口说道,老家最近土匪闹得很凶,汪家财产商号经常遭歹人抢劫,好不容易组成一支护卫队看家护院,又弄不到枪支弹药,家人多次催办,实在无能为力,是为遗憾。蔡心珠一听,恩公有难,马上说,汪先生,小菜一碟啦,阿拉去找小囡囡他爹搞搞好啦!于是,一批枪支弹药弄来,送到汪家。接下来,如何交给游击队成了一个问题,汪士祺突然想到老朋友净空和尚,知道净空值得信任,且跟游击队素有来往,便找人把弹药趁夜间送往雨台寺,请净空保管并代为转交。净空受老友之托,不敢大意,便把过去寺院的一个秘密藏经洞打开,将弹药放进去,再做一番伪装,并画好线路图。可是,没承想，送弹药进寺院时，恰巧被在附近游荡的一股土匪撞上，于是才有夜间打劫，净空遇害之事发生。

胡缅生说：“还是党中央和毛主席说得对，必须争取一切可靠的人，建立统一战线，你看，这么多热心的群众在帮我们，我们还怕什么！”

刘赣元说：“是啊，可惜的是，净空和尚被害了！依我看，为净空和尚和汪先生的这份心意，我们一定要把弹药弄回来，好好发挥作用！”

大家都表示赞同，于是纷纷想点子，出主意。最后，被采纳的方案是李闽南提出来的。

李闽南的方案是，安排地下党老宋通过木鱼速与冯和平取得联系，让冯和平为游击队提供十套保安团的制服和近期的口令，游击队员化装成保安团穿过封锁线到雨台寺，按照净空和尚亲手画的图，取出弹药，再通过封锁线运回游击队。

刘赣元认为这套方案可行，然后谋划具体细节。计划周密，行动自然不在话下。次日，派人与地下党老宋接头，送信给冯和平，冯和平很快把制服和口令准备好转给老宋，老宋以进山砍柴烧炭为由，把制服和口令交给游击队。是日晚，刘赣元带人化装成保安团，用冯和平提供的口令，顺利通过封锁线，进入雨台山取了弹药，于天亮前返回游击队驻地。

汪先生提供的这批弹药主要是六条长枪和一千发子弹，一箱手榴弹。尽管不多，但是充实给游击队，还是大有用途的。

2

尽管这一天的到来刘赣元早有预料，但是还是觉得来得太早了点。因为形势突然转变，刘赣元设想的一系列“扎根”计划全被打乱了。首先是李闽南和项五妹的婚礼不能按期举行。

自从李闽南和项五妹的婚事定下之后，刘赣元就张罗着要给他们办喜事。刘赣元的意思是，现在正好是相对安稳的时候，把他们的婚事办了，成为革命夫妻，李闽南的生活就有人照顾了。李闽南本来体质较弱，这些年在外打游击也落下了毛病，他一直忍着不声张，但是刘赣元都看出来了。刘赣元是过来人，知道身边有个女人的好处，所以希望李闽南和五妹赶紧结婚。但是，李闽南似乎并不着急，刘赣元见着李闽南就要提一提他的婚事，李闽南总是笑眯眯的，不说不办，也不说办，急得刘赣元只好干瞪眼。幸亏，结婚这种事不能代劳，要不然刘赣元说不定就替他办了！

李闽南的工作做不通，刘赣元很憋气。晚上，回到家，刘赣元就给茶花布置任务，命令茶花两天内把五妹的思想工作做通，让五妹同意马上结婚。茶花知道刘赣元是个急性子，不接任务又要吵嘴，于是答应试一试。

刘赣元一本正经地说："李茶花同志，我现在是代表组织和你谈话，不是夫妻商量事，这个任务，试一试不行，必须完成！"

茶花说："有你这样的吗？人家两个人什么时候结婚，跟你什么关系，你非得逼着马上办，你是他们什么人？就是他们父母也不能这样，咱共产党主张婚姻自主、自由！"

刘赣元说："不对！婚姻是他们两个的事，但是关系到整个游击队。这不是一个简单的婚姻，是一个能不能扎根、能不能坚守的问题！"

茶花偷偷一笑，这事怎么能扯到扎根和坚守上去呢！

刘赣元眼尖，马上说："李茶花同志，你笑什么？这是个严肃的问题，意义重大。我们一定尽快把这个阵地拿下！"

"真是皇上不急……"茶花欲言又止。

"你说什么？皇上不急太监急。我告诉你，我刘赣元不是太监，李闽南也不是皇上！"刘赣元气呼呼地说，"这个李闽南，我刘赣元不相信，让他当新郎他还不干！"

茶花不想跟刘赣元再争论，洗洗睡了。刘赣元不让她睡，茶花就火了，说："老刘，你到底想干什么，我是你老婆，不是你的使唤丫头，我要睡觉你管得着吗！"

见茶花发火，刘赣元马上改变战术，笑脸相迎，慢声细语地说："茶花，好老婆，我想跟你商量一件事。"

茶花板着脸问："是商量还是命令，要是命令，我马上就睡！"

刘赣元说："商量，商量，保证商量！"

茶花说："好吧，你说吧。"

刘赣元拉着茶花的手，说："快起来，你现在就去找五妹，给她来个'突袭’！”

茶花一听还是那事，无奈地说：“老刘，这黑灯瞎火的，找五妹不合适，白天说不是一样嘛！”

刘赣元说：“那不一样，黑灯瞎火最适合搞‘突袭’，深更半夜，你突然出现在她面前，她正好没有心理准备，你把事情一说，她来不及反应，稀里糊涂就会答应了！”

茶花在刘赣元身上拧了一把，说：“你呀你，让人怎么说你呢！”

“好老婆，支持一下嘛，快去。”刘赣元拍一下茶花的头，说，“我们两个分头行动，你去找五妹，我马上去找老李，就说五妹已经等不及了，同意马上办喜事！哈哈，我给他来个措手不及，老李马上投降！”

经不住刘赣元软硬兼施，茶花只好摸黑去找五妹。刘赣元也不怠慢，风风火火地出了山棚，去“突袭”李闽南。

李闽南受了风寒，身体不适，早早睡了，做了一个梦，梦中当然会出现五妹的身影。恋爱的人做梦大多不是为自己，而是为了对象。不过，李闽南的梦里除了出现五妹，也会出现刘赣元和战友们，还会出现战斗的情景，但是这一切都统一在五妹的线索中。

刘赣元悄悄推开山棚的柴门，李闽南马上惊醒，摸出枪来，喝道：“谁？”

刘赣元大声道：“我，老刘。”

李闽南摸黑点亮油灯，揉了揉眼，问：“半夜三更，你来捣什么乱！”

刘赣元嘿嘿笑着，一屁股坐在李闽南的地铺上，并不说话，就那么笑着，笑得李闽南心里直发毛。

李闽南问：“哎，老刘，半夜三更的，你来不是为了跟我卖笑吧。有什么话，快说呀！”

刘赣元见李闽南沉不住气了，觉得时机成熟，马上神秘地说：“老李，我来告诉你一个好消息。”

李闽南问：“好消息？是不是七师来电了，还是国民党军队撤走了？”

刘赣元摇了摇头。

“老刘，你还说别人黏糊，你看你自己跟糯米稀饭似的！”李闽南急了，“想说快说，不说我可要睡了！”说着就要吹灯。

“别急，我说。”刘赣元笑眯眯地说，“老李啊，五妹说马上跟你办婚事，恭喜你，要当新郎官了！”

李闽南一听，马上说：“胡说，不可能！”

刘赣元说：“你看，我老刘还能骗你吗？不信你去问茶花，这可是五妹亲口跟茶花说的。五妹还说，如果你不同意马上结婚，她就……”说到这，刘赣元突然住口，看了看李闽南，摇了摇头，又叹了口气。

李闽南催促道：“她要怎么样，你说呀！”

刘赣元说：“五妹说，如果你不同意马上结婚，她就跟你分手。还说，她是二十出头的大姑娘了，按山区的规矩早该嫁人了。况且，你光同意搞对象，不提结婚，搞不清你是什么心思，是不是还有别的想法，你老李能赌得起，她可赔不起，万一哪一天你飞黄腾达了，不要人家了，人家可就闪到水里去了。还说……”

“慢！”李闽南打断刘赣元的话，郑重地问，“老刘，你说实话，五妹确实这么说的？你不诓人？”

“看你说的，这是什么事呀，我怎么能诓你呢！”刘赣元一脸委屈，说，“不信，现在你就去问一问。”

李闽南谅刘赣元不会拿这事开玩笑，想了想，似乎有点相信。刘赣元看出李闽南的心理，于是接着推波助澜：“老李，不是我说你，你也替人家想想。她五妹跟茶花岁数差不多，茶花都当娘了，她还悬在那没个着落，是谁谁都急！”

李闽南说：“不对呀，我跟她商量好的，等到内战结束再考虑结婚的，她也同意了，怎么能说变就变呢！”

“哎，这你就不懂了，女人就是善变！”刘赣元说到这个话茬上来了劲，腾地站起来，说，“你没听人说吗，世间‘四大变’：女人的心，娃娃的脸，隔夜豆腐，六月的天。那是说变就变的！”说到这里，刘赣元递给李闽南一袋烟，说，“老李，你是怎么想的，为什么非要等到内战结束才结婚？要是内战打个三五十年，你这辈子就打光棍了？！”

刘赣元边说边观察李闽南的表情变化，见李闽南低下头来思考，便进一步说：“老李，结婚不是政治工作，没有必要绑着什么任务，说白了，结婚就是过日子，过日子跟干革命不矛盾，相反，只有过好日子，才能更好地干革命！你说说，咱们共产党人的革命目的是什么？不就是让咱们老百姓过上好日子嘛！

话又说回来，是不是革命者不结婚，这战争马上就能打完了，不可能，如果是那样的话，我老刘第一个站出来支持你不结婚，不仅支持你，我老刘结过婚的，也要离婚！但是，不是那么回事啊！所以，你还是尽快把婚结了吧，这样的话，对于革命有好处，对你自己，对五妹也都有好处！”

李闽南一直在听刘赣元说着，觉得这家伙的话有道理，抬着头看看刘赣元，想了想，下了决心，说：“好吧，不过，婚事办简单一点，有个意思就行了。”

“你看，这就对了嘛！”刘赣元笑着说，“这样吧，等这次‘反清剿’过后，你们就办喜事。你老李的喜事，我老刘来办，尽管放心，大操大办，咱游击队也没那个条件，热热闹闹还是要弄出来的。再者说，我老刘当初就简简单单地办了，你老李现在还能超过我嘛，你说是不是？”

说完，刘赣元抬腿就走，李闽南让他再坐一会，刘赣元不干。

李闽南问：“老刘，急着走干什么，再说说话嘛。”

刘赣元说：“不行，我还有任务。”

李闽南问：“任务？”

“我要去接茶花，她还在做五妹的工作呢！”说完，刘赣元哈哈大笑，走出山棚。

李闽南挠挠头，忽然醒悟，心想，上了老刘的当！

刘赣元头也不回，哼着小曲，消失在黑夜中。

3

新一轮“清剿”突然展开。因为早有准备，地委和游击队提前转移。按照计划，李闽南率一支队伍配合胡缅生，先行保卫成立不久的地委转移，刘赣元和程老黑率游击队大部掩护。由于此次敌人准备充分，兵力充足，范围铺得很开，为了彻底甩掉敌军，相约在预定的山头会合后，再确定下一个会合点。

第一个会合地点拟定在大箬岭。胡缅生和李闽南带领地委一行，率先抵达，原地休息，等待刘赣元和程老黑率队前来会合，然后用电台向七师汇报情况。茶花和五妹等几个女同志利用这段时间，在孟玉的带领下，给战士们表演小节目，鼓舞士气。她们除了表演战士们喜闻乐见的军歌和山歌，还有新编的表演唱。说到唱，五妹当然在行，每一个节目都由她领唱。别看五妹在李闽南面前有点羞怯，表演起来却是大大方方，像她姐姐腊梅当年一样，五妹嗓音甜美，唱得深情而投入，赢得阵阵掌声。战士们的情绪被调动起来，跟着她一起唱。李闽南也跟着一起唱。五妹早就看见李闽南跟着自己唱，只是装作没看见，唱起来劲头更足。茶花眼里可不揉沙子，把两个人的情况观察得一清二楚，借机把五妹往李闽南那边推，五妹将计就计，索性站在李闽南的旁边唱起来。如此一来，倒是李闽南显得有点局促，双手打着拍子有板有眼，嘴里唱出来的调子却已经跑老远了。

自从那天夜里遭到刘赣元和茶花两口子的"突袭"之后，李闽南和五妹两个人的心靠得更近，两人都明白，等这次"反清剿"之后，他们就要结为夫妻了，所以就不在乎别人怎么看了。

节目表演结束之后，刘赣元等人还没有赶到，胡缅生和李闽南商量决定，队伍就地宿营等候。这时候，五妹找到李闽南，约李闽南一起走一走，李闽南就跟着五妹来到营地附近的树林里。此时正是傍晚，树林里很阴凉，两个人的影子时短时长。突然，五妹停下来，靠在一棵大树上，低着头，红着脸，用她细白的手指一点一点抠树皮。李闽南走过去，也靠在那棵树上，两个人离得很近，对方的呼吸听得清清楚楚。

五妹说："咱俩的事，你想好了吗？"

李闽南说："想好了。"

五妹说："你急着想办事，为啥不直接跟我说呢，让茶花姐传话，多不好意思！"

李闽南说："老刘跟我说是你急着想办事，我怕你多心，就同意了。"

五妹说："茶花姐说是你急！"

李闽南说："不对呀，老刘明明说是你想法多，想办事，怎么？"

五妹嘴一撅，娇嗔道："反正不是我，哼！我才不急呢！"

李闽南这时有点明白了，问："茶花也找你了，说我想办事？"

五妹忽闪着大眼睛点点头。

李闽南一下明白过来，果然上了刘赣元两口子的当了："这个刘赣元，骗我，回头我要找他算账！"

五妹问："怎么了？你后悔了？"

李闽南忙说:“不不不,不后悔!”

“茶花说,革命者也是人,也可以结婚,结婚就是过日子,过日子跟干革命不矛盾,只有过好日子,才能更好地干革命!”五妹说,“你听听,说得真好!”

这话很熟悉,是刘赣元说过的。李闽南想,看来,刘赣元差不多快把茶花同化了。近墨者黑,近朱者赤,果然很有道理呀!

“一个人干革命为的是什么?就是为了让自己,也让别人的日子过得好起来!”五妹说,“我姐原来也说过,我不理解,现在想想,真有道理!”

李闽南说:“是啊,等到天下人都过上好日子了,革命就成功了!到那时候,人人快乐,家家幸福,那时候……”

五妹点点头说:“那时候,我都听你的!”

李闽南拉住五妹的手说:“五妹,我们两个,谁对就听谁的。”

五妹低下头,把另一只手也递给李闽南。

就在这时,远处的山头上突然响起枪声,李闽南马上一惊,拉起五妹快速跑回营地,和战士们一起做好战斗准备。

胡缅生拿出望远镜观察一番之后,说:“敌人不是朝我们这个方向来的,可能是跟老刘的队伍接上火了。”

李闽南问:“我们怎么办?要不要接应一下老刘他们?”

胡缅生一边把望远镜递给李闽南,一边说:“隐蔽,再观察一下情况。”

李闽南接过望远镜观察了一会儿,笑了:“这个老刘,走到哪都不吃亏,肯定又是顺手牵羊,捡老蒋的便宜!”

正如李闽南所说,刘赣元确实捡到一个便宜!

那天,刘赣元率队出发前,当然不会忘记那只猴子小石头。在刘赣元看来,小石头已经是游击队中的一员,战友们也都喜欢小石头。行军时,小石头很调皮,一会跳到这个的肩上,一会蹦到那个的背上,一时也不老实。刘赣元马上对它宣布行军“纪律”:“影响行军,没有花生吃!”小石头点点头,刘赣元就奖给它几粒花生。小石头便老老实实地跟在刘赣元的身边正常“行军”。

当刘赣元率队来到大箬岭前山的时候,小石头突然警觉地竖起耳朵,神情紧张,叽叽哇哇一阵叫。小石头如此反常的举动说明周围一定有情况发生,刘赣元让队伍暂时停下隐蔽。这时候,小石头突然从刘赣元的肩上蹿上一棵树,三下两下就爬上一棵老树顶的枝丫上，手搭凉棚四下观望，然后指着西北方向叽叽哇哇一阵叫，刘赣元明白，小石头一定是发现情况，便攀到山坡一看，果然发现远远过来一支敌军，看样子像是在搜山。小石头跳到刘赣元面前，似乎很有成就感，刘赣元及时奖励它几粒花生。

本来，稍稍绕一下完全可以避过这一小股敌军，但是，刘赣元发现这股敌军不过二三十人，便决定顺手拿下，捡个便宜。程老黑也同意，说送到嘴边的肉不吃白不吃。刘赣元观察了一下地形，两侧是崖壁，中间形成狭长的走廊地带，此处前可以堵，后可以截，是个打伏击的好地方。刘赣元马上布置兵力，借助就近的一个山豁子，全体隐蔽，等待敌军靠近，打一次伏击。

时间一点点地过去，敌军越来越近，小石头躲在刘赣元的旁边，也屏住呼吸。这时候，敌军进入了伏击圈，突然，刘赣元一声命令："打！"

顿时，枪声大作，那二三十个敌军被打蒙了头，就地找掩体隐蔽，拼命还击，却不知对手在哪里。刘赣元一边射击一边命令缩小伏击圈，力争尽快结束战斗。很快，敌军被紧紧包围在一个小山窝子里，依靠强大火力对抗，双方形成相持。打伏击一定要速战速决，不能耗战。但是，敌人手里的家伙不错，好像都是美式武器，要想快速拿下，还得想办法。这时，刘赣元发现不远处的山坡上，有两个被干掉的敌军身上各有几颗美式手雷。

刘赣元大喜，对程老黑说："老程，看见没？那可是新玩意，威力很大，一定是美国人支持老蒋的。要是能拿过来，甩两颗过去，保证敌军立马完蛋！"

程老黑欲起身，说："我下去拿！"

刘赣元一把按住他，说："正面暴露，太危险！"

程老黑问："怎么办？"

刘赣元不慌不忙，一把拉过小石头，从口袋里掏出一把花生米，先喂两粒给小石头，然后说："小石头，想不想吃花生？想吃吧，那好，看见那两个躺着的人了吗？对，就是那两个，他们身上有几个手雷，看见了吧，像果子一样的东西，对，就是那玩意，你下去把那东西给我拿回来，回来就给你花生吃。快去！"

小石头点点头，小尾巴一甩，两纵三跳，便到了坡下那两个被干掉的敌军跟前，撅起小屁股拿手雷，可能是手雷系得太紧，小石头使出吃奶的劲，才取下两颗来。猴子就是猴子，这小石头拿到手雷之后，并没有马上回来，而是把手雷放在鼻子底下闻了闻，可能没有闻出香味，又用牙咬了几下，没有咬得动，遗憾地摇头。刘赣元在隐蔽处看见，对小石头的馋相大为不满：他娘的这是战场，不是果园，怎么会有好吃的呢！于是，打了一声呼哨，小石头这才记起自己的“任务”，马上一蹿一跳跑回来，把两个“果实”交给刘赣元，换来几粒花生吃，倒也值得。

有了这两颗手雷，刘赣元悄悄靠近那个小山窝，嗖嗖，连着把手雷扔了过去，轰轰，两声巨响，山窝处响起一片惨叫声。

刘赣元一声令下：“冲！”

战士们冲下山坡，边冲边打，余下的敌军全部被收拾妥当。战斗结束，打扫战场时，突然发现不见了小石头。刘赣元正在寻思，却见小石头吭哧吭哧地从一堆草丛里钻出来，脖子上斜挂着一支长枪，一只手里各拿一颗手榴弹，走起来一歪一斜，更增几分滑稽。

刘赣元笑了：“瞧，这小家伙也会打扫战场了！”

小石头来到刘赣元的面前，把手榴弹和枪往地上一放，呼呼喘着粗气，眨巴眨巴眼，伸出一双黑糊糊的小手来。刘赣元明白，这小家伙要“奖励”呢！于是给它几粒花生。小石头一把塞进嘴里，又伸出手来。刘赣元哈哈大笑，指着小石头对身边的程老黑说：“这小子，真像我老刘，什么时候都不吃亏！”

第二十八章

1

木鱼突然失踪了。

冯和平感到奇怪,王大功也感到奇怪。这个木鱼,没人打他,没人骂他,有吃有喝有住的,怎么会不辞而别呢?

派人在城里找了两天,也没有见着木鱼的影子,冯和平有点不放心。木鱼是净空和尚临终前托付给他的,万一有个闪失,怕是对不住西去的净空,可是兵荒马乱的,木鱼会到哪里去呢?王大功也着急,处了大半年了,两个人成了好兄弟,一时找不着,心里也是空落落的。最后,冯和平想,木鱼会不会回雨台寺去了呢?

冯和平猜得一点不错,此时,木鱼确实在雨台寺,抱着师父净空和尚的灵位正哭得伤心:"师父啊,你走得冤啊,木鱼没有本事,不能给你报仇,木鱼对不住您呀!"

木鱼此时的哭诉倒是实情。自从进了冯和平的保安团,木鱼天天想着扛枪打仗,练一身本事好去给师父报仇。在木鱼的心里,给师父报仇比什么都重要,就是拿他的头去换,他都不会眨眼。可是,在保安团待了大半年了,木鱼除了端茶倒水,就是打扫庭院,外加洗衣叠被,几乎没有出过城门。别说打仗,就连枪也没放过一回。有一次,木鱼跟在王大功屁股后面,一句一个哥地叫着,求他把枪给自己玩玩,王大功被缠得无奈,把枪赏给他玩一会儿,不过事先把子弹退了出来。一把空枪,木鱼玩了半天,也没弄出个所以然来。这样一来,木鱼在保安团越待越没劲,越来越觉得没意思,连把枪都没有,还谈什么给师父报仇?不能给师父报仇,他木鱼还待在这里做什么?难道就为了这一天三顿饭?

这天夜里,木鱼做了一个梦,梦中,师父对他说,木鱼啊木鱼,你小子天天躲在城里吃香喝辣的,把师父的深仇大恨都就饭吃下了吗?你不想办法给师父报仇,师父伤心啊!阿弥陀佛!

木鱼从梦中惊醒,再也没睡着,想着梦中师父失望的表情,和师父伤感的话语,不禁黯然落泪,等到天亮,才发现眼泪打湿了枕头。起床号响起,木鱼起床,像往常一样去给团长冯和平打水洗漱,洗衣叠被,一切照旧,还是干得有条有理。王大功见他还打了招呼,没有发现什么不对劲。

吃过早饭,冯和平带上王大功出门办事,木鱼无聊地坐在院子里发呆,想起夜里做的那个梦,又伤心一回。一个人在院子里无聊,木鱼就想出去走走,不知不觉来到了街上,见街上有买有卖,人来人往,便又想起师父来。木鱼记得自己第一次进城是师父领他来的,那时他不过十来岁,他拉着师父的僧衣,走进城门后,看到什么都感到新鲜。在老街拐角,原来有一家米糕店,米糕的香味让小木鱼口水直流,师父给店家行三个礼,念三声佛,人家才赏了一只鸡蛋大小的米糕。那是木鱼第一次吃到那么好吃的米糕,那滋味现在还能回想起来。可惜,师父不在了,现在再也没人会想起给木鱼弄米糕吃了。

木鱼漫无目的地走着,不觉来到一家香烛店门前,见里面香烛繁多,便想起买些烧给师父,可是一摸,浑身一文钱也没有。想给师父尽一点孝心都不能啊,这个兵当得,实在无用!再往前走,是一座小石桥,过了小石桥就是樟树后街,那里有一家炭铺,老板姓宋,木鱼来替师傅送过几回信,当然认得,但是走过一看,门却关着。再接着往前走,绕过一片杂屋,看见一处富丽堂皇的地方,木鱼不识字,认不出字号,但是一看就知道是个酒楼。还不到吃饭的时候,酒楼前有几个抬竹轿的轿夫,闲着无事,围在一起说话谈天,木鱼凑过去,那几个轿夫一见他是一个当兵的,马上就躲开了。木鱼很纳闷,一想,便明白了,原来都是因为身上这层黄皮。

街上也无趣,于是回团部。木鱼越想越不对劲,突然脑子里跳出一个念头:回庙里看看。这个念头力量很强大,一下就把他征服了。木鱼草草收拾了一下,换了身衣服,便出了门。本来想托人带句话给王大功,告诉他自己回庙里了,但是一时不知托谁带话放心,这些当兵的个个都是油头滑脑的,木鱼实在信不过,于是只好作罢。

从县城到雨台山,这条路木鱼并不陌生,走了半天也就到了山脚下,进了山,木鱼更熟,脚步轻迈,很快就来到雨台寺前。经过近一年的风雨,寺院显得更加破旧,庙门紧闭,门前冷落,一片苍凉,木鱼眼圈一热,眼泪就下来了。

"师父,木鱼回来了!"木鱼在心里喊了一声。

王大功找到木鱼时,木鱼正趴在师父禅房里的床上睡着了,黄亮的口水流了一摊,打湿了粗布枕头。王大功上前摇了摇木鱼,木鱼睁开眼,一看王大功站在眼前,以为是梦,揉揉眼,见王大功气鼓鼓的,指着鼻子骂他,才知是真实。

木鱼说:"哥,对不住你,我偷着跑回来了。"

王大功一见木鱼可怜的样子,又不忍心训他,搂着他说:"木鱼,你他娘的把我吓死了,团长也急着呢,快跟我回去!"

"不,我不回去!"木鱼说,"我要在这里陪师父!"

"你一个人在山上,喝西北风呀!"王大功说,"你是想饿死还是想冻死!"

"反正我不回去,回去又不能给师父报仇!"木鱼嘟囔着。

"你不回去就能给你师父报仇吗?你拿什么给师父报仇?"王大功说,"团长说了,只要见着你,绑也要给你绑回去!"

"我就不回去!"木鱼犟起来也是驴脾气,"哥,你绑吧,你绑我回去,我还回来!"

王大功叹口气,说:"兄弟,你听我一句话,跟我回去,你想打仗想给师父报仇,这是好事,回去好好跟团长说说,团长一高兴,你不就能扛枪打仗了吗?再说了,你自己凭良心说,团长对你怎么样?有哪一点对不起你?就凭这,你也要回去,跟团长见一面,说清楚,你再回来也不迟!"

木鱼想了想,说:"团长对我好我知道,不过,丑话说在先,我回去见团长,完了还是要回来的。"

王大功点点头,表示同意。木鱼跟着王大功回城。一路上,木鱼跟王大功边走边说,说着说着,就说到报仇上来了。

木鱼就说:"哥,你说我参加游击队,能不能给师父报仇?"

王大功没说话,只顾自己走自己的路。

回到团部,很多老兵见着木鱼就说,小和尚,不是听说你回去念经去了吗,怎么又回来了?是不是庙里的斋饭没油水呀,受不了了!

木鱼低头不语,心里暗自生气。见到冯和平,木鱼扑通一声,跪在地上,说:“团长,你罚我吧。”

冯和平并不生气:“为什么罚你?”

木鱼说:“我偷着跑了。”

冯和平问:“为什么偷跑?”

木鱼说:“为了给师父报仇。”

冯和平一笑,说:“起来吧。为你师父报仇不是错事,就不罚你了!”

木鱼很犟,说:“不!团长,你一定要罚!”

冯和平问:“为什么?”

木鱼说:“木鱼欠团长的情,团长罚了我,咱们就扯平了,我好回庙里去。团长不罚,我不好走!”

冯和平想这孩子倒是憨直得可爱,问:“木鱼,回庙里你就能给师父报仇吗?”

木鱼说:“我有办法。”

冯和平问:“什么办法?说来听听。”

木鱼说:“不说。”

冯和平很纳闷,问:“有什么不好说的?”

木鱼说:“不能说。”

王大功附在冯和平耳边说:“他想参加游击队。”

冯和平一愣,想起净空当时的一句话,便随口说了出来:“随他,也随缘!”

2

庙首乡再次被端,而且比第一次还要彻底。

应该说,这个消息冯和平知道得最早,早在游击队没有攻打之前。所以,当乡长江之端满头是汗、呼哧哧地跑来报告时,冯和平一点也不惊讶,只点点头,表示知道了。

早在一个月前，刘赣元就派人通过地下党老宋给冯和平来过一封信，信中提到庙首乡在皖南的特殊意义，游击队想把它拿下，为下一步建立根据地打下基础，希望冯和平睁只眼闭只眼，冯和平当然应允，并告知在一个月后攻打最为合适，因为皖南国军部署在下月调整，调整期间防务分工不明，可能不会招致抵抗。同时，冯和平还告知庙首乡粮仓里很肥。刘赣元得信后，马上汇报到皖南地委，皖南地委同意攻打，由在庙首附近活动的程老黑率领的游击支队负责攻打。

正是春末夏初，青黄不接的时候，大多数老百姓家里早已无米下锅。此时攻打乡公所，开仓放粮，必然会得到老百姓的拥护和支持。通过周密部署，这天夜里，程老黑率队突袭庙首乡公所，江麻子的自卫队没有任何反抗就缴械投降，队长江麻子也被捉个正着。天亮时，游击队宣布了江麻子的罪行，公开镇压了江麻子，然后打开了粮仓，通知当地老百姓前来取粮。但是，老百姓心中有顾虑，不敢前来。游击队就从仓库里挑出几担稻子堆在街上，老百姓还是不敢要。这时，一个小孩斗胆上前，装了一竹筐提回家，老百姓这才相信是真的，跟着一起抢了起来。一顿饭的工夫，把仓库里的粮食弄得一干二净。

这些事，江之端并不知道。此时，他在城里正睡得香。自从谭家桥的乡长王延年被游击队镇压后，江之端从这个老朋友身上看到了自己的下场，不敢在庙首乡里住，就带着老婆孩子搬到城里住下，还把他的老相好崔寡妇也弄到城里，租房住下，隔三差五，两个人还在一起厮混一通。平时，他也很少到庙首去，非去不可，也是来去匆匆，生怕从哪里冒出游击队来，要了他的命。

这一天，江之端从床上爬起来，吃完早饭便打算到庙首乡公所察看一番，半路上听说乡公所被端，粮食被抢，江麻子被镇压，吓得他马上掉头往城里跑，一口气来到保安团要见冯和平。

“冯团长，游击队太猖狂了，这回又把庙首乡公所打掉了！赶紧派兵去打游击队吧！”江之端浑身发抖，嘴唇哆嗦。

“打，当然可以。江乡长，请你告诉我游击队在哪里？”冯和平说。

“游击队就在周围的山里，进山搜查，把他们一个一个搜出来！”江之端说。

“搜山？你放眼看看，皖南山区，何处不是山？如何去？再说了，国军这几年那么多队伍驻守这里，搜山不止一次，清剿不止一回，又怎么样呢？”冯和平说。

“那、那怎么办？冯团长，我的粮食都被他们弄光了！我侄子江麻子也被游击队杀掉了！”江之端痛心疾首。

冯和平看着江之端那副狼狈样子，心里暗自高兴，但是身为保安团长，却不得不装出几分同情，劝慰几句，然后借口要去开会，一走了之。江之端跟在屁股后面追着问他怎么办，冯和平想了想，说：“你不是早在城里躲着了吗，躲一躲再说吧。”

江之端抹一把头上的汗，心想只好如此。

江之端走后，王大功来报，有消息说，又有多个乡公所被打，粮仓被游击队打开，粮食被当地的老百姓抢了。

冯和平心想，刘赣元，你老兄下手可真是够狠够快呀！

近来，冯和平的脑子里总是会跳出净空和尚当年说过的话，风水轮流转，天下轮流坐。你国民党是党，他共产党也是党，不能只兴你自己坐天下，就不许别人坐天下。天下是百姓的天下，谁能为百姓办事，谁就能坐天下。盘古开天地，有朝以来，有一个算一个，看看哪一朝哪一代不是如此。百姓服，得天下，百姓不服，坐了天下怕是也坐不稳啊！

净空和尚果然老辣，把看似混乱的世事参得很透。在近日多次召开的行署军政联席会议上，冯和平得知，共产党的解放军在华北、东北、西北均连连大捷，其优势正在全国范围内延伸。冯和平突然心头涌起一种莫名的喜悦来。这份喜悦来自于一个庆幸的念头：幸亏早与刘赣元的游击队建立了关系，不然，一旦中共得势，再想沟通怕是来不及了。

事实上，这段时间，冯和平一直在筹划起义的事。说到起义，冯和平曾经彷徨过，不是因为害怕，也不是因为割舍不掉什么，而是因为他内心关于军人操守的挣扎。起义是什么？对冯和平和中共游击队来说，当然是正义的行为，是一个光明的选择！但是对国军来说，就意味着背叛，他冯和平就是国军的叛徒！叛徒，是冯和平一向最看不起的。当初他怒斥游击队的叛徒张昆山时，曾经说过，当叛徒是一种罪，不管你是哪一边的叛徒，你都是有罪的！这个罪行，就像你身上的胎记，你一辈子，甚至几辈子都洗刷不掉！那么，如果他率部投奔共党游击队，是不是也会担上几辈子都洗刷不掉的罪行呢？

为此，冯和平颇为苦恼。

自从上次和老同学孟玉见面之后，冯和平发现，一个人的人生道路，并不一定错在开端，而是错在历史的转弯处。就拿他和孟玉来说，当年他们在学校同样怀有报效国家的雄心壮志，他们共同的选择都是抗日救国，这一点都没差别。后来，冯和平参加了国民党的军队，孟玉参加了新四军，当时，国共合作抗日，没有敌我之分，大家都不会考虑敌与友的问题。可是，问题出在后来，国共不再合作，敌我自然分开，一条鸿沟便出现在他们面前，敌友的问题自然而然地就出来了。同样的情况也出现在他和妹妹玲子身上，玲子偷偷从家里跑出来是为了抗日救国，这一点冯和平也不怀疑，冯和平还相信，玲子参加新四军时，也不会想到以后他们兄妹之间会出现一条鸿沟。

冯和平、孟玉，还有玲子，他们没有挖掘那条鸿沟，但是鸿沟却出现了。冯和平觉得自己很无辜，也很无助。他想找一个参照，找一条准绳，让他能清晰地判断他该往哪一边走。

这条准绳是净空帮他找到的，那就是信仰。信仰是灵魂里的东西，选择信仰就等于选择了灵魂。冯和平自从有了信仰，便没敢怀疑过，但是他痛苦，不如意，这一点他自己知道。净空和尚曾说，一个人一时失意是难免的，但是如果这失意是因信仰而起，就会成为一辈子的不如意，与其如此，不如改变信仰，以得一生解脱！

净空和尚的话，冯和平相信。同时，他还相信，真理和正义属于广大民众，自己站到更广大的民众立场来，就不是叛徒，最多算是迷途的孩子，终于找到了回家的路！

3

木鱼又回来了。

这次回来，木鱼像变了一个人似的，强烈要求回保安团，撵都撵不走。王大功很是不解，说，两个月不见，你他娘的咋像换了脑子似的。木鱼不生气，咧着嘴笑。王大功更是迷惑，朝木鱼的屁股上踹了一脚，木鱼还是笑。

木鱼心里藏着的事，王大功当然不知道。木鱼此次回来，不再像上回那样是一个小和尚找个吃饭的地方，此番他是作为游击队派出的卧底来到保安团的。

上次，离开保安团后，木鱼没有回庙里，而是去了城里的樟树后街的炭铺，找到了宋老板。老宋认识木鱼，知道他为游击队送过信，便把他领进房内。木鱼有话直说，让老宋告诉他如何去参加游击队。老宋当然不会马上告诉他，就问了他一些情况，木鱼把师父被土匪害死，想报仇但又没机会的情况一说，老宋相信了，就把他留了下来，在炭铺里帮忙，观察了几天之后，确信木鱼心中无诈，这才借上山打柴烧炭的机会，把他带到山上，交给了游击队。

木鱼到了游击队指名要见刘赣元，正好刘赣元在队里，一见是木鱼，很高兴，也很惊讶。

木鱼把师父和自己的情况一说，刘赣元很气愤，摸摸他的光头，说："木鱼，你为游击队做过不少事，你师父净空和尚也是游击队的老朋友，既然你有意参加游击队，那我们就收下。现在你就是游击队战士了！"

木鱼很高兴，马上问啥时候去给师父报仇。

刘赣元说："你放心，我们游击队就是给老百姓办事的，你师父的仇，一定会报。我们马上派人查清，到底是什么人害了你师父，查清之后我们就去消灭他们，你看好不好？"

木鱼一听这话，觉得踏实，看来游击队比冯和平保安团爽快多了。

刘赣元说话算数，很快，地下党带来一个情报，说杀害净空和尚的可能是牯牛降一带活跃的"刀会"干的。这些山匪，趁着兵荒马乱，打劫百姓，还曾经袭击新四军，他们的头目姓马，外号马疤脸，脸上就有一条很长的刀疤。

木鱼很兴奋，要求刘赣元马上带人去打。

刘赣元把脸一沉："木鱼同志，你现在是游击队战士，要服从组织纪律，仇是要报的，但是，那得由游击队统一安排。现在，我刘赣元答应你，你师父的仇一定会报！"

木鱼立正敬礼，谢谢队长。

刘赣元说："不过，木鱼同志，现在游击队要给你一个任务，一定要完成！"

木鱼问："什么任务？"

刘赣元说："经研究决定，让你重新回到保安团去当兵！"

木鱼听说要让他回保安团，一肚子不愿意，说："不，我不去！"

刘赣元说："木鱼同志，这是组织决定，必须服从！让你去保安团当兵，是我们相信，只有你才能完成这个光荣任务。要知道，你是作为游击队的地下工作者去卧底的，不是让你去混饭吃！”

木鱼见刘赣元非常严肃，又听说去做卧底是一项光荣的任务，便点点头。

刘赣元说：“你有两个任务，第一，冯团长是游击队的朋友，一定要保护好冯团长的安全；第二，你要负责冯团长和游击队之间的通信联系。有没有信心？”

木鱼说：“有！”

刘赣元说：“好样的，马上动身！”

就这样，木鱼回到了保安团。木鱼此次从游击队出来，给冯和平带来了一封刘赣元的密信。信中，刘赣元代表皖南地委和游击队简要答复了冯和平的要求，并告知，经皖南地委和七师首长多次联系，为了做好统战工作，决定调丁玲同志到皖南地委工作。丁玲同志近日就随武装交通部队到达皖南，定于本月底让他们兄妹见面。

冯和平心中大喜，努力克制，尽量不显露出来。

第二十九章

1

刘赣元提出来要去做买卖，所有人都感到意外，李闽南更不能理解。

刘赣元这个想法，源自于水岭会议。在水岭召开的皖南地委会议上，传达了刚刚接到的中共中央华东局致皖南地委的“三八指示”。“三八指示”给皖南地委提出的总方针是：大胆放手发动群众，在苏浙皖赣广大地区，开展积极的艺术的游击战，创建根据地，开辟第二战场。“革命形势已进入高潮接近明天，正是一切斗争的总方向。……因为皖南不仅本身有黄山山脉的依靠，且有闽、浙、赣、赣东北的山地，东有苏南广大平原，北有大别山，这些地区有苏维埃的传统及八年抗战的基础，又扼长江交通线两侧，有广大发展前途，有配合正面战场的重大作用。同时你们已有丰富的斗争经验与锻炼，已经过顽敌多次围剿，工作有基础，现敌顽正规军又全面调上前线，正是开辟第二战场的重要地带，也是你们大发展的最好时机。”

传达指示后，会议就“三八指示”中主要涉及的根据地建设、经济工作、统一战线、发动群众等相关问题展开讨论。如果在平时，刘赣元肯定是积极发言，但是这次他却闷着头，一言不发，叼着旱烟，啪叽啪叽地抽着。孟玉坐在刘赣元的左边做会议记录，被呛得不停地咳嗽，几次停下笔来喘气。刘赣元根本没发现，皱着眉头，自顾自吞云吐雾，孟玉只好跟李闽南换个位置，避而远之。

有人谈到根据地问题，说，指示中说得对，根据地不是单纯的游击战可以打出来的，必须组织发动群众，推翻反动统治，才能建立起人民的政权。比如，首先要在现有地区实行减租减息、不缴粮、不出丁的运动，团结群众，建立起自己的政权。

有人谈到游击战术问题，说，游击战术与放手发展游击战，有着重大关系，如果游击战不能经常取得胜利，或者说动不动就付出很大的代价，那么游击战的展开必然受到影响，所以必须力争做到不战则已，战则必胜。

李闽南和孟玉都谈到统战对象问题，说指示中指出统战对象包含了一切反蒋势力，一切动摇中间分子，均在争取之列，对刀会、土匪要争取为我用，对一切人士均不要拒绝其进步要求。

该说的差不多都说完了，剩下指示中提到的“经济工作”问题没人发言。胡缅生扫视一圈，征求意见，还是没人发言。但是，悄悄的议论还是有的。有人认为经济工作问题可以不作讨论，因为当前的任务是多打仗，迎接大军过江，迎接全国解放！也有人认为，共产党闹革命，不是为了钱，是为了打败敌人，建立新中国！

这时候，李闽南用胳膊肘儿捅了刘赣元一下，小声说：“别撑着了，我早看出来了，你都憋半天了，再不放出来，你的话篓子会憋炸的！”

刘赣元这时从从容容地磕掉烟灰，放好烟杆，说：“好吧，我来说几句。大家刚才谈得都很好，我就不重复了。刚才，大家把几个重要的问题说完了，剩下的一个‘经济问题’，也就是大家认为不重要的问题，我老刘来说说吧。”

李闽南知道刘赣元肚子里早编好了词，故意激他：“快开饭了，老刘你要不想说就算了，大家的肚子都在闹革命了！”

“别急！又不是寒冬腊月天，饭凉不了，我老刘还是说说吧。”刘赣元站了起来，一边踱步，一边说，“对咱们来说，经济问题，也就是‘筹款’问题，说白了就是两个字——‘搞钱’！在座的好多同志和我老刘一样，应该都记得，前些年，咱游击队最困难的时候，曾经筹过款，可那是迫不得已啊！为什么？因为寒冬腊月天，咱弟兄们还穿着夹衣，快过年了，米袋里没有一粒粮啊！得筹钱给大家置办棉衣过冬，买点粮食填饱肚子！说实在的，那滋味，到现在我都没忘！同志们，我不知道大家为什么不谈经济问题，但我想让大家知道，经济问题对咱们打仗同样重要！”刘赣元随手端起一碗水，咕嘟两口，接着说，“有钱不一定是坏事，没钱一定不是好事！过度的困难会影响信心，动摇军心！说实话，从参加革命到现在，我老刘也没过上一天好日子，饥一顿饱一顿，挨冷受冻，早习惯了。我之所以能撑下来，是因为我心里坚守着一个念头，咱穷人的好日子一定会到来！不错，我承认，靠信仰靠理想能解决一定的思想问题，但是，同志们呀，没有棉衣，我们同样会冻得清水鼻涕直流，手脚发麻，没有米下肚，我们一样会饿得心里发慌，两眼发花，浑身没劲！如果没有衣，没有粮，我们都冻死饿死了，还谈什么打胜仗，闹革命，解放全中国！”

会场上鸦雀无声。

“我知道，一谈到搞经济，大家就会想到金钱，就会觉得庸俗，恨不得朝老刘脸上吐两口唾沫。可是，我老刘不这样认为，我认为只要对革命有用的，都不庸俗，只有庸俗的思想，庸俗的人，没有庸俗的事情！要说庸俗，上茅房拉撒最庸俗，可是人人都得去！同志们，革命者是人，也要穿衣吃饭，所以，革命就离不开金钱！”

孟玉一直在记录，这时候，突然说：“老刘，我不同意你的意见。无产阶级认为，金钱就是肮脏的，就是庸俗的！所以，我和老胡才离开了商人家庭，投身革命的！”

“说得很好！”刘赣元笑了笑，弯下腰来问，“老孟，那我问你，你和老胡能到上海读书，为什么我和茶花不能去？因为你们两家有钱，拿得出钱供养你们，而我和茶花两家都是泥腿子，拿不起那么多钱！你学到很多知识，懂得了革命道理，是从哪里来的？是你们爹妈拿钱换来的！”

孟玉还想争辩，胡缅生站起来，制止了她，对刘赣元说：“老刘，你接着说。”

刘赣元接着说：“当前的主要任务是打仗，开辟根据地，迎接大军过江，迎接全国解放，这都没错！可是，同志们想过没有，我们再不能让弟兄们饿着肚子打仗了，再不能让弟兄们住这样的山棚子了！我不是鼓励大家去享受，我是说有好的经济条件，我们能打更漂亮的仗，能带出更过硬的队伍！同志们，当初我们坚守皖南是为什么？为了抗日，为了解放，我们不是在这里游山玩水，我们是在这里过日子。过日子要把心安下来，这日子才能过好。过日子少不了用钱的地方，没钱过不好日子！话又说回来，咱游击队的经济工作搞好了，也可以支援地方嘛，就是全国解放了，那钱也不是坏事，用在游击队，用在皖南都一样，因为游击队是咱共产党的游击队，皖南也是咱共产党的皖南！”

胡缅生带头鼓掌，然后说：“老刘说得很有道理，搞经济对我们来说的确很重要。不过，谁去搞，怎么搞，老刘你考虑过没有？”

“我来干!”刘赣元毫不犹豫地说,“大家可能认为,我老刘不是做买卖的材料,但是老刘不信邪,不懂可以从头学嘛。上级的指示里不是说了嘛,皖南土产甚多,可在外围市镇开行,可以与根据地同情分子合股去干。老胡,我郑重提请地委研究,同意我去试一试!”

胡缅生看了看大家,没有人发言,随即也低下头,把玩手中的笔。

开饭了。李闽南端着碗出来,碗里有一块野猪腊肉,这块肉有豆腐块大小,半肥半瘦,因为放得时间长了,肥肉部分显得晶莹剔透。这次会议有一大“待遇”,就是每人每顿可以分到一块野猪腊肉。李闽南研究一番那块肉,正想咬一口,抬头发现刘赣元一个人蹲在一棵树下正在狼吞虎咽,于是悄悄走过去,从背后把那块野猪腊肉放进刘赣元的碗里。

刘赣元闷头扒饭,突然发现碗里多了一块肉,正在纳闷,猛回头看见李闽南站在身后,心里便明白了。

刘赣元用筷子夹着肉,递过去,说:“老李,一人一块,我的早消灭了,不能占你的便宜!”

李闽南躲开,说:“别跟我假客气,我的就是你的,吃吧,这是奖励!”

“奖励?什么奖励?”刘赣元问。

“为你会上的精彩发言,奖励一块肉。”李闽南说,“老刘,你说得好!不过,你真要去做买卖?”

“当然了,我老刘可不是开玩笑!”刘赣元说,“怎么着,你以为我老刘不是那块材料?”

“那倒不是,我认为你不会去,你是队长,你走了,我还跟谁吵嘴去!”李闽南敲着碗边说,“不过,要我说,你老刘要是做买卖,一定能做好!”

“那当然!”刘赣元颇为自信,“想当年,我七八岁的时候,就帮地主老财家看菜园子,天天看着人家有买有卖,学了不少呢!”

“学到什么不说,就你的性格,我看就适合。”李闽南话里有话。

“老李,你想说什么?”刘赣元有点警觉。

“你老刘到哪都不吃亏,要是做买卖,肯定是个奸商!”李闽南说,“可惜呀,皖南将会多了一个奸商,少了一个游击队长哟!”

“老李,你这是什么话,怎么我就会是奸商呢,你打听打听,谁不知道我老刘最讲理。”刘赣元辩解道。

“你讲理？讲什么理？”李闽南突然脸拉下来，说，“你是讲理的人吗？你凭什么不跟我商量就要去做买卖？你这是不负责任？哼，奸商！”

刘赣元一听，嘿嘿一笑，说：“看来，你老李的这块肉不好吃呀！原来你是敲碟子震碗，绕着弯子来骂我的！老李呀，我是这么想的，往后的主要工作可能不是打仗了，主要是发动群众，所以呢，我想去做买卖，给游击队挣点钱花，改善改善生活。同志们苦得太久了，也该改善改善生活了！对了，还有你的喜事要办，咱不能办得太穷酸，至少让大家坐在一起喝杯喜酒吧，这都需要钱！你说是不是？”

“我的事不要你管！老刘，我跟你说，你这个奸商当不成！我已经向地委和胡缅生同志反映过了，游击队离不了你，回去我就让大家写联名信！”说完，李闽南扭头就走。

刘赣元连忙“哎哎”喊两声，李闽南头也不回。

刘赣元气得把碗往地上一摔，碗碎得稀巴烂，李闽南给他的那块肉躺在地上，很是惹眼。肉可是好东西，不能浪费，刘赣元弯腰捡起来，吹了吹上面的灰，随手塞进嘴里。

2

正如李闽南所言，刘赣元的“奸商”没有做成。这当然是李闽南的“功劳”。李闽南知道，谁说谁劝都不灵，只有组织命令，刘赣元才会听。皖南地委研究认为，现在虽然主要精力不再是打游击，但是刘赣元作为主要军事干部，还是以抓军事为主，当然也可以抽出部分精力来抓经济工作。地委的意见一出来，刘赣元就知道是李闽南从中作梗，马上找到李闽南，把他拖到无人之处，准备好好跟他吵一架。李闽南似乎早就料到会如此，便任由刘赣元大发其火，不争不吵，还装出一副可怜状。

刘赣元气得胡子直颤：“老李，你凭什么到地委打我的小报告，凭什么不让我去搞经济?！你今天要说清楚，不然我跟你没完！”

李闽南笑眯眯的，一言不发，一个劲儿地给刘赣元递烟点烟。

刘赣元抽着李闽南的烟，接着发难："你以为你是谁，你以为你念的书多，什么事你都懂，狗屁！我搞经济工作怎么了？我又不是去当地主老财，我是为游击队挣钱，有什么不对的！你说我是奸商，我还说你是奸臣呢！我跟你说，老李，往后，要是咱游击队再挨饿受冻，我让同志们都找你算账，看你到时候怎么办，看你还说不说我是奸商！"

李闽南被骂得很开心，一句也不反驳，耐心地听着，刘赣元的烟抽一支，他马上给续上另一支，弄得刘赣元像拳头打在棉絮里，慢慢没了脾气。最后，他一把抢过李闽南手里的烟，气呼呼地走了。

虽说自己不能亲自做买卖，但是刘赣元并没有就此罢休，他不服气。地委不同意他去经商，但是同意他抽出部分精力来抓经济工作，所以他一定要把游击队里的"经济工作"抓上去！既然是做买卖，就要有人，没有人做什么买卖呢。所以，刘赣元首先考虑人选，可是他把游击队里的战士挨个想了一遍，没有发现一个是做买卖的料。人的问题解决不了，做什么买卖的问题又出现了，刘赣元真有点伤脑筋。

就在这时候，李闽南主动找他来了，给他出了一个主意。

李闽南说："老刘，做买卖要先选行。皖南特产很多，尤其是茶叶，全国闻名，历史上皖南出过众多大茶商，所以，建议考虑一下做茶叶买卖。定下行，再选人，目标就出现了。老刘呀，其实你身边就有一个人选，你就是没想到。"

刘赣元不解："我身边有人选，是谁？难道是你！"

李闽南说："不是我，是茶花。茶花家世代种茶，肯定懂茶，懂什么做什么，才能做得好，所谓隔行如隔山，明商不越行，说的就是这个道理。"

刘赣元一听，马上一拍大腿，说："好！这个主意不错！"

李闽南说："好是好，就怕人家茶花不同意！"

刘赣元说："不可能，我老婆最听我的，不信你等着看吧。"

李闽南说："但愿如此。老刘，这下好了，我坏你一事，成你一事，咱们两个扯平了！"

令刘赣元没有想到的是，刚跟茶花一说，茶花的头就摇得像拨浪鼓一样，坚决不同意。茶花说："说笑话吧你，我要是做茶叶买卖还等到现在，我出来闹革命就是为了不做茶叶生意，不受人家欺负！"

刘赣元耐着性子，说："现在这个买卖，不是你先前那个买卖，这是组织决定的事情,也是革命的一部分,一样是为革命作贡献!你想想,就像一个家一样,有了钱,能干很多事情,能吃好一些穿暖一些,还能置办些家当。如果没钱,那就什么也做不成,肚皮喂不饱不说,说不定还要光着腚呢!咱游击队就像一个家,也要考虑穿衣吃饭,还要买电台买武器弹药,这些都要花钱。这些钱从哪里来,得去挣钱啊!"

茶花说:"你说得有道理,我不跟你抬杠。但是,我不想干,别在我身上打主意,你还是趁早找别人去!"

刘赣元说:"茶花,你是皖南本地人,又是种茶做茶出身,你是内行呀,我找那些外行坐家吃闲饭呀,外行想干我还不让他干呢。"

茶花说:"好了好了,你还别给我戴高帽,反正我不干,我现在工作干得好好的,岗位也离不开我。再说,我还要好好表现,争取早点入党呢!"

刘赣元问:"那如果说岗位能离开你,你就去干?"

茶花不耐烦了,说:"不是跟你说了吗,我们地委机关,一个萝卜一个坑,岗位上离不开我!"

刘赣元点点头,不再说话,拉开被子蒙头就睡。茶花看看他,做了一个鬼脸,为自己终于在家里"胜利"一回,颇为得意。

第二天,茶花醒来后发现刘赣元早就出门了。刘赣元平时没早没晚已是家常便饭,茶花早已习惯,就没放在心上,赶紧上班去了。地委机关比过去多了几个部门,人也添了不少,但是事情却显得更多了。

忙忙碌碌一个上午,中午吃饭的时候,孟玉把茶花叫到旁边,问:"茶花,你真能干,没想到你竟然报名要去做买卖!"

茶花一时没有听明白,问:"报名?做买卖?我没有啊!"

孟玉说:"看你,这是好事,还想瞒着我?老刘一早就来过了,跟老胡谈了你的事,组织上也研究过了,都同意!"

茶花这时候终于明白,自己又遭到刘赣元的"偷袭",但是当着孟玉的面又不好说自己不愿意,只好讪讪地,拿话糊弄过去。

孟玉又说:"听说你哥哥李刚烈也报名了,你兄妹两个一起干,肯定能干好。茶花,好好干,给咱游击队多作点贡献!"

茶花一听,心凉了半截。这个霸道的刘赣元,简直太欺负人了,他想什么就是什么，正面谈不成，就背后搞偷袭，两口子过日子，动不动就"偷袭"，让人提心吊胆的，这日子没法过了！话又说回来，单把她一个人拉进来也就算了，还把她哥哥也拖下水，这个刘赣元到底安的什么心！茶花越想越气，一个下午，心都像掉到灰坑里一样。

晚上，回到山棚，茶花打定主意要跟刘赣元大干一场，不然出不了心头这口气。晚饭没吃，茶花就坐在床上等刘赣元回来，灯也不点，黑灯瞎火地暗自流泪。很晚，刘赣元回来了，一进门就小声问："睡了吗？"

听声音很和气，很温柔，茶花不吭声，等到刘赣元摸到床边了，茶花突然扑上去，大叫："刘赣元，你欺负人，我跟你拼了！"

刘赣元吓得一惊，赶忙躲闪，但是已来不及了，被茶花死死地抓住，逃脱不得。刘赣元明白茶花是为他"偷袭"的事，所以尽量忍让，任茶花在自己身上又掐又拧，一声不吭。过了一会，茶花也累了，放了刘赣元，开始哭天抹泪。

刘赣元说："别哭了，三更半夜的，像什么话？"

茶花说："我不管，刘赣元，你太欺负人了！你把我拉进来也就算了，凭什么把我哥也拖下水，你以为你是队长，想干什么就干什么？我算看清楚了，你这个人，谁跟你亲，你对谁狠，谁跟你近，你就拿谁不作数！刘赣元，这样的日子不过了！"

刘赣元不生气，任茶花数落，但是看茶花那意思，一时半会还停不下来。刘赣元有点急，又不好发作，毕竟是自己做的事"出格"了，只好捏着鼻子不吭声，忍吧。

就在这时候，门外有人说话了："哟，这么晚了，两口子还在谈心呀！"

听声音是李闽南。刘赣元像盼来救星一样："老李呀，快进来，快进来！"

李闽南走进来，茶花马上不数落了，但是还是在抹眼泪。

李闽南说："老刘，你是不是又欺负茶花了？"

刘赣元说："没有。我怎么会欺负她呢？她……"

"我什么我，你明明欺负人家了还不承认！"茶花突然插话道。

"我没有，我那都是为了搞好经济工作，为了游击队！"刘赣元说。

李闽南明白，一定是刘赣元"偷袭"茶花，安排她去做买卖的事，于是说："茶花，这事也不全怪老刘，我也有责任。让你去搞经济工作是我提的建议。说实在的，游击队目前确实需要有人来做经济工作，但是能做经济工作的人真不好挑，所以我就推荐了你。老刘说得对，游击队离不开经济工作，做买卖一样是为革命作贡献。这不，听说你要去做买卖，五妹也报了名，还说要跟你好好学学呢！”

刘赣元对茶花说：“看看人家五妹，那觉悟多高！”

李闽南说：“好了，这事老刘有错在先，要承认错误。”

刘赣元像个孩子似的，说：“是是，茶花，我错了，我错了！”

茶花马上破涕为笑。

李闽南说：“笑了就好，茶花，还要告诉你一个好消息，你的党员批下来了！”

3

牯牛降地处三县交界，山高林密，交通闭塞，历来是一块“三不管”的地方，天高皇帝远，土匪、会道门等邪恶势力便应运而生。匪众占山为王，欺压百姓，横行无忌，老百姓恨之入骨。近年来，这些歹徒又被国民党顽军利用，对游击队的根据地多有骚扰，不除掉他们，百姓不安，游击队的威信不能确立，群众工作很难开展。皖南地委研究决定，对可以改造的予以改造，不能改造的坚决铲除。为慎重起见，刘赣元亲自出马，率队执行。

根据地下党组织收集的情况，刘赣元认准了一个目标。此人外号王地龙，是当地有名的匪首，手下有五六十号弟兄，是这一带山里匪帮中较大的一支。刘赣元认为，只要制伏了王地龙，对其他的匪帮就会产生震慑，谅他们不敢再放肆。根据群众反映，王地龙是猎户出身，练就一手好枪法，夜打香火，百步穿杨，不在话下，十年前因身缠官司，被逼上山。虽说这家伙也干过一些坏事，但为人仗义，还是个有名的孝子，对他的七十老母非常孝敬。大家商讨之后，认为这个王地龙尚有良知，还有改造的可能，决定采取“先礼后兵”的方式对待，争取把他“统战”过来。于是，游击队写了一封恳切的信，对他被逼落草为匪的遭遇表示同情，希望他能认清形势，弃暗投明，改邪归正，接受谈判。信中确定了谈判的地点和时间。这封信派人送给了王地龙的老母亲。两天后，王地龙让人带话来，愿意谈判，但是，为防不测，双方只能各出两个人。刘赣元想都不想就答应了。

刘赣元决定亲自谈判,按王地龙的要求,只带一个人,那就是程老黑。自从警卫员小周牺牲后,程老黑基本上担任了刘赣元的警卫工作。此外,考虑到匪徒多奸诈,还派出了一个机枪班在约会地点周围埋伏,以防万一。

这天上午,烈日当空,刘赣元和程老黑来到约定地点。这是一处山间洼塘,水塘不大,塘边有几棵百年老树,塘内有一片野荷开得正旺。不多时,王地龙出现在水塘对面,身边带着一名保镖。刘赣元一直盯着塘中的荷花,程老黑说"来了!"的时候,刘赣元用眼睛的余光一扫,便把王地龙看了个清楚。此人乍看不像山匪,倒像一个老实巴交的手艺人,只是一双眼神中有股野性和杀气。

王地龙先上前一步,抱拳当胸,说:"刘队长,久闻大名,幸会幸会!"

刘赣元笑了笑,说:"王当家的大名,我也早有耳闻啊,听说你是个神枪手,能不能给我露一手?"

王地龙一笑,说:"恭敬不如从命!"说罢,掏出枪来一甩,啪的一声,塘中一朵荷花应声落下,水里竟不见一点水花。

"果然好枪法。"刘赣元说罢一招手,程老黑从身后闪出,隔着刘赣元的肩,朝水塘中连开两枪,两朵荷花次第落下,子弹入水,嘟嘟有声。

王地龙惊呆了,连忙抱拳道:"手下的人枪法都这么厉害,刘队长就更不用说了。佩服佩服!"

开局明显占了上风。刘赣元接着说:"我还听说,王当家的是个出了名的孝子,真没想到啊!"

王地龙说:"惭愧,惭愧,身为父母生,尽孝是天经地义的事!"

"天经地义,你们干的天经地义的事怕是不多吧!说句不该说的,我相信,你过去做的那些伤天害理的事,为你老娘挣了不少骂吧。"刘赣元突然把脸一沉,说,"就凭这一点,你就不配'孝子'这个名声!"

王地龙绝对没有想到刘赣元会这么说话,当时有点发蒙,身后的保镖要掏枪,被王地龙制止。

"刘队长,我们是来谈判的,不说这些闲话。"王地龙说,"要我洗手不干,有三个条件:一是游击队要保证我和弟兄们家人的安全;二是游击队要保证对我这帮弟兄过去做的事既往不咎;三是弟兄们在山上待长了,没什么手艺,需要一笔吃饭钱。”

刘赣元哈哈一笑,说:“前两个条件我刘赣元拿人格担保,完全答应,你可以放心大胆地回家当你的孝子。这第三条嘛,我不能答应,也不该答应,你们都年纪轻轻,有一双手,到哪里混不上一口饭吃!况且你凭什么跟我游击队要钱,我们共产党游击队欠你的还是该你的?你口口声声说自己是好汉,这种混账要求你也说得出口!?”

无论如何王地龙都不会想到这个刘赣元会是这种态度。似乎他不是来谈判的,而是来训人的。但是,从刘赣元的气势上看,又不能不服。这他娘的算怎么回事呢!

“刘队长,既然你不能答应,那我们也就没法再谈了,再会!”王地龙转身要走。

“走吧!你要是条汉子,走了以后就别再回头!”刘赣元嗓门很高,“你以为你是水泊梁山上的宋江晁盖,你不是,进了山你就是一个小土匪!告诉你,我刘赣元跟你谈判是看得起你,如果你不识时务,老子绝不客气!你去好好打听一下,在皖南,国民党几万大军老子都不怕,何况你们几个小毛贼!”

这回该刘赣元没有想到了,王地龙被刘赣元一顿骂之后,好像突然明白了什么,站在原地想了好长一会儿。王地龙当了多年的土匪没有服气过谁,此番面对刘赣元,看上去一个粗粗大大的汉子,武能使枪如神,文能把道理说得明明白白,不服还真他娘的不行!该回头不回头,必到尽头。王地龙明白,好汉不吃眼前亏,拉直不如伸直呀。

王地龙突然转过身来,说:“刘队长,你骂得对,骂得好,经你这一骂,我算想明白了:敬酒不吃,我何必去讨罚酒?我王地龙服了!”

刘赣元说:“既然这样,我看你还算个明白人,日久见人心,也许我们还能成为朋友!”

王地龙说:“刘队长,不过我有一事相求,不知能不能答应?”

刘赣元说:“说吧。”

王地龙说:“我想带弟兄们参加游击队,你看……”

刘赣元说:“诚心改邪归正,我们欢迎!”

王地龙说:“请问游击队一年饷钱有多少?”

刘赣元说:“游击队是共产党领导的队伍,没有饷钱,但是我们有尊严,有公平,这难道还不够吗?”

王地龙低头又想了想,说:“好! 为了公平,值!”

刘赣元接受王地龙带人参加游击队,有个前提条件,必须是自觉自愿,不能强迫,同时要接受游击队的改造,遵守游击队的纪律。当天,刘赣元把王地龙带到游击队,让他感受游击队的诚意,王地龙非常满意。

接着,刘赣元打算收拾“刀会”。既然来一趟,能多捞一网就多捞一网!

这个“刀会”就是伤害净空和尚的那帮匪众。听说要扫除“刀会”,王地龙有意立功,愿意配合,并把马疤脸“刀会”的情况介绍得清清楚楚。据王地龙说,马疤脸过去跟他曾是朋友,后来因争地盘闹得差点动家伙。马疤脸的“刀会”其实是一个搞迷信的团体,一直与国民党军队有勾结,干的坏事那就多了。常用的手法是,由坛主和点传师当众作法,吞下一张朱符,烧香念咒,胡说什么大仙下凡,可以刀枪不入,并让事先安排好的国民党兵向他们开枪,只听得乒乓一阵枪响,却见他们安然无恙。其实,不是他们真有刀枪不入的本事,而是枪里装的是假子弹。一些老百姓不明真相,信以为真,受骗入会,白白向刀会交钱。

刘赣元弄清楚情况后,马上让程老黑带人随王地龙去暗查。程老黑带回来的消息,与王地龙所说无异。此外,有内部消息说,当晚他们要举行祭旗仪式,杀一个活人,用人血祭旗。看来这个马疤脸果然没有人性,刘赣元命令,事不宜迟,今天晚上就打他个措手不及!

马疤脸的刀会集中在大村的一座祠堂内,祭旗仪式在此举行。天黑之后,刘赣元率队秘密包围祠堂,然后挑选十名游击队员爬上屋顶,腰系粗绳,从上面进攻,其他人把住大门,准备就绪,听候刘赣元的命令。

此时,祠堂内火把如林,一个人被绑在房柱上,眼睛被蒙,嘴里塞着布,上身光着。坛主马疤脸闭目合掌,满嘴念着歪经,众会徒站立两旁,装腔作势,吆喝喊叫。突然,马疤脸睁开眼,大叫一声,天灵灵,地灵灵,时辰已到,准备祭旗,接大仙喽。众会徒马上亮出明晃晃的钢刀来,一步步逼近人质。

就在这时,刘赣元果断鸣枪命令:“行动!”

屋上的游击队员揭开屋瓦,顺着粗绳,纵身而下,如同天降。马疤脸还没有反应过来,刘赣元已带人破门而入,大叫一声:“不许动,举起手来! 我们是共产党游击队!"

众会徒见是游击队,马上举起手来投降,只有马疤脸伸手想去拿刀,王地龙眼睛好使,一脚踩在马疤脸手上。马疤脸抬头一看是王地龙,说:"姓王的,你我井水不犯河水,你他娘的为什么跟我过不去!"

王地龙说:"放屁!谁跟你他娘的井水不犯河水,老子现在加入了游击队!"

刘赣元慢慢走过来,看了看马疤脸,问:"马疤脸,雨台寺的净空和尚是不是你害的?"

马疤脸嘴很硬,说:"是老子干的又怎么样!你是谁?"

刘赣元不吭声,一挥手,让人把马疤脸拉到祠堂外,绑在一棵大树上,然后让人敲锣把全村的人都招来观看。深夜锣响,村民都很好奇,听说马疤脸被游击队抓住绑在树上,都想来看看热闹。不多时,祠堂前围了里三层外三层。

祠堂前,火把灼灼,人影绰绰。刘赣元见人来了不少,便走上祠堂的台阶,对村民说:"乡亲们,我们是共产党游击队,今天把马疤脸抓住,把他的'刀会'打掉了!各位有苦的诉苦,有冤的申冤,不要怕,一切都由游击队来给你们做主!"

话一落地,马上就有村民痛诉马疤脸的罪行,你一言他一语,把马疤脸的罪行抖落出一大堆来,欺男霸女,杀人越货,吃拿卡要,无所不有。刘赣元听着,气得眼瞪得溜圆,就这些罪行,枪毙他马疤脸十回都不亏。

刘赣元看着义愤填膺的百姓,问:"乡亲们,大家说怎么处置马疤脸?"

乡亲们高喊:"杀了他!杀了他!"

刘赣元抓起一支火把,来到马疤脸的面前,慢慢用枪抬起马疤脸的下巴,说:"马坛主,马大仙,你刚才问我是谁?我现在告诉你,我是搞检验的,专门检验人的皮肉,看看我刘赣元这枪子到底能不能打进去!"

说罢,举起枪,枪声响起,马疤脸一命呜呼。

4

刘赣元一直后悔那天自己没有跟李闽南在一起。如果跟李闽南一起,也许情况就大不一样了。但是，毕竟世上没有后悔药，该发生的已经发生。

刘赣元率队收拾牯牛降一带的土匪和刀会那天，李闽南没有去。李闽南奉命去南陵境内的东河接应从江北过来的丁玲。

丁玲调到皖南地委工作，主要任务是配合游击队做好她哥哥冯和平的“统战”工作。通过一段时间的策反，冯和平已经有意起义，但是事情没有定局，一切都有变化的可能。为了保证策反冯和平部成功，皖南地委向七师首长多次汇报，把丁玲调回皖南。丁玲接受这一任务后，态度非常积极。差不多十年没有见到哥哥，丁玲插翅飞到皖南的心都有，更何况又是组织上安排的任务，要把哥哥从邪路上拉过来，所以她马上就随武装交通部队一起来到皖南。由于武装交通部队另有任务，便用电台与皖南地委取得联系，让游击队派人到南陵境内的东河接应。皖南地委收到电报，马上作出重点安排，指派李闽南率队接应。

那天，李闽南带了两个班，一大早出发，由当地地下党配合，一路顺利，于傍晚到达东河镇，在镇南头一片果园里隐蔽。果园不小，一直连着后山。正是瓜果待熟的时候，果实的香味弥漫在夜空中，令人恍惚中来到世外桃源。是夜十一时许，东河的地下党员带着武装交通部队来到果园，把丁玲移交给李闽南保护。李闽南一向谨慎，接到丁玲后马上连夜往回赶。这一步是李闽南慎重考虑的，因为这样经过两县交界的封锁线，应该在黎明之前，相对安全。

李闽南跟丁玲不太熟悉，但是关于丁玲的事知道不少，所以并不显得陌生。一路上，李闽南和丁玲边走边聊，觉得丁玲不愧为是知识女性，谈吐不俗，且很有激情。当然，他们也谈到刘赣元，这个话题最丰富，谈起来也很有意思，丁玲似乎更感兴趣。

丁玲问：“老李，你跟老刘搭档，感觉如何？”

李闽南说：“别提了，这个老刘，我和他搭档这几年，话没少说，架没少吵，现在倒是养成了一个坏毛病，三天不跟他吵一架，就觉得日子寡淡无味。这个人呀，让人爱也不是，恨也不是，总之是‘爱恨交加’吧。”

丁玲听着，咯咯地笑，说：“老李，听你这么一说，你们两个倒像一对夫妻冤家！”

李闽南也笑了，说：“你说得没错，这家伙可爱的地方就在这里，他说他跟茶花都没有跟我说的话多！”

丁玲问:“茶花是谁?”

李闽南说:“老刘的爱人,现在做经济工作。”

丁玲问:“老刘成家了?”

李闽南说:“是呀,老刘本事大,革命、家庭两不误,现在都当爹了!生了个女儿,放在老乡家养着!为这事,两口子还大吵一场,我可没有少做工作,你说他老刘的事,我能不管吗?今天这事,明天那事,没有一天安生过!说起来,也怪不得人家茶花,他老刘打游击打成了习惯,在家里也搞突袭,把茶花折腾得够戗。茶花这个女同志真不错,心地善良,大小事不往心里去,要不然,两口子早搞分裂了!这个老刘,太不像话,找机会你可得好好教训他!有时候我就想,哪天我和老刘不在一起了,我可就省心了,可是话又说回来,要是不跟他在一起,说不定还真想他。人呀,就是这样,你说……”

李闽南边说边走,话在兴头上,没太在意丁玲,突然一扭头见身旁的丁玲不见了,远远地落在后面,心想,刚才还谈得好好的,怎么又落下来了?难道提到老刘成家,让丁玲心里不快了?这一想,李闽南突然记起,老刘和丁玲在皖南时,曾经有过一段难忘的小浪漫,后悔自己刚才的话没有把握好,于是停下来等丁玲。等到丁玲跟上来,李闽南不再说老刘,随便找些话题说说,丁玲有一句无一句地应和着,时间也就过去了。

正如李闽南所料,他们一行赶到两县交界的封锁线时,天还没亮。按照带路的地下党的意思,按来时的路线走,从后面的一面断崖攀上去。李闽南考虑到丁玲是个女同志,又是搞文艺的,怕攀崖有所不便,便问有没有第二条路,地下党说有,但是要绕过一座岗楼。李闽南说绕就绕吧,安全第一!

就这样,队伍绕着岗楼过来了,一切顺利。但是刚刚走到岗楼对面的小斜坡,突然迎面传来一阵脚步声,李闽南命令大家散开隐蔽,估计是赶早上路的敌兵。就在大家散开隐蔽的同时,敌军似乎也觉察到周围有动静,马上用手电筒四下照射,这一照不当紧,便发现了没有隐蔽好的战士,敌军马上大叫:“有情况!”

顿时,喊声四起,枪声大作。李闽南把丁玲交给两个战士保护撤退,自己拔枪向敌人射击,边打边退,很快进入林地,敌人好像也不敢再追,只在外围放枪。李闽南清点人数,发现少了一个战士小金,这时就听敌人喊道:“那边有一个受伤的,跑不动了,抓活的!”

不能丢下一个兄弟，这是游击队的规矩。李闽南马上让人带丁玲先走，他带着两名战士回头接应受伤的小金，想把小金从敌军的包围中解救出来，但是已经来不及了，岗楼里的敌军闻声出来，一下子把他们团团围住。李闽南让两个战士突围，由他掩护。两个战士要求一起突围，李闽南说一起突围就突不出去了，命令他们必须先走。说话间，李闽南站起来向敌人开枪，边开枪边朝另一个方向跑，引开敌人的注意力，敌军果然追着李闽南而去，两个战士悄悄冲出包围。

一阵阵枪声响起，渐渐地，枪声停了下来。

游击队战士找到李闽南的时候，已是午后。李闽南的驳壳枪里已经没有子弹，但枪还紧紧握在手里。他是从山上跳崖牺牲的。

刘赣元得到这一消息后马上赶回游击队。此时，所有的战士都围着李闽南暗自流泪，游击队里笼罩了一层阴郁的氛围。面对李闽南的遗体，刘赣元像个木头人一样，呆呆地站着，眼泪吧嗒吧嗒不停地往下掉，脸上的肌肉不停地抽动，嘴唇不停地哆嗦，却一句话也说不出来。过了很久，突然，刘赣元伸长了脖子，像一头怒狮一样，放声大哭，声如雷动，似乎震得整个山林都在颤动。

“老李啊，你怎么说走就走了呀！老李，我今后还跟谁吵嘴呀！老李啊，老子答应给你办个像样的婚礼还没兑现呀！老李啊老李，你怎么甩手就走了呢?!”刘赣元声嘶力竭，放声哭诉，“老李，你是个读书人，你他娘的在家好好读书不好吗？你非要跑出来干什么？老李，我老刘一直认为你的命比我大，你上回给我做的灵位，我还留着呢！老李，你知道吗？你这一走可把老刘的心带走了，你让老刘怎么活！老李，从坚守皖南开始，咱俩就没分开过，你了解我，我了解你，有时候我故意气你，跟你过不去，知道为什么吗？是因为我喜欢看见你一脸认真的样子！老李，老刘错怪过你，说你没在皖南扎根，说你心没安在皖南，我那是跟你逗着玩的！这回好了，你把根扎下来了，心也安下来了，命也留在皖南了！老李啊，你不够兄弟意思，说好的咱俩一起‘不朽’的，一起去见马克思的，凭什么你一个人先走了呢?！你比我还小一岁呢，我是哥，你是弟，哪有弟走在哥前头的?！老李啊，我都喊了你多少遍了，你听见了吗？老刘想你，老刘想跟你说说话，想跟你再吵吵嘴，还想看看你当新郎官是啥样子！老李呀，你不能走，你他娘的给我回来呀，回来呀……”

所有的人都被刘赣元弄得眼泪抹不尽。丁玲更是哭得伤心，她总觉得是自己连累了李闽南，自责加上悲伤，像两把刀子一样剜着她的心，把她折磨得像变了一个人。刘赣元坐在李闽南的身边，像疯了一样，没完没了地说着，不吃不喝，没有人敢去劝他。

这时，胡缅生和孟玉赶到了，两个人都很痛心。孟玉想劝刘赣元歇一会，刘赣元像不认识她一样，不理不睬，依然一个人坐在那里叨唠不停。

五妹是由茶花扶着来的。此时，五妹的眼泪已经哭干了，一见到李闽南的遗体，五妹一下子扑过去，紧紧地抱住，叫了一声："我的老李啊……"之后，一下子便昏了过去。

刘赣元一直守在李闽南旁边，半夜，他突然想起什么，站起来就往外走。程老黑赶紧跟上去，问他要干什么，他也不说话，一直往山下走。程老黑想拉他怎么也拉不住，只好跟着他下山。刘赣元脚下飞快，一路上一声不吭，程老黑也不说话，两个人像竞赛似的，很快来到了最近的一座小镇。

刘赣元突然站住，问："哪里有卖纸钱的？"

程老黑说："半夜三更的，到哪里买呀？"

刘赣元说："我不管，只要买到就行！"

程老黑挠头，突然想起来："前面有一家小纸厂，做宣纸的，不知道有没有。"

刘赣元听罢，带头奔向那家小纸厂。小纸厂在小河边上，刘赣元来到门前就啪啪地打门。

老板吓得不轻，问："干什么的？"

刘赣元说："买纸。"

老板说："这三更半夜的，买什么纸？"

刘赣元不耐烦了："你做纸的，我买纸，管什么半夜不半夜的！快开门！"

老板哆哆嗦嗦地打开门，点了灯，以为遇上打劫的山匪，吓得话都说不出来。

刘赣元也不多言，径直走到纸架上一下子抱了好几刀宣纸，问："多少钱？"

老板害怕，说："不要钱，都拿去吧！"

刘赣元说："不要钱不行！"

说着，刘赣元在身上摸，半天也没摸出一分钱，于是看了一眼程老黑，程老黑身上也没钱。刘赣元突然掏出枪来，往柜上一拍，说："枪押在这，回头拿钱来赎！"

老板更害怕了，说："大爷，你拿去吧，真不要钱！"

刘赣元这才意识到自己做得过分了，老板可能把自己当成山匪了，于是马上收起枪，说："老大哥，对不起了，天亮再送钱来。"说罢给老板打个欠条。二人抱着几刀纸往回赶。

回来后，刘赣元把几刀宣纸一口气全裁成纸钱大小，然后坐在李闽南的旁边，慢慢地烧起来，边烧边叨唠。

"老李呀，你知道，老刘向来说话算数。我说过，等你'不朽'的时候，一定给你弄些真纸钱，可是跑到山下去没弄着，弄来的是宣纸。老李，你别怪老刘，这可是好宣纸呀，听说皇上写字都是用这纸，文人墨客写字画画都离不开这东西。老李呀，你是个文化人，所以这宣纸适合你，我多给你烧些，你留着没事写写画画吧，免得一个人寂寞。"说着，刘赣元眼泪又下来了，"老李呀，你这个人有时候爱面子，这些纸钱可不孬，听说比真纸钱贵多了，够有面子的！对了，老李呀，政治工作归你管，我得跟你认个错，刚才去弄这些纸的时候，我太激动了，打扰了老乡，又忘记带钱，这一点违反了群众纪律，你该批评就批评，我老刘保证虚心接受，回头我一定去给那老乡赔礼道歉！老李呀，这些纸钱不少，你慢慢用，没钱到哪都不行！还有，老李，见到马克思他老人家了吗？马克思是搞经济的专家，见到他老人家，你问一问他，干革命到底需要不需要金钱！……"

火在纸中跳动，纸在火中燃烧。刘赣元的脸上忽明忽暗，眼睛里一直有泪光闪动。

第三十章

1

这一夜，冯和平几乎无眠，不是因为烦恼，而是过于兴奋。

明天就要见到妹妹玲子了，这让冯和平怎能不激动！快十年了，玲子胖了还是瘦了，是不是比过去长高了，那双大眼睛是不是还那么亮，笑起来嘴角翘起是不是还是那么调皮？时间过得真快，玲子是大姑娘了，二十五六岁了，是不是还一个人，是不是已经成家，如果没有成家，是不是有了心上人，妹妹的心上人会是一个什么样子，两个人是不是合得来？冯和平脑子里一连串的问题，像肥皂泡一样，不停地往外冒，冒出来一个，就要想一会儿，每一个问题都有两个以上的答案，每一个答案都有成立的道理。冯和平不觉得烦，不觉得累，乐此不疲。

次日天没亮，冯和平就起来了。这时，起床号还没有吹响，木鱼却已早早等候在门外，打好了水，等着冯和平洗漱。木鱼知道冯和平今天有要事，因为游击队送来的信是经他手交给冯和平的。王大功也早早起来了，帮着木鱼侍候冯和平。王大功没有木鱼知道得清楚，但是也知道冯和平团长有要事，不知道是什么要事，但是可以断定跟游击队有关，因为团长近来的活动，或多或少都跟游击队有关系。

虽说一夜没睡，冯和平的精神依然很好。人逢喜事精神爽，冯和平洗漱已毕，脸上还是能看出掩饰不住的兴奋。但是，冯和平尽量强装作像平常一样。士兵早操结束后，吃了点东西，冯和平把方家正叫来，安排工作。方家正最近跟冯和平保持着一种无奈的“默契”，但是冯和平能感觉到，方家正如此“卧薪尝胆”，一定是在等着他犯错，所以愈加谨慎。越是在大事之前，越不能犯小错，大事不成，往往都是因为小小的失误。

两天前，冯和平得知玲子来到皖南，并且马上要和他见面，所以，冯和平就开始做一些必要的铺垫。近来，上级指派的任务大大减少，这为冯和平提供了很大的自由空间。恰好，几天前，皖南行署一位吴副专员找到冯和平，说他近日要陪姨太太到芜湖探亲，让冯和平派人护送。这个吴副专员也不得志，平时跟冯和平还算谈得来，发点牢骚，说点怪话，冯和平都附和他，所以他认为跟冯和平是有交情的，冯和平也尽量让他感觉交情深厚。从这里到芜湖，路途不远，沿途基本上都是国军的控制区，没有安全问题，吴副专员所谓的“护送”，冯和平能够理解，其实是给姨太太一个面子，走亲访友，后面跟着一队当兵的保护，让姨太太在亲戚面前显摆显摆，风光风光。看透不说透，才是好朋友。既然吴副专员张嘴，冯和平就得给这个面子，于是便答应下来。

本来，冯和平打算随便派几个兵跟着去就算了，可是跟妹妹玲子见面的事情一定下来，冯和平就改变了主意，因为他考虑到方家正在身边，自己的行动就多少有点不安全，所以，冯和平马上想到，让方家正带一个排护送吴副专员和他的姨太太。这是一个两全之策，既能打发走方家正，又能给吴副专员一份人情。冯和平分析，去芜湖方家正一定愿意，因为他可以跟吴副专员接上头，还可以借机玩玩大码头，说不定还能找机会跟那个小茉莉幽会。另外。吴副专员也会满意，因为他派团副亲自护卫，他在姨太太面前脸上有光，姨太太在亲戚面前，岂不更有光彩？

冯和平把护送吴副专员和姨太太到芜湖的事一说，方家正果然爽快答应。冯和平暗自观察，方家正是真心想去。但是，方家正问了一个问题，冯和平又看出方家正可能还有别的心思。

方家正问：“团座，这一趟大概要几天？”

冯和平明白，方家正是怕再犯上次同样的错误，于是便说：“这事不好说，看吴副专员怎么安排吧，他说几天就几天，保护吴副专员的安全要紧！”

方家正说：“是！团长放心，家正一定完成任务！”

“那你就辛苦一趟吧。”冯和平突然说，“本来我是想去的，在山里待久了也闷，去芜湖大码头上玩两天也好散散心。可惜，公务繁多，抽不开身呀。依我看,没有特殊的事,多玩几天也没什么关系。”

“谢谢团座,家正明白了。”方家正说,“团座,有没有需要带的东西,我给你捎回来?”

冯和平心思根本不在这里,但还是假装想了想,说:“你不提我差点忘了,你想办法给我弄点好酒回来,这里的酒喝不惯!”

方家正说:“放心吧团座。”

冯和平看了看表,说:“时候不早了,赶紧去吧,吴副专员那个姨太太是个急性子,吴副专员都怕她三分,让她等急了,发起脾气来就不好看了!”

方家正答应着,便匆匆去了。

木鱼早就给冯和平准备好便装,让冯和平换上。王大功备好了一辆带车厢的马车停在门口,冯和平收拾停当,见四下无人,急忙钻进马车。王大功眼明手快,放下了车门帘子,赶上马车就出了城。

2

算起来,丁玲来到皖南已经有半个多月,前些天,因为料理李闽南的后事,刘赣元没有顾上跟丁玲聊聊。这几天事情已过,刘赣元的心情稍有好转,才顾得上跟丁玲说说话。丁玲离开皖南几年,再一回来,有一种说不出的新鲜感,但这种感觉很快被要与哥哥见面的喜悦和兴奋淹没了。丁玲头脑里有很多关于哥哥的疑问,疑问多了,心思就显得复杂起来。虽说兄妹之间曾经通过信,但是信短言多,毕竟不及见面。

在决定让丁玲和冯和平见面的头天晚上,刘赣元受地委委托,跟丁玲就他们兄妹见面一事作了一次谈话,主要强调一下“统战”工作的意义,给丁玲提出必须遵守的纪律,以及应该注意的细节。这些话说起来虽不是三言两语,毕竟也不会太多,多少带有点例行公事的味道。丁玲参加革命多年,又是一名党员,对一些政策问题的认识能达到一定的水平,无需多言。这一点,刘赣元还是有把握的。

刘赣元和丁玲的谈话是在游击队驻地外山坡上进行的。这个山坡面对着幽深的松谷,夜色下很是迷人。星光灿烂,山风阵阵,使这个夜晚显得更加空旷而深邃。两个人坐在山坡的草地上，望着星空，听着林风，暂且忘记了身边还有战斗，还有很多看不见的危险。此时的皖南是美好、祥和而又深情的。

“真是一个好地方！”丁玲说，“在这里看星星太美了！”

“明天就要见到你哥哥了，是不是很激动？”刘赣元问。

“快十年没见了，能不激动吗？”丁玲说，“想着我哥，觉得这十年就像一场梦，一切都那么不真实！可是，看着你坐在身边，又觉得这一切是实实在在的，你看天上的星光，你听山林的风声，都是那么真实。老刘，你说，这是为什么？”

“你这是小知识分子思想，什么事都要想得跟戏文里唱的一样，含情带意的！”刘赣元哈哈一笑，说，“幸亏你在部队搞文艺，要是跟我们在山里打游击，你就不会有这种想法了！”

丁玲看一眼刘赣元，从地上扯下一根草茎在手里玩着，突然问：“老刘，你成家了，都当爹了，这我真没想到！”

“没想到就对了。你看，我老刘都三十出头的人了，再不当爹，就成了老光棍了！”刘赣元摸着脸上的胡子，故意把语气说得很轻松。

“听说她也在游击队，女同志参加游击队可不多，一定很能干！”丁玲说。

“茶花呀，你该叫嫂子，过去没看出来，现在看来，她还真有点本事！”刘赣元不无自豪地说，“她现在为游击队搞经济工作，就是筹款，做买卖呢！”

“看来嫂子能文能武呀，我可要向她多学习！”丁玲说。

“能文能武谈不上！”刘赣元说，“不过，人还是不错的，是个好女人！”

“好女人？老刘，你认为什么样的女人才是好女人？”丁玲问。

“这个嘛，”刘赣元想了想，很认真地扳着指头，说，“心善，能吃苦，不娇气，还有，听话，会侍候男人……”

丁玲扑哧笑了：“老刘呀老刘，你心目中的好女人就是这样的标准呀！那我问你，你看我算是好女人吗？”

“你，当然是，当然是！”刘赣元被她突然一问，有点措手不及。

“错！如果好女人的标准是你说的那些，我就不是，我有两条不合格！”丁玲调皮地说，“你猜猜是哪两条！”

“我猜不着。”刘赣元说。

“第一，我不听话，”丁玲歪着头说，“这第二嘛，我不会侍候男人！”

说罢，丁玲咯咯地笑起来。刘赣元这才觉得自己上了她的当，也跟着笑了。此时，刘赣元的笑是轻松的，也是发自内心的。应该说，只有跟丁玲在一起时，他才会有这种笑。当然，刘赣元也很清楚，这样的机会毕竟会越来越少，因此就显得尤其珍贵。有了这种想法，刘赣元反倒觉得更加轻松自如了。

“丁玲呀，你也不小了，该成家了。”刘赣元的口气更像兄长。

“不着急！”丁玲说，“我还没有找到我的另一半呢。”

“另一半？”刘赣元一愣，说，“你说找对象是找另一半，这倒是新鲜！那不是把男女糅到一起了吗？”

“是呀，本来男女就是一体的，不然怎么能做夫妻呢？”丁玲说，“上帝造人的时候，就是这样安排的！”

“你们这些知识分子，动不动就提上帝，我们共产党人不相信有上帝。”刘赣元说，“那是唯心主义！”

“是呀，政治上，我是唯物主义。”丁玲说，“爱情上，我是唯心主义。”

“有问题，你这种思想有问题！”刘赣元说，“一个人心里只能坚守一个主义，不能有两种主义！”

“我就要有！”丁玲像孩子一样任性地说，“就有！就有！”

“有问题！”刘赣元摇着头说，“绝对有问题！”

3

冯和平和丁玲兄妹见面的时间和地点，是经过地委研究决定的。

时间是中午，地点是谭家桥镇。

自从“三打谭家桥”之后，谭家桥周边一带成了游击队的根据地之一，这里群众基础好，而且人来人往，集市热闹，一般不易被察觉，而且，这里离游击队驻地较近，进退都很方便。

头一天，刘赣元让人到祥瑞客栈，安排好了会面的房间。祥瑞客栈是县商会会长陈荣耀开办的。自从上次游击队还了他的借款之后，陈荣耀对共产党和游击队的看法彻底改变，明里暗里为游击队提供过不少方便。茶花兄妹俩和五妹开办的茶行就设在这里，明处是祥瑞客栈的买卖，实际是由茶花他们代游击队来经营。当初，刘赣元让茶花出来为游击队“搞经济”时，考虑到游击队的本钱小，做大买卖不行，要做大买卖就得找信得过的人合作，想来想去，就想到了陈荣耀。于是刘赣元夜访陈家，跟陈荣耀一谈，陈荣耀非常爽快，主动提出入股合作。刘赣元问他放心不放心，陈荣耀说，有你刘队长在，我放心！陈荣耀还明确表态，房租一分不收，参股红利一文不分，游击队看得起我，我陈某也要表示一下心意！店面开张之后，前面有茶花张罗，后面有陈荣耀帮衬，生意做得风生水起，当月就有盈余。人前人后，刘赣元没少夸茶花。

陪同丁玲一起到谭家桥跟冯和平见面的，除了刘赣元和程老黑，还有孟玉。这几个人选都是经过研究决定的。来到谭家桥镇上，还不到中午，冯和平还没有到，安排好丁玲和孟玉休息之后，刘赣元到茶行去看茶花。刘赣元进门的时候，茶行里没有客人，茶花一个人正忙着盘点。刘赣元想跟她开个玩笑，用草帽把脸遮住，捏着声音问："老板娘，有好茶吗？来二两。"

茶花只顾忙着，也不看人，随口说："有，绿茶红茶都有，你要哪一种？"

刘赣元说："当然要好的，最好是老板娘自己炒的。"

茶花一愣，慢慢抬起头，刘赣元掀开草帽，茶花乐了，小声问："你怎么来了？"

刘赣元说："执行任务！"

茶花点点头，不再多问。

刘赣元问："这几天生意怎么样？"

茶花很兴奋，说："还不错，上回收来的茶，现在又看涨了！"

刘赣元拍一拍茶花的手说："干得不错，你又立功了，要表扬！"

茶花嘴一撇，说："我这是革命工作，不要你表扬！"

刘赣元附在她耳边说："真是我的好老婆！"

茶花瞪他一眼。这时，有客人进来买茶，刘赣元拿起茶叶出门，回到旅馆。刚刚把茶泡上，就听门外一阵马蹄声，随即听到跑堂的喊："贵客三位，没带行李，楼上请！"

这是暗号。刘赣元悄悄对丁玲说："你哥哥到了！"

丁玲第一眼看到哥哥，是从楼上的窗口看到的。那时，哥哥冯和平正从马车上走下来，准备上楼。哥哥一身商人打扮，身后跟着两个随从。从外形上看，哥哥还是当年的英武风度，高大干练。丁玲的心怦怦直跳，差点叫出声来，眼泪早就在眼圈里打转了。

冯和平上楼的脚步声越来越清晰，刘赣元把早就预留好的房间的门轻轻打开，按约定在门口摆上一把扫帚。冯和平心里明白，一折身走了进来，程老黑马上把门带上，站在门外放哨。

房间内，丁玲一见哥哥进来，眼泪吧嗒吧嗒就掉下来，冯和平看到妹妹，眼圈也潮了。丁玲不顾旁边有人，一下子扑到哥哥怀里，叫一声："哥！"接着便哭起来，因为不敢哭出声，丁玲压抑着，两个肩头不停地颤动。冯和平紧紧地搂着妹妹，抚摸她的头，反复地叫着："玲子，玲子！"

这种场面，别说孟玉感动得受不了，就连刘赣元也被打动，心里有点酸酸的。

兄妹俩拥抱了很久，然后松开手，互相端详着对方。十年后的见面，不知有多少回忆能够重合！

接着，刘赣元让他们兄妹进里间谈话。他和孟玉坐在外间等候。按照事先的安排，饭后，他们将和冯和平一起商讨起义的具体事宜。

见面之后，冯和平感受最深的是，玲子长大了。无论是形象气质，还是谈吐，不再是当年的小玲子了。丁玲却觉得哥哥苍老了，忧郁了，当年那个激情万丈的哥哥不见了。

兄妹俩从现在说到过去，从家事说到国事，话题又亲近又陌生，但是各自又都在设法找出一些让对方有话可说的话题。话说多了，情绪便趋于平静，冯和平沉静地看着妹妹，那神情不像兄长，倒像父亲。

丁玲想说个轻松的话题，于是问："哥，现在有没有给我找个嫂子？"

冯和平摇摇头，说："顾不上，也没合适的。"

丁玲用手指了指门外，问："那个孟玉大姐，是不是你当年的……"

冯和平做了一个制止的手势，说："过去了，不要再提。"

丁玲见哥哥一脸认真，便不再提这个话题，换个话题问："哥，那件事考虑得怎么样了？宜早不宜迟呀！"

冯和平知道妹妹所说的"那件事"是指他率部起义的事，说："考虑好了，正在准备，放心吧玲子，哥哥心里有数！"

丁玲点点头，紧紧地抓住哥哥的手。

冯和平无论如何也没想到，刘赣元竟然让他暂缓起义。

吃过饭后，刘赣元和冯和平坐在一起商讨起义的具体事宜。丁玲和孟玉也在座。冯和平先谈了自己的想法和计划，然后征求刘赣元的意见。

冯和平的意思是，想在近期择机率部起义，可以通过出城演习或者借出兵作战的机会直接起义，内部的安排他都作了部署，除了团副方家正外，相信不会有大的麻烦。

刘赣元基本上同意冯和平的行动方案，但是不同意在近期行动。

冯和平不理解为什么不能在近期起义，问："难道贵军怀疑我冯某的诚意？"

刘赣元摇了摇头，接着把原因作了一番说明。从目前的情况来看，淮海战役已经胜利，解放大军马上就要挥师南下，渡江战役势必难免。皖南紧靠长江，已经成为老蒋长江防线的重点防区之一。老蒋企图保住长江以南半壁江山，实现他划江而治、以待将来的梦想，就会凭借皖南天险增兵保住长江防线。如此一来，无形中就会增加解放军渡江的难度。目前，皖南地委已经提出新的任务，那就是"巩固老区，开辟新区，为大军渡江准备基地"和"紧急动员一切力量准备迎接大军渡江"。所以，根据上级指示，建议冯和平部暂缓起义，利用自身的有利条件，为渡江战役多做一些工作。有"统战"这一股力量，作为内应，可以事半功倍。至于何时起义为宜，等候通知。

冯和平听后，表示理解："刘队长，我冯某一定积极配合，随时随地准备回到人民的怀抱。"

刘赣元还代表地委提醒冯和平，在最后的挣扎之际，国民党顽固派在皖南布下很多特务，可谓是无孔不入，一定要保护好自己，以防不测。冯和平对此表示感谢。

"冯团长，我们现在已经是一家人了！"刘赣元紧紧握住冯和平的手说，"一家人不说两家话，我们期待你的到来！"

冯和平说："谢谢贵党对我冯某的信任，请转告地委，我冯某保证站在正义的一边，一切行动听从安排！"

丁玲说："哥，我等你！"

冯和平说："放心吧玲子，哥哥已经错过，这回不会再错了！"

第三十一章

1

丁玲和茶花的真正接触从这里开始。

辽沈、平津、淮海三大战役胜利后，新华社在 1949 年元旦献词中提出“1949 年中国人民解放军将向长江以南进军”。接着，解放大军直抵长江北岸，加紧练兵，准备渡江，解放全中国。蒋介石为加强长江江防，大部分主力从皖南山区撤往江边驻防。两军于长江沿岸对峙，战事一触即发。面对这一新形势，皖南地委成立沿江工委，区域包括芜湖、南陵、繁昌、泾县等十二个县。同时，成立直属沿江独立大队，专门配合大军渡江，总兵力两千余人。

根据皖南地委“紧急动员一切力量，准备迎接大军渡江”的指示，沿江独立大队的主要任务便不再是打游击，而是积极开展对敌政治攻势，瓦解和打击敌军，掀起群众性的迎接大军渡江热潮，为渡江大军做好军粮、草料、军鞋、向导、担架队、运输队等方面的筹备工作。

丁玲调到独立大队工作，负责军鞋的筹备工作，任军鞋筹备组组长。因为军鞋的筹办，主要工作对象都是妇女群众，而独立大队的女同志较少，所以茶花和五妹也被抽调回大队，配合丁玲一起工作。

关于茶花，丁玲从刘赣元嘴里了解到一些情况，大致上有一个印象，总体上是一个很能干的好女人。当然，这是刘赣元的说法，丁玲基本接受，至于真实的情况，丁玲还有待于了解。同样，关于丁玲，茶花了解得也不多，只知道是从七师来的一位女干部，搞文艺的，聪明漂亮，能歌善舞，工作能力强，还有一点就是二十五六岁的大姑娘，依然是单身，不知道是什么原因。按理说，一个漂亮的姑娘在这个岁数没有成家，被人议论是正常的，何况丁玲条件那么好，不让人多想是不可能的。

所以，茶花和五妹在一起，讨论最多的就是丁玲为什么还是单身。

在多次讨论之后，茶花和五妹的意见得到统一，一致认为，丁玲同志没有成家的原因可能是她太能干了，男同志们不敢要！得出这个结论后，一起工作的时候，茶花和五妹就有意观察，结果发现，很多男同志跟丁玲在一起也能说说笑笑、嬉嬉闹闹，但是真正特别亲近的几乎没有，不是她避着人家，而是人家避着她，总之都不大自然，只有刘赣元跟她在一起的时候，双方都是自然而然的，不显得生分。有了这一发现，茶花和五妹都吓了一跳。这是怎么回事呢？

此时，独立大队已经从过去的游击状态过渡到相对稳定，从"山棚主义"发展到半公开活动，与地委机关一起办公，很是热闹。一些成家的干部也都过起了相对平稳的小日子。刘赣元和茶花也一样。

这一天，刘赣元身上的旧伤复发，所以早早回到家里休息，茶花给他擦伤上药之后，便服侍他躺下。形势大好，刘赣元心情也很好，拍着床沿让茶花坐近些，要跟她一起说说话。夫妻这么多年，这种情况不多，茶花扳着指头都能数得过来。所以，茶花高高兴兴地坐在刘赣元的身边，想跟他好好说说孩子的事。但是，刘赣元一开腔，说的全是工作上的事，军粮多少斤，军鞋多少双，草料多少担，一件一件地唠叨。唠叨也就罢了，刘赣元还时不时地提问茶花，茶花要是答不上来，刘赣元便拍着床沿，瞪着眼，冲茶花发火。

茶花很委屈，不服，说："老刘，这是在家里，能不能谈点家里的事？动不动就是工作，除了工作你就没话了！"

"大军马上就要渡江，不谈工作我谈什么？况且，这么个破家，有什么事好谈的！"刘赣元说，"一问三不知，你这工作怎么做的嘛！"

"工作没做好，也有原因，不是我们不努力，是难度大。比如说军鞋，你以为吹口气就能变出来，那要一针一线去做！"茶花撅着嘴说，"半个月六千双，那都是熬夜做出来的！"

"哎呀，太慢！半个月六千双，这个数字离上级的要求还差一大截呀！"刘赣元急得眉头直皱，说，"我来帮你算一算，半个月六千双，拉平了一天才摊四百双，两百个妇女，一个人一天才做两双，太少！一个人一天要做四双才行！"

“一天做四双鞋？一个人就是不吃不喝不睡觉，一天也做不出来！”茶花撇嘴道，“你以为我们妇女都是机器！”

“李茶花同志，你这是什么态度，我跟你谈的是革命工作，怎么能讨价还价呢！”刘赣元一翻身坐了起来，动作过猛，伤口痛得他眉头一皱，“我告诉你，从明天开始，要加任务，每天一人四双军鞋，一双都不能少！”

“你想加多少就加多少，冲我发什么火！”茶花显然不服气，气呼呼地扭过身去，“我又不是组长，要加，你找我们组长加去！”

“组长？是不是丁玲同志？”刘赣元问。

“明知故问！”茶花道。

刘赣元翻身下床，捂着伤口处，趿着鞋子就要出门。

茶花问：“三更半夜的，你干什么去？”

刘赣元说：“我去找丁玲，给她加任务！”

赶做军鞋的进度上不去，丁玲也在发愁。

丁玲当上军鞋筹备组组长，接受的任务是一个月内赶做两万双。两万双军鞋是多少，丁玲是清楚的，但是两万双军鞋在一个月内能不能做出来，丁玲实在没有概念。这也不能怪丁玲。丁玲出身大户人家，从小就读书写字，根本没碰过针线活儿，别说做鞋子，就是缝条手绢也没干过。虽说后来参加新四军学了一点缝缝补补的手艺，但是真要用在做鞋子上，那就不好使了。当上组长，丁玲首先去组织会做鞋子的妇女群众。离开皖南多年，丁玲跟这里的群众不再熟悉，所以，这个工作主要是靠茶花和五妹去做。茶花和五妹干工作有一股子泼辣劲，很快就从附近地区发动了两百名妇女群众。听说解放大军要过江打仗，解放全中国，妇女们都很愿意，放下家里的活，全力投入做军鞋。

按理说，一个妇女一天做两双军鞋，这个任务并不轻。从鞋帮到鞋底，那都要一针一线纳出来，然后再缝一起，真不是一件容易的事。丁玲很负责，一个村一个村去转，一家一户去催，满心想帮人家忙，却又插不上手。丁玲不是吃闲饭的性格，挨家挨户给做鞋的妇女群众唱歌，几天下来，嗓子就唱哑了。茶花和五妹看着也感动，给她泡了山里的金银花水，喝了两天才能说话。

远远地，刘赣元就发现丁玲住处的灯还亮着，来到门前敲开门，见丁玲正在吃力地纳鞋底。刘赣元一眼就看出来，丁玲的针线活儿技术太一般，一针下去，半天拔不出来，一不留神，针尖戳破了手，疼得直皱眉头。

“丁玲，听说你们军鞋组的任务进度太慢，这样可不行！”刘赣元坐下来，直奔主题，“我替你算过了，一个人一天两双鞋，肯定完不成任务，所以要加任务，一个人一天四双。光加任务还不行，还要增加人手，没有人手也不行！”

“老刘，我正为这事发愁呢！我也想加任务，但是我发现加任务的可能性不大！”丁玲叹口气，说，“唉！这一针一钱的，可比唱歌跳舞难多了！”

“如果你还像现在这种分散进行，单打独斗肯定不行！”刘赣元说，“我想过了，就跟打仗一样，做军鞋也得要有分工！”

“分工？怎么分法？”丁玲像是抓到救命稻草似的。

“你过来看着。”刘赣元拿起笔和纸，在小桌上边写边说，“第一，先研究一下做一双鞋都有哪几道工序。”

丁玲扳着手指头一算，说：“从备料开始，下样，裁料，浆料，纳帮，纳底，缝合，到最后揎鞋，一共要八道工序。”

“那好！第二步就是把做鞋的妇女分组。”刘赣元说，“按八道工序来算，共分成八个组，每一组负责一道程序，这样一来，不会出现鞋帮多了差鞋底，鞋底多了少鞋帮的现象，就不会窝工。”

“那第三步呢？”丁玲越听越兴奋，头几乎挨着刘赣元的头，凑近了看刘赣元在纸上写写画画，“老刘，快说，下一步怎么办？”

“第三步就是按照分工，派人从第一道程序开始，分别送料。你看，备料组把料送给下样组，下样组下好样子，再送给裁料组，裁好的料子送到浆料组，照这样，一级一级往下传，到最后一道，那就是成品了！”刘赣元说，“这叫流水作业，效率高！”

“太好了！太好了！这回我完成任务没问题了！”丁玲高兴得直拍手，激动得脸都红了，“老刘，你太聪明了，简直是个发明家！”

丁玲说这话的时候，突然抓住刘赣元的手，用力地握着。刘赣元憨憨一笑，赶紧把手抽回来。丁玲愣了一下，退后一步，笑着低下了头。

“好了，明天就开始行动。我走了。”刘赣元说着转身就出了门。

丁玲跟着出门，说：“我送送你。”

刘赣元说：“不要送，你早点休息吧。”

丁玲没说话，提前往前走去。刘赣元只好跟着往前走。

丁玲走得很慢,等到刘赣元走到并肩处,丁玲说:“老刘,茶花嫂子真是个好女人!”

“别提了!她这个人什么都好,就是有点犟,”刘赣元说,“刚才来之前,我还批评她呢!”

“茶花真幸福!”丁玲不无羡慕地说。

“幸福?”刘赣元感到莫名其妙,问,“怎么个幸福?”

“有人批评她呗!”丁玲慢悠悠地说。

刘赣元抓了抓头,一时没有品出这句话里的味道来。

2

刘赣元回到家里,并没有留意茶花坐在床上生闷气,也没发现一双做了一半的鞋子被扔在地上。刘赣元太高兴了,进门就跟茶花说开了。

“茶花,告诉你一个好消息,任务加上去了,肯定能完成!哎呀,凡事都要想办法,没有做不到,只有想不到呀!”刘赣元边说边脱衣,“你知道怎么加的任务吗?你知道怎么保证完成任务吗?不知道吧,我跟你说……”

“谁说我不知道!”茶花突然打断刘赣元的话,冷冷地说,“不就是分工作业嘛,第一步先研究一下做一双鞋都有哪几道工序;第二步把做鞋的妇女分组;第三步按照分工,派人从第一道程序开始,分别送料。这叫流水作业,效率高!是不是?”

刘赣元有点惊讶,点点头,说:“是,是这样,你怎么知道的?”

茶花反问:“我为啥不能知道?我还知道你老刘很聪明,简直是个发明家!”

刘赣元好像明白了什么,突然警惕起来,问:“你敢‘偷袭’我?”

茶花头一仰:“是,是又怎么样?我跟你学的!”

刘赣元一声断喝:“李茶花同志,你太不像话了,怎么能做……这种事情呢!”

茶花也不示弱:“我太不像话?你比我更不像话!”

刘赣元问:“我有什么不像话的?我们在谈工作,目的是把任务完成,为大军渡江做准备,你说说这有什么不像话的?”

茶花说:“哼!是谈工作,但是有三更半夜到女同志屋里谈工作的吗?有孤男寡女头挨头谈工作的吗?刘赣元,我们夫妻这么多年,你啥时候对我那么耐心过,跟我那样慢声细语说过话?你说!”

刘赣元说:“这跟我们夫妻又有什么关系?你把话题扯到我们夫妻上面干啥?如果你非要这么想,我只能说,李茶花同志,你的思想有问题!”

茶花说:“刘赣元同志,你的思想更有问题!自从丁玲来了之后,你没少跟她来往,我早就看出来了,她跟别人都生分,就跟你不生分!你说,你和丁玲之间有没有问题?”

“你想问我和丁玲同志之间有没有男女关系问题是不是?李茶花同志,我郑重地告诉你,没有!绝对没有!”刘赣元明白了茶花的意思,索性把话说开来,“你不是想知道到底是怎么回事吗?好,我让你听明白。我和丁玲同志原来就认识,就是一般的战友,平时在一起说说话,谈谈心,互相都有好感。当时我不知道她怎么想,但是我知道我们不可能走到一起!人家是洋学生,我是泥腿子出身,我不敢高攀呀!后来,紧接着发生了事变,她撤到江北七师,我留在了皖南,再后来,我就认识了你,我见到你之后,就觉得咱俩最合适,那真是天造的一对,地设的一双,我是泥腿子,你是山村妹,门当户对!说心里话,我一直觉得,只有你和我是合适的!只有我和你,你和我!”刘赣元很激动,不停地走来走去。

茶花低头听着,似乎在甄别其中的真伪。

“茶花,我真没想到你会这么想,你这样做,让我很伤心!”刘赣元平静一下情绪,接着说,“茶花,我常常想,我这辈子能遇到你,是我刘家祖上积了大德!今生今世,你是我刘赣元第一个女人,也将是最后一个女人!在一起这么多年,你也应该知道,只要我刘赣元认准的事,绝不后悔,绝不改变,一定能守得住!我敢对党发誓,对革命是这样,对婚姻也是这样!”

这番话让茶花很受震撼,也很感动,眼泪都出来了。茶花从床上下来,蹑手蹑脚地走过来,一下子把刘赣元紧紧地抱住,说:“老刘,我错了!”

刘赣元轻轻拍着茶花的头,大度地一笑,说:“两口子之间最要紧的是信任!一口锅里捞勺子,同床共枕几十年,没有信任,跟特务卧底有啥区别,那样的日子不好过啊!茶花,一定要记住,两口子之间可以搞点突袭,千万不能当卧底！”

茶花俯在刘赣元的胸前，郑重地点了点头。

一阵风吹来，灯苗摇晃几下，便灭了。

窗外，月光皎洁，风送花香。

3

刘赣元的“流水作业法”果然奏效，工作效率大大提高，几天下来，每个妇女每天平均产量达六双还多。丁玲高兴，茶花也高兴。丁玲高兴，是因为任务完成没有问题，茶花高兴，是因为这是她男人想出来的好点子。

这一天，吃饭的时候，丁玲和茶花坐在一起，一边吃饭，一边说闲话。说着说着，自然就说到刘赣元身上。

丁玲说：“嫂子，我真羡慕你，找到老刘这个好男人！”

茶花虽说是当娘的人了，但是提到自己男人，还有点不好意思，说：“他呀，也没什么好，一天到晚不着家，连个人影都摸不着，再好又有什么用！”

丁玲说：“那是因为现在他工作忙，等全国解放了，不用打仗了，你们就能天天在一起，到那时候，两口子再亲个够吧！”

茶花说：“都老夫老妻了，也没啥好亲的，天天回来给咱看一眼，落个放心，也就知足了！”

丁玲说：“嫂子，老刘可是夸你呢，说你是个好女人！”

茶花说：“别听他瞎说，我在他眼里也就是个出气筒、受气包，还加使唤丫头。哎呀，丁同志，就差没挨他打了！”

丁玲笑了，说：“嫂子，看你把老刘说的，简直像个法西斯。难道你怕有人跟你抢不成？”

茶花说：“抢去了倒好了，省得我当丫鬟！”

说罢，两个人都笑了。正说着，就听见一阵马蹄声响，举目一望，刘赣元带着一队人来检查工作进度。刘赣元也看到了她们，下马后径直走过来。

“说曹操，曹操到。”丁玲说，“老刘，你耳朵发热了吧，我们可在这里说你坏话呢。”

刘赣元哈哈一笑，说："半路上耳朵就烫手了，现在摘下来都能当菜下酒了，就知道有人在骂我！这一看果然不假，有你们两个在一起，我可不指望有好话听！"

茶花给刘赣元端来一碗水，刘赣元一口气灌下去，差点呛着，把碗递给茶花时，还埋怨茶花端来的水有点烫了。茶花就这事对丁玲说："丁同志，你看见了吧，他就这么霸道，服侍他还不落好！"

丁玲说："嫂子，老刘那是撒娇呢！"

程老黑这时插话，说："丁玲同志说得一点都不错，茶花，你下回别再服侍他，让他服侍你！"

茶花说："我呀，这辈子怕是没那福气喽！"

正在赶做军鞋的妇女，分布在十多个村子里。这十几个村子，丁玲和茶花每天都要跑一遍，看进度，管质量，点数字，忙得几乎脚底板不沾地。后来，上级又下达了三千双军鞋的任务，茶花又到更远的山村去发展妇女群众，跑了三个村，才把任务落实。

这一天，茶花和丁玲带着十几个民兵把各村交上来的军鞋往大队集中。因为大多是山路，运送以肩挑为主。碰上这种体力活，丁玲的缺点马上就显露出来，从小就没干过这种肩挑手提的活，所以丁玲走得很慢，走一截还得歇一阵子。茶花理解她，把她担子里的军鞋拿出几捆放在自己的担子上。担子轻了，丁玲的步子轻快多了。一天下来，跑了两三趟，最后一趟，走到半路上，天已傍晚。

丁玲让大家都停下来歇一歇，反正是最后一趟，早回晚回都一样。于是，大家围在一起歇脚，有人提议让丁玲给大家唱歌，丁玲同意，在开始唱之前还说了一段话。

"同志们，姐妹们，下面，我给大家唱首歌。感谢大家对我工作的支持！在皖南，有你们这些好兄弟好姐妹，我非常开心，我会永远珍惜这一切！"丁玲说着，眼睛里泪光闪动，"尤其感谢茶花，这些日子你对我的关心和理解，我永生不忘！"

接着，丁玲开始唱歌。茶花已经不是第一次听丁玲唱歌，但是这一次似乎比任何一次都感动，听着丁玲唱，茶花不自觉地跟着唱起来，所有的人也都跟着唱起来：

“解放区的天，是明朗的天……”

群山之中，歌声回响，余音不绝。

突然，从右侧的山林里，响起一阵枪声。丁玲知道遭到袭击，马上命令大家隐蔽，同时命令民兵还击。双方相持不下，互相射击。这时，忙乱中，有两篮军鞋没有放稳，眼看着就要滚落山崖，茶花突然起身，想去抓住那两篮军鞋，就在这一刹那，山林中飞来一排子弹，幸好没有击中茶花。茶花没有抓住那两篮军鞋，并不放弃，再次起身去抓，这时身后的丁玲大叫一声：“卧倒！”话到人到，丁玲一下子扑上去，把茶花压在自己的身下，这时枪声响了，丁玲的后背连中两枪，鲜血一下子喷了出来。

众民兵一起还击，压住对方火力，把丁玲和茶花一起抢过来，躲在隐蔽处。茶花看着丁玲满身鲜血，吓得不知所措，抱着丁玲，边哭边叫：“丁同志！丁同志！”

丁玲慢慢睁开眼，看了茶花一眼，说：“嫂子，我的伤重吗？”

茶花说：“我不知道，我不知道！”

丁玲呼吸困难，说：“嫂子，老刘是好男人！”

茶花说：“丁同志，你撑住，撑住呀！”

丁玲不再说话，把茶花的手抓住，慢慢地，丁玲的眼睛闭上了，手也松开了。

茶花喊道：“丁同志，丁同志，你不能走呀，你让我跟老刘怎么交代呀……”

就在这时，援军赶来，打退了敌军，从抓获的一个俘虏口中得知，这是一帮顽军的散兵游勇，本来是打算当逃兵的，但被困山中，胡走乱撞，误入这个区域。见丁玲他们挑着很多东西，以为是商队，便起打劫的念头，才发生这一幕。

丁玲的墓地是刘赣元选的，就在那天晚上他们两个一起谈话的那个山坡上。刘赣元记得，丁玲说过，这里的星光最美，林风最好听。李闽南牺牲时，刘赣元的心已经碎过一回，这一回他的心已经痛得麻木了。茶花很伤心，一提到丁玲就哭，一方面是觉得自己连累了丁玲，另一方面觉得刚和丁玲处出感情，便突然中止，很是惋惜。还有一点就是，从内心深处觉得对不住丁玲，曾误解她，也误解了刘赣元。

在整理丁玲的遗物时，发现了一本日记，粉红绢面。本来刘赣元想把它烧了，茶花不让。茶花随便翻了一下，发现了这样一段话：

和老刘谈心，真的很快乐，让我想起过去在一起的日子。唉，一切都成过去，让一切都过去吧。

老刘真有福气，茶花果然是个好女人，和她比，我自愧不如，因为按老刘的标准，我不是好女人。老刘，我真心地祝福你，找到一个好女人！

在这一段话里，只有一个"愧"字茶花不认识。但是，别说这一个字，就是再有几个字不认识，也不影响茶花理解其中的意思。说来也奇怪，看完这段话，茶花觉得丁玲更加可亲，一点也不妒忌。

本来，茶花想把那段话给刘赣元看的，但是想了想，还是没有。她把日记合起来，对刘赣元说："老刘，这日记留着吧，作个纪念。"

刘赣元点点头。

茶花问刘赣元："老刘，你说丁同志是个好女人吗？"

刘赣元没回话。

茶花接着说："她是。她要不是，这世上就没有好女人了！"

第三十二章

1

“先遣渡江大队”于1949年4月初的一天，秘密进入皖南，为即将开来的渡江大军做好前期侦察。为配合大军过江，中共皖南地委于次日发出指示，要求各地行动以配合军事全局，“主要任务为：一配合渡江大军；二配合起义部队并解放县城；三控制交通线，切断沿江敌人向后逃跑路线。”

时机已经成熟，刘赣元马上通知冯和平率部起义。

冯和平接到刘赣元发来的起义通知时，正在坐立不安。此时，解放军即将打过江来的消息让国军内部军心浮动，各种谣言四起，一些正规军开始往南潜逃了。冯和平的保安团内部也有不同的传言，说解放军进城后一定会杀个片甲不留，一部分营连长开始发牢骚，上上下下，暗流涌动。

直到接到刘赣元的通知，冯和平才放下心来，马上实施他的起义计划。

对冯和平来说，要保证起义顺利完成，有两步棋必须走好，而且要干脆利落。一是稳住大部分营连长，这一点冯和平还有点信心。一段时间一来，冯和平对团内营连长作了几次调整，基本上在任的都是他自己的人，并且平时冯和平在与他们的交流中，很注意渗透一些关于将来打算的情绪，绝大多数人都能领会冯和平的意图，可能会走另一条阳关大道。所以，到时候一旦举事，只要一呼，即能百应。但是，也有极个别几个人是方家正的心腹，这几个人虽不能成大气候，但是掺在中间必有隐患，这正是冯和平要下好的第二步棋。好在，这步棋，冯和平早有铺垫。

冯和平决定次日凌晨两点率部起义，并写信通知刘赣元安排接应。

方家正从芜湖回来之后，发现冯和平有点心神不宁，尽管冯和平努力掩饰，他还是能嗅出一点不安的味道来。局势紧张，冯和平是为局势发愁，还是为前途忧虑，方家正有他自己的判断。从这些年在皖南地区“剿匪”的表现来看，方家正早就隐隐约约感觉到冯和平有“亲共”嫌疑，只是冯和平做事谨慎，苦于找不到把柄，不然早就把他掀翻了。此时，方家正更加坚信自己的怀疑，他认定冯和平很可能会倒向共产党那一边。这样一来，他方家正怎么办？

方家正最先的想法是报告老上司陈淡如，但是一想时局如此不堪，陈淡如可能不会为一个小小的保安团长操心。想来想去，此招不灵，于是又想一招。方家正把几个心腹招在一起密谋，打算趁冯和平没有“投共”之前，把队伍拉走，向南跑，找国军大部队去。总之，不能投降共产党。要知道，他们人人手上都有共产党人的血债，去了之后就是自投罗网。几个心腹同意他的看法，表示愿意跟方团副一起奔前程。方家正也是有点谋略的人，觉得此事宜早不宜迟，夜长梦多，说干就要干！

冯和平很快从内线那里得知方家正的计划，于是决定先下手为强，铲除方家正及其死党。

戏子小茉莉就是这个时候，被冯和平请来的。

两天前，冯和平让王大功带人找到小茉莉的戏班，说是冯团长要过生日，想请她来县城唱“堂会”，小茉莉一听，有点犹豫，因为最近她跟方家正在芜湖会面，玩得太疯，受了风寒，身体不适，不愿意唱戏，一心只想嫁给团副方家正。见小茉莉没有应允，王大功拿出二十块大洋的定金，往桌子上一扔。一见大洋，戏班老板马上笑了，劝小茉莉一定要去，给冯团长唱堂会，那是咱戏班的面子，不能给面子不要！小茉莉左右为难之时，王大功一招手，一排士兵上前来，把小茉莉的行头箱子一抬就出门，另两个士兵端着枪站在小茉莉的身后，王大功做了一个手势，说，请吧！别让我们团长等急了！

小茉莉只好乖乖地跟着王大功来到了县城。

2

冯和平的生日宴会设在陶然亭酒楼，全团排长以上的军官都在邀请之列，方家正等人当然也在其中。

这一天晚上，酒楼外围布满荷枪实弹的士兵，酒楼内灯火通明，天井内高搭戏台，丝竹管弦，一片欢庆。七时许，冯和平一身便装出现在酒楼内，身后紧跟着王大功和木鱼。受邀的各路宾客前来贺寿，冯和平一一应酬，然后进了一间包房。

冯和平问王大功："方家正来了没有？"

王大功说："还没有，要不要派人去找？"

冯和平说："不用！该来的会来的！"

王大功问："现在怎么办？"

冯和平说："开宴！边吃边喝，下面还有好戏呢！"

王大功说："是！"

宴会开始。冯和平端着酒杯，健步走向戏台，突然一转身，扫视周围，说："各位保安团的兄弟，各位地方的朋友，感谢大家的光临。今天，冯某在这里设宴，一是适逢敝人生日，亲友欢聚，以求避灾；二是借此机会感谢各位对我冯某多年的支持！好了，我不多说了，大家放开吃，尽情地喝吧，下面还有好戏看呀！"

一阵欢呼。

冯和平走下戏台，突然发现方家正带着几个亲信走过来跟他打招呼。

方家正抱拳道："恭喜团座，万寿无疆！"

冯和平还礼，道："我冯某不求万寿无疆，只求平安一生啊！"

方家正说："看来团座心如止水，波澜不惊呀。按说嘛，'平安一生'这要求并不高，只是身为军人，有些事可是由不得自己哟！"

冯和平听出来方家正话里有话，但是并不计较，他要先稳住方家正，保证计划顺利进行，于是说："家正兄说得有理，今天你带兄弟们可要多喝几杯，等会儿还有好戏呢！"说罢，一指戏台，说，"不好意思，没跟你打招呼，我让人把小茉莉请来了，给兄弟们唱一场，犒劳犒劳兄弟们，家正兄你不介意吧！”

方家正一愣，随即一笑：“哪里哪里，我方某是团座的部下，怎么敢如此小心眼呢！”

冯和平说：“那好，请入席吧。”

方家正跟他的几个亲信入席，酒楼内一片喧嚣，猜拳行令，嬉笑怒骂，热闹非凡。大约十点左右，冯和平起身离席，来到僻静处，对木鱼说了几句什么，木鱼马上出去了。冯和平再次入座，王大功握着腰间的枪，警惕地盯着四周。

冯和平所坐的这一桌有三个营长，都是冯和平自己人，冯和平已经跟他们透露自己准备起义另谋前程的想法，也得到了他们的支持。冯和平有意这样安排，也是以防万一。整个席间，表面上看，冯和平的表现并没有什么异常，但是，此时他内心里却如同火烧火燎一般。

这时候，有人喝多了，吵着要听戏，冯和平做了个手势，王大功大声喊道：“开戏！”

顿时，丝弦奏响，锣鼓点点，小茉莉身着戏装，如风摆彩荷，舞上戏台，一声叫板，便压住台下嘈杂，随即响起一阵叫好声。

冯和平面对戏台，眼睛的余光一直注意着方家正等人。方家正同样面对戏台，眼光不停地往冯和平这边扫来扫去。

小茉莉唱的是一段开场戏，叫《百寿谱》，全是吉祥如意的词，并无新意。按理说，这也是唱堂会的老规矩，人家花钱图的就是吉利和热闹，小茉莉并没有错。但是，突然，方家正的一个亲信啪的一声，摔了一只杯子，站起来大骂：“唱戏的，你他娘的唱的什么鸟玩意！”

站出来闹事的是四营的营长，这家伙是个光头，一脸的横肉，外号光营长。王大功和在座的三个营长马上想上前制止，冯和平将他们拦住，想看看这家伙到底想干什么。

光营长满嘴酒气，说：“唱戏的，你他娘的光唱好听的，管个鸟用！现在共产党都他娘的打到江边了，依我看，你应该唱国破家亡的戏！”

众人一阵喧哗。有人站起来说，团座大寿，怎么能唱国破家亡的戏呢？太不像话！

光营长破口大骂：“你他娘的说谁太不像话，老子一枪毙了你！”

说着，光营长拔出枪来，朝着说话的人就是一枪，幸亏没有打中，场面顿时大乱,就在光营长要开第二枪的时候,冯和平突然拔出枪,甩手一枪,光营长应声倒下。接着,王大功和另外三个营长一起冲上去将方家正和他的亲信围住。戏台上,小茉莉吓得哇哇乱叫,躲在幕布后面,瘫软在地上。

冯和平再一次走上台来,大声说:“各位,请静一静!”

下面顿时安静下来。

冯和平看了看台下:“各位,刚才光营长目中无人,借酒滋事,本团长为严明军纪,将其正法!”

下面一片沉默。冯和平借机试探大家的心理。

“各位兄弟,事到如今,我想跟大家说几句心里话。”冯和平双手叉腰,在台上来回走着,“我和大家共处这么多年,同甘共苦,亲如兄弟。我了解兄弟们,兄弟们都是爱国军人,当兵是为了打日本鬼子,日本投降了,大家为的是一个好前程,可是,这些年来,我们在皖南到处打打杀杀,打的是谁?是我们自己的兄弟同胞!难道我们的前程就是这样的吗?不!兄弟们,我们不能再打内战了!”

果然有效,下面更加安静。

“中共的解放军已经兵临长江北岸,当前局势,不用我说,大家心里都明白。大家想想看,这么多年,国军有这么强的实力,这么好的武器,为什么总是打不过小米加步枪的共产党?原因很简单,得民心者昌,失民心者亡!”冯和平接着说,“据我研究,共产党军队干的才是真正的救国救民的事业。作为一个男子汉大丈夫,我们应该走光明大道!古话说得好,识时务者为俊杰!如果我们还为老蒋打仗,一旦解放军过江来,那我们这些弟兄们的身家性命都难保啊!各位弟兄,我们都是爹娘所生,我们还要在爹娘面前尽孝,我们没有理由选择做国军的殉葬品!大家说对不对?”

下面一阵拥护之声:“对!团座,你待我们像兄弟,你为我们着想,我们相信你,你说怎么走我们跟着你!”

“好!各位,实不相瞒,我已经与共产党取得联系,他们给了我郑重的承诺,只要我们光荣起义,共产党对我们的过去既往不咎!所以,请大家放心,我以人格担保各位和家眷的安全!但是有一点,强扭的瓜不甜,愿跟我走的就跟我走,不愿跟我走的,绝不强求!”冯和平说,“大家同意不同意?”

“同意!”众口一词。

"好！弟兄们相信我，我冯某一定不负众望！"冯和平扫了一眼方家正，说，"可是，就在我们要奔赴好前程的时候，竟然有人想阻拦我们，弟兄们说，对这样的人，我们该怎么办？"

"宰了他！宰了他！"众人高呼。

"好！"冯和平看了看大家，然后对王大功等人命令道，"押下去！"

方家正突然来了勇气，破口大骂："冯和平，你他娘的叛变投敌，你不得好死！弟兄们，不要上他的当啊！冯和平，你是叛徒，你是……"

这时，木鱼突然跑进来，直奔冯和平面前："报告团长，共产党游击队刘赣元大队长率队在城门外，等候迎接我们起义的兄弟！"

"好！时候到了！"冯和平挥起拳头，冲天一举，大声高呼，"弟兄们，我们起义啦！"

众人跟着欢呼："起义啦——"

3

凌晨两点，城门准时打开，刘赣元率队进入城内，冯和平率部伫立在城门内迎接。刘赣元走上前来，紧紧握住冯和平的手，一时不知说什么才好。

刘赣元进城以后，游击队迅速占领了原皖南行署。行署机关几乎是空巢一座。早在听说解放大军要过江之时，国民党皖南行署就开始分批南迁，大部分都走了，留下一些没有逃走的大小官员，一听说共产党游击队打进了城，没有作任何抵抗就乖乖地束手就擒，被一一收押。

此时，冯和平突然想起一件事来，附在刘赣元的耳边说了几句什么。刘赣元听罢，哈哈大笑，说："和平兄，真够意思！"说罢，对程老黑说，"老程，冯团长还给咱们留了一份小礼物，不收不够意思，走！"

于是，一帮人快速来到城里一家小院前。这是庙首乡乡长江之端在县城里的藏身之所。

游击队员撞开院门，跟崔寡妇一起睡得正美的江之端还没弄明白是怎么回事，已经被捆绑结实。这个喜欢吃乌龟的家伙，被抓来的时候也像乌龟一样缩着头，只知道求饶。刘赣元让人把他拉到街头示众，然后就地正法。

天色渐亮，县城宣布和平解放。

县城内到处可见欢迎保安团兄弟起义的标语口号，游行欢庆的群众，来来往往，大街小巷充满了欢乐气氛。冯和平和起义的弟兄们都换上了解放军军服，走在街上，面貌焕然一新。

冯和平一直在游击队的人群中寻找玲子，可是一直没有找到，忍不住问刘赣元玲子怎么没来。刘赣元知道，这一刻终于来到了。

刘赣元盯着冯和平的眼睛，摇摇头，说："丁玲同志来不了了！"

冯和平问："是不是回江北了？"

刘赣元低下头，说："她前天牺牲了！"

冯和平突然抓住刘赣元的领子，问："你说什么？"

程老黑走上来，搂着冯和平的肩膀说："丁玲同志是为了掩护同志牺牲的！"

冯和平的眼泪盈满眼眶，粗大的喉结不停地蠕动，眼前的一切都模糊起来……

皖南地委决定，在城里摆设酒宴，为起义的冯和平部接风洗尘。一切准备就绪，胡缅生、孟玉等人全部到场。当天晚上，陶然亭酒楼前，灯火通明，锣鼓喧天，自发组织起来的群众在酒楼前的空地上扭起了大秧歌。

时间已到，应邀的客人也到齐，却突然发现少了两个主角：刘赣元和冯和平。

胡缅生很着急，命人去找，回来皆报，没有找着。这个老刘到哪里去了呢？胡缅生纳闷，他并不是担心他们的安全问题，而是宴会没有主角，总是不像那么回事！

茶花和孟玉在忙前忙后地张罗着，一听说少了这两位主角，茶花说："不用找了，他们两个肯定在一起！"

孟玉问："你怎么知道？"

茶花说："中午饭的时候，老刘把丁同志的日记本要去了，说是要交给她哥哥冯团长！"

既然找不到主角，宴会只好开始，胡缅生代表皖南地委致辞，欢迎保安团的官兵光荣起义。宴会进行得热闹非常。

茶花说得一点也不错。此时，刘赣元和冯和平两个人正坐在一个小酒馆里，推杯换盏。看样子，两个人都喝了不少，刘赣元已经挽起袖子，冯和平也敞开了衣襟。桌上，只有两碟小菜，一盘花生米，一盘豆腐干。

刘赣元端起一杯酒，说："和平老弟，老哥再敬你一杯，这杯酒是欢迎你起义归来！"

冯和平与刘赣元碰杯："老哥呀，这杯酒应该我敬你，是你给了我和平这个机会，谢谢了！"

然后，二人干杯。

刘赣元又端起一杯酒，说："老弟，这杯酒为了咱妹妹丁玲，干！"

说着，刘赣元一口喝下，放下酒杯，眼泪扑嗒嗒掉下来。

冯和平得知妹妹玲子牺牲的消息后，一直把悲痛压在心底。此时，刘赣元提到这个话题，冯和平再也忍不住了，喝下这杯酒，放声痛哭："玲子啊！你不是说要等哥哥的吗？玲子，哥哥答应你了，哥哥起义了，你怎么不来见哥哥呀！"

刘赣元抹着眼泪，拍着冯和平的肩，也跟着放声大哭。两个人都不劝阻对方，任性地哭下去。酒馆老板不知道怎么回事，也不敢来劝，打了一盆水，丢了一块手巾，放在旁边，悄悄地退下去了。

大概哭了有半个小时，两个人渐渐止住哭声。刘赣元从怀里掏出丁玲的笔记本，双手递给冯和平。冯和平接过来一看，是妹妹的遗物，又是失声痛哭，边哭边翻看日记的内容，眼泪吧嗒吧嗒滴到上面，竟浑然不觉。突然，冯和平止住了哭声，定睛看着一页日记：

老刘，你是我的什么人呢？是战友？是同志？是哥哥？是亲人？都是，又都不是！老刘，我该怎么叫你才好呢！……

冯和平慢慢抬起头来，抹了一把眼泪，喷着酒气问："老哥，你跟我说实话，你跟玲子，是什么关系？"

刘赣元也抹一把眼泪，说："战友！"

冯和平摇头。

刘赣元说："同志！"

冯和平还是摇头。

刘赣元说："兄妹！"

冯和平继续摇头，说："老哥，我最了解我妹妹玲子，她单纯、善良，而且任性，她要是爱上一个人，一定会不顾一切的！"

刘赣元说："她不是说她没有找到'另一半'吗？！"

冯和平说："她找到了，但没得到！"说着，把日记的那一页指给刘赣元看。

刘赣元看罢，浑身一抖，望着冯和平，喃喃道："这个丁玲呀！"

冯和平又问："老哥，咱们都是男子汉大丈夫，你说实话，你喜欢玲子吗？"

刘赣元郑重地点点头。

冯和平问："你真心喜欢她吗？"

刘赣元犹豫了一下，又点点头。

冯和平突然像疯了一样大吼："那你为什么不跟她说？为什么不让她知道？你说为什么？！"

刘赣元像个做了错事的孩子，永远得不到原谅似的，呆呆地低下了头。

冯和平倒上一杯酒，平静了一下心绪，慢慢地给刘赣元斟上一杯："老兄，和平拜托你一件事，抽空去山上玲子的坟前，跟她说你喜欢她，好吗？玲子任性，从小就这样，得不到的东西，她嘴上不说，但是心里很苦啊！老哥，你答应我吧！"

刘赣元也端起酒，点了点头，一滴眼泪滴入酒中。酒是苦涩的。

冯和平喝得两眼发直，问："老哥，你知道爱一个人有多难吗？"

刘赣元点点头，又摇摇头。

冯和平往后一仰，靠在墙上，满怀畅想："当年，在上海读书的时候，我爱上了一个女孩子，但是她对我无动于衷，为此，我他娘的真想自杀！"

刘赣元问："是不是孟玉？"

冯和平点了点头，说："后来我想通了，爱一个人就像打仗，不一定每一仗都能打赢，但是不管输赢，还是要打，打完了才觉得踏实！"

说罢，冯和平慢慢闭上眼，鼾声响起。

刘赣元也靠在椅背上睡着了，打起了呼噜，手里握着酒杯，一杯刚斟的酒，稳稳地，一点也不晃动。

此时，陶然亭酒楼门前，欢庆胜利的鞭炮和锣鼓声，响成一片。

第三十三章

1

解放大军百万雄师胜利渡过长江，直捣南京。5 月初，皖南解放。5 月 5 日召开庆祝大会。刘赣元坐在主席台上，浮想联翩，在皖南坚守八年，那些人，那些事，仿佛历历在目，不觉竟热泪盈眶。

次日，皖南军区成立，刘赣元被委以重任。

在皖南坚守八年，刘赣元还从来没想过放松下来会是什么感受。胜利就是日的地，八年来，他一直朝着这个目的地跑，跑到之后，却突然不知道是站还是坐，是走还是停。到这时，终于可以喘口气，放松下来了，心里却觉得空落落的，一个多月都没调整过来。晚上，刘赣元心情很复杂，主动跟茶花商量，去山里的老乡家把女儿接回来。茶花很高兴，觉得这样的刘赣元才是自己想要的男人。

第二天，刘赣元到军区请了假，带着茶花和木鱼上路了。木鱼现在成了刘赣元的警卫员。此外，刘赣元还特意带上那只猴子小石头。前段时间，小石头一直交一个战士养着，这个战士处处宠着它，没有管理好，把它养出了很多坏毛病。猴子和人在一起，身上的毛病都像人的毛病，时间长了就不像猴子了。刘赣元已经有所打算，要把小石头的事解决一下。

三人一猴，在山间穿行，刘赣元突然想起冯和平拜托他的事，于是打马直奔丁玲的墓地。茶花和木鱼都不敢问，只好跟着。

来到丁玲墓地前，茶花明白了，并没跟过去，而是静静地等着。刘赣元下马，一个人走到丁玲墓前，站立良久，几次鼓起勇气，那句话还是没有说出来。刘赣元知道，那句话无论如何他是说不出口的。因为他对茶花说过，他要坚守住自己的承诺。问题是，他也曾答应了冯和平，这让他很为难。身经百战，九死一生，战场上枪林弹雨没有难住他，此时此刻因为一句话，刘赣元憋出一身汗来，猛地，他在自己的脸上狠狠抽了三巴掌，声音很响。

刘赣元心里想：这一巴掌代表一个字，大概是可以的。丁玲你听见了吗？

茶花低着头，正想着救命恩人丁玲生前的模样，刘赣元所做的一切，她什么也没看到，也没有听到！

提起女儿，刘赣元竟想不起什么模样了。这也难怪，毕竟几年没有见着了。来到老乡家，进门之前，刘赣元把衣服整了整，头发捋了捋，力争给女儿一个好印象。女儿长大了，该会喊爹了。想到这里，刘赣元笑了，不自觉地拉着茶花的手，一起走进门。

女儿丫头正在院子里玩耍，见有人进来，抬头看了看，似乎害怕面前的陌生人。茶花轻轻叫了一声"丫头"，走过去想拉她的手，丫头把双手背到身后。当妈的见女儿不认自己，心头一阵酸楚，眼泪差点掉了下来。

"丫头，我是妈妈。"茶花说，然后指着刘赣元说，"他是爸爸。"

丫头摇了摇头，两根小辫子甩来甩去，并不说话。

"丫头，不认识妈妈吗？"茶花还想哄孩子，说，"来，妈妈给丫头带糖果了呢。"

丫头还是不说话，也不接茶花的糖，扭着身子直往后躲。

刘赣元也蹲下身来，看着女儿，伸手要抱女儿。这时，丫头像见到大老虎一样，哇的一声吓哭了，边跑边喊："坏人来了！坏人来了！"

茶花心疼，吧嗒吧嗒掉眼泪，刘赣元的眼圈也湿了。这时候，老乡陈嫂出来了，抱起丫头跟刘赣元两口子打了招呼，把他们让进堂屋。

陈嫂对丫头说："丫头，那是你妈，那是你爸。"

丫头摇头。

陈嫂说："丫头不是天天叫着要找爸妈吗？他们来接你了，怎么又不认呢？"

丫头说："爸妈打鬼子去了。"

陈嫂说:“鬼子早就打完了,现在解放了,他们回来了,来接丫头了。”

丫头看了看刘赣元和茶花,突然说:“就不是,他们没有枪!”

刘赣元笑了,看了看茶花,说:“看见没有,这就是我老刘的丫头,只认枪不认人!”

说罢,刘赣元朝门外喊道:“木鱼,快把我的枪拿来!”

木鱼以为发生了什么情况,拔枪闯进院内,问:“首长,有什么情况?”

刘赣元笑了笑,说:“遇到一个小丫头,她竟然不认老子,非要看看老子的枪,拿来!”

木鱼明白了,把枪递给刘赣元。刘赣元接过枪来,双手一耍,来了个漂亮的亮相,问:“丫头,怎么样?”

丫头有点相信了,但是得寸进尺,嘟着小嘴说:“那……那你的枪不响。”

刘赣元哈哈一笑:“好!好丫头,像是咱游击队的种!来,丫头,让你来看看老子的枪响不响!”

说着,刘赣元来到门口,抬头看见有两只鸟停在一棵老树上,于是抬起手来,啪啪,两只鸟应声落地。

丫头并不害怕,拍着小手连声叫好。

刘赣元转过身来,问:“丫头,这回相信了吧?”

丫头点点头。刘赣元一把把丫头搂在怀里,亲了一口,交给茶花。茶花接过女儿,索性放声大哭起来:“丫头,妈对不起你,对不起你呀!”

在陈嫂家吃过饭,刘赣元和茶花跟陈嫂提出要把女儿带走。陈嫂带孩子多年,带出了感情,自然有些舍不得,但还是同意了。可是,丫头却说什么也不愿意跟他们走。茶花心软,好说歹说,左劝右哄,丫头还是犟着不肯。刘赣元急了,走上前去,三下两下,把丫头绑在马背上带走了。茶花心疼得不得了。

毕竟是孩子,丫头哭闹一阵,累了,就在马背上睡着了。小石头看着孩子,似乎很不理解,一会怪笑,一会胡闹。木鱼呵斥它几回也不管用,还是用几颗花生才把它哄老实了。

茶花说:“老刘,你天天想孩子,这回孩子回来了,你可得好好疼。”

刘赣元说:“放心吧,我会像疼小石头一样疼丫头的。”

茶花一听不乐意了,说:“丫头和小石头怎么能一样呢,一个人一个猴,谁轻谁重你都分不清啊!”

刘赣元挠挠头,说:“是啊,这一下有两个孩子了,够热闹了!”

茶花说:“老刘,你想过没有,这小石头虽说是只猴,可它也是娘生娘养的,它跟你这几年,它爹娘就不想吗?心里就不急吗?”

听完这话,刘赣元想了想,长长地叹了口气,说:“是啊!这小石头是该回家了!”

说话间,经过一片山林边,刘赣元突然停下来,下了马,抱过小石头,把口袋里的花生全掏出来,一边一粒粒地剥开喂给小石头吃,一边仔仔细细打量小石头。

“小石头,现在解放了,把你留在身边不大方便了,咱们也该告别了!”刘赣元满怀深情,“小石头,你看,这大山才是你的家,你的根在这山里,回去吧,守在山里,你要生儿育女,一代一代往下传!小石头,记住老刘的话,找一块地盘站住脚,你他娘的给我守住!”

小石头似乎明白了刘赣元的意思,可怜巴巴地看着刘赣元,似乎不愿离开。

刘赣元说:“小石头,你去吧,你必须去!老刘有老刘要做的事,你也有你要做的事!去吧!”

说着,刘赣元嗓子有点哽咽,眼圈潮湿了。小石头似乎看出刘赣元的无奈,叽叽哇哇地叫了一阵。刘赣元不能完全明白小石头的意思,但是知道小石头一定很伤心。

刘赣元说:“小石头,我知道你舍不得老刘,老刘也舍不得你啊!可是有时候,舍不得的必须舍掉!明白吗?”

小石头眨眨眼,眼泪汪汪的,摇一下尾巴,但是并不走。刘赣元挥挥手,然后转身走开。走了几步,回头一看,小石头还跟在屁股后面。

“小石头,你他娘的真没出息!让你回家又不是让你当土匪,咋就黏黏糊糊的呢!当年,一声命令,老子二话没说,在这山里一守就是八年,一咬牙不就过来了吗?革命不是胜利了吗?皖南不是解放了吗?!”刘赣元突然眼一瞪,厉声叫道,“小石头,我命令你马上回到山里去!”

小石头有点固执,歪着小脑袋,可怜巴巴地看着刘赣元。刘赣元走一步,它就跟一步。刘赣元突然拔出枪朝着小石头面前的地上,砰砰砰连开三枪,子弹打在山石上，火星直迸。小石头吓得哇哇直叫，连蹦带跳窜出老远，伤心地看着刘赣元，然后低下头，朝着山林慢慢地走去。

刘赣元不忍再看，跨上马，朝马腚上猛抽一鞭，马儿一惊，眨眼间窜出老远。

2

寂寞像一张巨网，时时罩住刘赣元，让他几乎透不过气来。

因为主要为解放大军主力部队做后勤保障工作，多日没有端枪打仗，刘赣元总觉得心里空荡荡的，吃不香睡不熟。一个军人，没有了对手，这个军人的意义就不大了。所以，刘赣元时时有一种冲动，想找一个人较量一下。

这一天，刘赣元四处转悠，恰好从冯和平的营区经过，迎面看见项五妹，一问才知道，五妹现在分到冯和平的独立团做政工干事。于是想起，因为近日事务繁杂，一直没有见着冯和平。冯和平率部起义后，所部被编为中国人民解放军皖南军区独立团，冯和平任团长，孟玉任政委。冯和平的贴身侍卫王大功做了某连连长。

想到冯和平就想到丁玲，就想到冯和平托他办的事。毕竟答应过冯和平，自己没有兑现，心里不是滋味，于是就想见一见，给冯和平一个回话。

这天中午，刘赣元让茶花弄了几个菜，让木鱼去买了几瓶酒，想请冯和平来，一起喝喝酒，谈谈心。冯和平听说刘赣元请他喝酒，也没客气，交代一下事务，就过来了。

酒菜上齐，刘赣元邀冯和平坐下，两个人就喝上了。几杯酒下肚，刘赣元就把话往事情上引了。

刘赣元说："老弟呀，我对不住你！"

冯和平说："这话从哪里说起？"

刘赣元说："我答应你的事，可是我做不到。我到丁玲墓前去了，那句话我说不出来。说心里话，不是我不想说，我总觉得像有块东西堵在嗓子里，真是说不出来！"

冯和平想了想，说："算了，玲子聪明，也许你不要说，她早就知道了。"

两个人继续喝酒，喝到日头偏西，冯和平酒意上来，刘赣元兴致正高。

刘赣元说："老冯，你酒量不行，你少喝点，我多喝点。"

冯和平说："胡扯！谁说我酒量不行？你能喝多少，我就能喝多少！"

刘赣元突然找到较量的感觉，说："好！干！"

二人推杯换盏，你来我往，喝得脖子脸都上了色，一个不让一个。这时候，刘赣元突然提议说："既然高兴，不如把程老黑和孟玉叫来，一起高兴高兴！"

冯和平喝得有点多，说："好好！请请！"

刘赣元马上命令木鱼去请程老黑和孟玉。

不多时，程老黑先到了，没进门就闻到酒香，便嚷开了："好你个老刘，太不够意思，有好酒好菜不早请，这时候找我来，让我来喝你的口水汤啊！"

刘赣元起身相迎，一个劲儿地赔不是："老程，你别见怪，本来没想请你的，我跟老冯哥俩喝得很高兴，这一高兴，就想起你来了！"

程老黑佯装生气道："原来不想请我，那好，我走！"

刘赣元一把把程老黑按到椅子上，说："你不能走，你要给我和老冯做个裁判！"

程老黑坐定，见两人已经喝得脖子脸通红，问："看来，你们两个家伙干下去不少，你看看，个个脸红得跟关公似的！"

冯和平说："老程，老刘灌得我天旋地转了！"

刘赣元说："我说老冯，你这话不对，我们两个可是一杯一杯平端的，我干得不比你少！"

冯和平说："那是不假，可是我酒量不如你啊！唉！在你老刘面前，我这一生算是翻不了身了，打仗打不过你，喝酒也喝不过你，无可奈何也！"

正在这时，孟玉进门，一听冯和平说"无可奈何"，便说："这是谁呀，无可奈何，是不是又在怀春啊！"

话到人到，孟玉一身戎装，英姿飒爽地站在面前，身后还紧跟着一个人，是项五妹。

冯和平忙扶着桌子站起来，说："我的孟政委啊，你来得正好，你来给我做主，老刘他欺负我！"说着，身子还晃了一晃，看来是真喝多了。

孟玉性格直爽，见冯和平喝多了，以为是刘赣元故意而为，责怪道："老刘，看你把老冯喝的！"

刘赣元连声叫屈："老孟，你没调查，怎么上来就批评我呢？老冯喝多了，又不是我捏着鼻子灌他，是他自己愿意喝的！不信你问茶花。"

茶花正好端上一盘菜，说："实事求是地说，我只顾忙，没看见！"然后贴在孟玉的耳边悄悄说，"好好批评一下老刘，见酒没命！"

孟玉说："老刘，人赃俱在，还有何狡辩？从实招来！"

刘赣元摇摇头，看着茶花的背影，开玩笑说："看来，我老刘身边有人叛变了！"

话音刚落，冯和平突然站起来了，说："老刘，你说谁，你说谁叛变，我不是叛变，我是起义！起义！"

刘赣元被冯和平这话噎得够戗，孟玉看出来冯和平喝多了，给刘赣元使了个眼色。可是这时刘赣元酒劲已上来，非要跟冯和平较真："老冯，你这家伙怎么回事，我没说你叛变！"

冯和平梗着脖子说："你说了！"

刘赣元一拍桌子："我没说！"

冯和平也拍桌子："你说了！"

刘赣元又擂桌子："我说了就说了，你能把我老刘怎么样？！"

冯和平也擂桌子："我不是叛变，是起义！"

刘赣元被冯和平绕得火更大，说："你这个家伙，起义还是老子给你的机会，要不是丁玲同志做工作，你他娘的起义老子还不要你呢！"

冯和平一听"丁玲"两个字，情绪马上变了，忽地一下把桌子掀了："不许你提玲子！"

碟子碗筷、菜汤酒水，洒落了一地。

刘赣元吼道："你敢掀老子的桌子，要不是看在丁玲的面子上，老子毙了你！"

冯和平面部扭曲，指着刘赣元吼道："不许你提玲子！"

刘赣元说："你不让提，我就不提了？我就提，丁玲丁玲丁玲！"

突然，冯和平像疯了一样朝刘赣元扑过去，动作之快，令程老黑和孟玉拦都来不及。两个人滚在一起，一时难解难分。好不容易拉开了，程老黑和茶花按住刘赣元，孟玉和项五妹拉着冯和平。两个人瞪着对方不停地喘粗气，喘息了一会儿，两个人又打起嘴仗。

刘赣元说："老冯，你别不服气！你们国民党吹得好牛，不是照样让老子打跑了吗？你要是不服，我放你回去，咱再来打一回！"

冯和平说："作为军人，我冯某人服的是道义，不服你刘赣元，怎么样？我不服！"

刘赣元一听冯和平不服，马上要挣脱，跟冯和平较量，幸亏程老黑按得紧，不然真要冲上去。冯和平目光如炬，也是如箭在弦上，大有一触即发之势。

刘赣元一阵冷笑，说："好好好，冯大团长，你不是不服吗？来，就你我，我们两个，一人一瓶酒，一口干了，你敢不敢?!"

冯和平说："不就是酒嘛！不喝不是男人！来！"

刘赣元一下子挣脱开来，拿起两瓶酒来，一口一个，咬掉瓶盖，递一瓶过去，说："来！"

冯和平也挣脱开，抓住酒瓶。

程老黑和孟玉忙劝阻，茶花和五妹也拦挡，但是，此时刘赣元已经红了眼，拔出枪来，大声喝道："都闪开！不然我就不客气了！"

程老黑和孟玉忙把茶花拉开，五妹也闪到茶花身后。孟玉把五妹拉过来，耳语几句，五妹便跑出门去。

刘赣元摇着手里的酒，嘿嘿地笑着，一脸的不屑："我，刘赣元，你，冯和平；我，共产党，你，国民党，一人一瓶，一口气干了，看看到底是你国民党倒下，还是我共产党倒下！"

说罢，刘赣元仰起脖子咕噜噜灌起来。冯和平也不示弱，仰起脖子，咕噜噜也灌了起来。

程老黑和孟玉急得直喊，茶花又急又气，眼泪都出来了。

毕竟是烈酒，头几口还顺当，慢慢地，就喝得艰难了。刘赣元斜眼看了一下冯和平，冯和平也斜视刘赣元一眼，两个人嘴对着瓶子，还像两只斗鸡一样。

就在这时，五妹把胡缅生找来了。胡缅生已经知道来龙去脉，并不马上喝止他们，而是站在他们两个中间，像裁判一样，静静地观察着。这时候，刘赣元的瓶中还剩小半瓶，突然打了一个嗝，刘赣元不得不把酒瓶拿下来喘口气。

胡缅生马上大声喝道："停！老刘犯规！"

刘赣元打着嗝，说："我没犯规！"

胡缅生说："比赛中途把瓶子拿开，就算犯规！"

刘赣元说:“这是谁定的规矩?!”

胡缅生说:“比赛就跟打仗一样,没有规矩那不就乱了吗? 好了,我宣布比赛结束,老刘输了,老冯胜出!”

冯和平这才把酒瓶从嘴边拿下来,瓶口一离嘴,啪的一声就掉在地上。冯和平随即也瘫倒在地,嘴里咕哝着:“胜了,胜了!”

刘赣元气得啪的一声,摔了酒瓶,说:“不算,重来! 我一定要把他国民党喝趴下!”

“简直是胡闹! 老刘,你还是党的干部吗?!”胡缅生严肃地说,“老刘,以后不许你再提老冯的历史问题。每个人都会走弯路,重要的是能迷途知返,能深明大义,站到人民的一边来,老冯就做到了,他能率部起义,说明他现在是我们的同志! 同志! 你明白吗?”

刘赣元晃了晃头,说:“明白!”

胡缅生说:“既然明白,都是同志,对老冯,你是不是应该道歉?”

刘赣元已经站不稳,极力控制自己,立正道:“是!”

说罢,刘赣元摇摇晃晃地来到冯和平身边,刷地一个标准敬礼:“对不起,老冯同志!”

低头一看冯和平,已经打起呼来。

刘赣元醒来的时候,已经是后半夜。酒意已醒大半,下午发生的事渐渐地浮现,顿时觉得很后悔。刘赣元把茶花摇醒,问茶花自己当时是不是很失态。茶花没好气地说,简直就是丢人现眼!

刘赣元心想:糟糕! 那样对待冯和平,不仅对不起冯和平,而且对不起丁玲。

这该如何是好? 刘赣元思来想去,决定马上去找冯和平,向他郑重道歉! 茶花劝他,三更半夜的,明天道歉也不迟! 刘赣元不干,非得马上去不可。茶花见他还有点摇晃,不放心,于是便跟着他一起去了。

冯和平的情况要比刘赣元糟糕得多。

冯和平是由程老黑背着,孟玉和五妹扶着回到宿舍的。回到宿舍之后,冯和平一直在吐,黄胆汁都吐出来了。吐过之后,冯和平稀里糊涂就睡了,睡又睡不老实,翻来覆去的,还不停地说胡话,大多听不明白,有两句还是明白的:

"我是起义,不是叛变!""玲子,哥哥胜利了!"

程老黑和孟玉陪了一会儿,要各自回部队查哨。五妹便主动要求留下来照顾冯和平。程老黑和孟玉这才放心去了。

可能是酒精作用,冯和平不停地冒虚汗,五妹心细,用凉毛巾一遍一遍给他擦,还晾了冷开水,喂给冯和平喝。到了后半夜,冯和平突然有点躁动,大声喊着:"玲子,玲子,快过来!"

五妹着实被吓得不轻,但是慢慢明白了,冯和平一定梦见妹妹丁玲了。五妹想着丁玲的样子,不觉流下了眼泪。

"玲子,哥哥找到你了!玲子,快过来!"冯和平迷迷糊糊中,双手乱抓,那样子迫切、痛苦!

五妹不忍心看下去,抖抖地伸出手,送到冯和平的手边。冯和平一把抓住,紧紧地抓住:"玲子,哥哥来了!哥哥来了!"

冯和平把五妹的手当做妹妹玲子的手一直握着,慢慢地,嘴角有了笑意,两行热泪滚落下来。

五妹的双眼也模糊了:有一个这样的哥哥多好啊!

刘赣元和茶花来到冯和平的宿舍时,五妹的手还在冯和平的手里握着,五妹热泪盈眶。刘赣元推开门,以为冯和平欺负了五妹,马上上前要把冯和平的手弄开。五妹微笑一下,摇了摇头,制止刘赣元,茶花似乎明白什么,拉住刘赣元。

五妹小声说:"他刚刚睡着。"

刘赣元小声问:"他这是……"

五妹说:"他一直喊着玲子玲子,我把手给他抓住,他就不喊了,睡着了。"

茶花说:"五妹,我来照顾他,你歇会吧。"

五妹说:"我不累。你们回去吧。"

刘赣元说:"五妹,你一个人不行,我要留在这!"

五妹说:"我行!他睡着了就好了!"

刘赣元说:"你一个女同志,在这不方便。"

五妹说:"没什么不方便的。我不怕。"

刘赣元还想劝,茶花拉了一下刘赣元,给他使了个眼色,两个人出了门。

走到门外，刘赣元突然想起来，说："不行，我要把老冯弄醒，我还没给他道歉呢！"

茶花说："明天再道歉不迟，别去打扰人家！"

刘赣元说："打扰？我打扰谁啊？"

茶花也不再解释，拖着刘赣元回家了。

3

皖南解放后，山区里留下一批顽军残部，纠合山里的反动会道门，企图东山再起。这批残匪趁各级人民政府忙于支前之机，疯狂作案，四处袭扰军民，一时间搅得人心惶惶。皖南地委和军区召开会议，决定尽快剿灭这帮残匪，给皖南人民创造一个安定的社会环境，迎接全国解放的到来。此番剿匪，事关重大。会议决定，任命刘赣元为剿匪司令，至于班子，由他自己来组织。

听说又有仗要打，刘赣元浑身都是劲，何况是剿匪！从当年的"被剿"，到今天的"剿匪"，刘赣元感慨良多。在皖南，坚守八年，这一天终于到来了。同样是跟敌人斗争，一个被动一个主动，心里的感觉真是大不一样啊！想到班子组织的问题，刘赣元不自觉地就想到了李闽南，如果这个老搭档还在，这个问题就不是问题了。可惜的是，老李走了，像梦一样，再也回不到现实中。

不过，刘赣元还想起一个人。这个人就是冯和平。

自从上次"拼酒"之后，刘赣元一直觉得对不住冯和平。虽说当面道过歉了，冯和平也表示谅解了，但是心里总是有一道梁子横着似的。此次剿匪，刘赣元觉得，如果冯和平能跟他一起合作，一定会效果良好。以他对冯和平的了解，用兵打仗，冯和平很有一套，而且这个人能在关键时候拿主意，这一点跟李闽南很像。所以，刘赣元决定，主动找冯和平商量。为了表示诚意，刘赣元专门买了两瓶好酒拎着上门。

冯和平一见刘赣元来了，还拎着两瓶酒，马上警惕起来："老刘，追上门来挑战啊！"

刘赣元哈哈一笑："老冯，别怕！今天不拼酒，这是送给你的礼物。"

冯和平笑了，说："哎呀，你这个老游击，怕不是专门来给我送礼的吧。"

刘赣元说:“老弟啊,还是你眼睛雪亮,一眼就看穿了。我呀,来跟你商量一件事。”

冯和平揉着肚子,说:“只要不喝酒,商量什么都行。”

刘赣元说:“皖南山区有股残匪在山里闹事,这事你也听说了吧。军区让我去剿匪,我想来想去,论‘剿匪’,你老弟有经验,想把你拉上。怎么样?跟我一起干吧!”

冯和平说:“老哥啊,我乃败军之将,无颜再谈经验,你别寒碜我!”

刘赣元说:“这怎么是寒碜你呢?老弟呀,你曾经是败军之将,但是,现在你是起义的英雄!再说,这次剿匪正好是你证明自己的机会,为什么不抓住呢?”

冯和平说:“老兄啊,实不相瞒,一听这个‘剿’字,我的脑仁就疼,我冯和平从穿上军装开始,耳朵边就一直绕着这个字。唉!”

刘赣元说:“同一个‘剿’字,意义大不一样,原来那个‘剿’,是我老刘被剿的剿;现在这个‘剿’,是我老刘剿匪的剿!老弟,你品一品,是不是这个道理?!”

冯和平长长叹口气,说:“命就是道理!老兄,你容我考虑考虑吧。”

刘赣元说:“还考虑什么?为了这事,我都快急死了!你总不能见死不救吧?”

冯和平看了看刘赣元拎来的两瓶酒,说:“好!就冲这两瓶酒,我跟你干!”

“我就知道你会答应!”刘赣元上前抱住冯和平,挑衅地说,“兄弟,真想再跟你弄两杯!”

“老刘,你这是挑衅啊!”冯和平毫不示弱,马上应战,“弄两杯就弄两杯,谁怕谁!”

“不行!”这时,五妹突然出现在门口。

刘赣元一惊,问:“这丫头,你来干什么?”

五妹歪着头,调皮地说:“我是来监督的。你们要是敢喝酒,我马上报告胡书记!”

刘赣元说:“你敢!”

“我就敢!”五妹说着,扭过头去,大声喊道,“快来人啊,老刘又要和老冯拼酒啦!快来人啊!”

刘赣元急得一把把五妹拉进门,说:“姑奶奶,别喊了！上次我差点挨了处分呢!”

五妹笑了,一蹦一跳地来到冯和平的身边,仰着脸说:“怎么样？我把老刘打败了!”

刘赣元一脸无奈,用手点着五妹,不停地摇头:“叛徒,又一个叛徒!”

五妹亲昵地偎着冯和平。冯和平哈哈大笑。

尾　声

三个月后。刘赣元和冯和平并肩作战，以摧枯拉朽之势，将皖南山区的匪众一举歼灭。

凯旋途中，经过丁玲的墓前，刘赣元和冯和平不约而同地下马，静静地坐着。当然，两个人一起喝了酒。一瓶酒，你一口我一口，慢慢地喝，却一句话都没有。

只有群山之中，密林作响，像是亲人的呼唤。

东方曙光升起，喝完最后一口酒，刘赣元和冯和平站起来，迎着曙光并肩走着，身后的影子拉得很长。

冯和平说："我真想在皖南生活一辈子，陪着玲子。"

刘赣元说："我也想啊。但是，不可能！"

冯和平说："为什么？"

刘赣元说："因为我们是军人，军人要走向战场！"

冯和平说："玲子也是军人！"

刘赣元说："是啊！她是属于皖南的军人。这里还有许许多多像她一样的军人，和她一起坚守在这里！"

冯和平入党宣誓是在10月1日。那天，新中国成立。

当晚，冯和平参加完庆祝新中国成立大会，心中依然兴奋。就在他往宿舍走的时候，突然被刘赣元拦住了，刘赣元二话没说，直接把他拉到一个小院内。借着灯光，冯和平一看，门上窗上贴满了喜字，正在诧异时，一群人围了上来。

孟玉走上前来，大声宣布："冯和平同志和项五妹同志婚礼，现在开始——”

两天后。

刘赣元奉命前往大别山区支援剿匪，刚刚走上操场，只见一骑战马飞驰而来。到了近前，冯和平勒住马缰，跳下战马，敬礼道：“报告首长，独立团团长冯和平前来报到！”

刘赣元一愣，严肃地回道：“新郎官马上回洞房去！”

冯和平道：“走出洞房就是军人，军人应该走向战场！”

刘赣元笑了，朝冯和平竖起大拇指，然后转向队伍，发出命令：“全体集合！”

话音未落，紧急集合的军号声吹响，两个人的目光同时望向操场。

一支崭新的队伍正在紧急集结……

后 记

2010年春天的某一个午后，在查阅近一个月的资料后，我决定写这部书。

对我来说，查阅资料的过程，是对当年发生在皖南的那桩“千古奇冤”的回望。在春日融融中，隔着70年的历史时空，仿佛还能闻到1941年皖南腊八粥的香味，以及随后而来的扑鼻的血腥味。“皖南事变”以血色写进历史，同样以血色警示后人。这些，众所周知。

然而，现在，当古村落、马头墙、风光、牌坊、宣纸、茶叶，等等，成为皖南文化的主角时，似乎很难听到关注“皖南事变”之后的皖南的声音。事实上，从“事变”到新中国成立，皖南的“红色”题材一直在积累，尤其是事变后皖南的白色恐怖、皖南游击队的艰苦卓绝以及山区人民的默默奉献，写满了皖南的密林和山峰。

发黄的资料弥漫着历史的气息和时光的尘埃，那一幕幕生动的情景若隐若现：面对围剿、卧底、叛徒、暗杀，面对信仰、真理、友情、爱情，在皖南，有一群真的勇士毅然选择坚守！

在采访一位皖南游击队负责人的后人时，我们的共同感受是：当年那一群勇士，有着共同的精神特质，那就是坚守。从他们的故事中可以看出，坚守是一种品质。古往今来，凡成大事者，必备坚守之品质。没有坚守，就没有中国革命的成功；没有坚守，就没有社会主义建设的成功；没有坚守，就没有改革开放的伟大成就；没有坚守，人类不能渡过一个又一个难关，包括当下的全球经济危机……

从史料来看，当年，在皖南曾经先后成立了多支游击队，他们共同把革命的“火种”燃成燎原之势，留下了许多精彩感人的故事。然而，需要说明的是，这不是一部纪实作品，而是一部小说，一部根据那段历史创作的小说。对一个小说写作者来说，面对庞杂的史料，选择和梳理显然是必要的。史料关注事件真实进程，小说关注人物性格和命运。史料记录事实，小说弘扬精神。

谨以此书纪念“皖南事变”70 周年，并向所有为皖南解放作出贡献的人们致敬！

2010 年 12 月